Stadtarchiv Aachen

Aachener Stadtrechnungen aus dem XIV. Jahrhundert, nach den Stadtarchiv-Urkunden mit Einleitung, Registern und Glossar

Stadtarchiv Aachen

Aachener Stadtrechnungen aus dem XIV. Jahrhundert, nach den Stadtarchiv-Urkunden mit Einleitung, Registern und Glossar

ISBN/EAN: 9783742890979

Hergestellt in Europa, USA, Kanada, Australien, Japan

Cover: Foto ©Suzi / pixelio.de

Manufactured and distributed by brebook publishing software (www.brebook.com)

Stadtarchiv Aachen

Aachener Stadtrechnungen aus dem XIV. Jahrhundert, nach den Stadtarchiv-Urkunden mit Einleitung, Registern und Glossar

Aachener Stadtrechnungen

aus dem

XIV. Jahrhundert,

nach den

Stadtarchiv-Urkunden

mit Einleitung, Registern und Glossar

herausgegeben

von

J. Laurent,

Stadt-Bibliothekar und Archivar.

Aachen, 1866.

P. Kaatzer's Verlag.

BURDACH

Vorwort.

Bei der Sorgfalt, die man heut zu Tage allerwärts auf Erforschung der Lokalgeschichte verwendet, wird die Veröffentlichung von Stadtrechnungen aus dem 14. Jahrhundert nicht auffallen. Obgleich die hier mitgetheilten wesentlich nur zur Beleuchtung der Geschichte der alten Reichs= und Krönungsstadt Aachen dienen, sind doch zwei derselben auch von allgemeinerem Interesse, da sie die städtischen Ausgaben bei den Krönungen Karls IV. und Wenzels und damit manches Neue enthalten und bereits Bekanntes bestä= tigen; ebenso gewähren die beiden Ausgabe=Verzeichnisse über das Aachener Contingent bei den Ausfahrten des Landfriedensbundes gegen die Raubschlösser Dick und Reiferscheid in den Jahren 1383 und 85 klare Blicke in die Lebens= und Kriegsverhältnisse der damaligen Zeit.

Die den Urkunden vorausgeschickte Einleitung hat die Einzeln= heiten zu einem anschaulichen historischen Bilde zusammenzustellen gesucht, ohne jedoch den Anspruch machen zu wollen, alle Daten erläutert und festgestellt oder auch nur berührt zu haben. Um so interessanter werden dem Forscher die Originalurkunden selbst sein.

Den Text dieser hat der Herausgeber nach den heute fast all= gemein angenommenen, von Freiherrn Roth von Schreckenstein in seiner kleinen aber gehaltvollen Schrift: „Wie soll man Urkunden ediren?" zusammengestellten Regeln mit möglichst diplomatischer Treue wiederzugeben sich bemüht.

Das beigefügte Glossar ist für den Fachgelehrten überflüssig, dem Laien wird es um so willkommener sein, als er in den bis jetzt edirten Wörterbüchern nur zu oft vergebens über nieder= deutsche Wörter und Formeln nach Aufschluß und Belehrung sucht. Sogar manche Ausdrücke in den lateinisch geschriebenen

Rechnungen konnten nur durch Kenntniß und Vergleichung der noch in Aachen herrschenden Mundart richtig verstanden werden. Die den alten niederdeutschen Ausdrücken zur erklärenden Vergleichung aus der Aachener Mundart beigefügten Wörter dürften daher im Allgemeinen willkommen sein, meinen Mitbürgern gewähren sie die Genugthuung zu sehen, daß ihre Sprache sich in fünf Jahrhunderten nicht wesentlich geändert hat. Auf genaue Wiedergabe des plattdeutschen Wortklanges durch unsere heutige Schriftsprache mußte dabei verzichtet werden; wer die mannichfaltigen Mischlaute des Aachener Dialektes kennt, weiß, daß dazu eine ganze Reihe besonderer, erst durch Uebereinkunft unter den Sachverständigen festzustellender Vokal- und Diphtongzeichen erforderlich und diese doch nur für den Einheimischen verständlich wären.

Im Bewußtsein der vielen diesem ersten Versuche auf dem diplomatischen Gebiete anklebenden Mängel hofft der Herausgeber auf nachsichtige Beurtheilung und wird alle sachlichen Berichtigungen und Zurechtweisungen dankbar annehmen.

J. Laurent.

Inhalt.

Einleitung.

	Seite
Zahl der Rechnungen. Sprache. Geldwerth	1
Weinkultur und Weinverbrauch	3
Meth	6
Tagelohn und Preise der Lebensmittel	7
Armenpflege	8
Besoldungen	9
Faustkämpfer	12
Kirchenfeste und Betheiligung des Magistrats	13
Geschenke an hohe und höchste Personen	17
Verhalten der Stadt während Ludwig IV. im Bann lag	24
Krönung Karls IV.	28
Flagellanten, Pest und Juden	29
Rathhausbau und Bürgermeister Chorus	30
Vollendung des Rathhauses	35
Krönung Wenzels	37
Geschenke an den König, die Kaiserin und die Königin	41
Lesung der h. Messe vor den Rathsversammlungen, Rathhauskapelle	44
Landfriedensbund, Zerstörung des Raubschlosses Grypenkoeven	47
Zölle des Landfriedensbundes	51
Zerstörung des Schlosses zur Dick	53
Belagerung der Burg Reiferscheid	56
Pulvergeschosse	58
Blide, eine Wurfmaschine	59
Das Aachener Contingent. Unentschiedenheit der übrigen Bundesgenossen	60
Uebergabe der Burg Reiferscheid und Sühne	66
Einnahmen der Stadt Aachen	67

Beilagen von Urkunden und Briefen.

Beilage I. Notiz über die Versteigerung der Wein-Accise im J. 1393	77
II. Bestimmung der Brodpreise in Aachen im J. 1386 und 87	78
III. Diederich Graf von Loen tritt dem Landfriedensbunde bei und verpflichtet sich, zur Belagerung des Schlosses Grypenkoeven 300 Mann zu stellen 1354	78
IV. Schreiben des Grafen von Cleve	80
V. Einführung von Zöllen durch den Landfriedensbund 1375	81
VI. Schreiben der Abgeordneten von Aachen aus dem Lager vor dem Schlosse Dick 1383	85
VII. Klagschreiben der Schöffen . . . der Stadt Halle im Hennegau gegen Johann von Reiferscheid an die Geschworenen des Landfriedens	86
VIII. Klage der Abtei Kamp bei den Geschworenen des Landfriedensbundes gegen Reinhard von Reiferscheid 1375	87

		Seite
IX.	Brief des Arnold Bolner und des Johan van Punt aus dem Lager vor Reiferscheid an den Rath von Aachen 1385	89
X.	Bruchstück eines Briefes der Geschworenen von Aachen aus dem Lager vor Reiferscheid	90
XI.	Schreiben der Geschworenen aus dem Lager 1385	90
XII.	Brief des Bürgermeisters Johan van Punt aus dem Lager 1385	91
XIII.	Schreiben der Geschworenen aus dem Lager 1385	92
XIV.	Desgleichen	94
XV.	Schreiben der Werkmeister und Bürger, die sich auf der Frankfurter Messe befanden, an den Bürgermeister Heinrich van der Linden 1385	95
XVI.	Urfehde des Johann von Reiferscheid 1385	96
XVII.	Schreiben der Stadt Aachen an den Ritter Johan van Dreiborn	97
XVIII.	Sühnebrief des Rutger van Droype 1393	98
XIX.	Schreiben des Ritters Wilhelm van Muysbach	99

Aachener Stadtrechnungen aus dem 14. Jahrhundert.

Ausgabe-Rechnung vom J. 1334	103
Ausgabe-Rechnung vom J. 1338	113
Ausgabe-Rechnung vom J. 1344	139
Einnahme-Rechnung vom J. 1344	166
Ausgabe-Rechnung vom J. 1346	170
Ausgabe-Rechnung vom J. 1349	197
Bruchstück einer Ausgabe-Rechnung vom J. 1353	228
Einnahme-Rechnung vom J. 1373	233
Ausgabe-Rechnung vom J. 1376	240
Anfang eines Einnahme-Verzeichnisses vom J. 1380	271
Bruchstück einer Ausgabe-Rechnung vom J. 1383	271
Monatsrechnung aus dem J. 1384	273
Rechnung über die Auslagen des Aachener Contingents bei der Belagerung des Schlosses zur Dick im J. 1383	276
Rechnung über die Auslagen des Aachener Contingents bei der Belagerung des Schlosses Reiferscheid im J. 1385	287
Ausgabe-Rechnung vom J. 1385	296
Einnahme-Rechnung vom J. 1385	356
Monatsrechnungen vom J. 1386	361
Einnahme-Rechnung vom J. 1387	365
Bruchstück einer Ausgabe-Rechnung vom J. 1390	371
Einzelne Monate der Ausgabe-Rechnung vom J. 1391	373
Einnahme-Rechnung vom J. 1391	382
Ausgabe-Rechnung vom J. 1394. (Auszug.)	389
Nachtrag. Bruchstück einer Ausgabe-Rechnung vom J. 1333	403

Verzeichnisse.

Chronologisches Verzeichniß der in den Rechnungen vorkommenden Geldsorten	412
Topographie von Aachen nach den Stadt-Rechnungen des 14. Jahrhunderts	420
Glossar	428

Die Aachener Stadtrechnungen
des 14. Jahrhunderts.

Die alten Einnahmen- und Ausgaben-Verzeichnisse einer Stadt bilden für ihre Geschichte eine wahre Fundgrube. Die darin zur Rechenschaft über den Stadthaushalt niedergeschriebenen Notizen sind frei von aller Absichtlichkeit, und da die Rechnungen der Aufsicht und Durchsicht des Magistrates, des Rathes und der Bürgerschaft unterlagen, konnten sie nicht leicht weder durch Fälschung noch durch Auslassung gegen die Wirklichkeit sich verstoßen; daher ihr Schweigen nicht weniger bedeutsam als ihre Angaben; diese aber tragen das Gepräge der unmittelbarsten Wahrheit und Treue, und sind mehr als andere Geschichtsquellen geeignet, uns sowohl in die innere Verfassung und Verwaltung, die Preisverhältnisse, das volkswirthschaftliche Leben, das Finanzwesen, als auch auf die äußeren politischen Beziehungen einer Stadtgemeinde einen klaren Blick thun zu lassen.

Leider besitzt das Aachener Archiv keine zusammenhängende Folge alter Stadtrechnungen, es ließe sich sonst leicht die Geschichte der Reichsstadt daraus zusammentragen; aber auch aus den einzelnen, aus dem 14. Jahrhundert uns noch erhaltenen lassen sich interessante Skizzen des damaligen bürgerlichen Lebens entwerfen.

Zahl der Rechnungen. Sprache. Geldwerth.

Die älteste ist ein Bruchstück einer Ausgaberechnung vom Jahr 1334 unter den Bürgermeistern Johann von Eyghorn und Wolter in Punt; sie ist wie die folgenden von 1338, 1344, 1346, 1349, 1353 auf viele Ellen langen, 6" bis 8" breiten, aufgerollten Pergamentstreifen in lateinischer Sprache geschrieben; die späteren von 1373, 1376, 1383, 1385, 1387, 1391, 1394 bestehen aus Papierrollen und Heftchen in Folio und bedienen sich seit 1376 der deutschen, d. h. der niederdeutschen Sprache, die vielfältig mit unserm heutigen Plattdeutsch übereinstimmt und theilweise nur durch dessen Kenntniß verständlich wird. Das Latein ist hin und wieder fast in komischer Weise mit deutschen Brocken gemischt; wo dem Rentmeister das lateinische Wort fehlt, flickt er ungenirt ein plattdeutsches ein; dabei beginnen alle Positionen mit item. So heißt es 1334:

Item de fovea lapidea in universo tam ad frangendum quam pro *hauwele, beckele, beren*, malleis erga Scroderocken emptis etc.

1338: item *deme esedele* (Einsiedler) in nemore prope Renardum ad vias reparandas.

1373: item pro uno *blok ze segen* et *ze fegen* u. s. w.

Zum leichtern Verständniß müssen hier einige kurze Bemerkungen über die damals gebräuchlichsten Geldsorten vorausgeschickt werden. Wie noch zu Anfang unseres Jahrhunderts trotz der bequemen französischen Münzen der echte Aachener von der reichsstädtischen Gewohnheit nach Marken zu rechnen nicht lassen konnte, so war auch im 14. Jahrhundert die Mark diejenige Münze, worauf alle anderen reducirt wurden. Sie hatte aber damals einen ganz andern Werth als in unseren Kinderzeiten.

Die Mark theilt sich in 12 Schillinge, der Schilling in 12 Denare, 1 Denar in 2 Obolen. Der Werth der Aachener Mark sank schon im 14. Jahrhundert beständig; denselben nach unserm Gelde zu bestimmen, müssen wir ihn mit dem Goldgulden, aureus fl. vergleichen, dessen Geltung in dem uns beschäftigenden Zeitraum als beinahe konstant angesehen werden kann. In dem von der hist. Kommission der königlichen Akademie der Wissenschaften in München 1862 herausgegebenen Werke „die Chroniken der fränkischen Städte" I. B. S. 224 ff. berechnet in einer ausführlichen Abhandlung über die Münzverhältnisse im 14. Jahrh. Professor Hegel den Goldgulden zu 5 fl. 40 kr. oder 3 Thlr. 10 Sgr. In der Rechnung von 1334 werden 2 aurei gleich gestellt 25 S. 2 D., mithin galt die Mark 3 Thlr. 5 Sgr. 1344 war die Mark nur $4/7$ eines aur. fl., also nach unserem Gelde nur mehr 1 Thlr. $27^{1}/_{2}$ Sgr. 1349 wird 1 aur. fl. zu 2 M. berechnet, mithin galt die Mark nur mehr 1 Thlr. 20 Sgr. 1376 ist 1 aur. fl. = $3^{1}/_{2}$ M., also 1 M. = $28^{1}/_{2}$ Sgr.; 1386 1 aur. fl. = $3^{3}/_{4}$ M.; und 1394 beträgt der Goldgulden, obgleich er auch etwas im Werthe gesunken war, schon $4^{1}/_{6}$ M., wonach die M. nur mehr $22^{1}/_{3}$ Sgr. galt. Also sank die M. in 60 Jahren auf weniger als ein Viertel ihres frühern Werthes. Wir wollen die Münzverhältnisse hier

nicht weiter verfolgen, da das Gesagte für unsern Zweck aus=
reicht, und zu einem Gegenstande übergehen, über welchen man
schwerlich in alten Stadtrechnungen Aufschluß suchen möchte, nämlich
zu den klimatischen Verhältnissen unserer Gegend.

Weinkultur und Weinverbrauch.

Daß das Aachener Becken vor der Entwaldung der Eifel sich
einer höheren und konstanteren Wärme erfreut haben muß, ist
wohl aus den vielfältigen Angaben über Weinbau innerhalb und
außerhalb der Stadt mit Sicherheit zu schließen. Die erste findet
sich 1334. It de vineis in gramine civium. Dieser Posten
kehrt in allen Ausgaberechnungen wieder und lautet 1385 It
den wingart zu machen in der burger huys, welches auch
„der Burger Gras" genannt wird und noch heute im Gras
heißt. Die noch gebräuchlichen Namen Wirichsbongard (im Jahre
1385 wirichsbungart) und Weingartsberg deuten auch auf Wein=
bau außerhalb der Stadt, und die Vermuthung scheint sich durch
die Rechnungen zu bestätigen. Im Jahre 1334 zahlte die Stadt
für die Anlegung eines Morgens Weinberg 5 M. Prämie; im
Ganzen werden 9 Morgen, jurnalia vinei positi, aufgezählt, darunter
2½, angelegt von Gerh. Chorus. Ob die Weinkultur in der Folge
noch zugenommen, darüber geben die vorhandenen Rechnungen
keinen Aufschluß. Sehr bedeutend aber muß der Weinverbrauch
hier gewesen sein, denn in allen vorhandenen Einnahmerechnungen
übersteigt die Wein=Accise (Verzehrsteuer) nicht bloß alle übrigen
Accisen zusammen, sondern die Hälfte der ganzen Jahres=Einnahme.
1344 betrug:

„Die assisia vinorum", „Winassis", Weinverzehrsteuer   9,324 M.
Die Mahlsteuer, „assisia multure, mailgelt", welche
an den Stadtthoren und in den beiden innerhalb
der Stadt gelegenen Mühlen, der Brudermühle*)
„Brodermohllen" und in der Mühle in „Heppiul"
(heute Heppion) erhoben wurde, ...   1,421 „

---

*) „Brudermühle", nicht Brodmühle, hieß die jetzt außer Betrieb gesetzte,
auf der Rennbahn gelegene und an den Klosterplatz anstoßende Mühle, weil sie
den Stiftsherren unseres Liebfrauen-Münsters, die in alter Zeit in klösterlichem
Verbande als Brüder, canonici regulares, zusammenwohnten, gehörte.

Die Bieraccise . . . . 2,425 M.
Sämmtliche Verzehrsteuern mit Ausnahme der Wein=
  steuer . . . . 7,252 „
Und die ganze Jahres-Einnahme . . . . . 18,387 „
Im Jahre 1373 brachte:
Die Weinsteuer . . . . 23,300 „
Mahlsteuer . . . . 733 „
Bieraccise . . . . 11,400 „
Alle Accisen zusammen mit der Weinsteuer . . . 41,237 „
Die ganze Jahres-Einnahme . . . . 42,327 „
Im Jahre 1385 betrug:
Die „Winassis" . . . . 28,000 „
overmitz*) Herrn Heinrich van der Linden (dieser
  war zugleich Bürgermeister), H. Hein. Chorus,
  H. Gerart Lewen, Arnolt Buck und Joh. Rulant
  von Hokirchen.
Die „Bierassis" . . . . 6,905 „
Das „Mailgelt" . . . . 875 „
Die Total-Einnahme des ganzen Jahres . . . 46,741 „

---

*) overmitz d. i. durch die Herren Heinrich van der Linden 2c. Wie ist dieses overmitz zu verstehen? In der lateinischen Rechnung von 1344 heißt es: magistri civium receperunt de assisia vinorum primi, secundi, tercii et quarti mensis *presentibus* Goswino Martini, Godefrido Kollin, Jo. Bulgin et Jo. Tilia, für die folgenden 4 Monate *presentibus* Jo. de Trajecto, Hermanno Hoystein, Ricolfo de Gurzenig et Wilhelmo Beyssel, und für die letzten 5 Monate *presentibus* Jo. Herman, G. Suysdranc, Ricolfo Nagel et Conrado de Eyghorne. Aus dem Wechsel der Personen und dem Worte presentibus, in Gegenwart, sollte man auf eine von den genannten Herren über die Weinaccise geführte Aufsicht schließen. Dagegen heißt es in der Rechnung von 1373: assisia vinorum valuit hoc anno *per* Arnoldum Wilde, Conradum de Eyghorn, Ja. de Punt, Arnoldum Volmer, Ja. Elreburn et Hermannum Durzant 23,300 M. Derselbe Ausdruck *per* wird gebraucht bei der Erhebung der Bieraccis, die, wie aus einer Stelle der Rechnung von 1385, wo von dem Weinkauf bei der Versteigerung der Bieraccis die Rede ist, erhellet, wirklich versteigert wurde. Darum heißt es auch oben bei der Bieraccis: „die habben". Nun bedient sich die Rechnung des Jahres 1387 desselben Wortes bei der Weinaccis: „bye wynassise galt dat jair xxvi M. (d. h. 26,000 M.), die habben her Heynr. van der Linden, her Heyn. Chorus, her Arnolt Buck ind Johan Palant (derselbe Ausdruck: „die habben" findet sich 1391); daraus ergibt sich klar, daß im 14. Jahrhundert die Weinsteuer in Verding gegeben wurde, wonach das obige overmitz zu verstehen ist.

Im Jahre 1387 ergab:

Die Steuer vom Wein overmitz heren Heinrich
van der Linden (Bürgermeister), Heinr. Chorus,
Arnolt Buck, Joh. Palant. . . . . 26,000 M.
Die „Bierassis". . . . . 6,700 „
Die habben Joh. Durrebuhche, Meis ant Kruytz,
Rickolf der Bruwer und Heinr. Clercke.
„Mailgelt" . . . . 705 „
Sämmtliche Accisen zusammen . . . . 45,211 „

Nach welchem Maßstabe die Weinsteuer im 14. Jahrhundert erhoben wurde, ist weder aus den vorhandenen Rechnungen, noch aus sonstigen Dokumenten zu ersehen. Es würde sich daraus das verzehrte Quantum mit Sicherheit bestimmen lassen. Daß aber in jenem Jahrhundert das Weintrinken allgemeiner gewesen sein muß, als heut zu Tage, geht aus andern Angaben klar hervor. Kein Geschäft wurde abgeschlossen oder es wurde durch einen Trunk Wein „vinicopium, Wynkof" besiegelt; alle Fremden, alle Boten, Gesandte, kurz, wer irgend ein Geschäft mit den städtischen Behörden hatte, dem wurde mit einer Weinspende aufgewartet. 1344 werden solcher „particulares propinationes" besonderer Weinspenden, im Gegensatz zu den gewöhnlichen bei allen Festen wiederkehrenden, nicht weniger als 309 mit Namensangabe der beschenkten Personen aufgeführt, die im Ganzen 5 Fuder, 3 Ahm und 17 Sextar betrugen. Das Fuder hatte 6 Ahm. Die Ahm 30 *sextaria*, welche in den deutschen Rechnungen Beirdell heißen, das Sextar 4 quartas oder Quart. Von zweien dieser Fuder kostete die Quart 2 Hallische Schilling oder 4 Schilling 4⅘ Denar Aachener („Eyschen") Geldes, mithin die Ahm (zu 120 Quart) 24 M., nach dem heutigen Gelde 46 Thlr., ein sehr anständiger

---

Das Gesagte wird vollständig durch eine Notiz aus dem Jahre 1393 bestätigt und näher erläutert. Darin wird bestimmt, daß die Weinaccise an den Meistbietenden versteigert werden, dem Rath aber frei stehen soll, das letzte Gebot anzunehmen, oder die Accise durch Angestellte erheben zu lassen. Ersteren Falls soll der Ansteigerer „der sy veil off weniche, die solen halven gesellen syn, ind die stat eyn halff geselle syn zo wennen ind zo verliessen, ind die mach off sy wilt eynen off zwein uyss bem rade bar by schicken;" d. h. der Ansteigerer soll Gewinn und Verlust mit der Stadt theilen, und diese wenn sie will ihm einen oder zwei Räthe beigesellen. (S. Beil. I.)

Preis, der nicht auf eigenes Wachsthum schließen läßt. Der Rest kostete per Quart 1 Aachener Schilling, mithin die Ahm 10 M. oder 19 Thlr. 5 Sgr. Im Jahre 1334 wird den Wächtern am Kirmesabend Wein geschenkt, wovon die Ahm 5 M. kostete, was nach dem damaligen Werth der Mark 15 Thlr. 25 Sgr. betrug.

Bedeutend waren oft die Weingeschenke und Spenden an hohe und höchste Personen. Bei der Krönung Karl's IV. im Jahre 1349 kaufte die Stadt bei Konrad von Eyghorn 6 große Fässer Wein (IV magna dolea vinorum), die 7 Fuder (plaustra), 3 Ahm und 18 Sextar hielten, wovon dem Könige 3 Fässer gespendet wurden (propinata fuerunt). Ferner bei Nikolaus von Tungern 15 Ahm und 6 Sextar, jede Ahm zu 19 Mark, und bei Jakob Saissen 3 Fuder, 5 Ahm weniger 4 Sextar, das Ganze im Betrag von 1619 M. 9 S. Bei der Krönung Wenzel's 1376 „gaff man unsere here beme kuynnhuck vyer stuck whyns, dat eyn hielt sieven amen ind vyer veirdell. dat ander hielt sievendehalve ame, dat dirde hielt eyn vueber mer dry veirdell, ind dat veirde hielt sievendehalve ame ind eyn veirdell, so compt die summe van den vyer stucken whyns up vyer vueber whyns, zwä amen ind eicht veirdell, die comen an gelde dat vueber vur hundert ind LXX m. vergolden up VII^c XLIIII m. ind II s. VIII d." (d. i. 744 M. 2 S. 8 D.)

Meth.

Neben Wein und Bier war in Aachen im 14. Jahrhundert noch ein anderes Getränk üblich, welches unter dem Namen „mede" (Meth, Honigbier oder Honigwein) in den Rechnungen vorkommt, und besonders zu Geschenken an benachbarte geistliche und weltliche Fürsten und Herren, außerdem aber auch wie der Wein, nur in weit geringerem Maße, zu Spenden verwendet wurde. Es war dieses ein der Stadt eigenthümliches, ziemlich kostspieliges Gebräu. Die Preise wechseln sehr nach den Jahren; 1349 ist die Ahm zu 15 M., 1385 zu 38 M. und 1390 zu 46 M. verzeichnet. Unter den beschenkten Herren werden 1385 aufgeführt: die Bischöfe von Trier, Köln, Lüttich, die Herzogin von Brabant, der Herzog von Jülich mit 3½, 3, 2½, 3½ und 3 Ahm, dann die Herren von Schönforst, von Valkenburg, von Gronselt, Johann van den Grave, die Rentmeister von Lüttich und von Brabant zu Tricht (Mastricht), jeder mit 1 Ahm, und der Schreiber von Ehrenveltz, Herr Reynart

von Boppard und von Breydenbent mit 9 bis 10 Veirdell; ferner
„unſern hehrren vanme rabe, yber raitzman, die den mede drunken*),
2 quart ind ezliche dubel (und einige das Doppelte) ind den
virgierren**), den vasbendern ind anderen unſer hehrren geſinde
45 veird." Endlich „It. van gemeynen geſchenke durch tiair rit=
teren, kneichten, heren, brauwen up deme ſale ind anderswá up
veil enden, zu Bruyſſel 2 ámen ind 9 veirdell." D. h. an ge=
wöhnlichen Geſchenken das Jahr hindurch Rittern, Knechten, Herren,
Frauen auf dem Rathhauſe und anderswo an vielen Stellen, in
Brüſſel, d. i. in der Schöffen=Gerichtsſtube. Den auswärtigen
Herren wurde der Meth auf ſtädtiſche Koſten zugeführt, dem
Biſchofe von Köln nach Lechenich, dem Biſchofe von Trier über
Bonn nach Ehrberſtein (Ehrenbreitſtein), wohin die Fracht 31 M.
9 S. betrug, dem Herzoge von Jülich nach Kaſtern u. ſ. w. Es
geſchah das Ueberbringen mit einer gewiſſen Feierlichkeit, denn neben
den Fuhrleuten ritt ein Bote mit, „den mede zu preſentiren". Die
Summe der Geſchenke betrug in genanntem Jahre 4 Fuder, 4
Ahm und 3½ Veird, die Ahm zu 38 M., machte an Geld 1068
M. 2 S.

Tagelohn und Preiſe der Lebensmittel.

Aus den häufigen Weinſpenden an Hohe und Niedere bis hinab
zu den Tagelöhnern, denen damals für die gewöhnlichſten Arbeiten
Wein gereicht wurde, wie ſie heute Schnaps erhalten, darf man
mit Sicherheit ſchließen, daß der Weingenuß auch in den unterſten
Ständen eine allgemeinere Verbreitung gehabt habe. Das ſetzt
aber nothwendig einen höheren, allgemeineren Wohlſtand in den
geringern Klaſſen voraus, und dieſe Unterſtellung wird durch das
Verhältniß der Löhne zu dem Preiſe der Lebensmittel vollſtändig
beſtätigt. Den kleinſten Tagelohn verdiente damals wie heute der
Handlanger, in den Rechnungen „operman", auch „operkneicht"
genannt, wie er noch heute im Munde des Volkes Uperknäet
heißt. Sein Tagelohn wird in allen Rechnungen, zuerſt 1353, zu
6 Schillingen oder 72 Denare d. i. ½ Mark angegeben; die Hand=
werker, nämlich Schreiner, Schmiede ꝛc. verdienten 10, der Meiſter

---

*) 1390 heißt es: „du man den mede pruvede" (als man den Meth
prüfte).
**) S. Beilage I.

immer 12 Schillinge. 1383 kostete eine Ahm Wein, wovon auf der Ausfahrt zur Zerstörung des Schlosses Dick von Herren und Dienstleuten getrunken wurde, 12 M., mithin das Quart, ungefähr 1½ unserer Flaschen, 1⅓ Schilling, das ist der fünfte Theil des Tagelohnes eines Handlangers; für ¹/₁₅ desselben konnte er also eine halbe Flasche ausstechen, dafür hat er heute kaum so viel trinkbares Bier, wie vielmehr durfte sich der Handwerker bei seinem fast das Doppelte betragenden Verdienste den Weingenuß erlauben, zumal da Brod und Fleisch nur einen kleinen Theil seines Lohnes in Anspruch nahmen.

Nach der im Archiv vorhandenen Brodtaxe des Jahres 1386 und 1357 (s. Beilage II) mußte ein Roggenbrod zu 1 Schilling wiegen 5½ Pfund, und ein Weizenbrod von 7 „Beirbunck" sollte kosten 4 Denare. Beirbunck oder Vierbung wird von Wallraf (Altdeutsch. hist. dipl. Wörterbuch) durch ein Viertel Pfund erklärt; in Regensburg wurde im J. 1311 bestimmt, daß auf das Pfund 9 Vierbung gehen sollten. (Schmeller bayer. Wörterbuch I. S. 633.) Nehmen wir nun letztere Bestimmung an, so kaufte der Handlanger für ⅙ seines Tagelohnes 5½ Pfund Roggenbrod und für ¹/₁₃ desselben, nämlich für 4 Denare 23 Loth Weisbrod. Den wievielsten Theil seines Lohnes müßte er heute dazu verwenden? — Damals kostete ein Schaf 2½ M., ein Hammel 3½ M., 1 halber Ochse 24 M., 1 Schwein 4 M., 1 Rind 22 M., 1 Paar Schuhe 6 bis 8 Schilling; 13 Hühner 2 M., 1 Gans 3⅔ Schilling; mithin verdiente der Handlanger in 5 Tagen 1 Schaf, in 7 einen Hammel, in 8 ein Schwein, in einem Tage beinahe 2 Gänse und mehr als 3 Hühner, in 1 oder 1⅓ Tag ein Paar Schuhe, in 8 Wochen einen halben Ochsen. Der Rock eines Pfeifers oder Trompeters kostete 1385 6 M. und 1 S., der Winterrock des Stadtdieners Clöschyn 7 M. 4 S., 1 Paar Hosen 3 M. 1½ S. Das war auch für einen Handlanger nicht unerschwinglich. Dabei waren die Kleider nicht der wechselnden Mode unterworfen, und da die Kunstwolle noch nicht erfunden, die Stoffe derb und dauerhaft.

Armenpflege.

Aus allem dem ergibt sich, daß man im 14. Jahrhundert weit leichter und reichlicher mit seiner Hände Arbeit sich ernähren konnte, als heutzutage. Arme gab's dennoch, das ist der Antheil der menschlichen Gebrechlichkeit und Sündhaftigkeit, den uns der Heiland für immer vorausgesagt hat; aber den Pauperismus der neuern Zeit, wo der Mann den Schweiß des Angesichts, womit er sein Brod verdiene, nicht mehr finden kann, den kannte man damals nicht, ebensowenig wie die neuere, gezwungene, kommunistische Armenpflege durch den Staat. Die Gemeinde gab auch damals Almosen, aber aus freien Stücken, pro deo, ut pauperes orarent pro civitate, (Gott zu Lieb, damit die Armen für die Stadt beteten), wie dieses auch die Bürgermeister auf städtische Kosten thaten, wenn sie in Gemeinde-Angelegenheiten reisten oder zu Feld zogen. Uebrigens finden wir nur sehr unbedeutende Summen zu öffentlichen Almosen verwendet. 1334: pro allecibus et pane datis husarmen et pauperibus XIII m. in jejunio, „für Häringe und Brod vertheilt an Hausarme und Bettler in der Fasten dreizehn Mark", und zwar für das ganze Jahr. 1338 werden den Bettelorden der Mindernbrüder, Augustiner, Prediger, den Weißen Frauen und den Hausarmen Brod und Häringe in der Fasten für 38 M. 9 S. ausgetheilt, und am Charfreitag, wo die Bürgermeister mit den Religiosen zu speisen pflegten, schickten sie ihnen für 12 M. und 9 S. Wein und Fische. In demselben Jahre war Mißwachs und Noth, worüber die Rechnung sich ganz naiv ausdrückt. It. post pascha dicebatur, quod Imperator deberet venire et misere stetit in terra. Tunc datus fuit pauperibus in domo Hoyn commestus; tunc Domini dederunt in subsidium hujus commestus X m., ut orarent pro civitate. „Nach Ostern hieß es, der Kaiser sollte kommen, und es stand traurig auf Erden. Da wurde den Armen im Hause Hoyn ein Essen gegeben; da gaben die Herren als Beihülfe zu diesem Essen 10 Mark, damit sie für die Bürgerschaft beten sollten."

Besoldungen.

Mit den wohlfeilen Lebensmitteln standen die Besoldungen im Verhältniß. „Der steede gesinde" d. h. die Stadtdiener, deren 1385 zehn angegeben sind, erhielten monatlich, oder besser gesagt alle 4 Wochen, denn das Jahr wurde in 13 Monate getheilt, 27 M. 8 S.; Moerchyn „der emer, van den amen zu benden", also der städtische Faßbinder monatlich 28 S., jeder Söldner, monatlich 50 bis 56 M., die Wächter, 20 an der Zahl, 4½ M., die zwei „Kempen" 4 M., „Arnolt in den Broinhoff, Proffioin (Schreinermeister) und Wilhelm in der Burger Huys" jeder 2 M.

Für Auffstellung der monatlichen Rechnung wurden verausgabt 4. M. 9 S., Kosten auf der Leufe*) der Bürgermeister betrugen jeden Monat 17 M. 8 S., und die beiden Rentmeister Mathis und Rickolff Colyn hatten neben ihrem Jahrgehalt noch für jede Rechnung 2 M. Jeder der beiden Pfeifer und Trompeter bezog jährlich an Sold 25 M., Gerard Moelneir „van synen jairloin der Banckloken" (der Armen Sünder-Glocke, die geläutet ward, wenn eine Hinrichtung stattfand) 5 M., Meister Bredelene der „uhrclockmeister" an Jahreslohn 100 M., die beiden Förster jeder 40 M., Meister Niklas der Arzt wird 1344 mit hundert, ein cirordicus, Chyrurg, mit 50 M. jährlich besoldet. Höher besoldet waren die beiden Rentmeister, deren jeder jährlich 200 M. bezog, das Jahrgehalt der beiden Bürgermeister betrug während des ganzen Jahrhunderts nur 100 M. für jeden.**) Ihr Amt war ein Ehrenamt und dauerte nur ein Jahr, nach Verlauf desselben waren sie das folg. Jahr abgestandene Bürgermeister und konnten danach wieder gewählt werden. Alle Ausgaben im Amte und Interesse der Stadt wurden ihnen ersetzt; die Reisen machten sie zu Pferde, die Pferde wurden von der Stadt angeschafft und unterhalten, bald sechs bald acht an der Zahl, in mehreren Rechnungen sind jedem Bürgermeister für Futterkosten 150 M. ausgeworfen, außerdem werden gezahlt: „Meyster Johanne, deme Huyffsmede van der steede perden zu besloin (beschlagen), ind meister Kunen 28 M. St. meister Theis, deme sedeleir (Sattler), van seedelen, zoemen, halteren, gegoerden (Gurten) ind mencherley gereyde zu der steede perden 80 M." Reichten die städtischen Pferde zu einer Reise nicht aus, dann wurden Miethpferde „Hurperde" hinzugenommen. Der Preis eines Pferdes war damals wie heute sehr schwankend je nach dem Werthe; so heißt es 1385 in zwei auf einanderfolgenden Posten: „It. umb eyn gra (grau) pert 25 gulden, valent (machen) 91 M. 8 S." und „It. umb eyn swarze pert 14 gulden, valent 51 M. 4 S. Neben der festen Besoldung und Kleidung für den

---

*) Leuf hieß der Versammlungssaal einer Genossenschaft. Eine jede Zunft besaß ihre Leuf.

**) Das Gehalt der Bürgermeister wird zuerst erwähnt 1349. In den frühern Jahrgängen 1338, 44 und 46 werden Ausgaben für die Kleider der Bürgermeister aufgeführt; solche Posten finden sich in den spätern, wo des Gehaltes Erwähnung geschieht, nicht mehr.

Sommer und für den Winter erhielten aber die städtischen Beamten nicht bloß die schon erwähnten reichlichen Weinspenden, sondern auch Festgaben an Geld und Frucht, und zwar an fünf Festtagen, nämlich: Ostern, Pfingsten, Kirchweihe, (Alexius) Allerheiligen und Christtag das Stadtgesinde jedesmal 5 M., die Wächter 32 S.: ferner erhielten die Wächter, die Trumper und Pfeifer und noch vier andere um Christtag und um Ostern jeder ½ Mud Roggen. (Ein Mud war ungefähr 4 Scheffel.) Das ganze Gemeinwesen glich einem großen Familien-Haushalt; zur treuen Pflichtleistung wurde durch Geschenke ermuntert, vigilatoribus in dedicacione, ut bene vigilarent. Den Wächtern wurde um Kirchweihe, damit sie gut wachten, Geld und Wein geschenkt; jede treue Dienstleistung, auch die amtliche, erhielt ihre besondere Belohnung. „It. den weyghteren in butyssen ind in binnen um dat sy all die zyt uyss wagbden, dat man vur Ryfferscheit loch, den van butyssen 3 M. ind den van bynnen 2 M. summa 51 M."; natürlich erhielten sie dieses neben ihrem gewöhnlichen Lohn. Das Wachen wird in ruhigen Zeiten auch wohl ebenso gemüthlich vollzogen worden sein, wie dieses in einer benachbarten holländischen Grenzfestung noch unlängst der Fall war, wo die Schildwache bei Tage auf Pantoffeln auf und ab wandelte und Abends ihr Schilderhaus dem Wohlwollen der Vorübergehenden empfahl, ohne daß darum unsere Urväter ihr Eigenthum, Rechte und Gerechtigkeiten leichten Kaufes Preis gaben, so wenig wie die heutigen Holländer dieses thun. — Gebrach es einem städtischen Beamten an irgend etwas, so wurde besonders geholfen. „It. Henkin, den boede (dem Boten) van gebreche, dat hee veil gereyden have dorch dat iair 14 M." „Cuinen up den sal gaff man du hee sieche was" (als er krank war) 5 M. „1391. It. Leonart der steede knecht umb dat hee swach is 2 M." — Das Stadtgesinde scheint neben seinen amtlichen auch noch, etwa wie heut zu Tage die Nachtwächter, seine eigenen Beschäftigungen gehabt zu haben, womit aber nicht viel zu verdienen war, deshalb wurde ihnen am Ende des Jahres noch eine besondere Zulage ausgeworfen. „1338, 44 u. 46 familie civitatis datum quia parum lucrantur 18 M.;" den Stadtdienern wurden, weil sie wenig erwerben, 18 M., jedem 2 gegeben. So geht durch die Verwaltung ein Zug von väterlichem Wohlwollen, sehr verschieden von der heutigen büreaukratischen Steifheit und dem Polizeistocke. Auf Schreiberei wurde nicht viel Geld verwandt, nur ein Posten findet sich im J. 1355. „It. Laurens van veil schrivens durch tiair ind van encke 12 M." Für vieles Schreiben das Jahr hindurch und für Dinte werden also nur 12 M. verausgabt. — Briefposten und Postwagen gab es noch nicht, deshalb wurden alle Bestellungen durch Boten und zwar wegen der schlechten Landstraßen meistens zu Pferde besorgt, und alle Verhandlungen in persönlichen Zusammenkünften abgemacht. Die Botendienste nehmen jedes Jahr einen bedeutenden Theil, manchmal mehr als ein Zehntel der ganzen Ausgabe in Anspruch; diese betrug im Jahre 1344: 18337 M. und die Botendienste und Gesandtschaften „expensae nunciorum hinc inde missorum" 1991 M., wobei die Reisen der Bürgermeister nicht mitgerechnet sind.

Faustkämpfer.

In allen Rechnungen kommen „pugilatores Kempen" Faustkämpfer vor, jeder in der ersten Hälfte des Jahrhunderts mit 1, im letzten Viertel desselben mit 2 M. monatlich besoldet (gerade in dem Verhältniß war die Mark im Werthe gesunken), außerdem auf Stadtkosten gekleidet. Zuweilen hatten sie die Rechte der Stadt mit der Faust zu vertreten. 1338 ist Rede von einem Streithandel der Stadt mit einem Herrn Harkrad von Schohnnecken, den die Faustkämpfer Scotard und Behsennecken ausmachen sollten. Sie werden von einem Meister Wiricus unterrichtet, wofür dieser 25 kleine Goldgulden oder 33 M. 9 S. nebst Kleidern und für sich, seinen Diener und die Kempen freie Zeche erhält. Dieser Harkrad scheint ein gefährlicher Kamerad gewesen zu sein, denn es werden Briefe gegen ihn und seine Gefährten erlassen und Fanggeld gegen sie ausgesetzt, und drei Kundschafter aufs Land geschickt, um zu erfahren, ob er einen Zug ausführe, und ob er etwas und was er vorhätte. „It. tribus perscrutatoribus emissis in terram ad percipiendum et videndum, si ipse dominus Harcradus aliquam expedicionem faceret et de proposito suo, siquid proponeret." Dann wird der Zweikampf angesagt, die Streitkolben werden mit Riemen, und die Kämpfer mit Gürteln und leinenen Hosen versehen. „It. pro duobus kampkluppel preparandis corrigeis et zonis, It. pro cingulis pugilatorum. It. pro lineis bracis pugilatorum." Doch zum Glücke wurden die Kampklüppel nicht mit Blut geröthet und die leinenen Hosen kamen nicht in Gefahr, es ging wie es in der Kölner Chronik heißt: In dem joir bu was ene blobige freg, doch Gob gaf, dat nemand blaf. Denn die Rechnung fährt fort: „It quum reconciliatum fuit, illo. die domini nostri diu fuerunt invicem et tunc congregati commederunt cum scabinis in domo Bruxella et expendiderunt ibi 4 m. et 3 s." Als man sich versöhnte, an dem Tage waren unsere Herren lange zusammen und speisten dann gemeinschaftlich mit den Schöffen in dem Hause Brüssel, (dem Gerichtslokale der Schöffen) und verzehrten da 4 Mark und 3 Schilling. — Gewiß ein wohlfeiles Mahl, während die Vorbereitungen zum Kampfe 91 M. und 6 S. gekostet hatten.

Der gemüthlichen alten Zeit fehlte auch nicht ihre gewaltthätige Seite. Namentlich scheinen unsere Altvordern ziemlich rasch zum Messer gegriffen zu haben; denn in mehreren Rechnungen finden wir besondere Belohnungen für Wächter und Gerichtsdiener ausgeworfen dafür, daß sie umhergingen die Messer zu verbieten. 1338 „famulis judicii inhibentibus cultella et quum circumiverunt cum nunciis civitatis de hospicio in hospicium et inhibuerunt 1 m." „It. Woltero Kaskin circumeunti omni septimana bis et prohibenti cultella. 5 m." Es muß also im Jahre 1338 der Unfug, im Streite das Messer zu gebrauchen, sehr um sich gegriffen haben, da Wolter Kaskin alle Wochen umhergehen mußte, die Messer zu untersagen. — Großen Erfolg muß übrigens das Umhergehen und Verbieten nicht gehabt haben, denn des Verbotes geschieht wiederholt noch in mehreren späteren Rechnungen Erwähnung.

Kirchenfeste und Betheiligung des Magistrats.

Die Krönungsstadt Aachen stand als freie Reichsstadt unmittelbar unter dem Kaiser und hatte keinen andern Herrn über sich, verwaltete ihre Angelegenheiten selbstständig nach eigenem Ermessen (Dipl. Ludwigs IV. 1342 und Karls IV. 1357); selbst dem Könige und dem Kaiser hatte sie nur so viel zu geben als sie selbst wollte. (Dipl. Friedrichs II. 1215). Das Münzrecht verlieh ihr schon Friedrich Rothbart im Jahre 1166 nebst zwei Jahrmärkten jährlich. Die Aachener Kaufleute genossen Zollfreiheit im ganzen römischen Reiche (Dipl. Friedrichs II. 1215); die Bürger durften vor kein auswärtiges Gericht geladen und nur vor ihrem Schöffenstuhl belangt werden; (Dipl. Karls IV., 1349, 1362, 1474, Sigismund 1431, 1435). Der große Rath und das Schöffengericht erkannten über Leben und Tod, und an dieses Schöffengericht konnte man aus dem ganzen römischen Reiche diesseits der Alpen gegen alle von Schöffengerichten oder Stadtrichtern ergangene Urtheile appelliren. (Dipl. Karls IV. 1356.) Alle diese und noch manche andere Privilegien und Freiheiten verdankte Aachen der Vorliebe und Vorsorge Karls des Großen, der vom hiesigen Palaste aus das große Reich regierte, und hier das noch vorhandene Liebfrauen-Münster erbaute, worin die Gebeine des Helden, nachdem er sein thatenreiches Leben heilig beschlossen, erst in geweihter Gruft, dann in kostbarem Goldschreine ihre Ruhestätte fanden. Voll Ehrfurcht thun alle spätern deutschen Könige und Kaiser ihres großen Vorgängers im Eingang der Bestätigungen unserer Stadtprivilegien schier übereinstimmend mit folgenden Worten Erwähnung, wie sie in der schon angeführten Urkunde Friedrichs des Rothbarts vom Jahre 1166 vorkommen: „Quum Aquisgranum locus regalis tum pro sanctissimo corpore beati Karoli Imperatoris inibi glorificato, quod solus ipse fovere cernitur, tum pro sede regali in qua primo Imperatores Romanorum coronantur, omnes provincias et civitates dignitatis & honoris praerogativa precellit, congruum & racionabile est, ut exemplo domini & sancti Karoli aliorumque precessorum nostrorum eundem locum imperialis defensionis et nostre clemencie privilegiis et libertatis institutione quasi muro et turribus muniamus." „Da Aachen, der königliche Ort, sowohl wegen des dort verherrlichten Leibes des seligen Kaisers Karl, den es allein bewahrt, als auch wegen des königlichen Stuhls, auf welchem zuerst die römischen Kaiser gekrönt werden, alle Provinzen und Städte an Vorrang der Würde und Ehre überstrahlt, so ist es passend und vernünftig, daß wir nach dem Beispiel des Herrn und Heiligen Karl und unserer andern Vorgänger*) denselben Ort mit den Vorrechten unseres kaiserlichen Schutzes und unserer Huld und mit Freiheiten gleichwie mit Mauern und Thürmen befestigen."

Von Dankbarkeit gegen den h. Karl, den ersten aller christlichen Kaiser und den größten aller Fürsten durchdrungen, ließen unsere Vorfahren es sich nicht nehmen, seine Feste aus öffentlichen Mitteln zu verherrlichen. Wie die Stadtbehörde am Frohnleichnamstage,

---

*) Leider besitzt unser Stadtarchiv die Privilegiums-Urkunden der hier erwähnten früheren Kaiser nicht mehr.

nachdem sie vorher sorgfältig überall wo die Prozession herzog das Pflaster*) hatte in Stand setzen lassen, für die Ausschmückung des Marktes, für Fackeln und Lichter sorgte, alle an der Feier theilnehmenden Priester mit Presenzgeldern, die Ordensleute, namentlich die Stiftsfrauen von Burtscheid, die Weißen Frauen, die Minderbrüder, Augustiner, Prediger und die zur Verschönerung des Festes thätigen Laien, den veybeler (Fiebeler) nicht zu vergessen, mit reichlichen Geld- und Weinspenden belohnte**), in demselben Grade betheiligte sie sich an den Festen ihres h. Stifters und Schutzpatrons.

Damals wurde Karl der Große an zweien Tagen gefeiert, am 28. Januar, wie noch heute, und am 27. Juli, dem Feste der Uebertragung seiner Reliquien. Das letztere heißt in den Rechnungen vor 1350 novum festum sci Karoli. An demselben wurden nicht nur den Kanonichen des Münsterstiftes 2, 4½ bis 7 Mark „ad presenciam" für ihre persönliche Theilnahme, und ihnen und den Ordensleuten die gewöhnlichen Weinspenden verabreicht, sondern der Magistrat ließ auch die Lichterkrone im Oktogon anzünden, „de corona illuminanda", im J. 1338 „de corona *in choro* illuminanda", 6 S., und bezahlte auch das Läuten „de pulsacione *dribbendey*" 21 S., unser jetziges Beiern, was noch in Eupen trepetreye heißt. In den späteren Jahrgängen desselben Jahrhunderts betheiligt sich die Stadt an dem heutigen Karlsfest und dem Oktavtage desselben, wo auch die Meß-

---

*) Die Straßenpflasterungen, viae lapideae, bilden fortlaufende Ausgaben in allen Rechnungen. 1344 wo mehrere Straßen gepflastert wurden, ließ man Arbeiter von Lüttich kommen »Woltero Kaskin misso Loodii pro factoribus viarum lapidearum in platea sci Petri.«

**) 1344, Primo de presencia datum omnibus presbyteris in die sacramenti et de vino eodem die . . Fratribus minoribus, Augustinis, Predicatoribus, Monialibus Porchetensibus et Albabus dominabus 24 m. 7 s. It. de torthise (Fackeln, torches) et aliis candelis eodem die habitis 16 m. 4 s.

It. de velo consuendo et de virga ac de Kroym, (Traghimmel, vielleicht unser heutiges plattdeutsches Krom?) sub quo corpus Christi portatur. 33 s. 3 d. It. de aliis diversis expensis hinc inde eodem die habitis, videlicet laborantibus et portantibus velum, tripes, pro cordibus, funibus junctis, gramine, kuyggele cirotecis et aliis diversis 3½ m. 4 s. 10 d.

It. eodem die .. Smelkin veydeler datum 6 s.
It. den winscrodern (Schrötern) solet dari 1 m.
1346 heißt es: It. pro chordis, funibus, kuyggelen, gramine in foro junctis supra lobia monialium.

knaben bedacht werden, 1391 „It. den vikerisen 12 S." vicariolis, die im Munde des Volkes heute noch Evekärese genannt werden. So ging damals der Magistrat mit den Stiftsherren Hand in Hand. Das war in einer Zeit, wo jeder Stand seine Rechte mit schlauem Eifer hütete und mit zäher Ausdauer vertheidigte, nicht immer der Fall. Um die nicht scharf gezogenen Grenzen entspannen sich oft Streitigkeiten, die erst nach vielen Jahrzehnten durch Vergleich endigten. Man erinnere sich nur an den Zwist zwischen Magistrat und Stift um die Aufbewahrung der großen Reliquien, der endlich dahin ausgeglichen wurde, daß von dem getheilten Schlüssel das Kapitel die eine Hälfte, den Ring, der Magistrat die andere, den Bart, in Verwahr nahm, so daß, ohne Gewalt zu brauchen, Beider Mitwirkung zur Eröffnung nöthig war, wie es heute noch ist. Als seit dem J. 1562 die Krönungen der deutschen Könige nicht mehr in Aachen, sondern gegen altes Herkommen und Recht und gegen die Satzungen der goldenen Bulle in Frankfurt vollzogen wurden, lieferte die Ueberbringung der hier im Münster aufbewahrten Reichsinsignien einen neuen Zankapfel. Der Magistrat, der durch seine Abgeordneten wie das Stift durch die seinigen dazu mitwirkte, wollte auch bei der Herausnahme der Insignien aus ihrem Verschlusse und bei ihrer Hinterlegung zugegen sein. Das suchten aber die Stiftsherren zu verhüten, um sich dadurch das Recht der Aufbewahrung allein zu vindiciren. Bei der Eröffnung konnten sie das leicht bewerkstelligen, indem sie dieselbe vornahmen, ohne vorher den Magistrat davon in Kenntniß zu setzen. Schwieriger war dies bei Hinterlegung der Insignien, weil die Abgeordneten des Rathes dieselben zugleich mit den Stiftsherren heimbrachten. Aber die Schlauheit der letzteren wußte sich zu helfen, wie dieses sich ergibt aus dem von dem ehrsamen Rathssekretarius Couet verfaßten „Prothecollum et relatio über allem deme, was sich bey der Statt-Aachischer Deputation ad actum coronationis Ihro Kaiserlicher Majestät Carl des Sechsten in des heyligen Römischen Reichs freyer Statt Franckfurt ahm Mayn in Decembri 1711 denckwürdiges zugetragen." Couet hatte die Reise nach Frankfurt mitgemacht, und erzählt, wie bei der Heimkehr Eines Ehrsamen Rathes Abgeordnete unter Begleitung von 200 Reitern, mit denen der Vogtmajor von Meuthen vor dem Wagen geritten, zum Kölnthor hinein, dann stattlich durch Großkölnstraße, über den Markt bis zum Münster gefahren seien.

„Nicht ohne Verwunderung aber", fährt er fort, „haben Es. Er. Raths HH. Deputirte, alß dieselbe im Münster, gestalten der Reposition deren Insignien mit beyzuwohnen, kommen, und gemeint, daß des Capituls HH. Deputati mit ihrem Carosse hinter den Carosse Es. Er. Rathß folgen thäten, gleich wie dieselbe den gantzen weg über gefolget waren, erfahren, daß gedachte HH. Capitulares beym Einzug in der statt sich ahn Cöllerpfort von Ihnen detachirt, durch St. Peterstraß zur Kirchen allein gefahren, und dermaßen geeilet, daß bei ahnkombst Es. Er. Raths HH. Deputirten in der Kirchen, die Insignia in der Sacristey würcklich hingestellt geweßen, und dieselbe also zu Ihrer unleidentlicher Verschimpfung von dem in der Kirchen stehenden Canonico Moers erfahren mußen, wie daß die Einsetzung deren Insignien schon geschehen, und die Capitularische HH. Deputati bereits aus der Kirchen hinweg weren."

Geschenke an hohe und höchste Personen.

Kehren wir nach dieser mehr komischen als ernsten Episode aus dem 18. wieder in das 14. Jahrhundert zurück und sehen, welche Geschenke den Fürsten von der Stadt gemacht wurden und wie die damaligen Gewerfe dabei vertreten waren.

Der Selbstständigkeit der Krönungsstadt mit ihren ausgedehnten Rechten und Freiheiten entsprach nicht ihre Macht zum Schutze nach außen; dieser Schutz mußte bei den mächtigeren benachbarten Fürsten gesucht werden.

Als daher Karl IV. im Jahre 1349 der Stadt Aachen ihre Privilegien von Neuem bestätigte, empfahl er zugleich die Bürger der Obhut des Markgrafen von Jülich*), des Erzbischofes von Köln, des Bischofes von Lüttich, des Herzogs von Geldern, des Herzogs von Brabant, des Grafen von Loos, des Grafen von Berg, des Herrn von Valkenburg, des Herrn von Limburg und Mecheln und schließlich aller Getreuen des h. römischen Reiches. Es lag daher im Interesse der Stadt, das Wohlwollen der Schutzherren von Zeit zu Zeit durch Geschenke wieder neu zu beleben. Dazu dienten zum Theil auch die schon früher erwähnten Methsendungen, doch wurden auch Geldgeschenke von den hohen Herren

---

*) Dieses Empfehlungsschreiben ist bereits von Quix Cod. dipl. S. 256 in extenso mitgetheilt, von den andern der Inhalt angeführt.

nicht verschmäht. Als der junge Markgraf Gerhard von Jülich im Jahre 1344 zum Ritter geschlagen wurde, schenkte ihm die Stadt 150 M. und seinem Bruder Wilhelm 40 M., dem erstern ferner bei seiner hiesigen Anwesenheit nach seiner Hochzeit 40 M. 1394 schenkte man schon etwas anständiger dem jungen „heir van Guhlg, du he ribber worden war", zwei silberne Kannen, die 375 M. kosteten. Am meisten mußte der freien Reichsstadt an dem Wohlwollen und der Gunst des Reichsoberhauptes gelegen sein, und daher war es natürlich, daß sie bei ihrer Befreiung von Reichssteuern den Kaisern, Königen, ihren Verwandten und ihrem Hofstaate bei ihrer jedesmaligen Anwesenheit reichliche Geschenke machte. Im Jahre 1338 beehrte die Kaiserin Margarethe, die Gemahlin Ludwig IV., die Stadt mit ihrem Besuche. Sie kam von Köln hierher, und darum wurde der Bote Godeschalk dahin geschickt „ad percipiendum quid daretur sibi ibidem" um zu erfahren, was ihr dort gegeben würde. Auch sendet man Johann Tilia und Hermann Sehlige nach Lüttich und Mastricht „ad querendum ibidem duos pannos, quos tamen non invenerunt", um dort zwei Tücher zu suchen, die sie aber nicht fanden. Dann kauft man bei Werner von Gürzenig 2 Tücher für 7½ Pfund Groschen oder 210 M., d. i. nach dem damaligen Werth der Mark zu 2 Thlr. 11 Sgr. ungefähr 497 Thlr., die nebst sieben andern Tüchern, wovon die Preise nicht angegeben sind, der Kaiserin geschenkt wurden. Ihren Hofdamen puellabus schenkte man ein Tuch von 47 M. 1 S., d. i. ungefähr 112 Thlr. Ueber die Länge und Breite dieser Tücher sagt die Rechnung nichts. Den später ankommenden jungen Söhnen der Kaiserin werden zwei bei Joh. Vomer für 60 M. und zwei beim Hrn. Wolter (dem Bürgermeister) für 70 M. gekaufte Tücher verehrt; die „puella dictorum puerorum" die Amme oder Kammerjungfer der genannten Knaben erhält 12 Ellen grünes Tuch im Werthe von 12 M. und der junge Graf, der Gespiele der Söhne, ein Paar silberne Kraseline (Sporen?), „unum par argenteorum Kraselinorum" (?) die bei dem Hrn. Joh. von Rodenburg für 10 M. und 18 S. gekauft wurden.

Außer den Tüchern verehrte man der Kaiserin einen großen vergoldeten Gewürzbecher, gekauft bei Wilh. Beyssel für 64 M. 10 S., ferner zwei große Becher gekauft bei Wilh. de Hex zu 84⅔ M. resp. zu 73 M. 5 S., und zwei vergoldete Becher, gekauft bei Hrn. Arnold dem Kleinen zu 41 M. 3 S. und Hrn. Franko de Rohde zu 56 M. 4 S. Schließlich werden für die Kaiserin zwei vergoldete Schalen „neppe deaurati" beim Bürgermeister Gerh. Chorus zu 61 M., und für ihre Dienerschaft eine solche bei Dobag zu 20 M. 9 S., und eine ähnliche bei Jakob Sassen zu 19½ M. gekauft. Dem Kammerdiener, dem Mundschenken, dem Kellermeister „butteler", und dem Koch „magistro coquine" schenkt die Stadt 40 Goldschilde „clippeos aureos", deren Werth auf 74 M. und 8 S. berechnet sind. Durch solche Geldgeschenke fanden sich auch höher Gestellte nicht beleidigt; der kaiserliche Rath, Ritter Wilbrand „miles consiliarius domini Imperatoris" empfing in einem seidenen Beutel, „in uno ossacco serico", der 3 M. 9 S. kostete, 20 Goldgulden = 28 M. — Für die Kaiserin und ihr Gefolge wurden ungefähr 51 Ahm Wein im Betrage von 315 M. 4 S. zu Spenden gebraucht, der theuerste zu 8 M. die Ahm, oder nach unserm Gelde ungefähr 19 Thlr., gewiß ein sehr geringer Preis, wenn wir bedenken, daß einer Kaiserin doch kein gemeiner Wein vorgesetzt werden durfte. Er wurde gespendet in irdenen Krügen oder Kannen, und man zahlte 16 M. 9 S. „pro anforis terreis, cum quibus dictum vinum propinabatur"[*]. Der Kaiserin zu Ehren wurde auch ein Lanzenbrechen veranstaltet „hastaludium observatum coram Imperatrice", darin stachen ihrer zwölfe; sie führten Schildbecken mit vergoldeten Reichswappen, „pro duodecim schiltdeckene in signis imperii deauratis 6 m." — Bezeichnend für den gemüthlichen Charakter der Zeit ist eine Ausgabe von 7 M. 7 S., die einem gewissen Joh. Schiffelart gegeben wurde,

---

[*] Derartige Kannen werden in allen Rechnungen erwähnt; in älterer Zeit waren dieselben von Erde, weil diese aber wegen ihrer Zerbrechlichkeit zu theuer kamen, ließen die Bürgermeister 1339 zinnerne anfertigen, worüber die Jahresrechnung sich sehr naiv ausdrückt: »irati pro anforis terreis, quia tam multum costaverunt, fecerunt stagneas anforas.« Für das Zinn zu 12 großen Kannen von 2 Sextar und zu 12 kleinern von 1 Sextar zahlte man dem Heinr. de Puteo 41½ M., dem Zinngießer Meys, der sie goß, 10½ M., und dem Goldschmiede Werner, der die auf den Kannen angebrachten 48 Schildchen anfertigte, 13 M. Die noch auf dem Rathhause vorhandenen 19 zinnernen Kannen, alle von gleicher Größe, auf der Bauchung mit dem Stadtadler in Kupfer verziert, sind in Erinnerung an die alten, wahrscheinlich nach dem großen Brande im siebenzehnten Jahrhundert, gegossen worden.

weil er hin und her lief und die Bürgermeister von Allem in Kenntniß setzte, „sibi datum, quia cucurrit et innotuit nobis omnia." Diese und noch einige kleine Ausgaben mitgerechnet, kostete die Anwesenheit der Kaiserin der Stadt 1334 M 10 S., „so in so us", wie es in der lateinischen Rechnung lautet.

Der Anwesenheit der Kaiserin erwähnt auch Quix in seiner „Gesch. der Stadt Aachen II, S. 86, macht aber in demselben Absatze einige Angaben, die nicht stichhaltig sind. Richtig ist, daß damals die Stadt schon in Graffschaften oder Comitien eingetheilt war, aber unrichtig ist der Schluß, daß sie jeder Graffschaft jährlich 100 M. zahlen mußte, weil sie dieses nach der Auslagerechnung im J. 1338 that. Die sehr in's Einzelne gehenden Rechnungen der Jahre 1344 und 46 enthalten gar keine Ausgabe für die Graffschaften, und im Jahre 1349 wurden der Graffschaft von Kölnthor 100, den übrigen aber nur 50 M. ausgezahlt. Die Eintheilung der Stadt in Graffschaften war eine polizeiliche im Interesse der öffentlichen Sicherheit. Sie werden benannt nach dem innerhalb des Bezirks gelegenen innern oder äußern Stadtthore, und zwar laut der lateinischen Rechnung des J. 1338: 1. comicia porte Coloniensis, 2. sancti Adalberti, 3. Hardewini, 4. Porchetensis, 5. Acute porte, 6. sancti Jacobi, 7. Regis, 8. Punt, 9. Nove porte und nach der deutschen Churgerichtsordnung aus demselben Jahre (v. cod. dipl. S. 224): 1. Gropsschaf van Kolneyrporze, 2. van sint Albrete, 3. Whyrisbungarde, 4. van Burschiderporze, 5. van Scharporze, 6. van sint Jakobsstrahsse, 7. bur Kuenenrporze, 8. bur Punt, 9. bur Nuwe porze. Wir sehen hier die dritte Graffschaft in der latein. Rechnung nach der porta Hardewini, also nach dem innern oder Mittelthor der Hartmannstraße, in der gleichzeitigen deutschen Urkunde nach dem äußern, dem Wirichsbongards-Thore benannt. Die Vorsteher der Graffschaften hießen Christoffel, (auf diesen Namen und die wahrscheinliche Abstammung kommen wir zurück). Die Christoffel wurden aus dem großen und kleinen Rathe gewählt; wohnte aber in einer Graffschaft ein gewesener Bürgermeister oder ein gewesener Werkmeister, so war dieser geborner Christoffel; wohnten ihrer mehrere in derselben Graffschaft, so entschied das Loos, wer von ihnen Christoffel sein sollte. Jede Graffschaft war wieder in „Ruthen," Rotten, die Puntgraffschaft z. B. in 23 eingetheilt, deren jede ihren „Ruthmeister" hatte.

In der ganzen Einrichtung wird man einige Aehnlichkeit mit der heutigen Eintheilung der Stadt in 8 Brandkorps finden, nur daß die Wirksamkeit der Grafschaften sich nicht bloß auf Brände beschränkte. Die Christoffel hatten die Thorschlüssel ihrer Grafschaft, ferner die Brandeimer, die Laternen und alle sonstigen Löschgeräthe zu verwahren; bei ausbrechendem Brande, bei Aufläufen, Zusammenrottungen schaarte sich jede Grafschaft um ihren Christoffel. Die wichtigste Obliegenheit der neun Christoffel bestand aber darin, daß sie mit den beiden Bürgermeistern, den beiden Werkmeistern des Wollen-Ambachts, (des Gerichtes der Tuchmacher-Zunft,) und zweien Schöffen Richter bei dem Churgericht waren, welches über Verbal- und Real-Injurien zu erkennen hatte und mit Geldbußen und Verbannung aus der Stadt und dem Reiche von Aachen bis auf 100 Jahre und 1 Tag bestrafen konnte. In der oben schon erwähnten Churgerichts-Ordnung v. J. 1338, offenbar der ältesten, da Noppius, der vor dem Brande schrieb, keine ältere kannte, werden in der obigen Reihenfolge der Grafschaften als Christoffel genannt 1. Jakob van Roybe, 2. Johan van sint Ailbregt, 3. Mathias Hohn, 4. Lambert Buc, 5. Heinrich Kayffleisch, 6. Dionysius, 7. Heinr. Blundehl, 8. Werner van Gürzenig, 9. Herman Sehlige. Also nur 1 Christoffel für jede Grafschaft nicht 2, wie Quix anführt. Dieser hat sich verleiten lassen, die in der Rechnung von 1338 bei jeder Grafschaft als Empfänger des von der Stadt ihnen gewährten Zuschusses angeführten Bürger für Christoffel zu halten. Dort heißt es: It. Comicie porte Coloniensis per Arnoldum Wilde & G. Hoytzappel C. m. It. sci Adalberti per Gob. Elreburne & Wm. Beyssel C. m. u. s. w. Hier ist für den vollständigen Sinn vor per zu ergänzen, levatum, was in der Rechnung von 1349 ausdrücklich dabei steht. Die von Quix als Christoffel aufgeführten Namen kommen in der schon mehr erwähnten Urkunde vor als Beisitzer der Bürgermeister bei der Abfassung der Churgerichtsordnung. „Ende du (als) diese Punten up gesat (aufgesetzt) worden, da waren by unse heyrren van den raybe bun Achen, der (deren) namen hey na (hierauf) van groyfschaf zu groyfschaf, eyn hwerlig (ein jeder) in der groyfschaf, da he (er) inne wont, geschreven steint (geschrieben stehen)."

Für diejenigen, welche den genannten codex diplomaticus zur Hand nehmen wollen, scheint mir eine Bemerkung nicht überflüssig. In den deutschen Urkunden, auch in den obenerwähnten vom J. 1338, findet sich häufig über den Vokalen u und a ein o geschrieben, um damit den plattdeutschen Mischlaut von uo und ao zu bezeichnen. Dieses überschriebene o hat Quix überall ganz verkehrt durch zwei Pünktchen ersetzt, als hätte man im 14. Jahrhundert Ächen, Hären, sün, hündert u. s. w. ausgesprochen. Der Laut dieser Wörter, wie er noch heut im Munde unseres Volkes klingt, läßt sich in der alten Weise durch ů und å, aber gar nicht durch ü und ä bezeichnen.

Woher der Name Christoffel komme, sagt Noppius, ist unsicher, und er tröstet sich darüber mit den Worten: Omnium rerum ratio dari non potest. (Man kann nicht von allen Dingen den Grund angeben.) Gehen wir auf die Churgerichtsordnung vom J. 1338 zurück, so finden wir darin nichts von Christoffel oder Kerstoffel, wie Noppius die zu seiner Zeit übliche Benennung abdruckt, sondern viermal Kastovveltz, einmal Kastavveltz, dreimal Kastavels und zuletzt noch einmal Kastovvels. Das hängt offenbar mit dem mittelalterlichen castaldus, gastaldus zusammen, welches nach Du Cange den Vorsteher und Richter einer Stadt, also genau dasselbe was Kastavels bezeichnet. Christoffel ist daher eine pure Corruption im Munde des Volkes, welches ihm unbekannte Namen durch ihm bekannte und mundgerechtere zu ersetzen pflegt. So hieß der Raum von der Wolfsthüre unseres Münsters bis zum Fischmarkt ursprünglich paradisus oder paravisus, mit welchem Worte das Mittelalter die mit Hallen, Kapellen oder Bäumen umgebenen Vorhöfe der größern Kirchen bezeichnete (franz. parvis). Aus dem paravisus wurde erst Parvisch, dann Pervesch; ältere Leute sagen noch: ope Pervesch, jedenfalls historischer und bezeichnender als das moderne: Domhof.

Das Burtscheider Thor wird (wahrscheinlich nach der Stadt Mézières in Frankreich) auf einem alten Stadtplan aus dem J. 1576 Miesirs-portz bezeichnet, Noppius spricht von Meschir Graffschaft; die Straße hieß Meschir-straße, daraus machte sich das Volk Maschestroß, was man heut (wohl um dem Hochdeutschen gerecht zu werden?), in Marschierstraße veredelt hat.

Bevor wir auf die Rechnung von 1349 näher eingehen, bedarf es einer Rechtfertigung, weshalb nämlich die von Quix „Geschichte der Stadt Aachen" II. S. 89 angeführte „Rechnung eines Stadtbeamten oder vielmehr eines Empfängers der Bieraccise von einigen

Wochen des Jahres 1339 und 1340", worin auch schon von Zahlungen an Kugeln für die Hirzschützen Rede sein soll, bisher gar keine Erwähnung gefunden. Das geschah aus dem einfachen Grunde, weil schier alle an der betreffenden Stelle der "Geschichte der Stadt Aachen" gemachten Angaben auf Irrthum beruhen. Die genannte Rechnung ist nicht aus dem Jahre 1340, sondern aus dem Jahre 1440. In derselben wird nur das Jahr 40 ohne das Jahrhundert angegeben, wie das oft in Urkunden der Fall ist. Daß aber nicht 1300, sondern 1400 vorzusetzen ist, ergibt sich klar aus dem darin enthaltenen Werthe der Mark verglichen mit dem Goldgulden. In der mit dem vollen Datum versehenen Rechnung von 1338 ist 1 Gulb. = $1^2/_5$ M., in derjenigen von 1344 ist 1 Gulb. = $1^3/_4$ M. In einer andern vollständig datirten von 1441 gilt der Gulden $5^2/_3$ M. Genau denselben Werth hat der Gulden in der fraglichen Rechnung. "It. heb meister Symon 50 gulb. valent $283^1/_3$ M." Also gehört sie dem Jahre 1440 an. Sie umfaßt auch nicht bloß einige Wochen, sondern die Auszahlungen eines Empfängers der Bieraccise und die Ausgleichung derselben mit seiner Einnahme über 26 "Veirtziennacht", d. h. über 26 Vierzehnnächte oder 52 Wochen, also über das ganze Rechnungsjahr 1440. Sie enthält auch keine "Zahlungen an Kugeln für die Hirzschützen", "so mit Bogen schießen", wie Noppius sagt. "Den Schutzen" werden allerdings "zo hre kogelen 50 M." ausgezahlt. Von solchen kogelen ist aber schon in der Rechnung von 1334 Rede, als man in Aachen noch nicht an Pulver, geschweige an Kugelgewehre dachte; 1383 heißt es "dat buche von den kogelen kost 22 M." und 1390 kommt eine Ausgabe vor für "heutzkogelen", d. h. Kopfkaputze.

Kogeln ist nur eine Corruption des latein. cucullus und bedeutet hier wie an vielen andern Stellen: Kaputze oder Kaputzmantel.

Gehen wir nach dieser Einschaltung zu den Ausgaben über, die im Jahre 1349 bei der Krönung Karls IV. gemacht wurden. Seine Wahl und Krönung war Anfangs nicht unbestritten. In den Zwistigkeiten über die Grenzen der weltlichen und geistlichen Gewalt zwischen seinem Vorgänger Ludwig dem Bayer und den Päpsten Johann XXII. und Clemens VI. hatten die deutschen Fürsten und Städte sich getheilt. Von beiden Päpsten war Ludwig wegen seiner anmaßenden Uebergriffe in die kirchlichen Gerechtsame mit dem Bannfluche belegt worden. Aachen, ob freiwillig oder gezwungen,

stand auf Seiten des Kaisers, der in seiner Widersetzlichkeit gegen
den Papst 1344 die Stände nach Frankfurt berief. Nach der aus
diesem Jahre uns vorliegenden Rechnung reisten dahin zweimal
als Abgeordnete der Krönungsstadt Gerhard Chorus und Alexander
und verzehrten 102 Goldgulden, die zu 178½ M. berechnet werden;
(danach galt 1 Fl. aur. damals 1 M. 9 S.) „It. dno. Gerardo
Chorus & Alexandro missis prima vice Frankenfurt at dūm.
Imperatorem LX aur. flor. valent CV m. It. Eisdem missis
secundario ibidem XLII aur. fl. val. LXXIII m. VI s." Dann
werden Joh. von Eyghorn und Alexander an den Kaiser nach
Bacharach gesandt, wo sie elf Tage verweilen und 23 Goldschilde
oder 51 M. 9 S. brauchen. „It. Joh. de Eyghorn & Alexandro
missis Baggeraco ad dūm. Imperatorem, et steterunt ibidem
per undecim dies, XXIII scuteos aur. val. LI m. & IX s."
(Also 1 scuteus aur. = 2 M. 3 S.)

Verhalten der Stadt während Ludwig IV. im Bann lag.

Bei der abermaligen Anwesenheit der Kaiserin Margarethe
von Holland in Aachen im J. 1346, in Begleitung des Hrn. von
Edingen, des Deutschmeisters, und anderer Ritter, erwähnt die
Rechnung keiner anderen, als der üblichen Weingeschenke, 3 Fuder
und 6 Sextare, die mit den Fässern cum doleis integris für
263 M. 3 S. gekauft werden. Damals wurden unsere Herren
domini nostri d. h. die Bürgermeister Gerhard Chorus und
Christian Leonis wiederum zum Kaiser gesandt; dazu wurde bei
Winkin Hasenzant ein Pferd für 18 Schilde = 40½ M. gekauft,
dem Bürgermeister Gerh. Chorus für ein unterwegs gefallenes
Pferd 25 Schilde oder 56 M. 3 S. ersetzt. In demselben Jahre
erließ der Kaiser Ludwig in deutscher Sprache ein Schreiben „an
die weisen und bescheidenen Leute die Richter, Scheffen, Bürger-
meister, Rath und Bürger des königlichen Stuhls von Aachen",
worin er ihnen gebot, außerhalb der Stadt keinem andern zu
dienen, sondern nur den königlichen Stuhl zu hüten und zu be-
wahren, und sie „fruntlichen inde truweligen" (freundlich und treulich)
bat, weder Gebot noch Botschaft vom Papste von Rom noch von
jemand anderem, er sei geistlich oder weltlich, gegen ihn oder das
römische Reich zu empfangen und jeden, der ein solches brächte,
und alle, die solchem gehorchten, sie seien Pfaffen oder Laien, an
Leib und Gütern zu strafen, und schließlich verspricht, für allen

daraus erwachsenden Nachtheil haften zu wollen. In Folge dessen sehen wir unsere Vorfahren nach der Rechnung von 1346 sich ernstlich auf alle Fälle zum Kampfe rüsten. Die alten Waffen, Bogen und Pfeile, balistae & pili, werden ausgebessert, neue angeschafft, namentlich eine alte im Bürgergras liegende Wurfmaschine „antiqua blida jacens in gramine civium" hervorgeholt, mit neuen Hebeln „Schwengeln" versehen; um diese aus dem Walde zu holen, „duobus magnis schwengel inducendis huc ex nemore", muß ein neuer Wagen mit 4 neuen Rädern angeschafft werden, „cum quo dicti schwengel ferebantur", worauf die Schwengel gefahren wurden. Die Stimmung in der Bürgerschaft muß damals nicht ganz friedlich und die Stadt nicht frei von Ruhestörern gewesen sein, denn es wird eine besondere Bewachung der Bürgerglocke „campanae bannalis" und des königlichen Stuhles „regalis sedis" verordnet, weil es hieß, der königliche Stuhl sei zerbrochen worden „qunm dicebatur, quod regia sedes esset fracta".

Neben diesen Rüstungen betheiligte sich Aachen sehr lebhaft an den Verhandlungen um die neue Königswahl, wozu der Papst und diejenigen der deutschen Fürsten, die zu ihm hielten, drängte. Bürgermeister Chorus wird mit Alexander nach Köln gesandt, als die Herren dort versammelt waren und über die Wahl eines neuen Königs unterhandelten, „dño G. Chorus & Alexandro misso Coloniam, quum omnes domini fuerunt ibi congregati & tractabant de electione novi regis 15 m. 4 s.

Zum zweiten Male reisen dieselben mit Goswin in Punt dahin und verweilen dort 7 Tage. „Eisdem et Goswino in Punt missis iterum illuc, tunc steterunt ibi per septem dies et expendimus 33 m. 9 s. Ferner sehen wir Gesandte abgehen nach Nideggen, nach Brabant, nach Düren, nach Rhense, alle im Interesse der neuen Königswahl, quum dicebatur de novo rege; zur selben Zeit reisen wieder G. Chorus, Leonis von Karsfurt, Joh. Chorus und Alexander nach Frankfurt zum Kaiser, wo sie 17 Tage bleiben und 153 M. 9 S. für Reise und Aufenthalt verbrauchen. Als endlich Karl IV. von einem Theil der Kurfürsten in Rhense zum König der Deutschen gewählt worden und zur Krönung heranzog, schlossen die Aachener ihm die Thore. Es kam aber nicht zum Kampfe, indem Karl vorzog, sich vom Erzbischof Walram von Köln am 25. November 1346 in Bonn vorläufig krönen zu lassen. Danach schickt Aachen wiederum einen Gesandten, nämlich den Gob. Cremer an den Kaiser, „quum novus rex fuit coronatus". Derselbe muß auch noch dem Kaiser nachziehen bis in's Kärnthener Land. „Eidem misso in Kerterland ad Imperatorem 53 m. 10 s." Die Reise muß nicht wenig mühsam gewesen sein, denn der Bote reitet sein Pferd zu Tode und erhält dafür 32 M. Ersatz.

In den Geschichtsbüchern liest man, die meisten Reichsstädte seien für ihre Anhänglichkeit an Ludwig IV. Jahre lang von dem Papste mit dem Interdict belegt gewesen. Davon wurde wenigstens unsere Vaterstadt, die doch bis zuletzt dem Kaiser anhing, nicht getroffen. Wir finden 1344 und 1346 dieselbe lebendige Theilnahme an der Frohnleichnams-Prozession und an den Karlsfesten, sogar die Auslagen für den Dribendey (das Beiern) verzeichnet.

Als Kaiser Ludwig 1347 auf einer Bärenjagd bei Fürstenfeld in den Armen eines Bauern gestorben war, hatten die Aachener keine Veranlassung mehr, sich dem neu gewählten Könige Karl IV. abspenstig zu erweisen. Dieser übertrug dem Markgrafen von Jülich, mit der Kronstadt zu unterhandeln. Darüber drückt sich unsere Rechnung vom Jahre 1349 (wovon leider Anfang und Ende fehlen, worin aber die Unkosten bei der Krönung vollständig enthalten sind) ganz bestimmt aus. It. Christiano Leonis et Alexandro missis Duren ad marchionem Julie; quum dns. Rex commisit sibi tractare nobiscum, 42 denarios Durenses, valent 3 m. 10 s.

Zugleich wird ein Bote nach Mainz an den Markgrafen von Brandenburg geschickt, dem 2 fl. aur. die zu 4 M. berechnet sind, ausgezahlt werden*). Noch zweimal werden die oben Ge-

---

*) Es könnte vielleicht überflüssig scheinen, daß schier bei allen Posten die Auslagen mitgetheilt werden. Diese haben aber nicht bloß ein ökonomisches, sondern auch durch die häufige Vergleichung der Aachener Mark mit dem Goldgulden und mit andern Geldsorten ein monetarisches Interesse. Man wird bemerkt haben, daß die in den Rechnungen enthaltenen Angaben, wie z. B. die obige, mit dem von unserm geschätzten Chronisten Noppius im 41. Kap. aufgestellten „Verzeichniß deß Goltgüldens" nicht immer genau übereinstimmen. Wem aber darin mehr Glauben zu schenken ist, ob den Angaben der Rentmeister, die im 14. Jahrhundert dem Magistrat Rechnung legten, oder dem Chronisten Noppius, der im 17. Jahrhundert ohne Quellenangabe sein Verzeichniß aufgestellt, dürfte unschwer zu beantworten sein. In früheren Posten sahen wir den aur. Fl. = 1½ M., in dem obigen ist 1 aur. Fl. = 2 M.; dergleichen Veränderungen in demselben Jahre kommen in mehreren Rechnungen vor und liefern den Beweis von dem schwankenden und immer abnehmenden Werthe der Aachener Münze.

nannten „pro eodem negocio" in derselben Angelegenheit, und zuletzt auch noch Gerh. Chorus und Jakob Collin an den Markgrafen von Jülich geschickt, und nach Aachen kommen zur selben Zeit „ad tractandum de facto regis", um über die Krönung zu unterhandeln, der Graf von Weyde, der Graf von Spoynheim mit den königl. Notarien und dem Deutschmeister Herrn von Nellenburg. Mit diesem letztern wird Nikolaus Stergin an den König abgesandt, während „domini nostri" die Bürgermeister auf ihrer Leufe sitzen und ein Verzeichniß unserer Privilegien, notulam nostrorum privilegiorum, anfertigen, wofür sie 7½ M. 20 Denar erhalten. Um bei der Unterhandlung mit dem Könige die Stadt zu vertreten, werden einem Herrn Robino de Foresto 12 Schilde, 30 Mark geltend, ausgezahlt. Es würde ermüden noch die fernern Gesandtschaften nach Mainz, nach Frankfurt, nach Bonn u. s. w. einzeln aufzuzählen, die alle der Ankunft des Königs vorausgingen und zusammen der Stadt nicht weniger als 199 M. 3 S. kosteten.

Vor der Ankunft des Königs werden lumina linea, leinene Laternen, von Joh. Lupus und Joh. Duytgin für 16 M. 10 S., und die dazu nöthigen Wachskerzen, wozu Roland von Hoynkirgen für 24 M. Wachs lieferte, von einer gewissen Katherina für 15 M. angefertigt, und den „constabulis", Stallmeistern, namentlich des Nenthores und des Burtscheider Thores übergeben.

Bekannt ist, daß in demselben Jahre 1349 von der Gegenpartei Karls IV. der Graf Günther von Schwarzburg zum Gegenkönig erwählt wurde, der bei Eltvil mit Karl einen Kampf bestand, dann aber gegen eine bedeutende Geldsumme auf die Krone verzichtete und gleich darauf, nach einigen an Gift, nach andern, was wahrscheinlicher ist, an der damals in Europa, auch am Rhein, unter dem Namen des schwarzen Todes bekannten Pest starb. Auch dessen geschieht in der Rechnung Erwähnung. Von Günther wird ein Bote nach Aachen gesandt, worüber der Rentmeister sich in einer Weise ausdrückt, daß daraus Günthers geringe Macht klar hervorleuchtet, denn er ist nicht einmal sicher über den Namen des Gegenkönigs, „It. cuidam nuncio domini nostri, *Gunteri credo*, Romanorum regis huc misso 2 scut. valent 5. m." (Einem von unserm Herrn, dem römischen Könige, Günther, glaube ich, hierher geschickten Boten). Aus einer andern Botschaft ist ersichtlich, daß beide Könige in Mainz zusammen waren. „It. peregrino misso Maguncíam, quum reges jacuerunt invicem.

Krönung Karls IV.

Von allen Gegnern befreit, zieht endlich Karl nach Aachen, um die bereits in Bonn empfangene Krone nunmehr an gebührender Stelle, loco quo debuit, sich und seiner Gemahlin, der schönen Anna, Tochter des Pfalzgrafen Friedrich, aufsetzen zu lassen, am Tage des Apostels Jakobus, den 25. Juli 1349, „an sante Jacobes tag des zwelspoten", wie Karl in einer noch in unserm Archiv vorhandenen (bereits bei Quix cod. dip. S. 244 abgedruckten) Urkunde sagt, worin er den Aachnern das Zeugniß ausstellt, daß sie „uns eyn romischen kung (König) und iren rechten herren wirdiclig empfangen haben und gen uns alles das getan haben, des si gen eyme romischen kunge durch recht und gewonheit zu tun pflictig sint und haben das getan mit sulcher schonheit und zirheit als billich ist." Zu dieser „schonheit und zirheit" gehörte denn auch, daß die Aachener dem neuen König außer den schon früher erwähnten reichen Weinspenden zehn Ochsen, im Werthe von 98 Goldschilden oder 245 M. verehrten, und der Königin eine Börse von 18 M. und in derselben 200 Goldschilde oder 500 M. schenkten. Die Thürhüter, janitores, des Königs und der Königin werden mit 50 M., ihre Diener mit 20 M., die „misselierren" des Königs, welche Geld, missilia, unter das Volk warfen, mit 5 Goldschilden, die Notare desselben für unsere vielen Privilegien, „de privilegiis nostris, quorum multe fuerunt", mit 17 Goldschilden abgefunden. Die Notare erhalten aber außerdem noch 114 Goldschilde, welche mit den vorhergehenden 17 zusammen zu 327½ M. berechnet sind, nebst 4 S. um ein Bad nehmen zu können. „It. de balneo notariorum dni. regis 4 s." So kommen die königlichen Notare der Stadt weit theurer zu stehen als die königlichen Ochsen.

Dem Könige wurde vom Magistrat eine Bescheinigung über seine stattgehabte Krönung ausgestellt, wozu Siegelwachs und Seide, letztere wohl nur zur Einwickelung des Pergamentes, für 7 S. verwandt, und das Ganze in einer mit einem großen Schlosse versehenen Kiste überreicht wurde.

„It. pro serico et cera ad litteram testimonialem dño. regi. 7 s. It. pro sera magna ad cistam per nos datam, quum fuisset hic coronatus. 9 s."

Von Geschenken an Tüchern kommt in dieser Rechnung nichts vor.

Während der Anwesenheit des Königs lag ein Theil der Bogenschützen bewaffnet im Bürgerhaus, „balistariis jacentibus supra domum civium armatis, quum dominus rex erat hic 51 m.; ein anderer Theil derselben bildete die Leibwache des Königs während seines hiesigen Aufenthalts; das Haus worin sie lagen führte den Namen Weberhan. It. balistariis jacentibus Wederhan et custodientes dominum Regem toto tempore, quo hic fuit, 26 m. 2 s. Vor des Königs Ankunft saßen unsere Herren, die Bürgermeister nämlich, auf ihrer Leufe zusammen und schrieben Briefe an die Fürsten, wahrscheinlich Einladungsbriefe, und blieben während der ganzen Zeit, daß der König hier war, an besagtem Orte versammelt und gaben aus 51 M. weniger 3 D. und noch für allerlei Unkosten, unter andern auch für 2 Paar Handschuhe 41 M. 3½ S. „It. dominis nostris ante adventum domini regis sedentibus supra lobium et facientibus litteras principibus missas et toto tempore, quo dominus Rex erat hic, congregatis invicem ipsis nostris dominis supra lobium expendiderunt 51 m. minus 3 d. It. de eisdem expensis multibus vicibus 41 m. 3½ s. cum duobus paribus cirotecarum.

Beim Abzug des gekrönten Paares von hier nach Köln begleiten den König Joh. Schellart und Jakob Kollin und beziehen zur Bestreitung ihrer Auslagen 75 M. 3 S. Fünf Fuhrleute erhalten de vectura camere domine regine versus Coloniam, für das Fahren des Hofes der Königin nach Köln, zusammen 36 M. 4 S.

Noch ist einer eigenthümlichen Ausgabe zu erwähnen, die für Pferdeliebhaber von Interesse ist; als nämlich der König kommen sollte, wird für die Streitrosse Bier geschickt, welches Clos Stergin und Arnold zu bewachen hatte. It. Clos Stergin & Arnold custodienti servisiam missam pro *dextrariis*, dum dn͞s. Rex venire debebat.

Flagellanten, Pest und Juden.

In Folge der schon oben erwähnten verheerenden Pest waren bekanntlich die flagellatores, die Geißler, entstanden, welche durch öffentliche, an sich selbst unter Fasten und Gebet vollzogene Züchtigungen den Zorn Gottes zu besänftigen suchten. Ihr Bußeifer artete bald, weil sie verständige geistliche Leitung verschmähten, in fanatische Sektirerei und grobe Unsittlichkeit aus, so daß ihre

Zusammenrottungen vom Papste und den Bischöfen streng untersagt werden mußten. Auch dessen erwähnt unsere Rechnung durch einen vom Fürstbischof von Lüttich, zu dessen Sprengel Aachen gehörte, gesandten Boten, welcher ein Schreiben gegen die Geißler überbrachte. It. nuncio Episcopi Leodiensis misso huc cum littera contra flagellatores 4 bohemios (böhmische Groschen) valent 7 s. Demgemäß ließ der Rath ein Verbot gegen das Geißeln ausgehen, welches Quix nach einer alten Abschrift in seiner Geschichte der Stadt Aachen S. 93 mittheilt, „dat egein (kein) mynsche, hee sy heynische off vreymde, (er sei einheimisch oder fremd) sich bynnen der stat noch in deme ryche van Aighen gehyfselen en sal", und belegt Zuwiderhandlungen mit einjähriger Verbannung aus der Stadt und dem Reiche von Aachen.

Wie fast bei jeder grassirenden Seuche tauchte auch damals das Gerücht auf, sie habe ihren Ursprung und fände ihre Verbreitung durch die Vergiftung der Brunnen, welche den Juden zugeschrieben wurde. Darob entstand ein Rachegeschrei in Europa, welchem alsbald ein allgemeines Abschlachten und Verbrennen der Juden folgte, wogegen die weltlichen und mehr noch die geistlichen Obrigkeiten vergebens eiferten. In der Schweiz soll es seinen Anfang genommen und von dort sich rheinabwärts verbreitet haben. Nach Aachen kam aber die Nachricht von der angeblichen Brunnenvergiftung von anderer Seite. Die Rechnung erwähnt eines Briefes, den die Bürger von Brüssel den unsrigen schickten, um sie vor der Vergiftung durch die Juden zu warnen. „It. nuncio ferenti litteram de Bruxella, de intoxicacione foncium per Judaeos, ex parte civium Bruxellensium nos monencium." Ob darob auch hier die Verfolgung um sich gegriffen habe, darüber liegen uns keine geschichtlichen Urkunden vor. Ueberhaupt ist weder aus den Rechnungen, noch aus andern Urkunden über die damalige Stellung der Juden in der Krönungsstadt Aufschluß zu finden; während in den Nürnberger Rechnungen des 14. Jahrhunderts der Judenzins einen stehenden Einnahmeposten bildet, geschieht dessen in unsern Einnahmerechnungen, worauf wir später kommen werden, keine Erwähnung.

Rathhausbau und Bürgermeister Chorus.

Bevor wir zu der Krönung des Königs Wenzel übergehen, wird es unsern Lesern interessant sein, zu vernehmen, was die vorhandenen historischen Quellen über den Bau unseres Rathhauses sagen. Leider sind diese höchst dürftig. Der Ueberlieferung nach wurde der Bau unter dem Bürgermeister Ritter Gerh. Chorus begonnen, ich sage der Ueberlieferung nach, die Jahrhunderte hindurch sich erhaltend gewiß ihre historische Berechtigung hat, aber einen authentischen Beweis dafür zu führen ist bis jetzt Keinem gelungen. Auch Quix hat in seiner mit anerkennungswerthem Fleiße geschriebenen „Biographie des Ritters Gerh. Chorus" die Ueberlieferung nicht „mit Urkunden belegen" können. „Zu Chorus Zeit," sagt Quix, „wird in Aachen wohl eine Steinmetzhütte oder Baubruderschaft gewesen sein, gleichwie in Köln und andern Städten Dentschlands waren. Gerh. Chorus wird gewiß deren Vorsteher oder Obermeister gewesen sein, der die Pläne des vorhandenen Baues entwarf und anfertigte und die Bauarbeit leitete." Das kann allerdings so gewesen sein, aber daß es gewiß so gewesen sei, dafür bleibt man den Beweis schuldig und möchte ihn schwerlich erbringen können. Noppius setzt die Grundsteinlegung des Rathhauses in das Jahr 1353 (S. 102), in welchem Jahre auch der Münsterchor „als schon längst davevorn die fundamente gelegt gewesen, auf direction und Anweisung H. Bürgermeisters Gerardi Chorus oder Coris gebawet worden." (S. 21). Er schöpft seine Angabe „auß hinderlassener Verzeichnuß E. E. Raths Secretarii sel. Huberti Munsteri." Wo dieser Hubertus Munsterus, der im Jahre 1579 gestorben, seine Angabe hergenommen, wissen wir wieder nicht. Quix verlegt den Anfang des Rathhausbaues in die vorhergehenden Jahre, und stützt seine Meinung auf die bedeutenden, in den Rechnungen der damaligen Zeit vorkommenden Ausgaben für Steinbrechen, Kalkbrennen, Holzankäufe u. s. w. zu den Häusern auf dem Markt, wobei er annimmt, daß das Rathhaus „nach dem damaligen Sprachgebrauch" aus 5 Häusern unter einem gemeinschaftlichen Dache bestanden habe, weil der Sitzungssaal des Schöffengerichts domus bruxella, (das Haus Brüssel) genannt wird. Zum Beweis führt Quix bloß an: „in domo bruxella Stadtrechnung." Diese Stadtrechnung ist aber aus dem Jahre 1338; die betreffende Stelle ist bereits bei Gelegenheit der Händel mit dem Hrn. Schohnnecken, wo von den Kämpen und Kampfkuppeln Rede war, erwähnt worden und lautet vollständig: Quum reconciliatum fuerit, illo die domini nostri diu fuerunt invicem et tunc congregati comederunt cum scabinis in domo Bruxella.

Unsere Herren speisten also mit den Schöffen in deren Hause Brüssel im Jahre 1338. Damals dachte man noch nicht an ein gemeinschaftliches Rathhaus, worin die verschiedenen Justiz- und Verwaltungsbeamten ihre Sitzungssäle gehabt hätten; die angeführte Stelle kann also gar keinen Beweis abgeben für die sonderbare Annahme, daß „das Rathhaus nach dem damaligen Sprachgebrauch aus fünf Häusern bestanden habe", wohl aber beweist sie, daß das Haus, worin die Schöffen ihre Sitzungen hielten, Brüssel geheißen habe, (wie heute noch das Haus Nr. 8 am Büchel zur Stadt Brüssel heißt), welcher Name Brüssel später auf den Sitzungssaal des Schöffengerichts im Rathhause übertragen wurde. Von den neuen vom Meister Olbertus auf dem Markte erbauten Häusern ist auch erst sechs Jahre später Rede in der Rechnung von 1346, wo Gerhard Chorus als Bürgermeister genannt wird. „It. Olberto lapicide de novis domibus in foro sitis edificandis 55 m." Der Steinmetze Olbertus erhält für diese Häuser 55 Mark, dann werden sämmtliche Auslagen für Holz, Dachpfannen, Nägel, Schlosser- und Schmiedearbeit „pro seris et gesmide ad domos easdem, für Valkenburgersteine*), pro lapidibus Valkenburgensibus ad domos easdem, Anker u. s. w. nur 32 Schilling aufgezählt, und schließlich die Summe gezogen, die mit dem Honorar für den Baumeister nur 155 Mark und 30 Denar ausmacht, und zwar bedient sich die Rechnung des Ausdrucks: Summa 155 m. 30 s. de parvis domibus. Wer wird denn bei kleinen Häusern an das Rathhaus denken? Läge der Gedanke an Bauhütten auf dem Markte als Vorbereitung für den großen Rathhausbau nicht viel näher? Damit würden auch die geringen Ausgaben in Verhältniß stehen. Wie dem auch sei, so viel steht fest, weder in den vorhandenen Rechnungen, noch in den sonstigen Urkunden findet sich irgend eine Angabe über den Beginn des Rathhausbaues, ebensowenig wie über die Thätigkeit des Bürgermeisters Chorus bei demselben. Gewiß ist nur, daß der Bau in die Zeit seiner öffentlichen Wirksamkeit fällt, indem er 1327 zum ersten und 1365 zum letzten Male als Bürgermeister vorkommt.

---

*) Aus der obigen Angabe schließt Quix „man habe den gelblichen Sandstein, aus welchem die Bilder und Verzierungen der äußern Hauptfaçade des Rathhauses verfertigt worden seien, aus Valkenburg bezogen." Um Bilder und Verzierungen handelte es sich 1346 noch nicht und gewiß würden 32 Schilling zum Ankauf der Valkenburgersteine nicht gereicht haben.

Quix sagt zwar: „Diese Rechnungen sind von dem J. 1332 bis 1370 eine feststehende Rubrik unter der Benennung: zum Baue unserer städtischen Häuser auf dem Marktplatze, notirt". Danach müßte man sich zu der Annahme berechtigt halten: 1. die Rechnungen von 1332 bis 1370 seien in ununterbrochener Folge oder wenigstens mit kleinen Lücken vorhanden, 2. in jeder Rechnung werde des Rathhausbaues oder doch des Baues der städtischen Häuser auf dem Markte erwähnt. Wie steht es nun mit den erwähnten Rechnungen? Nach dem von Quix selbst angefertigten Verzeichnisse der älteren Archivalien, welches, wenn wir 1332 als einen Druckfehler statt 1334 annehmen, mit den im Archiv vorhandenen Rechnungen genau übereinstimmt, besitzt dieses ein Bruchstück einer Ausgaberechnung von 1334, die vollständige Ausgaberechnung von 1338, Ausgaben und Einnahmen von 1344, ein Bruchstück von 1349 und einen ganzen kleinen Theil einer Ausgaberechnung von 1353, in welchem Jahre nach Noppius der Rathhausbau begann, und dann — nichts mehr bis zum J. 1373, wo der Bau bereits vollendet war. Wie steht es aber in den 6 von 1334 bis 1373 vorhandenen Rechnungen mit der „feststehenden Rubrik: zum Baue unserer städtischen Häuser auf dem Marktplatze"? Zu den mit aller diplomatischen Genauigkeit im Anhange abgedruckten Rechnungen wird man vergebens nach einer solchen Rubrik suchen. Da Quix selbst als Beweis für seine Behauptung nur den einen Posten aus der Rechnung von 1346: Olberto lapicide de novis domibus in foro sitis edificandis anführt, scheint auch er keine deutlichere Angabe gefunden zu haben. Wir glauben demnach nicht zu weit zu gehen, wenn wir den gemachten Versuch, die Ueberlieferung: daß Bürgermeister Chorus das Aachener Rathhaus erbaut habe, auf urkundliche Beweise zurückzuführen, für mißlungen halten.

Wie viel Antheil der Bürgermeister Chorus an dem Bau des Münsterchores habe, läßt sich urkundlich eben so wenig nachweisen. Wohl aber, daß es eine pure Fabel ist, er habe Schellart geheißen und von dem Chorbau den Namen Chorus erhalten. Quix weist nach, daß schon in der ersten Hälfte des 13. Jahrhunderts, mithin hundert Jahre vor dem Chorbau, der Name Chorus in Urkunden vorkommt. Wir haben aber keine weitern Beweise nöthig als unsere Rechnungen; 1334 legte Gerard Chorus Weinberge an; 1338 ist Ritter Gerard Chorus Bürgermeister; angenommen die Fundamente des Chors seien damals schon gelegt gewesen, so hätte doch der Ritter Gerard nicht schon bei der Grundsteinlegung seinen Beinamen Chorus erhalten können, jedenfalls würde man ihm den sonderbaren Ehrentitel doch erst nach vollendetem Bau gegeben haben. In demselben Jahre beziehen Mechtilde Chorus und ihre Schwester Katharina städtische Leibrenten, und bei einem Heinr. Chorus wird Wein für die Kaiserin Margaretha gekauft; 1344 finden wir einen Johann Chorus bei einer städtischen Gesandtschaft, 1346 sehen wir denselben eine Erbrente beziehen und mit Ger. Chorus als Gesandter zum Kaiser nach Frankfurt reisen; 1349 erscheint Joh. Chorus schon als Bürgermeister, kann also schwerlich ein Sohn des Ger. Chorus gewesen sein, von dem überhaupt sich nicht nachweisen läßt, daß er Kinder gehabt habe. Es müßte also schon vor dem eigentlichen Beginn des Münster-Chorbaues die ganze Familie des Ritters Gerard mit dem Beinamen Chorus beehrt worden sein, — eine lächerliche Annahme. Wenn Chorus an dem Bau des Chors durch seine „Direktion und Anweisung" sich wirklich in dem überlieferten Maße betheiligte, was bei dem damaligen Reichthum und Ansehen des Münsterstiftes kaum glaublich ist, warum wird denn davon in der ihm an der Wolfsthüre in der Vorhalle gesetzten Grabschrift mit keiner Silbe Erwähnung gethan. Diese lautet:

> Gerardus Chorus miles virtute sonorus,
> Magnanimus multum scelus hic non liquit inultum.
> In populo magnus, in clero mitis ut agnus.
> Urbem dilexit & gentem splendide rexit.
> Quem Deus a poena liberet barathrique gehenna.
>
> Gerhard, Chorus genannt, war Ritter von tapferm Stand gar.
> Was ward irgend verbrochen, das ließ er nicht ungerochen.
> Unterm Volk eine Stammeich, war er der Geistlichkeit Lamm gleich.
> Lag ihm die Stadt am Herzen, so ließ mit dem Amt er nicht scherzen.
> Wolle Gott ihn vom Bösen und Schlund der Hölle erlösen.

In dieser Inschrift werden alle Tugenden des großen Mannes gerühmt, seine ritterliche Tapferkeit, seine Gerechtigkeit, seine hervorragende Größe im Volke, seine Milde gegen den Clerus, seine Liebe zur Stadt und sein glänzendes Regierungstalent; seiner Bauthätigkeit, seines Baugenies wird mit keinem Worte gedacht. Wie wäre das möglich gewesen, wenn das Stift ihm den Chorbau verdankte.

Daß Chorus kein Schellart war hat Quix l. c. gründlich nachgewiesen. Dafür sprechen ebenfalls unsere Rechnungen. 1349 wer-

unsere Herren Christian Leonis, Joh. Schellart, Joh. Chorus (ber in derselben Rechnung als Bürgermeister erscheint,) Goswin in Punt, Lambert Buc, Conrad van Eyghorn und Alexander als Gesandte nach Jülich geschickt. In demselben Jahre reisen Joh. Schellart, Leonis, Christian Leonis, Joh. Chorus, Conrad von Eyghorn und Alexander nach Brüssel, Beweis genug, daß Schellart und Chorus verschiedene Personen waren.

Es ist also mit vorstehendem hinreichend nachgewiesen: 1. daß wir den Namen Chorus nicht von dem Bau des Münsterchores herleiten dürfen; 2. daß Chorus kein Schellart war; 3. daß der Bau des Rathhauses und des Münsterchores in die Periode der öffentlichen Amtsthätigkeit des Ger. Chorus fällt. Der Ueberlieferung, daß der Bau in einem Jahre begonnen habe, in welchem Chorus das Bürgermeisteramt verwaltete, wird nicht widersprochen, sondern nur gezeigt, daß bei der Mangelhaftigkeit unserer Quellen sich kein authentischer Beweis dafür erbringen läßt.

Vollendung des Rathhauses.

Bestimmteres wissen wir über den Zeitpunkt der Vollendung des Baues. Im Jahre 1370 schlossen nämlich die Bürgermeister, Schöffen und Rath der Stadt mit dem Meister Peter van der Capellen folgenden Vertrag, den wir als charakteristisch für die Zeit und den Gegenstand, nach dem Original*) möglichst wörtlich in heutiges Deutsch übertragen, nicht unterlassen können, hier vollständig mitzutheilen.

„Wir Bürgermeister, Richter, Schöffen und gemeiner Rath des königlichen Stuhls von Aachen thun kund allen Leuten mittelst dieses Briefes, daß wir mit Meister Peter van der Capellen, der unser Stadt-Steinmetze ist, dahin übereingekommen sind, daß genannter Meister Peter das Stadthaus auf dem Markt treu und wohl auf städtische Kosten oben und unten, hinten und vorne, an allen Enden beaufsichtigen und besorgen und nach dem Rathe unserer Herren daran arbeiten soll, in der Weise wie hernach beschrieben steht. Zu wissen nämlich, daß genannter Meister Peter alle Bildnisse, die an das Haus gehören, wozu Meister Peter die Capitäle und die Bildhäuschen fertig findet, von unserm städtischen Stein auf seine Kosten soll schneiden, wie wir ihm den

---

*) Abgedruckt in der Ursprache bei Quix. Biographie des Ritters Chorus S 55, jedoch mit der gewöhnlichen Ungenauigkeit.

Stein liefern. Weiter ist vorher bestimmt (vurschehben), was zu dem Bau des vorgenannten Hauses von Steinwerk nöthig ist oder sein mag, dazu soll genannter Meister Peter helfen und rathen, wie ein Werkmann zu thun und zu beaufsichtigen schuldig ist. Und weiter ist genannter Meister Peter an keinem andern Werke mit der Hand zu arbeiten verbunden, als an dem vorgenannten Hause in der Art und Weise, wie vorher geschrieben steht. Ferner ist bestimmt, wenn genannter Meister Peter an irgend einem andern Werke, als an genanntem Hause arbeiten sollte, so sollen diejenigen, die seiner bedürfen, das mit ihm so verdingen, daß er es gern thue. Und da nun genannter Meister der Stadt Werkmann geworden ist, so sollen wir und unsere Stadt Aachen ihm dafür während seines Lebens und so lange er leben wird hundert Mark gewöhnlicher Aachener Währung, wie sie am Tage der Auszahlung gäng und gebe sein wird, jährliche Leibrenten zahlen zu zweien Malen, nämlich 50 M. um Großkirmes (17. Juli) und die andern 50 Mark um unser Liebfrauen Lichtmeß; und dazu soll er alle Jahre Kleider, Wein und andere Gutthaten erhalten, wie es unsere Stadtdiener bekommen; und dazu soll er sein Leben lang unser städtisches, in Kockerell bei den Augustinern gelegenes Haus haben, worin weiland unser Stadtdiener Clas, genannt Capose, zu wohnen pflegte. Und dieses Haus soll Meister Peter sein Leben lang frei und ledig von jedem Zins haben, und es in baulichem Stand halten; wäre es aber der Fall, daß von unsern städtischen, in der Kockerellstraße gelegenen Häusern eins leer würde, welches Meister Peter lieber hätte, als jenes, so werden wir ihm das geben und das vorgenannte Haus wieder nehmen. Und damit vorgenannter Meister Peter sicher sei, daß wir und unsere Nachkommen, die nach uns unsere Stadt und unser Amt besitzen, alle Bedingungen dieses Briefes fest, stätig und unverbrüchlich halten werden, haben wir unser Stadtsiegel ad causas an diesen Brief gehangen; und nach dem Tode des genannten Meisters Peter soll dieser Brief keine Geltung mehr haben und sollen die hundert Mark, das Haus und alle vorstehenden Angelobungen wieder quit und frei an uns und die Stadt Aachen zurückfallen, und wir sollen dessen frei und ledig sein und bleiben sonder aller Arglist. Geschrieben im Jahre unseres Herrn tausend dreihundert und siebenzig, am Sonntag in der Fasten, wo man singt judica." (1370 den 31. März.)

Wenn also, wie man aus vorstehendem Vertrag sieht, Meister Peter van der Capellen im Jahre 1370 für die von ihm anzufertigenden Figuren die Capitäle und Bildhäuschen bereits fertig vorfand, dürfen wir wohl mit Sicherheit annehmen, daß im Jahre 1376 bei der Krönung des Königs Wenzel das Rathhaus vollendet war und daß das Krönungsmahl in dem neuen großen Saale gehalten wurde. Die Annahme werden wir durch mehrere Posten der vorhandenen Jahresrechnung zur völligen Gewißheit erhoben sehen.

Krönung Wenzels.

Die Rechnung über das Jahr 1376 ist leider wie die meisten andern nur ein Bruchstück. Sie besteht aus 2 Papier-Rollen, die eine mit einer Waage als Wasserzeichen erstreckt sich über die vier ersten Monate der Bürgermeisterschaft der Herren Reynard von Moirke und Jakob Coellin in der St. Jakobstraße; die zweite mit dem Wasserzeichen des Ochsenkopfes mit dem Stern zwischen den Hörnern enthält die Liste der Leibzüchter, 200 an der Zahl, mit einem Betrag von 22,276 Mark, einiger wenigen Auswärtigen, welche der Stadt zugeschworen, und die Ausgabesummen der 13 oder sogar 14 Monate; denn was nach dem 13. Monate noch ausgegeben wurde, ist in den Rechnungen als 14. Monat verzeichnet. Am Ende wird die Bilanz gezogen und die Einnahmen übersteigen die Ausgaben um 4226 M. 6 S. und 1/2 D. Die Auslagen des 2. Monats, worin die Krönung Wenzel's fällt, betragen 7804 M., während sie in den andern Monaten höchstens nur 1702 M. und in allen zusammen 25,219 M., jedoch ohne die Leibrenten, ausmachen. Wie trotz der bedeutenden Auslagen gewöhnlich am Ende des Jahres ein Ueberschuß sich herausstellt und trotz dieses Ueberschusses die Stadt am Ende des Jahrhunderts bedeutende Schulden hat, wird schließlich bei dem Referate über die Einnahmen zur Sprache kommen. Wie der Krönung Karls IV. vielfältige Gesandtschaften vorausgingen, so sehen wir auch hier vor der Krönung Wenzel's einen der Bürgermeister mit andern Herren nach Bacharach zum Kaiser und Könige reisen, wobei sie auch die Wasserstraße benutzen. „Primo. domini nostri videlicet Reynardus, Johannes de Punt, Heynricus de Tilia, Goedefridus Coellin et Godefridus de Eychorn equitaverunt Bacharachen ad dnm. Imperatorem et Regem, qui exposuerunt et expendiderunt centum et quinquaginta quatuor florenos qui valent 500 m. et 39 m., de quibus navigatores de navibus, equis et aliis eorum preparimentis habuerunt 99 m.

„Unsere Herren, nämlich Reinard (von Moirke), Johan von Punt, Heinrich von der Linde, Godfried Coellin und Godfried von Eychorn ritten nach Bacharach zum Herrn Kaiser und König und verausgabten und verzehrten 154 Gulden, welche 539 Mark betragen, wovon die Schiffer für Schiffe, Pferde und andere Zurüstungen 99 M. erhielten."

Nachdem dann ein Brief vom Kaiser angekommen und der Bote Halfnase nach Bonn geschickt worden, reiten Conrad von Eychorn, Johan von Punt und Godfried von Eychorn zum zweiten Male zum Kaiser nach Frankfurt, verzehren 106 Guld. oder 371 M., davon erhalten die Schiffer 46 M. und Halfnase 7½ M., nämlich einen Gulden von Mainz nach Frankfurt und den Rest von Frankfurt nach Aachen; damit kam Halfnase aber nicht aus, und es fehlten ihm (et defecerunt sibi) 2½ m.

Um vor den Majestäten anständig erscheinen zu können, werden die Stadtdiener und die in städtischem Solde stehenden Meister alle vor der gewöhnlichen Zeit mit neuen Kleidern versehen, die 346½ M. kosten. Genannt werden Herman Jungen, Quecken, die Meister Peter de canpana (heißt später: „meister Peter van der uhrklocken") Proffion, Arnold, der Apotheker, Tilman von Bunn, Heynzen der Verfertiger der Armbruste, die Schützenmeister, die beiden Kämpen Bysenegen, Wilhelm, Sillis, Rydwale, Cono Kuhunixporze, Müller, Leonard und Godfrib. Das Futter suffuratura zu den Kleidern kostet noch 40 M. 8 S. Außer den obigen erhalten neue Röcke Moirgin, der emer (der Faßbinder) und die „Trumper und Physer." — Auch läßt die Stadt ein Bildniß des Königs in Stein schneiden und anmalen. It. magistro Petro horarum pro lapide faciendo ymaginem Regis et pro vectura 5½ m., pictori 20 m., lapicide 10 m. „Dem Meister Peter von der Glocke für einen Stein um das Bild des Königs zu machen und für den Transport 5½ M., dem Maler 20 M., dem Steinmetzen 10 M."

Nachdem dann die Weinspenden (propinaciones) des ersten Monats aufgezählt sind, folgt in der Rechnung der zweite Monat, sequitur secundus mensis sub Reynardo de Moirke et Jacobo Coellin, quum dominus Wenzeslaus Romanorum rex coronatus fuit presentibus Imperatore, Imperatrice, Regina et aliis principibus, als „unter den Bürgermeistern Reinard von Moirke und Jakob Coellin Wenzeslaus zum römischen Könige gekrönt wurde in

Gegenwart des Kaisers, der Kaiserin, der Königin und anderer Fürsten."

Wie sehr die alte Reichsstadt damals von ihrer Selbstständigkeit und Würde durchdrungen war, sehen wir daran, daß der Söldner Heribert dem Kaiser nach Lechenich entgegen geschickt wird, um mit dem Herrn van Kalbütz*), dem kaiserlichen Schatzmeister, zu unterhandeln, daß die Waffen braußen gelassen würden; in derselben Angelegenheit wird Silmannus an den Herzog von Jülich gesandt, und Leonard an die Herzoge von Holland und von Brabant, damit sie die Waffen braußen ablegen sollten. „It. Heriberto stipendiario misso obviam domino de Kaldiitz, ut tractaret, quod arma de foris manerent, versus Lechenich. It. Silmanno misso ad ducem Juliacensem de predicta causa. It. Leonardo misso eciam versus duces Hollandie et Brabancie de armis deforis demittendis. Der Kaiser scheint auf die Forderung eingegangen zu sein, denn dem Herrn van Kalbytz werden für seine Dienstleistung 50 Gulden verehrt. „It. deme herre van Kalbiitz zu ehnre vruntschaff, dat he unsen herren by den kehsser gehulpen habbe, vunfzig gulden, die comen up anderhalff hundert und 25 M." Der Forderung muß aber nicht vollständig Folge geleistet worden sein, da später von gewappneten Leuten im Gasthaus die Rede ist. Gegen diese wurde aber polizeilich eingeschritten, denn wir sehen die Stadtdiener mit 1 Sextar Wein beschenkt werden, als sie den Wirthen die Waffen wegnehmen halfen: „It. der stede gesynde, du sy helveden den wirden, dat sy die wapen in ir gewalt nemen." Bei den Weinspenden erhalten ferner des Meyers Knechte 5 Sextar, daß sie mit den Dienern des Herzogs von Sachsen keine Händel anfingen, „dat sy egeine bedinge en machde mit des Herzogen Dienern van Saissen," und „Mathys von Berlesburg und Willem van Rabe" 3 Sextar, weil sie „ir gesellen by ehn hielten, up die ziit, dat die Zweyunge (Zwistigkeit) was tuschen (zwischen) unse herre van Brabant und van Saissen."**) Dem Könige reiten unsere Herren Bürgermeister

---

*) In dem großen Privilegium, welches Wenzel der Krönungsstadt ausstellt, kommt als Zeuge vor: Thynio de Calditz imperialis camere magister.

**) Die Herzoge von Brabant und von Sachsen waren nämlich in Streit gerathen, wer von ihnen dem Könige das Schwert vortragen sollte. (s. Meier's Chron. S. 352.)

bei seiner Ankunft entgegen und zwar in Begleitung von Eupener Speerreitern. „Jt. den speirluden van Oepen, die mit unsen heren intgein den kuhnnhynck reeden, 10 M." Die Leibwache des Kaisers wurde aber von Aachener Schützen gebildet. „Jt. hundert schutzen mit den die in gasthuhs wären · umb der gewäpeter lude willen, ind die des kahsers liiff hueten (Leib hüteten), ind dudelen loen der schutzenmeister ind des banierbregers (Fahnenträgers), ind dat (weil) ehn dehll der schutzer langer bh deme kehsser wären, ind die anderen int gasthuhs kurter, ind die up den sall*) (auf dem Rathhaussaal) dunff dage drup loegen (lagen), coempt ze samen up 500 ind 35 M. overmitz (durch) die schutzenmeister gerechent."

Die in lateinischer Sprache beginnende Rechnung zählt nämlich die Krönungsunkosten in deutscher auf. „Hierna volgt der dursten ind heren hoefgesynde spilluden ind hiralden (Herolden) gegeven."

„Primo. Der drher Herzogen van Beheren, der Herzogen van Saissen, van Guylge, des marckgreiffen van Mhsen (Meißen), der greven van den Berge ind van der Marken allen hren piiferen ind giralden (Herolden) 12 Fl., 42 M." Darauf folgen die Pfeifer des Markgrafen von Mähren „der vher waren," — des Grafen Dietrichs und des Grafen Johann von Nassau, — der Königin, — unserer Herren von Köln und von Trier und des Herzogs Friedrich von Bahern, ferner die Trompeter des Kaisers, des Königs und der Königin. Die Zahl der Pfeifer und Trompeter ist nicht genau angegeben, aus den Geldgeschenken folgt aber, daß deren über 60 gewesen sind. Dann werden beschenkt die 13 Thür= wärter oder Pförtner „doerwerter" der Kaiserin und der Königin mit 15 Gulden, die „porzener und doerwerter des kehssers der 8 waren" mit 6 Gulden, des kahssers massalgier**) mit 6 synen ge= sellen, genannt Matheis van Gesch", erhält 4 Gulden. „Jt. der kuhnnhngen hoefmeister, hren marschalck, hren durrichter mit der schuttelen (ihr Zurichter der Schüsseln), hren kuchenmeister, hren schenken ind hren spendieren" gab man 15 Gulden, des Kaisers oberste Thürwärter Marquard und Gisco erhalten 4 Gulden, zu= letzt „des kehsers, der kehsserhnnen und des kuhnminges Buttelieren

---

*) In dieser und in allen spätern Rechnungen heißt der Rathhaussaal kurzweg: der sall oder sale.

**) Massalgier scheint mit massarius, italienisch massaio Eines Stammes und heißt dann so viel als Intendant, Hausmeister, custos supellectilis.

(Kellermeister) vur die kannen, da man mede begelix schenckde", 3 Gulden. „It. deme gheine, (demjenigen,) de der keyserynnen katze droech (trug) eynen gulden 3½ M." Was hat man sich unter „der keysserinnen katze" zu denken? Etwa ein Schoßkätzchen, oder einen Pelz oder die Börse? Es möchte schwer sein, mit Gewißheit das Rechte zu bestimmen. Schließlich heißt es „Jnd is die summe des gevents (der Geschenke) deme hoefgesynde, piiferen ind hiralden hundert 5 gulden val. 350 ind 17 ½ M."

Geschenke an den König, die Kaiserin und die Königin.

Jetzt werden die Geschenke für die Majestäten aufgezählt. Der bedeutenden Gaben und Spenden an Wein ist bereits S. 6 Erwähnung geschehen. Auch haben wir gehört, daß dem Kaiser Karl IV. 10 Ochsen im Preise von 98 Schildgulden oder 245 M. bei seiner Krönung geschenkt wurden. Ochsen müssen in Aachen ein gewöhnliches Geschenk für den neugekrönten König gewesen sein, denn dem Wenzel werden hier deren 6 verehrt. „It. gaff man unsme herre deme kuynnynck sechs ohssen, die cosden 80 dubell mutten, valent 466 M. und 8 S. Im J. 1349 kostete ein solcher Krönungs-Ochse 24½ M., 1376 aber 77¾ M. Erwägen wir, daß im J. 1349 die Mark beinahe das Doppelte von dem betrug, was sie 1376 werth war, indem sie sich wie 3½ : 2 verhielt, so stellen die Ausgaben für die Ochsen sich in letzterm Jahre nur um etwa 11 Gulden oder 38½ M. höher. Interessant wäre es zu wissen, wo die Ochsen und also das Schlachtvieh überhaupt damals hergeholt wurden, darüber gibt uns aber die Rechnung keinen Aufschluß. Sie führt nur noch vier Mark Futterkosten an. „It de ohssen zu vueden ind ze hueden, ee sy deme kuynnunge gegeven vurden, 4 M." An den Hörnern trugen die Ochsen gemalte Schilder, „It. deme meirre (Maler), de die bilden in den mart baven meister Peter ermoilde ind die schilde, die vur der ohssen hoefft (Haupt) stuenden, maichde 13 M." Was auf den Schildern stand, wird nicht gesagt. — Bei den Geschenken an die Kaiserin und die Königin macht sich unsere städtische Industrie geltend, es werden jeder zwei Goldtücher, das Stück zu 35½ Gulden und vier Mechelnsche Tücher, das Stück zu 36½ Gulden verehrt. „It. gaff man der keysserynnen 2 gulden büech, dat büech vur 35½ gulden gerechent, coemen up 71 gulden, ind vyer Mechelsche büech, dat duech vur 36½ gulden gerechent, coemen up hundert ind 46 gulden, alsus coemen die zwey gulden duech ind diesse vher Mechelsche duech up 200 ind 17 gulden, die coemen an peyment (d. i. Aachener Währung) up 700 ind 59 M. ind 6 S."

Der Posten wiederholt sich wörtlich bei dem Geschenk für die Königin.

Die Tuchfabrikation war in damaliger Zeit in Aachen schon sehr bedeutend; die Zunft der Tuchmacher hatte ihr eigenes Gericht, die Vorsteher derselben, die beiden Werkmeister, nahmen einen hohen Rang in der Magistratur ein. Wir besitzen darüber eine bis jetzt noch nicht veröffentlichte sehr interessante Urkunde auf einer Pergamentrolle aus dem J. 1387, enthaltend eine Verordnung der Werkmeister und Geschworenen des Wollen-Ambachts über die Fabrikation der Tücher. Es scheinen aber die brabändischen Tücher in jener Zeit noch den Vorrang vor den hiesigen behauptet zu haben. Als im J. 1338 der Kaiserin Margaretha, der Frau Ludwigs des Baiern, Tücher geschenkt werden sollten, sahen wir zwei Abgesandte nach Lüttich und Mastricht reisen, „um dort zwei Tücher zu suchen, die sie aber nicht fanden." Hier werden nun der Kaiserin und der Königin neben zwei hiesigen Tüchern jeder vier Mechelsche Tücher geschenkt, die aber nur wenig höher im Preise stehen und deshalb die unsrigen nicht viel übertroffen haben können. Indessen wäre auch möglich, daß mit dem Namen „Mechelsche" Tücher nur eine besondere Qualität bezeichnet werden sollte und dieselben ebenso wie die Gold-Tücher „Gulden Duech" hier angefertigt wurden. Letztere müssen ihre Namen wohl von der Farbe oder, was wahrscheinlicher ist, von einer besondern Randverzierung erhalten haben. Daß solche Verzierungen üblich waren, geht klar aus der Rechnung hervor; es wird besondere Seide zu den Tüchern bereitet und die Tücher werden damit bestickt. „Jt. Metell Groinlings van syden zen Duechen ze bereiden 17½ loet, (Loth), coemen up 17 M. Jt. Johann van Elch, de die Duech bereide 4 M." Was unter dieser Bereitung der Tücher zu verstehen ist, wird bei den Weinspenden näher erläutert, wo demselben Johann von Elch 3 Quart Wein geschenkt werden für das Besticken der Tücher, „Jt. Johan van Elch van den buechen ze bestechen."

Der Kaiser erhält diesmal außer einer Weinspende zum sofortigen Gebrauch kein besonderes Geschenk.

Das große Privilegium.

Fast die Hälfte mehr als das Geschenk an die Königin kostete der Stadt das noch im Archiv vorhandene, von König Wenzel ihr ausgestellte große Privilegium, ein Pergamentbogen, worauf die Schrift 59 Centimeter in der Breite und 36 C. in der Höhe einnimmt. Es stimmt wörtlich mit dem von Karl IV. im J. 1349 ausgestellten überein, bis auf einige Zusätze in Betreff der Sicherstellung der Stadt und der Befugnisse des Schöffengerichts. Es wurde verfaßt von dem königlichen Kanzler, der in der Rechnung nur mit seinem Vornamen Peter bezeichnet wird und nach der Urkunde Peter Jaurenus hieß. Außer ihm war auch seine Frau dabei thätig und ein Schüler half ihm schreiben.

„It. des kühninges canceleir heren Peter van unsen groissen privilegium 250 gulb val. 875 M." „It. des canceleirs wiiff, dat sy halp bedingen dar en tuschen (daß sie dabei unterhandeln half) 20 gulb vl. 70 M.

„It. hern Peters canceleirs schoeler van schriven 6 gulb 21 M."

Das macht schon 966 M. Dazu kamen noch Auslagen für die Familie. „It. heren Peter mit den synen die vur (vorher) quämen dry dage ee syn wiiff quam unse privileigium mit den nuwen (neuen) punten ze machen ind ze schriven verzerde 38 M. 4 S. in syn pert 12 M." Bevor die Frau kam „bedingen dar en tuschen" scheint die Sache gar nicht in Gang gekommen zu sein. Zum Lohne wird Herrn Peter und seinem Weibe zu Burtscheid noch ein Festchen gegeben. „It. geloefden unse herren hern Peter ind syme wiive zu Vorschyt guetlich zu doen, die wären da eynen ganzen dagh ind hadden 15 M. 12 D."

Demnach betrugen die Auslagen für das große Privilegium 1033 M. 1 S. 4 D., nach unserm Gelde circa 950 Thaler. Es wurde mit großer Feierlichkeit unter Betheiligung des Clerus und unter Glockengeläute abgeholt; das ergibt sich aus den verzeichneten Weinspenden, wo es heißt: „It. den priesteren und clockeneir, du dat grois privileigium gehoelt wart, 3 quart."

Der neue große Saal des Rathhauses wurde nicht ausschließlich zur Feier des Krönungsmahles, sondern auch zu andern Festlichkeiten benutzt. Diesmal sehen wir die hohen Herrschaften sogar darauf ein Tänzchen halten, und dazu den Saal mit Grünem geschmückt werden. „It. 4 S. umb graff up den sall, du die keysserynne drup quam banzen."

Die Krönung fand statt am 11. Juli 1376, das war an einem Montage; den folgenden Freitag ritten der Kaiser und der König weg nach Bonn. „It. dů unse herren her Kuene, her Johan van Púnt ind ich leste van Vranckenvort up den vrydagh ze morgen van den keyßer quâmen', dů bliven unser herren vele up den sall âventz ind morgents by eyn, so habde man an coste van deme vribage bis den anderen vribages, dat der keyßer in der kůnnyhng ewech reden up dem sall so und vische, vleissche, broet ind alle ander gereede 45 M. ind 16 S. It habbe man alle die ziit up der louven zwâ amen whyns ind 29 veirbell, die coemen up 89 M.

Lesung der h. Messe vor den Rathsversammlungen, Rathhauskapelle.

Ehe wir diese Rechnung verlassen, müssen wir noch zwei Posten erwähnen, die für uns Aachener ein besonderes Interesse bieten. Nachdem nämlich von den Kosten für die Rathsversammlungen gesprochen worden, folgt: „nuncio portanti litteram de celebracione misse super domum consilii. Dem Boten, der einen Brief brachte über die Feier der Messe auf dem Rathhause." Und unter den Weinspenden wird Herr Gerhard v. Boerck mit ³/₄ Sextar beschenkt für eine Petition, die er an den Dechanten Hohnen wegen Lesung der h. Messe auf dem Rathhause richtete: „It. domino Gerardo de Boerck pro littera supplicatoria missa decano Hoynen, de missa celebranda super domum consilii."

Das Messelesen bei den Rathsversammlungen hat nicht erst mit dem großen Saale und der dortigen Kapelle seinen Anfang genommen. In dem kleinen Bruchstück einer Rechnung von 1353 sehen wir schon einen Boten nach Lüttich zum dortigen Fürstbischof, zu dessen Diözese Aachen gehörte, reisen um die Erlaubniß zur Feier der h. Messe bei der Rathsversammlung zu erhalten. It. Clos Stergin misso Leodii pro littera licenciatoria celebrandi missam in consilio. Der fromme Brauch war also nichts Neues, aber er wurde doch erst konstant in dem nenen Saale mit seiner zierlichen Erkerkapelle. Der darin errichtete fixe Altar wurde nach Noppius zugleich mit dem Münsterchor erst im Jahre 1413 und zwar zu Ehren der heiligen Apostel Philippus und Jakobus geweiht. Bis dahin muß man sich also eines kleinen Altarsteines, sogenannten altaris portatilis, Tragaltars, bedient haben. Denn schon elf Jahre vor der Altarweihe, im Jahre 1402, erlaubte

Papst Bonifacius IX. durch ein eigenes Breve*) alle Groß- und Kleinrathsversammlungen, deren wir am Ende des 14. Jahrhunderts gewöhnlich in jedem Monate 4 aufgezeichnet finden, mit einer h. Messe zu beginnen. Am 1. Mai, dem Feste der Patronen der Kapelle, hielten die Minderbrüder darin feierliches Amt, dem die ganze Bürgerschaft auf dem Saale beiwohnen durfte. Deshalb verlieh Papst Alexander VII. im Jahre 1667 am 18 März für die Frist von fünf Jahren allen Gläubigen, welche am Tage des h. Philippus und Jakobus die Rathhauskapelle oder den Altar derselben besuchten, unter den gewöhnlichen Bedingungen vollkommenen Ablaß. (Diese Urkunde ist im Stadtarchiv vorhanden).

Während seiner Nuntiatur hatte Fabius Chigi, der spätere Papst Alexander VII., einige Zeit in Aachen zugebracht, bei den Regulirchorherren gewohnt und die Stadt lieb gewonnen. Nach dem schrecklichen Brande vom Jahre 1656 hatte der Magistrat sich um Unterstützung an den h. Vater gewandt und von demselben ein baares Geschenk von 4000 Scudi erhalten. Zur dankbaren Erinnerung an diese Wohlthat wurde oberhalb der Rathhauskapelle das Bildniß des Papstes, auf Leinwand gemalt, mit einem Lorbeerkranz von Gyps auf der Wand befestigt mit folgender Inschrift**): „Alexandro VII., pontifici maximo, quod nuntii apostolici olim munere hic diffungens regalem hanc sedem coluit, dilexit, eandem mox summo admotus fastigio anno 1656. secunda Maji fatali incendio penitus ferme consumptam misereque afflictam eximia liberalitate sua erexit, recreavit, senatus populusque Aquensis in perpetuam tanti beneficii memoriam hoc monumentum erigi curavit anno 1657." „Dem Papste Alexander VII., — weil er einst das Amt eines apostolischen Nuntius hier bekleidend diesen königlichen Sitz ehrte und liebte, bald darauf zur höchsten Würde erhoben denselben, als er 1656 am 2. Mai durch eine verhängnißvolle Feuersbrunst beinahe ganz verzehrt und jämmerlich zugerichtet worden, durch seine außerordentliche Freigebigkeit wieder aufrichtete

---

*) Diese Urkunde wurde nebst vielen andern während der französischen Occupation nach Paris geschleppt und ist leider nicht zurückgebracht worden. Den Inhalt derselben kennen wir aus Meyers Chronik S. 362 § 28.

**) Schreiber dieses kam, als im Jahre 49 das Portrait von der Wand entfernt wurde, noch eben zur rechten Zeit, um die Inschrift zu retten, die für uns um so werthvoller ist, als sich kein Breve über das Geschenk vorfindet.

und ermuthigte, — hat der Senat und das Volk von Aachen zum ewigen Andenken an solche Wohlthat dieses Denkmal setzen lassen."

Bei der jetzigen Restauration des Sales hat dieses zum ewigen Andenken errichtete Denkmal wie so viele seines Gleichen erfahren müssen, daß es auf Erden kein dauerndes Andenken und keine dauernden Denkmäler gibt. Indessen ist doch Sorge getragen worden, die historische Erinnerung an die beiden Päpste nicht untergehen zu lassen, und wurde deshalb an dem Spitzbogen der Kapelle folgende Inschrift angebracht: Super ara in hoc sacello sanctis Apostolis Philippo et Jacobo olim dedicata Bonifacius P. P. IX. s. missae sacrificium ante senatus sessiones a. 1402do gratiose concessit celebrari. — Alexander autem P. P. VII. ut nuncius Apostolicus hic commoratus, qui regalem hanc sedem coluit, dilexit, eandem a. 1656°· 2$^{a.}$ Maji incendio penitus fere consumptam eximia liberalitate recreavit. — Quorum benefactorum in gratam memoriam utriusque Pontificis effigiem ad latus patronorum restaurata curia depingi curavit a. 1864° S. P. Q. A.

„Auf dem in dieser Kapelle den hh. Aposteln Philippus und Jakobus sonst geweihten Altare hat Papst Bonifacius IX. im Jahre 1402 das h. Meßopfer vor den Rathsversammlungen zu halten gnädig bewilligt. — Papst Alexander VII. aber, der als apostolischer Nuntius hier verweilend diesen königlichen Sitz ehrte und liebte, hat denselben, als er 1656 am 2. Mai schier ganz von einer Feuersbrunst verzehrt worden, mit außerordentlicher Freigebigkeit unterstützt. — Zur dankbaren Erinnerung an diese Wohlthaten hat der Aachener Senat und die Bürgerschaft die Bildnisse der beiden Päpste zur Seite der Patronen bei der Herstellung des Sales malen lassen im Jahre 1864."

Man sieht, die alte Inschrift ist in der neuen so viel möglich wörtlich beibehalten. In den 3 Fensterchen der Kapelle sollen in der Mitte die Mutter Gottes, als Königin der Apostel, thronen, an den Seiten die Patronen der Kapelle, die hh. Philippus und Jakobus. Neben diesen stehen auf den schmalen Wandflächen die Bildnisse der beiden Päpste, die freilich auf Portraitähnlichkeit ebensowenig wie Karl der Große in den Fresken Anspruch machen. Man wollte nur in dieser Weise das Historische, was sich an die Kapelle knüpft, der Vergessenheit entreißen, und diese Absicht dürfte so, wenigstens theilweise, erreicht sein.

Landfriedensbund, Zerstörung des Raubschlosses Gryppenloeven.

Als um die Mitte des 14. Jahrhunderts, wie eine alte Urkunde sagt: „es übel stand im Lande und viel Unfug verübt und täglich auf der Straße und im Lande dem Kaufmanne, den Pilgern, Pfaffen, Rittern und andern einheimischen und fremden Leuten Gewalt angethan wurde durch Gefängniß, Raub, Mord und Brand, heimlich und öffentlich, und der Unfug und die Gewaltthätigkeit sich von Tag zu Tag mehrte," so schlossen im J. 1351 Wilhelm, Erzbischof von Köln und Erzkanzler jenseits der Alpen, — Johann, Herzog von Lothringen, Limburg und Brabant nebst seinem Sohne Gobart, — der Magistrat der Stadt Köln und der Magistrat von Aachen auf 10 Jahre lang ein Bündniß*), Gott zu Ehren und um des gemeinen Besten willen das Land und die Straßen gegen alle Gewaltthätigkeit zu schützen, die Räuber und Mörder zu strafen, ihre und ihrer Helfer Schlösser und Häuser zu belagern und niederzureißen. Zur Ausführung des Beschlusses stellte der Erzbischof von Köln zum täglichen Schutze 50 gewaffnete Ritter und Knechte zu Pferde, und auf Verlangen zu Reisen und Belagerungen deren 250 nebst 50 Schützen, der Herzog von Brabant mit seinem Sohne die gleiche Anzahl, die Stadt Köln für den gewöhnlichen Bedarf 25 berittene freie Leute, und zu Reisen und Belagerungen 150 Reiter und 50 Schützen, die Stadt Aachen 20 Mann zu Pferde zum täglichen Bedarf, und zu Reisen und Belagerungen 100 Gewaffnete zu Pferde und 100 Schützen. Ueber das jedesmalige Bedürfniß hatten zwölf Geschworene, deren jeder Verbündete drei sandte, durch Stimmenmehrheit zu entscheiden. Das Bündniß sollte Geltung haben für alle Gegenden zwischen Maas und Rhein, nämlich von Andernach bis zur Nette, von da zum Laacher See, Nurberg (Nurburg, Bürgermeisterei Kelberg), Münster in der Eifel, Bütgenbach, zum Dorfe Monfort, Scharratz, von da an die Maas bis Eycht, über Blotorp, Ude, Venbrügge, Brauwenbroich, Isheim nach Xanten und von da den Rhein hinauf bis wieder nach Andernach und zur Nette, sowohl zu Wasser als zu Lande. Die Geschworenen des Erzbischofs von Köln waren: Ludwig Heer von Randenroibe, Johann Heer zu Saffenberg und Heinrich von Syntzich, Herr von Arenbail; vom Herzoge von Brabant wurden als solche ernannt:

---

*) cf. Lacomblet Urk. III. Nr. 496.

Johann von Wislet Herr von Blairsvelt, Johann von Loen Herr von Aigrhmont und Reinart von Schoinauwen Herr zu Schoinvorst; Köln sandte die Heeren: Johann Overstoiltz in Viltzengraven Schöffen und Ritter, Costin von Lhsenkirghin Schöffen und Costin von Lhsenkirchen Graf von Ahrsburch; Aachen wählte die Herren: Christian Lewe, Sander von Surse, beide Schöffen, und Johann Corus. Alle schwuren "zu den Heiligen", den ersten eines jeden Monats regelmäßig und außerdem, so oft es Noth thäte oder einer der Verbündeten es verlangte, zusammenzukommen und zwar immer abwechselnd zuerst in Köln, dann in Aachen, darauf in Lechenich und zuletzt in Kerpen, falls die Geschworenen nicht um des Vesten willen sich an einem anderen Orte zwischen Köln und Aachen zu versammeln für gut fänden, und was sie einstimmig oder mehrstimmig beschlössen, sollte ausgeführt werden. Es würde ermüden, alle folgenden nach dem damaligen Geschäftsstyl sehr weitläufigen und nach allen Seiten verklausulirten, in der wohlerhaltenen Urkunde vorkommenden Bestimmungen des Bündnisses aufzuzählen, wir wollen nur noch bemerken, daß in einer die Erweiterung des Bundes durch Beitritt neuer Mitglieder offen gehalten wurde. Von dieser Bestimmung machte zuerst Gebrauch Johann von Valkenburg, Heer von Born und von Sittart, der im folgenden Jahre 1352 am 3. Februar dem Bunde beitrat. Dann ließ sich 1354 den 28. April auf Begehren Kaiser Karls IV. „umb leisben und umb beden willen unß lieven genedigen heirren her Karls Roemschen kuninxs," Diederich Graf von Loen, Heer zu Heinsberg und zu Blankenberg, in den Bund aufnehmen*) und gelobte „mit gueden truwen", wenn die Verbündeten die Burg und Veste zu Grhpenkoeven belagern wollten, werde er 300 bewaffnete Ritter und Knechte dazu senden, und die beiden Häuser, welche die Belagerer vor der Burg aufschlagen würden, jedes mit 30 Mann zu Pferde und 30 Schützen besetzen helfen; auch werde er von seinen Landleuten 1000 Mann mit Schüppen und Spaten zum Graben und Zäunen und zu anderer Arbeit schicken, und wenn es ihnen gelänge, das Schloß zu gewinnen, sollten sie es gesamter Hand abbrechen und „sleichten", dem Boden gleich machen, die aber auf dem Hause von Griepenkoeven gefangen würden, sollten ohne Zögerung abge-

---

*) v. Beil. Nr. III.

urtheilt werden. Nach Mayers Chronik S. 327, der hier, wie leider nur zu häufig, seine Quellen nicht angibt, hausten damals auf genanntem Raubschlosse die Gebrüder Ritter Goßwin und Arnold von Cevel nebst Otto von Dyhele. Wo das Schloß gelegen war, wußte Meyer nicht, wir erfahren es aber aus der von dem verdienten Geschichtsforscher Dr. Eckertz, dem Sekretär des hist. Ver. für den Niederrhein, in „fontes adhuc inediti rerum Rhenanarum" mitgetheilten Chronik der Stadt Erkelenz*) S. 107, wo es heißt: „Item de lapidibus Castri Gripenhoven diruti facta et extructa est porta pontis oppidi de Erckelentz anno D. 1355." (Aus den Steinen des zerstörten Schlosses Gripenhoven wurde das Brückenthor der Stadt Erkelenz erbaut im J. u. H. 1355.) „Item dat vursz. Slott wart anno 1353 gewonnen und nedergeworpen durch den Landfreden, daer inne waren verbonden der Bischop van Coln, der Hertoch van Brabant, der Hertoch van Guilich und van Gelre, der Greve van Cleve, die stat van Collen und die stat van Aachen, und want (da) die stat van Erclelentz groten schaden van dem Slott gelieten habbe van den roveren, die sych daer op enthielten, darumb woirden der Stat die steine van demselben nedeworpen (niedergeworfenen) Slott gegeven und geschenkt, dar mit der Toirn (Thurm) der Brugporten inwendig der Stat gelegen gemaecht und opgebouwet is."

In dieser Angabe finden wir unter den Verbündeten auch den Herzog von Jülich und den Grafen von Cleve, dagegen wird des Grafen von Loen nicht erwähnt. Urkundlich schloß aber der Herzog von Jülich erst im J. 1364 mit dem Herzog Wenzeslaus von Brabant und der Stadt Aachen ein Bündniß zur Aufrechthaltung des Landfriedens, und der Graf von Cleve gehörte auch dann dem Bunde noch nicht an, wie aus einem Schreiben desselben an die genannten drei Verbündeten hervorgeht. S. Beil. Nr. IV. In dem Bruchstück unserer Stadtrechnung des Jahres 1353 kommt die Stelle vor: „It. Clos Stergin misso Coloniam quum Gripichoven debebat circumvallari", (Clos Stergin nach Köln gesandt, als Gripichoven belagert werden sollte). Erstlich sagt

---

*) Erkelenz wurde von Otto dem Großen im Jahre 966 unserm Marienstifte geschenkt, „welchem in Folge dieser Schenkung Grund und Boden des Erkelenzer Gebiets angehörte und welches nunmehr daselbst die Grundherrschaft und zwar bis zum Jahre 1794 ausübte." Eckertz l. c. S. 137.

die Rechnung quum debebat, als das Schloß belagert werden sollte, dann aber beginnt sie mit dem 1. Juni 1353 und schließt mit dem letzten Mai 1354. Kann nicht der Verfasser der Erkelenzer Chronik, der, wie Herr Dr. Eckertz nachweist l. c. S. 148 ff., im 16. Jahrhundert schrieb, einer ähnlichen Geschichtsquelle gefolgt sein? Hätten wir die erwähnte Urkunde über den Beitritt des Grafen von Loen zum Landfriedensbunde eben zur Zerstörung des Schlosses Gripichoven oder Grypenkoeven nicht, so würden wir aus unserer Rechnung, da sie nicht nach Monaten abgetheilt ist, auch nicht ersehen können, ob die Zerstörung des Raubschlosses 1353 oder 1354 stattfand. Jedenfalls ist die Beitrittsurkunde (S. Beilage Nr. III), welche mit den Worten schließt: „Gegeven in deme jaire uns heiren doe man schreyf drutzeinhundert in deme veir und vunfzichsteine jaire, des mainbaichs vur Philippi & Jacobi der heyligen Apostelen" hier maßgebend. Das Schloß kam nach mehrwöchentlicher Belagerung durch Kapitulation in die Hände der Verbündeten und wurde geschleift; die Besatzung erhielt, nachdem sie Urfehde geschworen und Schadenersatz zugesichert hatte, freien Abzug.

Statt des verstorbenen Herzogs Johann von Brabant und seines Sohnes Godart trat im Jahre 1355 Wenzeslaus, Herzog von Luxemburg, Lothringen, Brabant, Limburg und Markgraf des h. röm. Reichs dem Bündnisse bei, (v. Lacomb. III. S. 399 Anm.) Noch vor Ablauf der festgesetzten Frist beschlossen die vier Verbündeten im J. 1358 „des sundagis na anbach brutzehnmissen," d. h. Sonntag nach Dreikönigen, also am 7. Januar, daß sie „von bisme dage voirt ouch na den jairtzalen des vurschreven verbuntz alwege truwelichen ind vestlichen by eynander bliven suelen ungescheyden mit einre gantzer getruwer helpen." (v. Lacomb. III., 576.)

Im Jahre 1364 wurde von dem Herzog von Brabant Wenzeslaus, dem Bruder Karls IV., seiner Frau Johanna, dem Herzog Wilhelm von Jülich und der Stadt Aachen der Landfriedensbund in derselben Weise auf fünf Jahre erneuert. Nur ernannte diesmal jeder Verbündete sechs Geschworene, und zwar die Stadt Aachen die Schöffen: Christian Lewe, Sanders von Soersen, Arnolt von dem Berge, Jakob Colin „in dem marte", Arnolt Wilden und Cuno von dem Eychhorn, von welchen jedesmal drei den monatlichen Landtag abwechselnd zu Tricht (Mastricht), Aachen und Düren zu besuchen hatten. Im folgenden Jahre traten der

Erzbischof Engelbrecht von Köln, die Stadt Köln und mehrere Ritter dem Bunde bei.

Abermals wird der Bund erneuert und auf 5 Jahre verlängert im Jahre 1369 „sant Gallen Tag," den 16. Oktober von den Herzogen von Brabant und von Jülich und den Städten Köln und Aachen und allen Mitverbündeten. Demselben schließen sich einen Monat nachher nicht weniger als 65 Limburgische Edelleute an, die alle ihre Siegel in braunem Wachs „sunderlingen und sementlingen (sammt und sonders) an desen Brief gehangen"; von diesen Siegeln sind die meisten an der in unserm Archiv vorhandenen Pergamenturkunde noch wohl erhalten, 14 aber abgerissen.

Zölle des Landfriedensbundes.

Im Jahre 1375 wird von Neuem der Bund auf 4 Jahre geschlossen zwischen dem Erzbischof Friedrich von Köln, dem Herzog von Brabant und den Städten Köln und Aachen. Weil aber die Verbündeten die Erfahrung gemacht hatten, daß der Bund vielfach hinter seiner Aufgabe zurückgeblieben und zuletzt ganz unwirksam geworden sei und zwar bloß aus Mangel an Mitteln, um die unvermeidlichen Unkosten zu decken, so beschlossen sie in demselben Jahre, für die Dauer des Bündnisses und nicht länger, in ihren Ländern Zölle einzuführen. Es ist von Interesse, diese Zölleeinrichtung nach der Urkunde näher kennen zu lernen, nicht bloß, weil der Ertrag in den spätern Rechnungen unter den Einnahmen figurirt, sondern auch, weil sie uns einen Blick in die damaligen Handelsverhältnisse unserer Gegenden gewährt. (S. Beil. Nr. V.)

Die Zölle wurden erhoben zu „Kuninxtorp" (Königsdorf) und auf andern Straßen in dem Kölner Erzstifte, die zwischen Maas und Rhein hin= und herführten; — zu Berchheim und zu Birkesdorf und auf andern Straßen, in dem Lande von Jülich, „die tusschen Mase inb Ryn uyss und in geent;" — „zu Royde inb zu der Whben," (zu Herzogenrath und im Weiden) und auf andern Straßen des Landes von Brabant zwischen Maas und Rhein, jedoch in eines jeden Herrn Land nur an einer Stelle und zwar nach folgendem Maßstabe. Von jedem Pferde das am Wagen oder Karren Kaufmannsgut führt, als: Wein, Waid, Wolle, Häringe, Bückinge und andere Fische, Garn, Flachs, Leinwant, „Roede" (rothe Farbe), Alaun, Salz, Schmalz, Schmier, Butter, Früchte z. B. Feigen, Rosinen, Mandeln, dann Wachs, Zinn, Blei, Kreide,

(„Knyte") „und ander groff güyt van gewichte," (und anderes schweres Gut), das man mit dem Centner verkauft, — also von jedem solchen Pferde soll man nehmen zwei Weißpfennige*), deren jeder zwei Schilling courant gilt, „zwene wüsse pennynge ychlichen van zwen schillinge as un geuge und geve sint." (Nach unserm Gelde ungefähr 9½ Sgr.)

Von jedem Pferde, „dat an wagen off an karren geit, die ander burbar couffmansguyt vurent," an Wagen oder Karren, die anderes kostbares Kaufmannsgut führen, als: Specereien, „Buntwerk" (Pelzwerk), Seide, „Zendail" (Zindel, Halbseide), Gewand, Wollen-, Seiden- oder Goldtuch oder anderes dergleichen, werden drei Weißpfennige erhoben. Jedes „couffpert", Pferd, das zum Verkauf gebracht wird, angespannt oder los, zahlt 3 Weißpfennige. Pferde an leeren „Getzouwen" (Gefähren) sind frei, ebenso diejenigen, die Körnerfrüchte, als: Weizen, Roggen, Hafer u. s. w., Holz, Kohlen, Heu, Stroh und dergleichen führen. Ferner sind alle Nahrungsmittel zollfrei, die einer zu seinem eigenen Bedarf, nicht zum Handel, transportirt. — Den Geschworenen des Landfriedens wird aufgetragen die Zollstellen „mit guden, bescheidenen luyden" d. h. mit rechtschaffenen Leuten, die Bescheid wissen, zu besetzen, die ihnen schwören, alle Gefälle in die dazu bestimmten Kasten zu werfen, welche die Geschworenen verschließen und alle 3 Monate leeren mußten.

Die ganze Einnahme wurde in vier Theile getheilt; entsprechend dem Kontingent eines Jeden erhielt davon der Erzbischof und die beiden Herzoge jeder 1 Viertel, das letzte Viertel aber theilten die beiden Städte. Das vertheilte Geld durfte zu nichts anderm als zum Nutzen und Vortheil des Landfriedensbundes verwandt werden. Damit aber der Kaufmann sich über diesen Zoll nicht entsetze „sich des vurschreven tolles nyt en verbere ind den die lieber geve", und ihn desto lieber gebe, so geloben die Herren und die Städte, wenn einem Kaufmanne, der einen der Zölle entrichtet, sein Gut geraubt werden sollte, ihm dasselbe aus den Zolleinnahmen und falls diese nicht reichen, aus ihrem eigenen Vermögen zu ersetzen, wozu jeder Verbündete nach Maßgabe seines Antheils beizutragen

---

*) Im J. 1375 war 1 Gulb. = 20 Weißpfennigen — 3⅓ Mark oder 40 Schillinge, womit die obige Angabe der Urkunde genau übereinstimmt. cf. Nopp. I. 153 und Meyer S. 873.

habe. Nach Ablauf der vier Jahre des Bündnisses sollte kein Zoll mehr erhoben werden, es sei denn, daß der Bund erneuert werde, dann sollten auch die Zölle für die Zeit der Verlängerung bestehen bleiben. Wenn ein Fuhrmann, um den Zoll zu umgehen, nicht die rechte Straße fuhr und Nebenwege einschlug, so hatte er „Leib und Gut" verwirkt, die Ladung aber verblieb dem Eigenthümer; was in dieser Weise den Fuhrleuten abgenommen wurde, floß in die gemeinschaftliche Bundeskasse und kam dem Landfrieden zu gut.

Damit das Bündniß, welches um Ostern 1379 ablief, keine Unterbrechung erleide, treten dieselben Verbündeten mit Hinzuziehung der Herzogin Johanna von Brabant schon um Aller Heiligen des J. 1378 auf Geheiß des Kaisers Karls IV. abermals zu einem fünfjährigen Bunde ganz unter denselben Bedingungen zusammen. Noch vor Ablauf desselben wird im J. 1383 am 9. April eine Verlängerung in derselben Weise auf 3 Jahre beschlossen.

Weitere Urkunden über Erneuerung des Landfriedens besitzt unser Archiv nicht; wir haben auch diesen Gegenstand für unsern Zweck nicht weiter zu verfolgen, da die Belagerungen der Schlösser Dick und Reiferscheid innerhalb der besprochenen Frist vor sich gehen.

Zerstörung des Schlosses zur Dick.

Im J. 1383 hauste auf dem Schlosse zur Dick (bei Bedburdyck) ein Herr Gerart, der nach seinem eigenen Geständnisse in dem vorhandenen Sühnbriefe „umb kenlicher oevergriffe ind bruchen willen" (wegen offenbarer Uebergriffe und Verbrechen) von den zur Sicherung des Landfriedens Verbündeten in seinem Schlosse belagert und nach sechs und vierzigtägigem Kampfe zur Uebergabe gezwungen wurde. „Up der hilligen Aposteln dagh, divisio genannt ze latine", d. i. Aposteltheilung am 15. Juli, schloß er mit 37 seiner Gesellen, die in der Urkunde (Lacomb. III. Nr. 874) namentlich aufgeführt sind, für sich und seine Nachkommen mit den Verbündeten auf ewige Zeiten Frieden, lieferte alle Gefangenen aus, verzichtete auf alle möglichen Ansprüche, und gelobte und schwur „mit upgereeven vingeren ind gestaefden eyden lyffligen zu den hilgen", nie mehr, „weder mit Worten noch mit Werken, mit Rath noch mit That" gegen den Erzbischof Friedrich von Köln, den Herzog Wilhelm von Jülich und Geldern, die „hochgeborene Fürstin Frau Marie Herzogin von Jülich und Geldern" und die Städte Köln und Aachen zu handeln noch zu „werben". Dafür wurde er von den Verbündeten „zu Gnaden aufgenommen" und mit der Herrschaft und dem Lande „von der Dicke" und allem Zubehör von Neuem belehnt (die Burg zur Dick war nämlich ein Geldern'sches Lehn), ausgenommen mit der obersten Burg, die geschleift werden sollte, „uhßgescheiden doch die overste borg zer Dicke mit hren tornen, sailen, muren, gebuwetse ind graven......., die ich Gerart den vorg. herren ind steden oevergeven han ind geven, also dat sy die brechen solen zu allen hren willen."

Der Auszug der Aachener Truppen gegen Dick geschah am Donnerstag den 4. Juni 1383 unter den Bürgermeistern Johann van Punt und Gerard Lewen. Die darauf bezügliche Rechnung beginnt mit den Worten: „Dit is dat wir verzerden ze Gulche des dunnersdagis zu avent du wir zer Dicke wert zogen, anno LXXXIII des veirden dagis in den bramohnt." In Jülich wurde das erste Nachtquartier gehalten. Von da zog das Aachener Kontingent, vertragsmäßig 50 Reiter und 25 Schützen, den folgenden Tag bis zur Dick. In der Rechnung folgt nun Tag für Tag der Küchenzettel nebst Kellerrechnung, bis zur Heimkehr am 20. Juli, für die 3 Geschworenen Reynart van Moerke, Heynrich van der Linden und Rickolf Coliin nebst ihren Leuten, deren Zahl nicht angegeben ist, aber nicht unbeträchtlich gewesen sein kann. Hin und wieder findet sich eine Ausgabe für Ausbesserung an Kleidern und für angenehme Unterhaltung, denn dafür war im Lager auch gesorgt. Die tapfern Reichsstädter ließen sich wie die homerischen Helden nichts fehlen. Von Aachen führten sie gleich bei der Ausfahrt mit sich 8½ Ahm Wein, und zwar guten, zu 26 Mark die Ahm, 4 Tonnen Bier, einen halben Ochsen, 4 Hämmel, 2 Schinken, 2 Kaldaunen (Blicken, heute Kubbelgeflecks), 6 Stockfische, Hühner, Butter, Salz, „Mustart", außerdem „schuttelen, plateille, leffel, poete ind kannen, vleischtonnen, wynlegelen" (Weinfäßchen) u. s. w. Das hat aber nicht lange gereicht, denn am vierten Tage werden schon „ze Nuhsse" neue Einkäufe gemacht, die sich fortan alle Tage folgen. Hühner gibt es außer an Freitagen und Samstagen, wo die Abstinenz beobachtet wurde, schier alle Tage; 13 Stück kosteten 2 Mark (also nach unserm Gelde 1 Huhn ungefähr 4 Sgr. 2 Pfg.); selten wechseln sie mit Gänsen, „Aintvogel" und „Duven" (Enten und Tauben), zuweilen bringt ein Bote des Erzbischofs von Köln und des Herzogs von Jülich Wildpret. Sonntag den 14. Juni speisten die „gesellen ind bie schutzen mht uns", da wurden über 60 Hühner, 8 Schafe und für 3 Gulden Brod verzehrt. Von Gemüsen waren sie keine Freunde, nur einmal werden weiße Rüben, einige Male „muhs" erwähnt, häufiger Erbsen und Bohnen, von Küchenkräutern Petersilie, „Unloich" (Lauch) und Knoblauch, fast täglich zum Nachtisch Obst, als „kirsen, bere, prumen" und „vlehmscher" (flamändscher) Käse. An Freitagen und Samstagen werden Fische verzehrt, und zwar außer Stockfischen und Häringen auch Maifische, Bresemen, (dieser Name ist am Rhein für Weißfische noch heute gebräuchlich), Barben, „snuche" (Hechte, plattdeutsch Schnoch) und Salmen. Letztere sind notirt 2 zu 9 M., mithin kostete einer beinahe so viel wie zwei Schafe, war also damals noch eine größere Delikatesse als heute. Durst haben „unse heren„ mit den Ihrigen auch nicht gelitten, denn sie tranken in 46 Tagen 35 Tonnen Bier für 88, und 22 Ahmen Wein für 378 Mark. Zum Zeitvertreib in müßigen Stunden ließen sie fremde Sänger, Pfeiffer „heren Schenartz pifer van Hemersbach, heren Lutzen pifer van Landauwe" u. a. und „sprucher" (Deklamatoren) auftreten; die geistlichen Bedürfnisse besorgten die Minderbrüder.

Ueber den Gang der Belagerung vernehmen wir nur, daß am 2. Juli unsere Schützen die Blide, (eine große Wurfmaschine) aufrichteten. Etwas mehr Auskunft gibt uns ein Brief, den die oben genannten drei Geschworenen am 1. Juli an die Herren Bürgermeister Johann van Punt und Gerhard Lewen schrieben. Sie thun ihnen zu wissen, den Herren und Städten sei angezeigt worden, daß im Lande ausgedehnte Werbungen und Rüstungen vor sich gingen, „dat sich groisse gewerff heven in den landen"; besonders treibe dies ein Graf von der Mark, der jenseits des Rheins mehr als 400 geleyen, (Sperreuter) geworben habe und über ein Schloß in Westphalen herfallen wolle, und da er gestern dem gnädigen Herrn von Köln sein Lehn aufgekündigt, fürchte man, er werde das Schloß zur Dick entsetzen wollen; auch habe man vernommen, daß der von Wachtendunck, der sich auch sehr rüste, gestern bei ihm jenseits des Rheins gewesen sei. Ferner hätten die Herren Botschaft erhalten, daß droben in der Eifel große Werbungen geschähen, „und quemen disse dri gewerff by einander", vereinigten sich die geworbenen Schaaren, so „solde dat eyn groisse hoef syn" so würde das ein großer Haufen werden. Deshalb wollten die

Herren und die Stadt Köln „sich sterken", d. h. noch neue Sol=
daten werben und verlangten dasselbe von den Aachnern; sollten
diese sich dessen weigern, so würden sie auf dem Weg Rechtens
sie dazu nöthigen „so willen siit (sie es) uns mht den reicht ain=
wenen." Die Aachener Geschworenen scheinen die Gefahr nicht
sonderlich gefürchtet zu haben und suchen deshalb Ausflüchte: ihre
Stadt und ihre Freunde seien zu weit entfernt und wenn sie neue
Mannschaft kommen ließen, könnte die leicht unterwegs eine Nieder-
lage erleiden. Zuletzt nehmen sie zu einer List ihre Zuflucht. Um
den andern genug zu thun und zugleich Kosten zu sparen, möchten
die Bürgermeister ihnen nämlich zehn oder zwölf Geleien zu=
schicken, angeblich um sich das Heer anzusehen, sie würden ihnen
dann an dem Tage auch 10 oder 12 Geleien entgegenschicken,
damit es scheine, ihr Haufen sei größer geworden, bis das Gerücht
vorüber wäre, „up dat hies, dat wir gesterckt weren ind unse
hohff bemere weher ehnen dach off zweyn, bis dit geruht oever
weir." — Ferner theilen sie mit, der Herzog von Geldern sei
zwei Nächte zu Bruch gewesen und hätte gerne wegen des Schlosses
unterhandelt; natürlich, da Dick ein Geldern'sches Lehn war, konnte
ihm die Erhaltung der Burg nicht gleichgültig sein; die Herren
wollten aber von Unterhandlung nichts wissen, es werde denn das
Schloß zum Abbruch in ihre Hand gegeben. — Zuletzt bitten die
Geschworenen um Pulver und Geld „um kruht zer bussen (Donner=
kraut) ind gelb, des wir nhet intberen in kunnen", um Nachricht
über den Herzog von Brabant und den Herrn von Schönforst und
schließen mit den naiven Worten: „Got sy mht uch, ind sent uns
siegelwais", Gott sei mit Euch und schickt uns Siegelwachs. (S.
Beilage Nr. VI.)

Belagerung der Burg Reiferscheid.

Weit interessanter und belehrender für die damalige Bewaff=
nung und Kriegsführung ist die Rechnung über die Ausfahrt zur
Belagerung des Schlosses Reiferscheid im Jahre 1385 unter der
Bürgermeisterschaft der Herren Johann van Punt und Heinrich
van der Linden; glücklicherweise besitzen wir aus demselben Jahre
die vollständige, nach Monaten eingetheilte Stadtrechnung, nebst
einigen Briefen der Geschworenen aus dem Lager, die alle sich
gegenseitig erläutern und ergänzen.

Lange Jahre schon hatten die Ritter von Reiferscheid Raub
und Gewalt verübt. Glaubten sie sich von irgend einem Macht=

haber verletzt, so hatten es dessen Untergebene, am meisten die wehrlosen zu büßen. Schon im J. 1358 sehen wir Schöffen, Bürgermeister und Rath der Stadt Halle im Hennegau bei den Geschworenen des Landfriedens klagen, daß ein Johann von Reiferscheid auf offener Straße bei Köln zweien ihrer Bürger drei Pack Korduanleder wegen Geldes, daß ihm der Herzog von Brabant verschulde, weggenommen habe. (S. Beil. VII.) — Noch schwerer klagten im J. 1375 bei dem „Landverbunde" Abt und Convent der Cisterzienser-Abtei Camp (cf. Nettesheim Gesch. von Gelbern, I S. 39) wegen wiederholter Räubereien gegen Reinhard von Reiferscheid. Im J. 1373 habe derselbe von ihrem Gute Auwenheym Pferde, Rinder, Schaafe, Schweine rc. im Werthe von wenigstens 800 Goldgulden bei der Nacht geraubt und nach Bedbur gebracht, im folgenden Jahre außer einer Quantität Roggen zwei Klosterbrüder mit Gewalt entführt, und verlange für deren Loslassung für sich und sein Weib 200 Goldgulden; im März des Jahres 1375 habe derselbe Reinhard von genanntem Gute Auwenheym Früchte, Vieh, Hausgeräthe, kurz alle bewegliche Habe, sogar der Brüder Kleider geraubt, Schaffner und Gesinde vertrieben, und auch von ihrem Hofe Gumbritzheim das Ackergeräthe weggenommen; im April endlich habe er den Bruder Wilhelm in seinen Priesterkleidern ausgeraubt und nach Bedbur abgeführt, wo er ihn noch gefangen halte, und fahre noch immer fort, ihnen die Früchte von den Feldern zu rauben und die Pachtgelder von den Höfen zu erpressen.

Ob auf diese Klagen der Bund sich des durch seine Wohlthätigkeit berühmten Gotteshauses angenommen, darüber sagen unsere Urkunden nichts. Erst im J. 1385 konnte der Bund den Gewaltthätigkeiten nicht länger zusehen und beschloß den Raubrittern ihr Handwerk zu legen. Die Burg Reiferscheid, nunmehr eine Ruine unweit Schleiden, war damals bewohnt von Junker Johann, dem Enkel jenes Johann, gegen welchen die Stadt Halle Klage geführt, und seinem Oheim Reinhard, der die Abtei Camp so drangsalirt hatte, nebst ihren Gesellen. Diese werden in einem Briefe der Aachener Geschworenen aus dem Lager an den Rath geradezu als Bösewichter bezeichnet, die auf der Straße zu rauben pflegten. „Alle die bohsewichter, die vurtziit opter strohsen plogen zu schedigen, die sint op dem huhse von Riifferscheit besessen" (belagert). (S. Beil. XIII.)

Unter den Verbündeten finden wir außer den schon früher genannten Herren und Städten auch den Bischof von Lüttich, Arnold von Horn und Reinart, Herrn von Schönforst; von Seiten des Königs Wenzel war zu der Belagerung Herr Pote von Chastalowitz, Hauptmann zu Luxemburg und Landvogt im Elsaß, gesandt worden.

Pulvergeschosse.

Die Belagerer bedienten sich nicht bloß der alten Wurf- oder Schleudermaschinen, sondern auch der Pulvergeschosse.

Schon haben wir oben bei der Belagerung des Schlosses zur Dick die Geschworenen von Aachen um Pulver „kruyt zur bussen" schreiben sehen. In der alten Reichsstadt war das Pulver damals längst schon bekannt, wenn auch noch wenig im Gebrauch. Die erste Erwähnung desselben geschieht im J. 1346 unter den Bürgermeistern Gerart Chorus und Christian Leonis mit den Worten: „It. pro una busa ferrea ad sagittandum tonitrum 5 schilde et illam busam habet adhuc Ar. Schiffelart." „Für ein eisernes Rohr um den Donner zu schleudern 5 Schildgulden (ungefähr 21 Thlr. nach unserm Gelde), und jenes Rohr hat bis jetzt Arnold Schiffelart." Daß hier von einem Pulvergeschoß Rede ist, geht klar aus dem folgenden Posten hervor. „Item pro salpetra ad sagittandum cum busa illa 7 s." (Für Salpeter zum Schießen mit jenem Rohr.) Wir haben aber nicht an eine Handbüchse, sondern an ein dickes, einer Kanone ähnliches Rohr zu denken, da der Wagner ein Gestelle dazu verfertigt: „It. magistro Petro carpentario de ligneo opere ad eandem busam." (Dem Wagner Meister Peter für Holzarbeit zu jenem Rohre). — In den späteren Rechnungen des 14. Jahrhunderts geschieht des Pulvers keine Erwähnung mehr, und wo von Schützen Rede ist, können wir nur Bogenschützen darunter verstehen, indem zugleich mit denselben immer auch Auslagen für Armbruste, Pfeile u. s. w. vorkommen. So wird des Roeberchiin, des „bussenmeisters", wie er in der Ausfahrtsrechnung heißt, im ersten Monat der Jahresrechnung von 1385 mit folgenden Worten gedacht: „It. Roeberchiin sich vunffbrum (er mit 4 andern,) 12 dage, die armbrust zu lymen, zu senen, zu wischen up deme huse (auf dem Rathhause) ind up alle porze ... ind van der groser senen ind van den wapenroecken zu reyngen van den motten." Zu seinem Amte gehörte es für alle Armaturgegenstände zu sorgen. „It. den

felven Roederchiin van den grohssen tenten ind van ten pau=
welunen (Schirme, kleine Zelte, pavillon) zu ermachen (herzu=
stellen) so liiwoit, so koegeleir, so garne, so leeder" u. s. w.
Bei Belagerungen wie hier und zur Dicke sehen wir bussen
mit Pulver in Anwendung kommen, d. h. Rohre von bedeutender
Weite, indem jede Steinkugel dazu 3 Schillinge kostete. Diese
wurden ebenso wie die Steine für die Blide (wovon wir gleich
reden werden), zu Nhbeggen gebrochen: „Item kosten die blidensteyne
ind bussensteyne, der war blidensteyne 280 ind bussensteyne 109,
kosten zu brechen dat stuc 3 Schillinge ind zu rumen." „It. kosten
die blidesteyne ind bussensteyne zu vuren van Nideggen zu Riiffer=
scheit alwege 9 steyne 7 M. Coels summa 302 M. 4 S. Coels,
val. 90 gul. 27 S. val. ahn Ehschen gelbe (in Aachener Geld),
340 M." — Aus diesen Transportkosten kann man schon auf den
nicht unbedeutenden Umfang der bussensteyne schließen. Das
nöthige Pulver fertigte Röderchiin der Bussenmeister an und zwar
in Kübeln. „It. Roederchiin ehrstwerff (zum ersten Male) ee man
uhff vur um leederen secke, linden holtz, zinen, (Kübel plt. Zinge)
da man dat kruyt in magde, ind den knechten, die hulpen dat
kruyt machen, dat kost samen 34 M. 8 S." Das Pulver
reichte aber nicht aus und Roederchiin kommt aus dem Lager
zurück um neues anzufertigen. „Du Roederchiin lestwerff (zum
letzten Mal) heym quam me kruyt zemachen... ind dat hee
galt zu Riifferscheit buhssensteyne, phle, bli zu schießen, smedekolen
u. s. w. — Hier sehen wir also auch Blei zum Schießen verwandt
werden; ob aus Handbüchsen, müssen wir dahin gestellt sein lassen.

Blide, eine Wurfmaschine.

Das Hauptgeschütz blieb aber noch die Blide, (balista, balita)
„antiqua blida in gramine civium", eine große schwerfällige,
wahrscheinlich sehr zerstörende Wurfmaschine. Die Aachener Blide
muß einen gewissen Ruf gehabt haben, denn wir sehen aus der
Rechnung, daß die Stadt Köln die Hälfte der Unkosten für dieselbe
zu tragen hatte. „It. bis geit aff die halve blide, die kost darvan
dat geboer der stat van Coelne, summa yr gebuyr 927 M. Coels,
maicht ain gulden 338 gulden 4 S.; die ganzen Unkosten für die
Blide betrugen also 672 Gulden 8 S., eine bedeutende Auslage.
Das bloße Zusammensetzen und Verladen derselben kostete 96 M.
6 S., wobei 12 Zimmerleute mit ihrem Meister Proffioin 6 Tage

lang zu arbeiten hatten. „Du man die blide up fluych (aufschlug, zusammensetzte), in der burger gras, rechent meister Proffioin umb holtz 32 M. 10 S." u. s. w. Zum Transport der Blide und anderen Geräthes waren 14 Wagen mit 61 Pferden nöthig; 6 Wagen wurden in der Stadt, 4 in Eupen, 1 in Gülpen, die 4 anderen ebenfalls auswärts gemiethet; sie brauchten für Hin- und Herfahrt nebst Aufenthalt im Lager 10, die auswärtigen 11 Tage und erhielten für jedes Pferd täglich 1 M. Der Fuhrmann aber, der den Schwengel, Hebel, zur Blide fuhr, hatte 6 Pferde vorgespannt und bezog für jedes täglich 16 S. „It. Dunmois van Oepen, be den schwingel vurt, 11 dage myt 6 perden, deme perde 16 S. und 1½ gulden ze verdrenken, summa 93 M. 6 S." — Die Zimmerleute mußten mit ins Lager ziehen und zwar: „Proffioin sich zwelfterum" d. h. Proffioin mit elf anderen. Zur Ausrüstung „uprustigen" erhielt jeder 2 M., der Meister 4, an Sold täglich 1 M. und Proffioin 2, und noch für seinen Knecht und sein Pferd täglich 1 M.; sie blieben 67 Tage aus und kosteten 938 M. „It. gaff man Proffioin zu verdrenken ind vur syn pert 31 M." Auch Meister Johann der Ziegelbäcker „zielbecker" begibt „sich veirdrum", also mit 3 Gesellen und noch mit „zwen operkneichten" (Handlangern) ins Lager.

Das Aachener Contingent. Unentschiedenheit der übrigen Bundesgenossen.

Während der Bürgermeister Heinrich van der Linden zur Regierung und Beschützung der Stadt zurückbleibt, reitet sein Amtsgenosse Johan van Punt zur Belagerung des Raubschlosses aus. Ihn begleitet Arnold Volmer, einer alten Schöffenfamilie angehörig und im folgenden Jahre Bürgermeister, und Jakob Coliin. Bei diesen „unsen heren" war das ganze Contingent in Kost. Dasselbe bestand aus den genannten 3 Geschworenen, ihren 8 Dienern, dem Meister Proffioin mit 11 Zimmergesellen, dem Meister Tielmann zuerst mit 9, dann mit 3 Gesellen, dem Ziegelbäcker Meister Johann mit 3 Gesellen und 2 Handlangern, drei Paar Säger, 47 Geleyen,*) 23 Schützen, 2 Pfeifern und 2 Trompetern nebst Wagenknechten, Schmieden u. s. w., im Ganzen etwa 130 bis 140 Personen. „It. haint unse heren verzert vur Riifferscheit myt allen hren gesellen, piiffern, wainluden (Wagenknechten), segern,

---

*) cf. Beil. XVII nebst der Note.

zymmerluden, greuern (Gräbern), smeden int myt heren, ritteren, knechten, gudenluden ind solbenern ind schutzen, die myt on (ihnen, plattd. hön) aissen summa 3418 M. 9 S. Coels." Für die Kost mußte ein Theil des Soldes eingelassen werden, denn für diejenigen, welche ihren Sold ganz bezogen, wird das Kostgeld von obiger Summe abgezogen und kommt für die Stadt nicht mit in Rechnung. „Des geit aff (davon, nämlich von 3418 M. 9 S. geht ab) 540 M., die sy aff sleynt (abrechnen) vur yr kost manlich siin gebuyr umb den wille, dat sy yren solt ganz rechnen, so sy, (nämlich „die heren") so Jakob Coliin schriver, so Thiis Kassart, ind Gerart heren Heinrich kneit, ind dit affgeslagen haven sy verzert 2878 M. 9 S. Coels, dat macht an gulden 843 gulb. ind 25 Schilling Coels." Wie hoch dabei der Sold „unserer Herren" war, ist aus der Rechnung nicht ersichtlich. Die 23 namentlich aufgeführten Schützen bezogen zu ihrer Ausrüstung jeder 2 M., und an Sold täglich 1 M., die dabei befindlichen Obern „Heinrich Duobuytz, schutzenmeister, Tielman, der banyrbreger (Fähnrich), Roeberchiin der buyssenmeister" erhielten jeder das Doppelte.

Das Gesinde unserer Herren, aus 8 Personen bestehend, und alle, die ihnen dienten, beziehen außer ihrem fortlaufenden Gehalte keinen Sold, werden aber reichlich mit Trinkgeld versehen.

Gottesdienst und Seelsorge versehen im Lager bei dem Aachener Contingent zwei Minderbrüder, die Kranken und Verwundeten pflegten die Aerzte Johann von Koettingen und Meister Johann van Lüttich mit ihren Gehülfen, „knechten", und dem Gehülfen des Aachener Arztes, des Meisters Tielman. Für musikalische Erheiterung sorgten die Pfeifer des Erzbischofs von Köln, des Bischofs von Lüttich, des Herrn von der Schleiden, des Grafen von Blankenheim, der Stadt Köln, der Stadt Straßburg, des Herrn van Sarwoerten, des Herrn van Schönforst, des Herrn Poten (von Chastalowitz), des Herrn Schehnartz und des Herzogen von dem Berge, und die „Gecken" (Hofnarren) von Köln und Lüttich erhielten Herren und Volk durch ihre Schwänke bei heiterer Laune.

Das Aachener Contingent hielt seinen Auszug gegen Reiferscheid am Morgen des 10. August. Schon am folgenden Tage beeilen sich der Bürgermeister Johann van Punt und Herr Arnold Volmer dem Rathe von Aachen über ihre Reise Bericht zu erstatten. (S. Beil. IX.) Als sie zwischen Weisweiler und Langer-

wehe gekommen waren, hielten sie da in schönster Ordnung um
den Bischof von Lüttich und den Herrn von Grunselt, den Ge=
schworenen der Herzogin Johanna von Brabant, zu erwarten:
„also bat wir quamen tusschen Wüswilre ind der We ind hielten
dā up unse schoeynste ind erbietten (warteten) dā uns herren
van Luhcge ind des herren van Grunsselt", und wie sie glaubten,
fand ihr „Volk" der Herren Beifall „ind also als uns doichte ind
wir verstohnden, so was hn unse volck zū moil bevellich." Den
Abend desselben Tages kamen sie nach Nideggen, wo sie über=
nachteten, während ihr Troß „gezoich", der mit Jakob Gelboff einen
Tag früher bis zum Weiden gefahren war, die Nacht in Blatten
zubrachte. Den folgenden Tag am 11. rückten sie Nachmittags um
4 Uhr zugleich mit dem Erzbischof von Köln, dem Bischof von
Lüttich, dem Herzoge von Jülich, dem Herrn Poten, Stellvertreter
des Königs Wenzel, und mit der Stadt Köln vor Reiferscheid und
bezogen ihr Lager neben dem des Herzogs von Jülich, wie wir
das aus dem Bruchstücke eines kurz nachher geschriebenen Briefes
ersehen (S. Beil. X.): „wist, dat wir Gode dancke alle gesont ind
birde (frisch) mit lhve ind mit goide (mit Leib und Gut) vur dat
huhs zu Rüfferscheit komen sint ind lygen alreneist beme herzogen
van Guhlche ind hoffen, dat wir wail ligen, mer wir sint noch
unlebige lude mit logieren" d. h. wir sind noch unleiblich logirt.
Neues wissen die Herren unterm 11. noch nichts anderes zu
schreiben, als daß der Herzog von Gelbern, wie er es auch bei
der Belagerung von Dick versuchte, gern eine Sühne zu Stande
bringen möchte. Der Brief schließt: „Bart wale zū, uns alle
ziit zū gebieden. Geschreven mit hlincgen (in Eile) zū zwen uhren
na midder naicht, des vriidaichs zū avende".

Bei der Belagerung bewiesen unsere Aachener größeren Eifer
und mehr Entschiedenheit als alle andern Verbündeten. Ja es
scheint diesen Anfangs nicht rechter Ernst mit dem Angriff ge=
wesen zu sein. Die Mittheilung, daß der Herzog von Gelbern
sich um eine Ausgleichung bemühe, wird in einem Briefe unserer
Geschworenen am 14. August noch ausführlicher wiederholt. Der
Herzog sei in Schleiden gewesen und habe einen Theil seiner
Freunde zurückgelassen, die in Verbindung mit den Herren van
Blankenheim und von Gerardsstein mit den Geschworenen „umb
ehne soene gedebinkt", unterhandelt hätten. Ihnen, den Aachnern,
dünke, daß die Geschworenen sich gerne davon machen möchten;

sie fänden sie nicht mehr wie bei der letzten Versammlung und
wie der „Receß" enthalte; die Herren (nämlich die Herzöge und
Bischöfe) seien nicht mit ihren Bliden und „Bussen" da, wie sie
sollten, so daß außer der unsrigen noch keine Blide aufgestellt
wäre. Bedenken wir, daß zwölf Zimmerleute sechs Tage brauchten,
die Blide im Bürgergras herauszunehmen, aufzustellen und wieder
zu zerlegen und zu verladen, so dürfen unsere Zimmerleute und
Schützen sich gewiß nicht gefeiert haben, da sie in 4 Tagen das
Geschütz nach Reiferscheid brachten und vor dem Schlosse auf=
richteten. — Die Geschworenen bitten den Rath um Verhaltungs=
regeln für den Fall, daß für die Versöhnung sich eine Stimmen=
mehrheit herausstellen sollte, ob sie dann nachgeben, oder „sich
hart dar widder legen" sollten. Die Wagen würden sie schon
heimgesandt haben, wenn sie nicht alle Tage fürchteten, die Herren
möchten aufbrechen, und sie dann „hinten bleiben müssen"; wenn
sie aber sähen, daß die Herren blieben, würden sie die Wagen,
(worauf nämlich die Geschütze gefahren worden waren), heimsenden.
Uebrigens sei das Haus von Reiferscheid ein „gewelbich vast slos
ind ziemwerf (zehnmal) besser, dan dae mant vur hilt (als wofür man
es hielt), und der Junker Johann sei selbst mit vielen Knechten
darin, die alle Tage den Herren großen Schaden thäten, so
hätten sie namentlich dem Bischof von Lüttich „seinen panetier
(Brodbäcker) bar zu sinen buttelier (Kellermeister) afgevangen ind
einen knecht doit geslagen ind sehs pert genommen, ind der
hertzoge van Guhlche hait boben zwene ind pert verloren, ind
ouch haint sy eme zwae cargen genommen van synre donrebussen
ind sinen meister mit namen Johannes van Blatten durch syn
beyn geschossen. Vort so haint sy der Coelner gevangen ind ouch
pert genommen." Deshalb hätten sie (die Aachener Geschworenen)
ihre Gesellen ernstlich gebeten, sich in aller Weise zu hüten, „op
dat sy nyet gequat en werden", damit sie keinen Schaden nähmen.
Herr Pote habe vor seinem Lager das Reichsbanner entfaltet.
Das war das Zeichen, daß der Kampf im Namen des Königs
geführt wurde. Sie seien alle mit ihrer Gesellschaft gesund und
wohl, ausgenommen Thijs Kassart, von dem sie nämlich Eingangs
des Briefes schreiben, „bat he leider boit is". Der war nämlich
„in soittersdage" b. h. Samstag, also gleich am Tage nach der
Ankunft vor Reiferscheid, Abends „onnutzlich" unnützer Weise, aus
Neugierde, ungerüstet, ohne jemandes Wissen und ohne Waffen

um das Haus gelaufen „also bat he geschossen wart beneven aen sinen sloife (neben den Schläfen), also bat he sich bigette (beichtete) ind syn testament beide (machte), ind des morgen op den sondach mysse hoirte ind dat heilig sacrament untfienck ind zu sehs uren nae mibbage starff in goiden kennis (bei voller Besinnung), also bat he zer Sleiden begraven is, als heis (wie er es) begert hat, dat uns allen truwelichen leit is, dat he als onnutzlichen bleven is." (S. Beil. XI.) Für sein Begräbniß wurden nach der Rechnung drei Gulden verausgabt.

Unterm 21. August schreiben die Geschworenen, am gestrigen Tage seien die Herren und die Städte zusammen gekommen bis auf den Herzog von Geldern, der seine Freunde geschickt habe, um zu hören, ob und unter welchen Bedingungen er mit dem Junker Johann von Reiferscheid unterhandeln sollte, worauf ihm die Antwort geworden sei, als man vor das Schloß gezogen wäre, habe man erwartet, Junker Johann werde dasselbe dem Herrn Poten als königlichen Bevollmächtigten übergeben und mit den Seinigen zu ewigen Tagen Urfehde schwören. Damit meinen die Aachener Geschworenen werde man auch heute noch, ja sogar mit Wenigerm sich begnügen, da die Herren nicht bei ihrem Sinn beharrten und weder die vertragsmäßige Anzahl Leute noch Belagerungswerkzeuge mit sich führten, und auch die Stadt Köln nicht so fest wäre, als sie wohl sein sollte. Aber Junker Johann habe darauf geantwortet, ehe er und die Seinigen das thäte, ließ er sich lieber am Thore seines Schlosses hängen, und so sei man ohne Resultat von einander geschieden. Jetzt würden die Belagerer „Häuser in den Gründen vor und um das Schloß errichten." (S. Beilage XIII.) Solche Häuser dienten den Anführern nicht blos zu bequemerer Wohnung und größerm Schutze gegen die Einflüsse der Witterung, als die Zelte „Tenten", sondern zugleich zu Bollwerken für den Angriff und zu Zufluchtsstätten gegen etwaige Ausfälle. Von diesen Häusern spricht auch unsere Rechnung, „als man des Bischofs Haus machte, kamen die Fuhrleute, welche das Holz im Busch holten und vor das Haus führten, wohl mit 60 Wagen." Auch unsere Geschworenen hatten ihr Haus, worin sie zum Schutze gegen die Kälte der Eifel, da die Belagerung sich bis in den Oktober hinzog, für 7½ Gulden Kohlen verbrannten, und es zur Sicherheit mit Pallisaden „steckat" und einer Hecke umgaben, wozu acht „buscher"

(Holzhauer) aus Montjoie und acht aus Eupen nebst denen, die sie mit sich führten, die Bäume fällten. Die Erdarbeiten verrichteten meistens die Wallonen „die Walen van Luytche".

Mit der Disciplin sah es im Aachener Heere nicht vom Besten aus. Denn Johann von Punt schreibt dem Rathe, (S. Beil. XII.) er möge doch sorgen, daß die Gesellen, die nach Aachen geritten seien, wieder sicher in's Lager kämen; ihm sei es gar nicht lieb gewesen, daß sie heimgeritten wären, als er es aber einem verboten, hätte er ihm geantwortet: er wolle heim, und sollte er auch auf seinen Sold verzichten. Auch fehlte es unsern Aachener Burschen nicht an muthwilliger Verwegenheit, wobei sie zuweilen nicht ungeschoren davon kamen. „Wist," so schreiben die Geschworenen, „dat wir allen unsen burgern, wie yr uns geschreven hait, gesaicht haven van ühren wegen, dat siich eyn yberman hübe (hüte) ind nyet unnützlichen louffe vur dat slos, want dae grois quetzünge af komen mach und die bäte cleine is", (weil dabei schwere Verwundungen stattfinden möchten und der Nutzen klein ist). (S. Beil. XIII.)

Des ungeachtet hätten jene es nicht lassen können und während sie bei den Geschworenen von Brabant im Heere gewesen, seien ihrer sechs oder sieben ungerüstet vor das Haus gelaufen, und hätten sich da mit Steinen geworfen, „als man opter Lewerken pliet zü doin", (wie man auf der Lewerken, d. i. an der Steingrube zu thun pflegt,) „also bat sii danne gewüst worden (heim geschickt worden) yre drii," und zwar mit Pfeilwunden „ind manlich braicht einen piil in sich steichen, der eyn int heuft, des is sorge, (um den ist man besorgt), de heist Geirkiin, meister Michiels son des zimmermanns, den anderen zwen in salt nyet schaden, als wir hoiren sagen." Mit Munition waren die Unsrigen nicht hinreichend versehen, es fehlte ihnen an Blidensteinen zum Werfen, und auf zwei Meilen Wegs sei keine Steingrube, „egeine leye", wo man Steine brechen könne, als zu Blatten und zu Nideggen, dahin dürften sie aber ihren Meister nicht senden um Steine zu hauen und zurecht zu machen, weil dort herum nur Feinde wohnten „die unser aller viant sint, die vur den slos ligent." Es habe aber der Herzog von Jülich gemeint, er wolle bestellen, daß man Steine bräche. (S. Beil. XIII.) Die Flauheit, womit die Fürsten und Grafen den Kampf gegen einen ihres Standes führten, hatte wohl ihren Grund in der geheimen Furcht vor der noch immer wachsenden Macht der freien Städte, und in dem Vorgefühl, daß

5

von dieser Seite dem Uebermuthe des Junkerthums mit der Zeit Schranken gesetzt würden. Das verbreitete Gerücht, wovon die auf der Frankfurter Messe befindlichen Bürger an den Bürgermeister van der Linden schreiben, daß die Ritter von Reiferscheid wohl 500 Geleien geworben, um damit die Herren und Städte zu überfallen und ihre Burg zu entsetzen, (S. Beil. XV.) mag auch nicht zur Fortsetzung der Belagerung ermuntert haben. "Doch id ge, wieb muege", es gehe wie es wolle, schreiben die Aachener Geschworenen am 5. September, "man soll nicht finden, daß wir anders handeln, als wie wir mit Ehren handeln sollen, und wie die Verträge die zuerst zu Köln, dann zu Aachen einstimmig geschlossen worden sind, enthalten, woran wir die Herren erinnern, so oft wir mit ihnen zusammenkommen; die finden wir aber alle Tage "mißlich inb onehyndrechtlich" was ihnen nicht wohl ansteht. (S. Beil. XIV.) Die Grafen von Blankenheim und von Gerartsstein, und die von Toinberg und von Kerpen kamen erst am 6. September ins Lager. Diesem Mangel an energischer Kriegführung entsprach denn auch der Ausgang der Belagerung.

Uebergabe der Burg Reiferscheid und Sühne.

Am 11. Oktober kam die Sühne zu Stande. In der darüber ausgestellten Urkunde (Lacombl. III. Nr. 895) bekennt Johann van Reiferscheid in einem nichts weniger als bemüthigen Tone, daß er wegen auf der Landstraße verübten Frevels belagert und zur Auslieferung des Schlosses in die Hand des römischen Königs gezwungen worden, nun aber mit den Verbündeten gänzlich versöhnt sei, und weder er, noch seine Erben jemals etwas von ihnen fordern werde; die Gefangenen sollen beiderseitig frei gegeben werden und alles "unbezahlte Geld quitt" sein. Dann gelobt er feierlich den Herren und Städten ihnen noch den Ihrigen keinen Schaden mehr zu thun und zwar — während ganzer acht nach Datum des Briefs auf einander folgende Jahre, ausgenommen wenn der König während dieser Zeit mit einem der Verbündeten in Streit gerathen sollte, dann werde er jenem "mit Leib und mit Schloß" helfen, ohne dadurch sich gegen sein Versprechen zu verfehlen*). (S. Beil. XVI.) Dasselbe versprach sein Onkel Reinart,

---

*) In dem a. a. O. des „Urkundenbuchs für die Geschichte des Niederrheins" mitgetheilten Sühnebriefe fehlt diese Klausel, ein Beweis, daß dem

der mit ihm auf dem Schlosse hauste. Das Raubnest verblieb ihnen und nach acht Jahren konnten sie ihre Räubereien von Neuem im Lande wieder beginnen, wenn's ihnen gefiele. Ein so klägliches Resultat hatte all der Aufwand von Zeit und Geld und Leuten. Der Stadt Aachen allein kostete der Auszug nach der Rechnung 6286½ Goldgulden, denselben zu 3 Thlr. 5 Sgr. angenommen, macht das nach unserm Gelde 19,907¼ Thlr.

Wie wurden diese Unkosten aufgebracht? Auch darüber gibt uns der Rentmeister Rickolff Coliin Auskunft mit den Worten: „Dit is dat die burgermeistere widder umb intfangen haven van den genen die liiffzuhcht gegolden haven widder die stat (von denjenigen, die Leibzucht gekauft haben bei der Stadt), der Namen herná geschreven steyhnt. Primo, van heren Arnolt Volmer syhnen wive inb siinre Doichter 750 gulben van 75 gulben, ben gulben vur zien gulben vergolden." Also für 1 Gulden Leibrente wurden der Stadt 10 Gulden à fonds perdu eingezahlt; das waren schwere Zinsen um so mehr, da auf das Alter des Käufers wenig Rücksicht genommen wurde. So sehen wir oben zwischen Mutter und Tochter keinen Unterschied machen, während in den folgenden Posten auch 10½ und 11 Gulden, aber mehr nicht, für den Gulden Rente gezahlt werden. In acht Posten wurde die für die damalige Zeit bedeutende Summe aufgebracht, ein Beweis, daß es den Bürgern nicht an Geld und der Stadt nicht an Kredit fehlte. Indessen war das doch für letztere ein schlimmer Handel, wobei sie nothwendig in Schulden gerathen mußte. Dieses wird in unserer folgenden Mittheilung über die Einnahmen näher erörtert werden.

Einnahmen der Stadt Aachen.

Sind unsere Mittheilungen über die in den fraglichen Rechnungen verzeichneten Ausgaben etwas weitläufig geworden, so können wir uns über die Einnahme desto kürzer fassen. Zuerst finden wir dieselben verzeichnet in der Rechnung von 1344, dann in den Jahren 73, 85, 87, 91 und 94. Sie lassen sich unter

---

Hrn. Archivrath Lacomblet eine andere Ausfertigung desselben vorgelegen haben muß. Uebrigens stimmt unsere Urkunde, die alle Zeichen der Authenticität und sämmtliche sechs Siegel hat, bis auf den Zusatz gleich im Anfang: „die diesen bryef sullen sien off houren lesen", mit jener wörtlich, obgleich mit manigfach veränderter Orthographie, überein.

folgende Rubriken zusammenfassen: 1. Accisen oder Verbrauchsteuern, 2. Erbzinsen, 3. Miethe von Häusern und Kaufladen. Das waren die gewöhnlichen Einnahmequellen zur Bestreitung der laufenden Ausgaben; außerordentliche wurden, wie wir am Schlusse des Berichtes über den Zug gegen Reiferscheid gesehen haben, durch Verkauf von Leibrenten und gegen Ende des Jahrhunderts außerdem durch Darlehen gedeckt. Von einer direkten Besteuerung, wie diese im 14. Jahrhundert in Nürnberg vorkam, findet sich weder in unsern Rechnungen noch in andern Urkunden der damaligen Zeit eine Spur.

Bei weitem der größte Theil der Einnahme, ja schier die ganze wurde auf indirektem Wege durch die im Allgemeinen weniger fühlbare Verbrauchsteuer aufgebracht. Die folgende Zusammenstellung, wobei wir, um nicht zu ermüden, nur für das J. 1387 die einzelnen Accisen vollständig aufführen, wird dieses veranschaulichen.

1344. Bürgermeister Jak. Kollin und Math. Hohn.

Accisen.

	M.	S.	D.
Wein	9,324	—	—
Bier	2,425	—	—
Mahlgeld	1,421	9	6
Kleine*) Acc.	3,017	8	8
	16,188	6	2
Erbzinsen	29	8	—
Aus verkauften Leibrenten	2,155	—	—
Gesammt-Einnahme	18,373	2	2

1373. Bürgermeister Reinard van Moirke und Gottfr. Kollin.

Accisen.

	M.	S.	D.
Wein (brutto 23,300 — —) **) netto	23,156	8	—
Bier (brutto 11,350 — —) netto	11,176	8	—
Zu übertragen	34,333	4	—

---

*) Kleine Accisen heißen in den Rechnungen alle Verbrauchsteuern mit Ausnahme der von Wein und Bier und des Mahlgeldes.

**) Bei der Versteigerung der Weinaccise wurde jedem anwesenden Rathsmanne 1 Gulden, den Dignitarien des Rathes 2 Gulden zu „presencien" von den Ansteigern geschenkt, außerdem häufig ein Theil der Einnahme zu Bauten

	M.	S.	D.
Uebertrag . .	34,333	4	—
Mahlgeld	731	11	6
Kleine Accise	6,134	—	—
	41,199	3	6
Erbzinsen } Laden- und Häusermiethe }	428	9	10
Aus verkauften Leibrenten	699	8	—
Gesammteinnahme . . .	42,327	9	4

1385. Bürgermeister Hr. Joh. van Punt und Hr. Heinr. van der Linden.

Accisen.

	M.	S.	D.
Wein (brutto 28,000 — —) netto	27,897	4	—
Bier (brutto 11,905 — —) netto	11,819	4	—
Mahlgeld	875	—	—
Kleine Accise	5,999	9	6
	46,591	5	6
Erbzinsen	391	2	4
Laden- und Häusermiethe	899	—	9
Zölle des Landfriedens	1,400	6	—
Gesammteinnahme . . .	49,282	2	7

1387. Die Bürgermeister Herren Heinr. van der Linden und Christian van ben Kanel.

Weinaccise: 26,000 M. „Die habben Hr. Heinr. van der Linden, Hr. Heinr. Chorus, Hr. Arn. Buck inb Joh. Rulant, bes haint sy gegeven hber Raitzmann ehnen gulben zu presencien inb hrre 7 bubel, bie geint en aff an der summen, so bliven sy schulbich bat herná volgt, inb bye gulben komen ze 47 S., geit up 49 gulben ze 47 S. macht 191 M. 11 S." netto: 25,808 M. 1 S.

Bieraccise: 11,700 M. „Die habben Joh. Durrebuhche, Meis ant truhtz, Rickolff der brumer inb Heinr. Clercke.

Mahlgeld 705, Coliin Behssel inb Ger. Vette von Geuwenich.

Krämeraccise 1070, Joh. Coliin u. Arn. Nuhschiin.

---

verwenbet; nur der nach Abzug dieser Summen verbleibende Rest wird von dem Rentmeister verrechnet; der Deutlichkeit wegen bezeichnen wir diesen mit netto, den ganzen Ertrag mit brutto. Aehnliche Abzüge fanden bei der Bieraccise statt.

Fett 395, Arn. Nuhlchiin.
Eisen und Erz 440, Joh. an die Planken inb Peter Liebert.
Leinwand 350, Joh. Coliin vur Nuweportz.
Roth 410, Clois van Humburg.
Pelz 265, Christioin myt der stelzen.
Wollküche 1000, Clois van Humburg.
Corduan 85, Clois Elreborn.
Fische 1305, Coliin Behssel, Joh. Clehnpert und Clois van Humburg.
Meth 255, Clois Elreborn.
Hoesse (Strümpfe?) 24, Christ. myt der stelzen.
Fleisch 256.
Galmei 675, Hr. Christ. van den Kanel und Hr. Volmer.
Gerberei 200, die Gerber.
Alte Halle 2½.
Neue Halle 15.
Gericht von Burtscheid 200½.
Kalkofen — „geinge zen buwe zu den arkeren."
*) Kumphaus 50½.
Fleischmarktmeister 90 ⎫
Brodmarktmeister 30 ⎭ dat hait Colyn Behssel zen alden Buwe.

Summe der vorstehenden Accisen mit Ausnahme derjenigen,
die zu den Bauten verwandt wurden   M.   S. D.

	45,211	7	—
Erbzinsen	365	2	—
6 Kaufladen (Gedumen) gegenüber dem „Wehssel".	288	10	3
14 neue Laden auf dem „Steinwech"	454	4	—
4 Häuser auf dem Hof	135	2	9
5 Häuser in „Kockerel"	53	3	6
6 Laden und 1 Keller auf dem Markte . . .	86	2	—
1 Laden unter Kölnthor	15	8	—
Gesammteinnahme . . .	46,610	3	7

Danach heißt es: „Also fehlt den Bürgermeistern, was sie mehr ausgegeben als eingenommen haben 20,447 M. 8 S. 4 D."

---

*) Unter dem Worte Kumphaus ist hier nicht das Bad, sondern dasselbe zu verstehen, was in den lateinischen Rechnungen domus fullonum Walkhaus heißt. Noch heute nennen unsere Walker den Behälter, worin die Tücher gewalkt werden: Komp.

Ueber den Grund dieses Deficits lassen sich, da die Ausgaberechnung des Jahres nicht vorhanden ist, nur Muthmaßungen aufstellen. Zweifelsohne haben die kurz vorher gegangenen Ausfahrten gegen die Raubschlösser Dick und Reiferscheid, wovon die letztere 6286½ Gulden kostete, während die Landfriedenszölle in demselben Jahre nur 1400½ M. eintrugen, und die in Folge dessen verkauften Leibrenten die Ausgaben so weit über die regelmäßigen Einnahmen hinaus gesteigert. Bei ruhigen Verhältnissen konnten durch allmählig eintretendes Absterben der Leibzüchter die Ausgaben wieder auf ein gewisses Normalmaß herabsinken, aber für den Augenblick mußte dem Deficit abgeholfen werden, und so sehen wir hier zum ersten Male die Bürgermeister, weil sich keine hinreichende Zahl von Leibrentenkäufern fand, zu Anleihen ihre Zuflucht nehmen. Die verkauften Leibrenten brachten auf

$$8{,}763 \text{ M.} - \text{S.}$$
von 13 Personen wurden geliehen 2000 Gulden $7{,}666 „ 8 „$

$$\text{Zusammen } 16{,}429 \text{ M. } 8 \text{ S.}$$

Also blieb die Stadt den Bürgermeistern schuldig 4017 M. 11 S. 4 D.

Durch Gegenrechnungen reducirte sich diese
   Summe auf . . . . 3,522 M. 9 S.
Dazu die Darlehen . . . . 7,666 „ 8 „
                        macht 11,189 M. 5 S.
welche Summe schließlich der Stadt als rückforderbare Schuld verbleibt.

1391. Bürgermeister Herr Volmer in St. Jakobstraße und Herr Joh. van den Berge.

                Accisen.   M.   S. D.
Wein (brutto 32,000)*) netto . . . . . 27,812½ — —
Bier (brutto 16,000)*) netto 12,000   — —
               Zu übertragen . . 39,812½ — —

---

*) Der bedeutende Unterschied in diesem Jahre zwischen der Brutto- und der Nettoeinnahme von Wein und Bier kommt daher, daß außer den Presenzgeldern im Betrag von 187½ M., von jeder Summe 4000 M. und von den kleinen Accisen 5410 M. zu Bauten verwendet wurden, und nicht in die Kasse des Rentmeisters flossen; zählen wir diese 4 Summen im Betrag von 13,597½ M. zu der oben verzeichneten Nettosumme, so steigen die Accisen auf 60,528½ M.

	M.	S.	D.
Uebertrag . . 39.812½	—	—
Mahlgeld 3,625	—	—
Kleine Accise 3,493½	—	—
46,931	—	—
Erbzinsen 323	9	4
6 Laden dem „Weyſſel" gegenüber 352	—	—
14 Laden auf dem Steinweg 584	—	—
6 Laden nebſt 1 Keller und 1 Söller auf dem Markt „vur deme groiſſen Huis". . . . 78	—	—
4 Häuſer auf dem Hof 138	—	—
5 Häuſer in Kockerel 54	—	—
Neue Erbzinſen innerhalb der innern Mauern . 138	2	—
Für 2 verkaufte Pferde 100	—	—
Geliehen von Andr. van Wiis 3000 guld . . 12,000	—	—
Geſammteinnahme . . . 60,698	11	4

Am Schluße des Jahres hatten die Bürgermeiſter abermals trotz der Anleihe bei Anb. van Wiis 3574 M. 3 S. 8 D. mehr ausgegeben als eingenommen, und außerdem: „bliift die ſtat ſchuldich Andries van Wiis 3900 gulden, die man eme zo Jaren widder geven ſal alle jair 200 gulden des erſten dagis bramoyntz (Juni) bis hee bezailt is na inhalt ſynre brieve." Von Zinſen iſt weder hier, noch bei andern Schulden die Rede.

1394. Bürgermeiſter Hr. Volmer und Hr. Joh. van ſint Margraten.

Acciſen.	M.	S.	D.
Wein (brutto 33,239 10) netto 32,909	10	—
Bier (brutto 17,095½) netto 16,835	8	—
Mahlgeld 840	—	—
Kleine Accise 8,675	—	—
58,111	3	—
Erbzinſen 8	9	4
4 Häuſer auf dem Markt 144	4	—
3 Häuſer „unter dem Blei bei dem Saalthurm" . 127	7	—
4 Häuſer auf dem Hof 130	6	9
5 Häuſer in Kockerel 55	—	6
6 Laden dem „Wesel" gegenüber 371	6	6
Zu übertragen . . 58,949	1	1

Uebertrag . .	58,949	1	1
14 neue Laden auf dem Steinweg	571	7	3
3 Laden unter dem Blei auf dem Markt nebst 1 Keller und 1 Speicher	42	1	—
Neue Erbzinsen bei den Mauern „al umb". . .	129	8	—
Verkaufte Leibrenten	1,666	8	—
3 verkaufte Pferde	162	6	—
6 Darlehen	7,058	4	—
Gesammteinnahme . . .	68,579	11	4
Die Ausgaben betrugen . . .	68,359	1	4
Also blieb der Stadt übrig . . .	120	10	—

Um die Einnahmen zu erschwingen, waren aber, wie wir sehen, neue Anleihen nöthig geworden und die alten waren nur zum Theil getilgt, deshalb schließt die Rechnung mit dem Pleonasmus: "Alsus blift die stat schuldich van alre scholt, die sie schuldich is ain ben personen herna beschreven summa 5121 gulden" oder den Gulden, wie es in der Rechnung heißt, zu 4 M. 2 S. gerechnet 21,458 M. 4. S.

Das Verhältniß der Leibrenten zu den Gesammtausgaben ist ein ziemlich konstantes; in den frühern Jahren machen jene etwas mehr, in dem letzten etwas weniger als die Hälfte von diesen aus, nur im Krönungsjahr des Wenzel 1376, wo die Ausgaben durch die Feierlichkeiten und Geschenke weit über den gewöhnlichen Etat sich steigerten, erreichten die Leibrenten davon wenig mehr als ein Drittel. In den Ausgaben für die Krönungsfeierlichkeiten, für die Aufrechthaltung des Landfriedens und für die neue Befestigung der Stadt mit Mauern und Thürmen, sind die Ursachen der zunehmenden Schulden zu suchen. Dieser Ansicht war schon König Wenzel, der in seiner (S. 28) erwähnten kostbaren Bestätigungs= Urkunde der Aachener Privilegien vom Jahre 1376 bekennt, die Stadt Aachen sei von schwerer Schuldenlast gedrückt, weil die Bürger zur Erhaltung und Befestigung seines königlichen Sitzes zu seinem und des röm. Reiches Nutzen und Ruhm große Unkosten und Auslagen zu machen hätten, und ihnen deshalb in Gnaden erlaubt, alle Gemeindegüter über und unter der Erde nach Belieben in Erbpacht zu geben, und von Handel und Gewerben beliebige Steuern „steuras seu accisias", sowohl zur Befestigung der Stadt, wie zu andern Verwendungen zu erheben. Nachweislich sehen wir an der Aufführung der neuen Erbzinsen, daß unsere

Vorfahren von dieser Erlaubniß zuerst im Jahre 1391 einen sehr bescheidenen Gebrauch machten; 1394 sind die alten Erbzinsen durch Ablösung auf ein Minimum reducirt, und auch die neuen schon etwas vermindert. Aber die Schulden wuchsen und gaben den Neuerungssüchtigen in der alten Reichsstadt willkommene Gelegenheit, des Ansehen der alten Schöffen-Geschlechter zu schwächen und so den Uebergang des aristokratischen Regimentes in ein demokratisches anzubahnen.

Beilagen von Urkunden und Briefen.

Beilage I.

Notiz über die Versteigerung der Wein-Accise im Jahre 1393.

Die wiin assis wart verkoicht anno XCIII (1393) octava Walburgis in vugen as hernâ beschreven steit.

Zen eirsten so wat wine her in braicht werden ind affgelaicht werden ind erbe rueren, as man pleit zu sagen, be sal geven van der âmen 2 M., hee sy vreynide off heymsche*).

Vort so sal man die wiin assis uyssgeven ze schubben ind weym sy blift, de sal alle moynde vur den rait rechenschaff buyn van man zu manne up gesworen eyt. Ind als sy up dat hoegeste komen is, ind nyman me schubben en wilt ind man sy up slain sal, so mach der rait off hee wilt die aff. nochdan behalden ind besetzen, off en bunckt dat der steede beste is. Ind weme sy blift, der sy veil off weniche, die solen halve gesellen siin, ind die stat eyn halff geselle siin zo wennen ind zo verliessen, ind die mach of sy wilt eynen off zwein uyss dem rade dar by schicken. Ouch solen sy ir gesellen offenbar numen, ind egeyne stumme gesellen haven noch nyman liefnis geven, dat hee aff loisse. Ind den sy blift, solen vur den rait zen heilgen swerén reicht zo doen ind reicht rechentschaff zo doen deme rade alle moende. Ind wee dat breche, weir de eyn raitzman, be sal sinen rait verloren haven, ind weir hee buyssen raitz, be sal dat wail verbesseren zo des raitz sagen, ind an der wemirugen (?) sal man buychlige kost nemen. Vort so in sal man die wine numme grois machen, mer so wie sy ingesat werden, so sal man sy verassisen, ind die 6 S. in sal man numme geven. Ind man sal den virgieren bevelen up yren eyt, dat sy by die emer goin suyllen ind solen sien die gr. (grösse) van amen ind dar nâ sy halben up der pauwen; darna suyllen sy ir ruben setzen, ind myt der ruben die wine insetzen. Ind die van Burschit solen van der âmen wiins, die sy zaichen gelde ind uyss buren die 2 M. geven als sy van altz gegeven haben, ind we liefnisse gesint, den sal man melden up sinen eyt.

---

*) Von: Zen eirsten bis heymsche ist durchgestrichen.

Beilage II.
Bestimmung der Brodpreise in Aachen im Jahre 1386 und 1387.

Anno 1386 ze Cleynkirmessen (8. September) under heren Johan van Punt ind heren Arnolt Volmer burgermeister, martmeister Peter Hennis, Loetchiin ind Winant by Hamersteyn.

Eyn mudde weis 6 M., so sal eyn broit van 4 D. wigen 7 veirbunck. It eyn mude roggen 4 M. 10 S., so sal eyn S.-broit wigen 10 M.*), ind eyne gemange micke van 4 D. 8½ veirbunck.

It. anno 1387 Viti (15. Juni) under heren Heinrich van der Linden ind heren Cherstioin van den Kanel burgermeistere, martmeistere Gillis in sint Jacobstraße, Flips Pickelier ind Wilh. Krutzschiin.

Eyn mudde weis 5 M. 8 S., so sal eyn broit van 4 D. wigen 7 veirbunck.

It. eyn gemanck broit van 6 D. sal wigen 11 veirbunck.

It. eyn mudde roggen 4½ M., so sal eyn S.-broit wigen 10½ M.

Ind wanne eyn mudde wais upsleit 4 S. off 6 S., so sal eyn broit van 4 D. men wigen 1 loit, ind sleit it aff 4 S. off 6 S., so sal eyn broit van 4 D. wigen mer 1 loit.

Ind die becker halden bissen upsatz, van eynem 1 loibe, dat ze cleyn is eyn broit, nemen sy 2½ S., van 2 loben 5 S., van 3 loben 7½ S., van 4 loben 10 S. Ind wat dar boeven is 5 M. van yder begden, ind yder begde is ½ mudde weis.

Beilage III.
Diederich Graf von Loen tritt dem Landfriedensbunde bei und verpflichtet sich zur Belagerung des Schlosses Grypenkoeven dreihundert Mann u. d. ü. zu stellen. 1354 den 28. April. Auf Pergament.

Allen luden die desen breif soelen sein of hoeren leesen.. Wir Dederich greve van Loen heirre zu Heynsberg und zu Blankenberg doen kunt und bekennen, dat die eirworbiger in Christo vader und vürste, her Willem erzebyschof van Coelne und die homechtige vürste, her Johan herzoege

---
*) Hier ist M. als Gewichtsmark = 16 Loth zu verstehen.

van Brabant, unse lieve gemynde heirren, und die eirsame birve luyde, die burchgenmeysteren, scheffenen und rait der steede van Coelne und van Aichge, unse lieve guede vrunt mit uns gentzligen overdraegen synt vür sich und vür ir samenverbundene alle der puntten, die herna geschreven steint, ind wir mit hn. Zů deme eirsten, dat wir umb goitzwille royf und unvrede der straessen und der lande neder zu legene ind umb leisten und umb deven wille uns lieven genedigen heirren, heirren Kaerls roemschen kuninxs, der vürg. erzebyschofs, herzoegen van Brabant und der steede van Coellen und van Aichge und irre samenverbundenre helpere worden syn, also dat wir mit gueven truwen geloift und gesichert haen, so wanne dat sy die burch und veste zů Grypenkoeven besitzen willent und sy uns dat eichtdaege ze voerentz wissen laessent, dat wir in dat selve huys soelen helpen besitzen mit drynhundert mannen gewapent rittere und knechte, die wir zů deme besesse brencgen soelen up unse cost. Vortme zweyhuys, die de vürg. erzebyschof, herzoege und steede vür Grypenkoeven upslaen soelen in irre kost und flesgar machgen, die huys soelen die vürsprochgen heirren, wir und die steede van deme verbunde sementlichgen besetzen mit gewapenden luyden, as die huys gemacht synt in irre cost, also dat up eicflich der zweyer huyser blyven driffich man gewapent ze perben und driffich schützen ze voesche, und die selve luyde sal unser eicflich na gebür up syns selfs cost haven und wir .. greve van Loen soelen gezal der selver luyde up den selven huysen haven, als veil, als die vürg. erzebyschof of der herzoege und die steede und oych ir samenverbundene, irre eicflich syn gebür na formen des verbuntz. Vortme soelen wir greve van Loen zů deme besesse brencgen in unser cost unser lantluyde dusent man mit schuppen und mit spaden ze graven und zezunen und ander arbeyt ze doene, die zů den zwen huysen upzeslaene gebüeren mach. Vortme dat gezal van den vürschr. luyden moegen die vürg. heirren, wir und die steede mit gemeynen overdraege nu und alwege, as sy und uns dat zibich duncgt, meirren und mynren na gebür, wie dat zerzijt alre beste gedaen is. Vortme of des noit gevelt, so soelen wir greve van Loen by die vürschr. heirren und steeden des verbuntz kümen mit alle unser maicht. Vortme soelen wir greve van Loen den heirren und steeden van deme verbunde und iren samenverbundenen mit alle iren helperen, die sy zů diesme besesse herkrigent, bystaen in desen sachgen und so wat dan af kümen mach, und by in blyven als ein getruwe helpere ungescheyden, und soelen in und irre eicflichine dat ir helpen halden und beschubben na unser maicht weder alle die ghene, die umb der vürg. sachgen wille irre vhande würden. Dich en soelen wir enbutyssen die heirren und die steede van deme ver-

bunde uns van defen vürfprochgenen fachgen noch vreden noch mit neh=
manne foenen, und of den vürfpr. heirren und fteeben und uns gelucket
aen deme vürfpr. huhfe, dat wir dat wunnen, fo foelen wir und fy dat
fementlichgen afbrechgen und fleichten in unfer gemehnre coft funder
weberfprechgen, ind die luhde, die up deme vurg. huhfe van Grhpenkoeven
gevancgen werden, dan af fal man richten alzehantz funder merren. In
urkunde und ftedichgeht defer vurg. puntte und vürwoerbe haen wir greve
van Loen vürfchr. unfe incgefegel aen defen breif boen hancgen. Gegeven
in deme jaire uns heirren doe man fchrehf druhtzeinhundert in deme veir
und vunfzichftine jaire, des mainvaichs vür Philippi und Jacobi der
hehlger apoftelen.

Beilage IV.

Schreiben des Grafen von Cleve,

auf Papier, ohne Datum, da es aber nur an die 3 Verbündeten: die Herzoge
von Brabant und von Jülich und die Stadt Aachen gerichtet ist, die ihr Bündniß
im J. 1364 schlossen, und der Erzbischof Engelbrecht von Köln demselben schon
1365 beitrat, so kann dieses Schreiben nicht nach 1365 erlassen sein, weil
sonst der Erzbischof von Köln darin nicht übergangen worden wäre.

Adresse: An dyn ghefwaren des verbunts der hertoghen van Brabant,
van Guilighe ind der stat van Aken onsen güeben vrynden.

.. Greve van Cleve... Wi begheren u teweten, güede vrynde, op
uwen brief in den ghii ons fcryvet van den verbonde, dat uwe heren die
.. hertoghen van ... Brabant end van Guiligh, dye stat van Aicken end
die ridderscaff ghemaickt hebben omme nohtsaken wille van alrehande
unbescheit, die in den landen gheschien, end mede van heren Walraven
onsen neve, heren van Borne, dat her Walraven, onse neve, in langhen
tiiden by ons niet ghewëeft en is, doch foe wovere he by ons queme,
woude wi gerne oen berichten end onderwiisen nae onsen vermoeghen,
dat he befcheit neme end ghebe van onsen lieven heren den hertoghe van
Brabant. Voert güede vrynde want ghii fcryvet van alrehande misde=
bighen luden sich the onthalben weder end wert in den landen, en is ons
nyet kundich; künden wi doch daer einghe waerheit af vernemen, of uyt=
gheghaen, daer soube wi gerne na onsen vermoghen also besceidelich iin
doen, dat ghiit mit güebe nemen soudt. Deck foe siin wi van daer baven
vast aenghetast end ghebrant, daer wi doch die waerheit claerlich nyet aff
enweten, van whlten steden of floeten ons dat gheschiet sii. Got bewaer u
güede vrynde altohs. Geg. tot Cleve op den Goedesbach na sent Lucien dagh.

Beilage V.

Die Verbündeten: Friedrich, Erzbischof von Köln, — Wenzeslaus u. Johanna, Herzog u. Herzogin von Luxemburg, Limburg, Lothringen, Brabant, — Wilhelm, Herzog von Jülich, — und die Städte Köln und Aachen führen zur Deckung der mit der Aufrechthaltung des Landfriedens verbundenen Unkosten für die Dauer desselben in ihren Ländern Zölle ein, 1375 den 14. April. Auf Perg.

Wir Friderich van der Goitz genaden der heyliger kirchen zů Colne erzebusschoff, des heyligen und roymschen riichs in Italien erzekentzeler ind desselven riichs bisslite des gebirges gemeyn vicarius, — Wentzelaus by derselver genaden hertzoge ind Johanna hertzogynne van Lucemburg, van Limburg, van Lotrynge ind van Brabant, — Wilhem by der vůrs. genaden Goitz hertzoge zů Gühlche, Greve zů Valkenburg ind herre zů Montzoy, — ind wir .. richtere .. scheffene .. rait ind burgere gemeynlichen der stat van Colne, — ind wir .. burgermeistere .. scheffene ind gemeyn rait des conyndklichen stühls van Aichen bůn kunt allen luyden, want wir umb des gemeynen lands noit ind beste ind Goide zů eren ind zů love ind dem gemeynen coufmanne zů troiste eynen lantfrieden ind eyn verbunt under uns gemachet ind geswoiren han zehalben vier gantze jair tusschen Mase ind Riin bynnen den tirmpten des circles biss verbuntz, in alle der formen ind wiise, as die brieve inhalbent, die tusschen uns darup synt gemachet, ind want dis lantfriede ind sulche beschirmnisse as dar zu gehoirt nyt zehalden noch zebůten en is bůssen groisse kost, die sich darzů heischt ind gebůrt, — ind wir .. herren ind stede vurs. vůr zijven geslen han an anderen lantfrieden ind verbünden, die wir ouch umb gelyche noit der lande under uns gemachet hatten, dat die umb gebreches willen der koste nyt also gentzlichen gehalden wůrden, as dem gemeynen lande noit was, ind zůleste umb desselven gebrechs willen zemale nyderlagen ind avegiengen ind geyne weer banaff en geschach zu groissen verderfflichen schaden des gemeynen lands, — ind want die boissheit in desen landen sich also sere nů verwassen hait, dat des noit is, dat man die were ind lere, so is ouch des noit, dat man disen lantfrieden in allen sachen also besorge ind sůnderlingen mit der koste, die dar zů geburt, also vůrste, dat he biebas ind be harder gehalden werde ind geyn gebrech darin en valle. — Herumb so han wir herren ind steide vurscr. eyndrechtlichen dat besorget, ind umb dat gebrech zeverhüben eyns gemeynen lanttolles

zů urbar inb behůeff bis lantfrieben overbragen, ben man nemen sal bie
ziit uhß bis verbůntz inb nyt langer up ben sieben inb in alle ber vůgen,
as herna geschreven steit, batz zewissen, bat man ben toll in yglicher unser
brůer herren lanbeu as unss bes.. ertzebusschofs van Colne, bes.. hertzo-
5 gen van Brabant, inb bes.. hertzogen van Gůylche nemen sal up ben
straissen, bie tusschen Mase inb Riin bůrch unse lant van eyme lanbe in
bat anber geent, also bat alle gůyt, bat toll geven sal, umer eyns tollen
sal in yglichs herren lanbe vůrf., as mit namen zů Kůnynxtorp inb up
anberen straissen in ben gestichte van Colne, bie tusschen Mase inb Riin
10 uhss inb in geent, — vort zů Bercheim inb zů Birkistorp inb up anberen
straissen in ben lanbe van Gůylche, bie tusschen Mase inb Riin uhss inb
in geent, — vortme zů Roybe inb zů ber Wiiben inb up anberen straissen
bes lanbs van Brabant, bie tusschen Mase inb Riin uhss inb in geent,
inb up wilcher straissen eyne in ychlichs herren lanbe eynich gůyt vertollet
15 hait, bat ensal in bes herren lanbe nyt mee tollen, as ouch vurgeschreven
steit. — Vort sal man besen toll nemen van alsulchen gube inb in ber
vůgen as herna volget, batz zewissen van yglichem perbe, bat an wanen
off an karren geit, bie couffmansgůyt vůrent as: wiine, weyt, wolle,
herinck, buchyncg inb anbere wissche, garne, vlass, liinwait, roebe, allůyn,
20 saltz, smaltz, smeer, bůtter, frůyt as: vygen, rosynen, manbelen, was, zyn,
bly, knyte inb anber groff gůyt van gewichte, bat man mit bem zyntener
verkouft inb beß gelych, sal man nemen van yglichem perbe zwene wiisse
pennynge ychlichen van zwen schillingen as nů genge inb gebe synt. —
Vort van yglichem perbe, bat an wanen off an karren geit, bie anber
25 bůrbar couffmansgůyt vůrent as mit namen: specierie, bůntwerck, syde,
zenbail, gewant, mullen, syben of gůlben bůyche off anbers ber gelych, sal
man nemen van yglichem perbe brii wiisse pennynge. Vort wat perbe,
bie an lebigen getzouwen geent, bie sullen vrii siin inb nyt tollen. Vort
van allen couffperben, sii geen in getzouwen off nyt, van yglichem brii
30 wiisse pennynge. — Vort sullen alle getzouwen inb bie perbe, bie baran
geent, bie korn vůrent, as: weys, rocgen, evene, off anbers wilcherkunen
bat were, inb ouch holtz, kolen, heů inb stroy inb ber gelych, ouch vrii
inb ungetzollet siin. — Vort were eynich gůyt man off vrouwe, bie wiin
off anber gůyt, bat zů ber liiffnarynge gehoert, bebe vůren, ben off bat,
35 he off sii zu branchwiine inb zů ber hůyskost inb nyt uff kouffmanschaff
vergulben hette, bat sal ouch vrii gaen inb ungetzollet. — Vort umb bat
bese vůrf. toll bebaz bewaert inb bestalt werbe up allen enben in unsen
ber herren lanben vůrf., so han wir.. herren inb steibe eynbrechtlichen
bat bevoylen inb bevelen overmitz besen brieff unsen.. geswoiren biss

verbůntz, dat fii bar zů fien by den eyden, die fii uns gedain hant, dat
deſe tolle mit guden beſchedenen lůyden beſtalt werden, die der warden
ind die upheven. Ind wir willen, dat die tolnere ind die gene, die dar
zů geſat werdent, den vůrſ. unſen geſwoiren geloyven, ſicheren ind ſweren
5 in unſer aller behůef die tolle truwelichen zeheven ind zedewaren, ind ſo
wat danaff kůmpt ind vervellet in die kyſten zewerpen, die man dar zů
haven ſal, ind darzů ouch unſe geſwoirene die ſlůſſele haven ſullen, as
yglicḥe partye van uns .. herren ind ſteeden eynen ſlůſſel, ind vort rede
ind beſcheidenheit danaff zedůne unſen vůrſ. geſwoirenen alle zůt ind wanne
10 ſii des van yn geſynnent; ind deſe vůrſ. tolle ind ſowat danaff kůmpt
ind vervellet ſullen wir .. herren ind ſteede vůrſ. in urber diſſ lantfrieden
under uns beylen ind důren na martzalen des dienſtz den yglicḥe partye
van uns zů deſem lantfrieden ſchuldich is zedůne, datz zewiſſen mit under-
ſcheide wir drii .. herren under uns drů deyl, as ygliḥer van uns danaff
15 ſiin drytte deil, ind wir zwae ſtede van Colne ind van Aichen under uns
zwein dat vierdedeil. — Vort ſo willen wir, dat die vůrſ. unſe geſwoirne
ymer zů driin maynden die tollkyſten up ygliḥer ſtede vůrſ. ſullen důn
upſleiſſen ind alle dat gelt, dat dan da is, by eyn důn brengen ind dat
under uns .. herren ind ſteiden beylen, manlichem ſyn gedůr danaff
20 zegeven ind zelyveren na dem as důrſcreven is, alſo doch dat dat gelt
uns .. herren ind ſteiden in unſe hant nyt en kome, mer dat dat overmitz
unſe geſwoiren gekart werde zu der koſt dis verbůntz ind anders nyrgen,
ind die geſwoirne ſullen uns off unſen rentmeiſteren danaff beſcheidene
rechenſchaff ind bewiiſinge důn. Duchte ouch unſe geſwoirne, dat des
25 noit were, dat man die vůrſ. tolkyſten ee upſlůſſe ind dat gelt daruyff
neme zů urber diſſ verdůntz, ſo mügen ſii die ziit kůrtzen, wanne ſie des
noit důnket ind des overdragent eyndrechtlichen off mit dem meiſten parte,
ind ſo wat uns .. herren ind ſteden ind ygliḥen van uns van deſen
vůrſ. tollen zů ſyme deyle ervellet ind gedůrt, dat en ſullen noch en mügen
30 wir in geynen anderen urber keren, dan in urdar der koſte umb deſen
lantfrieden zeſchirmen ind zedewaren as vůrſ. is. Ind wert, dat dar
endoyven het overde, dat ſal alle ziit na ordinancien unſer geſwoirne be-
halden ſiin ind ligen blyven zů gemeynen urbar dis lantfrieden umb den
diebas zeſchirmen ind zedewaren. — Vortme umb dat der gemeyne
35 couffman debas getroiſt ſii ind ſich des vůrſ. tolles nyt enverere ind den
die liever geve, ſo han wir .. herren ind ſtede vůrſ. des gentzlichen over-
dragen ind ouch geloiſt ind geloyven overmitz deſen brieff, wert ſache dat
eynchme couffmanne ſyn gůyt, dat he vůyrte důrch unſer der .. herren
lande, bynnen deſen lantfrieden vůrſ. genomen wůrde, danaff he ſynen

toll up eynge der vûrſ. ſtede gegeven hatte, dat gůyt ſullen ind willen
wir .. herren ind .. ſteide vûrſ. dem .. couffmanne richten ind betzalen
ind die betzalinge zevorentz uyſſ dem vûrſ. tolle bůyn ind nemen ind vort
van dem unſen asbyle dar zů bůyn, dat der couffman betzalet werde ind
5 verrichtt, datz zeverſtaine, dat mallich van uns, na martzalen, dat he dient
ind heeft an dem tolle, ſyn gebůr zu der richtingen ind betzalingen důn
ind geven ſal. — Vort ſo geven wir .. herren ind ſtede vûrſ. den vûrſ.
unſen geſwoirnen macht, die vûrſ. tolnere ind die wartzlůyde, die dar zů
gehorent, zeſetzen ind zeentſetzen ind ouch die zeſtraiſſen ind zecorrigieren
10 off ſii nyt beſchedelichen enbeden alle ziit, as ſich dat heiſſchet ind gebůrt.
— Vort want deſer vûrſ. tolle zů urber ind behůyff dis lantfrieden die
vûrſ. vier jaire ind nyt langer overbragen en is, ſo han wir .. herren
mit namen vûrſ. vůr uns ind unſe nakomelingen dat geloift ind geſichert
by den eyden, die wir gedain han van diſſ lantfrieden wegen, geloyven
15 ind ſicheren overmitz deſen brieff, dat wir ſementlichen noch unſer eynich
ſůnderlingen die vûrſ. tolle achter der vûrſ. ziit nyt langer bůren noch
heven ſullen in unſen noch eynges van uns landen ind ſteden vûrſ., noch
heven noch bůren laiſſen van ymanne; mer die ſullen asdan gentzlichen
affgelacht ſiin ſůnder alle argeliſt ind geverde; mer wert ſache, dat wir
20 deſen lantfrieden na deſe vûrſ. ziit eyndrechtlichen lengeden, ſo ſullen die
vûrg. tolle ouch die ziit vort liigen ind blyven die ziit dat der lantfriede
weert ind nyt langer. — Vort wert ſache, dat eynghe vůyrlůyde die
rechte ſtraiſſen nyt envůren ind andere wege umbevůren, umb dat ſii des
tolles nyt engeven, ſo ſal der vůyrman ſyn liiff ind gůyt verloren han,
25 ind dat gůyt, dat he vůyrt, ſal dem coufmanne ind ſyme herren unver=
luſtich blyven, ind wat der vůyrman alſo vervůrt ind verlůyſt, dat ſal
unſer der .. herren ind der ſteede ſiin ind in urber des gemeynen lant=
frieden comen, alle argeliſt ind geverde uyſſgeſcheven in allen deſen dyn=
gen. — Ind des zů urkunde ind ſtedicheit ſo han wir .. herren .. vrouwe
30 ind ſtede vûrſ. mallich van uns ſiin ſiegel an dieſen brieff gehangen, die
gegeven is in den jaren unſſ herren důſent driihondert vůnff ind ſieventzich
up den palmeavent, dat was des viertzenden dages in dem aprille. —

(Die an Pergamentſtreifen hangenden Wachs-Siegel: des Erzbiſchofs
Friedrich, des Herzogen Wenzeslaus und der Herzogin Johanna
35 von Brabant, des Herzogen Wilhelm von Jülich und der Städte
Köln und Aachen ſind ziemlich wohl erhalten.)

Beilage VI.

Schreiben der Abgeordneten von Aachen, Reynart van Moerke, Heynrich van der Linden und Rickolf Coliin, aus dem Lager vor dem Schlosse Dick 1383 den 1. Juli. Auf Papier.

Adresse auf der Außenseite: An heren Johanne van Punt inb heren Ger. Lewen, burgermeistere zaichen, unse gube vrůnbe.

Gube vrůnbe, wir begeren uch zu wissen, bat bie heren inb steebe gewarnt siint, bat sich groisse gewerff heven in ben lanben inb sunberlingen mÿt eÿm greven van ber Marken, soe sich gewurven hait oever Riin me ban mÿt 400 geleÿen, as man sait inb heist, bat hee vůr eÿn slosse vallen wille, bat up Westfalen geleegen is, mer boch hait hee gesteren unsen genebigen here van Coellen siin lehn inb sinen rait up gesaicht, also bat sich bie heren inb steebe voerten, bat hee bat slosse van ber Dick intseten wille, inb man vernomen hait, bat ber van Waichtenbunck by eme gesteren was oever Riin, be sich ouch sere wirft. Inb vort is unsen heren boitschaff komen, bat ba boven in ber Eyffelen eÿn groisse gewerff soele siin, inb meÿnen alsus, quemen bisse bri gewerff bÿ einanber, bat bat eÿn groisse hoef siin soelbe, bar umb bat sich bisse heren inb bie stat van Coellen sterken willen, inb uns zugesprochen haven, bat wir uns sterken willen, inb bat wir bat schulbich siin zu buÿn nå inhalt bes buchs, inb wa wir bes nÿet buÿn in woelben, so willen siit uns mÿt ben reicht ain wenen. Darup bat wir geantwert haven, bat uns unse stat inb unse vrunt zu verre gelegen siint, bat wir bie nÿet wale her brengen in kunnen, want wir angt haven, bat sÿ unber wegen nÿbber moechten lichen, inb meÿnen umb un ze volbuÿn inb ouch bie kost zu verhuben, bat ÿr bibben woelt 10 geleÿen off 12, bie bÿ uns quemen, as bat her zu besien, inb as wir bat wisten, so woelbe wir 10 off 12 geleÿen intgein un schicken, up bat hies, bat wir gesterckt weren inb unse hoÿff bemere weÿr eÿnen bach off zweÿn, bis bit geruÿt oever weir. Vort wiist, gube vrůnt, bat ber herzoge van Gelre zwa naicht geweist is zu Bruche, inb hebbe gerre gebebingt van bes sloff wegen; be ain enbe banne gescheiben is, want bie heren geÿne bebinge hoeren in willen, man in seten bat sloff in ÿer hant bat aff zu brechen. Vort so sent uns kruÿt zer bussen, inb gelt, bes wir nÿet intberen in kůnnen. Inb off ÿr het bebingen off guber meren wist van unsen genebigen here van Brabant, bat wilt uns schriven, of ouch van ben here van Schoinvorst. Inb schruÿfft uns ummer zer stunt eÿn antwerbe up disse punten vůrschr. Ind gehne antwerbe in schrift hr uns up voil punten, die wir uch gescreven haven, der uns noit were, dat uns vrehmde hait. Vort so wirt uns alle dage zu gesprochen van der provancien die man uhss Aichs vůrt, da wir wenich up geantwerben kunnen, want wir voerten, dat unse stat noch bedinge hoeren moechte. Got sy myt uch, ind sent uns siegelwais. Datum des eirsten dages in Julio.

Reynart van Moerke
Heynrich van der Linden
ind Rickloff Coliin.

Beilage VII.

Klagschreiben der Schöffen, Bürgermeister und des Rathes der Stadt Halle im Hennegau gegen Johann van Reiferscheid an die Geschworenen des Landfriedens. 1358 den 5. December. Auf Perg.

Allen den ghenen, die desen brieven solen sien of horen lesen, ende specialeec aen mechtigen, seer vermoegheden heren, onse lieve gheminde heren van den lantvrede, haren stedehouders dar ap van haren weghen ridende, ende aen raet ende beleiders van der stat van Cuelne .. Bailliv, scepene, borghermeesters ende raet ghemeyne van der stede van Halle in den gravescape van Heneghouwe aen u verdiedende dienst ende minne met vriendeleker supplicacien. Lieve gheminde heren, ghelieve u te weten, dat van der messen van Brankevoerde up naest leeden onser borghers goet van onser stede van Halle vorscr. Jan Tsants ende Peters Soulders, bringher des briefs, op gehauden es op tser rechter strafen bi der stat van Cuelne drie packeel corbewaen leeders, dat is besclegen in 12 offen huyden al metten haer, ende dat heeft gedaen een here die gheheicen is, als ons borghers segghen, her Johan van Riiferscheit op osen hertoghe van Brabant om een ghedeel ghelts, dat hi hem eyschende is, als wii hebben verstaen van onsen borghers vorscreven, op welc her Johan ghepant heeft ende op ghehouden der coepmans goet van den lande van Brabant, dar onser lude goet ende borghers vorscr. myt is, dat her Johan bi hem heeft ende niet en wille loesen, noch uns verandwerden, als wits aen hem ghescreven hebben, ende want her Johan van Riiferscheit onsen lieven geduchten here, miin here, den grave van Heneghouwe noch sinen lande vorscreven, noch onser stede van Halle noit onseght en habbe, alsoe verre als wiit cousten gheweten ochte horen segghen in negheenre vueghen.

.. Lieve gheminde heren soe eest, dat wy u vrienbelcke bibben enbe aen
u versoelen, dat ghi onser lube enbe borghers goet vorscreven wilt doen
loesen enbe hem te livreren, gheliic ghiit schulbech sijt te boen na ben lant
vrebe, enbe ghi soubt willen, bat men uwen coeph luben babe enbe loste,
5 varenbe enbe kerenbe binnen ben lanbe van Heneghouwen, enbe van onser
stebe van Halle vorscr. In orconbe van besen brieven beseghelt met onsen
zeghelen, ghegheven te Halle bes gonsbaghs op senter Niclas avent int
jaer M. CCC vistech enbe achte.

    Runbes Siegel in braungrünem Wachs an einem Pergamentstreifen,
10   Durchm. 3½ Centim.; unter einem gothischen geschweiften Bogen
    eine Frauengestalt in langem Gewande und Mantel mit Heiligen-
    schein, aufrecht stehend, in jeber Hand haltend ein Wappenschild mit
    vier aufsteigenden Löwen. Umschrift verstümmelt in gothischen
    Majuskeln: Sigillum.:· Sc... orum.:· De.:· Hal.

15
Beilage VIII.

Klage der Abtei Kamp bei den Geschworenen des Landfriedens=
bundes gegen Reinard von Reiferscheid. 1375. Auf Pergament.

20   Lyeve vursichtige heirren geswoeren des ghemeynen lantvreben ber
heirren inb ber stebe tusschen Riin inb Mase. Wir abt inb convent bes
gaitzhuys van Campe ure vitmübighe geistlighe vebere clagen inb zeunen
uch unse unrecht, gewalt, schaben inb noyt, bie uns inb unsen gaitzhuys
geschiet is van heirren Reynart, heirre van Ryferscheit bynnen circule
25 inb tirmt bes ghemeynen vursl. lantverbünt, inber maissen as puntlichen
herna geschreven volgt, inb bibben uch, bat ir na formen bes verbünt
genebighe reichtere siin wilt inb vur uns inb unse gaitzhuys umb bie
gewalt inb groitz unrecht voertvaren inb bair zu boyn wilt as bat verbünt
ynne heilt want wiir anders neyt ban rechts enbegeren in besen punten.
30   In ben eirsten clagen wir, bat be selve her Reynart in ben jaren uns
heirren boy man screyf 1373 in ben maynbe septembri in unsme hoyve,
Auwenheym genant, bye unse inb uns goitzhuys*) myt alle byem goibe,
bat bar zoe gehoert, vrh eygen goit is inb gevryet van byem Payse inb
vech anbers, bes wir goibe bryeve ban af haben, inb wir vich eyn beyl
35 bes goitz vergoilben haben entgeyn bye heirren van Beebbur vurziben,
myt gewalt, weber al reicht inb bescheibenheit byebe neyman bii nacht an

---

*) Diese Schreibung bes Wortes findet sich auch in der Folge des Briefes,
während **gaitzhuys** dreimal vorhergeht.

perden, rhnderen, schafen inb swinen inb an anderme goibe, bat yn byem selven hoyve boy was, wilche nahme as goit wael was as eycht honbert gulben goit van goilbe inb swaer van gewichte, inb beybe bat goit allit zo Beebbur up buren.

5 Item barna in beim jair unff heirren 1374 bynnen beim auste be selve her Reynart bebe uns nehman mit gewalt in behm selven burs. hoeve geweltlichen 25 1/2 malber roggen, bhe bair ehfelich wail ehntz gulben weert was, inb beibe bhe oich zo Beebbur up bhe burch buren.

Item in behm selven jare inb in behm selven mahnbe bhe vurs. her
10 Reynart twanck myt gewalt brober Heinriche inb ayver broeder Hehnriche beweerre unser hoeve zo Auwenheym inb Ghumbritzheim prystere, bat sii yme inb synen whve gehven moisten inb bezalen zwey hunbert gulbin goit van goilbe van uns goitzhuyss goibe vurs.

Item bynnen bisme iutgainworbigen jaire, ba man schriift 1375, up
15 sent Peters bach ab cathebram in behm mertze be burg. her Reynart beybe uns nehmen myt gewalt in behm selven hoyve zo Auwenheym unse korn inb unse pert, swiin inb huysrayt inb oich bhe kleibere unser broebere inb voirt alle anber goit, bat sii yn beim selven hoeve vunbin, bat as goit was as seys hunbert gulbin goit van goilbe, inb beybe bat oich voeren zo
20 Beebbur up, inb leys heme ba mebe neit geneugen inb hait unse scheffenere inb unse gesinbe verbreven, bat wir ba habben inb ben hoff myt beim selven huysrayhde, be ba hnne bo bleven was, myt wanen, myt karren, myt ploegen myt anberen gezauwyn zo buwyngin bes ackers bes hoiffs gehorenbe, inb oich myt anberin gezauwyn, be yn ben hoiff zo Gumbritz-
25 heim gehoirtin, zo ym genoemen hait inb ben behelt reuslich myt gewalt inb uns bes intwelbigit hait weber Got inb weber reicht.

Item clagen wir, bat nu in beim aprille neist vurgangin bes bonresbaghes vur palmebage inb bynnen byem lantoreben be selve her Reynart hoeven al be gewalt inb unrecht vurs. vangin bebe weber privilegia ber
30 gantzer passeyt inb oich uns orbens sunberlich broeber Wilhelm, monich, priester inb custer uns goitzhuyss zo Campe burs., be yn moenichs kleberen inb staht was inb beibe ym siin pert, siin gelt inb so wat hey bii ym habbe nehmen, inb heilt ben zo Beebbur 5 wechgin gevangen as ehnen myssebebigin man, inb yn barzo twanck, bat hey ym sweirin moiste, weber
35 yn zo komen up anbach Pinxstbach neist vurgangin inb yn anberwerf gevurwort hait, weber yn gevencknisse zo komen up sent Jakobs bach neist zo komenbe, ja boch myt vurworben, off wiir abt inb convent ben selven her Reynart myt bryeven of myt gerichte an sprechen, bat as ban be selve broeder Wilheim zo ber stunt weber in gevencknisse komen soilbe, alsus

helt hey yn noch vursichbar gevangen. De name, de broeder Wilheim genoemen wart, do hey gevangin wart, so an perde, so an gelde, so an beim, dat hey bii ym habbe, die was as goit as 25 gulbin inb besser.

Item clagen wir, dat he uns nu van dage zo dage bynnen dyem lant=
vreden vurs. nehmt mit gewalt uns korn inb ander vroicht up beym velde van den vurs. hoeven, inb unser peychte inb gulden da sich unberwint, wilche vroicht peycht, inb gulde wir aichten up dusent malber harz korns inb besser.

(Ovales Siegel in gelbem Wachs auf dem Pergamentbogen aufgedrückt, ganz verstümmelt und abgebröckelt, von der Umschrift nur die Wörter abbatis campensis in Majuskelschrift erhalten.)

Beilage IX.
Brief des Arnolt Volmer und Johan van Punt aus dem Lager vor Reiferscheid an den Rath von Aachen, vom 11. August 1385.

Adresse auf der Außenseite: An den rayt van Aichen unsen lieven heren inb vrunde.

Lieven heren inb sunderlinge vrunde. Also als uch wael kundich is, so wie wir gesteren morgen van uch schieden, also dat wir quamen tusschen Wiswilre inb der We, inb hielten da up unse schoeynste, inb erbietten da uns herren van Luyege inb des herren van Grunsselt, inb also als uns voichte inb wir verstoynden, so was yn unse volck zü moil bevellich. Duch moigt ir wael wissen, dat wir des selven naichz lagen zü Nübeken inb unse getzoch zü Blatten, also dat die herren mit namen der Erzebusschof van Coelne, der busschof von Luychghe, der hertzog van Guyleghe inb her Poete van des kunnynchs weigen, die stat van Coelne inb wir van unser steibe weigen seymtlichen getzogen synt mallich in synen leygen, die legent vür Rüfferscheit, inb seymentlichen gelich dar quamen zü veirber uyren na middage, up datum dis briefs. Vort so en wissen wir uch nyet nüwer meren zü schryven, dan dat der hertzoge van Gelre sich gerne an nehmen weulde zü beibincgen umb eyne soeyne. Duch dunckt uns, dat der hertzoge von Guyllege wael liiben seulde eyne soeyne, des wir doch nyet en wissen, of die anderen herren inb steibe des gevolchlich siin weulden. Vart wale zü uns alle ziit zü gebieden. Geschreven mit ylincgen zü zwen uyren na midder naicht, des vriibaichs zü avende.

Arnold Volmer inb
Johan van Punt.

Beilage X.

Bruchſtück eines Briefes der Geſchworenen von Aachen aus dem Lager vor Reiferſcheid.

⁵ Vort ſo wiſt van den wagenen ind van den perden, die ſullen wir wibber umb heym ſenden dat baltſte dat wir moegen. Vort van Duecken, als umb tgheleibe zú ſenden, hain wir eme bevolen, wanne id eme ziit dúnckt ſiin, dat he eweich vare ind des geſenne, want dat geloiſſen nyet en douch. Vortme alſo als yr uns ſchriift, wie dat yr gerne wiſſen ſult, wie
¹⁰ id uns ginge, ſo wiſt dat wir Gode danke alle geſont und birve mit lyve ind mit goide vur dat huys zu Rüfferſcheit komen ſint ind lygen alreneyſt deme hertzogen van Guylche ind hoffen, dat wir wail ligen, mer wir ſint noch unſedige lude mit logieren. Vort ſo haint die viant van den huyſe einen ſolbener van Coellen gevangen mit namen Luytghiin ind dar zu
¹⁵ einen anderen wailgeborenen kneicht, ouch haint ſii eynen jongen Coelſchen kneicht doit geſlagen.

Beilage XI.

²⁰ **Schreiben der Geſchworenen aus dem Lager vor Reiferſcheid vom 14. Auguſt 1385.**

Adreſſe: Aen den burgermeiſter ind den gemeynen räidt van Aychen, unſen lieven herren ind vrunden.

²⁵ Lieve herren ind vrunde, yr ſult wiſſen dat Mathiis Kaſſart leider doit is ind in ſoittersdage zú ávent onnutzlich umt huys lief, blois, buyſſen ymans wiſſe ind ſonder gewer, alſo dat he geſchoſſen wart beneven aen ſinen ſloiſſe, alſo dat he ſiich bigette ind ſiin teſtament beide, ind des morgen op den ſondach myſſe hoirtte ind dat heillige ſacrament untfienck
³⁰ ind zú ſeys uren nae middage ſtarff in goiden kenniſ, alſo dat he zer Sleiden begraven is, als heis begert hait, dat uns allen truwelichen leit is, dat he als onnutzlichen bleven is. Vort ſo wiſt, dat der hertzoge van Gelre zer Sleiden geweiſt is, ind hebbe gerne umb eyne ſoene gebedinckt, alſo dat he hye geloiſſen hait ſünre vrunde eyns deils, die mit den van
³⁵ Blankenheim ind van Gerartzſteine alle dieſen dach mit den Geſworenen umb eyne ſoene gebedinckt haven, die doch ſere onnutzlich bieben; doch ſo dunckt uns, dat die herren gerne van ſtat weren, ind wir die nyet en vinden, als wir leſt dar van ſchieben, doy die gesworenen bii eyn woren, ind als die reces inne halben, ind die herren nyet hie in ſint mit yren

bliben noch mit yren buſſen als ſii ſtin ſulden, alſo dat noch egeyne blibe
me opgericht in is hubezedage, van die unſe. Vort ſo moicht yr beſien,
náe deme die herren als zwiiſlich ſint, off dan het gebebindt wirt mit den
meiſten part, off wir yn volgen willen, off wir uns hart dar widder legen
5 willen. Vort ſo hebben wir uch die wagen heym geſant, nů wene wir alle
dage, dat die herren opbreichen muchten, dat wir henden bliven mueſten;
mer ſien wir, dat die herren dar bii bliven willen, ſo ſullen wir uch die
wagen heim ſenden. Ouch ſo wiſt, dat dit huys van Riifferſcheit eyn
geweldich vaſt ſlos is ind zienwerf beſſer is, dan dåe mant vur hilt, ind
10 Joncher Johan is ſelve dar op mit vil riſcher kneicht, bie alle dage den
heren groiſſen ſchade bůent, mit namen haint ſii afgevangen den buyſchof
van Luycghe ſinen panetier ind dar zů ſinen buttelier ind einen kneicht
doit geſlagen ind ſeys pert genomen, ind der hertzoge van Guylche hait
boben zwene ind pert verloren, ind ouch haint ſii eme zwåe cargen
15 genommen van ſiinre donrebuſſen ind ſinen meiſter, mit namen Johanes
van Blatten, durch ſiin beyn geſchoſſen. Vort ſo haint ſii der Coelner
gevangen ind ouch pert genomen. Vort ſo hain wir onſen geſellen ernſt-
lich gebeden ind bevolen, dat ſii ſiich op allen enden hůeben, op dat ſii
nyet gequat en werden. Vort ſo is her Pote hye ind hait des ruchs
20 banier hubedisdachs opgewurppen vur ſiinre logen. Vort ſo ſint wir alle
ſamen mit unſer geſelſchaf Gode danck geſont ind birve uysgeſcheiden, dat
wir uch geſchreven haint van Thiis Kaſſart. Wiſt ouch dat grois bruche
is van provancien want dar nyet veile in kumpt ind die eyffelſche herre
zemoil ſere dreuwen, dat man ſy alle dage voidert. Got ſii mit uch, datum
25 vigilia Aſſumpcionis.
Die Raitſtube van Aychen.

Beilage XII.

30 Brief des Bürgermeiſters Johann van Punt aus dem Lager
vor Reiferſcheid. 1385.

Adreſſe: An heeren Heynrich van der Linden, burgermeiſter zů Aeychen,
mynnen lieven geſelle.

35 Lieve geſelle. Wiſt up dat punt van den lumbarden haint ſii vurtzits
vurwerde gehadt, mer ſent der ziit, dat ir ind ich geſellen ſynt gemeiſt an
der burgermeiſterſchaf, ſo en ſii geinre vurwerden geſunnen noch ouch
gehat, mer ibt dunckt mich goit ſin, dat yr yn vurwerbe geyſt vůr unſe
burgere, alſo verre als yn der meyer vurwerbe geyven wilt vůr die van

en buyſſen. Vort als van herren Kirſthaens weigen, ſo wie yr gedaen hait, da myt genůegt yem. Vort van Wilhems weigen uns knechtz, den ſal ich uch heym ſenden, of he ſal uch alle beſcheit oever ſchriiven. Got ſii mit uch. Geſchr. vůr Rüfferſcheit. Vort dueyt die geſellen her oever komen, die heym gereden ſiint, dat ſii ſicher her oever komen, want myrt nyet lief en was noch en is, dat er eynich heym reyt, ind ich verboibt idt etzlichen, de myr antwerde, he weulde heym, en ſoulde he ouch vort ſiins tzols untbeyren. Vort ſo woirden nů en maendage gevancgen up der ſtraiſſen Wynant van der Hallen ind andere geſellen, die zůgehueren den herren van Grunſſelt ind van Schoenvorſt, ind ſii haint alle dach ayn, alleyne Wynant, den haint ſii mit yn gevoirt, wå of war, den en weis ich nyet.
Johan van Punt
uyr geſelle.

Beilage XIII.

Schreiben der Geſchworenen von Aachen aus dem Lager von Reiferſcheid an den Rath, vom 21. Aug. 1385.

Adreſſe: Aen den Roidt van Aoychen, unſen ſunderlingen lieven herren ind vrůnden.

Lyeve herren ind vrůnde. Wir begeren uch zů wiſſen, dat geſteren unſe herren ind ſteiden bii den anderen woren mit namen: unſe herre van Coelne, unſe herre van Guylche, her Pothe, uns herren vrůnt van Luytghen die van ſinen wegen hei ligen, der herre van Gronſelt, die ſteide van Coelne ind van Aychen, aen ben dat bedinge braicht wart van wegen des hertzogen van Gelre, alſo dat de ſine vrůnt dar geſchickt habbe, off die herren ind ſteide wulden, he wulde dar bii komen ind wulde tuyſchen yn ind den van Rüfferſcheit bedingen, dar op man yn antwurt, mit den eirſten boy die herren ind ſteide vur dat floſ vielen, doy meynten die herren ind ſteide, het joncher Johan willen dat floſ ſetzen in hant heren Pothen als van kuninx wegen, dat manlich ſine banier dar op geſteichen hebde ind dat joncher Johan ind alle die gheine, die op den floſ ſint verlåven wulden zů ewigen dagen die herren ind ſteide ind wail zů verbryeven, dat ſiich nyeman van den floſ behelpen en ſulde wibber die herren ind die ſteide, ſo wůlden ſii van deme floſ zien; dat was doy yr heiſchen der herren ind der ſteide mit den meiſten part, ind alſo als uns dünkt, mücht yn dat wibbervaren, ſii nement noch hubezedage ind ouch getzwat myn, want ſiich die herren nyet in halben op eynen ſtåit noch op eynen ſin; ind ouch in is die ſtat van Coelne nyet als vaſt, als ſii

wail fiin mücht. Mer also als joncher Johan dar op geantwurt hait, so
meynt he, ee he inb die sine bat beben, he wulde liever kiesen, dat man
yn vur die portze vam slos hangen sulde, also dat man oen ende gescheiden
is. Vort so buent die herren eyn hühs machen, der man ouch me machen
5 sal, die man opsloin sal in den grunden vur ind umb dat hühs. Ouch
so haven die herren nyet yr gezal van luden noch van werken, als sii
billich haven sulden nae inhalt des reces. Vort van den geleibe, dae yr
van geschreven hait, als van uns herren wegen van Guhlche zü werven in
sinen lande unsen burgeren, dar op so wist, dat der marschalck ind her
10 Karsilis geantwurdt haven, wat noit man nu have darumb zü bedingen,
alle die boyssewichter, die vurziit opter strohsen plogen zü schedigen, die
sint op den hühse van Riifferscheit besessen, also dat wir miin herre nyet
dar van gesprochen in haven, want eyr wail wist, so wanne dat man mit
eme bedinckt umb eynche sachen, dat mües gelt kosten. Wilt yr yet
15 anders herzü gedoin haven, dat loist uns wissen, doch so dunckt uns güet
siin op ür verbesseren, nae deme wir dat geleibe haven van unsen herre
van Coelne, dat wir gewurven haven zü wasser inb zü lande, dat yr
scriven wilt heren Scheynart, dat he ühren burgeren wille helpen, dat sii
mit yren lyve inb goide sicher müegen komen dürch sin ampt, willich
20 ampt geit bis zu Coellen aen der muren; ind stibt eme ouch in den bryeve
manende, dat wir tgheleibe haven van unsen herre van Coelne. Vort so
wist, dat wir allen unsen burgeren gesaicht haven, wie yr uns geschreven
hait, dat wir yn vort gesaicht haven van uhren wegen, dat siich eyn
yberman hübe inb nyet unnützlichin louffe vur dat slos, want dae grois
25 quetzünge af komen mach inb die bäte cleine is; dar in baven in liessens
neicht in den essen niet, die wile wir bii die gesworen woren int her van
Bräbant, yre seis of sieven van unsen bloissen luden, sii in lieffen vurt
hühs ind wurpen siich dae mit steynen, als man opter Lewerken pliet zü
doin, also dat sii danne gewüst worden yre brii, ind manlich braicht
30 einen piil in sich steichen, der eyn int heüft, des is sorge, de heist Geirkiin,
meister Michiels son des zimmermans, den anderen zwen in salt nyet
schaden, als wir hoiren sagen. Vort so hait siich meister Proffioen ge-
quat aen eynen vüesse aen der bliden van Guhlche. Vort so in han wir
egeine steine zer bliden mit zü werpen, ouch so in is hie egeine leye, bii
35 zwen milen weichs nae, dae man steine müege breichen, anders dan zu
Blatten inb zu Niitecgen, dar wir unse meister nyet senden in dürren die
steine zü haüwen inb zü machen, want unse viant vast dae umb wanetich
sint, die unser alre viant sint, die vur den slos ligent; doch so hait unse
herre van Guhlche hubezebage gemeynt, he sulle doin bestellen, dat man

steyne breiche. Vort sende wir uch eyne copie eyns intsage briefs hie
inne besloffen. Got sii mit uch. Geschreven des neisten Soittersbage
nåe unser Brouwen dach Affumpcio.

Van wegen der gesworen raitslude, die vur
Rüfferscheit ligent.

Beilage XIV.
Brief der Aachener Geschworenen aus dem Lager von Reiferscheid. 1385. 5. September.

Adresse auf der Außenseite: Aen ben Raibt van Aychen, unsen sunder-
lingen lieven herren ind vrunden.

Lyeven herren ind vrunde. Uren bryef uns hude mit Clohsghiin
gesant hain wir wail verstanden, dåe yr*) uns inne geschreven hait vil
sachen, so wie uch die duncken guebt gedoin siin, dat wir sere vur guebt
nemen, doch ib ge wiet muege, man in sal aen uns nyet anders venden,
dan zu doin, so wat wir mit eren boin moegen, ind so wie die reces inne
halden, die zu Coellen vur ind zu Aychen*) nåe gemacht worden eyn=
breichtlichen, der wir alziit manende sint, als wir bii die herren komen,
doch so venden wir alle dage die herren mislich ind oneynbrechtlich, dat yn
nyet wail in vuecht. Vort als yr uns geschreven hait, dat die warde
solde rumen doy*) ib brant in den Guylschen her, so we uch dat gesaicht
hait, de hait uch onreicht gesaicht, want ib was zer nuynber uren in den
åvent dat ib brant, ind ib in was nyet verre van der warden, nyet als
verre, als zuwers oever den korenmart, die warde was wail bestalt, ind
sullen sii ouch vort wail bestellen. Vort so habt yr*) uns zween oissen
gesant, dåe van wir nyet en wisten, noch nyeman bevolen in habben, dat
mans uns gulde of sent, wilche oissen uns hubezedage genomen sint van
den buysruteren bii der Sleiden zu Aychen*) wert; alfo habben wir ge-
schickt zu Wolfssuffen intgein die oissen, die int her sicher zu brengen ind
woinden sii dåe venden, want der kneicht gewarnt was zu Kestenriich van
kneicht des herren van der Sleiden, dat he die oissen nyet in drede oever
Wolfssuffen ind warbit dåe des geleitz; des in hait he nyet gedoin ind
hait die oissen versuhmt, dar umb is fent uns egeine provancie me van
dåe hehme, wir in scrivent uch. Vort e wir van diesen oissen wisten zu

---

*) Bei dem Worte Aychen steht über dem A ein o, bei den andern mit
*) bezeichneten Wörtern über dem y ein e.

sagen, doh habben wir ehnen jongen gevangen, de ben buesruteren int her broit solde holen, also saissen wir up unser ehns beils mit den schutzen ehns beils inb mit buesgengeren inb reben mit den gevangenen op den walt die buesruteren sůecken, also dat hr*) uns egein in wart, dan wir
5 quomen in hren*) leger, båe sii plient zů ligen, ind vonden alreleye sachen båe, dat de lude verloren haven, dat die unse namen inb bråichen die loitghen, mer dar in kůnde nhemans bii komen, dan lude, die wail zů vůes woren; doh*) wir doh*) vernomen, dat die oissen verloren woren, doh*) reben die gesellen inb sluegen dat vee bii ehn vur der Sleiben, also
10 quomen die van der Sleiben uhs inb so wat sii hn macheden, dat wart hn wibber, also dat den unsen bleven 5 koy*) inb 3 kalver, dat die viande gebloit habben under den herren van der Sleiben, also dat man dat vee den bach morgen halben sal; queme hman*), des ib werre, de nyet viant in were, den sullen wirt doin wibber geven, inb in queme nheman, so sal
15 mant den gesellen deilen, diet gehoilt haven. Vort so wat siich hubezedage irgangen hait, sullen uch die gesellen wail mit monde sagen. Vort so sullen morgen der Greve van Blankenheim, de van Gerartstehne, die van Toinburg inb die van Kerpen inb hr*) vrunt int her komen, die hubezedage solben komen siin int her. So wat wir vreischen, dat sii dedingen,
20 sullen wir uch loissen wissen; dart wail. Geschreven des sondaichs zů åvent nåe Egibii.

Van wegen der geschworenen råitzlude, die vur Rüfferscheit ligen.

25 ## Beilage XV.

Schreiben der Werkmeister und Bürger, die sich auf der Frankfurter Messe befanden, an den Bürgermeister Heinr. van der Linden, den 14. Sept. 1385.

30 An deme eirsamen, wisen, bescheyben manne, heren Heynrich van der Linden, burgermehster und scheffen zu Achen und ain anber uns lieve heren.

Bruntlich grusse und wat wir gutz vermogen. Wist lieve heren, dat ure burger gesunt in starck siint inb zu Brancfort quomen des vridachz*)
35 vur unser vrouwen dach mit eren lieve und gub, und sant wir uch ehnen brief des sundachz dar na mit ehnen kremer, hehst Jacob van Duren, und uns seir verwondert, dat ir den brief niet in hat, e Lenart van uch

---
*) Den 11. August.

schiet. Ouch sant man uch eynen brief up unser vrouwen aovent*) und unsen heren, die vur Riverscheit sint der selver eynen, als dat wir vernomen in der upvart, dat sych die van Riverscheit geworven haben wahl vufhundert geleyen, als die steb und heren zu vervallen ind dat huys zu intsecen. Ouch in kunne wir uch niet me geschriven, dant eyne verburfen mes is uren burgeren und allen koufluden. Bart wahl, Got sy mit uch, geschren (sic) zu Brancfort. Vort wist, dat sych die burger stellen als in sunbach af ze varen van Brancfort, of Got wilt. Gegeven zu Brancfort up de heylligen cruxc bach van den werckmeyhstere und ur gemeyne burger.

Beilage XVI.

Die im Aachener Stadtarchiv vorhandene Urkunde über die von Johann von Reiferscheid dem Landfriedensbunde im J. 1385 geschworene Urfehde stimmt bis auf orthographische Abweichungen und dem kleinen Zusatz im Eingange: „die diesen bryef sullen sien off hoiren lesen" mit der von Lacomblet, Urkundenbuch B. III, S. 787, mitgetheilten wörtlich überein, hat aber nach dem Gelöbniß des Reinart von Reiferscheid, welches mit den Worten: „as van Johanne myme neven vurschreven steit geschreven" schließt, noch folgenden Zusatz:

„Uysgescheiden doch, oft sache weir, dat unse genedich herre der Royhmsche kuninck vurschreven mit eynchen der herren, vrouwen off steide vurschreven zu kriege queme, so sal ind mach unse herre der Royhmsche kuninck vurschreven, sine amptlude, drunt ind dienere van siinre wegen sych uys Riifferscheit ind wibber dar in behelpen wibber die herren, vrouwe ind steide vurschreven sementlichen off besonder. Ind wir ind unse erven moghen ouch dan deme vurschreven unsen herren, deme Royhmschen kuninge, wibber by vurschreven herren, vrouwe ind steide mit lyve ind mit sloffe helpen oen zu misboin wibber die püntten vurschreven, ind so balde der krieg, der also tuhyschen deme vurschreven unsen herren, deme Royhmschen kuninge ind den herren, der vrouwen ind steide vurschreven geweist were, gesohnt würde, so sullen wir Reynart ind Johan vurschreven den herren, der vrouwen ind steiben vurschreven verbonden siin ind bliven in alle der moissen, als vur van uns steit geschreven. Alle ind hecklich püntte vurschreven hain ich Johan vurschreven geloift, gesichert ind mit opgeredben vingeren zu den heilgen gesworen, gelåven, sicheren ind sweren severmitz

---

*) Den 14. August.

diesen bryef stede, vaste ind onverbruchlichen zühalden ind dar widder
nummer zü doin, off geschien loissen in eyncher wiis, sonder alle arge-
list ind gheverde. Ind ich Reynart vurschreven hain ouch alle ind
yeclich punte vurschreven, als verre die aen mich treffent ind van mir
vurgeschreven steen, in goiden truwen ind in eydtstat geloift ind ge-
laven ouch oevermitz diesen bryef stede ind vaste zü halden, sonder alle
argelist ind gheverde. Ind „han" u. s. w. wie bei Lacomblet, bis „zu
getzuge haint gehangen". Dann folgt noch: „Des wir Arnolt, greve
zu Blanckenheym, Gerart van Blanckenheym, herre zu Castelberg ind
zu Gerartzsteine, Coinrádt ind Briederich gebrüedere, herren zu Toin-
burch vurschreven bekennen, dat all ind yeclich puntte vurschreven also
gededinckt sint als vurgeschreven steit, ind dat her Reynart ind Johan
herren zu Rüfferscheit, unse neven vurschreven, die alle ind yeclicht be
sonder geloift, gesichert ind gesworen haint, in der moissen vurschreven
stede, vaste ind onverbrüchlichen zü halden, ind haven des zü urkonde
manlich van uns syn ingesiegel bii die yr, sii hae mit zübesagen, umb
eyre beden willen aen diesen bryef gehangen. — Gegeven zü Rüffer-
scheit in den joren uns herren dusent driihondert vonf ind eychtzich des
eilfden daichs in oktober.

   Die Pergamenturkunde trägt die Siegel der Ritter Reinart und
Johann von Reiferscheid, des Grafen Arnold zu Blanckenheym,
des Gerard von Blanckenheym, Herrn zu Castelberch und der Ge-
brüder Konrad und Friedrich, Herren zu Toinburch, in grünem
Wachs, rund, in der Größe von 3, respektive von 2 Centimeter
Durchmesser.

Beilage XVII.

Schreiben der Stadt Aachen an den Ritter Johann van Dreiborn um Zurückbesorgung eines bei der Belagerung von Reiferscheid in einem seiner Dörfer zurückgebliebenen halben Wagens. Ohne Jahreszahl. Auf Papier.

  Adresse: An Heren Johanne van Drenbornen, Ritter .. unsen sun-
berlingen goeben vrünbe.

.. Brüntlige grußse bursc. . Her Johan, sunberlinge goebe vrunt,
wiist dat eyn unser burger, be in deme riche van Aychen gesessen is, in
eym hoeve, de der abbissen van Burtschit is, ind genant ist Spelshain,
eynen halben wain gelaßsen hait in eyme dorpe under uch geleegen, dat
uch brenger dis briefs wail nümen sal, up sint Laurencius dage, du unse

vrunt zogen ze Rüfferſcheit, wilch wain eme noch aichterſteebich bleven is, warumb wir uch vrüntligen bibben, dat yr dar zu raben inb alſo beſtellen wilt, dat unſen burger vůrſ. ſiin halve wain wibber werben moege. Int wilt her zu duhn, als wirs uch getruwen inb geloeven. Got ſy myt uch. Uhr guytlige antwerbe begeren wir wibber zu wiſſen myt brenger bis brieffs. Datum bes ſatersbages na Bartholomei.

Van ber ſteebe wegen van Aychen.

Beilage XVIII.

Rutger van Drohve erklärt allen bei der Belagerung von Reiferſcheib erlittenen Schaden für ausgeglichen. 1393 6. Februar. Auf Pergament.

Auf der Außenſeite: „Soynbrief heren Rutgers van Drohve".

Ich Rûtger van Drohve canoynch der kirchen onſer Brauwen ze Aiche doin kůnt allen luben, want ich vůrziiben mit meynen helperen viant worden was ber ſtat inb burgere van Aiche umb ſchaben wille, die mir inb mynen halfwennen inb bienern geſchiet was van yren burgeren, ſolbeneren inb byeneren an mynen hoeven, lanbe inb gube in ber ziit, boy man vůr Rüfferſcheit zoich, — ſo kenne ich mit beſen offenen brieve vůr mich inb vůr myne erven inb vůr myne halfwenne inb bienere inb vur alle myne helpere, dat ich ber ſachen inb alre ſachen, die ich gauibes of zo vorderen hain gehat vur batum bis briefs, mit ber ſtat inb burgeren van Aiche inb yren onberſieſſenen, inb barumb ich mit yn in veytſchaf komen was, nyet uſſgeſcheiben, genhligen, luterligen inb zomoil geſaiſt, geſoynt inb mynlich verlichen byn mit den erſamen luben burgermeiſteren, ſcheffe=nen inb raibe ber ſtat van Aiche inb mit allen yren burgeren inb onber=ſieſſenen, alſo bat ich, noch nyeman van mynen weigen ſii ſementlich noch beſonber herůmb achternoils nunberme kroeben, noch occaſůnen en ſall in egeynre wiis ſunter alle argeliſt. In orkunbe ber wairheit inb vaſter ſtebicheit ſo hain ich Rutger van Drohve burg. mynen ſegel an beſen brief gehangen, inb hain vort gebeiben heren Gillis van den Whyer, ritter, de oever beſer vurg. ſoynnen inb babingen geweiſt is, bat he zo merre getzůge alre vurſ. ſachen ſynen ſegel ouch an beſen brief gehangen hait, dat ich Gillis burg. kennen war ſin, inb unb beiden wille bes burg. heren Rutgers gerne gebain haven. Gegeven int joir uns herren bůhſent drii=hondert driiundnůhntzich des bonreſtagis na onſer Brauwen bach puri=ficacio.

Beilage XIX.

Schreiben des Ritters Wilhelm van Muysbach an die Bürgermeister und Schöffen der Stadt Aachen um Vergütung des bei der Belagerung von Reiferscheid ihm zugefügten Schadens. Ohne Jahreszahl. Auf Papier.

Adresse: An die eirber, wiese lude, den burgermeisteren inde den scheffenen der stede van dichen, mynen sunderlingen güden vrunden.

Minen dienst mit vruntlichen sachen alziit vurg. Gude sunderlincge vrunt alsamen, ich begeren uch zu wissen, also as uch wale kundich is van myme inde miinre armer lude schaden mir van uren vrunden geschach vur Rüfferscheit, dat ich alzitt sere inde güitlich gevoerdert hain, inde dat mir van uren vrunden inde van uch intzogen is, also dat mir geyne richtoncge dae van wiedder varen in kan, inde dunckit mich ind myne vrunt ur schympppe siin, dat ich vevel lancger geliden kan, inde wil noch hubistages gerne guitliche dage mit uch leisten zu Wiiswiilre, off zu Eschewiilre, umb dat ib an mir nyet in gebreiche, umb riichtoncge der mir noit is, inde wes ich uch intragen sal, dat wil ich ouch gerne doin. Vort me so an nehmpt ir uch miins herren wilbantz inde stintz geriichttz, des ich eyn amptman bin van miins herren wegen van Guilge, da ich inne intwert werden, dat ich umb urre vruntschaff wil güitlich geliden han, inde wil ouch gerne der sachen guitlich dage leisten up den steden vurschreven, ee icht an mynen herren brencge, want ichs nyet lancger verhalden inkan, inde geren urre antwerden mit diesen boden zu wissen, darna ich mich ouch riichten mach. Got sii mit uch. Datum sabbato, die ante Valentini martyris. (13. Februar.)

Wilhem van Muysbach, ritter.

Aachener Stadtrechnungen
aus dem 14. Jahrhundert.

Ausgabe-Rechnung von 1334. Pergamentrolle.
(Bruchstück.)

In nomine Domini, amen. Anno ejusdem 1334 erant magistri civium Aquensium Jo. de Eyghorne & Wolterus in Pûnt, qui ex parte civitatis ejusdem dederunt ista, que secuntur.

Primo de pecunia altaris in Nidecken 25 m. per Wilhelmum Beysel.
It. de pecunia Templariorum in Nidecken 20 m. per Wm. Beysel.
It. Katherine Gigantis 10 m. per Wm. Beysel.
It. fratri Jo. de Oysheim 15 m. holl. valent 13½ m. per Wm. Beysel.
It. Hermanno Hirmelin 40 m. per Wm. Beysel.
It. Lore, uxori ejusdem Hermanni 20 m. per Wm.
It. Odilie de Fiola de anno Goswini & Godeschalci Kollin 24 m. p. Wm.
It. Wilhelmo de Wilburg 6 m., de feodo, per Wm.
It. Sille de Pûffendorp 6 s. gross. valent 6 m. 4 s. per Wm.
It. pro rata temporis domini Winnemari 12 lib. 4 s. gros. & 3 gros. per Wm. & assisiam braxatorum.
It. Grete de Pavone 25 lib. hall. valent ⎫ 55½ m. per Nicolaum
It. Bele Hoyt 25 lib. hall. valent ⎭ Keygelere.
It. R. Hoyn de pecunia superaccrescente in hallensibus 24 s. 5 d. de multura.
It. Slûyf de Trajecto de pecunia superaccrescente in gross. Turon. 40 s. per Wm.
It. domino comiti Juliae 100 m. levatas per H. de Holseth a Wo. Beysel.
  Summa premissorum (fehlt).
It. pro duobus equis civitatis emptis 70 aureos valent 73½ m. per Wm.
It. in die Corporis Christi de presentia 10 m. per Wm.
It. de vino propinato eodem die 17½ m. & 2 engel per assisiam multure.
It. pro discis, schragen, cirotecis & aliis necessariis tam per magistrum Petrum, quam per Tilmannum de Capra eodem die 3 m. 4 s. per ass. multure.
It. den winscroderen eodem die 18 s. per ass. multure.

It. pro tortise eodem die per Matheum 11 m. 2 s. per Wm. Beysel.

It. comitisse Juliacensi, dum strate clause erant, 50 aur. val. 52½ m. per Wm.

It. domino Schynnemanno eodem tempore 50 m. per ass. & Wm. Beysel.

It. Wil. Fyttayl jacenti eodem tempore Julie 28 m. per Wm. & ass. multure.

It. eidem Wilhelmo sibi dat. pro laboribus 5 s. gross. per Wm. B.

It. eidem Wilhelmo sibi dat. 1 riol. per ass. multure.

It. balistariis in dedicacione 15 m. per Wm. B.

It. vigilatoribus in dedicacione 31½ s. per Wm. B.

It. eisdem vigilatoribus in vigilia dedicacionis 4 sextaria, val. 8 s. per ass.

It. pro kogelere, cirotecis & pilleis in dedicacione 10 s. per ass. multure.

It. pro tortise 20 m. 2 s. per Jo. Christiani.

It. dum vina perbibantur in vigilia dedicacionis ad presenciam 3 m. 5 s. per ass.

It. den piferen in dedicacione 6 gross. per ass. multure.

It. vigilatoribus in parva dedicacione 1 m. per Wm. B.

It. pauperibus becgardis & becginis in dedicacione dat. pro Deo 7 m. per Wm.

It. pro allecibus & pane datis husarmen & pauperibus 13 m. in jejunio.

It. de reparacione porte Coloniensis combuste tam in lignis, schindelen, delis, clavis & aliis necessariis habitis ad eandem 19 m.

It. 5 m. per Wm. & ass.

It. de domo follonum sc. pro petris, clavis, delis, lignis, tegulis & bendis ferreis & ad tegendum & aliis multis necessariis sc. pariete & de vectura petrorum ad eandem domum 107 m. it. 5 m. 5 s. & 29 d. it. 2 gross per Wm. & ass. multure.

It. 4 m. de blumbo per Til. Ecke, per ass. multure.

It. de aula in universo 18 m., tam in delis, lignis & ad picturam per Leonardum et de lignis, carbonibus et ferreis necessariis de 7 januis, quam in labore magistri Wil. & famulorum suorum & de fractione turris aule superioris 46 m. 7 s. 3 d. It. 5½ m. per Wm. & ass. it. 54 m. 6 s. per Wm.

It. de blumbo ad aulam & de expensis nunciorum missorum pro eodem 23 m. 11 s. per Wm. Beysel, it. 4 s. 11 d. per Wm.

It. pro stagno 8½ m. per Wm. B. It. 99 m. 9 s. 5 d. per Wm. & multur.

It. de fovea lapidea in universo tam ad frangendum, quam pro hauwele, beckele, beren, malleis erga Stroderocken emptis et aliis necessariis sc. canalibus, grue & bayart at aliis omnibus necessariis ad eandem foveam pertinentibus et eciam de expensis factis per dominos nostros ibidem ze rumen et de pecunia data carrucariis devehentibus ibidem terram 193 m. 7 s. 9 d. it. 16 m. per Wm. & ass.

It. 19 s. de grue. It. de lapidibus in helkule 6½ m.

It. Jo. kalcberre de quatuor cementariis 98½ m. per Wm. & ass.

It. 40 m.

It. pro palis, sportis a vectura & mensura cementi 35 m. 4 s. 10 d. per Wm. & ass.

It. de custodia cementi 7 m. 3 s. & 4 d. per Wm. & ass.

It. de ponte prope molendinum Ivellonis 13½ m. 5 d. per Wm. & ass.

It. pro 15 balistis emptis erga magistrum Henzen & antiquis reparandis 17 m. per Wm.

It. pro senen 7 s. it. 6 m. it. 9 m. 7 s. it. 3 m.

It. G. Tilia 5 m. it. Duytgin 5 m.

It. pro 2 noytstelle 14 s. gss.

It. magistro Heynrico de precio 7 m.

It. pro pilis ferreis per Duytgin & Strutere & per Moyrginum testimonio G. Tilia & pro sedibus pilarum 54 m. 4 d. per Wm. & ass.

It. 12 m. per multuram. It. 76 m. 10 s. 7 d. per Wm. it. 6 m.

It. pro vederswische 1 m. per Wm.

It. dominis nostris equitantibus Nidecken pro lumbardis captivatis 24 m. 7 s. per Wm. & ass. It. 8 m. 9 s.

It. domino G. Corus & Alexandro equitantibus Coloniam pro eisdem lumbardis 14 m. 2 s. per ass. multure secundi mensis.

It. eidem domino G. eunte (sic) alia vice bis Nidecken pro eisdem lumbardis 14 m. 2 s. per ass. multure secundi mensis.

It. dominis nostris equitantibus Seyrstorp pro eisdem lumbardis 3 m. 3 d. per Wm.

It. Wilhelmo Fyttoyl misso Nidecken pro eisdem lumbardis 2 aureos, valent 25 s. 2 d. per Wm. Beysel.

It. Jo. de Royde misso Trajecti pro litteris lumbardorum 2 aur. parvos per Wm.

It. dominis nostris equitantibus Fallans pro discrecione 6 m. per Wm.

It. pro duobus pannis ad opus famulorum civitatis 24 aureos per Wm.
Nota, hic queram in computacione Wolteri & Ricolfi *).
It. pro duobus pannis ad opus magistrorum Wilhelmi, Petri, Johannis 30 aureos per Wm.
It. pro futuris ad dictas vestes 6 aureos parvos per Wm.
It. de futuro Winrici fossoris 12 gross. antiquos per assisiam sexti mensis.
It. nova musa in foro tegenda superius per Jo. Hûndertmarc & de reparacione ejusdem ac de via propter hanc fracta 12 m. 5 s. 4 d. It. 8 m. It. 21 s.
It. de musis fratrum Minorum & Albarum dominarum & de drenkin supra curiam & prope Albas dominas & de cannalibus positis prope lavatorium Albarum dominarum & de via ibidem reparata & de cannalibus positis prope musam fratrum Minorum 13 m. per Wm. & ass. It. 4 m.
It. de paracione vie lapidee in Kockerel per Jo. de Trajecto 10 m. per ass. 2di mensis.
It. de paracione vie lapidee ibidem per Jo. Grote 5 m. it 5 m. per Wm. Beys.
It. pro duobus cannalibus in platea sci. Jacobi prope molendinum 2 m. per ass. 5ti mensis.
It. de vineis in gramine civium 5 s. 3 d. It. 7 s. 3 d. de novis.
It. de malleo monete, cum quo Jo. de Royde argentum signare debebat 3 gross. per Wm.
It. aurifabro de ferro fodendo cum quo anfore signari debebant. 2 gross. per ass.
It. de reparacione & ad tegendam portam Hardewini per Jo. de sco. Sepulcro 37 s. per Wm. (ponam inferius).
It. Ludowico de Kleyve de lobio suo 26 m. per Wm.
It. de domo empta prope portam sci. Jacobi in acie 16 m. per Wm.
It. de domo empta in platea sci. Petri in acie prope ripam 5 m.
It. de una domo vigilatoria comicie regis per Til. de Irco 8 m. per Wm.
It. pro schindelen ad domum civium posteriorem 14 ½ s. per Wm,
It. pro schindelen & ad tegendum & pro cannalibus ad domum God. Kremers 3 m. 5 s. 3 d.

---

*) Aus dieser Note und aus den vielen oft sehr undeutlichen Einschaltungen zwischen den Zeilen und den Kreuzchen am Rande jedes Postens erscheint diese Rechnung als Concept.

It. pro carbonibus religiosarum 7 m. per Wm. Beysel.

It. Henrico campanatori de custodia campane 5 m. 7 d. per assisiam quarti mensis.

It. Wil. Wetergin de custodia ejusdem campane 2 riol. per Wm. & multuram.

It. Gerardo nunc custodi 1 m. It. de pulsacione ultime campane 1 m.

It. nuncio imperatoris ferenti litteram 1 riol per ass. quarti mensis.

It. Heve Oyps 1 aureum parvum per ass. quinti mensis.

It. omnibus vigilatoribus 6 m. & 8 s., quia bene vigilaverunt per ass.

It. de presentia dum vina perbibantur 22 m. 12 hallenses per Wm. Beys.

It. de presentia dum vina sigillata perbibantur 5 m. 2 s.

It. den winscroderen dum vina perbibantur 28 s. 7 d. per ass. sexti mensis.

It. Simoni de Lacu de custodia nemoris 40 m. per ass. sexti mensis.

It. Musteyl 26 m.

It. dominis nostris equitantibus Monzen obviam duci Brabancie & commedentibus Kleyve 3½ m. 4 s. per ass. 6ti mensis.

It. domo multure porte Coloniensis*) in qua Jo. Leytfuys sedet 3 m. per ass.

It. de gradu sci. Johannis ze understipen 4 s. per ass. 6ti mensis.

It. Vriman & sociis de purgacione fori 18 s. 2 d. per ass. it. 10 s. it. 4 s.

It. Christiano misso Royde ad dominum Schynnemannum 2 gross. per ass.

It. Woltero misso Lymburg pro induciis Jo. de Voyls dandis 2 gross. per ass.

It. Christiano misso Wytheym 2 gross. per ass.

It. nuncio de Wilderhusen ferenti litteram conductus 6 s. hall. per ass.

It. Christiano misso Lymburg 3 gross. per ass.

It. de censu domus follonum 18 s. It. habent Rolandus et Jo. Prumensis de domo follonum 4 m.

It. de censu domus malhus porte sci. Jacobi 7 s. per ass.

It. de censu domus civium 5 s.

It. Woltero misso Juliam 2 gross. per ass.

It. Christiano misso 4 gross. per ass.

---

*) Dieser Posten folgt später nochmals und zwar durchstrichen, mit der Bemerkung: superius stat, hat aber dort den Zusatz: ubi molendinari ponunt saccos suos, dum non solvunt assisiam.

It. Christiano misso ad dapiferum ad videndum, si vellet diem de discrecione prope Fallans tenere, 3 gross. per ass.

It. Christiano misso Monzen 12 d. per ass.

It. Christiano misso Bolen 12 d. per ass.

It. Wil. Fyttol misso ad dominum Frepunt pro lana arrestata prope Hilleshagen 6 s. per ass.

It. de expensis domini Frepunt 32 s.

It. Christiano miso duabus vicibus Aldenhoyven 7 gross. per ass.

It. vigilatoribus inhibentibus cultellos 4 s. per ass.

It. famulo domini G. de Pomerio misso Trajecti (sic) ad videndum, vellet Aquis venire, 16 s. per ass.

It. nuncio misso ad Frisiam usque Geveren 4 aureos per ass.

It. God. misso Lymburg ad videndum, quorsum dux vellet, 4 gross. per ass.

It. Christiano misso ad dapiferum Juliacensem 2 gross. per äss.

It. Christiano misso Aldenhoven pro captivis apud Schoynnecken 3 gross. per ass.

It. Alexandro misso ad dapiferum Jul. dum strate clause erant 1 m. per Wm. Beysel.

It. Eve de Kleyve de mappis 32 s. 3 d. per Wm.

It. magistro Arnoldo de Puteo de precio 7 mensium preteritorum 16 m. & 4 s. per ass. multure.

It. Alexandro de precio suo tocius anni 42 m. per Wm. Beys. It. pro pergameno 3 m. per Wm.

It. magistro W. lapicide de septem mensibus preteritis 7 m. per ass.

It. Winrico fossori de septem mensibus preteritis 14 m. per ass.

It. eidem Winrico 1 m. de ocreis suis per ass.

It. Woltero Kaskin de septem mensibus preteritis 4 m. 8 s.

It. Marras sibi dat. duabus vicibus 8 s. per ass.

It. magistro Wilhelmo 4 m. de area domini G. & Wolteri.

It. novem comiciis, levatum a personis ementibus pensionem, 910 m. & 8 s. et sic plus levaverunt a personis de pensione 34 m. & 4 s., quam dederunt.

It. levaverunt a filis de Bremen 135 m., quas non dederunt adhuc.

It. dominis nostris G. Jo. Eyghorne, Th. de Strithagen, Leone, G. Noyde & aliis euntibus Juliam obviam dapifero Julie occasione vinorum & captivorum de facto Stumbele prima vice 6 riol, valent 8 m. per ass. multure.

It. Rusoni misso Vlisteden 28 s.

It. Alexandro et God. Kremer missis eodem tempore quatuor vicibus tam Coloniam, Kastern, Nussiam, Hilckeroyde 22 m. per Wm.

It. Jo. Kayart & Alexandro missis 23 s. 5 d.

It. dominis nostris equitantibus secundario pro eodem facto Juliam 15½ m. per multuram.

It. God. Kremer & Jo. Beysel missis eodem tempore ad dapiferum Julie 18 s. per Wm.

It. eidem 6 s.

It. eidem God. misso duabus vicibus ad eundem dapiferum pro eisdem vinis 3½ m. 3 s. per Wm. It. 8 s. It. Christiano misso ad dapiferum Julie 8 s.

It. Christiano misso Berghem 6 s. It. misso Nidecken 10 s.

It. domino .. preposito Aquensi sibi dat., ut prolongaret treugas de eodem facto, 10 riol, valent 13 m. 4 s. per Wm.

It. Alexandro misso Nidecken & Brucgen pro eodem facto 4½ m. per Wm.

It. dominis nostris equitantibus Duren pro eodem facto 18 m. iis item 4 m.

It. Alexandro misso Nidecken 32 s. per Wm.

It. God. misso Brucgen pro eodem facto 2 m. per Wm.

It. eidem misso Coloniam 2 m. It. eidem misso ad dapiferum 6 s.

It. dominis nostris equitantibus Coloniam pro eodem facto 32½ m. per Wm.

It. domino Hermanno de Leyvendayle sibi dat. pro eodem facto 32 riol, valent 42 m. & 8 s. per Wm.

It. dapifero Julie pro eodem facto sibi datum 20 riol, valent 26 m. & 8 s. per Wm.

It. dominis nostris equitantibus Duren pro eodem facto 17 m. 10 s. per Wm.

It. dominis Arnoldo & G. missis Coloniam pro eodem facto 34½ & 5 s. per Wm.

It. Alexandro misso Nidecken pro eodem facto 33 s. per Wm.

It. Alexandro misso Hasselt & deinde Juliam pro eodem facto 5½ m.

It. eidem misso Coloniam & Nussiam bis & Nydecken 8 m. & 12 d.

It. eidem misso Coloniam 6 m. 8 s.

It. dominis episcopo Coloniensi & comiti Julie de expensis eorum pro eodem facto ipsis quitatis 117 m. & 2 s. per Wm.

It. dominis nostris equitantibus Juliam pro eodem facto 12 m. 8 s. per Wm.

It. W. filio Thome Ranspuyt misso ad episcopum Coloniensem pro eodem facto 1 m. 10 s. per Wm.

It. Jo. Schelart & Alexandro missis Coloniam pro eodem facto 17 m.

It. domino G. Jo. & Leone missis Duren pro eodem facto.

    Summa de facto de Stumbele 413 m. 10 s. It. 23 s. 5 d. it. 6 m. 8 s. it. 6 s. it. 28 s. it. 8 s. it. 6 s. it. 6 s. it. 2 m. it. 10 s. it. 8 s.

It. Jo. de Eyghorne misso Leggenig de facto domini Wilhelmi de Ayre 5 riol, valent $6^{1}/_{2}$ m. & 2 s.

It. de expensis ejusdem domini Wilhelmi 40 s. dum fuit hic.

It. de expensis domini Maccalionis 2 m.

It. dominis nostris equitantibus Leodii de facto Nicolai de Monte 1 m. de vino.

It. de calido fonte reparando tam per Baldewinum quam per Winricum, quam de domo Nicolai Mulen propter hoc fracti (sic) reparanda $18^{1}/_{2}$ m. 3 s.

It. de novo festo sci. Karoli datum ad presenciam in choro $6^{1}/_{2}$ m.

It. eodem die religiosis personis propinatum 19 sextaria, valent 4 m. 4 s. 29 d.

It. eodem die de pulsacione $3^{1}/_{2}$ s.

It. de via lapidea ante plateam acutam, prope parvisium & prope domum Brunonis 7 m. 12 d.

It. Obeloni de Hayren de via comicie regis 3 m.

It. de alis ante novam portam per H. Seyligen 31 m. 9 s. 7 d.

It. de via lapidea prope brodermoylen 18 s.

It. de fonte extra portam Coloniensem prope hospitale 16 m. 10 s.

It. pro delis, schindelen, clavis et de reparacione porte Schanaccen per magistrum Petrum & Wirig 7 m. 8 s. 2 d. per Wm., multuram & Wirig.

It. de una arkeyr porte coloniensis exterioris & de ponte supra turrim 18 s.

It. de schosporze porte Pûnt tam in lignis quam in ferro per magistrum Petrum & Jo. de Tulpeto fabrum 19 m. 9 s. per Wm.

It. de ferro prope institores juxta cimiterium per Däytgin 12 m. 3 s.

It. de postis ante cimiterium, ne carruce irent supra cimiterium, 6 s.

It. de unco ferreo ad ignem 14 s.

It. de seris porte Coloniensis inferius 8 s. per Duytgin emptis, per Wm.

It. de reparacione porte sci. Jacobi inferioris 10 s.

It. de 6 fenestris supra arkyr de Schottenberg 1 m.

It. de cannalibus et delis extra Punt aquam in lavatorium ducentibus 6 s.

5 It. reparacione porte acute per Duytgin 5 s.

It. de fenestra vitrea in camera domus civium reparanda 4 s. 3 d.

It. de tectura domus civium 7 s.

It. de vectura terre platee Coloniensis 2 m. per Wm.

It. Wil. Fyccoyl & God. missis ad septem juratos pacis generalis
10 de facto Jo. Kalf 15 riol, valent 20 m. per Wm.

It. eodem tempore emerunt equum, quem dampnificaverunt, pro 14 m. holl. valent 12 m. 7 s. & 3 d.

It. God. misso alia vice Frankenfûyrt pro eodem facto 8 m. 4 s. per Wil.

15 It. . sacciferis laborantibus ad ignem prope Geys 4 m. 5 s.

It. pro anforis ibidem perditis in combustione 11 m.

It. pro 41 ember coreis parandis et preparamentis 32 m. 7 s. sine cera, quae non est adhuc computata.

It. Winrico carnifici leso in igne 3 m.

20 It. filio Kophennen leso in igne 4 m.

It. magistro Jo. medico 2 riol.

It. Th. apothecario 7 m.

It. Noytim barbitonsorio 1 m. } ut ibi reedificarent.
It. filie Arregûns 1 m.

25 It. pro anforis emptis ad propinandum 15 s. per Wm.

It. pro 4 amis & 7 sextariis medonis missis episcopo Coloniensi cum doleo impletico, vectura & de ligacione 33½ m.

It. Woltero Kaskin misso cum eodem medone 12 gross.

It. pro 4 amis & 6 sextariis medonis missi comitisse Juliacensi ad
30 Brucgen pro doleis, vectura, ligamine & impletico 37 m. 4 s.

It. den winscroderen, pro illo medone zeladen 6 s.

It. Christiano misso cum eodem medone ad Brucgen 12 gross. ant.

It. pro 2 amis medonis missi domino de Valkenburg & ejus vectura 15 m. 3 s.

35 It. pro particularibus propinacionibus hinc inde 21 m. It. 14 m.

It. dum littere sigillabantur supra domum civium 3 m.

It. domino Arnoldo parvo de uno jurnali vinei positi 5 m.

It. domino G. Chorus de 2½ jurnalibus vinei positi 2½ m.

It. Jo. in foro de 2 jurnalibus vinei positi 10 m.

It. Goswino in Punt de 3 jurnalibus.
It. Ottoni carpentario 2 riol. de vineo posito.

Parve structure & expense nunciorum.

Primo, Woltero misso Lymburg 4 s. It. eidem misso Juliam credo 6 s.
It. Woltero misso Trajecti pro facto Klocere 4 gross.
It. God. misso Lymburg 6 s.
It. eidem God. misso ad dapiferum Juliae 8 gross.
It. Christiano misso Juliam ad videndum, si comes deberet esse Duren 4 gross.
It. God. misso Lymburg pro vadiis Tureluren 5 s.
It. de uno scampno supra lobium Kleyve 5 s.
It. magistro Arnoldo de Puteo de littera Lumbardorum 4 s.
It. magistro Brunoni de purgacione nivis de domo civium $2^1/_2$ s.
It. uxori Minnenboyden post mortem ipsius Minnenboyde 6 s.
It. God. misso Lymburg de theolonio non recipiendo 4 s.
It. Alexandro misso Herle pro facto Nicolai Bastart 4 s.
It. cuidam famulo comitis Juliacensis ferenti litteram 3 gross.
It. cuidam famulo cum littera ad Draconem de facto Nicolai 3 gross.
It. pro scala 3 s. pendente Kleyve.
It. Christiano misso Juliam 4 s. It. eidem misso ibidem 5 s.
It. pro sellis, frenis & aliis necessariis equorum 12 m. 10 s.
It. pro calcaribus in dedicatione $4^1/_2$ m. It. de caligis $8^1/_2$ m.
It. de reparacione cornu cuprei 1 grossum.
It. de expensis factis in scribendo electionem 4 m. $2^1/_2$ s.
It. pro sera ad pixidem multure porte regis 12 d.
It. de vinicopio domus Jo. Beckergins 14 s. 2 d.

(Reliqua desunt.)

Ausgabe-Rechnung vom J. 1338. Pergamentrolle.

Auf der äußern Seite:
Reddita dominorum G., dicti Chorus, militis & Wolteri in Pûnt magistrorum civium Aquens. de anno 1338.

In nomine Domini amen. Anno ejusdem 1338. Erant magistri civium Aquens. dns. Gerardus dictus Chorus, miles, & Wolterus in Pûnt, qui magistri civium nomine civitatis Aquensis & ex parte ejusdem dederunt & solverunt ista, que secuntur.

Primo determinandum est de solutionibus reddituum hereditariorum.

Primo, de pecunia altaris in Nidecken 25 m. per Wm. Beysel.
It. de pecunia Templariorum in Nydecken 20 m. per Wm. Beysel.
It. de pecunia altaris in Porcheto 10 m. per Wm.
It. de domo follonum ex parte .. Marchionis Julie 20 m. per Wm.
It. de arca domus follonum ex parte puerorum Wmi. Elreburne 10 m. per Wm., levate per dnm. Arnoldum parvum.
It. de censu fundi domus follonum 14 s. & 9 d.
It. pueris de Wilberg de feodo eorum de Valkenburg 6 m. per Wm.
   Summa universalis annalium solucionum predictarum 92 m. & 33 d. Vera est.

Sequitur modo de solucionibus ad vitam personarum faciendis.
Primo, dno. G. de Endelstorp 20 lib. hallensium valent 33 m. & 4 s. per Wm.
It. eidem dno. G. 400 aureos parvos, valent 560 m. per Wm.
It. eidem dno. G. 100 libras hallens., valent 166 m. & 8 s. per Wm.
It. dne. Alveradi, filie sue, 100 lib. hall., valent 166 m. 8 s. per Wm.
   Summa 926 m. & 8 s.

It. dno. Arnoldo de Breydenbenth 100 lib. hall. val. 162 m. 8 s. per Wm.
It. dno. Wernero filio suo 100 lib. hall. valent 162 m. 8 s. per Wm.
It. eidem dno. Wernero 270 m. per Wm.
It. dno. Garsilio, filio suo, 100 lib. hall. val. 162 m. 8 s. per Wm.

It. eidem dno. Garsilio 300 m. per
It. dno. Jo., filio suo, 100 lib. hall. val. 162 m. 8 s. per Wm.
  Nota, quod dns. Arnoldus habet in hallensibus 400 lib. hall. val. 650 m. 8 s.
5 It. eidem dno. Jo. 200 m. per Wm.
It. dne. Nese de Vrankenberg 100 m. per Wil.
  Summa dni. Arnoldi 1520 m. & 8 s.

It. dno. Tilmanno de Rodenburg 30 m. per Wm.
10 It. dno. G. Chorus 250 m. per Wm.
It. dno. Brunoni de Gressenig 10 sol. gross. valent 13 m. per Wm.
It. duabus becginabus de Harleys 32 sol. gross. val. 43 m. $2^{1}/_{2}$ s. per Wm.
It. Conrado de Bardenbag soli 30 sol. gross. val. 42 m. per Wm.
15 It. eidem Conrado & Drude, uxori sue, 180 m. per Wm.
It. Aleydi, filie magistri Ar. de Vilen, lib. gross. val. 28 m. per Wm.
It. dno. Jo. Archiplebano Aquens. 8 lib. gross. val. 224 m. per Wm.
It. dno. R. Hoyn de Maguncia 20 lib. hallens. val. 30 m. per Wm.
It. Wernero de Gurzenig & Drude, uxori sue, 12 lib. gross. val.
20   336 m. per Wm.
It. eidem Wernero & uxori sue 400 m. peymenti per Wm.
It. Wernero de Gressenyg 6 lib. gross. val. 168 m.
It. Heylwigi, filie sue, libram gross. val. 28 m. per Henr. de Wisse.
It. Elizabet, filie sue, libram gross. val. 28 m. per Wm.
25 It. Michaeli Flaminc libram gross. val. 28 m. per Wm.
It. Jacomine, sorori sue, libram gross. val. 28 m. per Wm.
It. Beatrise, sorori sue, libram gross. val. 28 m. per Wm.
It. Lore de Himone 20 libr. hall. val. 30 m. per Wm.
It. Bele, filie Hoyt, 25 libr. hall. val. $37^{1}/_{2}$ m. per Wm.
30 It. Tilmanno de Pavone & Grete, ejus uxori, 25 lib. hall. val. $37^{1}/_{2}$ m. per Wm.
It. Tilmanno, filio ejusdem Tilmanni, 25 m. pey. per Wm.
It. Jo. de Sarburg 180 m. per Wm.
It. Lyse, filie Breymen de Aldenhoyven, 10 lib. hall. val. 15 m. p. Wm.
35 It. G. de Kleberg 30 lib. hall. val. $47^{1}/_{2}$ m. pey. per Wm.
It. eidem G. de Kleberg 20 m. pey. per Wm.
  Summa 2274 m. $8^{1}/_{2}$ s. 6 libr. gross.

It. Joh. Bulgin supra ripam val. 162 m. per Wm.
It. Katherine Brugcleyrs 10 m. per Wm.

It. Katherine de Vosina libr. gross. valet 28 m. per Wm.
It. Henr. Slûyf de Trajecto 5 lib. gross. val. 140 m. per Wm.
It. Godeschalco Kloter de Trajecto 3 lib. gross. val. 84 m. per Wm.
It. Henr. Collin 2 lib. gross. val. 56 m. per Wm.
5 It. dno... Investito de Anstenroyde 2 lib. gross. val. 56 m. per Wm.
It. Hille & Katherine de Bûurchoyven 20 m. per Wm.
It. dno. Godefrido de Heyda militi 75 m. per Wm.
It. dno. Wilho. Boynen fratri suo, militi, 75 m. per Wm.
It. dno. Henr. de Grunselt, militi, 75 m. per Wm.
10 It. Gertrudi, filie quondam Dyonisii, in acuta platea 2 lib. gross. val. 56 m. per Wm.
It. Megthildi Chorus 2 lib. gross. valent 56 m. per Wm.
It. Katherine, sorori sue, libram gross. valet 28 m. per Wm.
It. Katherine de Loyvenig 6 m. per Wm.
15 It. Frankoni de Royde 3 lib. gross. valent 84 m. per Wm.
It. Gob. Hoyn de Colonia 2 lib. gross. val. 56 m. per Wm.
It. eidem Gob. 25 m. pey. per Wm.
It. duabus neptis suis, monialibus, lib. gross. valet 28 m. per Wm.
It. fratri Collino Templario 24 libras hallensium, valent 36 m. p. Wm.
20 It. duabus sororibus suis, monialibus Porchetensibus, 14 lib. hall. val. 21$^{1}/_{2}$ m. & 9 hall. per Wm.
. It. Hermanno de Beyen 64 m. per Wm.
It. Hildebrando de Royde 2 lib. gross. valent 56 m. per Wm.
It. Relicte Henr. de Weyenberg 40 m. per Wm.
25 It. dno. Henrico, filio suo, libram grossorum, valet 28 m. per Wm.
It. eidem dno. Henrico 20 m. per Wm.
It. Jo. de Weyenberg 60 m. per Wm.
It. Jo. filio Pavonis lib. gross. valet 28 per m. Wm.
It. Titzele filie Ricolfi in Pûnt 9 lib. hall. valent 13$^{1}/_{2}$ m. per Wm.
30   Summa 1487 m. & 6 d.

It. Blize, relicte Lausmans, 25 m. holl. valent 23 m. & 9 s. per Wm.
It. Nise, filie Lufredi, 15 m. holl. valent 14 m. & 3 s. per Wm.
It. Lutgardi, filie Lufredi, 15 m. holl. valent 14 m. & 3 s. per Wm.
35 It. Rigmodi, filio Werneri de Rynberg, 8 m. holl. val. 7 m. 7 s. per Wm.
It. Grete, uxori Jo. de Raydepûtze, 15 m. holl. val. 14 m. 4 s. per Wm.
It. Mathie, filio suo, 15 m. holl. valent 14 m. 3 s. per Wm.
It. Jo., filio suo, 15 m. holl. val. 14 m. 3 s. per Wm.
It. Nese, filie sue, 15 m. holl. val. 14 m. 3 s. per Wm.

It. Gûyde van den Baselere 10 m. holl. val. 9¹/₂ m. per Wm.
It. Aleydi, relicte Ade de Lutzellewinter, 30 m. pey. per Wm.
It. Katherine de Moylheim 15 m. pey. per Jacobum Kollin.
It. Jo., filio Heydenrici Hadewst, 25 m. pey. per Wm.
5 It. Bele, uxori Gob. de Strusione, 15 m. holl. val. 4 m. 3 s. per Wm.
It. Petrisse, filie Alberti Korngin, 20 m. holl. val. 19 m. per Wm.
It. Odilie de Fiola 24 m. per Wm.
It. Jacobo Bûytzelman 10 m. pey. per Wm.
It. Bele, uxori Sifridi de Grue, 15 m. holl. val. 14 m. 3 s. per Ja. Collin.
10 It. Gob., filio ejusdem Sifridi, 15 m. holl. val. 14 m. 3 s. per Ja. Collin.
It. fratri Ricolfo de Bûurchoyven 10 m. pey. per Wm.
It. fratri Jo. de Oysheim 15 m. holl. val. 14 m. 3 s. per Ja. Collin.
It. Sofie, filie Lentzmanni de Nussia, 10 m. pey. per Wm.
It. Aleydi filie ejusdem Lentzmanni 10 m. pey. per Wm.
15 It. Drude, filie Volmeri de Attendarre, 24 m. holl. val. 22 m. 11 s.
 7 d. per Wm.
It. Clare, filie Gob. de Vreggen, 15 m. holl. val. 14 m. 3 s. per Ja Collin.
It. Petro ceco, dicto Kavesac, 10 m. holl. val. 9¹/₂ m. per Wm.
It. Drude, uxori Egidii de Hoyo, 25 s. gross. val. 35 m. per Wm.
20 It. Irmegardi de Hoyngen 4 m. per Wm.
It. Beatrici et Bele, filiabus Ade, 12 m. per Wm.
It. Heylwigi, filie Volmeri in Pûnt, 12 m. per Wm.
It. Hermanno, dicto Rapa, 36 m. per Wm.
It. Megthildi de antiqua fossa 8 m. pey. per Wm.
25 It. Everardo de Gallina 40 m. pey. per Wm.
It. Nese, uxori sue, 30 m. pey. per Wm.
It. Henr., filio Gob. de Udechoyven, 20 m. holl. val. 19 m. per Ja. Collin.
It. Ludow., filio G. de Udechoyven, 12 m. holl. val. 11 m. 4 s. 10 d.
 per Ja. Collin.
30 It. Wigardo de Lamberstorp 18 m. pey. per Wm.
It. Megthildi, filie Tilmanni de Tulpeto, 10 m. pey. per Wm.
  Summa 618 m. 3 s. 5 d.

It. Bele, filie quondam Henr. Hardevust, 25 m. holl. val. 23 m. 1 s.
35 per Wm.
It. Beatrici, filie G. de Cervo, 20 m. holl. val. 19 m. per Wm.
It. Katherine, filie Henr. de Kleyberg, 10 m. pey. per Wm.
It. Drude, filie Sifridi de Poderbag, 10 m. pey. per Wm.
It. Odilie de Durremayge 10 m. holl. valent 9¹/₂ m. per W.

It. Hadewigi, dicte Hayse de Poderbag, 10 m. pey. per Wm.
It. Grete de Lyntlayr & Bele, de anno presente, 50 m. holl. val. 47½ m. per Wm.
It. Gûyde de Geyllenhusen 20 m. pey. per Ja. Collin.
5 It. Jo., filio Henrici Hardvust, 25 m. holl. val. 23 m. 9 s.
It. fratri Petro de Nuenbûnne 12 m. holl. val. 11 m. 4 s. & 10 d. per Wm.
It. Blitze institrici, filie Ernesti, 50 m. pey. per Wm.
It. Everardo dicto Gyr van den Hûntgin 50 m. pey. per Wm.
10 It. Drude de Abiete 15 m. holl. val. 14 m. 3 s. per Wm.
It. Megthildi de Abiete 15 m. holl. val. 14 m. 3 s. per Wm.
It. Grete de Abiete 15 m. holl. val. 14 m. 3 s. per Wm.
It. Wintrudi, filie G. de Royde, 15 m. holl. val. 14 m. 3 s. per Wm.
It. Sofie in Clusa 6 m. pey. per Wm.
15 It. fratri Henr. Fyttayl 16 m. per Wm.
It. Bele Kruseleyrs 20 m. pey. per Wm.
It. dno. Jacobo van den Bremen 20 m. pey. per Wm.
It. fratri Filippo, Predicatori, 10 m. pey. per Wm.
It. Katherine, matri ejusdem fratris Filippi, 15 m. pey. per Wm.
20 It. Drude, sorori ejusdem fratris Filippi, 25½ m. per Wm.
It. Anne de Beysennecken 10 m. pey. per Wm.
It. Cecilie Plebani & filio suo 20 m. per Wm.
It. dno. Jo. de Euskirgen 30 m. per Wm.
It. dno. Arnoldo preposito Sci. Adalberti 30 m. per Wm.
25 It. Nese de Schoynnecken 20 m. per Wm.
It. dno. Paulo de sta. Aldegunde 20 m. per Wm.
It. dno. Jo. de sto. Nicolao 20 m. per Wm.
It. Grete & Katherine filiabus, Klincboyginnen, 4 lib. gross. val. 112 m. per Wm.
30 It. Simoni supra Roys & uxori sue 52 m. per Wm.
It. Beatrici, sorori quondam Carsilii supra Pauwe, 13 m. per Wm.
It. Clare Florins 10½ m. per Wm.
It. Katherine de Rosiit, Odilie ancille sue 20 m. de alio festo penthecostes per Wm.
35 It. Jo. Bruse & uxori sue 40 m. per Wm.
It. Andree de Wisse, uxori sue & duobus filiis suis 84 m. per Wm.
It. fratri Mathie, predicatori, filio Oben carnificis, 20 m. per Wm.
It. Cristine, sorori ejusd. fratris Mathie 20 m. per Wm.
It. Katherine, filie des Fûyllens, 30 m. per Wm.

It. Eve, filie des Fûyllens, 20 m. per Wm.
It. dno. Jo. Surklotz 12 m. per Wm.
It. Petro de Irco 100 m. per Wm.
It. puelle Dytmoydi 35 m. per Wm.
It. puelle Megthildi de Vyschenig 15 m. per Wm.
It. Lyse de Serfze, moniali Porchetensi, 14 m. per Wm.
 Summa 1183 m. 10 s. 10 d.

 Summa in grossis Turonensibus 74 lib. & 17 s. gross.
 Summa in hallensibus 797 lib. hallens.
 Summa pagamenti Aquensis 3439 m.
 Summa in pagamento Coloniensi 496 m.
 Summa ratorum temporis predictorum 437$^{1}/_{2}$ m.
 Summa in florenis aureis 400 m.

 Et sic est summa universalis tocius annue pensionis predicte
  ad invicem totaliter computate, sine rata temporis et sine
  hereditariis solucionibus, 8011 m. 3 s. & 3 d. Vera est.

 Item solverunt pro rata temporis ista que secuntur.
Primo, dno. Emundo de Endelstorp 125 m.
It. dne. Lette, filie dni. Arnoldi, 75 m.
It. Jo. de Sarburg 83 m.
It. G. Pletz 77 m.
It. dederunt puellabus de Lyntlar, de anno preterito, 50 m. holl.
 val. 47$^{1}/_{2}$ m.
It. Katherine de Rosit & ancillae sue 30 m. de festo Pentecostes.
 Summa de rata temporis 437$^{1}/_{2}$ m. Vera est.

 Et sic est summa universalis tocius annue pensionis predicte
  cum rata temporis et hereditariis solucionibus totum ad
  invicem computatum 8541 m. Vera est.

It. dedimus predicatori Coloniensi, qui custodit pensionem ibidem, 6 m.

 Sequitur nunc de solucionibus aliorum debitorum sub signo B.

Primo, de presencia in die Corporis Christi data omnibus pres-
 byteris 6 m. per Wm.
It. de vino eodem die religiosis personis propinato & aliis seculari-
 bus personis 18 m. 10 s.
It. pro tortise & faccione eorum eodem die 8 m. 18 d. per Wm.

It. eodem die pro schragen, winpel, cordis, pictura & aliis necessariis 28 s. per Klocker & Důytgin.
It. eodem die den winscroderen 1 m. per Wm.
Summa hujus ...

It. pro novo festo beati Karoli ad presentiam 4½ m. per ass. multure.
It. de corona in choro illuminanda 6 s. per Klocker.
It. de pulsacione drybbendey in eodem festo 17 s. per Klocker.
It. de vino eodem die religiosis personis propinato 6 m. & 8 s. per Klocker.
Summa hujus ...

It. in vigilia majoris dedicacionis Aquens. pauperibus becgardis & becginabus pro Deo datum, ut orarent pro civitate 18 m. per Wm. Beysel.
It. balistariis circumeuntibus in vigilia dedicationis 16 m. p. Wm.
It. sociis de novem comiciis postquam circumiverunt, ut permanerent invicem & bene vigilarent, 18 sextaria vini, valent 6 m. per Klocker.
It. eadem vigilia vigilatoribus datum, ut bene vigilarent 1 m. per Klocker.
It. pro tortise & faccione earum datum .. balistariis & carnificibus 10 m. 5 s. per Wm. Magistri civium nec villicus habuerunt quia non equitaverunt.

Summa harum trium summarum predictarum 100 m. & 6½ s.
Vera est.

Secuntur nunc expensae occasione dne. imperatricis facte.

Primo, cum imperatrix esset Colonie Godeschalco misso ibidem ad percipiendum, quid daretur sibi ibidem, 1 m. per Wm. Beysel.
It. eodem tempore Jo. Tilia & Hermanno Seylige missis Leodii & Trajectum ad querendum ibidem duos pannos, quos tamen non invenerunt, 4 m. & 10 s. per Wm.
It. eodem tempore pro duobus pannis erga Wernerum de Gurzenig emptis & datis domine imperatrici 7½ lib. gross. val. 210 m. Residuos septem pannos alii magistri dederunt.
It. .. puellabus unum pannum pro 34 s. gross. valent. 47 m. 7 s.
It. pro uno magno chifo specierum deaurato dato imperatrici 64 m. & 10 s. per Wm. erga Wm.

It. pro duobus magnis ciphis erga Wm. de Hex bone memorie emptis & datis, videlicet unum pro 84 m. 8 s., alium pro 73 m. 5 s.

It. pro uno chifo deaurato empto erga dnm. Arnoldum parvum 41 m. & 3 s. per Wm.

It. pro duobus neppe deauratis emptis erga dnm. G. Chorus 61 m. per Wm.

It. pro uno nap deaurato empto erga dnm. Wolterum in Pûnt 29 m. 9 s.

It. pro uno chifo deaurato empto erga Frankonem de Royde 55 1/2 m. & 4 d.

It. pro uno nap erga ... Dobag empto & dato familie imperatricis 20 m. & 9 s.

It. pro uno nap erga Jacobum Sassen empto 19 1/2 m. per Wm.

It. ... familie dne. imperatricis de quatuor officiis s. camerario, pincerne, bûtteler & magistro coquine 40 clippeos aureos val. 74 m. 8 s. per Wm.

It. dno. Wilbrando militi, consiliario dni. imperatoris, 20 aur. val. 28 m., dat. in uno ossacco serico empto pro 3 m. & 9 s., summa ipsius Wilbrandi 31 m. 9 s.

It. Jo. Schiffelart sibi dat., quia cucurrit & innotuit nobis omnia, 4 clippeos val. 7 m. & 7 s.

It. eodem tempore pro 11 amis & 8 sextariis vini erga Jacobum Collin emptis & dne. imperatrici ac familie sue propinatis 72 m. & 4 s.

It. eodem tempore pro 9 1/2 amis vini erga Christianum Leonis emptis & propinatis 56 m. & 9 s.

It. eodem tempore pro 26 amis vini erga .. Dobag emptis & propinatis 156 m.

It. eod. tepr. pro una ama vini erga Brunkardum empta & propin. 8 m.

It. eod. tepr. pro una ama & 6 sext. erga Henr. Chorus empta & propinata 8 1/2 m.

It. eod. tepr. pro vino empto erga .. Buckelgin & propinato 13 m. 9 s.

It. pro anforis terreis, cum quibus dictum vinum propinabatur, 16 m. 9 s.

It. famulis portantibus predictum vinum 4 m. & 10 s.

It. pro candelis in celariis habitis & .. ducibulatori vinorum 6 s. & 7 d.

It. pro lineo panno ad scherpeleyr, in quibus omnes panni imperatrici dati fuerunt voluti, 13 s.

It. pro sindone empto & de pictura ad winpel ad .. trumpas dne. imperatricis 25 s.

It. eodem tempore in hastaludio, observato coram imperatrice, sociis pro duodecem schiltdeckene, qui ibidem truserunt in signis imperii deauratis 6 m.

Deinde venerunt duo filii ipsius imperatricis, quibus datum fuit prout sequitur.

Primo pro duobus pannis erga Jo. Vomer emptis et ipsis pueris datis 60 m.

It. pro aliis duobus pannis ipsis datis, emptis erga dnm. Wolterum, 70 m.

It. pro 12 ulnis panni viridi datis .. puelle dictorum puerorum 12 m.

It. pro uno pari argenteorum kraselinorum erga dnm. Jo. de Rodenburg emptorum et datorum illi juveni comiti, socio filiorum predictorum, $3^{1}/_{2}$ s. gross. val. 10 m. 18 d.

It. deme trûmpet ipsorum filiorum dat. 1 m. ad debibendum.

It. dederunt de vino propinato eisdem filiis imperatricis 10 m. & 8 s.

It. eodem tempore cuidam nuncio dni. imperatoris dato (sic) 1 m.

It. eodem tempore uni alio nuncio dni. imperatoris 6 episcopos val. 3 s. 7 d.

Summa .. imperatricis & filiorum suorum 1334 m. & 10 s., so in so ûs. Alios pannos dederunt alii magistri civium.

Sequitur nunc factum dni. Harcradi de Schoynnecken.

Primo, magistro Wirico, qui docuit Stocardum & Beysennecken 21 aureos parvos, valent 28 m. & 4 s. Residuos quatuor aureos & vestes dederunt magistri civium precedentes.

It. famulo ipsius magistri Wirici dat. ad debibendum 1 m.

It. de hospicio eorumdem in domo .. Pollicis 2 m.

It. de expensis eorundem & eciam pugillatorum per Jo. Mallart 40 m. 3 s.

It. uno tempore tunc de expensis dni. de Valkenburg per Ja. Kayart 31 s. 2 d.

It. de litteris scribendis, emissis contra dnm. Harcradum & socios suos hic vocatos, quum pecunia super ipsos posita fuit, 13 s. & 3 d.

It. tribus perscrutatoribus emissis in terram ad percipiendum & videndum, si ipse dns. Harcradus aliquam expedicionem faceret & de proposito suo, siquid proponeret, 8 m. & 2 s.

It. de faccione duelli 29 s.
It. pro duobus kampkluppel preparandis corrigeis & zonis 2 s. hall.
It. pro cingulis pugillatorum 11 s.
It. pro lineis bracis pugillatorum 4½ s.
It. quum reconciliatum fuit illo die dni. nostri diu fuerunt invicem, et tunc congregati commederunt cum scabinis in domo Bruxella & expendiderunt ibi 4 m. & 3 s.
It. eodem tempore dns. de Valkenburg & dns. Jo , frater suus, commederunt cum dno... decano Trajectensi et alio eciam tempore preterito, tunc dederunt dni. nostri jussu consilii ipsi.. decano de expensis dictorum dominorum 20 m.
It. deinde venit domina de Valkenburg Aquis primitus, tunc dni. nostri dederunt sibi ad beneventum suum 100 m.

Summa 211 m. 6 s. & 1 d. Vera est.

It. Comicie porte Coloniensis per Arnoldum Wilde & G. Hoytzappel 100 m.
It. sci. Adalberti per Gob. Elreburne & Wm. Beysel 100 m.
It. Hardewini per Jo. de sancto Spiritu, 100 m.
It. Porchetensis per Gisonem de Wisse & Jo. in Prato, 100 m.
It. Acute porte per Winandum Wageman & Variseys 100 m.
It. Sci. Jacobi per Goswinum Martini & Arnoldum Kloko, 100 m.
It. Regis per Hermannum Hoysteyn & Bulginum, 100 m.
It. Punt per Goswinum in Punt & Ricolfum de Gurzenig, 100 m.
It. Nove Porte per Gob. Collin & Jo. Heycke, 100 m.
It. de domo dicta zû der Schuren empta 203 m. cum vinicopio.
It. de una marca census erga .. scriptricem empta in domo follonum cum censu persesso & cum vinicopio 18½ m.
It. de acie domus in platea sci. Adalberti prope Pletzmoyllen, quam Jo. de Hayren emit ibidem erga magistrum Stenzgin 8 m.
It. ad brachium sci. Cornelii datum in subsidium 30 m.
It. fratribus Minoribus ad capitulum eorum datum pro Deo 60 m.
It. den vedeleren datis (*sic*) 100 m.
It. eisdem vedeleren pro carbonibus dat. 18 s. & 7 d.
It. fratribus Minoribus, Augustinis & predicatoribus pro carbonibus dat. 6 m. & 9 s.
It. pro carbonibus supra domum civium habitis 4 m. & 2 s.
It. deme esedele in nemore prope Renardum ad vias reparandas 6 episcopos.

It. tunc temporis dns. . imperator misit litteras suas hac cum dno. Nicolao janitario suo et vocavit dnos. nostros, ut venirent Vrankenfurt. Tunc dns. G. Chorus & Alexander missi fuerunt ibidem & steterunt ibidem per quindinam antequam imperator veniret; et tunc ipse voluit, quod civitates omnes ligarent se sibi & . . principibus regni, & expenderunt ibi 62 m.

It. tunc civitates omnes statuerunt diem, ut Magunciam venirent & ibi deliberarent, qualiter & quomodo unanimiter et concorditer responderent. Ad quam diem missi sunt Jo. de Eyghorne & Alexander, qui expenderunt 41 m.

It. domino G. Chorus, Jo. de Eyghorne & Alexandro missis iterum ibidem, quum conquerebatur et predicavit, qualiter papa cum eo processisset, et stetimus ibi per undecem dies, 5½ m.

It. Jo. de Eyghorne & Alexandro missis Confluentes ad dnm. G. Chorus et ipsis ulterius procedentibus Vrankenfûyrt 56 m.

It. eodem tempore Christiano misso post nos Confluentes 1 m.

It. eodem tpe. Mathie, famulo imperatoris, 18 s. de expensis suis. Summa 1551 m. 3 s. & 2 d. Vera est.

Sequitur nunc factum de Manderscheyt.

Primo, dno. G. Chorus & Alexandro missis Coloniam ad marchionem Juliae, quum dns. Wilh. de Manderschyt diffidavit nobis, 3 clippeos val. 5 m 8½ s.

It. tunc dns. . marchio equitavit ad imperatorem et domini nostri decreverunt, quod dns. G. Chorus iret ibidem & coram imperatore personaliter responderet; tunc stetit ibi per quinque septimanas & consumpsit ibi 42 m. & 9 s.

It. eod. tempore misit ipse dominus Gerardus litteram cum nuncio uno, cui dederunt 6 s. Hall.

It. Christiano misso ad dominum Wm. de Manderscheyt 2 m.

It. eidem misso ad episcopum Treverensem 14 s.

It. cuidam nuncio ferenti litteram a dno. Wilhelmo predicto 4 s. sibi dat.

It. Kunzelin misso Lutzellenburg 9 s.

It. Christiano misso Treveros 2 m.

It. Ludowico cirotecario misso cum litteris marchionis Julie ad dominum Wilhelmum 18 s.

It. eidem misso Sintzge cum littera responsoria ipsius domini Wilhelmi ad marchionem 1 m.

It. eidem misso secundario ibidem Manderscheyt et Rupe 2 m. ex parte marchionis.

It. eidem misso iterato ibidem cum litteris marchionis 30 s.

It. eidem misso ad episcopum Treverensem cum litteris marchionis 2 m.

Sequitur nunc de captivitate lumbardorum.

Primo, domino G. Chorus misso ad marchionem Juliae ad loquendum sibi 1 m.

It. domino Arnoldo Parvo, domino G. Chorus & Jo. de Eyghorne missis Juliam ad marchionem pro eisdem lumbardis 9 m. & 2 s.

It. Jo. de Eyghorn misso ad dominos Ger. de Endelstorp & Ja. de Pomer o 6 s.

It. nuncio domini ducis Brabancie ferenti litteram ab eo propter lumbardos 1 m. sibi dat.

It. dominis nostris equitantibus Byrkenstorp & Nydecken 6 m.

It. Alexandro misso Nydecken 10 s.

It. de copiis litterarum lumbardorum, quas habuerunt a marchione Juliae, exscribendis 7 s.

It. Christiano misso Megliniam ad lumbardos 18 s.

It. Godardo misso Juliam 6 episcopos.

It. dominis Ar. G. Jo. Alexandro in Punt & Alexandro apud Nuenhusen expensos 6 s.

It. quum marchio instituit theolonium, promissum fuit decano 60 m. domino G. 1 m., Harper Mule 30 m.

It. domino Ja. de Pomerio, cui antea pro theolonio per .. marchionem instituto promissum fuit, quod modo adimpletum fuit, 22 clippeos, valent 43 m. minus 14 d.

Summa 128 m. & 3½ s. Vera est.

It. de fovea lapidea extra portam sci. Adalberti, .. famulis ibidem per totum annum laborantibus, et per Winricum ac Frankonem computat. 231 m.

It. fabro facienti malleos magnos, beysel et alia necessaria 23 m. 9 s.

It. de grue ibidem, cum quâ exhaurizatur aqua, 26 s.

It. Vrankoni Fyttoyl de precio suo de eadem fovea 24 m., singulis mensibus 2 m.

It. de alia fovea in nemore per magistrum Winricum computat. 91 m. 2 s. 7 d.

It. fabro ejusdem fovee facienti malleos & alia necessaria 10 m. 7 s.
It. de quinque cementariis cementi per Jo. de Kelnis usti 146 m. 4½ s.
It. ad tegendum easdem fornaces 6 m. 3 s.
It. Udoni de custodia cementi 8 m. & 3 s.
5 It. pro sportis, palis, januis & seris 33 s.
It. de vectura cementi in domum civitatis 25 m. & 4 s.
It. pro centum & viginti sex wapenwarkurs ad .. balistarios factis tam in serico, frangen & panno 223 m. & 18 d., quodlibet frustum pro 21 s. & 3 d.
10 It. de rycken supra domum civium, in quibus predicte warkurse pendent, in ferreo opere 2 m.
It. pro sex balistis erga magistrum Dytz emptis 12½ m.
It. de reparacione antiquarum balistarum 4 m. & 3 s.
It. pro pilis ferreis per Ger. Duytgin factis 64 m.
15 It. Moyrgino de pilis ze sticken 36 m..
It. eidem Moyrgino pro carbonibus sibi dat. 10 s.
It. Kůnzen alieno et socio suo de pilis ze sticken 15 m.
It. pro vederwische ad pilas 4 m. 5 s.
It. magistro Dytz de precio suo bladi 7 m. It. 3 m. de precio.
20 It. eidem Dytz 3 m., inde tenetur (sic) ipse 18 s.
It. Jo. Duytgin de precio suo 5 m.

Summa 951 m. 9 s. & 7 d. Vera est.

It. de ripa in platea Porchetensi tegenda et cum muro facienda, ac
25 de via lapidea ibidem per Gisonem de Wisse & Johannem Christiani in foro, ac de via prope domum civium & domum Brunonis 125 m. & 3 s. de illis solverunt illi de Porcheto, sicut audivistis, 100 m.
It. de sedecem foraminibus per magistrum Petrum ibidem factis
30 10½ m.
It. de via lapidea extra portam sci. Alberti inter portam & fabrum 12 m. per Ar. Schiffelart.
It. de via lapidea in platea sci. Petri per Hermannum Schopgin & Randoyf 30 m.
35 It. de duabus pontibus lapideis ibidem in platea sci. Petri 10½ m. per magistrum Johannem.
It. de via lapidea ab aula usque ad musam supra curiam & de vectura lapidorum ad viam eandem ac de arena 28 m. & 3½ s. per Oben de Hayren, per Gisonem, & Jo. Christiani.

It. Woltero Kaskin misso Leodii pro factoribus viarum lapidearum in platea sci. Petri, 6 s.

It. de via lapidea prope domum domini Jo. de Brandenburg 9 s.

It. de musa Albarum dominarum per Scheynzel facta & de via lapidea ibidem ac de musa ante pervisium ac de via lapidea ibidem facta 3½ m.

It. de nova musa in foro stante cujus cannalia in campis per ducentas virgas putrida erant & nova cannalia (schedel)*) posita et de viis lapideis hinc inde fractis & reparatis propter eandem, ac de aqueductum (sic) prope domum Simonis de Corvo reparatum & pro cannalibus positis ibidem 32½ m.

It. de ferro empto per Jo. de sancto Spiritu & ponendo juxta cimiterium in foro Rotarum 8 m. 4 s.

It. de ferro prope cimiterium juxta institores prolongando et reparando per Duytgin 30 s.

It. de domo juxta aulam in qua Christianus moratur ze schutzen, pro delis, clavis, fenestris vitreis et aliis necessariis 4 m. 10 s. 8 d.

It. irati pro anforis terreis, quia ita multum costaverunt, fecerunt stagneas anforas.

It. pro stagno empto erga Henricum de Puteo ad duodecim magnas anforas de duobus sextariis & ad duodecim parvas anforas ad unum sextarium 41½ m.

It. de eisdem anforis fudendis & preparandis per Meys fusorem anforarum 10½ m.

It. Wernero aurifabro de 48 clippeis super anforas positis 13 m.

It. dederunt pro blumbo empto 24 m. & 4½ s.

It. . . sacciferis laborantibus ad ignem ante Pervisium & portantibus aquam 5 m.

It. de uncis ferreis ad ignem 4 m. & 2 s.

It. de ricken, in quibus unci pendent, & de ricken supra domum civium 16 s.

It. pro schindelen ad coquinam tegendam 14 m. 5 d. per magistrum Nicolaum emptis.

It. pro clavis & crampis ad coquinam 8 m.

It. magistro Nicolao tectori de tectura 11 m.

It. magistro Petro Beschyssenwerc de opere suo & de cannalibus plumbeis ibidem positis 9½ m.

---

*) Das Wort schedel ist über cannalia geschrieben.

It. de domo Henrici Kapellen reparato juxta coquinam 14 s.

It. in jejunio pro septem tunnis allecum datis Minoribus, Augustinis, Predicatoribus & Albabus dominabus ac pauperibus dictis husarmen in civitate hinc inde 30 m.

5 It. pro pane eodem tempore dato husarmen in civitate cum allecibus 8 m. 9 s.

It. in jejunio solebant domini nostri commedere cum religiosis, hoc modo dimiserunt & dederunt pro piscibus & vino missis ibidem 12 m. & 9 s.

10 It. post pascha dicebatur, quod imperator deberet venire, et misere stetit in terra. Tunc datus fuit pauperibus in domo de Hoyn commestus; tunc domini dederunt in subsidium hujus commestus 10 m., ut orarent pro civitate.

It. de grue uno facto 17 m., concessa comicie de Půnt.

15 It. de equo magno griseo empto erga Godeschalcum 50 m.

It. de expensis consilii ducis Brabancie sc. dominorum Loynnys de Krayenheym, Hermanni Brevis, Henrici de Yscren et Arnoldi Nûyst 19 m.

It. de edificio dicto Kax, tam ligneo, quam ferreo opere, quam eciam
20   ze underschûyn $18^{1}/_{2}$ m.

It. pro cera sigillatoria tam ad cartas, quam ad missiles 6 m. 5 s.

It. de statutis civitatis tam magnis quam parvis in librum & eciam in magna littera scribendis 5 m.

It. Lamberto Buc de vineo posito 30 s.

25 It. nuncio de Wildeshusen ferenti litteram conductus 6 episcopos sibi dat.

It. nuncio Spirensi ferenti litteram de facto Jo. de Brandenburg, quia non potuit cito expediri, 1 m. sibi dat.

It. nuncio .. dapiferi Lutzenburgensis ferenti litteram de facto de
30   Lûngen 1 m. sibi dat.

It. nuncio venienti & ferenti litteram .. comitis de Kleyve de nupciis suis 1 clippeum.

It. de reparacione porte Porchetensis inferioris $4^{1}/_{2}$ m. per magistrum Petrum & Dûytgin.

35 It. de domo civium ze bewerpen & de cannalibus ibidem reparandis per magistros Johannem lapicidam & Nicolaum tectorem $3^{1}/_{2}$ m.

It. de reparacione Nove porte, videlicet de catena & sera fracta ibidem & de krampis habitis ibidem 14 s.

It. de reparacione parvae domus ante portam sci. Jacobi inferioris
per Jo. lapicidam 10½ s.

It. de fenestris super integram domum pannorum et eciam excisorum
frangendis 4 s.

It. in domo lumbardorum, quum capti fuerant, de reparacione
ibidem, ut bene cauti jacerent 19 s.

It. de purgacione cloace in domo civium 2 m.

It. de duobus hasinis portarum sci. Jacobi & Schanatten per magistrum Petrum & Jo. Duytgin ac magistrum Joh. lapicidam 28½ s.

It. de delis ad pontem Hobracgen 8 s.

It. Schodergin dat. de captivitate hominum terre Lymburgensis,
quos Sebertus ita diu tenuit captivatos 6 s.

It. dominis nostris commedentibus supra domum civium, quum
fecerunt statuta excisorum, 2 m.

It. .. famulis judicii inhibentibus cultellos & quum circumiverunt
cum nunciis civitatis de hospicio in hospicium & inhibuerunt 1 m.

It. Woltero Kaskin circumeunti omni septimana bis & prohibenti
cultellos 5 m.

Summa 622 m. 7 s. & 2 d. Vera est.

It. pro medone misso archiepiscopo Coloniensi & ejus vectura cum
aliis expensis 31 m.

It. pro medoni misso .. marchioni Juliao et ejus vectura 29 m.

It. .. vectori ejusdem medonis, qui dampnavit equum unum in
itinere illo, meliorem quam decem marcis, 4 m. in subsidium.

It. pro medone misso duci Gelrensi 25 m. & 11 s.

It. pro medone misso domino de Kŭyc 17½ m.

It. de vectura medonis missi illis duobus dominis ad Megliniam &
a Meglinia usque Novimagium 20 m. & 2 s. hall., testimonio
God. Kremer, qui interfuit.

It. pro medone misso domino de Valkenburg & ejus vectura 21 m. 6 s.

It. pro quinque doleis ad predictum medonem 30 s.

It. de particularibus propinacionibus medonis 63 m. per Jo. Christiani & Ludowicum de Kleyve.

It. pro duobus scrineis ad quitancias 8 s.

It. Arn. Schiffelart & Alexandro missis Lymburg pro facto
Velgins 22 s.

It. Christiano misso Bruge pro novis percipiendis de rege Francie
& comite Flandrie 30 s.

It. Christiano & God. missis pro cementario prope Hayren usto 1 m.
It. Ludowico de Kleyve de lobio suo, igne & candelis 26 m.
It. Theodorico apothecario de censu domus sue 7 m.
It. de censu domus multure porte sci. Jacobi 1 m.
5 It. de censu domus civium 5 s.
It. Udoni de Hergenroth de custodia nemoris 45 m.
It. Silmanno Aynlant de custodia nemoris 26 m.
It. magistro Arnoldo de precio suo 3 m. 4 s. It. eidem de vestibus suis 12 m.
10 It. Alexandro de precio suo 46 m.
It. Jo. Sleygtinc de precio suo 21 m.
It. Wernero de Lynge de precio suo 21 m.
It. Jo. Lupo virgulatori de precio suo 21 m.
It. Jo. Wirig de precio suo de vino 13 m.
15 It. Henrico in foro de precio suo de vino 13 m.
It. eidem Henrico de signis blumbeis datis civibus Aquensibus 6 m.
It. pro stagno ad eadem signa fudenda 3 s.
It. predictis virgulatoribus & scriptoribus de medone virgulato 10 m.
It. Henrico deme emer, qui custodivit medonem, quem braxavit 2 m.
20   Summa 521 m. 5 s. 8 d. Vera est.

It. magistro Brunoni de precio suo 13 m.
It. Woltero Kaskin de precio suo 13 m.
It. Christiano de precio suo 13 m.
25 It. Godeschalco Kremer de precio suo 8 m. 8 s.
It. .. Marras de precio suo 8 m. & 8 s.
It. G. Klocker de precio suo 8 m. & 8 s.
It. eidem G. de custodia campane banalis 5 m.
It. pro funo ad eandem campanam & de reparacione campane $11^1/_2$ s.
30 It. de pulsacione ultime campane 1 m.
It. magistro Jo. lapicide de precio suo 26 m.
It. Winrico fossori 26 m. It. eidem Winrico 1 m. ad ocreas suas.
It. Nicolao Stocart de precio suo 13 m.
It. .. Boysennecken de precio suo 13 m.
35 It. magistro Jo. cirordico de precio suo 13 m.
It. .. Waylhoren & Lymburg cornuantibus super aulam 18 m. 6 s.
It. eisdem pro candelis & carbonibus habitis super aulam 3 m.
It. Schoydergin de custodia domus civium 2 m.
It. Vrimanno de purgacione fori $3^1/_2$ m.

It... vigilatoribus de quinque festis quia habuerunt duo festa Penthecostes 13 m. 18 d.

It. eisdem vigilatoribus de siligine ipsis tribus vicibus data 22 m. 3 s.

It... familie civitatis de quinque eorum festis 9 m. & 9 s.

5 It... Gastburne vigilatori de custodia vini ante portam 4 m. & 10 1/2 s., quolibet mense 4 1/2 s.

It... aliis vigilatoribus omnibus de custodia vini ante portas 2 m.

It. de vestibus magistrorum civium & Alexandri 95 m.

It. pro sufforaturis ad vestes easdem 35 m.

10 It. domino G. Chorus de expensis trium equorum civitatis 90 m.

It. domino Woltero de expensis trium equorum civitatis 90 m.

It. pro sellis, frenis & aliis necessariis equorum civitatis 16 m.

It. de vino dictorum magistrorum civium 10 m.

It. de expensis equi Alexandri 30 m.

15 It. pro sellis Alexandri & famuli sui miss. Vrankenfûyrt 5 m.

It. pro una sella data Schillinc de Hergarden cum equo uno 3 m. & 4 s.

It. pro vestibus & tunicis magistrorum Brunonis, Petri, Jo. lapicide, Jo. Wirig, Dytz balistarii, Dûytgini, Godeschalci Kremers, Henrici Kapelle, Wolteri Kaskin, Christiani, Marras & G. Klockeyrs
20 82 m. & 7 s.

It. pro sufforaturis ad vestes easdem 8 m.

It. pro tunicis hiemalibus eorundem famulorum civitatis ac Tilmanni de Capra custodientis lumbardos 18 m. & 4 s.

It. de vestibus Winrici fossoris 6 m. & 4 s.

25 It. de vestibus Jo. kalcberres 5 m. & 3 s.

It. de tunica Platenneggers 31 s.

It. de tunica Moyrgini 31 s.

It. de tunica Henrici Gastbûrns 3 1/2 m.

It. de tunica .. magistri fori 3 1/2 m.

30 It. de tunica Schodergins 3 1/2 m.

It. de tunicis Stocartz & .. Beysennecken 4 m. & 5 s.

It. de tunicis .. Waylhoren & Lymbûrg 5 m. & 3 s.

It. eisdem de tunicis hiemalibus 4 m. minus 21 d.

It. de tunicis Henrici in foro & Jo. Wirig 7 1/2 m. de assisia vinorum.

35 It. de tunicis Vrimanni & socii sui 5 m. & 4 s.

It. de tunicis famulorum magistrorum civium & Alexandri 18 m.

It. de toga God. Kremers missi ad partes superiores 18 s.

It. Wilhelmo Beysel sibi dato (sic) pro laboribus suis 15 m.

It. de expensis lobie Kleyve factis per totum annum 69 m.

It... familie civitatis ipsis dat. quia parum lucrantur 17 m., scilicet cuilibet duas m.

It... magistris operis ad edificium domus pannorum noviter structe 60 m.

5 It. de ymagine beate Marie Virginis supra cimiterium stante & de alia pictura ibidem depicta 12½ m.

 Summa 976 m. 9 s. & 9 d. Vera est.

 Summa universalis premissorum 6399 m. & 17 d. sine pensionum & sine hereditaria solucione.

Et sic est summa universalis omnium summarum et omnium redditorum predictorum ad invicem computatorum 14,946 m. & 17 d.

Nunc sequitur de particularibus propinacionibus vinorum de persona ad personam.

Primo, dno. Jo. de Butgenbag 2 sextaria.
It. Mareschalco de Alftere 2.
It. dno. Godefrido de Boylheym 2.
It. cuidam militi dni. imperatoris 2.
It. comiti de Loyn 6.
It. dno. preposito fratri suo 4.
It. magistro Ottoni, notario imperatoris 4.
It. dno. de Hoyrne 4.
It. comiti de Katzenellenboge 4.
It. Lamberto de Bure 2.
It. dno. de Steyne 4.
It. dno. Woltero de Loyn 2.
It. comiti Hollandie 12.
It. seneschalco lymburgensi 2.
It. dno. praeposito Aquensi 4.
It. dno. G. de Vinario & sociis suis 4.
It. decano Aquensi 4.
It. comiti de Migheyltzberg 4.

It. scabinis Aquens. 2.
It. dno. Jacobo de Pomerio 2.
It. abbati sci. Cornelii 4.
It. dno. Jo. de Bûytgenbach 4.
It. dapifero de Wildenberg 2.
It. reddituario Juliacensi 2.
It. dno. Arnoldo parvo 1.
It. priori Praedicatorum & fratri H. de Rodenburg 2.
It. dno. de Valkenburg & fratri suo 8.
It. filio dni. de Zynnenberg 2.
It. deme Vrûntzberger 4.
It. propinatori de Marburg 2.
It. pueris de Katzenellenboge 2.
It. Harperno Mule 2.
It. duci Saxonie 16.
It. dno. Emundo de Endelstorp & sociis 3.
It. juveni comiti de Loyn 4. it. 4. it. 4.
It. eidem juveni comiti 4.

It. domine de Stoylburg 2.
It. marchioni Jul. 12.
It. dno. de Randenroyde 4.
It. comiti Jorien & sociis suis 4.
5 It. dno. Beyssel & sociis 4.
It. Jo. Kaynrt 1.
It. dno. Wernero de Royde 2.
It. dominabus de Haynauwen & de Valkesteyn 6.
10 It. celerario de Brolio 1.
It. domine de Bûrne 3.
It. comiti Jo. de Solmze 4.
It. dno. Jo. de Büytgenbag 4. It. 6.
It. dno. Muloni de Byntzfelt 2.
15 It. commendatori de Vrankenfûyrt 2.
It. pastori de Kaldenburne & sociis 2.
It. comiti de Monte 8.
20 It. multis militibus in domo .. Cantoris 8.
It. dno. Roperto de Vyrnyg 2.
It. dno. Arnoldo de Baygheym 2.
It. domine de Setterig 2.
25 It. advocato de Valkenburg 2.
It. dicto der Dayse de Bohemia 4.
It. uxori dni. Schynnemanni 2.
It. magistro Ottoni notario 2.
It. dno. Richardo de Confluencia 2.
30 It. dno. G. cum barba 2.
It. dno. Jo. de Bûytgenbag 4.
It. dno. Jo., filio dni. Arnoldi parvi, 4.
It. Robino notario 2.
35 It. dno. Jo. reddituario Juliac 2.
It. dno. de Sleyda juniori 2.
It. regine de Sweden*) 6.

---

*) Blanka, Gräfin von Namur.

It. officiali Bûnnensi 2.
It. dno. Maschreyl 2.
It. reddituario de Valkenburg 2.
It. dno. de Sleyda 4.
It. dno. Woltero de Berlar 2.
It. domine de Hennenberg 4.
It. decano Aquensi 4.
It. commendatori de Vrankenfurt 4.
It. ducisse de Settyn 6.
It. comiti de Monte 6.
It. dno. Gerlaco de Ysenburg 4.
It. dno. de Rynnecken 4.
It. abbati sci. Cornelii 2.
It. dominis nostris equitantibus cum pueris imperatoris 8.
It. comiti de Assauwen 4.
It. dapifero Jul. 4.
It. comitisse de Assauwen 4.
It. preposito de scis. Apostolis 2.
It. dno. Jo. de Bâytgenbag 4.
It. comitisse de Arnsberg 4.
It. Wilhelmo de Hex 1.
It. dno. God. de Boylant 2.
It. dno. G. de Ryngberg 2.
It. lectori Augustinensium 2.
It. dno. G. de Blankenheym 4.
It. domine de Stoylburg 2.
It. juveni comiti de Loyn 2.
It. dno. de Kraynnendunc 5.
It. dno. Paulo de Vinario 2.
It. familie comitis Hollandie 2.
It. cuidam domine de Volden 2.
It. domine de Sleyda 4.
It. dno. de Ryferscheyt 2.
It. dno. de Lanskrone & soc. 4.
It. dno. Arnoldo de Elzlo 2.
It. dno. Schynnemanno 2, It. 2.
It. dno. Filippo de Sulzen 2.

It. dno. Goswino de Nythusen 2.
It. dno. G. de Odenkirgen 2.
It. reddituario Hollandie 2.
It. comiti de Katzenellenboge 4.
5 It. cuidam militi dni. imperatoris 2, it. 2.
It. commendatori generali 2, it. 2.
It. dno. Conrado de Sleyda 2.
It. comiti Gerlaco de Assauwen 4.
10 It. dno. Jo. de Bûytgenbag 4, it. 4.
It. dno. Arnoldo parvo 1.
It. dno. G. Chorus 1.
It. comiti de Vyrnenburg 4.
It. comiti de Dytz 4.
15 It. dno. de Nyfen 4.
It. comiti de Assauwen 4.
It. dno. Arnoldo de Baygheym 2.
It. dno. Arnoldo Tontz 2.
It. dno. Jacobo de Pomerio 2, it. 2.
20 It. Woltero Vomer 2.
It. dno. Arn. de Bollant 2.
It. dno. Wilh. Mus presbytero 1.
It. dno. de Steyne 4.
It. magistro Ottoni 4.
25 It. dno. Winando de Dûntzighoyven 2.
It... militibus de Anglia 4.
It... dicto der Herperger de Austria 4.
30 It. dno. God. de Bolant 2.
It. dno. de Durgauen 2.
It. tribus militibus Anglie 4.
It. dominis venientibus a Vrankenfûyrt 6.
35 It. dno. Jo. de Bûytgenbag 4.
It. preposito Aquensi 4.
It. decano Aquensi 4, it. 2.
It. preposito Xantensi 4, it. 6.
It. cantori Aquensi 2, it. 2, it. 2.

It. magistro Ottoni notario 4.
It. decano Aquensi 4, it. 4.
It. dno. Conrado de Honst 2.
It. dno. God. de Bolant 2.
It. sculteto de Brolio 2.
It. commendatori generali 4.
It. Gerlaco fratri comitis de Katzenellenboge 2.
It. balistariis sagittantibus papegay 2.
It. filio dni. Bauweri de Babarden 2.
It. dno. de Hûrne 4.
It. advocato de Valkenburg 2.
It. marchioni Jul. 10, it. 3 in flascis.
It. dno. Conrado de Sleyda 4.
It. preposito sci. Georgii & soc. 2.
It. dno. Jo. de Henebag 2.
It. domine de Assauwen 4.
It. dno. Henr. de Bedebur 4.
It. officiali Colon. & soc. 4.
It. dno. Conr. de Elvenyg 2.
It. dnis. nostris equitantibus Wûrmesnyt 10.
It. dno. Arnoldo de Bagheym 2.
It. Volquino lumbardo de Hasselt 2.
It. comiti de Monte 6.
It. comiti de Assauweu 4.
It. comiti Jo. de Solmze 4.
It. dno. Jo. de Bûytgenbag 4.
It. comitisse de Assauwen 3.
It. consilio dni. imperatoris 10.
It. comiti Lossensi 4, it. 4.
It. suffraganeo Leodiensi 4.
It. comiti de Vyrnenburg 4.
It. pincerne ducis Austrie 2.
It. comiti de Monte 6.

It. comitisse Jul. 19.
It. domine de Hûyrne 4.
It. comiti de Katzenellenboge 4.
It. preceptori Theutonicorum 4.
5 It. decano Trajectensi 2.
It. canonicis sci. Servacii 4.
It. dno. de Wytgesteyn 4.
It. dno. Paulo de Vinario 2, it. 2.
It. scabinis Aquens. 1.
10 It. domine de Kerpen 4.
It. dno. Roperto de Vernyg 2, it. 2.
It. dno. de Ryferscheyt 2.
It. commendatori de Vrankenfûyrt 2.
15 It. dno. Arnoldo parvo 2.
It. militibus dni. imperatoris 4.
It. dno. de Yfen & soc. 4.
It. comiti dicto Van der Hoe 4.
It. dicto der Vynke de Ravensburg 4.
20
It. dapifero de Westfalia 2.
It. dno. R. de Schoynauwen et soc. 4, it. 2.
It. dno. Muloni de Bynsfelt 2.
25 It. dno. Jacobo de Pomerio 2.
It. Volmero 2.
It. Jo. de Eyghorne 1.
It. scabinis de Syberg 2.
It. celerario de Leggenig 2.
30 It. dno. de Kaynnendûnc 4.
It. decano Aquensi 4, it. 4, it. 4.
It. dno. Filippo de Sûlzen 2.
It. domine de Lewenberg 3.
It. dno. van der Nuwerburg 2.
35 It. episcopo de Nicol 10.
It. vigilatoribus in parva dedicacione 3.
It. dno. Jo. de Bûytgenbag 4, it. 4.
It. scabinis Traiectensibus 2.

It. ducisse de Austria 20.
It. dno. Conr. de Sleyda 4, it. 4.
It. Harperno Mulen 2.
It. commendatori de Spaycbeke & decano Traiect. 4.
It. cuidam famulo Epi. Colon. 1.
It. Jo. de Jul. fratri domini marchionis 2, cum soc.
It. dno. Arnoldo Tontz 2.
It. dnis. commedentibus cum decano Traiect. 4.
It. .. puelle de Ravensberg 6.
It. comiti de Marca 6.
It. marchioni Jul. ad Porchetum 14.
It. Juveni de Lyppa 4.
It. dno. Wilh. de Byntzfeldt 2.
It. advocato de Valkenburg 2.
It. dno. Jo. de Pûtte & soc. 3.
It. dno. Paulo de Vinario 2.
It. dno. Paulo de Eycke 2.
It. dno. Conr. de Lossenig 2.
It. dno. Paulo de Esch 2.
It. domine de Valkenburg 8, it. 5, it. 5.
It. duobus militibus de Stroysburg 4.
It. domine de Schoynnecken 4.
It. dno. G. de Blankenheym 4, it. 4.
It. dno. Frederico de Milendunc 2.
It. pincerne dni. imperatoris 2.
It. preposito Xantensi 4.
It. dno. Walramo de Salmen 2.
It. dno. G. cum barba 2.
It. dno. Everardo de Meylke 2.
It. dno. God. de Baylnheym 2.
It. dno. de Petersheym et soc. 4, it. 4.

It. dno. Hildebrando de Lapide 2.
It. dno. Maschreyl 2.
It. dno. Kauwardo monacho 1.
It. scabinis Aquens. 2.
5 It. dno. de Blamûnt 4.
It. decano Aquensi 4, it. 4, it. 4, it. 4.
It. domicelle de Westerburg 2.
It. dno. Arnoldo de Bûschfelt 2.
10 It. abbati sci. Cornelii 2, it. 2.
It. domine de Hamersteyn 2.
It. familie civitatis 1.
It. Brunoni monetario 1, it. 1.
It. comiti Jo. de Katzenellen-
15 boge 4.
It. notario ducis Brabancie 2.
It. dapifero Jul. 2.
It. dno. Jo. de Valkenbûrg 4.
It. theolonario Bûnnensi 2.
20 It. magistro Ottoni notario 2, it. 2.
It. advocato de Brûygge 2.
It. fratri Epi. de Nikol 4, it. 4.
It. dno. G. de Vinario 2, it. 2, it. 4.
It. Seberto villico 1.
25 It. burgravio de Odenkirgen 2.
It. advocato van der Nersen 2.
It. officiali Colon. 2.
It. dno. Conr. de Vyschenig 2.
It. vigilatoribus in Epiphania
30 Dni. 3.
It. antique comitisse de Marca 4.
It. preposito Aquensi 4, it. 4.
It. scabinis de Duren 2, it. 2.
It. antique comitisse Jul. 6.
35 It. dno. de Valkenburg 4, it. 4.
It. dno. Jo. de Koysloyr 2, it. 2.
It. epo. de Nikol 6, it. 4.
It. dno. Remboldo 2.
It. dno. Jac. de Pomerio 2.

It. dno. Ger. de Endelstorp 4.
It. Harperno Mule 2.
It. decano Aquensi 4.
It. dno. Jo. de Bûytgenbag 4.
It. decano Megliniensi 2.
It. uxori Dobag et sorori 2.
It. comiti de Arnsberg 4, it. 6.
It. in carnisprivio de winschro-
deren 1.
It. familie civitatis 1.
It. dno. Conr. de Schoynnenberg 2.
It. Woltero Vomer 2.
It. pincerne de Austria 2.
It. reddituario Jul. 2.
It. domine de Lyppa 4.
It. dno. Struvere de Hulsburg &
fratribus 2.
It. epo. Oysnabrugensi 4, it. 4.
It. dno. Ger. de Vinario et soc.
suis 4.
It. consilio epi. Leodiensis 4.
It. Wilhelmo de Hex 1.
It. domine de Stoylburg 2.
It. Henrico de Yseren, scabino
Traiect. 2.
It. Schillinc de Hergarden 2.
It. cornuatoribus episcopi Tre-
verensis 1.
It. dno. Sitzoni de Bûnde 2, it. 2.
It. duobus militibus Anglie 2.
It. cuidam duci de Bauwaria 4.
It. dno. Wern. de Gusten 2.
It. Jo. van der Weteringen 2.
It. dno. de Ysenburg 2.
It. dno. de Hamel 2.
It. cuidam scabino Novimag. 2.
It. decano Traiectensi 2.
It. Harperno Mule 2, it. 2.
It. suffraganeo Leodiensi 2.

It. scriptori scribenti balista- | It. dno. dicto Pûnder de Valke-
rios 1. | steyn 2.
It. domine de Wyckeroyde 2. | It. comiti de Vûrstenberg 3.
It. duo. Conr. de Loysseenyg 2. | It. pro particularibus propina-
It. dno. Jo. de Rupe 2, it. 2, it. 2. | cionibus hinc inde factis 12.
It. mareschalco marchionis Jul. 2.
It. parvo Arnoldo de Lymburg 1. | Et sic est summa universalis
It. dno. Ger. de Erenberg 2. | propinacionum predictarum
It. decano Aquensi 4. | 6 plaustra 4 amae et 3 sextaria.
It. scabinis Traiecten. 2.
It. dno. Til. Vûrre 2. | Summa pecunie ex dicto vino
It. camerario episcopi Colon. 2. | provenientis 401 m.

Sequitur nunc de parvis structuris et de expensis parvorum nunciorum hinc inde missorum.

Primo, pro cornu cupreo canbiendo super portam Colon. 3 s.
It. pro una sera super domum civium habita 2 s.
It. pro una sera ad cistam in qua sigillum jacet 2 s.
It. pro una sera super domum machinarum 2 s.
It. pro una sera super portam sci. Jacobi inferiorem 12 d.
It. de omnibus arkeyr respiciendis in hieme per Jo. Duytgin, ne nix aliquid noceret in illis 4 s.
It. de domo civium purganda a nive et pro clavis ibidem in cannalibus habitis 2½ s.
It. pro duobus parvis scrineis in quibus quitaucie posite fuerunt 8 s.
It. pro duobus libris papiri 5 s.
It. pro sindone superposito sco. baculo dato duci Saxonie 2 s.
It. pauperibus presbyteris de Ermenia dat. pro Deo 3 s.
It. pro una sera ad musam in foro 7 d.
It. Godeschalco misso Lymburg pro nemore 6 episcopos.
It. eidem Godeschalco misso Daylheym pro nemore 6 episcopos.
It. familie civitatis circueuntibus pro assisia civitatis 6 s.
It. barbitonsori regis Bohemie sibi dat. ad debibendum 6 s.
It. pro natten habitis supra lobium Kleyve 18 episcopos val. 11 s. minus 2 d.
It. Arnoldo Schiffelart et Alexandro missis ad villam Roydensem pro pecoribus civium ibidem occasione facti Velgins de Nederoth arrestati et detenti (sic), et ipsis ulterius equitantibus Lymburg ad seneschalcum 22 s.

It. Woltero Kaskin misso Lymburg pro eodem facto 2½ s.

It. eidem Woltero misso duabus vicibus Limburg pro facto Henrici scabini de Eynatten, qui secavit in nemore diebus dominicis & festivis violenter cum duobus curris 6 s.

It. Godeschalco misso Daylheym pro eodem facto 6 s.

It. eidem misso ibidem alia vice 3 s.

It. eidem misso iterum ibidem 6 s. hall.

It. Christiano misso, quum dicebatur quod rex Anglie esset in terra Flandrie, ad percipiendum aliqua nova 16 episcopos.

It. eidem misso Brugae ad percipienda nova de rege Francie et de comite Flandrie 2½ m.

It. Godeschalco misso ad dapiferum Jul. pro cementario apud Hayren usto 1 m.

It. Woltero misso ad comitem Jul. 6 episcopos.

It. Christiano misso ad dnm. G. Chorus Juliam nuncianti sibi, quod vellent uri fornacem prope Hayren in nemore Aquensi 2 s.

It. de vineo in gramine civium ligando & preparando 5 s.

It. in carnisprivio sociis datum ad societatem eorum in eorum gaffele 4 m.

It. in carnisprivio sociis ferentibus munera supra lobium 28 s. de vino.

It. eodem tempore balistariis ferentibus munera supra lobium 2 m.

It. de equis civitatis ferrandis 8 m.

Summa universalis parvarum structurarum et expensarum parvorum nunciorum predictorum 22 m. 4 s. et 5 d.

Et sic est summa universalis omnium redditorum predictorum tocius anni presentis ad invicem totaliter computatorum 15,369 m. 5 s. & 10 d. Vera est.

Summa vero receptorum predictorum anni presentis 16,587 m. & 8½ s.

Et sic recepta excedunt reddita.

Ausgabe-Rechnung vom Jahre 1344. Pergamentrolle.

In nomine Domini, amen. Anno eiusdem 1344 erant magistri civium Aquensium Jacobus Kollin & Mathias Hoyn, qui magistri civium nomine civitatis Aquensis dederunt ista, que secuntur.

Primo et principaliter videndum est de hereditariis solutionibus persolutis.

Primo, de pecunia duorum altarium in Nidecken 45 m., levavit frater Henricus Fittoyl, commendator, per Wm. Beyssel solutum.

It. de pecunia altaris in Porcheto 10 m. per Wm. Beyssel solutum.

It. de censu magne domus follonum ex parte marchionis Julie 20 m.

It. de censu fundi domus ejusdem 5 m. 3 s. & 3 obulos.

It. .. pueris quondam Wilhelmi Elrebûrs de censu arce domus follonum 10 m.

It. de censu aliarum domorum follonum emptarum 14 m. 8 s. 8 1/2 d.

It. de censu domus civium 5 s.

It. .. pueris de Wilberg de feodo eorum 6 m. per Wm.

It. de censu domus quondam Lamberti pistoris 13 m. 3 s. & 11 d.

It. de censu domus horree 8 m. 10 s.

It. de censu domus quondam Arnoldi Klocken 4 m. 4 s.

It. de domo dicta ad Scutum 21 s. 6 d.

Et sic est summa universalis hereditariarum solucionum predictarum 139 m. 8 s. & 3 d. Vera est.

Sequitur nunc de pensionibus annalibus ad vitam personarum.

Primo, dno. Gerardo de Endelstorp 120 libras hallensium valent 266 m. 8 s.

It. eidem dno. Gerardo 400 aur. florenos valent 700 m.

It. domine de Wickeroyde, filie dni. Gerardi 100 lib. hall., valent 222 m. 32 d. de anno 45$^{to.}$

It. pro rata temporis ejusdem dni. Gerardi

It. dno. Gerardo de Endelstorp, de anno pretorito, 400 aur. val. 700 m. per Wm.

It. dno. Gerardo Chorus 250 m. per Wm. Beyssel.

It. dno. Wernero de Breydenbenth 100 lib. hall. val. 200 m. per Wm.

It. eidem domino Wernero 270 m. per Wm. Beyssel.
It. dno. Carsilio de Palant 100 lib. hall. valent 200 m. per Wm.
It. eidem domino Carsilio 300 m. per Wm.
It. dno. Jo. de Tribs 100 lib. hall. val. 200 m. levat. per duos.
Wernerum & Carsilium predictos.
It. eidem domo. Johanni 200 m. per Jo. de Lugen & Wm. Beyssel.
It. domine Nese de Heyda 100 m. per Wm.
It. dno. Silmanno de Rodenburg 30 m. per Wm.
It. dno. Godefrido de Heyda 75 m. per Wm.
It. dno... Bofoni de Heyda 75 m. per Wm.
-t. dno. Henrico de Grünsselt 75 m. per Wm.
It. Wernero de Gurzenig & Drude, ejus uxori, 12 lib. gross. val. 432 m.
It. eisdem conjugibus 800 m. per Wm.
It. dno. Brunoni de Gressenig 10 s. gross. valent 17 1/2 m. per Wm.
It. Elizabet de Gressenig, moniali Albarum dominarum, 1 lib. gross. val. 36 m.
It. Heylwigi de Gressenig, uxori Ricaldi de Helroyde, 1 lib. gross. val. 30 m.
It. puellabus de Harleys 20 m., scilicet 21 grossos turonenses & 3 nigros turonenses pro qualibet marca computatum faciunt 32 s. gross. valent 57 m. 7 s. & 2 d.
It. Conrado de Royde soli 30 s. gross., valent 55 m. per Wm.
It. eidem Conrado & Drude, ejus uxori, 180 m. per Wm.
It. Aleydi de Vilen, moniali Albarum dominarum, 1 lib. gross., valet 36 m. per Wm.
It. .. filiabus Flaminx, Albabus dominabus, 2 lib. gross., valent 72 m. per Wm.
It. Michaeli Flaminc 1 lib. gross., valet 36 m. per —
It. dno. Renardo Hoyn, canonico, 20 lib. hall., valent 40 m. per Wm.
It. Jo. Bulgin supra ripam 6 lib. gross., valent 216 m.
It. Petro de Irco 100 m. per Bulginum & socium de assisia coquine & pannorum.
It. .. filie .. Breymen de Aldenhoyven 10 lib. hall., valent 20 m. per Wm.

Prima summa 5996 m. 11 s. & 10 d.

It. Katherine Schrayfs 30 scuteos aureos, valent 67 1/2 m. per Wm.
It. eidem Katherine 16 ryol aur., valent 32 m. per Wm.

It. eidem Katherine 20 s. gross. turonens., valent 36 m. per Wm.
It. eidem Katherine 20 aureos florenos, valent 35 m. per Wm.
It. puelle Nese, filie ejusdem Katherine, 28 m.
It. Henrico Slûyf de Trajecto 5 lib. gross., valent 180 m. per Bulginum.
It. Henrico Kollin 2 lib. gross., valent 72 m. per Wm.
It. investito de Anstenroyde 2 lib. gross., valent 70 m. per Wm.
It. Megthildi Chorus et Katherine, sorori sue, 3 lib. gross., valent 108 m.
It. Gertrudi, filie quondam Dyonisii, 2 lib. gross., valent 72 m. per Wm.
It. puelle Eve, filie Tilmanni Hoyn, 10 s. gross., val. 18 m. per Wm.
It. fratri Kolino, templario, 24 lib. hall., valent 48 m. per Wm.
It. .. sororibus ejusdem fratris Collini 14 lib. hall., valent 28 m. per Wm.
It. Hildebrando de Royde 2 lib. gross., valent 70 m. per Wm.
It. pro rata temporis ejusdem —
It. dno. Henrico de Weyenberg, presbytero, 1 lib. gross., val. 36 m. per Wm.
It. eidem dno. Henrico 20 m. Aquensis pagamenti per Wm.
It. Jo. de Weyenberg 110 m. per Wm.
It. Heylke, uxori sue, 50 m. per Wm.
It. Jo. Pavoni 1 lib. gross., valet 36 m. per Wm.
It. Titzele, filie Ricolfi in Pûnt, 9 lib. hall., valent 18 m. per Wm.
It. fratri Henrico Fyttoyl 16 m. per Wm.
It. dno. Jacobo van den Breymen 20 m. per Wm.
It. Anne de Byssennecken 10 m. per Wm.
It. Katherine, relicte Bartholomei, 25 m. per Wm.
It. Drude, filie ejusdem, 35 1/2 m. per Wm.
It. Clare Florins 10 1/2 m. per Wm.
It. Tilkino, filio Henrico de Ruremûnde, 15 m. per Wm.
It. dno. Jo. de Euskirgen 30 m. per Wm.
It. dno. Arnoldo, quondam preposito sci. Alberti, 30 m. per Wm.
It. puelle de Schoynnecken 20 m. per Wm.
It. pro rata temporis ejusdem 10 1/2 m.
It. duabus filiabus, Klincboyginnen, 4 lib. gross., val. 144 m. per Wm.
It. Simoni supra Roys & uxori sue 52 m. per Wm.
It. .. sorori quondam Carsilii supra Paunelle 13 m. per Wm.
It. Katherine de Rosiit & ancille sue 30 m. per Wm.

It. Jo. Brusen supra montem & uxori sue, 150 m. per Wm.
It. .. duobus filiis quondam Andree de Wisse 42 m. per Wm.
It. fratri Mathie, filio Oben, Predicatori & sorori sue 40 m. per Wm.
It. duabus filiabus des .. Fûyllens 50 m. per Wm.
5 It. dno. Jo. Surklotz de pensione 12 m.
It. pro rata temporis dni. Jo. Surklotz 9 m. per Wm.
It. puelle Dytmodi de Stocheym 35 m. per Wm.
It. puelle Megthildi de Vyschenig 15 m. per Wm.
It. puelle Elizabet de Serfze, moniali Porchetensi, 14 m. per Wm.
10 It. Leoni de Karsfurt, magistro civium, 40 m. per Wm.
It. G. Sûysdranc & uxori sue 100 m. per Wm.
It. Wilhelmo supra Roys & uxori sue 60 m. per Wm.
It. Heylwigi, filie Volmeri, moniali Porchetensi, 12 m. per Wm.

 Secunda summa 2179 m.
15
It. Lore de Hunone 20 lib. hall., val. 40 m. per Wm.
It. domine Bele Hoyt, uxori dni. Henrici Hardevust, 25 lib. hall., val. 50 m. per Wm.
It. Grete, relicte Tilmanni de Pavone, 12½ lib. hall. val. 25 m.
20 per Wm.
It. Tilmanno, filio Tilmanni de Pavone, 25 m. per Wm.
It. G. de Kleberg 30 lib. hall. val. 60 m.
It. eidem Gerardo 20 m. pagamenti.
It. Hermanno de Lobio 54 m. per Wm. & multuram.
25 It. fratri Ricolfo de Buurchoyven 20 m. per Wm.
It. Hille de Buurchoyven
It. Blize, relicte Gobelini Lausman, 25 m. holl., valent 25½ m. per Wm.
It. Lutgardi, filie Lufredi de Grifone, 15 m. holl.
30 It. Grete, uxori Jo. de Raydepûtze, 15 m. holl.
It. Mathie, filio suo, 15 m. holl.
It. Jo., filio suo, 15 m. holl.
It. Nese, filie sue, 15 m. holl.
It. Rigmodi de Riinberg 8 m. per Wm.
35 It. Drude de Attendarre 24 m. per Wm.
It. Gûyde van den Baseler 10 m. per Wm.
It. Aleydi de Lutzelewinter 30 m.
It. Jacobo Butzelman de Lutzelewinter 10 m.
It. Katherine de Moylnheym 15 m. per Wm.

It. Gûyde de Geyllenhusen 12 m. per Wm.
It. Drude, uxori Egidii de Hoyo, 25 s. gross. valent 50 m. per Wm.
It. Clare de Vreggen 15 m.
It. fratri Jo. de Oysheym 15 m.
5 It. Bele, uxori Sivardi de Grue, 15 m. } per Ja. Kollin levatum.
It. Gob., filio suo, 15 m.
It. Henrico, filio Gob. de Udechoyven, 20 m.
It. Ludowico, filio G. de Udechoyven, 12 m.
It. Jo., filio Heydenrici Hardevust, 25 m. per Wm.
10 It. Jo., filius Henrici Hardevust, non est in presentibus.
It. Bele, uxori Gob. de Strusione, 15 m. per Wm.
It. Sofie & Aleydi, filiabus Lentzmanni de Nussia, 20 m. per Wm.
It. Petro ceco, dicto Kavesac, 10 m. per Wm.
It. Irmegardi de Hoyngen 4 m. per Wm.
15 It. Bele & Beatrici, filiabus Ade, 12 m. per Wm.
It. Hermanno Rapa 36 m. holl. per Wm.
It. Megthildi de antiqua fossa 8 m. per Wm.
It. dno. Wigardo de Lamberstorp 18 m. per dnm. Nicolaum de Salice levatum.
20 It. Megthildi, filie Tilmanni de Tulpeto, 10 m.
It. Katherine, filie Henrici de Kleberg, 10 m.
It. Bele, filie Henrici Hardevûst, 25 m. per Wm.
It. Drude, filie Sifridi de Poyderbag, 10 m. per Wm.
It. Hadewigi Hayse de Poyderbag 10 m. per Wm.
25 It. Odilie de Durremayge 10 m. per Wm.
It. Bele et Grete de Lyntlayr 50 m. per Wm.
It. Drude de Abiete 15 m. per Wm.
It. Megthildi de Abiete 15 m. per Wm. Nunc est mortua.
It. Grete de Abiete 15 m. per Wm.
30 It. Sofie in Clusa 6 m. per Wm.
It. Petrisse Korngin 20 m. per Wm.
It. fratri Petro de Nuwenbûnne 12 m. per Wm.
It. Beatrici de Cervo, filie Gerardi, 20 m. per Wm.
It. Everardo Gyr vam Hûntgin 50 m. per Wm.
35 It. Beatrici, filie .. Hardevust, 25 m. per

Tercia summa 1106 1/2 m.

Summa universalis annue pensionis predicte ad vitam personarum predictarum ascendit ad summam 9282 m. 5 s. & 10 d.

Inde cedunt de rata temporis predicte pensionis 19 1/2 m.

It. habet frater G. de Molendino, Predicator, de custodia pensionis in Colonia 5 m. per multuram.

Et sic est summa universalis omnium redditorum predictorum cum hereditariis solucionibus supradictis 9427 m. 25 d.

Sequitur nunc de aliis expensis diversis et primo de emptione arearum conbustarum.

Primo, R. Haymmegger de area domus sue empta erga eum 40 m. per Wm.

It. de censu domus ejusdem 31 s. puelle Sofie de Eyghorne.

It. Danieli Kleysmet de area domus sue 35 m.

It. de censu domus ejusdem 5 1/2 m. & 9 d.

It. de redemptione quatuor denariorum erga .. Baurum emptorem de area eadem.

It. de area domus .. Lûycboyven prope domum Renardi 20 m. & 2 s. per Wm.

It. de censu domus ejusdem 32 s. R. Hoyn & puelle de Eyghorn.

It. .. pueris Welteri Haymmeggers de area domus eorum 10 m.

It. Sitzoni Haymmegger et socio suo de porcione domus ipsos contingente 10 m.

It. relicte .. Kayardi de domo sua 38 m. & 3 s. sibi de ass. vinorum defalcatum.

It. Ja. Kayart de censu domus ejusdem 15 aur. florenos de integro anno, valent 26 m. 3 s.

It. fratri Petro Zop, Predicatori, de censu domus ejusdem 2 m.

It. Jo. Sporte de redempcione decem & septem solidorum census domus ejusdem 23 m. cum censu.

It. puelle de Schoynnecken de redempcione trium marcarum domus ejusdem 45 m. & 2 m. census.

It. Egidio Spede de redempcione viginti denariorum census domus ejusdem 26 s. 8 d., cum censu.

It. Hildegero Mulen de Alstorp de redempcione quindecem solidorum census dumus ejusdem 20 m. cum censu.

It. eidem Hildegero de redempcione octo marcarum & 28 d. census domorum Petri Gresers (13 d.), Lupen (18 d.), Stelze (9 d.), Binsfelt (4 m.), Heren (2 m.), Jacobs (8 s.), in qua ipse de parte sua habuit duas marcas census 15 s. et ex parte dni. Ricolfi de Rodenburg 8 s. census, 140 m. per Wm. Beyssel.

It. G. Musas de redempcione decem & octo solidorum census & trium denariorum, quos habuit in domo & area Hannemans 23 m. cum censu.

It. Jo. de Tilia de arca domus sue 60 m. sibi defalcatas de ass. vinorum.

It. eidem Jo. de censu domus ejusdem de dimidio anno 25 m.

It. Arnoldo Wilden de censu domus ejusdem & domus Schynmeggers 6 m., & habet suas vûrhur de eisdem domibus.

It. Lamberto, pistori, de domo sua in foro salis empta 47 m.

It. Jo. Schynmegger de censu domus sue de dimidio anno 17 m.

It. Petro Gresser de censu domus sue de dimidio anno 9 m.

It. Goswino Martini de porcione domus sue dicte Sthelze 75 m. $4^{1}/_{2}$ s.

It. Christiano Vrûntmoyg de porcione domus ejusdem sibi competente 60 m.

It. eidem Goswino de censu domus ejusdem 27 s. & 3 obulos.

It. eidem Goswino de censu domus Nuwenkelre 9 s.

It. eidem Goswino de censu domus Schinmeggers 3 s.

It. puelle Nese Schrayfs de censu domus Novi celarii 11 s. 4 d.

It. Katherine Schrayfs de censu domus domorum Schoynnecken (1 m.), Libra (3 d.) & Stelza (12 d.), 13 s. 3 d.

It. canonicis sci. Alberti de censu Jo. Schinmeggers 6 s. de domo sua.

It. eisdem 6 s. de area Nese de Binsfelt.

It. Jo. Vrunt de censu domus Nese de Binsfelt 6 aur. flor. de duobus annis.

It. Henrico Bertelkin de eadem domo 1 m.

It. eidem Jo. Vrunt de redempcione eorundem 42 aur. val. $73^{1}/_{2}$ m.

It. canonicis Bte. Marie Aquens. de censu domorum Schaflutzels (3 s.), Leve ($4^{1}/_{2}$ s.), Stelze (5 s. 4 d.), Anne de Binsfelt (12 d.), $2^{1}/_{2}$ m. minus 2 d.

It. dno. Jo. de Lynge, presbytero, de censu domus Wilhelmi Schaflutzels 3 m. ex parte gigantis.

It. Christiano Wilden de Colonia de censu arearum Gressers, Lamberti pistoris, Hannemans, Christiani sellatoris 35 s. 3 d. levavit Simon Rusploc.

It. R. Hoyn de censu arcarum eren Jacobs 5 s. 4 d., Schaflutzels $33^{1}/_{2}$ s. Lucboyven (19 s.), Christiani sellatoris (17 s.), de Libra ($12^{1}/_{2}$ s.), Stella (7 s. 2 d.), & Kayardo (18 s.), 9 m. 4 s. & 7 d.

It. magistro G., sartore, (sic) de censu domus Welteri 1 m.

It. Ja. Muntgin de censu domorum Leve & de Libra 10½ s.
It. Grete cece in hospitali, de rata temporis census domus de Libra 16½ s.
It. fraternitati sci. Johannis, presbyteris, de censu arearum Danielis & Nuenkelre 5 m. & 13 d.
It. Ricolfo de Gurzenig et fratribus suis de censu arearum Lamberti & Gresers 3 m. & 10 d.
It. Lemkino Bûc de redempcione 12½ s. census de domo Scuta 15 m. 17½ s.
It. eidem de censu persesso de domo eadem 4 m. 2 s.
It. eidem de redempcione 27 denariorum de domibus Hanmans & Leve 3 m. 2½ s.
It. puelle Sofie de Eyghorne de censu arearum Renardi & Christiani 9 m. 3 s.
It. . . sorori Rutgeri Maylbranx de censu aree Nuwenkelre 9 s.
It. relicte Th. de Strythagen de censu arearum Hanmans, Leve & Danielis 8 s.
It. . . sorori Wackerpils de censu arearum Jacobi & Kayardi 19 s.
It. eidem de redempcione viginti duorum solidorum & 4½ d. de Stelza, Kayardi & Ja. 28 m.
It. de area Libra empta 2 lib. grossorum valent 80 m.
It. de rata, censu domus ejusdem domine de Libra 5 m. 3 s.
It. Wo. Pittuleyr de rata temporis census 3 m. It. eidem de redempcione quatuor marcarum minus 40 d., 59 m. 7 s. & 4 d. cum censu de domo Libra & de domo Lamberti pistoris in foro salis.
It. Relicte Oben Vûys & .. pueris Vrûgtgins de rata temporis ejusdem domus 6 s.
It. eisdem relicte & pueris de censu domus dicte Stavelo 27 d. It. eisdem relicte Vûys & .. pueris Vrugtgins de redempcione undecem solidorum 14 m. & 8 s. cum censu.
It. dno. Garsilio de Palant de domo Hen. Lupen empta 390 m.
It. Christiano Leonis de censu arearum Anne & Hanmans 27 s.
It. Jo. Kutzeller de porcioue domus sue de Stella 110 aureos, valent 192½ m.
It. Ja. Kollin de redempcione unius marce de Stella 16 m. cum censu.
It. .. matri Puppen de area sua empta 18 m.
It. ..Kriggel, clamatori vinorum, de porcione sua domus ejusdem 18 m.
It. Barbare, sorori Puppen & tribus fratribus suis 28 m. de porcione eorum.

It. Jo. Froylgin de area sua ibidem sita 7 m.

It. Jo. de Lugene de acie domus sue ibidem empta 70 m.

It. de acie platee Mutzersgasse de domo Pauli rotatoris empta 50 m. per Conradum Eyghorn.

It. de vinicopio et expensis datis hominibus & factis in empcione arearum predictarum 34 m.

It. Katherine de Rufo Leone de empcione unius aurei floreni census 21 m.

It. de empcione duarum marcarum census annui 24 m. de domo Morgini, ligatoris vasorum.

It. de empcione 21 solidorum census annui de domo Henrici de Puteo 21 m.

It. pro anforis habitis in combustione magna 45 m.

It. .. sacciferis laborantibus & ferentibus aquam 8½ m.

It. eisdem sacciferentibus laborantibus apud portam Regis prope domum Bulgini (credo) 4 s.

It. fratri Kolino, templario, de rata temporis arearum 21½ s.

It. fraternitati sci. Johannis de censu domus Puppen 1 m.

It. monialibus Porchetensibus de censu domorum Libra & Binsfelt 9 s.

Summa premissorum empcionis arearum & redempcionis census 2043 m. 2 s. & 3½ d.

Sequitur nunc de diversis expensis hinc inde factis.

Primo, de presencia dat. omnibus presbyteris in die sci. sacramenti & de vino eodem die .. fratribus Minoribus, Augustinis, Predicatoribus, monialibus Porchetensibus & Albabus dominabus 24 m. & 7 d.

It. de torthise & aliis candelis eodem die habitis 16 m. 4 s.

It. de velo consuendo & de virga ac de kroym, sub quo corpus Christi portatur, 34 s. & 3 d.

It. de aliis diversis expensis hinc inde eodem die habitis videlicet laborantibus et portantibus velum, tripes, pro cordis, funibus, junccis, gramine, kůyggelere, cirotecis & aliis diversis 3½ m. 4 s. & 10 d.

It. eodem die .. Smelkin, veydelere, dat. 6 s.

It. den winscroderen solet dari 1 m.

It. de novo festo beati Karoli ad presenciam dat. 6 m. omnibus presbyteris.

It. .. canonicis Aquens. de eodem festo dat. 2 m., levavit dns. Jo. Payn.

It. de corona illuminanda eodem festo 6 s.

It. de vino eodem die religiosis videlicet fratribus Minoribus, Augustinis, Predicatoribus, Albabus dominabus, pauperibus Becgardis & studentibus 6 m. & 10 s.

5 It. de pulsacione dribbendey eodem die 21 s.

It. in dedicacione in ostensione reliquiarum . . balistariis circueuntibus 16 m.

It. eisdem postquam circuiverunt dat., ut bene vigilarent, 18 sextaria val. 6 m.

10 It. . . vigilatoribus dat. eodem tempore, ut bene vigilarent, 2 m.

It. in eadem dedicacione, ipsa durante, dominis nostris permanentibus invicem de expensis per ipsos factis 41 m.

It. . . familie civitatis permanentibus continue invicem, ut propinarent omnibus, de expensis per ipsos factis, 22 m.

15 It. pro torthiise et faccione earum dat. balistariis & magistris fori 15m.

It. Arnoldo Lymburg misso Leodie pro trûmpere . . 6 s.

It. den trumperen iacentibus super aulam in ostensione reliquiarum 12 m., de precio.

It. eisdem de expensis eorum 7 scuteos, valent 15 m. & 9 s.

20 It. eisdem de eorum winpel, signo regni signati, $30^{1}/_{2}$ s.

It. de vexilla carnificum 5 m., eodem tempore.

It. Arnoldo Lymburg et soc. dat. in dedicacione eadem, ut bene vigilarent, 2 m.

It. pauperibus Becgardis et studenciis (sic) dat., ut orarent pro
25 civitate, 22 m.

It. . . famulis canonicorum Aquensium in ostensione reliquiarum dat. 1 m.

It. magistro Henrico van der ziit tunc dat. 1 m.

It. de vino tunc empto erga Jacobum Kollin & propinato 169 m.

30 It. de vino tunc empto erga Henricum de Valkensteyn & propinato 100 m.

It. de vino tunc alibi ad ducibulum recepto & propinato 40 m.

It. . . vigilatoribus omnibus in parva dedicacione ipsis in nocte circueuntibus dat. 1 m.

35 It. . . vigilatoribus omnibus tam exterioribus, quam interioribus dat. cuilibet dimidium modium siliginis. valet 31 m. & 8 s.

It. . . cursoribus civitatis dat. ad emendum siliginem 3 m.

It. . . becgardo in nemore prope Renardum dat. ad reedificandum pontem 6 s.

It. pro octo tûnnis allecum datis Minoribus, Predicatoribus, Augustinis, Albabus dominabus et husarmen infra civitatem 43 m. & 9 s., tunc non dabatur panis.

It. parasceve domini nostri solebant commedere cum religiosis, et hoc modo non fecerunt, sed miserunt eis pisces et vinum costantes 24 m. 6 s.

It. pro carbonibus datis religiosis 3½ m. & 5 s.

It. pro carbonibus habitis supra domum consilii 8½ m. & 4½ s.

It. dominis nostris examinantibus & perbibentibus duabus vicibus vina, ipsis dat. ad presenciam 60 m. & 8 s.

It. den winscroderen extrahentibus vina eodem tempore 18 s.

It. pro telis ferreis et de eisdem ze sticken & ze veyderen 129½ m.

It. pro zeyne emptis erga istos de Woyfsive 22 m. & 9 s.

It. pro vederwysche ad telas 4 m. 27 d.

It. de reparacione antiquarum balistarum 23 m.

It. de reparacione noytstelle 4½ m. in ligneo et ferreo opere.

It. magistro Dytz de precio suo 15 m.

It. Jo. Dutgin de precio suo & tunica 8 m. de custodia balistarum.

It. pro ligno ad tarzen empto & sarrando 4 m. 3 s.

  Prima summa 933 m. 7 s. & 4 d.

It. Nicolao kalcberre de cemento habito erga eum 14 m.

It. de reparacione fornacis sue 3 m.

It. Erwino kalcberre de cemento erga eum habito et in domum civitatis ducto 24 m. 3 s. cum precio vecturae.

It. de vectura lapidorum ad fornacem 18 s.

It. de mensuracione cementi 17 s.

It. pro uno heveysern ad fornacem cementi 1 m.

It. de fovea lapidea supra Lewerke 196 m. 7 s.

It. de instrumentis scilicet hemern, bickel, rotis, cannalibus, hurdis & fabris 27 m. 3 s.

It. de exhauracione aque et sicca tenenda 21 m.

It. de reparacione molendini supra foveam lapideam, quod ventus fregit, tam pro lignis & moylenboym, quam carpentariis & ferreo opere 31 m. 10 s. 7 d.

It. de reparacione gruis per Jo. de Wintmoyllen facti 8 m.

It. de urnis reparandis et pro pice ad easdem 4½ m. 3 s.

It. magistro Jo. de blumbo habito ibidem et opere suo 21 s.

It. de una rolla ibidem sub aqua 3 m. per magistrum Petrum.

It. de reparacione basini ibidem supra Lewerke & de ligno 18 s.
It. Frankoni Fittoyl de precio suo de fovea & de tunica 26 m.
It. Mathie Rufo de Gewerschaf dat. 2 m.
It. de reedificacione omnium domorum latericearum & torne tam pro tegulis, clavis, manuplis, lignis et ad tegendum 95 m. 10 s. & 8 d.
It. Hermanno Helwert de vectura lignorum ad domos easdem 14 m.
It. pro securis, clavis, bipennis & aliis necessariis ad domos latericearum 5 m. 10 s. 3 d. per Dutgin.
It. de fossione torve & inducendum eosdem $17^{1}/_{2}$ m.
It. pro palis, spaden, krutkarren, rotis & vormis ad latericea $4^{1}/_{2}$ m.
It. pro schindelen ad domum vigilatoris porte Porchetensis 27 s. 3 d.
It. pro schindelen ad portam Regis 18 s.
It. de tectura porte Porchetensis 23 s.
It. de tectura domus multure porte Coloniensis 16 s.
It. de reparacione domus vigilatoris porte sci. Alberti 5 m.
It. pro schindelen ad arkyr exteriores et tectura earundem 20 m. 3 d.
It. de uno tûnnel ante domum Lamberti pistoris in foro tam lignis, doleis, clavis 31 s.
It. de fractione fornacis in domo eadem & exportacione 4 s.
It. de delis supra turrim extra Punt trahendis 4 m. 7 d.
·It. de domo follonum tegenda pro schindelen, leuen, funibus, cannalibus, doerde, clavis et aliis multis necessariis 18 m. 3 s.
It. magistro domus ejusdem et famulo suo de precio eorum 16 m.
It. de censu domus vigilatoris porte Sanckule 1 m.
It. de via lapidea prope Postergin reedificanda 3 m.
It. de via lapidea supra curiam prope balnea $8^{1}/_{2}$ m. 2 s.
It. de via lapidea prope musam fratrum Minorum 25 s.
It. ad viam lapideam prope sanctum Leonardum 10 m. dat. in subsidium.
It. Hene Wassenberg et sociis de viis lapideis hinc inde factis 4 m. & 3 s.
It. lapicide de reparacione fornacis latericearum $2^{1}/_{2}$ m.
It. de camera, scampnis, tripedibus supra lobium magistrorum civium in universo $10^{1}/_{2}$ m.
It. de reparacione currus civitatis 31 s.
It. de ligacione mensurarum pomorum 5 m.
It. de purgacione cloace domus civium 20 s.
It. de vectura latericearum concessarum erga Wm. & Arnoldum Beyssel 9 m. 7 s.

It. pro duobus rubeis equis emptis 61 scuteos aur. val. 137 m. 3 s.
It. . . Moyrgino & . . Scheyven de eorum underkoyf 4 s.
It. pro uno equo per Alexandrum empto 28 aur. val. 49 m.
 Secunda summa 832 m. & 3 d.
It. Quum . . marchio Juliacensis conquestus erat, quod Mathias de Mone officialis suus esset captus et illi exivissent civitatem Aquensem, de expensis suis factis 80 m. & 6 s.
It. domicello G., filio suo, dat. post nupcias suas, cum esset hic, 40 m.
It. nuncio ejusdem domicelli, ferenti litteras nupciarem suarum, 6 m.
It. . . famulis camere marchionis Julic et cursoribus suis dat. de eorum somer 4 m.
It. . . venatoribus . . marchionis Jul., ferentibus cervum, dat. 5 m. & famulo 1 m.
It. de expensis dni. Trusgini, qui voluit facere deduccionem supra Wurm, 19 s.
It. eidem Trusgino dat., ut non faceret deduccionem, 10 aur.
It. Jo. de Gryfesteyn, requirenti pensionem adhuc ex parte dni. Craftonis patris sui, 20 aur. florenos valent 35 m.
It. de expensis cujusdam famuli, tractantis pro bono pacis inter civitatem Aquensem & dominum Meynardam de Kûyckenheym, 3 m. ex parte Kaytys.
It. alia vice 2½ m.
It. ipsi . . Maynardo de Kuyckenheym dat., ut renunciaret super civitatem Aquensem occasione . . Kaytys hic rotati, 12 aur. flo. val. 21 m.
It. . . famulo ferenti litteram renunciacionis ex parte ipsius . . Meynardi, qui tractavit & laboravit pro ipsa renunciacione, dat. 2 scuteos aureos valent 4½ m.
It. . . famulo Hermanni de Aboysdale super forum hic percusso dat. ad reconciliandum 22 m.
It. Hankardo de Ilolseth de reconciliacione Lumbardorum.
It. de expensis dni. G. de Endelstorp requirentis pensionem suam antiquam bis 6½ m.
It. de expensis . . famuli sui missi duabas vicibus pro pensione 35 s.
It. . . nuncio de Wildeshusen ferenti litteram conductus dat. 6 s.
It. de edificacione cubiculorum novorum, Jo. de Hayren et Jo. Tilia assignatorum, 300 m. It. de 43 milibus lapidibus latericeis habitis antequam electi essent Jo. de Hayren & Jo. Tilia, 51 m. & 7 s.

It. de centum millibus et decem millibus lapidorum latericearum habitis ibidem sub Jo. de Hayren & Jo. Tilia 132 m.

It. magisto Petro carpentario de edificacione cubiculorum sibi deficientes post computacionem predictorum Johannis de Hayren & Johis. Tilia 52 m. $9^{1}/_{2}$ s., et ipse habuit per ipsos Johannem & Johannem ducentas triginta sex marcas.

It. Jo. Dûytgen de eisdem cubiculis in ferreo opere videlicet anker, gesmide ad omnes januas et fenestras, 28 m. Et ipse habuit per predictos Johannem & Johannem septuaginta marcas & sex solidos.

It. Olberto lapicide et socio suo de eisdem cubiculis sibi deficientes post computacionem predictorum Jo. & Jo. 19 m. Et ipsi habuerunt per Johem. et Jo. centum & novem marcas. It. viginti sex marcas septem solidos & sex d. per eosdem Johem. & Jo. de precio diuturno. It. de cemento per eosdem Jo. & Jo. quadraginta & sex marcas & quinque solidos sine cemento per magistros civium ante eleccionem prefatorum.

It. Christiano tectori de tectura cubiculorum sibi deficientes post computacionem Johannis et Jobis. 20 m. & 4 s. Et ipse habuit per predictos Johem. & Johem. centum sexaginta marcas & octo solidos.

It. ... operariis & carrucariis vehentibus arenam & alia necessaria et pro deleis habitis ibidem ad cubicula 24 m. & 3 s. post computacionem predictorum Jo. & Jo.

It. dederunt ipsi Jo. & Jo. de cubiculis eisdem Winrico fossori & operariis ac carrucariis vehentibus cementum, arenam & lapides et alia necessaria, de pecunia per eos levata: ducentas triginta quinque marcas quinque solidos & sex denarios. It. de delis, tegulis, schindelen, dolea, blocke, nonaginta marcas et novem sol., et de aqueductu in celario Schoynnecken tres marcas et de decem piropis quinque marcas et de via lapidea ibidem supra novum forum triginta septem marcas & octo s. Et has summas non computo hic, quia magistri civium non dederunt.

It. de decem millibus latericearum ad reparandum fornacem latericearum 12 m.

Tertia summa 893 m. 5 s. & 6 d.

Secunter modo expensae nunciorum hinc inde missorum.

Primo, Godeschalco Kremer misso bis Lymburg propter kalomynnam 1 m.

It. Alexandro misso Lymburg et Erkentele propter kalomynnam 1 m.

It. Johanni, famulo civitatis, misso Erkentele propter kalomynnam 6 m.

It. Leoni de Karsfurt, Jo. Christiani, et Alexandro missis ad Vuram propter kalomynnam 36 m. 3 s.

It. Jo. de Eyghorne solus (*sic*) misso Brabanciam propter kalomynnam 12 aurei val. 21 m.

It. eidem misso secundario solus ibidem 8 scutei aur. val. 18 m. It. 6 s.

It. Christiano misso Lymburg & Erkentele 9 s. propter kalomynnam.

It. eidem misso ibidem 3 s. It. eidem misso ibidem 5 s.

It. alio nuncio videlicet Ludowico (credo) misso ibidem 3 s.

It. Jo. famulo misso Erkentele & Lymburg 1 m.

It. Jo. de Eyghorn & Alexandro misso Brabanciam propter kalomynnam 25 m.

It. eisdem Jo. & Alexandro missis iterum ibidem 12 scutei aurei val. 27 m.

It. Alexandro solus misso ibidem 5 scuteos aur. valent 11 m. 3 s.

It. dno. G. Chorus misso Brabanciam 14 scut. aur. val. 31^1/$_2$ m.

It. Christiano misso Lymburg 6 s.

It. de expensis dominorum Jo. de Blayrsfelt, Egidii de Quaderibbe & aliorum de consilio dni. ducis Brabancie in tractatu de kalomynna & de provocacione duelli, dum dns. G. Chorus et alii apud Lymburg vocabantur, 23 scut. val. 51 m. 9 s.

It. postea de expensis Arnoldi, notarii dni. ducis Brabancie, 2^1/$_2$ m.

It. Jo. famulo misso Lymburg & Daylheym de facto famuli Hermanni de Aboysdale 7 s.

It. eidem misso Leodii pro eodem facto.

It. Christiano misso Trajectum propter diffidacionem . . fratris Hermanni de Aboysdale 4 s.

It. eidem misso Leodii propter ididem factum 1 m.

It. eidem misso Lymburg & Leodii propter provocacionem duelli dni. Gerardi Chorus & aliorum nostrorum concivium 1 m.

It. eidem misso Lymburg de molendinis cerdonum 6 s.

It. Jo. famulo misso Erkentele de eisdem molendinis 6 s.

It. Alexandro misso Daylheym et Lymburg 18 s. It. ibidem iterato 1 m.

It. Jo. de Eyghorn, Leoni de Karsfurt, Jo. Christiani & Alexandro misso ad Vuram de provocacione duelli dni. G. Chorus ac aliorum 24 scut. aur. valent 54 m.

5 It. Alexandro misso statim ibidem 6 scut. aur., valent 13½ m. It. 2 gross.

It. dno. R. de Erkentele dat. propter kalomynnam & eciam, quum dns. G. Chorus vocabatur ad duellum, 60 aur. flor. val. 105 m.

It. Alexandro misso Leodii ad presentandum sibi eandem pecuniam
10 3 m.

It. pro vino misso Wytheym dno. Jo. de Koyslor sibi propinato 26 m.

It. de vectura ejusdem vini 11 s. It. Leoni misso ibidem alia vice 9 s.

It. God. Kremer misso Brabancie (sic passim) 5½ m.

It. Jo. de Eyghorn & Alexandro missis Brab. 10 scut., val. 22½ m.

15 It. eisdem missis iterum ibidem 4 scut., valent 9 m.

It. Jo. famulo misso Erkentele 6 s.

It. Christiano misso duabus vicibus Lymburg 14 s.

It. eidem misso Brabancie 2 m.

It. Jo. de Eyghorne, Christiano Leonis, Leoni de Karsfurt, Jo.
20 Christiani & Alexandro missis Brabancie propter provocacionem duelli 37 scut., val. 83 m. 3 s.

It. Alexandro remisso statim ibidem 6 scut., val. 13½ m.

It. eidem misso iterato ibidem 4 scut., valent 9 m.

It. Jo. famulo misso Leodii 2 m. bis.

25 It. eidem misso Lymburg 4½ s.

It. Christiano misso Trajecti 10 s.

It. eidem misso Erkentele 1 m.

It. Alexandro misso Lymburg 6 s.

It. Jo. de Eyghorn, Christiano Leonis, Leoni de Karsfurt & Alexandro
30 missis ultimo Brabancie, quum reconciliatum fuerat, 17 scut., val. 38 m. & 3 s.

It. dominis nostris revertentibus et tunc hic invicem commedentibus 6 m. 4 s.

It. Jo. de Eyghorn et Leoni missis Trajecti, quum diebatur, quod
35 dominus dux deberet non venire & non venit, 6 m. & 8 d.

It. dominis nostris equitantibus Trajectum, quum illi de Trajecto conquesti fuerunt, quod illi, qui hic propter combustionem ibidem factam essent emissi, 22 m. It. eisdem secundario missis ibidem 18 m.

It. God. Kremer misso ibidem 6 s.

It. cuidam famulo misso ibidem ad percipiendum de eisdem captivis 12 episcopos.

It. Jo. de Eyghorn, Christiano & Leoni missis ibidem 3 scuteos, val. 6 m. 9 s.

It. dominis nostris Ricolfo, Christiano, Leoni, Goswino in Punt & aliis nostris dominis missis Galopiam ad diem, tunc tractavimus Witheym 6 m. & 3 s.

It. Alexandro misso Trajectum 1 aur. flor.

It. Jo. famulo misso ibidem 6 s.

 Summa hujus 717 m. & 11 d.

It. Jo. famulo misso ad comitem de Seyne de facto domini Godefridi de Seyne 2 m.

It. Jo. Schellart & Alexandro missis Coloniam ad diem de facto eodem 16 m.

It. .. famulo ferenti litteram de Seyne de eodem facto & treugas 2 m.

It. Jo. Schellart & Alexandro missis iterum Coloniam de eodem facto 12 1/2 m.

It. . . famulo misso iterum ad comitem de Seyne 18 s.

 Summa hujus 34 m.

It. God. Kremer misso Coloniam de facto domicelli Godefridi de Nuwenare ex facto Fetzini de Monte 2 m.

It. Jo. Schellart & Alexandro missis Coloniam ad diem de eod. facto 12 m.

It. God. Kremer misso prima vice Frankenfort de facto domicelli Godefridi de Nuwenare 14 m. & 3 s.

It. eidem misso Haggenburg, quum carruce steterunt ibidem, 11 m.

It. dno. Gerardo Chorus et Alexandro missis prima vice Frankenfort ad dnm. Imperatorem 60 aur. florenos, valent 105 m.

It. eisdem missis secundario ibidem 42 aur., val. 73 1/2 m.

It. Jo. de Eyghorn & Alexandro missis Baggeraco ad dnm. Imperatorem, et stetimus ibidem per undecem dies, 23 scuteos aur., val. 51 m. & 9 s.

It. de expensis dni. Henrici de Lewenburg in tractatu domicelli Godefridi de Nuwenare 4 1/2 m.

It. Christiano misso Novimagii ad dnm. de Valkenburg, cum quo domicellus Godefridus de Nuwenare erat, 3 m.

It. God. Kremer misso ad episcopum Coloniensèm de eodem facto 4 m.
It. eidem misso ad consilium Coloniensis civitatis de eod. facto 2 m.
It. Jo. famulo civitatis misso ad consilium civitatis Coloniensis 6 s.
It. eidem misso ad comitem de Monte de eodem facto 3½ m., tunc ipse fecit diem, ad quam diem dns. G. Chorus & Alexander missi 16 m. & 2 s.
It. Alexandro misso secundario Coloniam de eod. facto 2½ m. & 2 s.
It. nuncio episcopi Maguntinensis misso huc cum littera de eodem facto 6 s. sibi dato (sic).
It. Christiano misso Jnliam 6 s.
It. Jo. famulo misso ad comitem de Monte de eodem facto 18 s.
It. God. Kremer misso Coloniam ad dnm. Gerardum Chorus de eod. facto 3 m.
It. eidem misso alia vice ad officium Coloniense de eod. facto et de equo civitatis stante ibidem ad curandum 32 m. & 5 s.
It. eidem dno. G. Chorus misso Duren 1 ryoyl, valet 2 m. 6 d.
It. eidem dno. Gerardo misso alia vice ibidem pro eodem facto
It. God. Kremer misso Coloniam & jacente ibidem per sex dies 6 m. de eodem facto.
It. eidem Godeschalco de sella una 18 s.
It. Christiano misso ibidem de eod. facto 2 m.
It. eidem Christiano misso Leggenig de eodem facto 1 m.
It. God. Kremer misso ad dominos superiores ad videndum, si servare vellent conductum eorum, 11 m.
It. Jo. famulo misso Coloniam 6 s.
It. .. Gürsen misso per Godeschalcum a Colonia 6 s.
It. cuidam alio nuncio misso a Godeschalco 8 s.
It. Godeschalco misso Coloniam de eodem facto 1 m.
It. Christiano Leonis & Alexandro missis Coloniam ad diem 12 m.
It. eidem Godeschalco misso ibidem de eodem facto 3½ m.
It. eisdem Christiano & Alexandro missis secundario & ultimo ibidem 23 m., et tunc erat reconciliatum.
It. eidem domicello Godefrido de Nuwenare dato, ut reconciliaret, 100 scuteos aureos, valent 225 m.
It. Godeschalco Kromer dat., quia multum laboravit in hoc facto, 10 m.
It. de duobus modiis avene datis ad equum suum 26 s.
    Summa hujus 655 m. & 6 s.
It. Christiano misso ad marchionem Julie, quum dns. Gerardus

Chorus & alii nostri concives vocabantur Juliam ad duellum propter homicidium .. Musteyls, 1 m.
It. God. Kremer misso ad marchionem de eodem facto 2 m.
It. dno. .. Maschreyl, Ricolfo de Rodenburg, Leoni, Christiano Leonis & Alexandro missis Duren & inde Juliam 20 m. & 9 s., tunc pernoctaverunt Duren.
It. dno. Ricolfo, Jo. de Ereburg, Jo. Tilia & Alexandro missis Buyllendorp ad episcopum & marchionem 5 1/2 m.
It. dno. Jo. de Brandenburg misso Lymburg de eodem facto 1 m.
It. dno. Ade de Ederen dat., ut promoveret & induceret marchionem Julie ad hoc, ut servaret cives Aquenses in libertatibus eorum, 20 aur., valent 35 m.
It. God. Kremer misso cum eadem pecunia ad presentandum 6 s.
It. .. cuidam alie persone videlicet dno. Godeschalco, cantori Aquensi, dat., ut promoveret eciam ad premissa, 30 m.
It. God. Kremer misso ad marchionem Julie 6 s.
It. eidem misso ad dnm. Jacobum de Pomerio de eodem facto 6 s.
It. Ja. famulo misso Tulpetum de eodem facto 8 s.
It. dno. marchioni Julie dat., quum dns. G. Chorus & alii nostri concives vocabantur ad duellum Julie, ut servaret nos in libertatibus nostris, 200 scuteos aureos, valent 450 m., et ista pecunia data fuit dno. G. Chorus in subsidium sue reconciliacionis, et ipse ulterius concessit marchioni predicto.
It. Christiano misso ad percipiendum de captivis supra montem Hayren captivatis per Mulginum de Bergerhusen & suos complices 3 m.
It. nuncio episcopi Coloniensis ferenti litteram de oppido Mynden destructo dat. 6 s.
It. Christiano & Johanni famulis missis obviam Johanni Chorus, videlicet unus Coloniam & alter super Aram, quum dns. Godefridus de Heyda dicebatur insidiare Widen 6 m.
It. .. Stocart & Byssenecken dat. in vocacionem duelli Golini 12 m.
It. eisdem de duabus tunicis pugillatoriis 12 m.
It. de expensis dni. Conradi de Ruve monachi & Karii Schadebrug tractantium pro bono pacis in dicto facto Gollini 2 scut. aur., val. 4 1/2 m.

Summa hujus 585 m. 5 s.

Summa universalis omnium legacionum & expensarum predictarum. (Die Summe fehlt.)

Sequitur modo de propinacionibus medonis.

It. de medone misso . . archiepiscopo Coloniensi et ejus vectura 56 m. 5 s.
It. God. Kremer misso ad presentandum eundem 3 m.
It. de medone misso . . marchioni Julie, doleo et ejus vectura 43 m. 10 s.
It. Christiano misso cum eodem medone 1 m.
It. de medone misso ducisse Gelrensi, doleo et ejus vectura 49 m. 11 s.
It. Christiano misso cum eodem medone 3 m.
It. de medone misso dno. de Valkenburg, doleo & ejus vectura 38 m. 9 s.
It. Jo. famulo misso cum eodem medone 6 s.
It. de medone misso dno. de Kuc et ejus vectura & doleo 33 m. & 8 s.
It. Jo. famulo misso cum eodem medone 18 s.
It. de medone misso dno. Henrico de Lewenberg, doleo & vectura 11 m. & 9 s.
It. de particularibus propinacionibus medonis cum sextariis 73 m. 3 s., et tunc erat dedicacio & ostensio reliquiarum, ideo tantum fecit.
It. . . Haller ligatori vasorum ad medonem predictum $10^{1}/_{2}$ s.
It. de cera sigillatoria ad missiles 20 s.
It. de duabus anforis stagneis ad propinandum supra lobium magistrorum civium 2 m.
It. de anforis terreis ad propinandum 26 s.
It. de purgacione anforarum civitatis, cum quibus propinatur 18 s.
Summa propinacionis medonis 324 m. & $8^{1}/_{2}$ s.

It. . . Huyfnayl de custodia nemoris, pro rata temporis 13 m.
It. Gisoui de Schympir de custodia nemoris 40 m.
It. . . Heytgino de custodia nemoris, de rata temporis, 30 m.
It. . . pueris Ludowici de Kleyve de lobio suo carbonibus & candelis, de rata temporis anni preteriti, 20 m.
It. . . relicte Henrici Dumen de lobio, carbonibus & candelis 27 m. 3 s.
It. Th. apothecario de censu domus sue 7 m.
It. magistro Ar. de Puteo de precio suo 30 m. 4 s.
It. eidem magistro Arnoldo dato 10 m.
It. Jo. Sleyting de precio suo 21 m.
It. Wernero de Lynge de precio suo 21 m.

It. Jo. Lupo de precio suo 21 m.
It. God. Hoyn & Wil. in Punt de precio eorum 52 m.
It. Henrico in foro de precio vinorum 6 m.
It. eidem de signis blumbeis datis civibus 6 m.
5 It. de stagno ad refudendum signa eadem 3½ s.
It. Jo. Wirig de precio suo vinorum 6 m.
It. eidem Jo. Wirig de precio suo 13 m.
It. magistro Brunoni de precio suo 13 m.
It. God. Kremer de precio suo 13 m.
10 It. Christiano de precio suo 13 m.
It. Johanni de precio suo 13 m.
It. .. Roytkûggele de precio suo 8 m. & 8 d.
It. Klos Klocker de precio suo 8 m. & 8 s.
It. eidem Klos de custodia campane bannalis 5 m.
15 It. pro funibus ad campanam bannalem 11 s. hall.
It. de pulsacione ultime kampane 1 m.
It. magistro Jo. lapicide de precio suo 30 m. & 4 s.
It. Winrico fossori de precio suo 30 m. & 4 s. It. eidem pro vestibus suis 6 m.
20 It. eidem Winrico de ocreis suis 15 s.
It. .. Stocart & Byssenecken de precio eorum 26 m.
It. Jo. Puppelsayve 14 m. It. eidem de Amelio extra Punt curando 1 m.
It. Ar. Lymburg & soc. cornuatoribus supra aulam 26 m.
25 It. eisdem de tunicis eorum hiemalibus et estivalibus 8 m.
It. eisdem dat. ad emendum siliginem 2 m.
It. eisdem de carbonibus & candelis habitis supra aulam 4 m. 7 d.
It. .. Schoydergin de custodia domus civium & de tunica sua 4½ m.
It. .. vigilatoribus de festis eorum 13 m. & 18 d.
30 It. .. familie civitatis de festis eorum 24 m. & 2 s.
It. Henrico Gastburne de precio vinorum & tunica sua 7 m. & 4½ s.
It. aliis vigilatoribus de custodia vinorum 2 m.
It. de purgacione muse in foro 11 s.
It. Jo. Swertfeger de pulsacione campane super aulam pendentis
35   20 m.
It. de reparacione et repeudicione campane ejusdem 2½ m. & 5 d.
It. Alexandro de precio suo 45 m. It. eidem de ocreis 21 s.
It. de vestibus magistrorum civium & Alexandri 116 m.
It. de sufforraturis ad vestes easdem 22 m.

It. de vino magistrorum civium 10 m.
It. de expensis octo equorum civitatis & Alexandri 240 m.
It. de sellis, frenis, ligaminibus & aliis necessariis equorum civitatis 23 ½ m.
It. de equis civitatis ferrandis 13 m.
It. de vestibus & tunicis magistrorum: Brunonis, Jo. lapicide, Jo. Wirig, God. Kremers, Dytzonis, Henrici Kapelle, Christiani, Johannis, Nicolai Klockers, Marras et Roytkogelen 103 m.
It. pro sufforraturis ad vestes easdem 10 m.
It. de tunicis hiemalibus eorundem 23 m. & 8 s.
It. de tunicis famulorum magistrorum civium 16 m. & 10 s.
It. de tunica data Jo. Pavoni 7 ½ m. & 3 s. it. pro sufforratura 21 s.
It. de tunica data .. theolonario Juliacensi 7 m.
It. de duabus tunicis God. Hoyn & Wilh. in Punt 15 ½ m.
It. de vestibus magistri Jo. factoris latericearum 7 m.
It. perdidimus in wynschen 40 m. per Wm. Beyssel.
It. .. familie civitatis quia parum lucrantur dat. 18 m.
It. Wilhelmo Beyssel & uxori sue dat. de laboribus suis 20 m.
It. de expensis hoc anno supra lobium magistrorum & alibi factis 135 m.

Summa hujus 1500 m. & 13 d.

Sequitur nunc de particularibus propinacionibus vinorum.

Primo, dno. de Lanskroyne 2 sextaria.
It. scabinis de Duren 2 sextaria.
It. archiplebano Aquensi 4.
It. dno. Goswino de Zeyvele 2.
It. .. scabinis Durensibus 2.
It. dno. Jo. de Bûytgenbag 4, it. 4.
It. dno. Simoni de Palude 2.
It. .. scabinis Trajectensibus 2.
It. Sivardo de Grue de Colonia & sociis 2.
It. dno. Jo. Scheynart dapifero Julie 4.
It. dno. Ade de Ederen 2.
It. dno. Arnoldo Nûyst 2.

It. .. comitisse Juliacensi 6, it. 6.
It. Jo. de Weterungen 2, it. 2.
It. .. burgravio de Lymburg 4.
It. Jo. de Eyghorn misso bis 2.
It. Til. de Lersa 1, it. 1.
It. .. sigillifero Episcopi Maguntinensis 2.
It. .. Draconi de Maguncia & sociis 2.
It. .. cantori Aquensi 2, it. 2, it. 2.
It. .. scabinis Trajectensibus 4.
It. dno. Maschreyl 2.
It. .. cuidam militi ducis Brabancie 2.
It. dno. G. de Endelstorp 4.
It. .. fratribus Theutonicis 4.

It. . . scabinis Aquensibus 2.
It. . . operariis muse ante Pervisium 2.
It. de vinicopio equorum emptorum 2.
It. . . familie civitatis de nupciis 4.
It. magistris operis 2, it. 2.
It. dno. Arnoldo Nûyst 2, it. 2.
It. decano Aquensi 4, it. 4.
It. . . scabinis Durensibus 2.
It. domine de Roytzloyr 4.
It. de vinicopio de censu empto in Rufum Leonem 6.
It. scabinis de Vorve 2.
It. . . advocato de Valkenburg 2.
It. . . marchioni Juliacensi 10.
It. dno. Gerardo Chorus reverso a Brabancia 2.
It. dno. Carsilio de Palant 2.
It. deme . . vytzdům de Argentina 2.
It. comiti de Dytz 2.
It. . . abbati sci. Cornelii 2, it. 2.
It. . . decano Aquensi 4, it. 2.
It. dno. de Hůzendorp, militi imperatoris 2.
It. . . comiti de Zoney, militi reg. Bohemie, 3.
It. dno. de Blairsfelt 4.
It. superiori magistro fratrum August. 4.
It. . . notario de Duren 2.
It. dno. de Marburg 4.
It. Goswino de Rosendale & soc. 3.
It. . . decano Trajectensi 2.
It. . . cantori Aquensi 2, it. 2.
It. . . Burgravio de Wilhemsteyn 2, it. 2.

It. . . preposito Leodiensi fratri comitis Lossensis 4.
It. dno. Ja. de Pomerio 2, it. 2.
It. dno. de Steyne 4, it. 2.
It. dno. Henrico de Lewenberg & soc. 4.
It. dno. Winando, capellano Juliacensi, 2.
It. dno. Wernero de Gusten 2.
It. . . suffraganeo Leodiensi 2.
It. dno. G. de Weydendorp 2, it. 2.
It. dno. Jo. de Tribs 2.
It. . . regi Bohemie 16.
It. duci de Schoynnecken 3.
It. dno. Ar. Nûyst 2, it. 2.
It. dno. G. de Vivario 2.
It. dno. Walramo de Burne 2.
It. dno. G. de Endelstorp 4.
It. duci de Valkesteyne 3.
It. Mathie, nuncio dni. imperatoris, 1.
It. domine de Müystroyl 2.
It. . . familie civitatis de nupciis 3.
It. . . episcopo Coloniensi 10. It. 8.
It. Jo. de Eyghorn & Alexandro reversis 2.
It. burgravio de Wilhemsteyn 2.
It. dno. Wiflet de Brabancia 4, it. 4.
It. dno. R., burgravio Lymburgensi, 4.
It. de vinicopio cementarii Elendorp 2.
It. . . duci Saxonie 6.
It. . . scabinis Aquensibus 2, it. 2.
It. dno. Ricolfo de Rodenburg misso 1, it. 1.
It. Christino Leonis misso 1, it. 1.
It. Leoni de Karsfurt misso 1, it. 1.

It. Jo. Christiani misso 1, it. 1.
It. Alexandro misso 1, it. 1. it. 1.
It. Jo. Schellart misso 1, it. 1.
It. ... vigilatoribus in parva dedicacione 3.
It. ... dno. Scheynardo dapifero Julie 4.
It. domine de Witheym 2.
It. dno. de Spiggelberg 4.
It. ... Pithayn, camerario episcopi Coloniensis 2.
It. ... abbati sci. Cornelii 2.
It. dno. ... Maschreyl 2.
It. ... Schillinc de Hergarden 2.
It. dno. Woltero de Sebrucgen 2.
It. dno. de Wysenmoyle 2, it. 2.
It. Petro de Hunstorp 1.
It. Jo. de Eppechoyven & soc. 2.
It. dno. Mathie de Stummele 2.
It. scriptoribus & virgulatoribus, Martini, 3.
It. de vinicopio arearum emptarum 22.
It. ... burgravio de Wilhemsteyn 2.
It. ... comiti de Zustelun, cognato marchionis Julie, 4.
It. dno. Arn. de Buschfelt 2.
It. R. de Schoynnauwen 2.
It. dno. Silmanno de Rodenburg 2.
It. ... dapifero Julie 2.
It. dno. ... de Zalim 4.
It. ... celerario sancti Trudonis 2.
It. dno. de Sleyda 4, it. 4.
It. Tilkin & Hillesheym 2.
It. magistro Godefrido de Kottungen 2.
It. ... preposito de Waldecken 2.
It. ... sancto Jolino 2.

It. dno. Jo. de Butgenbag 4, it. 2.
It. dno. Jo. de Vlatten 2.
It. dno. Baldewino de Royde 2.
It. .. consilio .. comitis Lossensis 4.
It. dno. Simoni de Palude 2.
It. dno. Frederico de Milendunc 2.
It. ... magistris balistariorum 1.
It. dnis. nostris euntibus Brabanciam 2 in flascis.
It. domicello G.. filio marchionis Julie, 7.
It. ... cantori Aquensi 2.
It. dno. Winando, capellano Julie, 2.
It. ... scabinis Aquensibus 2, it. 2.
It. dnis. nostris multis existentibus in consilio, quum consilium marchionis voluit habere copias litterarum civitatis, 22.
It. domine de Stoylburg 2.
It. familie civitatis de nupciis 3.
It. dno. Trusgino dapifero 2.
It. dno. Th. de Emenroyde de Westfalia 2.
It. Conrado sculteto de Royde 1.
It. dno. Simoni de Palude 2.
It. ... scabinis Trajectensibus 2.
It. ... notario & alio nuncio Frisonum 2.
It. Jo. de Robucroth & soc. 2.
It. ... familie civitatis in vigilia Martini 4.
It. ... scabinis Trajectensibus 4.
It. dno. Jo. de Bûytgenbag 4, it. 4.
It. .. Brymgin de Aldenhoyven 1.
It. Alexandro misso 1.
It. ... scabinis Aquensibus 2, it. 2, it. 2.

It. . . magistris operis 2, it. 2.
It. Gerlaco de Husen 2.
It. . . marchioni Julie 8, it. 8.
It. dno. de Hamele 2.
It. . . cantori Aquensi 2.
It. dno. Winando, capellano Julie, 2.
It. .. familie civitatis de nupciis 3.
It. God. Kremer misso 1.
It. Christiano bis misso 1.
It. magistro Arnoldo de Puteo dat. 1.
It. . . sociis in domo Rumeschuttelen 2, it. 2.
It. dno. Simoni de Palude 2.
It. dno. Ja. de Pomerio 4, it. 4.
It. decano Aquensi 4.
It. dno. Gerardo cum barba 2, it. 2.
It. dno. Baldewino de Royde 2.
It. dno. Jo. de Aldenhoyven 2.
It. . . magistro latericearum 1.
It. . . scabinis Trajectensibus 2.
It. . . scabinis Durensibus 2.
It. domine de Bûytgenbag 4.
It. dnis. nostris revertentibus a Brabancia 4.
It. . . familie civitatis datam cuilibet unam flascam laborantibus, faciunt 4 sextaria.
It. vigilatoribus sufflantibus 2.
It. . . uxori Til. de Ocrea 2 duabus vicibus.
It. . . scabinis Aquensibus 2.
It. domine de Witheym 2.
It. . . abbati sci. Cornelii 2.
It. dno. Rulmano de Sinzge 2.
It. domine de Bûytgenbag 4.
It. . . advocato de Valkenburg 2.

It. . . scabinis de Dyst 2.
It. dno. Wilhelmo de Are 2.
It. . . dapifero Juliacensi 2.
It. . . abbati sancti Cornelii 2.
It. domine de Valkenburg 4.
It. dno. Woltero de Saffenberg 2.
It. dno. Wernero de Breydenbent 2.
It. . . sculteto & scabinis Trajectensibus 4.
It. . . comiti de Salmen 4.
It. dno. G. de Blankenheym 4.
It. dno. Maschreyl 2.
It. R. de Schoynnauwen 2.
It. . . scabinis Aquensibus 2, it. 2, it. 2.
It. domine de Waldecken & sociabus suis 4.
It. dno. Conrado de Dicka 2.
It. . . Schillinc & Til. de Hillesheym 2.
It. dno. Weltero de Klerve 2.
It. dno. Jo. de Brûyghusen 2.
It. cuidam . . militi de Anglia 2.
It. . . preposito Maguntinensi 4.
It. . . marchioni Juliacensi 8.
It. dominis Ar. de Elzelo & Ade de Edern 4.
It. . . fratribus bastardis comitis Hollandie 4.
It. . . comiti de Nue Francie 4.
It. comiti Wil. de Katzenelleboge 4.
It. dno. de Schoynenberg & sociis 4.
It. . . dapiferis Julie & de Wilhemsteyn 4.
It. . . filiis dni. G. de Blankenheym 2.

It... advocato de Ayrwilre 2.
It... familie civitatis de nupciis 3.
It. in carnisprivio sociis & balistariis munera 11.
5 It. Hildegero dapifero de Royde 2. It. 2.
It... monasterio fratrum Minorum 2.
It. nuncio ducis Brabancie 2.
10 It. dno. Gerardo de Endelstorp 4.
It... decano Aquensi 4.
It. domine de Bûytgenbag 4.
It. dno. G. Chorus misso 2.
It. domine de Wirtenberg 4.
15 It... cantori & dno. Winando 2.
It. dnis. nostris revertentibus de Witheym 6.
It. dnis. nostris revertentibus de Trajecto 4.
20 It. domicello Hermanno de Vering 2.
It. dnis. nostris revertentibus a Brabancia 6.
It. R. de Hoyngen & soc. 2.
25 It. dno. Jo. Scheynart dapifero Julie 2.
It. dno. Trusgino burgravio 2.
It. dnis. revertentibus de Galopia 7.
30 It... scabinis Aquensibus 2. it. 2, it. 2.
It. dno. G. de Vivario 4.
It. Til. de Ocrea 1.
It. dno. de Azemont 2.
35 It. dno. de Randenroyde 4.
It. Christiano Leonis & Leoni 2.
It. dno. Simoni de Palude 2.
It. fratri G. de Molendino, Predicatori 2.

It. domine de Bûytgenbag 4.
It... familie civitatis de nupciis 3.
It. dno. G. de Blankenheym 4.
It... scabinis Trajectensibus 2.
It. dno. de Hemersbag 2.
It. cantori Aquensi 2.
It. dno. Goswino de Broymoyllen 2.
It... advocato de Ayrwilre 2.
It... filiis comitis de Vyrnenburg 4.
It. dno. de Wysenmoyle 4.
It. dnis. nostris revertentibus a Brabancia 6.
It... preposito Mogliniensi & sociis 4.
It... pedisseque regine Anglie 2.
It... commendatori ordinis sci. Johannis 2.
It... Pithayn de Norvenig 2.
It... filio dni... de Sleyda 3.
It. dno. Ar. de Sareyn & dno. de Hamele 3.
It... reddituario de Tynen 2.
It. dno. Jo. de Rûydesberg 2.
It. dno. Winando de Dunzinghoyven & domicello Godefrido de Nuwenare 2.
It. dno... Schellardo de Leyvendale 2.
It. dno. de Harekûrt 4.
It... dapifero comitis Lossensis 2.
It. dno. de Solmze 2.
It. dno. Conrado de Lossenig 2.
It. domine de Steyne 2.
It. magistro coquine episcopi Leodiensis 2.

It. domino Segerio de Swalmen 2.
It. Rumbeloni de Hetzungen 2.
It. dno. Frederico de Kroynen-
berg 2.
5 It. Jo. Slabbart 2.
It. dno. Th. de Sleyda 2.
It. preposito Xantensi 3.
It. ... advocato de Nersa 2.
It. ... mareschalco de Alftere 2.
10 It. dno. de Randenroyde 4.
It. domine de Lanskroyne 2.
It. dno. Henrico de Dollendorp 2.
It. domine de Wildenberg 2.
It. ... uxori dni. Joh. de Nuen-
15 are 2.
It. dno. Rulmanno de Synsge 2.
It. magistro Jo. lapicide 1.
It. ... dapifero de Monyoe 2.
It. dno. G. Chorus 1.
20 It. consilio episcopi Leodiensis 4.
It. ... advocato de Valkenburg 2.
It. ... commendatori de Junccis 2.
It. ... dapifero de Royde 2.
It. de vinicopio trium marcarum
25 census empti erga puellam
de Schoynnecken 4.
It. ... preposito de Waldecken 2.
It. dno. G. de Lanskroyne 2.
It. ... virgulatoribus, scriptoribus
30 & familie 5.
It. ... famulo dni. de Kûyc 1.
It. ... familie civitatis de nupciis 5.

It. .. dapifero de Wilhemsteyne 2.
It. Wilhemo, fratri Jo. de Hay-
ren 1.
It. ... cantori Aquensi 2, it. 2.
It. ... reddituario Lovaniensi 2.
It. ... civibus Coloniensibus 2.
It. domine de Bedebur 2.
It. Tij. de Roysmayr 2.
It. ... uxori dni. Baldewini de
Synzig 2.
It. ... canonicis sci. Servacii Tra-
jectensibus 4.
It. Gerlaco de Husen 2.
It. dno. G. de Vivario 4.
It. domine de Ryncberg 2.
It. Woltero Volmeri 2.
It. dno. Goswino de Alftere 2.
It. dno. Arnoldo Nûyst 2.
It. dno. Ar. de Randenroyde 2.
It. ... celerario de Brolio 2.
It. hinc inde in diversis locis 12.
It. ... Abbati sci. Trudonis 4, it. 4.
It. ... comiti Lossensi 6.

Summa in vino 5 plaustra 3 ame
& 17 sextaria.
De quo vino circa duo plaustra
solvebat quarta 2 s. hall.
Reliquum solvebat quarta 12 d.
Summa universalis pecunie pro-
pinacionum predictarum 359
m. & 8 s.

Sequitur nunc de parvis structuris hinc inde factis.
35 Primo, de vineo in gramine civium preparando 22 s.
It. in dedicacione portantibus balistas supra domum consilii 12 d.
It. cuidam nuncio misso ex parte domini de Sleyda dat. 4 s.
It. magistro Rodermunt de reparacione antiquarum sellarum $12^{1}/_{2}$ s.
It. pro sera supra portam graminis civium & de reparacione porte 3 s.

It. de ligneo opere apud musam Albarum dominarum 2½ s.
It. de supraportacione dele supra domum civium 12 d.
It. pro clavis ad turrim extra Punt 18 d.
It. de reparacione adûgt & odemzugt de musa prope domum Kynis 5 s.
It. de uno ghespan supra musam in platea sci. Jacobi 18 s.⎫ per
It. de duobus ghespan supra cannalia muse 2 m. ⎬ magistrum
It. de uno krutzboym super ecclesiam sancti Foillani 9 s.⎭ Petrum.
It. pro pergameno Alexandro 4 m.
It. magistris operis de lobio eorum 12 m.
It. de reparacione domus, in qua panis venditur, 3 m. & 4 s.
It. de diversis parvis structuris, claviculis & aliis parvis necessariis 34 s.
It. de krutkarren zebesloyn 8 s.

  Summa parvarum structurarum predictarum 31 m. & 8½ s.

  Et sic est summa universalis omnium redditorum predictorum tocius anni presentis adinvicem computatorum 18,337 m. 6 s. 11½ d.

  Summa vero receptorum omnium tocius anni presentis est: 19,383 m. 2 s. & 2 d.

  Et sic recepta excedunt reddita in 45 m. 7 s. & 2½ d.

  Inde dederunt ad presenciam computacionis presentis circa 20 m.

  Et sic omnibus computatis, defalcatis & complanatis manent debentes iidem magistri civium consilio Aquensi 25 m. 7 s. & 3 d.

  Inde assignant in Jo. Giselburg 12 m. It. in Frankonem de Helroyde 30 s. It. in Nesam Binsfelt 7 m. Et sic deficiunt 4 m. 7 s. & 3 d.

Computatum anno dni. 1300 quadragesimo sexto, feria quinta post festum beate Gertrudis virginis. (1346 den 23. März.)

Einnahme-Rechnung vom Jahre 1344. Pergamentrolle.

In nomine Domini .. Amen. Anno ejusdem 1300 quadragesimo quarto, erant magistri civium Aquensium Jacobus dictus Kollin & Mathias dictus Hoyn, quo anno obvenciones et assisie ac proventus civitatis Aquensis fecerunt et valuerunt prout sequitur.

Primo enim videndum & audiendum est de assisia multure anni presentis, quam magistri civium anni precedentis videlicet Johannes de Eyghorn & Wolterus in Punt vendiderunt in anno presenti levandum & recipiendum a personis infrascriptis.

Primo, porta Coloniensis 18 m. per Henr. Gastbürne vigilatorem.
It. porta sci. Adalberti 6½ m. per Adam Pyliseren.
It. porta Hardewini 15 m. per Rutgerum vigilem.
It. porta Porchetensis 28 m. per Gob. ad hoc ordinatum.
It. porta sci. Jacobi 17 m. per molendinarios ibidem residentes.
It. porta Regis 2 m. per Wernerum pistorem.
It. porta Pûnt 15½ m. per Reynkinum de Mûtzhagen.
It. porta Sanckule 7 m. per Scharpenberg.
It. Brodermoyllen per molendinarium 30 s.
It. Heppiul per molendinarium 30 s.

Summa universalis hujus primi mensis 113 m.

It. summa universalis multure secundi mensis 118 m.,
    tunc fecit porta Porchetensis 34 m.
It. summa universalis multure tercii mensis 114 m.,
    tunc fecit porta Porchetensis 29 m.
It. summa universalis multure quarti mensis 115 m. 8 d.,
    tunc fecit porta Porchetensis 30 m. & 8 s.
It. summa universalis quinti mensis 105 m. & 10 s.,
    tunc fecit porta Porchetensis 20 m. & 10 s.
It. summa universalis sexti mensis 109 m.,
    tunc fecit porta Porchetensis 24 m.
It. summa universalis multure septimi mensis 108 m.,
    tunc fecit porta Porchetensis 23 m.

It. summa universalis multure octavi mensis 107 m. 4 s.,
tunc fecit porta Porchetensis 22 m. & 4 s.
It. summa universalis multure noni mensis 105½ m.,
tunc fecit porta Porchetensis 20½ m.
It. summa universalis decimi mensis 107½ m.,
tunc fecit porta Porchetensis 22½ m.
It. summa universalis undecimi mensis 103 m.,
tunc fecit porta Porchetensis 18 m.
It. summa universalis multure duodecimi mensis 107 m. 10½ s.,
tunc fecit porta Porchetensis 21 m. & 10½ s.
It. summa universalis multure terciidecimi mensis 106 m. 12 d.,
tunc fecit porta Porchetensis 21 m. 12 d.
Et sic est summa universalis multure tocius anni predicti ad invicem computate 1421 m. & 9½ s.
It. assisia ab extraneis proveniens cedit de precio vigilatorum.

Sequitur nunc quantum magistri civium receperunt hoc anno
de assisia vinorum.

Primo enim receperunt de assisia primi mensis, secundi mensis (2924 m. 10 s.), tercii & quarti mensis, presentibus Goswino Martini, Godefrido Kollin, Jo. Bulgin & Jo. Tilia 4049 m. & 12 d. manens civitati.

It. receperunt ab assisia vinorum de Salice, Hayren & allis 165 m. & 10½ s.

It. receperunt ab assisia vinorum quinti, sexti, septimi & octavi mensis, presentibus Jo. de Trajecto, Hermanno Hoystein, Ricolfo de Gurzenig et Wilhelmo Beysel 2297 m. & 3 s.

It. receperunt ab ass. vinorum noni, decimi, undecimi, duodecimi & tercii decimi mensis, presentibus Jo. Herman, G. Sûysdranc, Ricolfo Nagel & Conrado de Eyghorne 2811 m. & 10 s.

Et sic est summa universalis assisie vinorum tocius anni presentis adinvicem computate 9324 m. 6 d.

It. receperunt dicti magistri civium hoc anno ab Joh. Lyberti, fratre suo .. Schayfdrysch, Lemkino Kinis & Henrico de Pomerio Wirici 1671 m. de assisia servisiarum.

It. receperunt ab ass. servisiarum ad duos Hallenses braxatores 754 m. manens defalcato precio Moyrgini & Jo. Liberti.

It. receperunt a Bulgino & sociis suis de assisia coquine & pannorum hoc anno 1206 m.

Sequitur nunc quantum dicti magistri civium receperunt hoc anno de parvis assisiis.

Primo, ab assisia nove halle 30 m.
5 It. ab ass. antique halle 72 m.
It. ab ass. eris 42 m. per Nicolaum de Tungeren & Jo. Vrunt.
It. ab ass. ferrorum 55 m. per magistrum Johannem.
It. ab ass. pellificum 120 m. per Jo. Pelzergin & Joyst.
It. ab ass. cerdonum 202 m. per cerdones.
10 It. ab ass. corduanorum 66 m. per corduanos.
It. ab ass. equorum 42 m. per magistrum Jo. Fabrum.
It. ab ass. rubee 192 m. per Henr. Wageman & Wm. Rigtergen.
It. ab ass. linitorum 162 m. per Winandum Teschen.
It. ab ass. piscium 260 m. per Ysernknet et socios suos.
15 It. ab ass. medonis 250 m. per Jo. Christiani bone memorie.
It. ab ass. carnificum nichil, quia dns. G. habet eam ad musam ante Pervisium.
It. ab ass. nichil.
It. ab ass. kalomynne nichil.
20 It. de censibus civitatis 29 m. & 8 d.
It. assisia institorum vendita fuit pro 418 m. } summa 703 m., de
It. assisia sagiminis vendita fuit pro 225 m.
hac summa dicti magistri civium receperunt & levaverunt 221 m., residuas vero 482 m. receperunt & levaverunt Jo. de Haren
25 & Jo. de Tilia & deposuerunt ad edificacionem cubiculorum noviter constructorum.
It. receperunt de censu domus follonum 98 m. & 3½ s. et stant vacui pro 12 m. & 3 s.
Et sic est summa universalis parvarum assisiarum et censuum pre-
30 dictorum per predictos magistros civium levatorum 1841 m. 4 s. & 2 d.
Et sic est summa universalis omnium receptorum predictorum tocius anni presentis in universo 16,218 m. 2 s. & 2 d.
It. receperunt a tribus becginabus sororibus de Patteren, ementibus
35 pensionem triginta marcarum, quelibet decem, 270 m., ad novem marcas quamlibet marcam.
It. receperunt a duabus filiabus Kollini, institoris, Albabus domi-nabus, ementibus pensionem sexaginta marcarum, 660 m., ad undecem marcas quamlibet marcam.

It. receperunt a Conr. de Royde, emente pensionem centum florenorum aureorum, 700 aureos florenos, valent 1225 m.

Summa universalis pecunie provenientis ex emptione dicte pensionis ascendit ad 2155 m.

Et sic est summa universalis omnium levatorum & receptorum predictorum tocius anni presentis 18,370 m. 2 s. & 2 d.

It. levaverunt a Jo. Kutzeller 10 m., quas (sic) domus sua stella tenebatur, quam liberam promisit.

Summa vero redditorum anni presentis est 18,337 m. 6 s. $11^{1}/_{2}$ d.

Et sic recepta excedunt reddita in 45 m. 7 s. & $2^{1}/_{2}$ d.

Inde dederunt ad presenciam istius presentis computacionis circa 20 m.

It. assignant in Jo. maritum Giselburg 12 m. It. in Frankonem de Helroyde 30 s. It. in Nesam de Binsfelt $6^{1}/_{2}$ m. Et sic deficiunt 4 m. 7 s. $2^{1}/_{8}$ d.

Computatum anno Domini 1346, feria quinta post festum beate Gertrudis Virginis (23. März).

Ausgabe-Rechnung vom J. 1346. Pergamentrolle.

In nomine Domini amen. Anno ejusdem millesimo trecentesimo quadragesimo sexto erant magistri civium Aquensium dominus Gerardus, dictus Chorus, & Christianus Leonis, qui magistri civium nomine civitatis Aquensis dederunt ista, que secuntur.

Primo enim dederunt et exposuerunt de hereditariis solucionibus personis infranotatis ista, que secuntur.

Primo, de pecunia altaris in Porcheto 15 aur. floren., valent 26 m. & 3 s.

It. de pecunia duorum altarium in Nydecken 40 aur. flor., val. 70 m.

It. de pecunia altaris dominarum Albarum 15 aur. flor., val. 26 m. 3 s.

It. de censu magne domus follonum .. marchioni Julie 20 m.

It. de censu fundi domus ejusdem 4½ m. 3 s., sine censu Goswini.

It. .. pueris quondam Wilhelmi Elrebûrne de area domus follonum 10 m.

It. de censu aliarum domorum follonis 14 m. 8 s. & 8½ d.

It. de censu domus civium 5 s.

It. .. pueris de Wilberg de feodo eorum 6 m.

Summa hujus 178 m. 4 s. & 8½ d.

It. canonicis beate Marie de censu arearum in foro sitarum 4 m. 4 d.

It. relicte Jo. Kayardi de area sua 7 m. minus 4 d.

It. Tilkino, filio quondam Jo. Kayardi, 15 aur. flor., val. 26 m. 3 s. levavit Ja. Kayard.

It. fratri Petro Schop 3 m., levavit Poytgin Campsor.

It. .. puelle de Schoynnecken 8 s. de duobus annis.

It. .. Katherine Schrafs 22 m.

It. puelle Nese, sorori sue, 11 s. & 4 d.

It. Mathie de Hoynkirgen 29 s. & 10 d.

It. .. relicte Jo. de Eyghorne 10 m. & 11 s.

It. Petro Gressere 18 m.

It. Jo. Schynmegger 34 m.

It. Godefrido Kollin 10 m. 6 s. & 9 d.

It. dno. Woltero in Pûnt 21½ s.

It. dno. Heriberto Gotsname 23 s.
It. .. relicte Th. de Strythagen 14 s.
It. relicte R. Hoyn 10 m. 9 s. & 4 d.
It. dno. Jo., filio Marie, de censu altaris quondam .. Gigantis 6 m.
5 It. Grete cece in vico des Kalen 3 m. 3 s.
It. .. sorori domini Wolteri Koylsoyf 175 & s. d.
It. Christiano Wilden de Colonia 3 m. & $^1/_2$ s.
It. Arnoldo Wilden 4 m. 7 s.
It. Jo. Bertholfi 16 s.
10 It. R. de Moyrke 2 m. de duobus annis.
It. dno. Jacobo Kopgin 18 s., de duobus annis.
It. Nicolao Hoytzappel 7 s.
It. Jo. de Weyenberg 1 m.
It. Jo. filio Goswini de Cannali 50 m. & $25^1/_2$ d.
15 It. Jo. de Tilia 50 m.
It. dno. Wernero de Breydenbent $10^1/_2$ s., de domo Pollicis.
It. pueris Andree de Wiise 1 m.
It. canonicis sancti Alberti 1 m.
It. .. fratribus Theutonicis de sco. Egidio $3^1/_2$ m. & 8 d.
20 It. hospitali supra curiam 2 m., de duobus annis.
It. domui sancti Spiritus 1.
It. ad candelas sacramenti 3 s.
It. fraternitati sancti Johannis 8 m. & 3 s.
It. sorori domini Wolteri in Pûnt, moniali $16^1/_2$ s.
25 It. Christiano Leonis 8 m. 2 s. & 4 d.
It. Ricolfo de Gurzenig & Jo. fratri suo 3 m. & 10 d.
It. .. sorori Rutgeri Maylbrant 18 s., de duobus annis.
It. domine de Dobag $22^1/_2$ s., levavit Hankart.
It. .. genero .. Arregûns 22 s., de domo Augustinensium in Kockerel.
30 It. hospitali supra curiam 5 m. de tribus annis, levavit Ricolfus de Gurzenig.
It. Jo. Schellart 27 s. $4^1/_2$ d., de tribus annis.
It. Ricolfo Nagel 4 m. 3 s.
It. dno. Johanni plebano 18 s. de macello carnificum.
35 It. Johanni Chorus $10^1/_2$ s.

    Summa universalis censuum predictorum 310 m. & 2 s., sine pecunia altarium & aliorum predictorum.

Sequitur nunc quantum dicti magistri civium dederunt de pensionibus annalibus personis infrascriptis.

Primo, dno. G. Chorus magistro civium 250 m.
It. eidem dno. G. & nepoti sue, moniali, 75 aur. valent 131 m. & 3 s.
It. dno. Wernero de Breydenbenth 100 libras hall., val. 222 m. & 32 d.
It. eidem dno. Wernero 270 m.
It. dno. Carsilio de Palant 100 libras hall., val. 222 m. & 32 d.
It. cidem dno. Carsilio 400 m.
It. dno. Jo. de Tribs, pro rata temporis sui, 240 m. 10 s. 4 d.
It. dno. Wil. de Brûyghusen, ex parte domine Alveradis uxoris sue, 100 lib. hall., valent 222 m. & 32 d.
It. eidem dno. Wil. de anno preterito 100 libr. hall., val. 222 m. & 32 d.
It. dno. Silmanno de Rodenbûrg 30 m.
It. dno. Godefrido de Heyda 75 m.
It. dne. Nese, uxori sue, 100 m.
It. dno. Wil. Boynen de Heyda 75 m.
It. dne. Megthildi de Grunselt 75 m.
It. Wernero de Gurzenig & uxori sue 12 libras gross., val. 480 m.
It. eisdem conjugibus 800 m.
It. Leoni de Karsfurt 40 m.
It. Elizabet de Gressenig, moniali Albarum, libram gross., valet 40 m.
It. Ricaldo de Helroyde, ex parte uxoris sue, libram gross. val. 40 m.
It. puellabus de Harleys 20 m.
It. Conrado de Royde 30 s. gross., valent 60 m.
It. eidem Conrado & uxori sue 180 m.
It. puelle Aleydi de Vilen 1 libram gross., valet 40 m.
It. .. filiabus Flamingi, monialibus, 2 libr. gross., valent 80 m.
It. puelle Nese Schrafs, moniali Albarum, 28 m.
It. puelle Eve, filie Tilmanni Hoyn, 10 s. gross., val. 20 m.
It. duabus filiabus Kolini, institoris, monialibus, 60 m.
It. Michaeli Flaminx lib. am gross., valet 40 m.
It. dno. R. Hoyn 20 lib. hall., valent 44 m. 5 s. 4 d.
It. pro rata temporis ejus lem dni. R. 11 m. 3 s.
It. Jo. Bulgin supra ripam 6 libr. gross., valent 240 m.
It. Petro de Irco 100 m.
It. .. filie Breymmen de Aldenhoven 10 libr. hall. valent 22 m. 32 d.

It. brg. Katherine Schrafs liross., valet 40 m.
It. eidem Katherine 16 rioyl, valent 32 m. & 8 d.
It. eidem 30 scuteos aureos, val. 67 1/2 m.
It. Henr. Slûyf 5 lib. gross., valent 200 m.
5 It. Henr. Kollin 2 lib. gross., valent 80 m.
It. .. investito de Anstenroyde 2 lib. gross., val. 80 m.
It. Megthildi Chorus et Katherine, sorori sue, 3 lib. gross., val. 120 m.
It. Drude, filie quondam Dyonisii, 2 lib. gross., val. 80 m.
It. fratri Kollino, templario, 24 lib. hall., val. 52 m. & 4 s,
10 It. duabus sororibus suis 14 lib. hall , val. 31 m. 16 d.
It. Hildebrando de Royde 2 lib. gross., valent 80 m.
It. dno. Henrico de Weyenberg 60 m.
It. Jo. de Weyenberg 110 m.
It. Heylke, uxori sue, 50 m.
15 It. Jo. Pavoni 1 lib. gross., valet 40 m.
It. Titzele, filie Ricolfi in Pûnt, 9 lib. hall., val. 20 m.
It. fratri Henrico Fittoyl 16 m.
It. dno. Jacobo van den Bremen 20 m.
It. Anne de Byssenecken 10 m.
20 It. Katherine Bartholomei 25 m.
It. Drude, filie sue, 35 1/2 m.
It. Clare Florins 10 1/2 m.
It. Tilkino, filio Henr. de Ruremûnde, 15 m.
It. dno. Jo. de Euskirchen 30 m.
25 It. dno. Ar. de Lybermey 30 m.
It. duabus filiabus, Klincboygginnen 4 lib. gross. 160 m.
It. Simoni supra Roys et uxori sue 52 m.
It. Aleydi, sorori Carsilii, supra Pauwe 13 m.
It. Katherine de Rosiit 22 m.
30 It. Odilie, ancille sue, 8 m.
It. Jo. Brusen & uxori sue 140 m.
It. Henrico & Dyonisio, filiis quondam Andree de Wise, 42 m.
It. fratri Mathie, filio Oben, predicatori & sorori sue 40 m.
It. duabus filiabus des .. Fûyllens 50 m.
35 It. Megthildi de Vyschennig 15 m.
It. puelle Elizabet de Serfze 14 m.
It. G. Sûysdranc & uxori sue 200 m.
It. Wilhelmo in vico Moyrgins & uxori sue 60 m.
It. puelle Heylwigi, filie Volmeri, 12 m.

It. Katherine & Nese de Pattern 20 m.
It. pro rata temporis Megthildis de Pattern 8 m.
It. Martino Mûnt, de feodo tempore patris sui possesso, 80 m.
  Prima summa 7417½ m. & 4 d.

5 It. Lore de Hunone 20 lib. hall., val. 44 m. 5 s. & 4 d.
It. Bele Hoyt, uxori dni. Heydenrici Hardevust, 25 lib. hall., val. 25 schilde.
It. Grete de Pavone 12½ lib. hall., val. 12½ schilt.
10 It. eisdem Bele & Grete 8 m. & 4 s., de dampno in pagamento.
It. Tilmanno de Pavone 25 m.
It. Gerardo de Kleberg 30 lib. hall., val. 67½ m. per Jacobum Kollin levat.
It. eidem Gerardo 20 m. per Ja. Kollin levat.
15 It. Hille de Bûurchoyven de presenti anno et duobus annis elapsis 30 lib. hall., val. 67½ m., per fratrem Jo. Knode levat.
It. Hermanno de Beyen 64 m.
It. fratri Ricolfo de Bûurchoyven 10 m.
It. Blite, relicte Gob. Lausmans, 25 m. holl., per fratrem Jo. Knode levat.
20
It. Lutgardi filie Lufredi de Grifone 15 m. holl. ⎫
It. Grete uxori Jo. de Raytpûtze 15 m. holl.   ⎬ per fratrem Jo. Knode priorem Augustinensium Colon.
It. Mathie, filio ejusdem Johannis, 15 m. holl.
It. Jo., filio ejusdem Johannis, 15 m. holl.
25 It. Nese, filie ejusdem Johannis, 15 m. holl. ⎭
It. Drude de Attendarre 24 m. holl.
It. Rigmodi de Rynberg 8 m. holl.
It. Guyde van den Baselere 10 m. holl.
It. Aleydi de Lutzellewinter 30 m.
30 It. Jacobo Bûtzelman 10 m.
It. Katherine de Moylnheym 15 m.
It. Gûyde de Geyllenhusen 12 m.
It. Drude, uxori Egidii de Hoyo, 25 s. gross., val. 50 m. ⎬ per Ja. Kollin totum levatum.
It. Clare de Vreggen 15 m. holl.
35 It. fratri Jo. de Oysheim 15 m. holl.
It. Bele, uxori Sifardi de Grue, 15 m. holl.
It. Gobelino, filio ejusdem Bele, 15 m. holl.
It. Henrico, filio Gobelini de Udechoven, 20 m. holl.
It. Ludowico de Udechoven 12 m. holl.

It. Megthildi de antiqua fossa 8 m.
It. Katherine de Kleberg 10 m. } per Ja. Kollin
It. Megthildi, filie Tilmanni de Tulpeto, 10 m. } totum levatum.
It. Bele & Grete de Lyntloyr 50 m. holl.
5 It. fratri Petro de Nuwenbûnne 12 m.
It. Jo., filio Heydenrici Hardevust, 25 m. holl.
It. Jo., filius Henr. Hardevust, non est in presentibus.
It. Bele, filie Henr. Hardevust 25 m. holl.
It. Bele, uxori Gobelini de Strusione, 15 m. holl. } per fratrem
10 Is. Drude, filie Sifridi de Poderbag, 10 m. } Jo. Knode
It. Hadewigi Hase de Poderbag 10 m. } Augustinensem.
It. Odilie de Durmage 10 m.
It. Sofie & Aleydi, filiabus Lensmanni de Nussia, 20 m.
It. Petro ceco, dicto Kavesac, 10 m.
15 It. Irmegardi de Hoyngen 4 m.
It. Bele & Beatrici, filiabus Ade, 12 m.
It. Hermanno Rapa 36 m.
It. dno. Wigardo de Lamberstorp 18 m.
It. Drude de Abiete 15 m.
20 It. Grete de Abiete 15 m.
It. Petrisse Korngins 20 m. hall.
It. Sofie in Clusa 6 m.
It. Beatrici de Cervo 20 m. holl.
It. Everardo Gyr van deme Hûntgine 50 m.
25 It. perdiderunt hoc anno in pagamento Coloniensi, quia oportebat dare unum aureum scuteum pro viginti septem solidis, minus quatuor denarios, 14 m., testimonio Jacobi Kollin & relicte Wilhelmi Beyssel.

Secunda summa 1167 m. & 22 d.

30 Summa universalis pensionis ad vitam personarum predictarum in pagamento Aquensi ascendit ad 8584 m. 8 s. 2 d. Ind cedunte de rata temporis personarum predictarum et de solucione aliorum annorum precedencium & de pagamento Coloniensi & Martino Mûnt 629 m. 12 d.

35 Et sic est summa universalis omnium reddituorum predictorum cum hereditariis solucionibus predictis 9073 m. 34$^1/_2$ d. Vera est.

Et sic manet civitas hodierna die solvens in pensione 7624 m., vel circiter.

Sequitur nunc de aliis diversis expensis hinc inde factis hoc anno.

Primo, dederunt de tortise et faccione earum in die Sacramenti 14 m. 7 s., cum parvis candelis.

It. pro cordis, funibus, kûyggeler, gramine in foro, junccis supra lobia monialium & laborantibus ibi & aliis multis circumstanciis 4 m. 10 s.

It. de presencia dat. eodem die omnibus presbyteris 6 m.

It. de vino eodem die monialibus Porchetensibus, Albabus dominabus, fratribus Minoribus, Augustinnensibus et. . Predicatoribus propinato 18 m. 8 d.

It. balistariis in dedicacione circueuntibus dat. 17 m.

It. eisdem balistariis dat. postquam circuiverunt & aliis sociis dat., ut bene vigilarent, 18 sextaria, valent 8 m. & 3 s.

It. pro tortise et faccione earum dat. balistariis & carnificibus 13 m.

It. pauperibus Becgardis dat. pro Deo, ut orarent pro civitate, 18 m.

It. de faccione molendini, dicti Rosmoyllen, 32 m., van pûnte ze punte.

It. Olberto lapicide, de novis domibus in foro sitis edificandis, 55 m.

It. eidem de uno celario ze overwolven 7 m. domus illius in foro.

It. pro lignis, delis & tegulis ad domos easdem 36 m. 9 s.

It. pro clavis & seris ac gesmide ad domos easdem 5 m. 12 d.

It. pro lapidibus Valkenburgensibus ad domos easdem 32 s.

It. pro ankere ad domos easdem et ferreo opere 13 m. $10^{1/2}$ s. per Duytgin.

It. Christiano tectori de tectura domorum earundem 16 m. $10^{1/2}$ s.

It. pro plumbo ad duo canalia domorum earundem 18 m.

It. 37,000 latericea recepta a factoribus latericearum, que tenebantur.

Summa 155 m. 30 d., de parvis domibus.

It. Olberto lapicide de nova captivitate mulierum facta $22^{1/2}$ m.

It. de eadem captivitate, tam pro lapidibus et vectura eorum, cemento & arena, quam laborantlbus ibidem, 29 m. & 11 s.

It. de eadem captivitate in ferreo opere 14 m.

It. lapicidis operantibus & facientibus patibulum 4 m. 4 s.

It. pro plumbo ad patibulum habito 4 m.

It. pro uno trabe, dicto soymer, ad patibulum $3^{1/2}$ m.

It. pro krampen & clavis ad patibulum 18 s.

It. de expensis carpentariorum circa levacionem patibuli factis 3 m. 3 s.

It. Didden de Wylre dat., quum .. faber de Vetzauwen agere habuit propter captivitatem suam, 14 scuteos aureos, val. 31 1/2 m.

It. de muro domus Lamberti pistoris deponendo 10 m.

It. .. famulo Gerlaci de Husen dat. 2 m., ut non impediat frangentes lapides.

It. Gerlaco de Husen dat., quum voluit pignorare homines de Hayren, fodentes foveas pro nigra terra & frangentes lapides 4 aur. flor., val. 7 m.

It. de media parte domus Jacobi Geldoyfs empta 18 m., cum vinicopio.

It. Wilh. Fittoyl dat. pro deo 10 m. & 3 s.

It. ad reparacionem vie lapidee in platea Hardewini dat. 10 m.

It. ad reparacionem vie lapidee in supra Roys dat. 10 m.

It. de reparacione viarum hinc inde in civitate factarum 6 m. 3 s.

It. pro scrineis & laden ad quitaciones 30 s.

It. de pulsacione ultime campane 1 m.

It. de purgacione anforarum civitatis 18 s.

It. nuncio .. filii marchionis Juliacensis, ferenti nova de primo suo filio, 2 schilde.

It. Jo. pulsanti campanam supra aulam 20 m.

It. pro funibus ad eandem campanam 5 1/2 s. It. ipsi Jo. datum 1 sextarium, val. 16 s.

It. Jo. de Wintmoyllen pro duobus magnis malleis 6 m.

It. de faccione gradus sancti Johannis 18 s.

It. .. cuidam nuncio .. marchionisse Juliacensis, venienti de Kalas, dat. 1 m.

Prima summa 514 1/2 m.

Factum Golini.

Primo, Reinero Mailerbe, burgravio de Wilhemsteyne & Arnoldo Noytgin dat., quum Golinus fuerat decollatus, 12 m.

It. cantori Aquensi eodem tempore dat. 40 m., ut responderet pro civitate.

It. pro candelis cereis in illa nocte, quum domini nostri fuerunt supra domum civium & scripserunt litteras missas in Brabanciam et Calas de facto Golini 40 s.

It. de expensis dominorum nostrorum illa nocte factis supra domum 6 m. 4 s.

It. Michaeli dapifero dat. illo tempore 3 schilde, ut responderet pro civitate, quia sepius fuit missus ex parte burgravii de Lymburg pro dno. H. de Grûnselt.

It. de expensis burgravii de Lymburg eodem tempore existentis hic. 12 m.

It. de expensis ejusdem secunda vice 9 m. & 4 s.

It. de expensis ejusdem tercia vice 11 m. 3 s.

It. dno. Jo. de Vloyvergen, dapifero Jul., eodem tempore dat. 36 m.

It. de expensis ejusdem dapiferi Jul. 3¹/₂ m.

It. de expensis ejusdem alia vice 3 m.

It. de expensis dni. Roberti de Gelinde & Arnoldi sculteti Trajectensis 4¹/₂ m.

It. . . cuidam perscrutatori eodem tempore misso 1 m.

It. Christiano misso Bergheym pro conductu concivium nostrorum veniencium de Frankenfurt illo tempore 16 s.

It. Jo. de Junccis misso illo tempore ad ducem Brabancie 4 schilde.

It. eidem Johanni misso secundario illuc 4 schilde.

It. eidem Jo. misso tercia vice illuc 3 schilde.

It. eidem Jo. dat. de laboribus suis, quia maxime laboravit, 2 schilde.

It. Jo. Triptrap misso Seyne & Westerburg propter conductum 5 m.

It. . . Hoynreknet misso ad percipiendum de istis de Haren 6 s.

It. . . famulo Nicolao Mulen misso Vreydenaldenhoyven, quum dicebatur, quod dns. Schinmannus haberet ibi socios congregatos armatos, 9 s.

It. duobus aliis famulis tunc temporis missis 8 s. It. 18 s.

It. . . famulo Hildegeri, dapiferi de Royde, tunc temporis dat. 4 s.

It. cuidam nuncio per Volmerum misso 6 s. hall.

It. Henrico Krûygelgin misso Brabanciam 3 schilde.

It. Clos Stergin misso illuc 2 schilde.

It. eidem misso Valkenburg 1 m.

It. eidem misso ad dapiferum Jul. bis 2 m.

It. Christiano misso Valkenburg 1 m. It. eidem 6 s.

It. eidem misso Coloniam ad dnm. R. de Schoynauwen 18 s.

It. Clos Stergin misso Brabanciam 2 schilde.

It. eidem misso Kalas ad marchionem Julie 4 schilde.

It. de expensis dni. R. de Schoynauwen illo tempore 12 m.

It. de expensis ejusdem alia vice 9 m.

It. nuncio sociorum de Valen perde dat. 8 s., tulit litteram ipsorum sociorum.

It. cuidam nuncio .. marchionis Julie tunc dat. 1 m.
It. cuidam nuncio misso Aldenhoyven 9 s.
It. Clos Stergin misso ad dapiferum Julie bis 2 m.
It. Christiano misso Valkenburg 8 s.
It. Godeschalco misso Coloniam ad dominum R. de Schoynauwen 2 m.
It. Christiano misso ad dapiferum Juliacensem 6 s.
It. de expensis dominorum nostrorum supra domum civium, quum expectaverunt dnm. de Valkenburg, qui venit ad sanctum Bartholomeum et tractavit de facto dni. Henrici de Grunselt 7 1/2 m.
It. Clos Stergin misso iterum Kalas ad .. marchionem Jul. 4 schilde.
It. Euskino tunc de suo hurperde 5 m.
It. de expensis famulorum custodiencium Golinum in nocte, quum captus erat, 2 m.

  Summa hujus 273 m. 8 s. & 7 d.

It. dominis .. cantori & Winando de Henebag dat. de tractatu Templariorum de Nydecken 50 m.
It. de novo festo sancti Karoli canonicis sancte Marie dat. 2 m.
It. de corona illuminanda 6 s.
It. .. presbyteris dat. ad presenciam in eodem festo 7 m.
It. de vino dato eodem festo .. fratribus Minoribus, Augustinensibus, Predicatoribus & Albabus dominabus ac Becgardis & studenciis 20 sextaria, val. 9 m. & 8 s.
It. de pulsacione dribbendey eodem festo 25 s.
It. .. balistariis jacentibus Vrankenberg, quum Ar. de Vrankenberg cepit illum lumbardum, 7 m. & 4 s., cuilibet 1 quarta vini.
It. de expensis eorundem balistariorum illo tempore 6 m.
It. Jo. Triptap misso Erkentele de eodem facto 1 m.
It. Clos Stergin misso ad dapiferum Jul. de eodem facto 1 m.
It. Christiano misso Royde de eodem facto 5 s.
It. .. famulo dapiferi de Royde dat. 6 s.
It. Johanni misso Palant 4 s. It. eidem misso Juliam 5 s.
It. de expensis illius lumbardi, quem Arnoldus cepit, 25 flor., valent 43 m. 9 s.
It. Jo. Triptrap in langore suo dat. 1 m., it. 6 s., it. 18 s., it. 1 m.
It. cuidam nuncio misso Coloniam de facto fratrum Augustinensium de hereditate eorum 2 m.
It. Jo. Moysbûrne misso illuc de eodem facto 6 s.

It... fratribus Augustinensibus de hereditate eorum empta 150 m. de 12½ m. census.

It. pro auforis in combustione platee extra portam Hardewini 23 s.

It. de examinacione aureorum scuteorum aurifabro 18 s. It. 18 s. perdicionis.

It. nuncio .. ducis Gelrensis, ferenti nova de nupsiis cum filia marchionis Juliacensis, 2 schilde, recepit nigrotantes.

It. Th. apotecario de censu domus sue 7 m.

It. ... magistris balistariorum, quum congregaverunt socios eorum, dat. 1 m.

It. de fovea lapidea supra Lewerke 282 m.

It. de urnis ad foveam eandem 5 m. & 8 s.

It. de grue ibidem tegenda 25½ s.

It. de fovea lapidea supra magnum montem 64 m.

It. ... famulo ducenti equum in foveam eandem 2½ m.

It. de fovea lapidea supra Hosyg 27 m.

It. de expensis ducis Bauwarie de Palanze 12 aur. flor., val. 21 m.

It. nuncio juvenis marchionis Juliacensis de milicia sua dat. 4 schilde.

It. eidem juveni marchioni dat., quum effectus fuit miles, 150 m.

It. domicello Wilhelmo fratri suo eodem tempore dat. 40 m.

It. pro hastis vexillarum 1 m. It. de eisdem cum ferro percutiendis 18 s.

It. pro papiro ad libros computacionum 25 s.

It. pro stagno ad signa plumbea 3½ s.

It. dno. G. Chorus & Alexandro misso Coloniam,. quum omnes domini fuerunt ibi congregati & tractabant de electione novi regis, 15 m. & s.

It. eisdem & Goswino in Punt missis iterum illuc, tunc stetimus ibi per septem dies et expendimus 33 m. & 9 s.

It. Ar. Wilde et Alexandro misso Nydecken, quum dicebatur de novo rege, 2 schilde.

It. Ar. Schiffelart misso Brabanciam eodem tempore, quum dicebatur de rege, 11 m. 3 s.

It. pro delis ad tarzen emptis 13 m.

It. dno. G. Chorus, Leoni de Karsfurt, Jo. Chorus et Alexandro missis Frankenfordiam ad imperatorem, quum dicebatur de novo rege, stantibus ibi per decem & septem dies, 153 m. & 9 s.

It. eisdem missis duabus vicibus Coloniam, quum ire debebant Frankenfort & revertebantur, 41 m.

It. pro quinque tunicis insimul habentibus (sic) iidem 32 schilde, valent 72 m.

It. pro sufforratura ad tunicas easdem 23 m. & 4 s.

It. de perdicione unius equi tunc erga fratres Augustinenses empti 4 schilde.

It. pro redempcione $3^{1}/_{2}$ s. census apud Binsfelt empti erga filium Henrici Rufi et .. filium Rusen 4 m. & $5^{1}/_{2}$ s.

It. vigilatoribus pro siligine tribus vicibus dat. 77 m. & $4^{1}/_{2}$ s.

It. .. relicte .. Pollicis de demidio modio siliginis $14^{1}/_{2}$ s.

It. Leoni de Karsfurt misso Halen propter lanam ibi arrestatam 10 schilde, valent $22^{1}/_{2}$ m.

It. Christiano misso ibidem 16 s.

It. eidem Leoni & Jo. Chorus misso Brabanciam propter lanam 40 schilde, val. 90 m.

It. Volmero & Alexandro misso Coloniam propter pensionem ex parte domini Heydenrici Hardevust 39 m. & 11 s., cum precio causidici.

It. eisdem missis iterato illuc propter ididem factum 14 schilde, val. $31^{1}/_{2}$ m.

It. Christiano, magistro civium, Leoni de Karsfurt, & Alexandro missis Brabanciam propter renovacionem amicicie facte inter ducem & civitatem Aquensem 40 schilde.

It. Henrico Vinke misso Galopiam propter lanam arrestatam 6 s.

It. Christiano misso Halen propter lanam arrestatam 1 m.

It. eidem misso ad Sleydam de facto Arnoldi Hoyn 8 s.

It. .. Denzer misso ad Sleydam de eodem facto 11 s. & 2 d.

It. Christiano misso ad marchionem Jul. propter preposituram Aquensem 9 s.

It. God. Kremer misso ibidem de eodem facto 16 s.

It. eidem misso ad dnm. Ludowicum de Geylroyde 1 m.

It. .. Murman misso Schoynnenburg de facto Predicatorum 2 m.

It. eidem misso secundario illuc 2 m.

It. .. famulis custodientibus Predicatores clausos 12 m. 9 s.

It. de domo posita ante Predicatores, in qua custodes jacebant, 32 s.

It. .. Kophenne misso Leodii pro novis in conflictu Leodiensi 1 m.

It. God. Kremer misso Leodii pro novis percipiendis 2 m.

It. Moyrgino misso illuc 2 m.

It. Jo. Triptrap misso illuc 17 s. Item eidem 2 m.

It. in conflictu Leodiensi omnibus dominis et militibus venientibus de conflictu Leodiensi illa nocte, quum concives nostri omnes vigilaverunt armati, propinabatur 3 amae & 5 sextaria vini, valent 46½ m.

It. pro uno kûmp ad novum hospitale ponendo, furato, 3 m.

It. ad perscrutandum & percipiendum de eodem, quo deveniret, 18 s.

It. pro una busa ferrea ad sagittandum tonitrum 5 schilde, et illam busam habet adhuc Ar. Schiffelart.

It. pro salpetra ad sagittandum cum busa illa 7 s.

It. magistro Petro carpentario de ligneo opere ad busam 6 s.

It. Jo. Duytgin de clavis & opere suo ad eandem busam 6 s. hall.

It. pro duabus scalis emptis 10½ s.

It. pro carbonibus datis religiosis 10 m.

It. pro carbonibus supra domum consilii habitis 11 m. 9 s.

It. pro carbonibus supra lobium magistrorum civium habitis 9 m.

It. .. magistris operis de lobio eorum 12 m.

It. pro septem tunnis allecum, datis religiosis & husarmen 39 m. 4 s.

It. in parasceve pro piscibus datis religiosis 17 m. 4 s.

It. eodem die de vino dato religiosis 9 m. 3 s.

It. Jo. Hundertmarc de decem modiis avene ad duos hurpert tenendos 12½ m.

It. Enskin de decem modiis avene ad tenendum duos hurpert 12½ m.

It. eidem de equis suis habitis tempore illo, quum dicebatur de novo rege et tempore illo, quum Golinus fuerat decollatus, 7 m. 3½ s. ze huren.

It. de eisdem equis tempore illo, quum mittebatur Westerburg & Seyne, 4 m.

It. Henrico Kruyggelgin de duobus equis tenendis ad hurepert decem modios avene, valent 12½ m.

It. eidem de hurengen miss. Brabanciam 3 m.

It. Gerardo de Cigno de quinque modiis avene ad hurpert 6 m. 3 s.

It. eidem de hurengen sui equi 2 m.

It. God. Kremer de uno equo tenendo. 8 m. 3 s.

It. .. famulo comitis Kleyvensis dat., quum tulit litteram de scolaribus captivatis, quos ipse comes liberavit, 1 aur. flor.

Summa hujus 1927 m. 6 s. 3 d.

It. Christiano misso Duren, quum diebatur de novo rege, 6 s.

It. eidem misso Rense illo tempore pro novis percipiendis 3 m.

It. cuidam, dicto Pilgerim, misso Treveris 2¹/₂ m.
It. .. Kophenne misso Frankenfürt illo tempore 32 s.
It. eidem misso 2 m.
It. .. Murman misso Frankenfort illo tempore 32 s.
It. Jo. de Vilen misso illo tempore Treveris 3 m. 3 s.
It. God. Kremer misso Coloniam 9 s.
It. eidem misso illo tempore Nydecken 1 m.
It. cuidam nuncio misso Rense illo tempore 2 schilde.
It. .. Kopstriggel misso Lûtzellenburg illo tempore 32 s.
It. .. Kûnzelin misso illo tempore Treveris 18 gross val. 3 m.
It. Wilkin Nesgin, famulo fratrum Minorum, misso Lutzellenburg 18 s.
It. Christiano misso illo tempore Lymburg 7 s.
It. Clos Stergin misso Lûtzellenburg eodem tempore 2 schilde.
It. eidem misso Frankenfort 2 schilde.
It. .. famulo .. officialis Coloniensis misso per eum huc illo tempore 1 aur. flor.
It. cuidam nuncio .. marchionis Julie misso huc illo tempore 6 s.
It. God. Kremer misso ad imperatorem, quum dicebatur de novo rege, 7¹/₂ m.
It. eidem God. misso ad imperatorem cum bullis .. pape 11 m.
It. eidem misso ad imperatorem, quum novus rex fuit coronatus, 12 m.
It. eidem misso in Kerterlant ad imperatorem 53 m. 10 s.
It. eidem God. de equo suo ibi in itinere mortuo 32 m.
It. eidem God. de sufforraturo toge 16 s.
It. .. cursoribus marchionis Julie pro eorum somer dat. 1 schilt.

Summa hujus 159 m. 11 s.

It. pro 27 novis balistis cingulorum emptis 87¹/₂ m.
It. pro pilis & telis tam ferreis puam ligneis erga .. Schrutere, Johannem Calopidarium, Heve Bloym, Bichenwere & unum Waitman emptis, & de eisdem ze sticken, testimonio et mediante Jo. Korfgin, qui ordinatus fuit ad hoc, 48 m. & 3 s.
It. pro davere ad tegendum balistas, 8¹/₂ m. testimonio Jo. Korfgin.
It. pro cera & hartz ad balistas 26 s. per Jo. Korfgin.
It. pro unselt ad noytstalle et balistas 37 s. per Jo. Korfgin.
It. pro 138 libris canapis emptis ad balistas 15 m. per Jo. Korfgin.
It. de filacione canapis ejusdem 4¹/₂ m. per Jo. Korfgin.

It. magistro Henrico, factore balistarum, pro sule & nucibus 4 m. per Jo. Korfgin.

It. eidem de reparacione antiquarum balistarum 10 m. per Jo. Korfgin.

It. eidem magistro Henrico de precio suo 25 m.

It. de expensis illorum, qui examinaverunt balistas tempore novi regis, 5 m. 2½ s. per Jo. Korfgin.

It. pro ligno erga Hamerstein per Jo. Korfgin empto ad noytstelle 12 m.

It. pro ligno per Jo. Korfgin empto 3 m. 5 s. & 3 d.

It. pro ligno 3 m. It. 1 m. It. 20 s. It. 28 s. It. 27 s. It. 21 s. It. 1 m. per Jo. Korfgin totum emptum.

It. de vectura lignorum eorundem ad invicem collatorum 17 s. per Jo. Korfgin.

It. pro novem nucibus erga Cononem fusorem ollarum emptis 13 m. 9 s. Jo. Ko.

It. pro una nuce 6 s. It. pro nuce lignea ad stayl 15 d.

It. pro quatuor magnis nucibus emptis 5 m. & 2 s. testimonio Jo. Korfgin.

It. pro crinibus & caudis emptis et preparacione ejusdem, locione, plucken et villen eosdem crines ad viginti noytstelle 16 m. & 8 s. sed civitas modo habebit omnes caudas sine pecunia, quod in assisiam cerdonum est condictum.

It. der seylmeggersen de faccione eorundem seyl de crinibus et aliis seylen 24 m. & 5 s., testimonio Jo. Korfgins.

It. pro 2 seyl ad noytstelle habitis 2½ m. per Jo. Korfgin.

It. Cononi de Gynmenig de precio suo annali de collectione caudarum et preparacione earum 3 m.

It. pro 34 spillen ad noytstelle 11 m. & 2 s. per Jo. Korfgin.

It. pro septem reysen ad noytstelle 4 m. per Jo. Korfgin.

It. pro sex reysen, quinque spillen & ligno ad noytstelle, 6 m. per Jo. Korfg.

It. pro schragen ad noytstelle 5 m.; testimonio magistri Petri & Gerardi.

It. . . carpentariis edificantibus noytstelle de precio eorum 64 m. 4½ s.

It. pro doleis erga God. emptis ad noytstelle 3½ m.

It. de expensis & precio illorum, qui iverunt & juvaverunt ad noytstelle per undecim septimanas, aliquando unus, aliquando duo et aliquando tres 23½ m.

It. Jo. Myntenkint eodem tempore juvanti ad noytstelle 21 s. dat.

It. Jo. Korfgin de precio suo, quod custodit balistas & sagittas 10 m.

It. Gerardo carpentario de precio suo annali 5 m.

It. Thome fabro de noytstellen ze besloyn 39 m. per Jo. Korfgin.

It. Gerlaco fabro de noytstellen ze besloyn 39 m. 4$^{1}/_{2}$ s. per Jo. Korf.

It. den seggern, de lignis ad noytstellen ze segen, 11 m. 5 s. per Jo. Korf.

It. de antiqua noytstalle porte sci. Jacobi reparanda 8 m. & 3 s.

It. de antiqua noytstalle supra portam Roys 6 m. & 4 s.

t. pro tribus novis noytstelle erga magistrum Petrum emptis 38 m. & 11 s.

It. de reparacione standardi per carpentarios 4 m. & 2 s.

It. de ferreo opere standardi 5$^{1}/_{2}$ m.

Summa hujus 383 m. & 2$^{1}/_{2}$ s.

It. pro lignis ad machinas emptis per Jo. Korfgin 6 m. & 4 s.

It. pro lignis per eundem Jo. emptis 7 m. It. 7 & 3 s.

It. pro lignis erga Franbag emptis 7$^{1}/_{2}$ m. per Jo. Korfgin.

It. pro lignis erga quendam de Open emptis 18 m. per Jo. Korfgin.

It. pro lignis erga magistrum Nicolaum emptis 16$^{1}/_{2}$ m. per Jo. Korfgin.

It. pro lignis erga Gob. Raymmegger emptis 21 m. 2 s. per Jo. K.

It. pro lignis erga Jo. Zymmerman, cognatum magistri Petri, emptis 14 m. 4 s. per Jo. Korfgin.

It. pro lignis erga magistrum Henkin emptis 28 m. per Jo. Korf.

It. pro lignis erga Henricum, braxatorem, emptis 3 m. per Jo. Korf.

It. pro lignis erga Geysgin emptis 4 m. & 2 s. per Korf.

It. pro lignis erga Scheyen emptis 18 m. per Jo. Korfgin.

It. pro lignis per G., carpentarium, emptis 3 m. per Jo. Korfgin.

Summa lignorum predictorum 154 m. 3 s.

It. pro delis & sturboym ad cistas machinarum 3 m. 11 s. per Jo. Korfg.

It. den.. seggern ze segen 9 m. & 2$^{1}/_{2}$ s. per Jo. K.

It. pro coreo ad calceos machinarum 8 m., per Korfgin.

It pro uno seyl jacente adhuc supra domum civium 7 m. 7 s. per magistrum Petrum.

It. pro aliis funis, cum quibus machine proiceunt, 7½ m. per Jo. Korfg.

It. pro 14 centenariis & 49 libris ferri ad machinas 72½ m. per Jo. Korfgin, testimonio Dûytgin,

It. pro smer & unselt ad blidas 17 s.

It. Jo. de Kintzwilre de factione duarum machinarum 70 m., locavit.

It. eidem Jo. dat., quia perdidit in locacione 20 m.

It. pro uno leyste ad antiquam blidam 2 m., per magistrum Petrum.

It. pro una schera ad antiquam blidam 2 m., adhuc jacentem in gramine civium.

It. de rotis, sturboym & boyrt ad navim 21 s.

It. de antiqua blida imponenda in lobium 3 m, 3 s. per Jo. Korf.

It. de antiquis lignis ex lobio extrahendis et iterum reimponendis 9 m. 3½ s. per Jo. Korfgin.

It. de duobus magnis schwengel & 2 lignis, jacentibus supra fossam, secandis & inducendis huc ex nemore, de expensis querencium in nemore et secancium et aliorum laborancium circa eosdem schwengel 37 m. 9 s.

It. pro quatuor novis rotis et curru, cum quo dicti schwengel ferebantur 5 m. 3 s.

It. de eodem curru et rotis cum ferro percutiendis & ligandis 13½ m.

It. de magnis aratris in fossura generali habitis 12 m. 4 s.

It. novem comiciis in fossura generali dat. tam in vino, quam in servisia, 120 m.

It. dominis nostris tunc in fossura circumequitantibus et permanentibus invicem et tenentes dominos nostros penes se, quum dicebatur de electione novi regis, 25 m., de expensis tunc factis.

It. de custodia campane bannalis & regalis sedis, quum dicebatur, quod regia sedes esset fracta, 5 m. per Nicolaum Klocker.

It. Nicolao Hoytzappel de prato suo in fossura generali extra portam Porchetensem 2 m.

It. .. Relicte Wilhelmi Beyssel de prato suo extra portam sci. Alberti anichillato. (Zahl fehlt.)

It. Jo. Feyter currenti pro carrucis in generali fossura multocies 4½ m.

It. magistro Jo. lapicide, de musa ante Parvisium 20 m.

It. den winschrodern ad instrumenta eorum 10 m. dat.

It. eisdem 1 m., que solet eis dari.

It. Christiano tectori de stagno & tectura supra aulam 17½ s.

It. de geremze supra lobiam magistrorum civium 2½ m.
It. ... relicte Pollicis de lobio suo 13 m.
It de reparacione domus ejusdem relicte, sitae in Koekerel, 21½ s.
It. de censu domus .. vigilatoris porte Sanckule 22 s.
5 It. magistro Nicolao medico de precio suo 100 m.
It. ... magistro cirordico de precio dimidii anni 25 m.
It. Gisoni de Schympir de custodia nemoris 40 m.
It. Heytgino de custodia nemoris 40 m.
It. magistro Arnoldo de Puteo de precio suo 30 m. 4 s.
10 It. Jo. Pavoni de precio suo 30 m. 4 s.
It. eidem pro vestibus suis 10 m.
It. magistro Brunoni de precio suo 13 m.
It. Jo. Wirig de precio suo 13 m.
It. God Kremer de precio suo 13 m.
15 It. Christiano de precio suo 13 m.
It. Jo. Triptrap de precio suo 13 m.
It. Clos Klocker de precio suo 8 m. 8 s.
It. eidem Clos de custodia campane bannalis 5 m.
It. pro funibus ad campanam bannalem 8 s.
20 It. Roytkûyggel de precio suo 6 m. pro rata temporis.
It. Clos Stocart de precio suo 13 m.   ⎫ It. pro tunicis eorumdem
It. ... Byssennecken de precio suo 13 m. ⎭   9 m.
It. Arnoldo Lymburg cornuatori de precio suo 13 m.
It. eidem pro duabus tunicis suis 5 m.
25 It. pro candelis & carbonibus eidem datis supra aulam 3 m. 4 s.
It. God. Hoyn de precio suo vinorum 26 m.
It. Wilhelmo in Punt de precio suo vinorum 26 m. ⎫
It. eisdem de duabus tunicis dat. 16 m.   ⎬ It. eisdem in
It. Jo. Lupo virgulatori 16 m.   ⎪ dedicacione
30 It. Henr. Krûyggelgin 21 m.   ⎭ dat. 2 schilde.
It. magisto Jo. lapicide de precio suo 30 m. 4 s.
It. Alexandro de precio suo 50 m.
It. Henr. Gastburne de precio suo vinorum 4½ m. & 4½ s.
It. eidem pro tunica sua 30 s.
35 It. aliis vigilatoribus de custodia vinorum 2 m.
It. ... Scheydergino de domo civium 2 m.
It. eidem pro tunica sua 30 s.
It. familie civitatis de quinque eorum festis 24 m. & 2 s.
It. vigilatoribus de quinque festis 13 m. & 18 d.

It. Jo. Dûytgiu de precio suo annali 5 m.
It. eidem pro tunica sua 30 s.
It. .. vigilatoribus & familie de custodia servisie 11 m.
It. Nyskin vigilatori de custodia lignorum 15 s.
It. .. relicte Wilhelmi Beyssels pro laboribus suis 20 m.
It. Henrico in foro de signis plumbeis dandis & recipiendis 6 m.
It. de reparacione domus follonum in universo scilicet lignis ad lenen, vectura, tectura, gehenge, klincken, dele et schalen 9 m. 4½ s., cum precio famulorum.
It. .. Schoydergin de precio suo domus follonum.
It. .. familie civitatis dat. quia parum lucrantur 18 m.
    Summa hujus 968 m. & 10½ s.

It. pro medone misso .. episcopo Coloniensi 52 m. It. de vectura & nuncio 7 m.
It. pro medone misso .. marchioni Jul. 49 m.
It. de vectura ejusdem et .. nuncio misso cum eodem 4 m. & 9 s.
It. pro medone misso domino de Kuyc 34 m. & 8 s.
It. de vectura ejusdem et nuncio misso cum eodem 5½ m. & 3 s.
It. pro medone misso comiti de Loyn 39 m. et 5 s.
It. de vectura & nuncio misso cum eodem 3½ m.
It. de vectura & revectura medonis missi Valkenburg 32 s.
It. pro doleis ad predictum medonem 3 m.
It. .. Haller ligatori vasorum de dictis doleis legandis 18 s.
It. de particularibus propinacionibus medonis cum sextariis 59 m. & 8 s.
It. pro cera sigillatoria 20 m. It. 1 m. ad cartas sigillandas.
    Summa hujus 265 m. 7 s.

It. pro vestibus & tunicis magistrorum civium & Alexandri 126 m.
It. pro sufforraturis ad vestes et tunicas eorundem 30 m.
It. pro tunicis et vestibus magistrorum Brunonis, Jo. Wirig, Jo. lapicide, Henrici balistariorum, God. Kremer, Henrici Kapelle, Clos Klocker, Christiani, Jo. Triptrap & .. Roytkûyggelen 189 m. & 4 s.
It. pro sufforraturis ad vestes easdem 12 m. cum capuciis hiemalibus.
It. pro tunicis eorum hiemalibus 25 m.
It. pro tunicis famulorum magistrorum civium 24 m. 10 s.
It. de vestibus magistri Jo. latericearum 8 m.
    Summa hujus 315 m. 2 s.

It. pro uno equo empto erga Winkinum Hasenzant, quum domini nostri missi fuerunt ad imperatorem, 18 schilde val. 40 m. & 6 s.

It. pro equo dni. G. Chorus tunc temporis mortuo, quum domini nostri missi fuerunt ad imperatorem, 25 schilde val. 56 m. & 3 s.

It. pro equo erga Christianum Leonis empto 24 schilde 54 m.

It. de expensis novem equorum civitatis 270 m.

It. de equis civitatis ferrandis 15 m.

It. pro gegurde et ligaminibus 6 m.

It. pro sellis & frenis hoc anno habitis 21 m. & 7 s.

It. de vino magistrorum civium 10 m.

It. de expensis hoc anno habitis supra lobium magistrorum civium & alibi hinc inde 183 m.

It. quum domina imperatrix fuit hic Aquis, tunc emptum fuit hinc inde vinum cum doleis integris continentibus 3 plaustra et 6 sextaria, quod vinum propinatum fuit imperatrici, et dominis cum ea hic existentibus, videlicet domino de Edingen, magistro Teutonicorum, et aliis militibus. Summa hujus vini ascendit ad 263 m. 3 s.

It. defalcatum fuit tunc temporis Arnoldo de Monte de assisia vinorum ad opus imperatricis per butticularios suos emptorum 18 m.

It. relicte Wilhelmi ante Pervisium defalcatum fuit tunc temporis de assisia vinorum erga eam per butticularios imperatricis emptorum 4 m.

It. de presencia dat., quum carte sigillabantur, 12 m. 10 s.

Summa hujus 954 m. 5 s.

Et sic est summa universalis omnium redditorum predictorum 15,483 m. 26½ d.

Sequitur de particularibus propinacionibus vinorum hoc anno propinatorum.

Primo, .. dominis de septem Fontibus & de Meysenbûrg, ferentibus bullam, propinata 8 sextaria.

It. .. preposito Aquensi 4 sextaria.

It. dno. de Hâylstein 2.

It. Hildegero dapifero 2

It. domine de Heyda 2.
It. .. duci de Heydelberg 6.
It. dno... Scherfgin, Theutonico fratri 2.
It. dno. de Schoynvelt 2.
It. ... dapifero de Rayde 2.
It. dno. Wernero de Bredenbent 2.
It. ... scabinis Trajectensibus 2.
It. dno. Jo. Frepûnt 2.
It. Jo. de Mauro 2.
It. ... dapifero de Monyoe 2.
It. ... magistro civium de Lympurg 2.
It. magistro Ottoni, notario imperatoris 2.
It. domicello Godefrido de Nuwenare 2.
It. domino Gimperto 1.
It. ... scabinis Aquensibus 2.
It. ... marchionisse Jul. 9.
It. dno. God. de Heyda, Simoni de Lacu, W. de Schoyfsberg, Mulardo & Carsilio 2.
It. dno. Jo. de Reyde 2
It. dno. Jo. dapifero Jul. 2.
It. domine de Stoylburg 2.
It. ... abbatisse de Ditkirgen 2.
It. dno. Hermanno de Eynenberg 2.
It. dno. Gerlaco de Waggendorp 2.
It. ... uxori dni. Wolteri de Salice 2.
It. ... episcopo Leodiensi 7.
It. dno. Baldewino de Rayde 2.
It. dno. A. de Schoynauwen 4.
It. deme . . Vrûnsberger 4.
It. ... preposito Susaciensi 4 cum sociis suis.

It. dno. G. de Vinario & sociis 4.
It. ... archiplebano Aquensi 4.
It. Gerlaco de Husen & Schillinc 2.
It. dno. de Manderscheyt 2.
It. dno. Weltero de Clerve 2.
It. domine de Bûytgenbag 4.
It. decano Aquensi 2.
It. dno. de Biilstein canonico Coloniensi 2.
It. Mathie nuncio imperatoris 1.
It. ... familie civitatis de nupciis 4.
It. dnis. Ar, Bûyf. & Danielo de Bûyschoyven 2.
It. dno. Jo. de Bûtgenbag 4.
It. Danielo Lumbardo 2.
It. ... scabinis Novimagii 2.
It. dno. Woltero de Salice 2.
It. ... famulo dni. Lamberti de Schoynnenburg ferenti litteram 1.
It. ... carnificibus dat. 1.
It. ... famulis marchionis Julie 1.
It. ... scabinis Aquensibus 3.
It. ... factoribus patibuli 1.
It. Gobelino Kollin 1.
It. dno. Wil. de Schoyfsberg 2.
It. ... domine vam Tempel 2.
It. ... familie civitatis 1.
It. Ar. Rovesac de Duren 1.
It. Leoni de Karsfurt 1.
It. Mathie Hoyn 1.
It. Jo. Chorus 2 bis.
It. Ja. Kollin de lobio suo 1.
It. relicte de Heisterbag de lobio 1.
It. ... filio magistri Brunonis 1.
It. Arnoldo Schiffelart misso Brabanciam 2.
It. familie civitatis 1.

It. scabinis Aquensibus in dedicacione 4.
It... preposito Aquensi 4.
It. dno. Henrico van der Eren 2.
5 It. dno. Wernero de Breydenbent 2.
It. dno. Jo. filio Henrici Royde 1.
It. dno. Rulmanno de Sinsge 2.
It. dno. Woltero de Weltz 2.
10 It... reddituario Jul. 2.
It. comiti Hugoni & dno. de Wirtenberg 4.
It. comiti de Weyde 2.
It. tribus militibus de Argentina 2.
15
It... mareschalco comiti de Monte 2.
It... filiis dni... Bauweri de Bopardia 2.
20 It. dno. de Kroynenberg 2.
It. dno. Jo. de Cornu de Colonia 2.
It. tribus scabinis de Duren 2.
It. domicello de Randenrode 2.
25 It... fratri comitis Lossensis 2.
It. dno. Jo. Aurus presbytero 2.
It. juveni marchioni Juliacensi 6.
It. dno. Henrico de Gerstorp 2.
It. dno. Jo. de Bûrne 4.
30 It. dno. Wil. de Brûyghusen 2.
It... castellano de Franstirmûnt 2.
It. dnis... Husman & Snyt de Marken 4.
35 It. dno. de Schoynnecken & domine sue 6.
It. dno. Wernero de Bredenbent 2.
It. domine de Bedebur 2.

It. dno. Wern. de Gûsten 2.
It. Hildegero dapifero 2.
It... Mailerbe de Wilhemstein 2.
It... scabinis Megliniensibus 2.
It. domine de Bûrne 4.
It. domine de Quaderibbe 2 It. 2.
It. dno. de Valkenburg 6.
It. marchioni Julie, quum induxit novum prepositum Aquensem 24 It..4.
It. dno. de Ysenburg 2.
It. dno. Simoni de Palude 2.
It. domine de Nuwenare 2.
It. dno. Brynnere & alio militi nunciis dni. imperatoris de prepositura 4.
It. dno. de Ysenburg 4.
It. Nicolao de Gymmenig 2.
It. dno. Th. de Jûncroyde 2.
It. dno... Kneuel 2.
It. sculteto & theolonario Bûnnensi 2.
It. dno. de Meysenburg 2.
It. dno. de Lanskronen 2.
It. dno. Ludowico de Geylroyde 2.
It. Rumbeloni de Hetzungen 2.
It. Woltero in Pûnt 2.
It... advocato de Randenrode 2.
It... Augustinensibus de vinicopio domorum suarum 4.
It. dno. Jo. de Hûnstorp 2.
It. sororibus Volmeri, monialibus 2.
It... Burgravio de Draggenvels 2.
It... Burgravio de Rynecken 2.
It. dno. de Manderscheyt 2.
It. dno. B. de Schoynauwen 2.

It. Goswino Martini 1.
It. domine de Eltzelo 2.
It. dno. de Biilsteyn 2.
It. domine de Breydenbent 2.
5 It. domine de Tribs 2.
It. .. vigilatoribus 2.
It. fratri Jo. Knoyden, Predicatori 2.
It. dno. Winando capellano 2.
10 It. dno. Jo. Lewen 2.
It. dno. H. de Oppenhem scolastico 2.
It. Gerlaco de Husen 2.
It. .. officiali Coloniensi 2.
15 It. Leoni & Jo. Chorus venientibus 2.
It. .. notario dni. de Valkesteyn 1.
It. .. scabinis Aquensibus 3.
20 It. de vinicopio cementarii 4.
It. Olberto lapicide 1.
It. .. ducisse Bauwarie 7 It. 7.
It. dno. de Witheym 4.
It. domicello Th. de Waldecken 2.
25 It. .. marchioni Julie 10.
It. .. cantori Aquensi 2.
It. .. scolastico sci. Servacii 2.
It. dno. Schynmanno 2.
It. .. ministro fratrum Minorum 4.
30
It. comiti Jo. de Katzenellenboge 4.
It. dno. .. van der Dicken 2.
It. .. dapifero Jul. 2.
35 It. dno. Winando de Henebag 2.
It. dno. Wildebrando 2 It. 2.
It. dno. Mathie de Kessel 2.
It. domine de Valkenburg & de Bûrne 4.

It. .. Marchionisse Jul. 8.
It. .. scabinis de Dyst 2.
It. domine de Assauwen 2.
It. Jo. de Weterungen 2.
It. dno. Goswino de Bromoyllen 2.
It. .. dapifero de Monyoe 2.
It. dno. Jo. de Bûrne 4.
It. dno. de Steyne 4.
It. dno. Godefrido de Loyn 4.
It. .. juveni marchioni Juliacensi 4.
It. Carsilio de Ringberg 2.
It. domine de Breydenbent 2.
It. .. abbati sci. Cornelii 4.
It. domine de Wickeroyde 2.
It. domine de Palant 2.
It. .. paffe Johan 2.
It. .. duci Bauwarie 7.
It. comiti Jo. de Assauwen 4.
It. magistro Theutonicorum 4 It. 4.
It. dno. de Otingen 4.
It. Hildegero dapifero 2.
It. .. Mailerben burgravio 1.
It. dno. G. de Vivario 2.
It. supra domum civium 1.
It. advocato de Rurmûnde 2.
It. scabinis Durensibus 2.
It. dno. Royst de Binsfelt 2.
It. dno. Baldewino de Sinsge 2.
It. dno. Molgin 2.
It. dno. de Bûrne 4.
It. dno. de Valkenburg 6.
It. .. filio marchionis Julie 4.
It. Carsilio de Ryngberg 2 It. 2.
It. .. vigilatoribus sufflantibus arma 2.
It de. vinicopio machinarum 4.

It. dno. Conrado dno. de Royde 2.
It. duci de Dyst 4.
It. dno. Schynmanno 2.
It. ;.. advocato de Arwilre 2.
5 It. dno. de Schoyfsberg 2.
It. Leoni equitanti Brabanciam 1.
It. Wil. Ranspûyt 2.
It. burgravio de Lymburg 4.
It. Gerlaco vorstmeyster 2.
10 It. ... vigilatoribus 2.
It. ... familie civitatis in Circumcisione 4.
It. Wil. de Dûydenrode & soc. 2.
It. ... sculteto Trajectensi 2.
15 It. Hermanno de Bredelo 2.
It. ... scabinis de Duren 2.
It. dno. R. de Schoynauwen 4.
It. ... visitatoribus Theutonicorum 2.
20 It. Volmer & Alexandro missis Coloniam 2.
It. dno. Maschreyl 2.
It. dno. G. de Weydendorp 2.
It. dno. Ade de Ederen 2.
25 It. Woltero in Punt 1.
It. dno. Jo. de Bûrne 4.
It. dno. de Sleyda 4.
It. dno. R. de Schoynauwen 4.
It. eidem dno. R. 4.
30 It. uxori sue 2.
It. ... burgravio Lymburgensi 4
It. 4.
It. domicello Olf de Virnenburg 2.
35 It. ... dapifero Julie & dno. Jo. de Mercenhusen 4.
It. ... priori Augustinensium 1.
It. dno. Simoni de Palude 2.
It. dno. H. Scherfgin de Colonia 2.

It. dno. de Steyne 4.
It. Carsilio de Ryngberg 2.
It. ... juveni de Hennenberg 4.
It. ... decano Aquensi 2.
It. dno. Winando 2.
It. dno. Jo. de Foresto 2.
It. ... presbytero ferenti litteram de dno. de Valkenburg 1.
It. dno. Wernero de Breydenbent 2.
It. ... dapifero Julie 2.
II. dno. R. de Schoynauwen 4.
It. dno. Ade de Edern 2.
It. dno. R. de Wiliorrûn 2.
It. dno. Walramo de Bûrne 2.
It. dno. ... Maschreyl 2.
It. dno. Roperto de Gelinde 2.
It. dno. R. de Schoynauwen 4.
It. dno. Jo. de Hamel 2.
It. dno. ... Strufer de Hûylsberg 2.
It. dno. Wil. de Are 2.
It. ... militibus de Polenen 4.
It. Wil. Gastmoyllen 1.
It. dno. de Steyne 4.
It. Arnoldo .. reddituario Julie 2.
It. dno. Jo. de Brandenburg 2.
It. Lumbardo Vrankenberg captivato 2.
It. R. de Hoyngen & soc. 2.
It. ... scabinis Aquensibus 2.
It. ... balistariis in carnisprenio 4.
It. sociis ferentibus munera in carnisprenio 4.
It. ... relicte Wil. Beyssel 1.
It. ... dapifero Julie & dno. Ade de Ederen 4.
It. dno. Gumperto 1.
It. dno. R. de Schoynauwen 4. It. 2.

13

It. in domo dni. Jo. de Branden-
burg in tractatu dni. Go. de
Heyda 3.
It. .. famulo Hildegeri 1.
5 It. Frankoni de Stocheym 1.
It. Jo. Pavoni de litteris pape
exscribendis 2.
It. .. cantori Aquensi 2.
It. .. familie civitatis 1.
10 It. den. .. winschrodern in car-
nisprenio 1.
It. .. burgravio de Lymburg 4.
It. R. de Ederen & Gob. de Boys-
lar 2.
15 It. dno. Jo. de Reyde 2.
It. .. fratribus .. prepositi Ker-
pensis 2.
It. .. notario .. imperatoris 2
It. 2.
20 It. .. reddituario Julie 2.
It. dno. G. de Weydendorp 2.
It. .. carpentariis de Claren 1.
It. magistro Nicolai medico 1.
It. .. monialibus Porchetensi-
25 bus 2.
It. dno. R. de Schoynauwen 2.
It. dapifero Julie 2.
It. dno. Jo. de Foresto 2.
It. .. preposito Xantensi 4.
30 It. domine de Valkenburg 4.
It. dno. Egidio de Quaderibbe 2
It. 2.
It. dno. R. de Schoynnauwen 2.
It. dno. de Wytgesteyne 4.
35 It. dno. de Sleyda 4.
It. .. scolastico sci. Servacii 2.
It. fratri Conrado de fovea com-
mendatoria 2.
It. magistro Nicolao medico 1.

It. tribus scabinis de Duren 2.
It. .. comiti de Arnsberg 4.
It. dno. de Lyppa 4.
It. dno. de Brandenburg et dno.
de Overkronenberg 4.
It. dno. Conrado de Loyssenig 2.
It. dno. W. de Urle et dno. Ste-
fano de Drûyve 2 It. 2.
It. dno. de Veltz 2.
It. dno. de Rödemagen 2.
It. dno. de Saffenberg 2.
It. dno. Engbrando de Dernau 2.
It. dno. de Schoynnenburg vice-
domino Maguntinensi & so-
ciis suis 4.
It. .. mareschalco de Loyrge &
sociis suis 4.
It. .. deme. .. Brynnere 2.
It. .. dno. de Lansberg 2.
It. .. advocato de Ruremûnde 2.
It. .. cantori Aquensi 2.
It. dno. Simoni de Palude 2.
It. .. scabinis Aquensibus 2.
It. dno. Royst 2.
It. dno. Baldewino de Zinsig 2.
It. Olberto lapicide 1.
It. de vinicopio machinarum 6.
It. domine de Valkenburg 4.
It. Arn. de Bettendorp 1.
It. Bilie de Rufo Leone de vini-
copio 1.
It. Ar. Schiffelart 1.
It. .. preposito de Susato 2.
It. domine de Kikepoys 2.
It. omnibus militibus in recon-
ciliacione dni. Godefridi de
Heyda 8.
It. .. Schillinc de Hergarden 2.
It. .. decano Aquensi 2.

It. dno. Ricolfo de Rodenburg 1.
It. Volmero 1.
It. Jo. Chorus 1.
It. .. famulis marchionis Julie 1.
It. dno. Wil. de Brughusen 2.
⁵ It. .. scabinis Aquensibus 2 It. 2.
It. Woltero in Pûnt 2.
It. Henr. Rufo & sociis suis 2.
It. dno. Wernero de Breydenbent 2.
It. dno. Woltero de Salice 2.
¹⁰ It. .. familie civitatis 2, duabus vicibus.
It. .. burgravio de Wilhemsteyn 2.
It. dno. G. de Vivario 2.
¹⁵ It. Jo. de Lugere, villico 1.
It. Gerlaco de Husen 2.

It. supra domum civium, in tractatu Golini 2.
It. pro Deo in hospitalis missa 4.
It. .. scriptoribus & virgulatoribus in carnisprivio data 4.
It. .. factoribus viarum 1.
It. dno. Mathie de Stumbel 2.
It. dno. Carsilio de Palant 2.
It. dno. Winando de Spabecke 2.
It. Jo. de Weterungen 2.
It. dno. Wimaro de Gymmenich 2.
It. .. advocato de Arwilre 2.
Summa universalis propinationum predictarum in vino sunt : 5 voder 2 amae 2. sextaria valent 448 m.

Sequitur nunc de parvis expensis hinc inde factis.

Primo, de uno ferreo cannali in domo Schoynnecken 4 s.
²⁰ It. pro clavis & reparacione porte Regis 4 s. & 10 d.
It. de reparacione arkir supra Krobûrne 4½ s.
It. pro bendis ferreis domus Lamberti pistoris 6½ s.
It. de hasino porte Porchetensis reparando 2½ s.
It. pro gesmide supra lobium magistrorum civium 10 s.
²⁵ It. pro nattis ibidem supra lobium 13 s. & 12 h.
It. de vineo in gramine civium preparando 10 s.
It. pro sagimine ad currum 2 s.
It. de reparacione aliarum arkir omnium 2½ m. per Jo. Dûytgin.
It. Jo. Feyter dat. 2 s.
³⁰ It. .. portantibus carbones supra domum civium & supra lobium magistrorum civium 6 s. h.
It. .. vicariis beate Marie in carnisprenio dat. 3 s.
It. Petro misso Sleydam de facto Arnoldi Hoyn 9 s. bis.
It. cuidam alio misso illuc 12 s. hall. de eodem facto.
³⁵ It. cuidam misso Stavelo 7 s.
It. de purgacione muse in foro 4 s.
It. cuidam operario leso supra montem in fovea 6 s.
It. .. famulo dni. Maschreyl dat. 2 s.

It. . . operariis extra Punt laborantibus 6 s. dat.

Summa hujus 11 m. 5 s. 8 d.

Et sic est summa universalis omnium summarum et redditorum predictorum: 15,942 m. 7 s. 10½ d.

Summa vero levatorum predictorum presentis anni est: 16,417 m. & 8 s.

Et sic recepta excedunt reddita 828 m. 6 s. 7½ d.*)

Et sic omnibus computatis & defalcatis manent dicti magistri civium consilio Aquensi debentes 828 m. 6 s. 7½ d. Computatum anno Domini 1347 in crastino beati Jacobi Apostoli. (26. Juli.)

Inde dant hic ad presenciam istius computacionis 40 m. Reliquam pecuniam ipsi dederunt & dant hic in presenti.

---

*) Zieht man die Ausgaben von den Einnahmen ab, so bleibt 475 m. und 3 Obolen. Diese Zahl ist in der Rechnung ausgestrichen und die obige drüber geschrieben. Dann folgt aber, ebenfalls durchstrichen: It. summa de carnificibus 353 m. & 6½ s. manens. Diese beiden durchstrichenen Summen geben genau die oben verzeichnete.

Stadtrechnung von 1349.

Anfang und Ende fehlen, daher auch das Datum. Sie enthält aber die Ausgaben für die Krönung Karls IV., also gehört sie dem Jahre 1349 an. Sie beginnt wie die meisten mit Aufzählung der Erbzinsen.

It. Jo. de Raideputze 15 m. holl. val. 16 m. & 10½ s. per relictam.
It. Mathie filio suo 15 m. holl. val. 16 m. 10½ s. per rel.
It. Jo. filio suo 15 m. holl. val. 16 m. 10½ s. per rel.
It. Nese filie sue 15 m. holl. val. 16 m. 10½ s. per rel.
It. Lutgardi di Grifone 15 m. holl. Gotschalco misso cum eadem pecunia 3 m. per rel.
It. Katherine de Moylnheym 15 m. Guyde de Geylnhusen 12 m. ⎫
It. Jo. filio dni. Heydenrici Hardevust 25 m. ⎪ Levatum per dmn.
It. Sofie Lensmanni de Nussia 10 m. ⎬ G. Chorus et Lambertum Buc, qui ultra miserunt Coloniam cum preposito Remboldo.
It. Aleydi Lensmanni de Nussia 10 m. ⎪
It. Til. filio Tilmanni de Pavone 25 m. ⎭
It. Everhardo Gyr 50 m.
It. Jacobo Butzelman 10 m. holl. valent 11 m. & 3 s. per rel.
It. fratri Ricolfo de Buurchoyven 10 m. per rel.
It. Katherine de Kleberg 10 m. holl. val. 11 m. & 3 s. per rel.
It. fratri Petro de Nuwenbunne 12 m. holl. val. 13½ per rel.
It. fratri Henrico Fittoyl 16 m. per rel.
It. Katherine des Klincboygen 2 lib. gross. val. 80 m. per rel.
It. Katherine Bartholomei 25 m. per rel.
It. Drude filie sue 35½ m. per rel.
It. Jo. Brusen 120 m. per rel.
It. Petro de Irco 50 m. per rel.
It. Hille de Iteren 12 scut. aur. val. 28 m. per rel.

Summa 1540 m. & 10½ s.

It. Henrico de Wise 900 m. Et sic debeo scribere in receptis pecuniam provenientem de empcione pensionis sue, uxoris sue, et netis sue, filie Andree de Wise, et eciam pecuniam, quam Arnoldus de Monte & Mathias Hoyn in eundem Henricum assignaverunt prout in libro meo multure continetur.

It. Petro de Loyvenberg 200 m. per rel. It. Eidem Petro 200 aur. flor. valent 400 m. per rel. It. 16 m. & 8 s. de perdicione aureorum, quia dederunt sibi aureum florenum pro 23 s.

It. Jo. Vrünt 48 m. 4 s. per rel.

It. Henrico Chorus 179 m. per multuram et defalcatum de assisia medonis.

It. Jo. Variseys de domo Gerardi de Resdale 300 m. per rel.

It. eidem Gerardo 20 m. de censu domus ejusdem per rel.

It. Alexandro 36 m. per rel.

    Summa 2063 m. 4 s. Item 20 m.*).

It. Gerardo de sco. Adalberto de stipendio 8 m. 9 s. de 14 diebus ipsi deficientes.

It. eidem Gerardo de locacione equorum suorum amborum in anno preterito 9 m. 7 s. per rel.

It. 15 s. de 5½ sext. in Brabanciam bis (Leo ambo)**) in Brab. (Selgin), Gelre, Kleyve (Stergin totum) de Monte, pro consilio de facto dni. regis et Coloniam (Volmer)

It. G. Kynis de stipendio suo 8 m. 9 s. de 14 diebus sibi deficientes.

It. Ricaldo de stipendio suo 4 m. 4½ s.

It. eidem Ricaldo de equo suo locato in Brab. bis Duren & Bunnam tempore regis 6 m., 4 s. per rel. (mehrere zwischen den Zeilen geschriebene Wörter unleserlich.)

It. Hergenroit de stipendio suo 4 m. 4½ s. de 14 diebus anni preteriti.

It. eidem Wilkoni de equo suo locato in anno preterito 3 m. propter Ranzen & alibi hinc inde per rel.

It. Euskin de stipendio suo 4 m. 4½ s. de 14 diebus.

It. eidem de equo suo in anno preterito locato tres dies (Stergin) ad muniendos concives nostros in regno, et quum arma posita fuerunt, Valkenburg (Stergin), Witheym (Stergin), et bis Juliam (Ja. Holtz) 4 m. per rel.

It. Spit de stipendio suo anni preteriti 4 m. 4½ s. de 14 diebus.

---

*) Die wirkliche Summe ist 2100 m. Der Rentmeister scheint das Aufgeld zu den 200 Gulden an Peter Loyvenberg im Betrag von 16 m. 8 s., womit die obigen Summen gerade 2100 m. ausmachen, vergessen zu haben.

**) Die eingeschalteten Wörter stehen zwischen den Zeilen über dem Worte, worauf sie hier folgen.

It. eidem Spit de locacione equi anni preteriti in Brabanciam (Leo) et sibi dampnati 4 1/2 m.

It. Renardo de Monasterio de stipendio suo anni preteriti 4 m. & 14 1/2 s. de 14 diebus.

It. Jo. Hundertmarc de stipendio suo anni preteriti 4 m. 4 1/2 s. de 14 diebus.

It. eidem Jo. de locacione equi in anno preterito 15 m. 4 s. per rel. in Brabanciam (Leo), Coloniam (Got. Kremer), Frankenfort (Kremer) ad comitem de Monte (Stergin).

Summa 92 m. & 18 d.

Sequitur nunc de pensione per magistros civium soluta et de rata temporis pensionum.

It. Primo, de rata temporis Drude Bartholomei 11 m. et 10 s. per rel.

It. Grete & Bele de Lyntloir de pensione 50 m. holl. valent 56 m. 3 s. per rel. & multuram.

It. eisdem 50 m. Holl. valent 56 m. 3 s. per rel. in ultimo.

It. Conrado de Royde de grossis Turon. suis 7 1/2 m. per rel.

It. Bulgino 30 m. per rel., residuum defalcatum vinitoribus.

It. de rata temporis dni. Henrici de Weyenberg 4 m. 3 s. per rel. levatum per G. de Weyenberg.

It. Puelle Gotste de Gehügte 120 m. per rel.

It. de rata temporis Hille de Bûurchoven 9 m. per rel.

It. de rata temporis Henrici Kollin 35 m. per rel.

It. Drude de Poderbag 10 m. per rel.

It. uxori Gerardi Susdranc 50 m. per rel., dedit Clos Broitsac.

It. Katherine de Kleberg 10 m. holl. val. 11 m. 3 s. per rel.

It. Gerardo de Kleberg 30 libras Hallenses val. 75 m. per rel.

It. eidem 20 m. Holl. val. 22 1/2 m. per rel.

It. dno. R. de Schoynforst 50 m. per rel. levatum per dnm. Snû.

It. Henrico Krûygelgin 25 m. per rel. — Petro de Irco 100 m. per rel.

It. Aleydi de Lutzellewinter 30 m. holl. val. 33 m. 9 s. per rel.

It. Megthildi de Tulpeto 10 m. holl. val. 11 m. 3 s. per rel.

It. Fratri Jo. Knoyde, custodienti pensiones, 5 m. per rel.

It. Katherine Klincbogine 2 libras gross. valent. 90 m. per rel. de sco. Jo.

Summa 633 m. 10 s. it. 30 m. holl. it. 90 m. it. 56 m. 3 s.*).

---

*) Die ganze Summe ist also 813 m. 10 s. Im letzten Posten ist die libra grossorum 45 m. gestellt, während sie oben im Anfang der Rechnung nur zu 40 m. berechnet ist.

Sequitur de censu persoluto.

It. Til. de Ocrea 1 m. de domo dicta ad Scutum per rel.
It. Petro Arregun 22 s. de domo Nuweloys per rel.
It. pueris Silmanni Ayulans de eadem domo 22 s.
It. de censu domus vigilatoris porte Sanckule 27 s. per rel.
It. Jo. Goswini de censu domus eren Jacobs 46 m. per rel.
It. Jo. Tilia de censu domus Schoynnecken 50 m. per rel.
It. relicte Jo. Yvels de censu domus Stelle de quinque annis 250 m. per rel.
It. Petro Gresser de censu domus sue 18 m. per rel.
It. Jo. Goswini Martini 27 s. 3 obol. de Stelza.
It. eidem 8 s. de novo celario per rel.
It. eidem 3 s. de Hemmenroide per rel.
It. eidem 22 s. de domo Mathie scabiosi per rel.
It. eidem 8 s. 9 d. de Rufo Leone per rel.
It. filie Mailbranx 8 m. de domo follonum in nova platea. per rel.
It. eidem 9 s. de domo Novum Celarium per rel.
It. dno. Jo. Rapax 6 m. de acie Gigantis.
It. cece mulieri in des Kalen gasse 33 s. per rel. de domo dicta Lybra.
It. Ja. Kayardo ex parte cognati sui de domo Kayarde 15 aur. flor. val. 30 m. per rel.
It. relicte Kayardi de eadem domo 7 m. per rel.
It. Ricolfo Nagel 4 m. 4 s. de Nuwelose per rel.
It. Augustinensibus 5½ m. de heridate eorum in Kockerel per rel.
It. domine de Eyghorn 10 m. 10 s. 8 d. de domibus Renardi sellatoris (30 s.), Leuboyven (13 s.), Christiani sellatoris (3½ m. 12 d.) et Druzfelt (3½ m. 2 s.)
It. dno. Henr. Heriberti 23 s. per rel. de domo dicta Horreum.
It. duis. de sco. Egidio in Pûnt 3½ m. & 20 d. de domibus Nuwenkelre (9 s. 8 d.) et Petri Gressers (34 s.)
It. Renardo de Moyrke 2 m. de domo Gerardi de Resdale et Lamberti pistoris in foro per rel.
It. Ar. Wilden 5 m. et 30 d.
It. priorisse Porchetensi 16½ s. de domo Lamberti pistoris per rel.
It. eidem 20 s. 10 d. de Rufo Leone per rel.
It. pueris Andree de Wise 1 m. de domo follonum per rel.
It. Christiano Leonis 9 m. 4 s. & 4 d. de domibus follonum (16 s. 4 d.), Danielis (12 d.), Hanmans (3 s.), Binsfelt (2 m.), Mathie scabrosi (2 m. & capone). Am Rande nota, plus levavit 3½ m. 3 d.

It. duo. Ja. Kopgin 9 s. de domo ad Scutum per rel.

It. sorori Christiani Leonis 3 m. de domo follonum per Schedergin.

It. monialibus Porchetensibus 21 s. per rel. de domibus Libra. (6 s.), Binsfelt (3 s.), Mathie scabrosi (1 m.) per rel.

5 It. Katherine Schrafs 29 s. 9 d. de domibus Stelza (12 d.), Libra (3 d.), Schonnecken (1 m.), G. de Resdale (7½ s.) et de Horreo (9 s.)

It. canonicis beate Marie 5 m. 6½ s. et 1 quadrantem de domibus ad scutum (12½ s.), domo follonum (6 s.), Nuwenkelre (12 d.),
10 Hanmans (3½ s.), Stelza (5 s. 4 d.), Binsfelt (12 d.), Pollicis (6 s. 3 d. 1 quadr.), Rufo Leone (8 s. 9 d.), scabrosi (15 s. 8 d.), de Horreo (15 s.). Schaflutzels (3 s.). (Am Rande) nota, parum habuerunt 10½ s.

It. Jo. Hane 5 s. & 4½ quadrantes de domo Pollicis.

15 It. duo. Godardo cantori Aquensi 13 s. levatum per W. de Royde.

It. Presbytero hospitalis supra curiam 7 m. de domo Gerardi de Resdale per rel. (Am Rande) nota, plus levavit 6 s.

It. relicte Wolteri in Pûnt 21½ s. de domibus Hanmans (27 d.), Schinmeggers (3 s.), Libra (6 s. 9 d.), Danielis (6 d.) & de
20 Horreo (9 s.)

It. Hildero de Alstorp 19 s. de domo Rufo Leone per Henricum Vincke levatum.

It. Mathie de Hoynkirgen 32 s. & 10½ d. de domibus Nuwenkelre (11 s. 4 d.), Pollicis (3 s. 1 obulum) et Horreo 18 s. (Am
25 Rande) nota, plus habuit 6 d.

It. Nese Schrafs 11 s. 4 d. de Nuewenkelre.

It. relicte Jo. de Traiecto 6 s. de Rufo Leone.

It. Jo. Bertholfi 16 s. de Horreo.

It. de censu domus civium 5 s. levatum per Petrum de Weyenberg.

30 It. Christiano Wilden 23 s. 6 d. (Die Randbemerkung unleserlich.)

It. Clos Hoitzappel 7 s. de domo scabrosi.

It. canonicis sci. Adalberti 17 s. de domibus Schinmeggers (6 s.), Binsfelt (6 s.), Pollicis (5 s. minus 1 d.)

It. fratri Petro Schop 3 m. de domo Kayardi per Poitgin levatum.

35 It. Henne Wildenberg & matri sue 6½ m. de domibus in Kockerel (4 m.) & Rufo Leone (30 s.)

It. duo. Wil. Kluc 2 s. pro uno capone de domo Resdale.

It. puelle Eve, Albe moniali 18 d. de eadem.

It. Predicatoribus 7 s. de eadem per rel.

It. Gotste de Harleys.

It. fraternitati hospitalis supra curiam 3 s. de domo Hanmans, levavit Jo. Parvus per rel.

It. Ricolfo de Gurzenig 3 m. & 10 d. de domibus Petri Gressers (1 m.), Lamberti pistoris (14 s. 4 d.), Kayardi (10^1/$_2$ s.)

It. relicte Renardi Hoyn 11 m. 3 s. 2 d. levatum per Ricolfum de Gurzenig de domibus Jacobs (5 s 4 d.), Wilh. Schaflutzels (33^1/$_2$ s. 3 quadrantes), Lucboyn (19 s.), Christiani sellatoris (17 s.), Libra (12^1/$_2$ s.), Stella (7 s. 2 d.), Kayardi (18 s.), Rufo Leone (5 s. 10 d.), Mathie scabrosi (16 s. 9 d.)

It. Cecilie de Strithagen 14 s. de domibus Danielis 6 d. Hanmans et Lene (7^1/$_2$ s.), domo Pollicis (6 s.)

It. fraternitati sci. Johannis 8 m. 10^1/$_2$ s. de domibus Danielis (5 m. 5 s. 3 d.), Nuwenkelre (4 s.), Schynmeggers (6 s.), Mutzersgasseort (4^1/$_2$ s.), follonum (11^1/$_2$ s. it. 11 s. it. 32^1/$_2$ d.), ad Scutum (12^1/$_2$ s.)

It. domino Werueru de Bredenbent 21 s. et 4 d.

It. Rusen in Pomerio 1 m. de Rufo Leone.

It. Henr. Bertelkin 1 m. de Binsfelt.

It. Henr. Welter 6 s. de domo Resdale.

Summa 542 m. & 9^1/$_2$ d. item 13^1/$_2$ s. sine censu Gotste.

Summa universalis omnium summarum predictarum istius pensionum littere est 4892 m. 33^1/$_2$ d. item 180 m. it. 13^1/$_2$ s. sine censu Gotste de Harleys.

Primo, in die sacramenti pro tortise et aliis candelis supra altare in foro stantibus et faccione earum 24^1/$_2$ m. per Simonem de Cervo.

It. pro chordis, funibus, kûyggelere, gramine in foro, junccis supra lobium monialium & laborantibus ibi exportando & importando et multis aliis circumstanciis & de velo reparando & de ciboria ac de aliis multis sc. clavis & c. 4 m. 5 s. per Jo. Wirig.

It. de presencia eodem die dat. 5 m. per me.

It. de vino eodem die religiosis sc. monialibus Porchetensibus, Albabus dominabus, Minoribus, .. Predicatoribus, Augustinen. & alibi hinc inde eodem die dat. 52^1/$_2$ sextaria vini, valent 31^1/$_2$ m. per Jo. Wirig ad 3 s. hall. quartam.

It. ... presbyteris ad presenciam in portacione capsidis 5 m. per relictam.

It... cornuatoribus dni. de Valkenburg & .. Smelgin deme eodem die dat. 3½ m. per rel.

It. de faccione vie prope montem Salvatoris 12 epos. per rel.

It. pro candelis balistariorum eodem die dat. magistris balistariorum 14 m. per rel.

It... balistariis eodem die dat. 20 sextaria val. 12 m. per Jo. Wir.

It. de expensis dextrariorum in portacione capsidis et ferracione eorum 5 m. & 4 s. per relictam. It. 3 m. per H. Chorus.

It. de pulsacione dribbendey eodem tempore 4 s. per Jo. Wir.

Summa 109 m. & 27 d.

It... balistariis in dedicacione dat. ad presenciam 7 m. per rel.

It. eisdem balistariis dat. postquam circuiverunt et aliis sociis vigilantibus in comitatibus 18 sextaria val. 10 m. 9 s. 7 d. per multuram.

It. pro tortise & faccione earum dat... balistariis & carnificibus in dedicacione 19 m. & 18 d. per rel.

It. ... pauperibus Becgardis dat. in dedicacione pro Deo, ut orarent pro civitate 24 m. per rel.

It. examinantibus vina 32 s. per multuram, it. 21 s. 7 d. per Goswinum.

It. den trumperen jacentibus supra aulam et cornuantibus tempore ostensionis reliquiarum et tempore, quo dns. rex erat hic 13 m. per rel. It. 12 episcopos per rel.

It. de vexillulis eorum habitis in trumpis eorum pendentibus 4 m. & 10 s. per rel.

It... vigilatoribus prohibentibus, ne aliquis laboraret in eundo cum processione ad Salvatorem, S. Petrum, S. Jacobum & S. Adalbertum 16 s. per rel.

It.. religiosis & Albabus dominabus dat. 32 sextaria val. 21 m. 4 s. per mult.

It. de pulsacione dribbendey; quum processiones facte fuerunt 18 s. per rel.

It. domine de Stoilburg dat. in subsidium sue capelle 4 scutos novos val. 9 m. per rel.

It.. in octava bti. Karoli ad presenciam dat. 7 m. per rel.

It. canonicis de eodem festo 2 m. per dnm. Payin levat. per rel.

It. de pulsacione dribbendey 2 m. per rel. Clos Klocker habuit.

It. de vino propinato 18 sext. val. 10 m. 9 s. 7 d. per Jo. Wirig.
It. 4 sext. Albabus per Jo. Wirig val. 29 s. minus 2 d.
Summa 141 m. 27 d.

Secuntur expensae circa dnm. nostrum Regem facte sub C.

It. Christiano Leonis&Alexandro missis Duren ad marchionem Julie, quum dns. Rex commisit sibi tractare nobiscum 42 denarios Durenses val. 3 m. 10 s. 4 h. per rel.

It. nuncio misso Magunciam ad marchionem Brandenburgensem 2 aureos florenos valent 4 m. per rel.

It. Christiano Leonis & Alexandro missis iterum ad marchionem Julie 3½ m. 4 s. & 4 h. per rel. It. cuique 2 sext. val. 4½ s. per mult.

It. eisdem missis Duren ad marchionem Julie pro eodem negocio 5 m. per rel.

It. dno. G. Chorus & Jacobo Kollin missis Jul. ad marchionem Julie de eodem facto 4 m. & 12 d. per rel.

It. eodem tempore de expensis comitis de Weyde huc missi ad tractandum de facto regis 32 m. per rel.

It. de expensis eodem tempore comitis Johis. de Spoynheym & .. notariorum dni. regis 26 m. & 12 d. per rel.

It. de expensis magistri Theutonicorum dni. de Nellenburg eadem vice cum comite Jo. predicto hic ad scm. Egidium existentis 19 m. & 3 s. per rel.

It. Nicolao Stergin misso cum eodem magistro Theutonicorum ad dnm. regem 4 aur. florenos per rel., quum Godart captus erat.

It. dnis. nrs. sedentibus supra lobium et facientibus notulam nostrarum privilegiarum (sic) 6½ m. & 20 d. per rel. & multuram in uno loco.

It. dno. Robino de Foresto sibi dat. in tractatu dni. regis, ut responderet pro civitate 12 scut. valent 30 m. per rel.

It. nuncio misso Bûnnam ad Ja. Kollin pro novis remandandis 8 s. per rel. It. 6 s. per me.

It. nuncio per Jacobum Kollin a Maguncia huc misso 11 grossos antiquos val. 25 s. & 8 d. per rel.

It. ... Kreyvel misso Frankenvordiam in tractatu dni. Regis 4 m per rel. It. 3 gross. per Jo. de Cannali concessos, per rel.

It. Christiano Leonis & Alexandro missis Vogelsant ad marchionem Julie in eodem tractatu duabus vicibus 6 m. & 4 s. holl. valent 7 m. & 18 d. per rel.

It. Gotschalco misso Frankenfort 3 scut. val. 7½ m. per rel.

It. Godeschalco Kremer sibi concess., per Jacobum Kollin misso Maguncium 2 scut aur. val. 5 m. per rel.

It. Clos Stergin sibi concess. per Jacob. Kollin misso cum magistro Theutonicorum 1 scut. aur. val. 30 s. per rel.

It. eodem tempore de luminibus lineis per Joh. Lupum factis 7½ m. 1 s. per rel.

It. de luminibus per Jo. Dűytgin factis et conastabulis datis 9 m. 4 s. per rel.

It. Egidio de faccione tortise, quum dns. rex erat hic dat. conastabulis 30 m. per rel.

It. Katherine de tortise et factione earum eodem tempore 15 m. et has habuerunt conastabuli Nove porte et Porchetensis per rel.

It. Rolando de Hoynkirgen pro cera ad tortise eodem tempore dat. conastabulis 24 m. per rel.

It. cuidam nuncio misso a Woltero Volmeri de Maguncia huc 8 grossos antiquos val. 18 s. & 8 d. per rel.

It. Kreyvel misso Frankenfordiam 2 aur. florenos per rel.

It. eidem 17 gross. val. 39 s. & 8 d. per rel., concessos per Wolt. Volmer & Vresen.

It. Christiano Kleyne misso per Godeschalcum a Maguncia, quum duo Reges jacuerunt invicem 20 s. per rel.

It. cuidam nuncio dni. nri., (Gunteri credo) Romanorum regis huc misso 2 scut. val. 5 m. per rel.

It. nuncio dni. Bauri de Bopardia dat. ferenti litteram de Bauro, qui prebuit servicium suum, si aliquid posset facere pro civitate Aquensi 1 aureum florenum et 12 s. Hall. val. 3½ m. per rel.

It. cuidam nuncio misso de Tremonia propter forum misso 6 s. per rel.

It. peregrino misso Magunciam, quum reges jacuerunt invicem per Wolterum Volmer sibi concessum 1 scuteum aureum & 2 gross. antiquos val. 34 s. & 8 d. per rel.

It. Christiano Kleyn misso per Godeschalcum ab Eltevil 1 m. per rel.

It. nuncio misso ad Godeschalcum Kremer Eltevil, quum dominus Christianus nolebat illuc accedere 1 scuteum val. 30 s. per rel.

Summa 285 m. 25 d.

It. quum dns. rex erat hic tunc emptum fuit erga Conradum de Eyghorn 6 magna dolea vinorum continencia 7 plaustra 3 amas & 18 sext. de quibus propinata fuerunt dno. Regi 3 dolea continentia

Summa pecunie de dictis sex doleis vinorum est 896 m. & 7 s. per rel. in duobus locis.

It. eodem tempore emptum fuit erga Nicolaum de Tûngeren 15 amae & 6 sextaria, quelibet ama empta fuit pro 19 m. summa 288 m. & 10 s. per multuram.

It. eodem tempore emptum fuit erga Jacobum Saissen 3 plaustra, 5 amae minus 4 sext. summa pecunie 434 m. 4 s.

It. pro decem bobus emptis et datis dno. nro. Regi 98 scuteos aureos, val. 245 m. per relict.

It. pro una bursa data domine regine 16 m. holl. valent 18 m. per rel.

It. eidem dne. regine in bursa datis 200 scuteos aureos val. 500 m. per multur.

It. .. janitoribus dni. regis & regine 20 scut. aur. val. 50 m. per multur.

It. .. ministratoribus dni. regis & regine 8 scut. aur. val. 20 m. per multur. it. .. Scholere, iraldo & alio iraldo $5^{1}/_{2}$ s. 4 d. per rel. & mult.

It. den misselierren dni. regis 5 scut. aureos valent $12^{1}/_{2}$ m. per mult.

It. notariis dni. regis de privilegiis nris., quarum multe fuerunt 17 scut. aureos per multur. Goswinus.

It. eisdem notariis 114 scut. aureos per rel. in duobus locis valent in universo $327^{1}/_{2}$ m.

It. notariis .. marchionis Brandenburgensis & ducum Rodolfi & Roperti de Bauwaria de litteris eorum civitati datis de coronacione dni. Karoli regis 9 scut. aureos val. 20 m. 3 s. per relictam it. 2 m. 3 s. per me.

It. pro pergameno ad privilegia & cartas nostras regalia 16 s. per rel.

It. pro serico ad cartas nostras 18 s. per relictam.

It. pro una lada ad imponendum cartas novas 11 s. per rel.

It. pro serico & cera ad litteram testimonialem dno. regi per nos datam, quod fuisset hic coronatus 2 s. per multuram.

It. pro sera magna ad cistam 7 s. per Jo. Wirig.

It. Jo. Pavoni de litteris & expensis tempore dni. regis 3½ m. per rel.

It. pro anforis terreis cum quibus propinabatur duo. regi 4 m. & 2 s. in duobus locis per rel.

It. .. famulis portantibus vinum tunc temporis propinatum 6 m. per rel. it. 2 s. per multur.

It. Thiis Kirof de laboribus in propinacione vinorum 7½ m. minus 10 d. per rel.

It. Heyardo, molendinario, de gramine ad boves episcopi Treverensis 18 s. per rel.

It. pro candelis in celario & ducibulatori 23 s. per multuram.

It. .. balistariis jacentibus supra domum civium armati, (sic) quum dns. rex erat hic 51 m. per rel.

It. .. balistariis jacentibus Wederhan & custodientes dnm. regem toto tempore, quo hic fuit 26 m. & 2 s. in duobus locis per rel.

It. G. de sco. Alberto eodem tempore dat. 20 s. per rel.

It. dnis. nris. in dedicacione & ante adventum dni. regis sedentibus supra lobium & facientibus litteras .. principibus missas & toto tempore quo. dns. rex erat hic congregatis invicem ipsis nostris dominis supra lobium expenderunt 51 m. minus 3 d. per multur. in uno loco it. 1 m.

It. de eisdem expensis multibus (sic) vicibus 41 m. 3½ s. per multuram, cum duobus paribus cirotecarum.

It. de eisdem expensis 5 m. 4 s. 5 d. per rollam Jo. Wirig.

It. de expensis familie civitatis 5 m. 9 s. 5 d.

It. de balneo notariorum dni. regis 4 s. per multur.

It. in recessu dne. regine de vectura camere ipsius dne. versus Coloniam 8 m. holl. val. 9 m. per rel.

It. 4 m. & 8 s. per rel. cum caligis Gotschalci Kremers.

It. Hangentele de vectura camere ejusdem dne. regine 5 m. per rel.

It. Til. . Mulgin de vectura camere ejusdem dne. regine 40 s. per multur.

It. .. Bibau de vectura camere ejusdem dne. 4 m. per rel.

It. . Jo. de Tilia de vectura camere ejusdem dne. regine 9 m. per rel.

It. Arnoldo Raudoif de vectura camere dne. regine 6 m. per rel.

It. Jo. Schellart & Jacobo Kollin euntibus cum dno. regi (sic) Coloniam 5 scut. valent 12½ m. per multuram.

It. eisdem Johanni & Jacobo 4 scuteos antiquos & 1 m. It. 51 m. & 9 s. per rel. ipsis euntibus cum dno. rege predicto Coloniam.

It. Clos Stergin et Arnoldo custodienti servisiam missam pro dextrariis, dum dns. rex venire debebat 30 s. per rel.

It. de expensis dextrariorum 7 m. 4 s. per rel.

It. Mathie nuncio dni. regis nuncianti prolem ipsius dni. regis 4 scut. novos per rel.

Summa 3147 m 10 s. & 5 d. it. 7 m. 3 s.

It. Marchioni Juliae dat. eodem tempore 100 m. per rel.

It. Comiti de Monte quum primitus venit Aquis post captivitatem patris sui 300 m. per rel., quum concives nostri jacebant Leyvendale captivati.

Nota, inferius ponam. Sequitur de captivitate Godeschalci Kremers et istud ponam inferius post hoc, de Leyvendale.

D. Primo, quum dns. Conradus de Schoynnecken cepit Godeschalcum Kremer, misit Godeschalcus Henkinum Keylart, qui habuit 1 m. per rel.

It. Clos misso Oysheym ad abbatem 13 s. & 3 d. per rel.

It. cuidam alio nuncio misso iterum per eum 1 scuteum aureum antiquum per rel.

It. Clos misso ad abbatem 15 s. per rel.

It. Simkin Log misso ad Godeschalcum 1 scut. aur. valet 30 s. per rel.

It. duobus aliis nunciis missis pro eodem facto et captivitate ad episcopum Treverensem 4 scut. aur. per rel.

It. cuidam nuncio misso a Godeschalco 10 gross. antiquos, valent 23 s. 4 d. per rel.

It. nuncio de Schoynnecken misso ad Godeschalcum 1 scuteum novum val. 27 s. per rel.

It. Clos misso ad abbatem 5½ s. per rel.

It. nuncio dni. episcopi Treverensis misso ad dnm. Conradum de Schoynneckeu 1 sc. aur. ant. per rel.

It. Godeschalco de expensis suis in captivitate eadem factis 5 scuteos antiquos et 24 scuteos novos valent in universo 66½ m. per rel.

It. eidem Godeschalco pro caligis sibi datis eadem vice 8 s. per rel.

It. Hermanno de Klusa 2 scut. aur. per rel.

It. Godeschalco Kremer cum pecunia expensarum suarum misso ad dnm. Conradum de Schoynnecken 3 m. per rel.

It. Godeschalco 18 s. per rel. Nescio quare.

It. filio Nicolai Stergin datum quia multum cucurrit ad calceos et caligas 9½ s. per rel.

Summa 500 m. 35 s. & 7 d.

Sequitur factum dni. Hermanni de Leyvendale et dni. Schelardi avunculi sui.

Primo. Clos Stergin misso ad comitem de Monte et ad dnm. R. de Schoynauwen 3 m. 5½ s. per rel.

It. Jo. Schellart, Volmero & Goswino in Punt missis ad comitem de Monte 3 scut. aur. val. 7½ m., item 1 schilt Mantelman per rel.

It. Jo. Berthoif & Alexandro missis Juliam ad comitem, quum dns. Hermannus de Lyvendale cepit Gerardum de Weyenberg et alios nostros concives, venientes de Erklens, 6 m. 7 s. 9 d. per rel. It. 10 s. et 4 d. per Jo. Bertholfi concessos per rel.

It. eisdem missis iterum illuc 31 s. per rel.

It. nuncio comitis de Monte ferenti litteram de eisdem captivis 6 s. per rel.

It. Clos Stergin misso Brucgen ad comitem de Monte de eisdem captivis 19 s. 8 d. per rel. eidem misso Barmen ad captivos 3 s. per rel.

It. Alexandro misso ad comitem de Monte 2½ m. per rel.

It. supra domum consilii dominis querentibus litteras reconciliacionis 3½ sext. 5 s.

It. Jo. Triptrap misso ad ducem Gelrensem 18 s. per rel.

It. eidem misso ad dnm. Schenardum ad videndum litteras 1 m. per rel.

It. dominis nostris equitantibus Juliam pro caponibus et carnibus, in duobus locis libri, 4 m. 3 s. per rel.

It. supra consilium secunda vice 3 sextaria et 13½ s. per multuram. It. in domo Johannis 1 sext. per multuram.

It. balistariis nostris, quum ire debebant Leyvendale, 10 m. per rel.

It. Kreyvelle misso ad dapiferum Jul. 18 s. per rel.

It. dominis G., Christiano, Schellardo et Alexandro examinantibus litteras reconciliacionis 13 s. 4 d.

It. Clos Stergin misso ad comitem de |Monte in comitatum de Monte 30 s. Holl. val. 33 s. et 9 d. per rel.

It. supra consilium tercia vice querentibus litteras 3 sext. & 5 s. per multuram.

It. dnis. nostris Christiano Leonis, Jo. Schellart, Jo. Chorus, Goswino in Pûnt, Lamberto Bûc, Conrado de Eyghorn & Alexandro missis Juliam 15 scut. antiquos val. $37\frac{1}{2}$ m. per rel.

It. ibidem eodem tempore 16 s. 4 d. per rel.

It. Moys, Ranspoit & Jo. Renardi de expensis conductus 3 per rel.

It. eisdem dnis. nostris missis Aldenhoyven de facto dni. Schellardi de Leyvendale 6 m. 12 d. holl. valent 6 m. 10 s. per rel. Item 2 m., per me. It. Nuncio comitis nos conducenti 30 s. per rel.

It. eisdem dnis. nostris predictis omnibus, missis iterum Juliam ad diem tractatus, 10 scuteos aureos antiq. valent 25 m. per rel.

It. eisdem revertentibus et commedentibus invicem 16 s. per mult.

It. eisdem dnis. nostris omnibus predictis missis Juliam, quum reconciliacio facta fuit cum dno. Hermanno de Leyvendale & pernoctantibus ibidem 31 m. & 6 s. per rel. in duobus locis libri multum remote stantibus ab invicem.

It. Poytir predictos dnos. conducenti 27 s. per rel.

It. post reconciliacionem Clos Stergin misso pro equis Gerardi de Weyenberg et sociorum suorum 30 s. holl. val. 33 s. & 9 d. per rel.

It. Clos Stergin misso ad comitem de Monte, qui dedit sibi litteram ad dnm. Schellardum de lana Mathie Mantelmans 30 s. Holl. per rel. val. 33 s. 9 d. per rel.

It. Goswino de Pûnt, Conrado de Eyghorn et Alexandro missis Coloniam ad comitem de Monte de facto dni. Schellardi 12 schilde val. 30 m. per rel.

It. de expensis famuli dni. Renardi nos conducentis 18 s.

It. eisdem missis iterum ad comitem de Monte de eodem facto Duren (credo) 6 scut. val. 15 m. per rel.

It. Jo. Schellart, Christiano Leonis, Goswino in Pûnt et Alexandro missis Nydecken de eodem facto, 8 scut. val. 20 m. per rel. in duobus locis in uno tamen latere libri cum pecunia Nicolai Stergin per rel.

It. de expensis magistri Mathie Coci ipsos conducentis 29 s. per rel.

It. Clos Stergin misso Kasteren propter lanam Mathie Mantelmans 16 s. & 4 d. per rel.

It. Kreyvelle misso Leyvendale ad dnm. Schellardum pro eadem lana 1 m. per rel.

5 It. Nicolao Stergin misso iterum Kasteren 18 s. per rel.

It. Alexandro & Lamberto Bûc missis Kasteren 6 m. per rel.

It. Clos Stergin misso Kasteren 6 s. per rel.

It. Ottoni de equo suo quinque diebus versus Kastereu locato 20 s. per rel.

10 It. de expensis famuli dapiferi Jul. in domo de Lilio 27 s. per rel.

It. *Jo. Chorus magistro civium*, Jo. Bertoif, Conrado de Eyghorn, Lamberto Bûc & Alexandro missis Lovanig, quum Henricus de Hoytze decollatus fuit ibidem 6 schilde valent 15 m. per rel. Item 2½ scut. aur. per rel. . Item 5 gross. ant. concessit Jo.
15 Bertof per rel.

It. officiato domine de Kasteren, qui fecit iudicari de predicto Henr. de Hoytze 6 scut. ant. val. 15 m. per rel.

It. nuncio domine de Kasteren dat. 6 s. per rel.

It. cuidam alio nuncio domine de Kasteren dat. 4 s. per rel. It.
20 Kreyvel misso Kasteren 5 s. per rel.

It. Clos Stergin misso Kasteren 4 s. per rel.

It. eidem misso ad dapiferum Jul. 7 bohemios valent 1 m. & 3 d. per rel.

It. Jo. Bertholfi, Conrado de Eyghorn et Alexandro equitantibus
25 Nuwenhusen ad diem tractatus 19 s. per rollam Jo. Wirig.

Summa 327 m. 7 s. & 4 d. It. 1 schilt. ant.

E. Sequitur nunc de facto ducis Brabancie et de captivitate Henrici Krûgelgin & sociorum suorum apud Lymburch captivorum
30 sub E.

Primo . Ar. Schiffelart & Leoni de Karsfûrt missis Brabanciam 12 scut. ant val. 30 m. per rel.

It. ipsis et aliis dominis commedentibus prius 2 sext. 1 quartam & 12½ s. 2 h. per mult.

35 It. Mathie nuncio dni. regis misso Brabanciam 2 scut. ant. per rel.

It. eidem 2 schilde ant. per rel. it. 1 scuteum per mult.

It. eidem Mathie misso iterum illuc cum litteris dni. regis 5 scuteos aur. in duobus locis per rel.

It. Kreyvel misso eodem tempore 1 m. per rel.

It. Alexandro, Goswino in Pûnt et Conr. de Eyghorn missis Brabanciam 20 scut ant. val. 50 m. per rel.

It. pro speciebus 31 s. per rel. It. ipsis commedentibus 2 sext. & 6½ s. per mult.

5 It. Alexandro misso Lymburg captivos (sic) commedentes cum eodem 3 m. per rel.

It. Jo. Bertholfi & Alexandro missis ad seneschalcum Lymburgensem 8 m. 3 s. per rel.

It. Christiano Leonis & Leoni missis Witheym 28 s. in domo Ja.
10 Kayart per rel.

It. de expensis Wilhemi ipsos conducentis 2 m. per rel.

It. cuidam nuncio misso Lymburg 4 s. per rel.

It. dno. Henr. de Grunselt senescalco Lymburgensi sibi dat. ut promoveret negocium civitatis 100 scut. aur. novos, val. 223 m.
15 & 4 s. per rel.

It. Conrado de Rabuitroit dapifero Lymburgensi dat. de eodem facto promovendo 10 m. per rel.

It. Nicolao Stergin misso pro dominis Rufoni de Synge, R. de Schûylzberg, Jordano de Vivario et Everhardo, quibus locuti
20 sumus de dicta causa, 1 m. per rel.

It. de expensis eorundem illo tempore 3 m. per rel.

It. Alexandro misso Lymburg 1 scut. ant. per rel.

It. eidem misso in Brabanciam 8 scuteos nov. val. 18 m. per rel.

It. Leoni et Alexandro missis Brabanciam 15 scut. aur. valent 37½
25 m. per rel. It. ipsis euntibus 1½ sext. & 4 s. per multuram.

It. Scolastico sci. Servacii, Leoni, Goswino in Pûnt, Conrado de Eyghorn & Alexandro missis Brabanciam ad diem tractatus de dicta causa 42 scuteos ant. val. 105 m. per rel.

It. eodem tempore pro speciebus 30 s. per rel. It. ipsis commeden-
30 tibus antequam irent 15 s. et 3 d. per Jo. Wirig.

It. eisdem missis ibidem, quum sine fine recesserunt ab inde, 38 scuteos et 8 s. valent 95 m. & 8 s. per rel.

It. famulo ferenti equum de Traiecto 4 s. per mult. It. Krevel ducenti equum Trajecti 2 s.

35 It. eisdem missis iterum illuc 30 scut. ant. val. 75 m. per rel. It. pro speciebus 20 s. per rel.

It. ipsis euntibus 2½ sext. & 19 s. per mult.

It. Jo. Triptrap misso Trajecti 1 m. per rel.

It. Jo. de sco. Alberto misso Brabanciam 2 scut. per multuram.

It. Goswino de Pûnt, Conrado & Alexandro misso Traiecti obviam
consilio ducis, 11 m. 10 s. per rel.

It. de expensis conducencium eos 2 m. per rel. It. cuidam nuncio
misso Trajecti 6 s. per rel.

It. Jo. de sco. Alberto misso illuc 1 m. per rel.

It. Kreyvel misso Ude (?) ad dnm. R. de Schoynvorst 1 m. per rel.

It. Jo. Schellart, Leoni, Christiano Leonis, Jo. Chorus, Conrado de
Eyghorn et Alexandro missis Bruxellam, iacentibus ibidem per
novem dies, quum episcopus Coloniensis fuit ibi et misit pro
nobis, 69 scut. ant. val. $172^{1}/_{2}$ m. per rel.

It. pro speciebus eodem tempore 2 m., it. ipsis commedentibus
antequam irent 7 s. & 4 sextar. per Jo. Wirig.

It. 19 scut. per filium Jo. Bertof concess. per rel.

It. ipsis reversis & commedentibus 33 s. & $4^{1}/_{2}$ sextaria.

It. de expensis.. dicti Kapployn, famuli burgravii Lymburgensis
& de expensis Wilhelmi Gastmoillens nos conducencium 31 s.
4 d. per rel. in duobus locis unius lateris. It. 16 s. de expensis
Gastmoillen per rel.

It. Wilhemo Gastmoillen sibi dat. quia sepius conduxit dnos.
nostros versus Brabanciam 6 scut. ant. per rel. It. de expensis
ejusdem in balneo 8 s. per rollam Jo. Wirig.

It. Godeschalco Kremer misso Lymburg 3 s. per rel.

It. Clos Stergin misso Brugas ad episcopum Coloniensem, quum
levavit prolem comitis de Flandria 5 scut. aur. per rel.

It. Kreyvel misso Norenberg ad dnm. regem pro litteris ad ducem
missis $1^{1}/_{2}$ libras Hall. per rel.

It. Jo. de sco. Adalberto misso ad burgravium Lymburgensem 6 s.
per rel.

It. eidem misso Traiecti 1 m. per rel.

It. Alexandro misso Witheym 4 s. dat. operariis ibidem per rel.

It. eidem misso Lymburg $5^{1}/_{2}$ m. 2 s. per rel. Tunc omnes captivi
commederunt cum eo.

It. de expensis dominorum nostrorum pluries euncium et redeun-
cium Brabanciam et alibi hinc inde $3^{1}/_{2}$ m. 2 d. per multuram
in ultimo loco per Nicol. Stergin.

Summa 964 m. 10 s. 10 d.

F. Secuntur nunc expensae occasione pensionis Coloniensis debite
facte sub F.

Primo . Volmero & Alexandro missis Coloniam ad tractandum de eadem pensione 6 scut. antiquos & 10 s. per rel.

It. Alexandro et Conr. de Eyghorn missis ibidem iacentes ibidem quinque dies 8 scut. ant. per mult.

It. Volmero misso ad dnm. Renardum de Schoynvorst 6 scut. ant. per rel.

It. Alexandro misso Coloniam 4 m. per rel.

It. Volmero, Christiano, (credo) et Alexandro missis Coloniam iacentibus ibidem in tractatu sex diebus 23 m. & 10 s. holl. val. 26 m. 9 s. 10 d. per rel.

It. nuncio Coloniensi dat. 1 m. per rel.

It. Kreyvel misso Coloniam ad dominum R. de Schoynvorst 1 m. holl. val. $13^{1}/_{2}$ s. per rel.

It. Jo. Schellart, Christiano Leonis et Ja. Kollin missis Coloniam et iacentibus ibidem per tres septimanas de pensione tractantes 30 aur. flor per rel.

It. ipsis euntibus 4 sextaria et $13^{1}/_{2}$ s. per mult. It. Eisdem eodem tempore 165 m. holl. val. 165 m. $7^{1}/_{2}$ s. per rel.

It. Jo. de sco. Adalberto misso ad eos Coloniam 6 s. per rel.

It. Jo. Schellart misso Col. 10 m. per rel.

It. Nicolao Stergin misso ad requirendum dnm. R. de Schoynvorst de eodem facto $2^{1}/_{2}$ m. holl. val. 33 s. & 9 d. per rel.

It. dno. Remboldo dat. quia sepius expensis suis equitavit Coloniam et eciam Leodii de provocacione duelli 150 m. per rel.

It. Hoit, famulo suo, permanenti Colonie, quum lesus fuit in itinere Coloniensi 1 scut. ant. per rel.

It. dno. Remboldo, dno. G. Chorus et Jacobo Kollin missis Coloniam ad tractandum de pensione 25 scut. ant. val. $62^{1}/_{2}$ m. per rel.

It. cuidam nuncio misso Coloniam 1 m. holl. val. $13^{1}/_{2}$ s. per rel.

It. dno. Remboldo misso iterum Coloniam ad tractandum de pensione et eciam ad loquendum alia vice cum episcopo Coloniensi de captivis nostris Lymburgensibus 16 scut. ant. val. 40 m. per rel.

It. famulo ejusdem dni. Remboldi misso Kleyve pro eo, ut veniret ad diem tractatus 2 scut. ant. per rel.

It. Th. famulo ejusdem misso iterum Colon. ad dnm. Judeum cum litteris ejusdem dni. Remboldi 2 scut. ant. per rel.

It. cuidam alio famulo ipsius dni. Remboldi misso Coloniam, 6 bohemios val. 10½ s. per rel.
It. Jo. Kreyvel misso Colon. 1 m. It. 1 m. per rel.
It. Jo. Triptrap misso Colon. 1 m. per rel.
    Summa 618 m. 35 d.

G. Secuntur modo expensae de Henrico de Hetzungen et Tilkino
        de Wissen sub G.

Primo. Hene Kater sequebatur Henr. de Hetzungen cum sociis suis quibus datum fuit 3 m. per rel.
It. Jo. Verkenstertz misso Weyvelchoyven ad percipiendum de Henr. de Hetzungen 13½ s. per rel.
It. Brûygneckel misso ad comitem de Monte 6 s. holl. val. 6 s. & 9 d. per rel.
It. eidem misso 4 s. per rollam Jo. Wirig.
It. Jo. de Ordingen, Conrado de Dreyven et Frankoni de Moyrshoven dat. ut interficere deberent Henricum predictum 12 schilde ant. val. 30 m. per rel.
It. de expensis predicti Johannis de Ordingen hoc tractantis 8 s. per rel.
It. Erkino misso Kirgroide ad percipiendum 2 s. per rel.
It. cuidam misso Gladebag ad percipiendum de hoc 1 scuteum per rel.
It. Jo. de Eynnatten 2 scuteos per rel.
It. Jo. de Ordingen et sociis suis 12 scut. ant. per rel. It. cuidam perscrutatori 2 s. per rel.
It. Brûygneckel misso pro eodem percipiendo 6 s. per rel.
It. Erkino misso ad percipiendum 3 s. per rel.
It. duobus famulis missis Berge & Oirsberg 2 s. per Jo. Wirig.
It. Kario Schadebrug, qui dedit ad perscrutandum Henricum de Hetzungen 5 sc. ant. per rel.
Hic ponam si voluero stipendiariorum expensas.

Til. de Weyssen.

G. It. Alexandro misso ad marchionem Julie quum Tilkinus de Wisheym captivavit nostros concives 18 s. nuncio misso ab Alexandro per rel.
It. Krevel misso Riferscheit propter captivos eosdem 1 m. per rel.
It. eidem misso ad dnm. de Riferscheit Bedebur 8 s. per rel.

It. Jo. Chorus et Alexandro misso Rûydinc ad diem tractatus cum Tilkino predicto 4 m. holl. val. 4¹/₂ m. per rel.

It. Godeschalco Kremer misso Arwilre ad concives nostros munendos 18 s. holl. val. 20 s. et 3 d. per rel.

It. Clos Stergin in captivitate sua, per predictum Tilkinum capto, 6 m. holl. val. 6 m. 9 s. per rel.

It. eidem Nicolao misso ad comitem de Monte propter captivos, quos Tilkinus cepit, 25 s. holl. val. 38 s. per rel.

It. de expensis ejusdem Nicolai in captivitate sua Riferscheit factis 31 s. holl. val. 34 s. 10 d. per rel.

It. de expensis hospitis ejusdem Nicolai de Riferscheit hic Aquis factis 1 m. holl. val. 13¹/₂ s. per rel.

It. eidem hospiti datum 1 scuteum novum per Goswinum.

It. pro bolkone dominis nostris euntibus Duren ad diem tractatus inter nos et ipsum Tilkinum 3¹/₂ m. per rel.

It. quum reconciliatus fuit ipse Tilkinus nobiscum et acceptus fuit in servicium nostrum contra Henr. de Hetzungen et fidelis noster erat, dati sunt sibi 12 scut. antiqui ad procurandum duos socios cum eo. per rel.

It. Jo. Verkenstertz misso Schinvelt ad fabrum ad percipiendum de equis ad opus ejusdem Tilkini 6 s. per rel.

It. de expensis magistri Ottonis fabri de Schinvelt 4 s. per rel.

It. Jo. de Junccis de expensis burgravii de Riferscheyt et Cononis, fratris Jo. Knoyden, tractantibus pro reconciliacione inter nos et ipsum Tilkinum 6 scut. ant. per rel.

It. pro duobus equis ipsi Tilkino datis 61 scuteos ant. val. 152¹/₂ m. per rel.

It. Tilkino de Wissen de stipendio suo 42 m. & 9 s. in tribus locis per rel.

It. Ricaldo misso cum eodem Tilkino ad monstrandum sibi vias 2 m. per rel.

It. Godeschalco Kremer misso Arwilre, quum dominus Wilhemus de Gymmenig diffidavit 2 m. per rel.

It. Kreyvel misso Riferscheyt ad dnm. de Sleyda quum Dowinc requirebat pecuniam suam de Ar. de Hergenroith 2 m. per rel.

It. Jo. Triptrap misso ad dnm. de Sleida, quum Dowinc accepit sua pignora pro Arnoldo predicto 1 m. per rel.

It. Triptrap misso Coloniam, quum dns. Christianus Wale diffidavit 1 m. per rel.

It. nuncio de Riferscheit 2 grossos antiquos per rel.
It. Triptrap misso Durfendale, quum filius dni. Christiani nobis diffidavit, 1 m. per rel.
It. Jo. Schellart & Christiano missis Duren ad diem tractatus 9 m. holl. val. 10 m. 9 s. per rel.
It. Krevel misso Riferscheit, quum Holdenardus nobis diffidavit, 1 m. per rel.
It. Jo. Triptrap misso Stoilburg de facto Holdenardi 4 s, per rel.
It. Ar. Schiffelart, Goswino in Pûnt et Jo. Bertholfi missis Juliam ad diem tractatus, quum reconciliaverunt dictam causam, 4 scut. ant. per rel.
It. Holdenardo de composicione cognati sui per fratrem Jacobum de Piro interfecti 50 scut. antiquos val. 112 $^{1}/_{2}$ m. per rel.
It. Olberto famulo domine de Stolburg 30 s., quod laboravit pro reconciliacione.
It. Krevel misso Brabanciam ad muniendos nostros concives, quum illi omnes ex parte Holdenardi diffidaverunt 14 s. per rel.
It. aliis nunciis multis missis Coloniam et Brabanciam eodem tempore, quum illi omnes diffidaverunt, 6 m. per rel.
It. Krevel misso Wildenburg ad comitem de Monte 5 grossos val. 11 s. 8 d. per rel.
It. Jo. Triptrap misso cum littera ad comitem Ottonem de Nassauwen 4$^{1}/_{2}$ m. per rel. Et illam concives nostri promiserunt similiter.
It. Jo. Triptrap misso Frankenfordiam 5 m. holl. val. 5 m. 7$^{1}/_{2}$ s. per rel.
It. eidem Jo. misso ad dnos. superiores pro conductu ad nundinas Frankenfordenses 5$^{1}/_{2}$ m. per rel.
It. Krevel misso ad comitem de Eynen propter equum ipsius comitis, quem Jo. Hoyn tenuit, 18 s. per rel.
It. de equo eodem persoluto ipsi comiti 8 scuteos ant. val. 20 m. per rel.
It. nuncio ferenti de Kemerig illum equum 31 s. per rel.
It. nuncio ferenti litteram de Bruxella de intoxicacione foncium per Judeos ex parte civium Bruxellensium nos muniencium 2 scut. ant. val. 5 m. per multuram.
It. nuncio de Wildeshusen pro conductu 6 s. Hall. ant. val. 9 s. per rel.
It. Jo. Triptrap misso Gehre 18 s. per rel.

It. nuncio episcopi Leodiensis misso huc cum littera contra flagellatores bohemios val. 7 s. per rel.

It. nunciis Marchionis Jul. dat. pro eorum somer 1 scuteum aureum val. 27 s. per rel.

It. cuidam alio nuncio ejusdem ferenti Eyghorn 27 s. per Goswinum.

It. relicte Wilhelmi Beyssels pro papiro libro ad computacionem 1 m. per rel.

Summa 600 m. 34 s. & 2 d.

Istud ponam alibi in loco sibi apto. G.

It. comicie porte Coloniensis dat. ad portam 100 m. per Jacobum Kollin levatum per multuram.

It. comicie de Sanckulen ad viam dat. 50 m. per Christianum Leonis, per multuram.

It. comicie sci. Adalberti 50 m. per Jo. Berwin, per multuram.

It. comicie Hardewini 50 m. per Rullandum de Hoynkirgen.

It. comicie Porchetensis 50 m. per Henr. de Wise, per multuram.

It. comicie porte Acute 50 m. per Ar. Buc, per multuram.

It. comicie porte sci. Jacobi 50 m. per Ja. Kollin, per multuram.

It. comicie porte Regis 50 m. per G. Susdranc, per multuram.

It. comicie porte Punt 50 m. per Wilh. de Punt, per multuram.

It. comicie Nove porte 50 m. per Jo. Tilia.

Summa 550 m.

H. Sequitur de stipendiariis sub H.

Primo, G. de sco. Adalberto 10 aur. flor. val. $17^{1}/_{2}$ m. per rel. It. 3 m. & 9 s. per rel.

It. eidem Gerardo sibi concess. 6 m. per rel. It. eidem G. et filio suo 34 m. per mult.

It. G. Kynis de stipendio suo 10 aur. flor. val. $17^{1}/_{2}$ m. per rel. It. 3 m. 9 s. per rel.

It. eidem concessas 2 m. per rel. It. eidem et famulo suo 38 m. per mult.

It. Ricaldo de stipendio suo 5 aur. flor. val. 8 m. 9 s. per rel. It. $22^{1}/_{2}$ s. per rel.

It. eidem 20 m. per mult.

It. Hergenroit de stipendio suo 5 fl. It $22^{1}/_{2}$ s. per rel. It. eidem 20 m. per mult.

It. Wil. de Angelo de stipendio 5 fl. It. 22½ s. per rel. It. eidem concess. 2 m. per rel.

It. eidem 18 m. per multur. It. eidem dato (sic), quum conquerebatur, quod nihil haberet in captivitate sua Lymburg ad expensas 5 m. per rel.

It. Euskino de stipendio 5 flor. It. 22½ s. per rel. It. eidem 20 m. per multur.

It. Jo. Spit de stipendio 5 flor. It. 22½ s. per rel. It. eidem 9 m. minus 18 d. per multur.

It. eidem 27 s. sibi dat. in captivitate sua Lymburg per dnm. G. Chorus per rel.

It. R. de Monasterio de stipendio 5 flor. It. 22½ s. per rel. It. eidem 20 m. per multur.

It. Hundertmarc 5 flor. It. 22½ s. per rel. It. eidem 20 m. de anno presenti per rel.

Summa 333 m.

H. Sequitur de stabulo equorum civitatis & de expensis eorum hoc anno factis sub H. eciam.

Primo, magistro Petro Rammegger de stabulo equorum civitatis 6 m. 9 s. et 14 Hall. per rel.

It. de eadem ze plackeyren 9 s. per rel.

It. magistro Joh. fabro de opere ferreo 1 m. per rel.

It. pro lignis ad stabulum 21 s. per rel.

It. pro una rapa ad equos 6 s. per rel.

It. de expensis equorum civitatis stancium in hospicio Valkenburg antequam stabulum esset paratum 14 m. 4 s. per rel.

It. pro avena empta ad equos civitatis hoc anno 164 m. 2 s. 3 d. per rel.

It. pro feno empto 51 m. 7 s. 3 d. per rel. It. 15½ m. per rel. It. 14½ m. per rel. It. 24 m. pro gramine per Henricum de Wirisbungarde emendo.

It. pro stramine hoc anno empto 4 m. 11 s. 10 d. per rel.

It. pro rubeo equo empto 25 m. per rel. cum vinicopio.

It. pro albo equo empto erga Rutgerum de Karsfurt 24 m. cum vinicopio.

It. pro equo empto erga Berwin 45 m. 4 s. 8 d. cum vinicopio.

It. magistro Henrico fabro de equis civitatis ferrandis 9 m. & 8½ s. per rel.

It. pro klien et smere 5 s. per relictam. It. pro sellis.
It. pro reparacione sellarum antiquarum 25 s. per rel. in duobus
   locis.
It. pro gegurde et ligaminibus ad equos 22 s. et 4 d. per rel.   It.
   10 s. 4 d. per Jo. Lupum.
It. pro panno lineo ad sacum pabuli 6 s. per rel.
It. Erkino famulo custodienti equos 27 m. per rel.
It. magistro Ottoni de Schynne fabro de magno nigro equo curando
   et de expensis ejusdem stantis apud eum 7$^{1}/_2$ m. 12 d. per rel.
It. 4 s. pro sag., (?) per rel.
   Summa 443 m. 8 s. & 7 d.

H. Sequitur de locacione equorum.

Primo, G. Kynis 32 s. per rel. tempore regis habito per rel.
It. G. de sco. Adalberto 4 m. & 4 s. tempore regis habito per rel.
It. Hergenroit 1 m. per rel.
It. Ricaldo 5 m. & 8 s. Brabanciam (Alex.), Coloniam (Gode.),
   Duren (Clos), et Coloniam (Stergin).
It. G. de Cigno 44 s. per rel. Got. ad dominum Conr. de Schoyn-
   necken.
It. G. Kynis 44 s. Colon. (Ja. Kollin) per rel.
It. magistro Henrico fabro de eodem equo curando 2 m. per rel.
It. Ricaldo de equo suo 20 s. per rel. Coloniam (Clos Stergin).
It. G. de sco. Adalberto 16 s. per rel. ad Riferscheit (Clos Stergin).
It. Hundertmarc 44 s. per rel. Colon.
It. Ricaldo 4 m. per rel. Colon.
It. Euskino 1 m. per rel. Jo. Triptrap.
It. G. de sco. Adalberto 2 m. per rel. In Brabancia (Conr. Eyg-
   horn).
It. Ricaldo 28 s. per rel. In Brabancia.
It. G. de Cigno 4 m. 7 s. per rel. in Brab.
It. de equo Henrici Wesselers de Lovanio 30 s. per rel. (Conr.
   Eyghorn).
It. G. de sco. Adalberto de equo suo sibi dampnato per Leonem
   de Karsfurt in Brab. 6 m. per rel.
It. eidem Gerardo 4 s. per rel.   It. G. de Cigno 3 m. per rel.   In
   Brab. & Jul.
It. de equo Traiecti locato 23 s. per rel. In Brab. (Alexander).
It. G. de sco. Adalberto 32 s. per rel. In Brab. Conr. Eyghorn.

It. G. de Cigno 32 s. per rel. In Brabancia Goswinus (credo).
It. Ottoni fratri Ricaldi 3 m. per rel. Colon. It. Ricaldo 16 s. per rel. Jul.
It. G. de Cigno 44 s. per rel. Colon. It. eidem 16 s. per rel. Traiecti
5 & Kastern.
It. God. Kremer 18 s. Colon. per rel. It. Ricaldo 40 s. per rel. In Brab. Alexander.
It. Wilhelmo de Angelo 3 m. per rel. In Brabancia (Leo).
It. G. de Cigno 22 s. Colon. per rel.
10 It. God. Kremer 6 m. per rel. Hinc inde per prepositum Remboldum, Alexander.
It. eidem God. 40 s. per rel. In Brabanciam Alexander.
It. Ricaldo 4 s. per rel. Jul. Eidem Ricaldo 28 s. per rel. Jussu Johannis Chorus.
15 It. G. Guytman 44 s. per rel. In Brab. (Conr. Eyghorn).
It. G. de Cigno 32 s. per rel. Versus Gelre (Clos Stergin).
It. Ja. Kollin de equo suo cecato 5 m. per rel.

    Summa 105 m. & 10 s.

20   K. Sequitur nunc de foveis lapideis supra Lewerke et supra Meysenberg sub K.

Primo, fovea Lewerke costabat hoc anno testimonio Jacobi de Lovanio & Arnoldi vigilatoris 209 m. It. 2 m. 11 s. 7 d.
25   per rel.
It. pro malleo ferreo $16^{1}/_{2}$ s. per rel. It. 10 s.
It. Jo. molenmegger de reparacione rote in foveam aque 13 s. per rel.
It. de urnis ibidem habitis 1 m. per rel. It. de reparacione grue
30   supra Lewerke 14 s. per rollam Duytgini.
It. de fovea supra montem et supra Meysenberg 74 m. 10 s. 7 d. per rel.
It. famulo magistri foresti 2 m. per rel.

    Summa 293 m. 5 s. & 8 d.

35
K. It. . de domo Pollicis empta 310. m per rel. It. de vinicopio 12 m. per multur.
It. de eadem domo tegenda tam pro schindelen quam ad tegendum 4 m. 3 s. 9 d. per rel. It. 2 s. 6 h. per rel. argilla in domum.

It. de uno tunnel in aream (sic) domus ejusdem*) stante 3½ m. 17 d. per rel.

It. Tilmanno de Capra de acie domus sue emptae 30 m. per rel. It. de vinicopio 34½ s. per multuram.

It. de reparacione muri domus ejusdem per Tilmannum de Bunne 20 m. per rel.

It. Wernero pistori ibidem de acie domus sue ibidem emptae 17 m. per rel.

It. Hennen pistori de acie domus sue ibidem emptae 6 m. 6½ s. per rel.

It. de reparacione vie lapidee ibidem facte propter domus predictas 4 m. 8½ s. per rel.

It. dno. Wernero de Breydenbent de quadam pecia prati prope foveam Lewerke siti ibidem empta 20 m. per rel.

It. cuidam pauperi Johanni prope montem sci. Salvatoris de curia sua sibi cum terra dampnata 3 m. per rel. quum capsidis portabatur.

It. pro lignis ad domos Librarum 43 m., habuit Jo. Chorus per rel.

It. de domibus Librarum pro schindelen, stecken et gerden, delis et tegulis 45 m. 8 s. 9 d. per rel. in tribus locis. It. 33 s. per rel.

It. carpentariis (credo) domorum Librarum 12½ m. 14 d. per rel.

It. tectoribus et operluden ze decken et ze underschoyn &c. 24 m. 2 s. et 11 d. per rel.

It. God. Suelle de opere ferreo et claviculis ad domos predictas Librarum 12 m. per rel. It. 4½ m. per rel.

It. de vectura domorum earundem 11½ s. per rel.

Summa 535 m. 10 d. It. 45 m. & 9 s.

K. It. de reparacione unius magne baliste porte sci. Jacobi per magistrum Heynzonem 3 m. per rel.

It. pro venis ad balistas 1 m. per rel.

It. pro pilis tam ligneis quam ferreis erga Jo. Duytgin Jo. fabrum et istum de Woyfsyve emptum 53 m. 5 s. & 2 d. per rel. in multis locis.

---

*) ejusdem bezieht sich wahrscheinlich auf G. de Resdale de domo sua empta prope domum consilii, wie der vorhergehende aber durchstrichene Posten lautet.

It. pro vederwische 15 s. per rel. It. Jo. Duytgin de precio suo 5 m. per rel.

It. eidem de tunica sua 3 m. per rel.

It. magistro Heynzen balistario de precio suo 25 m. per carnifices de assisia eorum.

It. Jo. Duytgin de tarzen $2^{1}/_{2}$ m. per rel.

It. Cononi de Gymmenig de colleccione et preparacione caudarum vaccarum 11 m. $2^{1}/_{2}$ s. per rel.

It. eidem Cononi de precio suo 3 m. per rel.

It. de faccione zonarum crinium $10^{1}/_{2}$ m. per rel.

It. de sex catenis novis prope Butzart, Rasorem, Ar. Wilde, Porchetum, Lupi et Lumbardorum et de prolongacione catenarum hinc inde ante plateas civitatis, de eisdem infudendis et de krampen et postis ad easdem 42 m. 4 s. & 8 d. per rel.

It. 28 s. per multur. It. 544 librae ferri val. 26 m. 5 s. 4 d. per rollam Jo. Dutgins. It. pro seris ad easdem catenas 27 s. per rel.

It. 2 s. de portacione catenarum per rollam Jo. Dutgins.

It. pro clavis ad odemzůge 12 d. per rollam Jo. Důtgins.

It. de reparacione captivitatis domus civium 20 s. per rel.

It. de 19 centenariis plumbi ad musam in foro stante reparandam in campo 42 m. $6^{1}/_{2}$ s. per rel.

It. pro stagno ad musam eandem 8 m. 9 s. 7 d. per rel.

It. ad fodendum in campis musam et nova canalia ponenda $7^{1}/_{2}$ m. per rel.

It. magistro lapicide 5 m. 4 s. in curia Volmeri fodendum per rel.

It. de purgacione muse ejusdem 6 s. per rel.

It. de musa ante Pervisium reparanda $20^{1}/_{2}$ s. per rel. It. de 12 patellis ad musas 2 m. per rollam Jo. Důtgins.

It. de reparacione viarum propter musas fractarum 5 m. 11 s. per rel.

It. de via lapidea extra Postergin 7 s. per rel.

It. de fonte Můrley per Duytginum 7 s. per rel. It. magistro Jo. lapicide $3^{1}/_{2}$ m. 2 s. per rel.

It. magistro Petro 20 s. per rel.

It. Jo. Kugenbec de reparacione porte regis in qua Jo. Triptrap commoratur 21 s. per rel.

It. de ferreo canale in lavatorium supra curiam 1 m. per rel.

It. de reparacione coquine 28 s. 3 h. per rel.

It. magistro Jo. genero Rasoris concesso super novam fornacem latericearum 35 m. per rel. in 3 locis.

It. de vormis ad latericea per Dŭytginum 17 s. per rel.

It. de duabus vormis ad latericea 8 s. per rollam Jo. Dŭytgins.

It. de cruce sub testudine in Pŭnt stante 2 m. per rel.

It. de portacione aque in combustione domus rectoris scolarum in platea Hardewini 5 s. per rel.

It. Meis de purgacione anforarum civitatis 18 s. per rel. It. pro stagno ad anforas 3 s. & 18 h. per rel.

It. de pulsacione ultime campane 1 m. per rel.

It. famulis canonicorum beate Marie in carnisprivio 1 m. per rel.

It. pro (paracione) veste serica ad commemoracionem pensionariorum nostrorum 30 m. per rel.

It. pro candelis in generali commemoracione pensionariorum nostrorum 1 m. per rel.

It. de presencia in commemoracione generali in medio quadragesime facta nostris pensionariis 20 m. per rel.

It. de presentia in commemoracione Katherine Klincboginen & uxoris Brusen supra montem facta duabus vicibus 36 m. 4 s. per rel.

It. vigilatoribus sufflantibus pagamentum 1 m. per rel.

It. eisdem sufflantibus cultellos 1 m. per rel.

It. eisdem vigilatoribus cuilibet dimidium modium siliginis datum val. 42 m. per rel.

It. eisdem in Epiphania datum, ut bene vigilarent, 3 sextar. 15 s. 7 d. per mult.

It. pro 8 tunnis allecum datis religiosis & aliis pauperibus in civitate 39 m. 6 s. per rel.

It. pro carbonibus datis religiosis sc. Minoribus, Predicatoribus, Augustinis et Albabus dominabus 10 m. 10 s, per rel.

It. bolkone & carponibus in parasceve religiosis dat. 18 m. & 5 s. per rel. in duobus locis.

It. eisdem religiosis eodem die missa 16 sextaria val. 6 m. 11 s. 2 d. per rollam Jo. Wirig.

It. pro carbonibus supra domum consilii habitis 6 m. $3^{1}/_{2}$ s. per rel.

It. pro carbonibus supra lobium magistrorum civium 21 m. 22 d. per rel. in sex lineis.

It. dominis nostris sedentibus invicem supra domum consilii in examinacione pro pecunia H. Welteri $6^{1}/_{2}$ s. & 2 h. per multur.

It. dominis nostris querentibus cartas 3½ sext. & 3 s. per mult. val. 18 s. 2 d.

It. dominis nostris facientibus litteras pensionis Coloniensis 31 s. & 3¼ sext. per mult. val. 16 s. 10½ d.

It. dominis nostris supra domum consilii tractantibus de rege 4 sext. & 9 s. per mult. val. 20 s. 9 d.

It. pro candelis supra domum civium, quum Nicol. Klocker recepti fuerunt claves campane bannalis 4 s. per mult.

>Summa 558 m. 6 s. & 10 d. It. 10 m. 8 d. Nota, quod videbimus de illis 554 libris ferri, si sint computati in pecunia per relictam data.

Sequitur nunc de propinacionibus medonis sub M. & istud tamen ponam post precium familie civitatis.

It. pro medone misso duci Gelrensi 3½ amae & 11 sextaria & 1 quart. val. 60 m. per mult.

It. pro vectura ejusdem 4 scut. val. 10 m. per rel.

It. Nicolao Stergin misso cum eodem medone 4½ m. & 12 d. per rel. It. 5 m. per me.

It. pro 4½ amis 7 sextariis & 1 quarta missis comiti de Monte et matri sue Nydecken & Henebag val. 74 m.

It. de vectura medonis ejusdem 4 m. 3 s. per rel.

It. Jo. de sco. Adalberto misso cum eodem medone 1 m. per rel.

It. pro 3 amis, 9 sextariis et 1 quarta missis comiti Lossensi val. 51 m. 28 d.

It. pro vectura ejusdem 2 m. per rel.

It. Jo. Triptrap misso cum eodem 1 m.

It. pro 2 amis & 3 sextariis missis antique comitisse, domine de Kasteren val. 32 m.

It. de vectura ejusdem 2 m. per rel. It. Nicolao misso cum eodem 1 m.

It. pro 3 amis et 3 quartis missis domino de Valkenburg valent 46 m. 10 s. 2 d.

It. de vectura ejusdem 2 m. per rel. It. Jo. de sco. Adalberto misso cum eodem 1 m.

It. pro 2 amis et 8½ sextariis missis dno. de Kuyc ad Grave val. 35 m. & 4 s.

It. de vectura ejusdem 4 m. 10 s. per rel. It. Jo. Triptrap misso cum eodem 2 m. per rel.

It. pro doleis ad predictum medonem emptis totaliter preparandis & ligandis 5 m. 2 s. per rel. It. 4 s. per multuram.

It. de particularibus propinacionibus medonis 4 amae & 5½ sextaria val. 69 m. 9 s. & 9 d. per multuram.

It. 4½ sextaria clareti val. 4½ m. per multuram.

It. pro cera sigillatoria 6 m. 3 s. per rel. in duobus locis.

It. pro cera virida 7 s. per multuram.

Summa universalis medonis est 416 m. 5 s. & 3 d.

Sequitur nunc de precio famulorum civitatis.

Primo, magistro Nicolao medico 100 m. per rel.

It. Th. apothecario 7 m. per rel.

It. Winando de Weye forestario de custodia nemoris 40 m. per rel.

It. Pedro de Rodener de custodia nemoris 40 m. per rel.

It. Jo. Pavoni de precio suo 52 m. per rel.

It. eidem de vestibus suis 15 m. per rel.

It. eidem de novem quitanciis datis a pensionariis nostris 11 s. per rel.

It. Jo. Parvus de privilegiis novis in libro inserendis et pro pergameno 3 m. per rel. Wilhelmo Fittoil 16 m. et 3 s. per rel.

It. magistro Brunoni de precio suo 30 m. & 4 s. per rel.

It. magistro Jo. lapicide 30 m. et 4 s. per rel.

It. Jo. Wirig 30 m. et 4 s. per rel.

It. God. Kremer 30 m. & 4 s. per rel.

It. Clos Stergin 30 m. & 4 s. per rel.

It. Jo. Triptrap 30 m. & 4 s. per rel.

It. Clos Klocker 21 m. & 8 s. per rel.

It. eidem de custodia campane bannalis 5 m. per rel.

It. pro fune ad campanam bannalem 5 s. per rel.

It. Jo. de sco. Adalberto 30 m. & 4 s. per rel.

It. Clos Stocart 13 m. per rel.   It. eisdem pro tunicis 8½ m.
It. ... Byssennecken 13 m. per rel.   per rel.

It. Ar. Lymburg 13 m. per rel.

It. eidem de tunica hiemali 25 s. per rel. Eidem de tunica estivali 35 s. per rel.

It. eidem pro carbonibus & candelis 18 s. per rel.

It. Alexandro de precio suo 52 m. per rel.

It. pro vestibus et tunicis Alexandri (pro 24 m. taxatis), magistrorum Brunonis, Jo. lapicide, Jo. Wirig, Gotschalci Kremers, Nicolai Stergins, Clos Klocker, Jo. Triptrap, Jo. de sco. Adalberto 100 m. & 17 s. per rel.

It. pro uno panno empto ad tunicas hiemales familie civitatis 19 m. & 17 d. per rel.

It. Jo. Swertfeger de pulsacione campane super aulam 20 m. per rel. It. 2 s. pro sag. (?) per rel.

It. pro tegulis in gramine civium ad vinea et preparacione $13^{1}/_{2}$ s.

It. relicte Wilhelmi Beyssels de uno pari vestium sibi dato pro laboribus suis 14 m. per rel. It. 30 m. de laboribus.

It. perdidimus in pagamento hoc anno 31 m. per rel. in duobus locis. It. 11 m. & 3 s. in ultimo loco. (Am Rande: queram si velint.)

It. Henr. Gastburne de tunica sua 32 s.

It. Schodergino de domo civium 2 m. Eidem de tunica sua 32 s.

It. eidem de domo follonum 16 m. cum famulo suo, it. de reparacione domus follonum.

It. Henrico in foro de signis blumbeis 16 m. per rel.

It. vigilatoribus de quinque festis 13 m. & $2^{1}/_{2}$ s. per rel.

It. familie civitatis de quinque festis 18 m. 9 s. per rel.

Summa 867 m. 8 s. & 5 d. cum perdicione pagamenti prescripti sine lignis Jo. Chorus. It. 41 m. 3 s.

It. magistris civium 200 m. de precio eorum.

Anm. Hier bricht die Rechnung ab ohne Schluß. Aus den mannigfaltigen in dieser Rolle vorkommenden Verbesserungen, Einschaltungen zwischen den Zeilen und Bemerkungen, wie: Istud ponam alibi in loco sibi apto, vor den Ausgaben für die Comitien, istud tamen ponam post precium familie civitatis bei den Methgeschenken, queram si velint am Rande, nescio quare u. f. w., ergibt sich deutlich, daß die vorstehende Rolle nur ein Concept ist, worin der Rentmeister seine Anmerkungen für die Reinschrift eingeschaltet.

Bruchstück einer Ausgabe-Rechnung vom J. 1353. (Auf Perg.)

It. Clos Stergin, misso Coloniam, quum Gripichoven debebat circumvallari 2 m. per relictam.

It. Christiano Leonis, Jo. Chorus & Alexandro, missis Birkenstorp, quum Gripichoven debebat circumvallari, 14 m. & 4 s. per rel.

It. Clos Stergin, misso Juliam de carrucis vehentes Vûyden arrestatis 6 s. per rel.

It. Godeschalco Kremer, misso Frankenfort pro conductu primi fori, 9 aur. flor. val. 16 m. & 18 d.

It. eidem pro ocreis suis 16 s. per rel.

It. Jo. Triptrap, misso Ruremünde de dno. Steynardo, 1 m. per rel.

It. Clos Stergin, misso Coloniam ad juratos pacis generalis 20 s. per rel.

It. nuncio episcopi Coloniensis ferenti litteram dat. 6 s. per rel.

It. nuncio dni. Hartmanni de Cronenberg dat. 6 s. per rel.

It. Alexandro, misso Traiecti ad consilium dni. episcopi Leodiensis et ducis Brabancie de theolonio, quod Trajectum accipitur, 5 aur. flor. per rel. valent 8 m. & 11$^{1}/_{2}$ s.

It. eidem, misso Leodii bis pro eodem facto, 43 m. & 5$^{1}/_{2}$ s. per rel.

It. preposito Remboldo misso Leodii ad dnm. episcopum propter eundem theolonium, quod recipitur Traiectum, 16 aureos florenos per rel. val. 28 m. 8 s.

It. ..*) scolastico sci. Servacii de expensis testium auditorum de theolonio Traiectensi, 12 aureos per rel.

It. Clos Stergin, misso Nûrberg quum .. stipendiarii nostri jacuerunt ad scm. Vitum ad videndum, si .. stipendiarii .. episcopi Coloniensis et civitatis Coloniensis jacerent ibi, 3 m. per rel.

It. ... Kreyffel, misso ad scm. Vitum pro .. stipendiariis nostris, ut redirent 1 m. per rel.

It. Jo. Triptrap, misso Gelre in exercitum, 6 s. per rel.

It. Jo. Feyter, misso Leodii ad emendum unum panncil correctum ad lapideas carbones, 4 m. 4 s. per rel.

---

*) Bei Auslassung des Vornamens oder Familiennamens stehen in dem Orig. zwei Punkte.

It. magistris custodientibus foveas carbonum, ut unum ducant aqueducta (sic) fovearum dat. 4 aur. flor. per rel. val. 7 m. & 2 s.

It. .. Kreyffel misso Traiecti ad dnm... Rost, ut non teneret nec caperet aliquem in regno Aquensi, 6 s. per rel.

It. .. Elegast, nuncio domini .. de Valkenburg dat. 1 m. per rel.

It. Clos Stergin, misso Galopiam propter theolonium ibidem receptum, 8 sterlingos. It. Eidem misso Juliam propter theolonium 5 s. per rel.

It. Wilhelmo Gastmoillen dat. propter theolonium deductum per carrucarios ducentes nuces Hermanni Monotuli caligatoris 12 m. per rel.

It. Godeschalco Kremer, misso Frankenfort de facto domini Jo. de Valkensteyn, 9 aur. flor. val. 16 m. & 18 d. per rel. It. .. uxori sue 1 m. per rel.

It. . eidem pro uno capucio 2 m. per Arnoldum Volmeri.

It. pro equo, empto tunc erga Nys Kempen, quem ipse Gotschalcus tunc equitavit, 24 m. cum vinicopio per rel. et Wolterum Volmer.

It. eidem Godeschalco, misso Frankenfort de eodem facto 8 aur. flor. val. 14 m. 2 s.

It. Jo. Triptrap et Hellinc, missis Frankenfort 4½ aur. flor. val. 8 m. & 9 d.

It. Godeschalco misso Frankenfort, quum reconsiliati fuimus cum domino Jo. de Valkensteyn 16 aur. flor. per rel. val. 28 m. & 8 s.

It. .. cuidam nuncio per Godeschalcum a Frankenfort misso 1 aur. flor.

It. eidem Godeschalco pro ocreis sibi dat. 17 s. & 9 d.

It. .. Hellinc surdo sibi dat. de reconsiliacione cum dno. Jo. de Valkensteyn de pannis sibi ablatis, 50 aur. flor. valent 89 m. & 7 s.

It. Godeschalco, iterum remisso Frankenfort pro littera reconsiliacionis dni. Jo. de Valkensteyn 6 aur. flor. val. 10 m. & 9 s.

It. .. scriptori scribenti litteras easdem 2 aur. flor. per rel. val. 3½ m. & 12 d.

It. .. nuncio .. comitis de Seyne, ferenti litteram conductus, 1 aur. fl. per rel.

It. de expensis magistri Rodolfi notarii dni. regis ferentis litteras ab eo, ut mitteremus duos. nostros aliquos Norenberg ad eum 9 m. per rel.

It... dicto Becgart, misso Frankenfort ad percipiendum de servicio domino regi trans alpes faciendo, 3 aur. fl. per rel. val. 5 m. & 4 1/2 s.

It... Kreyffel, misso Coloniam pro novis de dno... rege percipiendis 16 s. per rel.

It. eidem .. Kryffel, misso Olmen, quum civitates servientes dno. regi ibidem erant congregati, ad percipiendum cuiusmodi servicium ipse civitates facere deberent dno. regi ultra montes, 8 aur. fl. & 15 s. cum 4 d.

It. Jo. Triptrap, misso Coloniam ad Costantinum, quum .. nuncius civitatis Coloniensis reversus erat de Olmen, ad percipiendum de dno... rege 18 s.

It. eidem misso alia vice illuc de eodem facto 10 s. & 8 d.

It. Clos Stergin, misso Coloniam ad prepositum sci. Gereonis de novis percipiendis de dno. rege 37 s. per rel.

It. eidem, misso zer Sleyden bis quesitum dominum prepositum predictum 28 s.

It. eidem misso Leodii pro littera licenciatoria celebrandi missam in consilio 18 s.

It... nuncio .. comitis de Marca, ferenti litteram, 20 sterlingos per rel. val. 13 s. 4 d.

It... nunciis .. marchionis Juliacensis et dni. de Valkenburg dat. 1 m. per rel.

It. eisdem pro eorum somer datum 1 scuteum aur. val. 27 s.

It. Clos Stergin misso Galopiam, quum alleca nostrorum concivium erant ibidem arrestata occasione .. carrucarii ibidem sub carruca oppressi 4 s.

It. Christiano Leonis misso Brabanciam ex parte pacis generalis 24 aur. fl. per rel. val. 43 m.

It. ipso eunte supra lobium commedente 16 s. & 9 d. per Wolterum.

It. Kreyffel misso Coloniam ad percipiendum de servicio domino regi faciendo. 15 s. per rel.

It. cuidam .. nuncio per Wolterum Volmer antiquum huc misso dat. 9 s. per rel.

It... cuidam nuncio misso Magunciam ad percipiendum de dno. rege, 30 s. per dominum Gerardum.

It. Clos Stergin misso Valkenburg ad sigillandam litteram per dnm. de Valkenburg dno. regi missam, ut nos de servicio supportaret 8 s. per rel.

It... eidem Nicolao misso Coloniam cum eadem littera sigillanda ad Wilhelmum Ranspûyt 2 m.

It. de expensis per dominos nostros duabus vicibus in consilio habitis, scribendo litteras dno... regi et ordinando servicium sibi faciendum, 8 m. 5 s. & 9 d.

It... Volmero & Alexandro missis ad dnm... regem ad serviendum sibi in partibus Lumbardie, dum tamen non processerunt, cum octo equis 93 aureos florenos pro diversis preparacionibus hinc inde, val. 166 m. & 7 $\frac{1}{2}$ s.

It. pro uno equo per eos Maguncie empto 14 aur. flo. val. 25 m. 12 d.

It. pro uno equo tunc erga Jacobum Kollin empto 16 scuteatos aur. val. 36 m.

It. dno. Wernero Knevel per eos dat., ut promoveret nos apud... ducem Bauwarie, ut possemus de servicio dno. regi faciendo supportari, 8 aur. flor. val. 14 m. & 4 s.

It. eodem tempore venit... dux Bauwarie huc, quum habuit nos de servicio supportatos et misit litteras suas dno... regi, tunc datum fuit sibi 100 aur. flor. val. 179 m. & 2 s.

It... Hamersteyn de expensis eiusdem... ducis tunc factis 160 m. 4 s. & 3 d. per rel.

It. eodem tempore... comiti Jo. de Katzenellenboge cum... duce predicto hic existente dat. 25 aur. flor. val. 44 m. 9 s. & 6 d. per rel.

It. Godeschalco Kremer misso Heydelberg post... ducem predictum ad monendum eundem, ut ipse committeret nos civitatibus & militibus euntibus trans alpes in servicium dni... regis 9 aur. flor. per rel.

It. Kreyffel misso Treveros 2 aur. flor.

It. eidem misso Valkenburg 6 s.

It. Jo. Triptrap misso Juliam 6 s.

It. Alexandro misso Brabanciam 15 aur. flor. val. 2 $\frac{1}{2}$ m. & 4 $\frac{1}{2}$ s.

It. eidem misso de facto Gripichoven 2 aur. flor.

It... joculatoribus dni. Edewardi de Gelre de milicia sua 4 aur. flor. per rel.

It... lapicidis et... carpentariis tam apud Valkenburg, quam apud Schoynforst dat. duabus vicibus per Christianum Leonis & Alexandrum 3 aur. flor.

It. Jo. Mespelkorf pro equo empto 25 scuteos aur. et unum grossum Turonensem val. 56 m. 5 s. & 1 d.

It. Leoni de Karsfort de equo suo, quem dedit civitati pro alio equo non ita bono sicut equus suus erat, 8 aur. flor. val. 14 m. & 4 s.

It. Reinero filio Gerardi de sco. Adalberto de equo suo locato, 1 aur. flor.

(Hier ift bie Rolle abgeschnitten.)

Einnahme-Rechnung vom Jahre 1373*).

In Nomine Domini amen. Anno ejusdem 1373 erant magistri civium Aquensium Renardus de Moirke scabinus & Godefridus Kollin, sub quibus assisie & obventiones civitatis valuerunt prout sequitur.

Primo assisia multure porte Coloniensis impensionata fuit quolibet mense pro 12 marcas per Godofridum Kollin & socios suos. Summa exinde tocius anni 156 m.

It. porta sci. Adalberti solvit hoc anno per vigilem 30 m.
It. porta Hardewini fecit hoc anno per vigilem 56 m. & 2 s.
It. porta Porchetensis fecit hoc anno per vigilem 136 m. & 9 s.
It. porta s. Jacobi impensionata fuit quolibet mense pro 16 m.

Summa exinde est 208 m.

It. porta Půnt fecit per vigilem 102 m. et $9^{1}/_{2}$ s.
It. porta Sanckule fecit hoc anno 18 m.
It. Brodermoillen fecit hoc anno 16 m. & 3 s. per molendinarium ejusdem.
It. Heppiůl hoc anno 10 m.
 Et sic est summa universalis multure tocius anni presentis 733 m. & $11^{1}/_{2}$ s.

It. assisia vinorum valuit hoc anno per Arnoldum Wilde, Conradum de Eighorn, Johannem de Punt, Arnoldum Volmer, Johannem Elrebůrn et Hermannum Důrzant 23,300 m.
It. Inde dederunt ad presenciam dominis nostris in consilio 43 aureos, valent 143 m. 4 s.
 Et sic manet civitati de hac assisia. (Zahl fehlt.)

It. assisia serevisiarum valuit hoc anno 11,400 m. per Renardum Wilde, Gerardum Lewe, Arnoldum Bůc & Cononem Volmer. Inde dederunt ad presentiam in consilio dominis nostris 43 aureos valent 143 m. 4 s. It. dederunt 1 amam vini sociis ad curiam eorum 30 m.

---
*) Diese und alle folgenden Rechnungen sind auf Papier.

Et sic manet civitati de hac assisia. (Zahl fehlt.)

It. de Wûrselden et de Hâren nichil.

It. assisia coquine et pannorum valuit hoc anno 940 m. per Krûg.
It. ass. medonis valuit 830 m. per Cononem Volmer & Vrûnt.
It. ass. linitorum 505 m. 'per Henr. Cers. Inde cedunt 8 m. de fenestra.
It. ass. rubee 540 m. per Kelfgin, Jo. de sca. Margaraten et Clos Elrebûrn.
It. ass. eris & ferrorum 535 m. per Cloisgin & Henr. de Herten.
It. ass. pellificum 133 m. per Jo. Volmer & Clos Elreburn.
It. ass. corduanorum 3 m. per Cloisgin & Henr. de Herten.
It. ass. cerdonum 200 m. per cerdones.
It. ass. caligariorum 24 m. per Marcum de Gurzenich & Herm. Durzant.
It. ass. kalomynne per Jo. de Hergenrot & socios suos 370 m.
It. ass. sagiminis 665 m. per Jo. Volmer & Clois Elreburn.
It. ass. institutorum 1120 m. per Renardum Wilden, Henr. Cers. Wilhelmum Cers & Nulgin. Inde cedunt 12 m. de canalibus & de via lapidea ante domum Libre facta. Item dederunt.
It. ab ass. piscium 1030 per Clos Swartzenase & Rutgerum, inde dederunt 675 m. ad murum portae regis; per Jo. Bertelkin conastabulum. Item comicie sci. Alberti 150 m. per Arnoldum Volmer conastabulum.
It. ass. carnificum 266 m. de censu. Inde dederunt Renardo Wilden de domo vigilatoris porte Coloniensis 200 m. It. comicie porte Schanatten 100 m. per Jacobum Kollin et sic manet de his duabus assisiis 166 m.
It. ass. antique halle 18 m.
It. ass. nove halle 15 m.
It. levaverunt a Nesa sorore Henrici de Tilia 200 aureos emente 20 aureos pensionis valent 666 m. & 8 s.

Summa universalis premissorum 41,898 m. $11\frac{1}{2}$ s.

Secuntur modo census civitatis.

Primo, levaverunt a domo Johannis Lupi ante aulam 10 s. & 8 d.
It. extra Pûnt supra lavatorium ex opposito sci. Jolini 6 s.
It. de domo quondam Olberti Glasiatoris 4 s.

It. a domo quondam Wienkle 14 s.
It. ab area Jo. de Nuwedorp 9 s.
It. a domo quondam Jo. van den Gevagge 20 d.
It. ab horreo Godefridi Kollin in nova platea 5 m.
5 It. a domo pellificum de 16 cubiculis 8 aur. val. 26 m. & 8 s.
It. a domo quondam Danielis in novo foro 7 aur. val. 23 m. & 6 s.
It. a domo Henr. sellatoris in foro 30 m.
It. a domo Jo. Horlantz supra curiam 2 m.
It. a domo Papen supra lavatorium 8 m.
10 It. a domo .. Kophennen supra curiam 5 m.
It. a magistro Petro sub porta Coloniensi 4 aur. val. 13 m. & 4 s.
It. ex opposito Cambii a cubiculo Jo. Hankartz 10 aur. val. 33 m. 4 s.
It. a Barbara de uno cubiculo ibidem 10 aur. & 3 verdel goldens
15 val. 35 m. 8 s.
It. ab Henr. de Gemerich ibidem 10 golden val. 33 m. 4 s.
It. a Jo. schedemegger ibidem 12½ aur. val. 41 m. & 8 s.
It. reliqua duo cubicula habent relicta Kollini Sarworters & filius suus ad eorum vitam.
20 It. in Kockerel prope portam Augustinensem a Jo. sartore 10 m.
It. a domo Hankardi ibidem 10 m.
It. ab .. Augustinensibus 7 m.
It. a Wernero kesselbûsser de domo sub aula 10 aur. val. 33 m. & 4 s.
25 It. a magistro Christiano reymsnyders ibidem 10 aur. val. 33 m. & 4 s.
It. ab area prope domum Rümschutelen nichil.
It. a fornace cementi supra fossam 16 m. inde dedit Oirlesberg, Berge, Punt & alibi circum quod deficit sibi 13 m. & 4 s.
30 It. a cistibus piscium ante Pervisium 9 m.
It. a fornace latericearum

Summa premissorum 363 m. 9 s. & 4 d.

It. a domo follonum per ... Byssennecken 81 m. & 9½ s.
35 It. 3 m. van hurlingen . Inde decipe pro schindelen 32 m. 10 s. pro uno bloc 9½ m. ze segen 3½ m. 2 s. It. pro uno bloc 5 m. ze segen 28 s. ze vegen 3 m. 3 s., pro clavis & gesmyde 27 m. pro sepe 6 s. & uno ligno 6 s. de precio suo 16 m. & famuli 4 m. Summa 104 m. 7 s. Et sic deficit civitati 20 m. minus

2½ s. Et civitas dedit extra ista reddita 47 m. It. dederunt post 13. mensem de domo follonum 19 m. & 9⅓ s.

Et sic costabat plus 99 m. & 6 s. quam fecit.*)

5 It. a villicacione Porchetensi levaverunt 11 m. & 6 d.
It. ab uno equo 37 m.
It. ab uno alio equo 17 m.

Summa omnium levatorum predictorum est 42,327 m. 9 s. & 4 d.

Reddita & exposita per Renardum de Moirke & Godefridum Kollin magistros civium data post computationem 13 mensis.

15 Primo, dederunt pro stagno ad signa plumbea 11 s.
It. Johanni cerdoni de caudis vaccarum colligendis & preparandis 10 m.
It. de crinibus caudarum filandis 12 m.
It. den winschroderen pro eorum instrumentis 10 m.
20 It. Leonardo cursori de pixide sua renovanda 1 m.
It. . . . diliranti captivo in turri Porchetensi pro. pane 20 s.
It. Winando forestario de precio suo de nemore Aquensi 40 m.
It. Gerardo de Lybernich de precio suo de nemore Aquensi 40 m.
It. Gerardo de Heysterbag de signis plumbeis custodiendis 25 m.
25 It. magistro Jo. fabro de multis factis in domo follonum & alibi 12 m. & 4 s.
It. de porta Coloniensi inferiori 120 m. per magistrum Petrum, Johannem fabrum.
It. pro candelis de cepe hoc anno supra aulam habitis 12 m.
30 It. Petro notario de scriptura, quum Godefridus missus fuit, 10 m.
It. de uno kleppel in campanam bannalem 8 m. it. de corriga.
It. pro tunicis hiemalibus der trumpere, Goswini, & .. fossoribus carbonum 24 m. & 4⅙ s., testimonio Hermanni Dürzantz.
It. Renardo de Moirke de precio suo 100 m.
35 It. eidem de expensis equorum civitatis 150 m.
It. Godefrido Kollin de precio suo 100 m.

---

*) Offenbar ein Rechnungsfehler; die in der alten Rechnung durchstrichene Summe von 86 m. 7 s. ist die richtige.

It. eidem de expensis equorum civitatis 150 m.
It. equis civitatis ferrandis 25 m. 3 s. & 4 d.
It. pro sellis & frenis equorum civitatis, antiquis sellis & frenis reparandis & pro ligaminibus 54 m. 4 s.
It. Godefrido notario de precio suo 150 m.
It. eidem pro papiro & pergameno 12 m.
It. Mathie de Bernesberg de precio suo 200 m.
It. magistro factori balistarum de precio suo 100 m.
It. magistro Petro lapicide de precio suo 100 m. It. Proffioni carpentario dat. dat. 10 m.
It. magistro Petro de campana horarum, de precio & de balistis custodiendis Wilhelmo famulo.
It. de laboribus suis sibi pro curialitate dat. 10 m.
It. de expensis factis levando assisias civitatis 45 m.

Summa redditorum predictorum 1478 m. 10 s. & 10 d.

Secuntur modo propinaciones medonis hoc anno factas (sic).
Primo, archiepiscopo Coloniensi 3 amae & 1 sextarium. Item volmede 3 sext. val. 77*) m. 8 s. ama costabat 28 m. erga Cononem.
It. de vectura ejusdem medonis Leggnich 12 m. & 3 s.
It. ... Mynnenboyde misso cum eodem medone 4½ m.

Summa hujus 104 m. & 5 s.

It. archiepiscopo Trevirensi 3½ amae & 1 sext. Item volmede 4 sext. 100 m. 31 s.
It. de vectura ejusdem 15 m. & 9 s. It. de vectura ejusdem in Reno ad Erbretstein 2 aur. val. 6 m. & 8 s.
It. Quecke & Halvenase, missis cum, 6 aur. val. 20 m.
It. pro legelen ze vollen 18 s.

Summa hujus 146 m. & 6 s.

It. episcopo Leodiensi 2½ amae & 2 sext. It. pro volmede 2 sext. val. 99 m. 10 s.
It. reddituario Leodiensi 1 ama minus 2 sext.
It. de vectura ejusdem 8 m. & 9 s.

---

*) Hier ift offenbar ein Rechnungs- ober Schreibfehler, es muß heißen, 87 m. wie das aus dem Preise der ama und aus der summa klar hervorgeht.

It. Jo. Triptrap misso cum 2 m.
  Summa hujus 110 m. & 7 s.

It. duci Brabancie 3½ ama & 1 sext. It. de volmede 5 scut. val.
  104 m.
It. de vectura ejusdem 22 m. & 9 s.
It. .. Quecke & Halvenase, missis cum, 5 dûbbel mottones et 2 m.
  Summa hujus 156 m. 2 s.

It. duci Juliacensi 3 amas minus 1 sext. It. volmede 2 sext. val. 84
  m. 11 s.
It. de vectura ejusdem Kasteren 10½ m.
It. .. Moilnere, misso cum, 3 m.
  Summa hujus 98 m. 5 s.

It. dno... de Wytheym 1½ ama. It. dno. de Waulcke 1 ama
  minus 1 sext.
It. dno. Godefrido de Heyda 1 am.
It. .. reddituario Trajectensi 1 am. minus 1 sext.
It. Renardo de Berne dapifero de Valkenburg 1 am. minus
  1 sext.
It. pro vollemede ejusdem medonis 5 sext.
It. de spůlmede omnium doleorum tocius medonis 4 sext.
It. de vectura medonis missi Valkenburg & Trajecti 9 m.
  & 4 s.
It. Cononi, misso cum, 3 m.
It. de vectura medonis missi zer Heyden 1 m.
It. de particularibus propinationibus medonis cum sextariis
  hinc inde 2 amae 10 sext.
It. .. ligatori vasorum de doleis omnibus emptis & preparan-
  dis 15 m.
  Summa hujus 253 m. & 3 s.

} summa predictorum 224 m. 11 s.

  Summa universalis propinacionum omnium tocius medonis
    est 869 m. 4 s.

  Et sic est summa universa omnium redditorum predictorum
    tocius rolle post 13-mum mensem datis & expositis 2348
    m. & 34 d.
Item de domo follonum 99 m. & 6 s.

It. dederunt Hermanno Dürzant & Godefrido de Eyghorn missis
ad imperatorem 217 aureos val. (Zahl fehlt.)
It. de facto domini de Eppesteyn.
It. de cemento 13 m. & 5 s.

 Et sic est summa universa omnium redditorum predictorum
hujus rolle 3100 m. 17 s. & 10 d. It. 13 m. 4 s. It.
unum aureum & 44 s. de aureis datis de vinicopio assisie
vinorum.

     Auch biefe Rechnung ift nur Concept.

Ausgabe-Rechnung vom Jahre 1376.

In nomine Domini amen. Anno millesimo trecentesimo septuagesimo sexto erant magistri civium Aquensium Reynardus de Moirke & Jacobus Coellin in platea sci. Jacobi, qui magistri civium dederunt nomine civitatis ista que secuntur.

Primo . Domini nostri videlicet Reynardus Johannes de Půnt, Heynricus de Tilia, Godefridus Coellin & Godefridus de Eyghorn equitaverunt Bacherachen ad dominum imperatorem & regem, qui exposuerunt & expendiderunt centum & quinquaginta quatuor florenos, qui valent 500 m. & 39 m., de quibus navigatores de navibus, equis et aliis eorum preparimentis habuerunt 99 m. It. Nuncio uno de Bacherachen Aquis 5 m. Coloniensis pagamenti.

It. de duobus diebus extra consilium 20 m.

It. de duobus diebus consilii 10 m.

It. Leonardus missus fuit versus dominos nostros exeuntes contra imperatorem, venit Bunne, habuit 3½ m.

It. Kalardus missus fuit ad dnm. Arnoldum de Gymmenich & ad dnm. de Rodemachen, habuit 10½ m.

It. nuncio dni. Arnoldi de Gymmenich portanti litteram diffidatoriam 12 s.

It. nuncio misso Hoziit concives nostros premunendo de diffidacione domini Arnoldi predicti 2½ m.

It. Wilhelmo pro papiro ad libros 5 m.

It. nuncio misso pro littera pacificacionis dni. Arnoldi predicti 5 m.

It. vigillatoribus de festo eorum Penthecostes 31½ s.

It. familiaribus civitatis de festo eorum predicto 5 m.

It. magistro Petro horarum*) pro lapide faciendo ymaginem regis & pro vectura 5½ m. Pictori 20 m. Lapicide 10 m.

---

*) Dieser Meister Peter hatte die Stadtuhr zu besorgen, unten wird er genannt: „meister Peter von der uyrfloden".

It. Halfnase-laboravit & cucurrit hinc inde, dederunt domini nostri sibi pro tunica 6 m. 10 s.

It. ad mundificandum lavatorium super curiam 4 m.

It. nuncio imperatoris portanti litteram ab eo 3½ m.

It. de vinicopio assisie servisearum quolibet consilio unum florenum, ascendit ad 37 florenos valent centum 29 m. 6 s.

It. Halfnase missas Bunne antequam domini nostri equitaverunt alia vice ad imperatorem, unam m.

It. Conradus de Eychorn, Johannes de Pünt & Godefridus de Eychorn secunda vice equitantes Vranckenvort ad imperatorem, habuerunt centum & sex florenos valent 300 & 71 m., de quibus navigantes cum eorum preparimentis habuerunt 66 m. & Halfnase 7½ m., videlicet unum florenum de Moguncia ad Vranckenvort & residuum de Vranckenvort Aquis & defecerunt sibi 2½ m.

It. Leonardo pro pilis, scutellis & kuechelen in die sacramenti ad candelas 4 m. 9 s.

It. pro tortyse & aliis candelis in die sacramenti 32 m.

It. pro vestibus magistrorum & famulorum civitatis videlicet Hermanni Jüngen, Quecken, magistrorum Petri de campana, Proffiân, Arnoldo apothecario, Tilmanni de Bunna, magistri Heynzen factori balistarum, magistris balistariorum, duobus pugillatoribus, Bysenegen, Wilhelmo Sillis Rydwale, Cononi Küyninxporze moelenere, Leonardo & Godefrido, die comen up 300 ind 46½ m.

It. pro suffuraturis ad vestes predictas 15 m. 8 s.

It. Moirgino deme emer, pro tunica sua 8 m.

It. pro tunicis des trumpers filii sui, des pyfers Goyswini, super aulam & Aurelii de Oirlesbergh 30 m.

It. magistro Johanni fabro pro una fenestra ferrea super domum in foro, ubi sagitte pendent et pro auribus ferreis ad amas vinorum, sardonibus et pro hufis ad musas hinc inde 15 m.

It. quum domini nostri equitaverunt ad imperatorem et redeundo fuerunt sepe insimul et quum Gobbelinus Hoede decollatus fuit, habuerunt 12 m. & 8 sextaria val. 20 m.

It. Mathia Kassart de stipendio hujus mensis 16 guld. val. 56 m.

It. Johanni de Kyntzwilre de stipendio 16 florenos val. 56 m.

It. Silmanno de Rodenburgh de dimidio mense 8 flor. val. 28 m.

It. Heriberto de stipendio 16 flor. valent 56 m. It. Ottoni de stipendio 16 fl. val. 56 m.
It. Hûyfuaill de stipendio 16 flor. val. 56 m.
It. familiaribus civitatis de precio eorum 24 m. 4 s.
It. Johanni Kûyninxporze unam m.
It. Moirgino deme emer 28 s.
It. Arnoldo Vroinhoff 2 m.   It. Proffiân & Bysenegen 2 m.
It. vigillatoribus de precio eorum 4½ m.
It. pugillatoribus de precio eorum 4 m.
It. ad presenciam istius computacionis 10 m.
It. Mathie & Godefrido 2 m.
It. de expensis quum fecimus istam computacionem 4½ m. & 3 s.
It, de expensis lobii istius mensis 19 m.
    Summa redditorum predictorum 2013 m. 9½ s.
    Sequuntur propinaciones primi mensis.
Primo, vigillatoribus prohibentibus, ne aliquis venderet serviseam vurkoiff 2 sext.
It. familiaribus civitatis de eorum willicomen 1 sext.
It. magistro Petro & Proffian fuerunt Hâren ad pervidendum fontes, habuerunt 2 quartas.
It. cantori 1 sext. ut. maneret in domo in die sacramenti.
It. familiaribus civitatis in die penthecostes 1.*)
It. famulis magistroruum civium ipso die 1¼.
It. super lobium in vigilia & die penthecostes 3 sx. It. magistris operis ipso die penthecostes 4.
It. Godefrido et Wilhelmo, quum magistri civium electi fuerunt 2.
It. infirmis ipso die penthecostes 1¼.
It. advocato de Gusten 2.
It. dno. Sybgino de Speculo 2.
It. uxori Quecke, quum reversi fuimus de imperatore 1 qt.
It. sorori comitis de Marka 4.
It. illis de Haren 1¼.
It. Wynando up die Pauwe de vinicopio equi 2 qt.

It. her Reynart
It. her Johan
It. her Goedart   } 5 sx. van riidwun an den Keyser ze Bacherachen.
It. her Heynrich
It. her Goedart

---

*) Die Zahlen, bei welchen nicht quartas steht, bedeuten sextaria.

It. magistris sagittariorum 1 sx.
It. magistro Petro de signis fundendis 2 qt.
It. stipendiariis, quum obtenti fuerant 2 sx.
It. amicis domini Coloniensis 4.
5 It. famulis villici 1.
It. Egidio de Vivario & sociis 2.
It. hospiti dominorum nostrorum de Traiecto 1.
It. juratis in confederacione 1.
It. magistris operis in die Urbani 4.
10 It. scabinis in die Urbani 2.
It. famulis magistrorum operis in die Urbani 2.
It. stipendiariis equitantibus cum dominis nostris equitantes (sic) ad imperatorem Bacherachen 1.
It. quum revenerunt stipendiarii de dominis nostris 1.
15 It. dno. de Blanckenheim 4.
It. comiti de Nassauwe 4.
It. dno. Scheynardo de Hemersbagh cum consociis 2.
It. Godefrido magistro operis dum venit ab imperatore 2 qt.
It. dno. de Grunselt 2 sx.
20 It. dapifero Valkenburgensi & reddituario Rodensi 2.
It. amicis ducis Juliacensis 2.
It. dno. Johanni de Monyoie 2.
It. familiaribus civitatis quum sancti venerunt Aquis 1.
It. magistro Petro, Johanni & Proffiân de circumcicione 1.
25 It. domini nostri commederunt cum amicis ducis Brabancie 2.
It. omnibus familiaribus, operariis, joculatoribus quilibet (sic) flescam, ascendit se ad 21 sx.
It. dominabus de Porscheto ipso die sacramenti $16^{3}/_{4}$.
It. Albabus dominabus ipso die 8.
30 It. fratribus Minoribus 6.
It. Predicatoribus 6. Augustinensibus 6. fratribus Carmelitarum 6.
It. fratribus sci. Jolini 6.
It. dno. de Saffenburg de capite beati Karoli 4.
It. Hermano Durzant de monialibus Porschetensibus 1.
35 It. heren Reynart up sacraments dage oyssen der stede gesynde mit yme 6.
It. oyssen mit heren Jacob up den selven dagh der stede gesynde 6.
It. Heynrico de Tilia de monialibus Porchetensibus 1.
It. Johanni Volmer de Albabus dominabus 1.

It. Mathie de Berlesbergh de predictis dominabus 1.
It. scabinis in die penthecostes 2.
It. Elze de Herle de lobio 1¼. Gerardo de Heisterbagh de lobio suo 1.
5 It. Godefrido Coellin magistro operis 1¼.
It. villico ipso die sacramenti 1.
It. Rickolfo Nagell 1. It. Famulis Villici 1.
It. dno. Emundo de Endelstorp 2.
It. famulis magistrorum civium ipso die 1.
10 It. scabinis in die sacramenti 2.
It. magistris operis ipso die 4.
It. tinctoribus in die sacramenti 2.
It. famulis vinorum ipso die 1.
It. Johanni de Pûnt de gladio beati Karoli 1.
15 It. Reynardo Wilde die cornu beati Karoli 1.
It. in die sacramenti pro gramine, amphoriis et bysen super lobiis predictis 3 m. 2 s.
It. Johanni de Pûnt ipso die sacramenti 1.
It. comiti de Virnenburgh 4.
20 It. villico Ryckolfo Nagell & famulis villici, decollatus fuit Gobbelinus Hoede 2½.
It. vigillatoribus in die sacramenti 3.
It. magistris sagittariorum cum consociis 2.
It. Arnoldo Volmer 1.
25 It. dno. Johanni de Lûteren militi 2.
It. portatoribus amarum 1.
It. scabinis, quum domini nostri venerunt ab imperatore 2.
It. Quecke, quum domini nostri venerunt de imperatore 2 qt.
It. dni. nostri commederunt cum juratis pacis in domo Gerardi
30 Leonis 4.
It. Goyswino de muse mundacione 2 qt.
It. reddituario Traiectensi 2.
It. scolteto de Eschwiilre 2.
It. in vigilia & die sacramenti super lobium 3.
35 It. heren Kûlen militi & fratribus de Eynenburg 2.
It. Heynze & socio joculatoribus 1.
It. dnis. Mulardo de Broche, her Wernero Buffell & dno. Hûengino de Humpesch cum multis aliis 4.
It. Conrado de Eychorn ipso die sacramenti 1.

It. hospiti dominorum nostrorum in Lechenich 1.
It. de vinicopio ymaginis regis 2 qt.
It. Godefrido Coellin de umbgoen 1.
It. magistro Petro 3 qt.
5 It. sociis purgantibus lavatorium super curiam 1.
It. amicis civitatis Traiectensis 2.
It. dno. Harperio cum Wolff 2.
It. Winando camerario ducis Brabancie 1.
It. dno. de Grûnselt 2.
10 It. dominis Reynero de Berge & Hermano Hûen 2.
It. Tilmano pugillatori, fuit de nocte in campo 2 qt.
It. Reynardo de Symren 2 sx. It. Elegast 2 qt.
It. burchgravia (sic) de Stockheim 2.
It. Jacobo factori vitrorum 1 qt.
15 It. dominis Mediolanensibus & vinagrio Brent 4.
It. scabinis, quum dni. nostri equitaverunt ad imperatorem 1.
It. preposito Aquensi 4.
It. dno. Wernero de Breydenbent 2.
It. comiti Johanni de Starkenburg, dno. de Cronenburg & dno.
20 Wilhelmo de Oirley 8.
It. habuerunt jurati pacis generalis de octo diebus jacentibus Aquis
7$^{1}/_{2}$ sx. & 3 m. 6 s. 4 d. pro pane, caseo & pomis.
It. predicti jurati habuerunt eo tempore pro clareto 8$^{1}/_{2}$ m.

  Summa propinacionum hujus primo mensis 292 m. 11 s.
25   10 d.

  Et sic est summa omnium redditorum predictorum hujus
  primi mensis 2306 m. 9 s. 4 d.

  Sequitur secundus mensis sub Reynardo de Moirke & Jacobo
30   Coellin, quum dns. Wenzeslaus Romanorum rex coronatus
  fuit presentibus imperatoris-tricis, regine (sic) & aliis
  principibus.

Primo, factoribus viarum de opere reparato ante musas, super
35 curiam, lavatorium & ad Albas dominas 19 m. 9 s.
It. magistro Johanni fabro de cathena Nove porte 8 m.
It. dnis. nostris videlicet Reynardo de Moirke & Goedefrido Coellin, equitantes Dûren ex parte pacis consumpserunt ibi 12 flor.
& 4 m. valent 46 m.

It. Reynardo Monotulo misso post dominos nostros ultimo exeuntes coram imperatore 3½ m.

It. Heriberto stipendiario misso obviam domino imperatori loquendo cum domino de Kaldiitz, ut tractaret, quod arma de foris manerent 3½ m. versus Lechenich.

It. Silmanno misso ad ducem Juliacensem de predicta causa 3 m.

It. de duobus diebus extra consilium 20 m.

It. de duobus diebus consilii 10 m.

It. nuncio portanti litteram de celebracione misse super domum consilii 2 m.

It. Leonardo misso eciam versus duces Hollandie & Brabancie de armis deforis demittendis 2 m.

It. novis stipendiariis exeuntibus Lechenich de quolibet equo unum florenum, ascendit se ad 35 flor. valent 122½ m. quod ut in cedula*) narrabis huic rolle incluse (sic).

Hernâ folgt der furſten inb heren hoefgeſynde, ſpilluben inb hiralben gegeven.

Primo, der dryer herzogen van Beyeren, der herzogen van Saiſſen, van Guylge, des Marckgreiffen van Myſen, der Greven van den Berge inb van der Marken allen yren pyferen inb giralben 12 flor.. 42 m.

It. der keyſſerynnen inb der künnyngen boerwerteren, der 13 wären, 15 gulben, 52½ m.

It. deme gheine, de der keyſſerynnen katze broech, eynen gulben 3½ m.

It. des marckgreiffen pyffern van Meeren, der vyer wären, dry gulben 10½ m.

It. des keyſſers porzenern inb boerwerteren, der 8 wären, 6 gulben 21 m.

It. des keyſſers maſſalgier mit 6 ſynnen geſellen genant Matheis van Geſch 4 gulben 14 m.

It. greve Dieters inb greve Johans pyfern van Naſſauw, der vyer waren, 2 gulb. 7 m.

It. des keyſſers, des künunges inb der künnyngen trunperen 10 gulben, 35 m.

It. der künungen pyferen, der vyer wären, 2 gulben, 7 m.

It. unſer herren pyferen van Coellen inb van Tryere 9 gulb., 31½ m.

It. herzogen Briederich pyfern van Beyeren eynen gulben, 3½ m.

*) Dieſe cedula jehlt.

It. der kuhnnyngen hoefmeister, yren marschalck, yren vurrichter mit der schuttelen, yren kuechenmeister, yren schencken inb yren spenbieren 15 gulben, 52½ m.

It. des keyssers oberste boerwerter Marquart inb Gisco 4 gulben, 14 m.

It. des keyssers, der keysserynnen inb des kuhnninges buttelieren vur die kannen, dä man mebe begelix schenckbe 3 gulb., 10½ m.

It. des herzogen boerwerter van Saffen eynen gulben, 3½ m.

It. Kuhninxberg, Goetkin inb Bleckestein mit allen yren gesellen, hiralben, der 40 wären, 15 gulben, 52½ m. inb is bie summe biis gebents beme hoefgsynbe, pysern inb hiralben hunbert 5 gulben valent 350 inb 17½ m.

It. gaff man unsme herre beme kuhnnyng 6 ohssen, bie cosben 80 bubell mutten valent 466 m. inb 8 s.

It. bie ohssen ze vueben inb ze hueben ee sii beme kuhnninge gegeven vurben 4 m.

It. gaff man unsme herre beme kuhnnynck vyer stuck whns, bat eyn hilt sieben amen inb vyer veirbell, bat anber hielt sievenbehalve ame, bat birbe hilt ein vueber men*) bry veirbell, inb bat veirbe hielt sievenbehalve ame inb eyn veirbell, so coempt bie summe van ben vyer stucken whns up vyer vueber whns, zwä amen inb eicht veirbell, bie coemen an gelbe bat vueber vur hunbert inb 70 m. vergolben up 744 m. inb 2 s. 8 d.

It. gaff man der keysserynnen 2 gulben buech, bat buech vur 35½ gulben gerechnet, coemen up 71 gulben, inb vyer Mechelsche buech, bat buech vur 36½ gulben gerechnet coemen up hunbert inb 46 gulben, alsus coemen bie zwey gulben buech inb biesse vyer Mechelsche buech up 200 inb 17 gulben, bie coemen an peyment up 700 inb 59 m. inb 6 s.

It. gaff man der kuhningen 2 gulben buech, bat buech um 35½ gulben gerechnet, coemen ze samen up 71 gulben, inb vyer Mechelsche buech bat buech vur 36½ gulben gerechnet, coemen ze samen up hunbert inb 46 gulben, alsus coemen bie zwey gulben buech inb biesse vyer Mechelsche buech up 200 inb 17 gulben, bie coemen an peyment up 700 inb 59 m. inb 6 s.

It. Mettell Groinlings van suben zen buechen ze bereiben 17½ loet coemen up 17 m.

---

*) Da das Fuber — 6 Ahm, 1 Ahm — 30 Beirbell, so muß, falls bie Summe von 4 Fuber 2 Ahm unb 8 Beirbell richtig ist, bieses men (weniger) ein Schreibfehler sein, unb gerade bas Gegentheil, nämlich mehr heißen.

It. Johan van Elch, de die duech bereide 4 m.

It. den speirluden van Depen, die mit unsen herren intgein den kuyn=
nynck reeden, 10 m. et pro expensis.

It. den trunperen dů eyn m.

It. eyme viedeleyr eyn m.

It. deme herre van Kaldiitz zů eynre vruntschaff, dat he unsen herren
by den keysser gehulpen habbe, vůnfzich gulden, die coemen up ander=
halff hůndert ind 25 m.

It. heren Peter van Wartenburg des keyssers hoefmeyster ouch van eynre
vrůntschaff 25 gulb., val. 87 1/2 m.

It. des kůyninges canceleyr heren Peter van unsen groissen privilegium
250 gulden val. 875 m.

It. des canceleyrs wiiff, dat sii halp bedingen dar en tusschen 20 gulden
val. 70 m.

It. heren Peters canceleyrs schoeler van schriven 6 gulden val.
21 m.

It. heren Peter mit den synen, die vur quamen dry dage, ee
syn wiiff quam unse privileigium mit den nůwen punten ze
maichen ind ze schriven, verzerde 39 m. ind 4 d. ind syn pert
12 m.

It. geloefden unse herren heren Peter ind syme wiive zů Vorschiit guet=
lich ze doen, die wären dů eynen ganzen dagh ind habben 15 m.
12 d.

It. des keyssers canceleren van deme brieve des perttols zu besiegelen
25 gulb. val. 87 1/2 m.

It. heren Peter canceleir, dat he halp dar zů bedingen ind den brieff
schrieven 6 gulb. valent 21 m.

It. Wynkin ze zeringen eynen gulden, dat he van Bunne mit heren
Peter upvůer den brief besiegelt ze uvergen.

It. van erdenen kannen, dů man mede geschenckt habbe 5 1/2 m.
ind 6 d.

It. van den wiinen, die man deme kůynnynge gaff, upzetrecken ind
widder in eynen andere kelre ze doen 4 m.

It. hůndert schutzen mit den, die in gasthůis wären umb der gewäpeder
lude wille, ind die des keyssers liiff hueten, ind bubelen loen der
schutzenmeister ind des banierbregers, ind dat eyn deyll der schutzer
langer by deme keysser wären ind die andere int gasthůys turter ind
die up den sall vůnff dage drup loegen coempt ze samen up 500 ind
35 m. overmitz die schutzemeistere gerechent.

It. her Reynart, her Johan, her Gobart ind ich reden deme keysser nå ze Bunne umb der sachen wille tusschen unsme herre van Coellen ind der stede van Coellen ind van des perttols wegen van Gulyge ind van Birkestorp, verzerden by 18 gulden ind 34 m. val. 97 m.
5 It. Mettell Groinlings van bryn eelen sandoils ind 6½ eelen frangels zu der trumper wympell 9 m. 8 s.
It. François die wympell ze machen 4 m. 10 s.
It. umb golt zů den wympelen 7 m. ind 18 d.
It. Korfmecher wart gesant ze Bunne mit eynre copien 2 m.
10 It. meister Peter van der uyrclocken van Lunen ind andern uysgeven geliich in der cedulen by bynnen besloffen geschreven steyt 41 m. ind 8 s.
It. vyer kneichten, die die lunen des naichtz droegen ind des dags hulpen schenken, zer cost 11 m.
15 It. den selven kneichten ze loene 8 m.
It. Arnolt der scheffen kneicht, dat he habbe helpen schenken, 2 m.
It. Künnen soene, dat he gewaicht habbe up den sall, eyn m.
It. Moeleneirs kneicht, dat he ym biis zůt halp wachen, 3 m.
It. des herzogen buttelieren ind koechen van Gulyge 10 m. vur yren
20 somer.
It. Queck reyt ze Trycht van des herren wegen van Kalbiiz 2 m.
It. Halfnase was gesant an den legait, beide ze Coellen ind ze Bunne 3½ m.
It. den 20 weichteren vur ir arbeyt yclichine 2 m. coempt up 40 m.
It. der stede ind der buegermeister gesynde yclichine eynen gulden coemp
25 up 43 m. ind 4 s. vur in arbeyt.
It. Bertoff, de den wiin gezap hait, den man geschenkt hait, vur syn arbeit ze loene 3 m.
It. meyster Tielen van Bunne van bly, upzesetzen 31 s. den kuynnynck.
It. deme selven meister Tielen van der hoeff piifen ze machen 3 m.
30 It. van deme steinwege ze machen an der piifen vur Coellnerporze 31 s.
It. meister Proffian van den hoeffpiifen ind der Wüse vrouwepyfen die gespan widder ze machen 5 m.
It. Moirgin den emer van den åmen ze benden 3 m. 10 s.
35 It. deme meire, de die bilden in den mart båven meister Peter ermoilde ind die schilde, die vur der oyffen hoeft stůenden, maichde 13 m.
It. meister Peter van der uyrklocken van deme hůse, då meister Tielman der erzitter in plach ze woennen 5½ gulden, die coemen up 19 m. ind 3 s.

16*

It. van deme, dat die van Coelnerporze verbůwet haven 93½ m.

It. haint die van synt Tailbert verbůwet 62 m. 2 s.

It. haint die van synt Jacob verbůwet 92 m. 4 s.

It. haint die van Kuynnixporze verbůwet 92 m.

It. haint die van Pŭnt verbůwet hŭndert m.

It, dů unse herren her Kŭene, her Johan van Pŭnt ind ich leste van Brandenvort up den vrydach ze morgen van den keysser qůamen, dů bliven unse herren vele up den sall aventz ind morgents by eyn, so habbe man an coste van deme vribage bis den anderen vribages, dat der keysser ind der kůynnyng ewech reden, up deme sall so umb vische, vleissche, broet ind alle ander gereede 45 m. ind 16 d.

It. habbe man alle die ziit up der louven zwå amen whns ind 29 veirdell, die coemen up 89 m.

It. Thiis Kassart van synen loene 16 gulb. vlt. 56 m.

It. Johan van Kyntzwiilre van synen loene 16 gulb. val. 56 m.

It. Herbrecht van synen loen 16 gulb. val. 56 m.

It. Otte van synen zolde 16 gulb. val. 56 m.

It. Sylman vom synen zolde 16 gulb. val. 56 m.

It. Huysnaill van synen zolde 6 gulb. val. 56 m.

It. der stede gesynde van yren loen 24 m. ind 1 s.

It. Johan Kůynnixporze eyn m.

It. Moirgin, deme emer, 28 s.

It. Arnolt Broinhoff 2 m.

It. Proffiån ind Bysenegen 2 m.

It. den weichtern van yren loen 4½ m.

It. den kempen 4 m.

It. ze presencien van diesse rechenschaff 10 m.

It. Mathiis ind mich 2 m.

It. van cost dů wir diesse rechenschaff maichden 7 m. 3 s.

It. van den andern dren wechen van cost up der louven 13 m.

    Summa reddidorum predictorum hujus secundi mensis 6000 m. 500 m. 78 m. 10 s. 4 d.

    Sequntur propinaciones secundi mensis sub Reynardo de Moirke & Jacobo Coellin quum imperator, — trix, rex et regina venerunt Aquis.

Primo, de vinicopio bovum datorum regi 3 veirdell.

It. duo. de Sleida & filio suo 4.

It. uxori dapiferi de Gangelt 2.
It. familie civitatis in die bti Joh. Baptiste 1.
It. famulis magistrorum civium ipso die bti Johannis 1.
It. scabinis in die bti Johannis 2.
5 It. magistris operis ipso die bti Joh. 4.
It. up der loeven up synt Johans åvent ind dagh 4.
It. heren Everhart van der Marken 4.
It. den heren ind rittern der geselschaf van synt Joeris 6.
It. Johan deme lumbarder van Düren 2.
10 It. dno. Hermano de Castelburge cum consociis 4.
It. dno. Gerardo de Boerck pro littera supplicatoria missa decano Hohenst
   de missa celebranda super domum consilii 2 quart.
It. meister Peter, dů he die lunen maichde ind soet 1.
It. stipendiariis, quum domini nostri equitaverunt Bunne ad impera-
15   torem 2.
It. die Armborst ze beschiessen 1.
It. capelano comitis de Nassauw 1½.

Diesse herná geschreven golden die wiine ind habben zewiikoiff:
20 It. her Kuene van den Eychorn 1½.
It. her Herman Durzant 1.
It. h. Gerart Lewe 1.
It. h. Godart deme werkmeister 1.
It. Merthin van Gurzenich 1.
25 It. der stede gesynde, dů sii helveden den wirden, dat sii die wåpen in
   ir gewalt nemen 1.
It. Johan van Elch van den duechen ze bestechen 2 quart.
It. den priestern ind clockeneir, dů dat grois privileigium gehoelt
   wart. 2 quart.
30 It. sociis in domo heren Abamus 1.
It. quum domini nostri equitaverunt versus imperatorem & regem in
   campo habuerunt 1½.
It. Conrado de Eychorn ⎫
It. Johanni de Pûnt   ⎬ 3 v. van riidwyn zen keysser.
35 It. Godefrido de Eychorn ⎭
It. Queck 2 q.
It. her Godart habbe daste helpen brieve sueken 1.
It. der drouwen van Palant 2.
It. den vur Colnerporze 2.

It. den schutzen 6 v. up den sall, dů der rumoir was.
It. Goyswiin van der pyfen schoen ze machen 2 q.
It. meister Peter van der ůyrclocken van zeigenen 2 q.
    prima summa 68 veirdell valent 68 m.

    Sequuntur propinaciones imperatoris, tricis, regis & regine, dat vůber 170 m.

Primo, unsme herre deme keysser 7 gescheud 6 dage, eyns dages zwirrents, des moels 6 kannen, die coemen up 24 veirdell, so coempt die summe von den sieven schencken up hundert 58 m. ind 8 s. ind an wyne 5½ åme ind dry veirdell, dat vůeber ze 100 ind 70 m. gerechent.
It. der keysserynnen sievenwerff geschenckt 6 dage, eyns dages zwirrents, des moels 6 kannen, die halben 24 v., so coempt die summe van ave up sehsdehalve åme ind dry veirdell, val. 158 m. 8 s. It. imperatrice (sic) in una magna flesca 10¾ v. val. 9 m. 11 s.
It. der kůynnyngen sievenwerff geschenckt 6 dage, eyns dages zwirrents, des moels 6 kannen, die halben 24 v. so coempt die summe van ave up sehssdehalve åme ind dry veirdell val. 158 m. 8 s.
It. deme kůynnynge ze morgen eyns gescheud up den sondagh, dů ym zů vesperziit die vyer stuck wiins gegeven wurden 6 kannen, die hielten 24 v. val. 22 m. 8 s. 7½ veirdell droif.

    Summa geschencks des keyssers, keysserynnen, kůynninges ind kůynnyngen mit den 7½ v. dat etzliche kannen me den 4 v. hielten ind mit der tunnen droefs wyns, dat coempt up 3 vueber 1 åme, dat vůeber dur 100 ind 70 m. gerechnet val. 538 m. 4 s., 7½ veirdell coemen up 7 m. 12 d.

It. unsme herre van Coellen zweir 24.
It. unsme herre van Tryre zweir 24.
It. unsme herre van Brabant drywerff 36.
It. deme herzoge van Sassen zweir 24.
It. deme herzoge van Guylge driwerff 30.
It. herzoge Roprecht van Beyern drywerff 36.
It. herzoge Clemens van Beyern 8.
It. deme herzoge van Hollant drywerff 36.
It. deme herzoge van Altz van Beyern zweir 20.
It. der herzogynnen van Hollant zweir 20.
It. deme marckgreve van Meren zweir 16.

It. deme marckgreve van Brandenburgh ind deme jungere van Saiffen zweir 4 kannen die coemen up 32 v. die kanne je 4 v.

It. deme marckgreve van Mifen zweir 16.

It. deme greve van den Berge 8.

It. comiti Johanni de Naffauwe 6.

It. comiti Symondo de Späinheim 4.

It. comiti de Marla bis 12.

It. comiti Seyneufi 4.

It. comiti Johanni de Solms 4.

It. comiti Thoderico de Katzenelleboege 4.

It. juveni comiti Namurcenfi & avunculo 8.

It. comiti Wilhelmo de Katzenelleboege & dno. de Sleiba 8.

It. episcopo Pragenfi bis 16.

It. fuperiori ordinis fancti Egidii 4.

It. fuperiori ordinis fancti Anthonii 2.

It. comiti de Wede 4.

It. dno. de Petersheim 4.

It. dno. de Beemont 4.

It. dnis. de Ruremuende 2.

It. dno. de Randenroede 4.

It. dno. de Lynyngen 4.

It. Jacobo Lumbardo de Dyeft 1¼.

It. dno. Rykardo Huerte 2.

It. deme wybufchoff uns herren van Coellen deme proifft ind fcholafter van fynt Gereoin 4.

It. uni nuncio Brabancie 2 q.

It. dno. Engelberto Zobbe cum multis confociis 4.

It. dno. Roboedo de Bifchbach prepofito Luccemburgenfi & prepofito de Dievenhoeven cum multis confociis 4.

It. forori domini de Grünfelt 2.

It. magiftris civium, notario & aliis civibus Brankenvordenfibus 4.

It. dno. Petro cancelario, uxori cum confociis 4.

It. domicello de Lymppurch, comiti de Naffauw, comiti de Kirbergh, comiti Roperto de Naffauw & domicello Synardo de Runkell 8.

It. heren Wilh. Pleucker 2.

It. dnis. Reynardo de Boparden, Dirtwyn, Erwyn de Capella & Wilhelmo Sigilifero domini Treverenfis 4.

It. Petro cancelario 3 v. 3 q.

It. dno. Johanni de Grania 2.

It. abbati de Proeme 4.

It. domicello de Wefterburgh 4.

It. dno. de Kerpenich 2.

It. comiti de Salmen fuperiori 4.

It. Joħi. Heyenbeeck & Joħi. den Witte 2.
It. bno. Brieberico Walpoede cum multis consociis 2.
It. bno. Goyswino be Zevell cum consociis 4.
It. bno. Wernero Büyszgin 2.
It. ballivo Hannonie 2.
It. abbati Stabulensi 4.
It. Marschalco be Alster, heren Harper ben semereir ind H. Engelbert van Dirsbeck 4.
It. deme herre van Kalditz zweir 8.
It. des keyssers cancelieren zweir 8.
It. deme burghgrave van Drachevelz 2.
It. marckgravio Abolpho cum consociis 4.
It. bno. be Steyne 4.
It. bno. Philippo de Ballesteyne 4.
It. Gerarbo Meinkin 1.
It. Heynrico monetario Durensi 1.
It. bno. be Grünselt cum consociis 4.
It. bno. Uylrico be Binstingen, bno. be Saffenbergħ, Rolemano be Sinzich & fratri ejus 8.
It. bno. Hugarbo be Elteren & dapifero Luccemburgensi 4.
It. domicello be Schonenburg cum consociis 4.
It. bno. be Thovenburg 4.
It. bnis. Reynarbo be Berge, Hermanno Hoen & filio bni. Reynarbi prebicti 4.
It. decano Traiectensi preposito Leodiensi cum eorum consociis 4.

It. bno. de Heynsbergħ 4.
It. preposito Aquensi 4.
It. bno. Arnolbo be Gymmenich et fratri suo Wynmaro 2.
It. Gysoni be Schynpar cum multis consocciis 2.
It. legato bni. Pape 2.
It. filiis Bavarbi be Boparben 2.
It. bno. be Gerartssteyne 2.
It. bno. Emundo be Enbelstorp 2 q.
It. domini nostri dederunt patri meo 1.
It. by werckmeister habben 2.
It. by werckmeister habben 4.
It. Kirstián up den Kanell, Küene Bomer gaven unse herren 1.
It. meister Peter van ber uyrclocken 1 1/4.
It. gesellen oyssen zû heren Gerarb Lewen huys 2 v.
It. ben winschroberen, dů sy des kuyninges wiine inhadden gedain 2 q.
Die beirde summe*) biis geschencks coempt 3 vuber 2 1/2 âme 6 v. 1 q. bat vuder vur hundert ind 60 m. gerechent, die coemen an gelde up 552 m. ind 3 s.
It. her Reynart Moirke ⎫
It. h. Joħ. van Pûnt   ⎬ van ribbwingen Summe 4 v.
It. h. Goebart Coellin ⎪
It. Goebart van den Eychorn ⎭
It. Quecke 2 q.
It. Queden wiibe 2 q.
It. Goyswin van der pysen 2 q.
It. ben weichteren, dů sti bie ballinge uysbliessen 3.

---

*) Die oben angegebene Summe ist unrichtig.

It. Hasemoerder 2 q.
It. deme provincioill van den preitgeren 2.
It. küenen up den sall up groiskirmessavent 2 q.
It. Gerart Moleneir 2 q.
It. den trunpern up groiskirmessavent 1.
It. deme pyfer up den sall 2 q. kirmesdage.
It. der burgermeister kneichte 1 up kirmesdage.
It. den weichteren in groiskirmesnaicht 3.
It. unsen herren den scheffenen up groiskirmesdage 2.
It. up die louve in groiskirmesavent ind up den bagh 4.
It. den werckmeisteren in groiskirmesdage 4.
It. der stede gesynde in groiskirmesdage 1.
It. der vrouwen van Mouyoin ind yre boechter 2.
It. den gesellen van den Sterren, dat sii by eyn bleven als lange der keysser ind küynnyng zů Aighen wåren 16.
It. meister Tielen van Bunne, Proffian ind anderen werckluben ze steigeren, dů man den küynnynck upsatte 1½.
It. deme dechen van synt Tailbert van zwen vidimus unss groissen privileigium ind des briefs van deme perttolle ze besiegelen 2.
It. gåven unss herren des meyers kneichten 5 v. umb dat sy egeine bedinge en machde mit des herzogen dienern van Saissen, als van deme bobbelen, då der herzoge siin wynpell habbe doen steichen.
It. habben die werckmeistere 4.
It. hoefmeister uns herren van Coellen, heren Schenyn van Uphoeven 2.
It. magistro Petro de singnis fundendis 2 q.
It. 4 s. umb graff up den sall, dů dye keyseryune drup quam danzen.
It. dů der keysser eweeh reyt, gåven unse herren unsen herren den scheffenen 2.
It. Mathiis van Berlesburg ind Willem van Råde hielten ir gesellen by eyn up die ziit, dat die zweyunge was tusschen unsme herre van Brabant ind van Sassen, die habben 3.

Summa diis veirden geschencks is zwå åmen ind 6½ veirdell ind 4 s. die coemen an gelde up 66 m. ind 10 s.

Alsus coemen diesse vyer summen diis geschencks ze samen gerechnet up 1225 m. ind 5 s.

Summa rebbitorum prebictorum cum propinacionibus universis hujus secunbi mensis 7000 m. 500 m. 4 m. 3 s. 4 d.

Reddita tercii mensis sub Reynardo de Moirke & Jacobo Coelliu magistris civium.

Primo, de tribus diebus consilii 15 m.

It. de uno die extra consilium 10 m.
It. Halfnase missus Lechenich ad stipendiarios 20 s.
It. Halfnase missus Lenge ad Christianum de Bolen 12 s.
It. Leonardo misso Lechenich ad stipendiarios 2 m.
5 It. Halfnase missus ad dnm. Wernerum de Breydenbent de pace domini Godefridi de Pomerio 12 s.
It. pro mappis super aulam 10 m.
It. pro styphoeltz in adventu dni. regis ante portam Novam 22 s.
It. Halfnase missus ad dominum Coloniensem, quum equi fueruut
10 accepti in regno 27 s.
It. portantibus amarum, quum comburebatur in Kurtscheill 8 1/2 m.
It. Johannes Schoenmecher missus Lechenich ad stipendiarios 12 s.
It. Noete missus Colonie ex parte domini de Kaldiitz 3 m.
It. oblatori Offerman sci. Petri cum consocio 4 m., qui scripsit
15 arma in adventu regis.
It. Tilmano in Kockerell, qui scripsit eciam arma 2 m.
It. oblatori sci. Jacobi 2 m., eciam de armis scribendo (sic).
It. Heynrico, nepoti Berten, qui custodiebat campanam sancti Petri 2 m.
20 It. Reynero de Moirke, Johannes de Pûnt & ego fuimus Lechenich, ibi consumpsimus 121 m. 12 d. & 15 m., commederunt omnes stipendiarii cum dominis nostris ibi.
It. habuit Queck equitanti (sic) ad partes superiores pro conductu 8 flor. val. 28 m.
25 It. dedit Queck scriptori dni. Coloniensis, scribenti litteram conductus 2 flor. val. 7 m.
It. nuncio dapiferi Valkenburgensis, portanti litteram, ut stipendiarii venirent Lechenich, 6 s.
It. Leonardo misso Nymegen ad ducem & ducissam Juliacensem
30 racione equorum a suis subditis samptorum in regno Aquensi habuit 6 m.
It. cum domini nostri tractaverunt de reconciliacione dni. de Mers et filii sui et cum equitaverunt dni. nostri Lechenich, manserunt super lobium & habuerunt 6 sext. & 3 m. 4 s. valent 9
35 m. 4 s.
It. Mathia Kassart de stipendio suo 56 m.
It. Johanni de Kyntzwylre de stipendio suo 56 m.
It. Silmano de Rodenburgh 16 flor. val. 56 m.
It. Ottoni de stipendio suo 16 flor. val. 56 m.

It. Hûyfnaill de stipendio suo 16 flor. 56 m.
It. Heriberto de stipendio suo 16 flor. val. 56 m.
It. familiaribus civitatis de precio eorum 24 m. 4 s.
It. Johanni Kûynninxporze unam m.
It. Morgino deme emer 28 s.
It. Arnoldo in den Vroinhoff 2 m.
It. Proffiân & Beysenegen 2 m.
It. vigillatoribus exterioribus 4½ m.
It. pugillatoribus 4 m.
It. de presencia istius computacionis 10 m.
It. Mathia & Godefrido 2 m.
It. de expensis quum fecimus istam computacionem 4½ m. 3 s.
It. de expensis lobii istius mensis 17 m. 2 s.

Summa reddituorum predictorum 649 m. 3 s.

Secuntur propinaciones tercii mensis.

Primo, den hûnnen de Berge 1¼ sx.
It. dno. Wilhelmo Quoede cum consociis 2.
It. amicis dni. episcopi Coloniensis 4.
It. dapifero Juliacensi & dno. Sibgino de Speculo 2.
It. in pace generali 2 sx. & 12 s.
It. uxori Petri Elreboerns de Monasterio 1.
It. advocato monasterii Eyflie 2.
It. familiaribus civitatis in die Jacobi 2 qt.
It. preposito Aquensi 4.
It. superiori ordinis sci. Johannis 4.
It. familiaribus magistrorum civium ipso die Karoli 1.
It. dominabus de Porscheto commedentibus in domo Godefridi 2.

It. burchgravia de Koechheim 2.
It. domine fuerunt insimul 2.
It. abbati sci. Trudonis 4.
It. dnis. de Sleyda & de Cronenburg 4.
It. familiaribus civitatis in die Karoli 1¼.
It. Moirgino deme emer cum consocio 2 qt.
It. domini nostri dederunt patri meo 1 sx. quum locutus fuit domino de Schoinvorst.
It. Vrûesch, quum inimici debebant esse in regno 1.
It. dno. Reynardo de Moirke ⎫ de rydwyn
It. Johanni de Pûnt ⎬ Lechenich 3.
It. Godefrido de Eychorn ⎭
It. dapifero Juliacensi 2.
It. dno. de Mersen 2¼.
It. Leonardo misso in regno 1 qt.
It. dominis nostris commedentibus cum fratribus sci. Jolini 4.

It. Goyswino de mundificacione muse 2 qt.
It. Heynrico de Cusino, scabino Coloniensi 2.
It. Conrado Volmer 2 qt.
It. reddituario Traiectensi, Theodorico de Oys & Huengino de Vûrendaill cum consociis in reversione de Lechenich 2.
It. dno. de Kaldiitz venienti de Francia 4.
It. Schelardo de Hâren precipienti de pace dni. Godefridi de Pomerio in rengno 2 qt.
It. dno. Arnoldo de Hoesteeden 2¹/₄.
It. dno. de Grûnselt cum consociis 4.
It. Dûyster de Heyda 2 qt.
It. familiaribus civitatis in die Assumpcionis 1.
It. dno. Wernero Vûysgin 2.
It. familiaribus magistrorum civium in die Assumpcionis 1.
It. magistris operis in die Assumpcionis 4.
It. Leonardo misso Steeverstorp 1 qt. Christiano.
It. scabinis in die Assumpcionis 2.
It. quum littere mittebantur in scrinio, in monasterio pro candelis 4 s.
It. factoribus viarum 2 qt.
Summa 2¹/₂ amae, 5 sextaria et 4 s. valent 80 m. & 4 s.
Summa redditorum predictorum hujus tercii mensis 729 m. 7 s.

Reddita quarti mensis sub Reynardo de Moirke & Jacobo Coellin magistris civium.

Primo, de tribus diebus consilii 15 m.
It. de uno die extra consilium 10 m.
It. Halfnase missus ad dapiferum Juliacensem 12 s.
It. Halfnase missus Lechenich ad stipendiarios 20 s.
It. magistri civium dederunt operariis ante portam Novam 2 m.
It. Conradus extra Punt missus Lechenich de reversione de Beyenhoeven per noctem 2 v.
It. pro 8800 schendelen, 100 pro 7 s. et alii pro 7¹/₂ s. Ascendit se ad 61 m. 3 s.
It. pro 18 blocker 102 m.
It. pro alio deylholtz, keffer, treve & dele ad januas domus follonum 37 m. 10 s.
It. den segeren, die 18 block ind dat deylholtz ze snyden 38 m.
It. Proffiân cum consociis & familiaribus de precio eorum in domo follonum 54 m.
It. Hantz tectori cum consociis & aliis famulis pro latzen, die schendelen ze hauwen 49 m. 2 s.

It. Gerardo Dyabolo pro clavis ferreis 42 m.

It. magistro Rutte pro trapneyll, deylneyll, rûndeneyll et 9 libris gehengs 5 m. 8 s. 8 d.

It. magistro Tilmano de Bunna de stangno & plumbo in domo follonum 15 m. 7 s.

It. mapistro Egidio foditori ad eiciendum de moede extra ante portam Coloniensem 5½ m.

It. Leonardo misso ad dapiferum Juliacensem racione conductus 12 s.

It. cum domini nostri videlicet Reynardus, Goedefridus & ego fuimus ex parte pacis Dûren, consumpsimus ibi 71 m. Colon, valent in pagamento Aquensi 83 m. & 3 s., & 15 m.

It. equus Jacobi de Hegen, quem prestavit Johanni de Pûnt, quum equitamus ultimo post imperatorem usque Bunne (44 m. 4 s. Colon. valent 49 m. 10½ d.), stetit Duren per octo septimanas, habuit in avena 17 m. & in feno 13 m.

It. marschalco 12 m. & 4 s.

It. famulo marschalci et famulo, qui custodivit equum in hospicio, 20s.

It. Halfnase misso de Dûren Vranckenvort eis ibi intimando, quod dns. Godefridus de Pomerio cum suis complicibus pacificatus esset cum confederacione, & ut custodirent se in reversione de illis de Veyenauwe, habuit 10 m. 7 s. Colonienses, valent 11 m. 7½ s. Aquenses*).

It. Eychorn misso post Vranckenvort racione Franzois de Guse habuit 5½ m.

It. magistro Tilmano de Bunna de opere operato ante lavatorium super curiam 2 m.

It. Laurencio scriptori de exscribendo privilegia nostra 10 m.

It. Kalardo concesso (sic) 2 m.

It. Halfnase misso Bunne ad premunendum concives nostros 28 s.

It. quum Queck cum concivibus nostris equitavit Vranckenvort de expensis dapiferi Juliacensis eundo & redeundo et de expensis Quecke eundo & redeundo et racione conductus dno. Wolff filiis, famulis, nunciis & dominis super Renum & Moen racione conductus date 125½ flor. valent 439 m. 9 s. prout in cedula clare continetur.

---

*) Hier scheint ein Rechnungsfehler begangen zu sein. Nach der früheren Angabe machten 74 m. Col. 83¼ m. Aquens., also 1 m. Col. -- 1 m. 1½ s. Aquen. Danach müßten 10 m. 7 s. Colon. gleich sein 11 m. 10 s. 10½ d. Aquens.

It. quum domini nostri audiverunt unionem de caseis predictis super Roys, & eundo et redeundo de Dûren habuerunt domini nostri super lobium 6 sextaria & 4 m. valent 10 m.

It. Mathia Kassart de stipendio suo 56 m.

It. Silmano de Rodenburgh de stipendio 56 m.

It. Johanni de Kyntzwylre de stipendio suo 56 m.

It. Ottoni de stipendio suo 56 m.

It. Heriberto de stipendio suo 56 m.

It. Hûyfnaill de stipendio suo 56 m.

It. Leonardo misso Roding ad premunendum concives nostros 20 s.

It. Johanni de Walde de clareto duabus vicibus in pace generali 15 m.

It. familiaribus civitatis de precio eorum 24 m. 4 s.

It. Johanni Kûyninxporze unam m.

It. Moirgino deme emer 28 s.

It. Arnoldo in den Vroinhoff 2 m.

It. Proiffiân & Bysenegen 2 m.

It. vigillatoribus exterioribus 4 1/2 m.

It. pugillatoribus 4 m.

It. de presencia istius computacionis 10 m.

It. Mathia & Godefrido 2 m.

It. de expensis quum fecimus istam computacionem 4 1/2 m. 12 d.

It. de expensis lobii istius mensis 17 m.

Summa redditorum predictorum 1486 m. 6 s. 8 d.

Secuuntur propinaciones quarti mensis.

Primo, comiti de Marka 6 sx.

It. episcopo domus Teutonicorum 4.

It. Elegast 2 qt. It. dno. Wernero de Breydenbent 2.

It. prioribus colonie Argentinensis ordinis Predicatorum 2.

It. dno. de Grûnselt 2.

It. Heynrici joculatori venienti de Lechenich 1.

It. Millis de Oirlesberg 2 qt.

It. amicis domini Coloniensis 4.

It. amicis domini Brabancie 4.

It. in confederacione 3 sx., 2 m.

It. amicis domini Juliacensis 2.

It. dno. de Grûnselt & dapifero Valkenburgensi 2.

It. Christiano & Conrado Volmer 2.

It. magistro Petro horarum de circumcicione 2 qt.

It. Johanni Lumbardo de Dûren 1.

It. Kalardo & Schuympeffer 2 qt.

It. heren Reinart van Moirke ⎫ de rydwyn de Düren 3.
It. heren Joh. van Pûnt ⎬
It. Goedart van den Eychorn ⎭
It. familiaribus magistrorum civium equitantibus in Salice 1.
It. Godefrido Coellin cum equitavit Düren 2 qt.
It. Wilhelmo de Roede cum consociis, qui equitaverunt cum Reynardo de Moirke, quum concives nostri transferebant se Vranckenvort 3.
It. scabinis in die parve dedicacionis 2.
It. dno. Wernero de Breydenbent cum multi milites commederunt cum eo, posuerunt domini nostri super eo, qui eciam fuerunt ibi, 5.
It. theolonario de Birkestorp, patre & matre 2.
It. Goyswino de mundificacione muse 2 q.
It. domine de Dick 4.
It. magistris operis in parva dedicacione 4.
It. Gerardo Moleneir in parva dedicacione 2 qt.
It. Kůynoni super aulam in parva dedicacione 2 qt.
It. familiaribus civitatis ad precipiendum lanternas 2 qt.
It. trunpenariis eadem nocte 1.
It. joculatori eadem nocte 2 qt.
It. Proffiân de vinicopio der schendelen domus follonum 2 qt.
It. Scharpeschoes 2 qt.

It. familiaribus civitatis in parva dedicacione 1.
It. vigillatoribus eadem nocte 3.
It. abbati sci. Trudonis 4.
It. super lobium in vigilia & die parve dedicacionis 3.
It. dno. Mathia notario quondam ducis Gelrie 1.
It. duci Saxonie 8.
It. magistro Petro de circumeicione 2 qt.
It. decano et comiti de Heynsberg 2.
It. dapifero Valkenburgensi 2.
It. domicello de Arkenteill cum consociis 2.
It. dominis Reynardo de Berge, Arnoldo de Zevell & Hermano Huven 2.
It. famulis magistrorum civium in parva dedicacione 1.
It. Schoinvorst hiraldo 2 qt.
It. duci Juliacensi 10.
It. abbati Stabulensi 4.
It. dno. Scheynardo de Roede et camerario de Bachheim 2.
It. dno. Johanni de Vorste 2.
It. dnis. Uylrico de Vinstingen de Sleyda et Bernardo de Berne 4.
It. Moirgino deme emer cum socio 2 qt.
It. Christiano et Conrado Volmer cum consociis 2.
It. hospite de Birkestorp 1.
It. eqiscopo Mayuntinensi 8.
It. dnis. nostris commedentibus cum abbate sci. Trudonis 4.
It. dapifero de Gangelt 2.

It. dnis. de Cronenburg et ju-   sextaria, valent in pecunia
veni de Sleyda 4.   141 m. 6 s.

It. dno. de Grûnselt 2.   Summa redditorum predictorum
hujus quarti mensis 1628 m.

⁵ Summa in vino 4½ amae, 6½   8 d.

Die folgenden Monate des Jahres 1376 fehlen, der noch vorhandene Schluß der Rechnung enthält nachstehendes Verzeichniß der von der Stadt zu zahlenden Leibrenten.

Secuntur modo soluciones pensionis annualis ad vitam personarum inferius nominatarum.

Primo, puelle Alleydi de Vylen 1 libram grossorum valet 70 m. Remigii.

¹⁵ It. puelle Elizabet de Gressenich 1 libram grossorum val. 70 m. Remigii.

It. dno. Wernero de Breydenbent 200 libras Hallenses val. 210 florenos qui val. 735 m. Andree.

It. predicto dno. Wernero 100 flor. val. 350 m. Andree. — Eidem
²⁰   dno. Wernero 570 m. half zû groissenkirmessen, half zu unser Vrouwen Lytmessen. — Eidem dno. Wernero 100 m. Egidii. Eidem dno. Wernero 100 scudatos aureos val. 450 m. Johanis. — Eidem dno. Wernero 50 m. — Eidem 11 m. census hereditarii.

²⁵ It. dno. de Grunselt 75 m. Luce ewangeliste.

It. puelle Ewe, filie quondam Tilmanni Hoyn, 10 solidos grossorum val. 35 m. Pasce.

It. fratri Coillino, Templario de sco. Egidio, 24 libras Hallens. val. 84 m. pasce.

³⁰ It. puelle Neese, sorori fratris Collini, moniali Porchetensi, 7 libras Hallenses val. 25 m. Assumpcionis.

It. dno. Jacobo van der Bremen 20 m. Christi. — Eidem dno. Jacobo 40 fl. val. 140 m. Johannis.

It. Clare, filie Henrici Florents, 10½ m. octava die ante diem Puri-
³⁵   ficacionis.

It. Heynrico de Wiis 21 m. octava die ante letare. — Predicto Heynrico 50 flor. Remigi. — Predicto Heynrico 80 flor. Walburgis. — Predicto Heynrico 75 flor. Geirtrudis. — Eidem Heynrico 25 flor. in ascensione Domini. — Eidem Heynrico

centum flor. val. 350 m., Assumpcionis, & 6 flor. — Eidem
Heynrico 50 flor. Jacobi.

It. Andree de Wiis, filio predicti Heynrici, 50 flor. Remigii. — Eidem
Andree 50 flor. Geirtrudis. — Eidem Andree 25 flor. in ascensione Domini. — Eidem Andree 50 flor. Jacobi.

It. puelle Christine, sorori fratris Mathie Schops, 20 m. Ambrosii.

It. puelle Lyse de Serfze, moniali Porschetensi, 14 m. in crastino
Servacii.

It. puelle Nese Schrafs, Albe domine, 28 m. letare Jherusalem.

It. puelle Aleydi, filie Collini institoris, Albe domine, 30 m. Andree.

It. Petro de Irco 100 m. Walburgis.

It. Tilmanno, filio Petri de Irco, 25 flor.
It. Petro, filio Petri de Irco, 25 flor. } valent 175 m. Walburgis.

It. Gerardo Lewe 50 flor. in parva dedicacione val. 175 m.

It. eidem Gerardo 75 flor. val. 262½ m. prima die mensis Maii.

It. Jutte, uxori legitime Gerardi Leonis, centum florenos val. 350
m. Bartholomei

It. Tilmanno Hůen racione Griete, uxoris sue, 80 flor. val. 280 m.

It. dno. Johanni preposito de Brandenburgh 200 flor. val. 700 m.
Bonifacii.

It. dno. Paulo in prato 12 fl. val. 42 m. Remigii.

It. Reynardo Wilde 50 fl. val. 175 m.

It. eidem Reynardo 10 fl. val. 35 m. Remigii. — Eidem 40 m. in
parva dedicacione.

It. Johanni Wilde, filio quondam dni. Johannis Wilde militis, 50 flor.
val. 175 m. Jacobi.

It. Marie, uxori Reynardi Wilde, 40 fl. val. 140 m. Andree.

It. Katherine, filie Reynardi de Moirke, 30 fl. val. 105 m. Andree.

It. Griete Beyssels 20 fl. Remigii.

It. dno. Johanni Beyssell Cantori 20 fl. Remigii.

It. Collino Beyssell 20 fl. Remigii.

It. Wilhelmo Beyssell 20 fl. Remigii.

It. Jacobo Beyssell 20 fl. Remigii.

It. Tilmanno Beyssell 20 fl. Remigii.

It. Collino Beyssel 20 fl. vigesima die Apprillis.

It. Jacobo Beyssell 40 fl. vigesima die Apprillis.

It. Jutte, uxori Jacobi Beyssels, 60 fl. vigesima de Apprillis.

It. Griete, filii Collini Beyssels, 40 fl. vigesima die Apprillis.

It. Eustacio Segroede 40 fl. vigesima die Apprillis.

It. uxori quondam Johannis Swertvegers 10 m. Pasce & Remigii.
It. Johannis Rolandi de Hoekirchen 12 fl. val. 42 m. Johannis.
It. Lamberto Rolandi de Hoekirchen 12 fl. val. 42 m. Johannis.
It. Katherine Rolandi de Hoekirchen 12 fl. val. 42 m. Johannis.
It. filie Selgendorps, uxori Mathie van der uyrclocken, 11 m. Johannis.
It. Anne Schafflutzels 20 fl. val. 70 m. in parva dedicacione.
It. dne. Mechtildi de Sorse, uxori dni. Slabbardi de Kyntzwilre, 40 fl. Remigii.
It. eidem Mechtildi 50 fl. Assumpcionis. — Eidem Mechtildi 30 fl. Andree.
It. eidem 50 fl. Margarete. — Eidem Mechtildi 30 fl. Jacobi.
It. Aleydi, filie dne. Mechtildis, Albe dne., 50 fl. in die ascensionis Domini.
It. Wilhelmo, filio quondam Collini Sarworters, 4 fl. val. 14 m. Johannis.
It. Heyllewigi, filie quondam Arnoldi de Monte, Albe domine, 12 fl. val. 42 m. Johannis.
It. Barbere, sorori predicte Heylwigis, moniali Porchetensi, 10 fl. val. 35 m. Johannis.
It. Johanni de Pûnt 50 m. Jacobi. — Predicto Johanni de Pûnt 50 fl. val. 175 m. Letare Jherusalem. — Predicto Johanni 25 fl. val. 87^1/$_2$ m. Letare Jherusalem. — Predicto Johanni ex parte Johannis Tugewale 10 fl. val. 35 m. Penthecostes.
It. Katherine, uxori predicti Johannis de Pûnt, 28 fl. val. 87^1/$_2$ m. Letare Jherusalem.
It. Katherine, filie Johannis de Pûnt, 10 fl. val. 35 m. Margarete.
It. Johanni filio Johannis de Pûnt 20 fl. val. 70 m. Margarete.
It. Goyswino, filio Johannis de Pûnt 20 fl. val. 70 m. Margarete.
It. Goyswino, predicto 25 fl. val. 87^1/$_2$ Margarete.
It. Jacobo, filio predicti Johannis de Pûnt, 25 fl. val. 87^1/$_2$ m. Margarete.
It. Mechtildi, filie predicti Johannis de Pûnt, 25 fl. val. 87^1/$_2$ m. Margarete.
It. Katherine, filie predicti Johannis, moniali Porschetensi, 10 fl. val. 35 m. Margarete.
It. Katherine, filie quondam Goyswini de Pûnt, moniali in Ruremůnde, 20 m. Walburgis.
It. Alleydi, filie predicti Goyswini, Albe domine 30 m. Walburgis.

It. eidem Aleydi 10 flor. val. 35 m. Letare Jherusalem.
It. Billie, relicte Wolteri, Volmers, 50 m. Jacobi.
It. predicte Billie 40 fl. Letare. — Predicte Billie 25 fl. Andree. —
It. predicte Billie centum fl. Bartholomei.
5 It. predicte Billie 50 fl. Annunciacionis.
It. Heynrico Lewe 50 fl. Annunciacionis.
It. Katherine, filie predicte Billie, 25 fl. Andree.
It. Billie, filie predicte Billie, 25 fl. Andree.
It. Aleydi, filie predicte Billie, 25 fl. Bartholomei.
10 It. Katherine, filie predicte Billie, 25 fl. Bartholomei.
It. Billie, filie predicte Billie, 25 flor. Bartholomei.
It. Jacobo, filio Johannis de Pûnt, 25 fl. Bartholomei.
It. Nese de Hoekirchen, moniali Porchetensi, 12 fl. val. 42 m. in parva dedicacione.
15 It. Jutte, sorori sue, Albe domine, 12 fl. val. 42 m. in parva dedicacione.
It. Johanni de Hoekirchen 50 fl. val. 175 m. Margarete.
It. Mathie de Berlesbergh 100 m. in parva dedicacione.
It. eidem Mathie 15 fl. val. $52^{1}/_{2}$ m. iv parva dedicacione.
20 It. eidem Mathie 25 fl. val. $87^{1}/_{2}$ m. Geirtrudis.
It. Johanni, filio Mathie de Berlesbergh, 10 fl. val. 35 m. Jacobi.
It. Mechtildi, uxori Mathie de Berlesbergh, 25 fl. val. in parva dedicacione $87^{1}/_{2}$ m.
It. eidem Mechtildi 25 fl. val. $87^{1}/_{2}$ m. medio Marcii.
25 It. relicte Wilhelmi de Luthen 50 m.
It. Elizabet de Avens 12 fl. val. 42 m. in parva dedicacione.
It. Johanne, relicte Collini Bucks, 50 fl. val. 175 m. Margarete.
It. eidem Johanne 25 fl. Jacobi val. $87^{1}/_{2}$ m.
It. Lamberto, filio Collini Bucks, 50 fl. val. 175 m. Invocavit.
30 It. eidem Lamberto 50 fl. Margarete, val. 175 m.
It. eidem Lamberto 50 fl. Jacobi, val. 175 m.
It. Heynrico Chorus 50 fl. val. 175 m. Simonis & Jude apostolorum.
It. Tûle, filie quondam Nicolai Volmers, Albe domine, 33 fl. val.
35 $115^{1}/_{2}$ m. medio Marcii.
It. predicte Tûele, Albe domine, 17 fl. val. 59 m. 6 s. Assumpcionis.
It. Wernero Bertolfi 20 fl. val. 70 m. ⎫
It. Katherine, uxori sue, 20 fl. val. 70 m. ⎬ Geirtrudis.
It. Johanni, filio eorum legitimo, 20 fl. val. 70 m. ⎭

It. Gerardo, filio eorum, 10 fl. val. 35 m. Margarete.
It. Wernero, filio eorum, 12 fl. val. 42 m. in die ascensionis Domini.
It. Heynrico, filio eorum, 10 fl. val. 35 m. Margarete.
It. Katherine, filie eorum, 10 fl. val. 35 m. feria sexta ante Bartholomei.
It. Arnoldo Volmer 30 fl. Invocavit.
It. Griete, uxori sue, 15 fl. Invocavit.
It. Nese, filie sue, 15 fl. Invocavit.
It. predicto Arnoldo Volmer 40 fl. in parva dedicacione.
It. Griete, uxori sue, 30 fl. in parva dedicacione.
It. Nese, filie predicti Arnoldi Volmers 30 fl. in parva dedicacione.
It. predicte Nese 50 fl. feria sexta ante Bartholomei, quos levat Nese, relicta Arnoldi Beyssels, ava sua, val. 175 m.
It. Petro de Louvenbergh 50 fl. octo dies ante Martini, val. 175 m.
It. Aleidi, filie quondam Wolteri Volmers, et uxori Petri de Louvenbergh 25 fl. val. 87$^{1}/_{2}$ m. Andree.
It. Anne de Louvenbergh 50 fl. octo dies ante Martini, val. 175 m.
It. Griete de Louvenbergh 50 fl. octo dies ante Martini, val. 175 m.
It. fratri Johanni Raudoff Minori 25 fl. Urbani.
It. Katherine Raudoffs, filie quondam Nicolai, 25 fl. Urbani.
It. Drude, sorori predicte Katherine, 25 fl. Urbani.
It. Mathie super canale, nepotuli Mathie Cöge 50 fl. Ascensio Domini val. 175 m.
It. Nese, filie Kleinheukins, 12 m. Penthecostes.
It. magistro Nicolao de Kûysoeldia, medico, 100 fl. val. 350 m. Christi.
It. Heynrico Clocker ex parte fratris Nicolai de Wailhoeren, Predicatoris, 9 fl. Ascensio val. 31$^{1}/_{2}$ m.
It. Marie de sca. Margereta, moniali Albarum dominarum, 12 fl. Ascensio.
It. predicte Marie de sca. Margereta 8 fl. feria sexta ante Bartholomei.
It. fratri Johanni de Weyenberg, Augustino, 20 fl. val. 70 m. ultima die mensis Maii.
It. Drude, filie Conradi de Eychorn, moniali Porschetensi, 10 fl. val. 35 m. Margarete.

It. Arnoldo Buck, habens pro uxore Lysam, filiam quondam Arnoldi de Monte, 100 fl. Margarete.

It. Arnoldo predicto 17 fl. val. 59 m. 6 s. feria sexta ante Bartholomei.

It. Lyse, uxori legitime Arnoldi Bucks, 100 fl. Petri & Pauli.

It. Godefrido de Eychorn, ex parte Marie uxoris sue, 100 fl. valent 350 m. Margarete.

It. Tûle, filie Johannis Niis, 100 fl. val. 350 m. Margarete.

It. Tûle, filie bastarde quondam Arnoldi Bucks, uxori Pelkins, gallici, 40 fl. Margarete val. 140 m.

It. Nicolao, filio bastardo quondam Arnoldi Bucks, 30 fl. Margarete val. 105 m.

It. fratri Johanni Appelrenck 30 fl. Margarete val. 105 m.

It. Nicolao Mûle 100 fl. Assumpcionis, val. 350 m.

It. puelle Mechtildi de Dummerswinckell, Albe domine, 22 fl. Assumpcionis val. 77 m.

It. Hermano Durzant, 25 fl. Luce ewangeliste.

It. Heylwigi, uxori predicti Hermanni, 25 f. Luce.

It. Nese de Tilia, begutte, 20 fl. Johannis.

It. predicte Nese de Tilia, begutte, 20 fl. Viti.

It. Collino Kuechelgin, braxatori, 50 fl. Margarete val. 175 m.

It. Johanni Haverman 25 fl. Margarete.

It. Katherine, uxori predicti Johannis Haverman, 25 fl. Margarete.

It. Lyse, filie predictorum conjugum Havermans et uxori, 50 fl. Margarete.

It. Hermanno de Eschwylre, 40 fl. Margarete.

It. Heylwigi, uxori sue, 26 fl. Margarete.

It. Wilhelmo de Råde in Pûnt, 25 fl. Jacobi. val. 87 1/2 m.

It. Katherine, filie quondam Jacobi Coellins, moniali Albarum dominarum 10 fl. val. 35 m. Margarete.

It. Arnoldo Hoeveir 100 fl. Martini.

It. Nese, uxori predicti Arnoldi Hoevers, 50 fl. Martini.

It. Griete, filie quondam Johannis Deyen, 50 fl. Letare, Jherusalem val. 175 m.

It. dno. Wilhelmo van den Panhûse, scolastico beate Marie, Trajectensi, 40 fl. in die Circumcisionis, val. 140 m.

It. Eve, filie Johannis Bertelkins, 25 fl. Walburgis val. 87 1/2 m.

Itt Katherine, filie Godefridi Coellins, uxori Cononis de Pûnt, 10 fl. Margerete val. 35 m.

It. magistro Arnoldo fabri 15 m.

It. dno. Rutgero Nietheirre, pastori sci. Bartholomei in Porscheto, 100 m. Andree.

It. predicto dno. Rutgero Nietheirre 8 fl. Andree val. 28 m.·

It. Eve, filie quondam Reynardi Monts, Albe domine, 40 fl. Andree, val. 140 m.

It. Katherine, filie quondam Hilbrants, rubeatoris extra portam Coloniensem super ripam 15 fl. prima die mensis Brâmonts, val. 52^1/$_2$ m.

It. Gertrudi, filie quondam Harperii extra portam Coloniensem, begutte, 15 fl. prima die Brâmonts val. 52^1/$_2$ m.

It. Katherine, uxori quondam Rickolfi Coellins, 25 m. Pyfensleger val. 37^1/$_2$ m.

    Summa pensionis annualis personarum predictarum 21,891 m.

Coloniensis.

Primo, Loere de Huven, 20 libras Hallensium val. 70 m. Johannis Baptiste.

It. Mechtildi de Tulpeto, 10 m. Letare Jherusalem, Aquensis pagamenti.

It. Drude van der Dannen, 15 m. Colonienses, Pasce, val. 16 m. 8 s.

It. Lukarde, filie quondam Lufardi de Gryfone, moniali sci. Maxemini Coloniensis, 15 m. Colonienses, Walburgis, val. 16 m. 10^1/$_2$ s.

It. Griete de Pavone, 12^1/$_2$ libras Hallensium, Johannis Baptiste, val. 43 m. 9 s.

It. Richmode, filie Werneri de Riinbergh, Walburgis 8 m. Col. val. 9 m.

It. Aleydi de Luccelenwinter, 30 m. Aquens. Pasce.

It. Jacobo Butzelman de Luccelenwinter 10 m. Aquenses, Pasce.

It. Tilmanno, filio Tilmanni de Pavone, 25 m. Col. Pasce, val. 28 m. 18 d.

It. Clâre, filie Godefridi de Vrechen, 15 m. Colon. Walburgis, val. 16 m. 10^1/$_2$ s.

It. Bele et Bâze, filiabus (Adamis), quilibet 6 m. Colonienses, insimul 12 m. Walburgis val. 13^1/$_2$ m.

It. Mechtildi de antiqua fossa, 8 m. Aquenses, Walburgis.

It. Bâze, filie Gerardi de Cervo, 20 m. Colon. Pasce, val. 22^1/$_2$ m.

It. Katherine, filie quondam Heynricii de Clebergh, 10 m. Aquenses, Letare Jherusalem.

It. Drude, filie Syfridi de Poderbagh, 10 m. Aquens. Pasce.

It. Bele de Lyntlåir 25 m. Colon. Walburgis, val. 28 m. 18 d.

It. Griete de Lytlåir 25 m. Colon. Walburgis, val. 28 m. 1S d.

It. Fratri Petro de Nûwenbunne 12 m. Colon. Pasce, val. 13½ m.

Summa pensionis annualis Coloniensis predictorum 385 m. 6 d.

Isti subsequentes subjurati fideles civitatis Aquensis, excepto domino de Sleyda, qui non juravit.

It. dno. Johanni dno. de Sleyda, 160 m. in purificacione beate Marie.

It. dno. Johanni de Grûnselt, 100 m. in purificacione beate Marie.

It. dno. Emûndo de Endelstorp, 100 flor. val. 350 m.

It. dns. Johannes de Putte, 100 m.

It. Goyswino de Here, 12 flor. val. 42 m.

It. Vûys de Schonenberg, 6 m.

It. Petro Ocme de Cronenberg. 6 m.

It. Johanni Brantscheit, 6 m.

Summa fidelium juratorum 770 m.

Et sic est summa totalis totius pensionis anni presentis cum fidelibus juratis 23,046 m. 6 d.

Et sic est summa universalis tam hereditariorum censuum, quam pensionis annualis ad vitam personarum predictarum, quam fidelium juratorum 24,004 m. 18½ d.

Summa vero primi mensis est 2306 m. 9 s. 4 d.

Summa vero secundi mensis est 7804 m. 3 s. 4 d.

Summa tercii mensis est 729 m. 7 s.

Summa quarti mensis est 1628 m. 8 s.

Summa quinti mensis 1054 m 7 s.

Summa sexti mensis 1655 m. 2½ s.

Summa septimi mensis est 926 m. 5 s. 6 d.

Summa octavi mensis est 804 m. 6 s. 6 d.

Summa noni mensis est 922 m. 18 d.

Summa stipendiariorum in Lechenich 9175 m. 2 s.

Summa decimi mensis est 1190 m. 18 d.
Summa undecimi mensis est 1194 m.
Summa duodecimi mensis est 1626 m. 5 s.
Summa tredecimi mensis est 1702 m. 7 s.
Summa quartidecimi mensis est 1673 m. 11 s. 9 d.

    Summa omnium mensium predictorum 36,394 m. 5 s. 9 d.

It. gebrochen heren Heynrich van Wiis van synre liifzuicht 6 gul. val. 21 m.

Et sic est summa omnium universorum redditorum tocius auni predicti 60,419 m. 7 s. 3$^{1}/_{2}$ d.

    Summa vero receptorum & levatorum tocius anni est 64,646 m. 10 d.

    Et sic recepta excedunt reddita 4226 m. 6 s. $^{1}/_{2}$ d.

It. davit ich dominis nostris in consilio, quilibet florenum, computatum est in 14° mense.

It. habent de presencia, que supercrescebat hoc anno.

    Et sic omnibus computatis & defalcatis manent predicti magistro civium consilio (Die Zahl fehlt.)

It. defalcabuntur de assisia vinorum 600 m.
It. dederunt magistris civium de laboribus et curialitate 200 m.
It. Mathia & Collino Beyssel van der weisselier wegen 1050 m.
It. qualibet comicie 264 m.

1380.

Von dieser Rechnung ist nur ein verstümmelter Anfang des Einnahme-Verzeichnisses erhalten. Wir ersehen daraus die Namen der Bürgermeister und den Betrag der Wein-Accise. Die eingeklammerten Wörter sind muthmaßliche Ergänzungen.

In nomine Domini, amen. Anno dni. millesimo 300mo. 80o. erant magistri civium Renardus de (Moirke) et Gerhardus Leo, sub quibus assisie et obvenciones civitatis fecerunt & valuerunt. Primo, assisia vinorum valuit 24,500 m. per Henricum de Wiis, Henricum de Tilia, Henricum Chorus, Johannem in (———), Arnoldum Buck & Johannem Rulant.

 Inde dederunt dominis nostris in consilio quilibet (sic) florenum, ascendit se ad 33 florenos val. 122 m.

 Inde dederunt et dimiserunt illis predictis, qui habent assisiam vini, 350 m. propterea quod domini et extranii vina introduxerunt in civitatem.

Et sic manet civitati de hac assisia vinorum 24,029 m.

 (Reliqua desunt).

1383.

Aus diesem Jahre haben wir nur ein Stück der Ausgabe-Rechnung.

Ditz hat geschencke des meben durch tjair under heren Johan van Punt ind heren Gerard Lewen burgermeistere.

Primo, beme buschoff van Trierre 3½ amen ind 1 veirdel. It. voelmede 7½ veirdel.

It. beme buschoff van Coelen 3 amen ind 5 veirdel. It. voelmede 5 veirdel.

It. beme buschoff van Luytche 3 amen ind 1 veirdel. It. voelmede 3 veirdel.

It. der herzoginnen van Brabant 3½ amen inh 2 veirdel. It. voelmede 8 veirdel.

Jt. deme herzoge van Guylche 3 amen ind 3 veirdel. Jt. voelmede 2 veird.

Jt. heren Johanne van den Grave eyn ame ind 2 veirdel.

Jt. deme heren van Schoinvorst eyn ame 2 veirdel.

Jt. deme rentmeister van Brabant zu Triecht eyn ame 2 veirdel.

Jt. deme rentmeister van Luytche zu Triecht eyn ame 2 veird.

Jt. deme brussait van Valkenburg eyne ame 1 veird.

Jt. deme heren van Gronselt eyne ame 2 veird.

Jt. spuylmede 5 veirdel ind ain kost $2^{1}/_{2}$ m.

Jt. unsen heren damme rade, du man den mede galt, du habbe yber raitzman 2 quart ind etzlich bubel, ind den virgierren ind vasbenderen ind anderen unser heren gesinde 20 veird.

Jt. deme schriever van Erenveltz $7^{3}/_{4}$ veird.

Jt. van gemeynen geschenke durch dat jair ritteren, kneichten, vrauwen ind up deme sale ind anderswa up veil enden 2 amen ind 22 veirdel.

> Summa des geschends des meden zu samen 1045 m. 4 s., des is 4 vuder 3 amen, 13 veirdel ind eyn quart, die ame 38 m.

> Summa zu samen so uyssgeven na den 13ten moynde, so geschencke des meden 1270 m.

Ditz dat uyssgeven na deme 13ten moynde under heren Johanne van Punt ind heren Gerart Lewen burgermeistere anno 83.

Primo, van presencien disser groser rechentschaff yber raitzman eynen gulden ind 4 s. ind die alde burgermeistere ind die nuwen ind myr bubel, ind die zweyn, die legen, bubel, dat magt 30, summe 120 m.

Jt. der steede gesinde van disser groser rechentschaff manlich 2 m., summa 20 m.

Jt. Quecken ind Wilhem, van veil arbeit durch tjair, manlich 12 m., val. 24 m.

Jt. van cost die assisen inzugewennen 52 m.

Jt. umb siegelwais ind serpentine ind spainsgrune 5 m.

Jt. Goebart Mathiis kneicht, du hee by Duren stuyrt, verlois hee sinne henschen 1 gul. val. $3^{1}/_{2}$ m. 2 s.

Summa 224 m. 8 s.

Monatsrechnung ohne Jahreszahl; nach der Schrift und dem Werthe des Guldens zu urtheilen aus dem J. 1384.

Ditz dat uyffgeven des sievenden moyntz.

Primo, dri raitdage bennen raitdagen 9 m.
It. zweyn buhssen 12 m.
It. Wilhem van Eppendorpe gesant zu Triecht 3 m.
It. bezailde man deme boede sine kost von Triecht 1 m.
It. umb eyn vuder colen up den sal 8 m. 2 s.
It. reille van Lüntlair, van Coelne, van Remanant 2 m.
It. Jacob deme schroeder 28 s.
It. Herman Junge galt eyn vuder colen up den sal 9 1/2 m.
It. Winmer gesant zu Coelne van des gevangenen wegen van Airwilre 26 s.
It. du Gerart Balkennir dat buych nam, sant man zweyn boeden uyff, habuerunt 4 m.
It. umb 12 ℔ zinns zeychen zu giessen 5 m. zu 5 s. dat ℔.
It. umb eyn nuwe mengepot 14 s.
It. Millis van Oyrsberch vur sinen rocke 10 m.
It. Cloischiin van Coelne gesant zu heren Hilger van Langenauwe 3 m. 3 s.
It. Roberchiin rechent noch van pilen ind ze sticken 8 m. 4 s.
It. umb cleyder der steede gesinde zu yren jair roecken 313 1/2 m.
It. zu vuderen under die roecke, 6 vuder 12 m.
It. umb eyn wenter buych der steede gesinde kost 14 gul. val. 51 m. 4 s.
It. umb zweyn roecke, die du gebrachen 9 elen ze 20 s. 15 m.
It. umb dri kogelvnder, Herman, Queden ind Wilhem ze 2 m. summa 6 m.
It. den püfferen ind den trumpperen zu yren sommer ind wenter roecken ind den koeleren zu yren jair roecken habbe man eyn eesel buych, kost 11 gulden ind 1 veirdel, valent 41 m. 3 s.
It. ind du gebrachen 9 elen striffetichs ze 20 s., 15 m.
It. du man begangen habbe junffer Nesen Coliins zu Burschit, bleven unse heren essen up den sal, habbe man ain wine 4 1/2 veirdel ind ain gelbe 18 s. val. 6 m.
It. umb eyn vuder holtz 3 m. up den sal.

18

It. den soldeneren van yren solde 300 m.
It. der steede gesinde van yren loin 27 m. 8 s.
It. Moerchiin deme emer 28 s.
It. Arnolt Broinhoff 2 m.
It. Wylhem in der burgerhuys 2 m.
It. meister Proffioin 2 m.
It. den weichteren 4½ m.
It. den zwein kempen 4 m.
It. ze presencien disser rechentschaff 6 m. It. Mathise ind myr 2 m.
It. zu kost, du man disse rechentschaff magde.
It. zu kost up den saille disse moynde 18 m. 12 d.

    Summa des uyssgevens des sievenben moyntz 919 m. 3 s.

    Ditz dat geschencke des 7^{den} moyntz.

Primo, den minister zen Bruderen 4 veirdel.
It. van der eyningen zer Lanstronen van Mummart 13 v.
It. den weichteren, du sy dat nuwe gelt verboeten 4.
It. heren Heynrich van Grunselt 2.
It. deme rentmeister van Rade 2 cum soc.
It. heren Engelbert, heren Kuynrich ind heren Goedart van den Bungart 2.
It. heren Johan van den Bungart 2.
It. heren Rickaltz vrauwen van Merade 2.
It. Mathias Yveltz wive 2 cum soc.
It. du Reynart der steede kneicht inthalben wart in der steede dienst 1.
It. Quecken wive 1 quart.
It. heren Wolve ind heren Heitchiin 2.
It. deme marschalcke ind heren Carsillis 4.
It. dem heren van Grunselt 2.

It. den pastoir van Kessel 1.
It. in den lantfrede 2½ ind umb luterbrancke 5½ m.
It. Johanne van Wiesebeyn 1.
It. umb brot, kese ind beren 17 s. 4 d.
It. der steede gesinde 2 q.
It. unser heren vrauwen waren by den minister 2.
It. Quecken 1, zen kuninge reit.
It. den soldeneren, waren gereben 1.
It. eynen boede van Coelne 2 q.
It. unsen heren den scheffenen up sint Katerinen dach 2.
It. der steede ind der burgermeister gesinde 2.
It. Henkin des lantsreven boede 2 q.
It. des kunnings boede, van heren Lewen wegen 1 m.
It. deme heren van Grunselt 2.
It. zen winckoiff van den duychen 2 q.
It. unsen heren den scheffenen 2.

Jt. du der rait by eyn was umb
des kunninx ind herren Lewen
wille, 13.
Jt. Peter Blaminck 2 q.
Jt. unſen heren den ſcheffenen,
du ſy in die hacht waren 2.
Jt. heren Mathiſe van Keſſel 2.
Jt. unſen heren den ſcheffenen,
Nycolai, 2.
Jt. der ſteede ind der burgermeiſter
geſinde 2.
Jt. den buven up ſint Clois dach 1.
Jt. heren Gillis van den Wier
cum soc. 2.
Jt. meiſter Arnolt deme ſmede 1.
Jt. unſen heren den ſcheffenen, con-
cepcione Marie 2.
Jt. den werckmeiſteren, concep-
cione 4.
Jt. ze Sterre, concepcione 2.
Jt. der ſteede ind der burgermeiſter
geſinde 2.
Jt. des vvitz bruder van Coelne 2.
Jt. heren Slabbart 2.
Jt. Johanne van Kenswilre.
Jt. den burgermeiſter van ſint Tru-
ben 2, meiſter Ailbert.
Jt. deme kummenduhr van Seirs-
dorp 2.
Jt. heren Statz ind heren Goedart
van Schonauwen 2.
Jt. Sacke van Wiche deme rent-
meiſter 2.
Jt. Reynart van Berge, Arnolt
rentmeiſter 2.

Summa 3 ámen, 23½ veirdel, des
is 3 ámen ze 3 s. ind dat ander
ze 32 d. die quart, ind ain
gelde 7 m. 11 s. 4 d. Summa
zeſamen 115 m. 10 s.

Summa ze ſamen ſo uyſſgeven ſo
geſchencke des ſievenden moyntz
1038 m. ind 12 d.

1383.

Rechnung über die Auslagen des Aachener Contingents bei der Belagerung des Schlosses Zur Dick durch den Landfriedensbund.

Dit is dat wir verzerden ze Guhlche des donrestagis zu avent, du wir zer Dicke wert zogen, anno 83, des veirden dagis in den Bramohnt.

Primo, ain brode, wine, vische, vleische, huhnre, bier 24 m. Betten mait 6 s. ze verdrenken.

It. den perden ze korne ind ze heuwe 16½ m.

It. umb 5 malder even, die man myt dürt 8 m. ind 4 s., van Hesloin ind andern dencke 2 m.

It. ze belzieren 15 m. It. van wine nâ ind van vische, die wir myt uns durten 4 m. 8 s.

It. den gesinde 2 m. It. Mathiis Kassartz pert 10 s.

Summa 73 m. 10 s. des geboert Wilhem zû 2½ m.; dat andere is man ze Guhlche schuldich.

It. des vridagis, zer Dicke, umb kreifz 8 s.

It. des satersdagis umb broyt 18 s.

It. des sondagis, ze Nuhsse, umb vleische 5 m. 4 s. — It. um broit 12 m. — It. Bos umb heringe 9 m. — It. umb eyn tonne biers 26 s. — It. umb even 5 m. — It. van eynen sabel ze voellen 4 s. — It. die mainknecht ind Willem verzerden dâ 2 m. — It. umb huhnre 14 s. — It. umb semelen 8 s. — It. umb bonen ind ertz 6 s. — It. umb eyn loechte 7 s. — It. umb huhnre inther 8 s. — It. umb schuyn den heren 26 s. — It. Quodemoelen 2 s. van peterzillien.

Summa 46 m. 5 s. myt Wilhem 2½ m. ze Guhlche. Des geboert der stede 9 m.

It. des mohndagis, umb huhnre 4½ m. — It. umb eyer 23 s. — It. umb broit van Geladebach 2 m. — It. umb eyn quart dreymbs biers 12 d. — It. heren Mathiis van Stummel 1 m.

Summa 9 m. 6 s. Des geboert der stede 1 m.

It. des bensdagis, umb broit den greveren 6 s. — It. umb foeren 7 s. — It. umb huynre 8 s. — It. umb zwä tonnen biers 4 m. 10 s. — It. umb broit 2½ m.

Summa 9 m. 12 d. Des geboert der stede*) 6 s.

It. des gudisdagis umb broit van Duren 10 m. — It. den wainkneichten, die den zuyn magden 18 s. — It. umb huynre ind duven 3½ m.

Summa 15 m. Des geboert der stede 18 s.

It. des donrisdagis, umb broit 26 s. — It. umb knuyffloich 2 s. — It. umb broit 16 s. — It. umb 5½ ame wiins ind 2 veirdel, die ame 12 m. val. 66 m. 8 s. ind 2 s. — It. der stede piferen van Coellen 2 m.

Summa 72½ m. Des geboert der stede 2 m.

It. in vridage, umb butter 16 s. — It. umb boirven 3 m. — It. umb broit 1 gul. — It. schencten unse heren den van Nuysse, den schutzen ind anderen greveren 4 veirdel ze 32 d. val. 3½ m. 8 d. — It. umb heringe 1 gul. — It. hait Wilhem gelehnt Millis 2 m. — It. umb eynen vleymschen kese 16 s.

Summa 18 m. men 4 d. Des geboert der stede 8 m. 11 s. 2 d.

It. des satersdagis, umb broit 4 m. — It. umb eyer 10½ s. — It. umb zwey render ze Nuysse 41 m. 10½ s. — It. umb saltze 2 m. — It. umb poete 8 s. — It. umb holschuyn 6 s. — It. umb vlicken 12 m. 18 d. — It. umb eynen spado 1 m. — It. dat gesinde verzerde ze Nuysse 1 m. — It. umb eynen kramp ain die hameide 4 s. — It. umb eyn tonne biers 28 s. It. den meichden, die die pletzer schoin magden 2 s.

Summa 49 m. 10½ s. Des geboert der stede 16 s.

It. des sondagis, umb broit 3 gul., umb huynre 12 s. — It. Duecke umb eynen korff 10 s. It. umb huynre 10 s. — It. umb huynre 13 s. — It. umb huynre 12 s. — It. umb huynre 27½ s. —

---

*) Für diese Worte, die nur die beiden vorhergehenden Male ganz ausgeschrieben sind, steht in der Rechnung das Zeichen ☩, oder „des geboert ☩, oder „des ☩, oder „der ☩, welches Zeichen also Stadt bedeutet.

Jt. umb hůhnre ind umb kirsen 15 s. — Jt. umb hůhnre 27 s. — Jt. umb 8 schoiff 7½ gul. — Jt. Reynart van Moerke umb schuyn 7 s. — Jt. umb eyn tonne biers 28 s. — Jt. umb hůhnre 10 s. dit was allit, du die gesellen gemeynlich int die schutzen myt uns aissen.

Summa 49 m. 8 s. 9 d.

Jt. des maindagis, umb broit 6 m. — Jt. umb bier 28 s. — Jt. umb gense 2 m. — Jt. heren Reynart umb eynen kesselhuyt 3 m. 8 s. — Jt. van zwen boeren 2 quart. — Jt. her Heynrich gaff up die warde 2 quart. — Jt. Rickolff schende den gesellen 2 quart int Koels her. — Jt. umb milche 12 d. — Jt. umb keirssen 12 d. — Jt. deme cleynen senger 3 s. — Jt. den piferen, den dreymden 6 s.

Summa 16½ m. 4 d. Des geboert der stede 20 s. 4 d.

Jt. des densdagis, umb broit 2 m. — Jt. umb zweyn hemel 5 m. 8 s. — Jt. umb 1 quart biers 12 d. — Je. heren H. 4 s. deme senger. — Jt. umb broit 1 m. — Jt. umb 1 tonne biers 28 s. — Jt. umb broit van Nuysse 1 m. — Jt. den piferen uns heren van Gülche 2 gul.

Summa 19 m. 2 s. Des geboert der stede 7 m. 12 d.

Jt. des gudisdagis, umb broit van Duren 10 m. 18 d. — Jt. des herzogen kneicht, de den stoer braicht 1 m. — Jt. umb eyn tonne biers 28 s. — Jt. umb eynen vleymschen kese 19 s. — Jt. deme selven umb broit 4 m. 2 d. — Jt. unff heren bode van Coellen brait wilbret 1 m. — Jt. den gesind schuyn ze lappen 7 s. — Jt. umb hůhnre 6 s. — Jt. Quecke schende heren Arnolt van Hunpel 2 quart. Jt. Peter mynen kneicht 2 s.

Summa 21 m. 9 s. Des geboert der stede 5 s. 4 d.

Jt. des donrisdagis, umb eyn tonne biers 28 s. — Jt. umb eyer 2 m. — Jt. umb knuyffloich 12 d. — Jt. umb broit 2 m. — Jt. des buschoffs piferen van Coellen 3 gul.

Summa 16 m. 7 s. Des geboert der stede 10 m. 18 d.

Jt. des vridagis umb broit 2½ m. — Jt. umb eyn tonne biers 28 s. — Jt. umb salme 5 m. — Jt. umb bresemen 3 m. — Jt. umb eynen sacke 2 s. — Jt. umb kirsen 2 s. — Jt. mir umb schuyn

7 s. — It. Wiltin umb schuyn 6 s. — It. den greveren 1 m.

Summa 15 m. 3 s. Des geboeret der stede 1 m.

It. des satersdagis umb eyer, muys, peterzilie 9½ s. — It. umb bresemen 1 m. — It. umb broit 4 m. — It. deme kuchenkneit umb schuyn 8 s. — It. umb huynre 15 s. — It. den dreymden Menrebruderen 3 quart.

Summa 8 m. 4½ s.

It. des sondagis umb broit 7 m., vur Johannis. — It. umb huynre 13 s. 2 d. — It. umb essich 16½ s. — It. umb eyer int knuyffloich 12 d. — It. umb eyn tonne biers 28 s. — It. Sylman ze Nuysse 4 s. — It. des buschofs boede van Coellen braicht wilbret 8 s. — It. des herzogen boede van Guylche braicht wilbret 6 s. — It. van der kneichte schuyn ze lappen 4 s. — It. Ar. Kikemenoell was zu Waichtenducke 8 s. — It. umb leeder zen pauwelune, de brach 1 m.

Summa 15 m. 4 s. 8 d. Des geboert der stede 20 s.

It. des mondagis umb broit 2 m. — It. umb bonen ind van weschen dwelen ind cleidern 6 s. — It. Quecke ind Wilhem schenden 2 quart.

Summa 3 m. men 8 d. Des geboert der stede 4 d.

It. des densdagis, vigilia Johannis umb broit 29 s. — It. umb eyn tonne biers 29 s. — It. umb bresemen 5 m. — It. umb butter, kese, eyer, 17 s. 4 d. — It. umb eyer 3 s. kuduc rome. — It. Quecke reit zu Nuysse umb provancie, umb vische 3½ m. 2 s. — It. umb 4 quarten oyleys 1 m. — It. umb kannen 5 s. — It. umb unloich 3 s. — It. umb mustert 9 s. — It. den wiin ze vergieren, ze laden ind uyff ze trecken 9 s. — It. umb eyn moete 3 s. — It. umb eynen roskamp 2 s. — It. zer kost, die Quec verzerde 12 s. — It. umb 3½ ame wiins, die ame 15 m., men 3 veirdel, dat. kumpt up 51 m. 7½ s. — It. heren Schenartz piferen van Hemersbach 1 gul. — It. heren Lutzen piferen van Landauwe 1 gul. — It. umb even 26 s. 4 d.

Summa 80 m. 3 s. 2 d. Des geboert der stede 6 m. 9 s.

Jt. des gudisdagis, up sint Johans dach, umb broit 8 m. — Jt. umb zwä tonnen biers 4 m. 10 s. — Jt. umb muyss 12 d. — Jt. umb eyn sloffe ind kremp zu der hameyden 3 m. — Jt. den kneichten, die die pert bewarden 3 s. — Jt. umb kirsen 2 s. — Jt. umb bonen 4 s.

Summa 16 m. 8 s. Des geboert der stede 3 m.

Jt. des donrisdagis, umb gense 6 s. — Jt. Quecke ind Wilhem umb hoesen 6 m. — Jt. umb schuyn 14 s. — Jt. umb eyn hulzen horn 2 s. — Jt. umb zwa geleyen 14 s. — Jt. umb broit 3 m. — Jt. umb oister bier 2 s. — Jt. du Gerart geschossen was ind uyss ginge 1 veirdel. — Jt. eyn tonne biers 29 s.

Summa 15 m. 5 s. 8 d. Des geboert der stede 26 s. 8 d.

Jt. des vridagis, umb broit 2 m. — Jt. umb eyer ind kese 18 s. — Jt. umb opley 4 s. — Jt. umb eyer 15 s. 4 d. — Jt. broit 4 s. — Jt. kirsen 2 s. — Jt. den harneschmecher 12 d. — Jt. umb 2 tonnen biers 5 m. men 2 s. — Jt. Kremer ze verbrenken, van gelaseren 6 s.

Summa 11 m. 4 d.

Jt. des satersdagis, umb eyer, butter 21 s. — Jt. umb heringe 6 s. — Jt. umb koerne, peterzilie, leffel 8 s. — Jt. umb eynen emmer ind seil 1 m. — Jt. umb rugen broit 5 m. — Jt. umb garne 12 d. — Jt. umb wise ruben 16 d. — Jt. die junfrauwen mait ze verbrenken 6 s., van kesen. — Jt. der wescherfen 2 s. — Jt. umb eynen vleymschen kese 34 s. 8 d.

Summa 12 m. 8 s. Des geboert der stede 1 m.

Jt. des sondagis, umb broit 7 m. Du aissen die gesworen myt unsen heren. — Jt. umb vische 6 m. — Jt. umb schuttelen ind poete 2 m. — Jt. umb 5 gense 18 s. 4 d. — Jt. heren Gerart sone van sint Arwilre 2 quart. — Jt. Millis 4 s. — Jt. heren Reynartz ind heren Heynrich renneren umb schuyn 11 s. — Jt. umb zwa ganspannen 7 s. — Jt. umb ruggen broit 2 m. — Jt. deme sprucher Wendekare ind den sengeren 16 s. — Jt. umb eyer, mylche, bonen, muys 11 s. — Jt. umb 13 huynre 2 m. — Jt. umb zwa geleyen 16 s. — Jt. 1 tonne biers 29 s.

Summa 26 m. 4 s. 8 d. Des geboert der stede 3 m. 5 s. 4 d.

Jt. des mohndagis umb broit 3 m. — Jt. umb eyer 4 s. — Jt. umb essich 6 s. — Jt. umb 1 tonne biers 29 s. — Jt. des herzogen koch brait wilbret 8 s. — Jt. Jacob, de Clois pert heym leite 1 m. — Jt. man schende den meister, de die steyn heut, 1 quart.

Summa 8 m. 20 d. Des geboert der stede 1 m.

Jt. des densdagis umb broht 3 m. — Jt. umb 1 tonne biers 29 s. — Jt. koerfmecher van zachen 4 s. — Jt. den pifer myt eynre hant 6 s. — Jt. Roberchiin umb eynen yseren hammer ind yser 21 s. — Jt. Quecke, du hee ze Bruch was 1 quart.

Summa 8 m. 3 s. Der stede 34 s.

Jt. des gudisdagis umb broit 2 m. — Jt. umb eyn tonne biers 29 s. — Jt. umb 14 schoiff ze 30 s. val. 35 m. — Jt. umb broit van Duren 12 m. — Jt. umb wailberen ind bonen 3 s. — Jt. umb eyer 3 s.

Summa 51 m. 11 s.

Jt. des donrisdagis umb 1 tonne biers 29 s. — Jt. umb 14 huhnre 28 s. — Jt. umb zwey summeren ertze van Duren 2 m. — Jt. deme barbier 4 s. — Jt. umb saltz 2 s. — Jt. Quecke ind ich schenken 1 veirdel. — Jt. du man die blide up reichtit, unsen schutzen 3 veirdel.

Summa 10 m. 7 s. 8 d. Der stede 3½ m. 8 d.

Jt. des vridagis umb zweyn salmen 9 m. — Jt. umb mehvische 3 m. — Jt. den greveren 4 s. ze verdrenken. — Jt. umb eyer 1 m. — Jt. umb 2 quart vesfeilchs biers 2 s. — Jt. Wilkin vur ze Coellen umb wiin 1 m. — Jt. Longen van sinen schuhnen ze lappen 2½ s. — Jt. umb eyn tonne biers 29 s. — Jt. umb eyn veirdel stockvische ze Coellen, valent 15 m.

Summa 32 m. 18 d. Der stede 4 s.

Jt. des satersdagis umb ruggen broit 2 m. — Jt. umb eyn tonne biers 29 s. — Jt. umb eyer 15 s. — Jt. umb butter 7½ s. — Jt. umb peterzilie, unloich 8 s. — Jt. mynen kneichten van henschen up ze sloin 20 s. — Jt. Queck was ze Nuysse umb 5½ ame men 2 veirdel wiins, die ame 16 m. dat macht 86 m. 8 s. — Jt. ze kost, ze laden, ze virgieren 1 m. — Jt. umb blicken 7 m. 8 s. — Jt. sy verzerden 28 s. — Jt. umb even 8 m. 5 s. — Jt. umb 1 tonne biers 29 s.

Summa 117 m. 18 d.

Jt. des sondagis umb broit 12 m. — Jt. umb huhnre 11 s. 8 d. — Jt. 3 tonnen biers 7 m. 3 s. — Kunnixberch, deme eralde, 2 gul. — Jt. umb kirsen 2 s. — Jt. Hehnen mynen kneicht 8 s. umb 1 par schuhn.

Summa 27 m. 9 s. 8 d. Der stede 6 m. 9 s.

Jt. des mohndagis, des herzogen piferen van den Berge 2 gul. — Jt. umb snüche 2 m. — Jt. umb eyer 6 s. — Jt. umb Got 2 s. — Jt. umb huhnre 2 m.

Summa 11 m. 5 s. Der stede 6 m. 9 s.

Jt. des densdagis, umb gelaser 5 s. — Jt. umb dreymde bier 2 s. Eren Danel dedit. — Jt. heren Herman Huhns gesinde ind des rentmeisters 2 quart. — Jt. den schutzen 2 veirdel, du Petchiin geschossen was.

Summa 3 m. 4 d. Der stede 29 s. 4 d.

Jt. des gudisdagis, umb broit 7 m. — Jt. umb beren ind knuhfloich 4 s. — Jt. umb syde 12 d. — Jt. umb 1 tonne biers 29 s. — Jt. umb offer 2 s.

Summa 10 m.

Jt. des donrisdagis, umb 1 tonne biers 29 s. — Jt. du Spalier zAchen vur 11 s. — Jt. umb essich 16½ s.

Summa 4 m. 8½ s.

Jt. des vridagis, umb broit 2 m. — Jt. salme 4 m. — Jt. umb heringe 16 s. — Jt. umb barven 2 m. — Jt. umb ohley 1 m. — Jt. umb 2 par holschuhn 4 s. — Jt. umb broit 18 m.

Summa 28 m. 8 s.

Jt. des satersdagis, umb eyn tonne biers 29 s. — Jt. umb heringe 14 s. — Jt. umb muhs 3 s. 4 d. — Jt. umb kese 13 s. — Jt. umb eyer 10 s. — Jt. umb huhnre 17 s.

Summa 7 m. 2 s. 4 d.

Jt. des sondagis, umb aintvogel 20 s. — Jt. umb duven 5½ s. — Jt. Clein Wilkin 2 s., du he heym reit. — Jt. umb eyer ind peterzilie 7 s. — Jt. den vreynden piferen 6 s. — Jt. Quodemoelen umb hoefen 7½ s. — Jt. Poetenyer umb schuyn 8 s. — Jt. heren Heynrich kneichten umb schuyn 20 s.

Summa 6 m. 4 s. Der stede 6 s.

Jt. des mohndagis umb zwä tonnen biers 4 m. 10 s. — Jt. van weschen 4 s. — Jt. ich schende ewech 2 quart val. 8 s.

Summa 5 m. 10 s. Der stede 8 s.

Jt. des densdagis umb broit 3 m. — Jt. umb huynre 3 m. — Jt. Duecke braicht van Duren zwä ämen wiins ind 4 veirbel, die äme 22 m. Sum. 47½ m. Jt. umb ze laden, uyss zebuyn 7 s., voelwin 8 s. — Jt. umb 9 malder even 17 m. 3 s. — Jt. sy verzerden 2 m. — Jt. van den stockvische ze vuren van Coellen 4 s. — Jt. van erbenen duppen 2 s. — Jt. van der greveren wegen dat sy verdrunken 6 s.

Summa 75 m. Der stede 6 s.

Jt. des gudisdagis, umb milche 12 d. — Jt. des herzogen kneicht braicht wilbret 6 s. — Jt. umb deme smede van Beynchiins hamer ze schirpen ind van eynen loen 6 s. — Jt. umb beren ind prumen 12 d. — Jt. umb eynen roskamp mir 2 s. — Jt. Poetenyer 12 d. Jt. umb eyer 3 s. — Jt. umb 1 tonne biers 29 s.

Summa 4 m. 12 d. Der stede 6 s.

Jt. des donrisdagis, umb eyn tonne biers 32 s. — Jt. den greveren van Luytche 1 m. — Jt. Cleyn Wilkin verdede myt sinen perde 4 s. — Jt. Geirkin heren Reynartz kneicht, du hee die mere zAlichen braicht van deme huis 6 s. — Jt. umb broit 6 m. — Jt. van den bussen wain ze smeren ind ze benden 8 s. — Jt. den viedeleren 6 s. — Jt. Roederchiin 2 quart.

Summa 12 m. 16 d. Der stede 31 s. 4 d.

Jt. des vridagis, umb queck 2 s. — Jt. umb broit 5 m. — Jt. umb 1 tonne biers 29 s. — Jt. umb salme 4 m. — Jt. umb bresemen, vuhl 2 m. — It. umb butter 6 s. — It. umb snůche 6 s. — It. umb eyer 7 s. — It. Wilkin 4 s.

Summa 15 m. 7 s.

It. des satersdagis, umb butter, peterzilie, 10 s. — It. umb lese den gesinde 6 s. — It. umb barven 26 s. — It. umb eyer 10 s. — It. umb 1 tonne biers 29 s. — It. umb buven 9 s.

Summa 16 m. 8 s.

It. des sondagis, umb eyer 3 s. — It. Rey. van Moerke 4 s. — It. Proist Schunman van 1 hase 4 s. — It. wir habben ze Nuysse 2 m. — It. ze Lietber 6 s. — It. umb Got 4 s. ich ind Gůebbekin. It. des moyndagis ze Kiringen den perden 32 s. — It. der wirbinnen 1 m. — It. der mait 3 s. — It. ze Titze van deme rade 3 m.

Summa 7 m. 8 s. ind 3 m. van den wain. Der stede 3 m.

Summa 1107 m. 19 d. Coels; habuit van mir ind van Mathise 856 m. 6 d. Alsus gebricht Wilhem noch 251 m. 13 d. Coels.

Darauf folgt noch, was eigentlich voraufgehen sollte:

Dit habbe man zAichen e wir uyss vuren, dat was anno 83, des veirben dagis in Junio.

Primo, umb 3 mudde broitz val. 16½ m.

It. widder heren Gerart Lewen 4 ámen men 7 veirbel wiis wiins.

It. widder heren Gerart vurschreven 2 ámen men 2 veirbel roitz wiins, dat kost summa 157 m. 8 s.

It. widder Mathiis van Berlsberch 2½ áme wiis wiins, dat kost 69 m. 7 s.

It. 4 tonnen biers 16 m., vur die tonnen 4 m.

It. eynen halven oisse 24 m. — It. 4 hemel 14 m. — It. zwá vlicken, wegen 83 ₰, den zendneir 14 m. sum. 11½ m. 4 d.

It. zweyn schenken, kosten 2½ m. — It. 6 stockvische umb 5 m. — It. umb kese 4 m.

It. umb huynre 4 m. — It. umb butter 21 s. — It. umb 2½ quart oyleys 17½ s.

It. umb ½ sacke saltz 3½ m. 2 s. — It. umb 2 summeren ertze 22 s.

It. schuttelen, plateille, leffel 4½ m. — It. poete ind kannen 2½ m.

Jt. umb vleischtonnen esslchlegelchin, emmer, die wünlegelen ze gelden ze benden, ze spulen. Sum. 11 m. 5 s. den cleynen Goedart.

Jt. umb 9 ℔ waissterzen, it. brait Koerffmecher 2 ℔ cleynre waisterzen val. 15 m.

5 Jt. unsloich 6 s. — Jt. umb müstart 10 s. — Jt. umb 4 secke 3 m. 4 s.

Jt. umb papier 3 s. — Jt. die kogelen ze machen 2 m.

Jt. zwey punt spiiskruyt 8 m. — Jt. eyn ℔ trogien, eyn ℔ anyskonfeckt 8 m.

10 Jt. Kirioin eynen pefferbuch 6 s. — Jt. Spalier ind Puytzchin 4 m.

Jt. den kneichten, die dat vleische brugen 4 s. — Jt. umb nüsse 4 s.

Jt. Wilhem loist eynen wain vur 1 m. — Jt. umb zwä loechten 1 m. 9 s.

Jt. umb seile, die man zAichen hadde, ind sent komen sint. — Jt. umb
15 4 slosse.

Jt. uns dren ain seylen 17 m. 9 s. 2 d.

Jt. dat duche van den kogelen kost 22 m. Jt. 2 m.

> Summa 441½ m. Summa totalis zAichen genomen vur ind nä, so Queck, so Spalier 612 m. 11 s. 4 d. Eysche.

20

> Alsus blyft man Wilhem schuldich van allen sachen, it sy vur die Dicke verzert ind van Aichen brait 884 m. 11½ s. Eysche. Jt. is verzert zu Guylche naderhant 10 m.

25 **Ferner enthält die Rechnung noch folgende Notizen:**

Dit galt Quecke zaichen des sondagis vur sint Johans dach, dat is man noch da schuldich.

Primo, umb eyn rent 42 m. — Jt. umb dri verken 12½ m.

30 Jt. umb zwey verken 9 m. — Jt. umb papier 5 s. — Jt. umb 2 ℔ spise-kruyt 8 m.

Jt. umb saltz 3 m. 4 s. — Jt. umb knuyffsloich 4 s. — Jt. umb hant-kese 2 m.

Jt. die verken ze sloin 8 s. — Jt. umb 2 summer ertz 2½ m.

35 Jt. du Quecke eirstwerff quam, du verzerden Jacob ind die gesellen 4½ m.

Jt. du hee was heym umb vitalien, dn verzerde hee ind die gesellen 18 s.

> Summa 86 m. 9 s., des geit der steebe ain. (4 m. 11 s.)

Jt. was Spalier gesant zAichen umb vitalie des vribagis vur sint Margreten dach, du braich hee banne.

Jt. eynen visse kostit 8 dubel. — Jt. 3 verken kosten 15 m. — Jt 2 ℔ spisekrutz vur 8 m. — Jt. smaltze 33 s. — Jt. 2 summeren ertz 2½ m.

Jt. hantkese 3 m. men 32 d. — Jt. schuttelen ind troege 29 s., legelen 19 s.

Jt. umb unloich 8 s., Spalier 1 m.

Summa 84 m. 8 s. 4 d.

1385.

Rechnung über die Auslagen des Aachener Contingents bei der Belagerung des Schlosses Reiferscheib durch den Landfriedensbund.

Auf der Außenseite der Rolle stehen als Aufschrift die Worte:
Ditz die cost der uyssvart van Rüfferscheit.

Anno Domini 1380 quinto Laurencii under heren Johanne van Punt inb heren Heynrich van der Linden .. die cost der uyssvart van Rüfferscheit.

Primo, du man die blibe up sluych in der burger gras, rechent meister Proffioin umb holtz 32 m. 10 s.

Item 12 gesellen zymmerluben yber 5 dage ze 10 s. inb Proffioin ze 12 s. val. 51 m. 8 s.

It. die blibe du ze stunt affzeleegen inb ze laben up die wane, 12 zimmerluben eynen dach, yber ze 12 s. val. 12 m. inb wibber aff zu leegen inb in zu legen 12 m.

Dyt sint die gemyede wain, die die blibe vurden inb anber gereybe.

Primo, Clois Kuynzenneir, 10 dage so dar zu varen, so dat hee da lach myt 4 perden, des dages yber perde 12 s. val. 40 m.

It. Heyn Loybwich myt 4 perden 10 dage, yber perbe des dagis 12 s. val. 40 m.

It. Pauwele van Scherberch 10 dage myt 4 perben, summa 40 m.

It. Henkin up den Saltzmart cum confociis, 10 dage myt 4 perben, sum. 40 m.

It. Henkin Uben son cum fociis, 10 dage myt 4 perben, sum. 40 m.

It. Arnoltz kneicht van der Wagen, 10 dage mit zwen perben, sum. 20 m.

It. Johan Giirs inb Clois in der Tempeleir hoff, 10 dage myt 5 perben, snm. 50 m.

Dat sint die gemyede wain van inbutyssen.

Jt. Erkin Bremchin cum sociis, 11 dage myt 4 perden, sum. 44 m.
Jt. Thiis Deverlenter, 11 dage, myt 5 perden, ze 4½ m., sum. 61 m. 10½ s.*)
5 Jt. Welter Dutyster van Oepen, 11 dage myt 4 perden, sum. 44 m.
Jt. Leonart van Oepen, 11 dage myt 4 perden, sum. 44 m.
Jt. Henkin Leonartz bruder, 11 dage myt 5 perden, sum. 55 m.
Jt. Dummois van Oepen, de den swingel vurt, 11 dage mit 6 perden, deme perde 16 s. inb 1½ gulben ze verbrenken, sum. 93 m. 6 s.**)
10 Jt. Henkin Legbart van Gulpen, 11 dage myt 4 perden, deme perde 14 s. des dagis, sum. 51 m. 4 s.
Jt. Welter Taken son van Oepen 11 dage myt 4 perden, des dagis den perden 4½ m., dat macht zusammen 49 m. 6 s.
  Summa der wane vursc . . (Die Zahl fehlt.)
15
  Dit sint die zymmergesellen, die mit proffioin waren.

Primo, Proffioin sich zwelffsterum gaff man zu pantquitingen inb uprustigen den 11 manlich 2 m., macht 22 m. inb Proffioin dubel val. 4 m.
20 Jt. hebben sy zu solbe manlich des dagis 12 s. inb meister Proffioin dubel, inb sy waren uyss 67 dage, inb Proffioins kneicht inb pert des dagis 12 s., dat macht zusamen 938 m. inb Prumeren quam heym, nam man eynen andern in sine stat. Item gaff man Proffioin zu verbrenken inb vur syn pert 31 m.
25 Jt. meister Tielman was da sich zienbrum, mer hee bleiff sich veirdrum dá den leger uyss 67 dage, gaff man eme des dagis 12 s. inb den anderen dren manlich des dagis 8 s., inb waren alle in der burgermeister kost; inb die ander 6 waren uyss 35 dage, des gaff man en des dagis 8 s. inb waren in der burgermeister kost, dat macht zusamen (Zahl fehlt, sie ist 341 m.)
30
Jt. verzerben sy, e sy quemen in den leeger 8 m.
Jt. gaff man meister Tielman zu verbrenken 5 m.
  Summa zusamen meister Tielman inb sinen gesellen 354 m.

---

35 *) Damit die Summe richtig herauskomme, haben wir die Angabe dahin zu verstehen, daß für 4 Pferde, wie dieses auch in der letzten Position bei Welter Taken son vorkommt, 4½ m. täglich bezahlt worden, also für 5 Pferde 5⅝ m.
**) Damit die Summe richtig sei, muß hier der Gulden zu 44 Schill. genommen werden.

Jt. bri par seeger, waren uhss 35 dage, gaff man yber manne 8 s. des bagis inb sy verzeirben, e sy in ben leeger quemen 4½ m., sum. 144 m. 6 s., inb sy waren in ber burgermeister kost.

Jt. meister Johan zielbecker sich veirbrum manlich 67 bage yber bes bagis eyn m., vl. 268 m.

Jt. zwen operkneichten, die eme zu behorten, Scholtus son inb Mespeltorff, manlich 43 bage, bes bagis 6 s. manlich, bat macht 43 m.

Jt. Henkin Rutten soene inb sinen kneicht, waren uhss 67 dage, bes bagis eyn beyben zu samen 20 s., inb sy waren in ber burgermeister kost, inb sy verzerben, e sy in ben leeger quemen by unse heeren, 3 gulb., sum. samen 122 m. 11 s.

Jt. gaff man Arnolt Rutten soene zu verbrenken, want hee veil wort bu siin bruber geschossen was 8 m.

Jt. Brunbe beme zymmerman ze verbrenken 8 m., umb bat hee birslich wort bu sine gesellen gequat inb geschossen waren.

Jt. Roeberchiin ehrstwerff, ee man uhssuur umb leebern secke, linbenholtz zinen, ba man man bat kruyt in magbe, inb ben kneichten, bie hulpen bat kruyt machen, bat kost samen 34 m. 8 s.

Jt. bu Roeberchiin eirstwerff heym quam myt ben 4 wanen myt 16 perben, verzerbe hee myt ben wanen so up ben wege, so hie heym, sy waren uhss 5 bage, inb anber gerebe bat hee galt inb myt sich vurt 59 m. 6 s.

Jt. bu Roeberchiin lestwerff heym quam me krutz machen inb bie lunen magbe, galt hee gereitschaff inb loynbe ben kneichten, bie eme hulpen, inb bat hee galt zu Rüfferscheit buyssensteine, piile, bli zu schiessen, smebe kolen, inb bie kost eme inb sinen kneichten bie ziit, macht zusamen 57 m. 2 s.

Jt. sinen kneicht zu loyn, so zu verbrenken 33 m. 4 s.

Jt. van wympelen zu machen inb zu moelen inb schilben up bie tenten inb up bie wane ber schutzer, ber solbeneir, ber vitalien, ber werke 15 m. 4 s.

Jt. zen nuwen wympelen inb nuwer banyren umb synbail, sybe inb machen 31 m.

Jt. umb wayskerzen inb torthise inb umb trogie, anys inb anber gerehbe 41½ m.

Jt. umb unselzkerzen 12 m.

Summa 3049 m. 7½ s. Eysche, macht an golbe 813 gulben 10½ s., ze 45 s. ben gulben.

Breymden pyfferen ind eralden.

Primo, Kunnixberg 2 guld.

It. des buschoffs piifferen van Coelne, 4 guld.

It. syme eralde 1 gul.

⁵ It. des buschoffs piifferen van Luytche 3 gul., syme eralbe 1 gul.

It. der heren piifferen van der Sleyden 2 gul. It. des greven piifferen van Blankenheym 2 gul.

It. des heren van Gronselt 2 gul. It. der stat piifferen van Coelne 2 gul.

¹⁰ It. den piifferen van Straysburg 2 gul. It. des heren van Sarwoerten 2 gul.

It. des heren piifferen van Schoinvorst 2 gul. It. heren Poten piifferen 2 gul.

It. heren Scheynartz piifferen 2 gul. It. eym vreymden eralbe 1 gul.

¹⁵ It. Quiist des herzogen koche van Guylche 1 gul. It. Sweisse ind deme kemmerlinge 2 gul.

It. des herzogen piiferen van den Berge 3 gul.

It. deme gecke van Coelne 12 s. It. deme gecke van Luytche 12 s.

It. heren Mathiis van Stummel 2 m.

²⁰   Den Ertzittern.

Primo, Johanne van Koettingen 10 gul. ind vur Rüfferscheit 3 gul. ind sinen kneichte 1 gul.

It. meister Johanne van Luytche 10 gul. ind vur Rüfferscheid 3 gul. ind
²⁵ synen kneichte 1 gul.

It. Gruyn, deme wecher, eynen alden schilt, vl. 4 m. 9 s.

It. Steven, meister Tielmans knechte, 16 m.

It. meister Thefe deme sabeleir van seebelen, gegurbe, rimen, halteren 46 m.

³⁰ It. umb yser da gegolden zer schmitten 8 gul. ind 17 s. vl. 31 m. 5 s.

It. umb coelen zer smytten, ind um colen unsen heren in yr huys 7½ gul. vl. 28 m. 18 d.

It. umb bly zen buyssen 5 gul. et 3 m.

It. Mathiis Kassartz doit kostit 3 gul. vl. 11 m. 3 s.

³⁵ It. unse gesellen verzerden zu Monyauwen du die oissen genomen waren 2 gul. 2 s. vl. 7 m. 8 s.

It. gaff man vur eyn kú 2 gul. val. 7½ m.

It. dem bubenkunnynge umb schuyn ind sinen gesellen 1 gul. val. 45 s.

It. Herman van Calbe 4 m. 4 s.

It. van boede loin, van Rüfferſch. geſant in allenthalven 8 gul. 4 s.
It. her Kerſtioin leynde 1 gul. zu Nybeggen up der burch val. 45 s.
It. deme poerzeneir up Rüfferſch. 2 m. Coels v. 26 s.
It. umb ſecke ind ſeil ze Duren genomen 3 gul. ind 1 m.
5 It. van wagenen ze machen ind geſchire vur ind nå, leyberen, ayſſen, zu Blatten, hie heym. It. van eynen wain nů bezailt 44 m.
It. du Jacob Geldoff vur reit zer Wiben myt ben gezauwen 2 gulb. vl. 7 1/2 m.
It. des naichtz die koſt zer Wiben ben wainluben 9 m. 3 s. Eyſche.
It. habbe man umb ſeil beyde keynſſen, linden ind vurzichſeil zen ſlingen,
10 breibel ind ain den tenten, bliben 104 m. Eyſche.
It. meiſter Rutten umb yſeren werck zer bliben, buyſſen ind tenten 43 m. 4 s. Eyſche.
It. miebe man 2 pert 3 dage du man heym quam vur 7 1/2 m. Coels vl. 8 m. 18 d.
15 It. umb buyche zu kogelen unſen heren ind yren geſellen ind geſinde, koch ind kelner 42 m.
It. die Walen van Lüytche van yren wercke ind graven 157 gul. vl. 588 m. 9 s.
It. die in den wercke drugen dach ind nacht biwilen 6, biwilen 4, die
20 habden 64 m. Coels ind waren in der burgermeiſter koſt vl. 69 m. 4 s.
It. die buſcher du man bat ſteckate magbe ind die hoerbe umbt huys ind boeme ze vellen 8 van Monyauwen ind 8 van Depen ind ander, die wir by uns habben, die eyne quomen die ander gingen, ſo ze 5 s.,
25 ſo ze 4 s. ſumma 92 m. Coels, ind waren in der burgermeiſter koſt vl. 99 m. 8 s.
It. du man des buſchoffs huys magbe vur unſen her, du waren die vurlude, die dat holtz vurten, wail 60 wain ind up den buyſche hoelben ind aint huys vurten, nomen ain Jo. van den buyſche, des man nyet
30 geheiſchen in kůnde, 30 m. 10 1/2 s. Coels vl. 33 m. 4 1/2 s.
It. koſten die blibeſteyne ind buyſſenſteyne, ber was blibeſteyne 280, ind buſſen 109, koſten zu brechen dat ſtuc 3 s. ind zu rumen ſumma 97 m. 3 s. Coels vl. 105 m. 4 s.
It. Wilkin be ſiin gelt verlois 1 gul. val. 45 s.
35 It. koſten die blibeſteyne ind buyſſenſteyne zu Duren van Nybeggen zu Ryfferſch. alwege 9 ſteyne 7 m. Coels, ſumma 302 m. 4 s. Coels vl. 90 gul. 26 s. vl. ayn Eyſchen gelde 310 m.
It. gaff man Frambach 6 gul., du man van Krige reichtit, der her Kerſtioin vl. 22 1/2 m.

Jt. Thiis van der Kalber Herbergen gaff man eynen gulden, de en vienge.

Jt. die gesellen, die dar gereeden waren lagen uhff eyn naicht, verzerden dá 17 m. Coels vl. 18 m. 5 s.

Jt. du man den swingel heym braicht, den vurt Syepchiin, du myede man pert ind hailbe wale 40 mans zu Monhauwen, verzerden ind dat man Sypchin gaff 6 gul. samen. vl. 22½ m.

Jt. van Henkin Rutten soene heym zu vuren 1 gul. vl. 45 s.

Jt. die ander siechen heym zu vuren 7½ m. Coels vl. 9 m. 18 denar.

Jt. van den schaben, den die wain daben boven Monhauwe 5 m. Coels vl. 5 m. 5 s.

Jt. Roederchiins gezauwe ind Jo. zielbeckers ind die blibesteyne heym zu vuren van Monhauwen 21 m. Coels. vl. 22 m. 9 s.

Jt. umb siwoit ind koerve van heime gesant zu dragen int wercke 9 m. 10 s. Ehsche.

Dit gaff man unsen heren gesinde ze verdrenken, die en dienden.

Primo, den zwen Menrebruderen manlich 12 m. dat 24 m.

Jt. Quecken 32 m. Jt. Wilhem 32 m. Jt. Meister Kirioin 40 m. Jt. Cleyn Wilkiin, de den wiin bewarde 16 m. Jt. Henkin van Coelne 16 m. Jt. Puhzchiin ind Henkin Spede 32 m. Jt. Spalier ind vur siin pert 28 m. Jt. Peter der steede kneicht 12 m.

Jt. Henkin der boede 10 m. Jt. Jacob der porzeneir 8 m. Jt. Quinsel den underkoch 5 m.

Jt. deme buvenkunninge 6 m. Jt. deme stoecker 5 m. Jt. Bertolff deme huhffsmede 12 m.

Jt. Geirkiin Stiil 10 m. Jt. Kuynchin deme marschalc 12 m. Jt. Siipchiin 25 m.

Jt. Ywain Wilhem kneicht 10 m. Jt. Bliin der sparenmecher 8 m. Jt. Wynmer 6½ m.

Jt. Cloyschiin up den sal 5 m. Jt. Millis van Dirsberch 11 m. Jt. Gerard Boeckel 7 m.

Jt. den 8 inthaldenen gesinde zu uprustingen manlich 2 m. vl. 16 m.

Jt. van den piiffer perden, der was 4, yber perde 6 m. vl. 24 m.

Jt. den perden umb vuder 7 s.

Jt. den piifferen zwen unsen piifferen manlich 7 gul. macht 14 gul.

Jt. den zwen trumperen manlich 7 gul. macht 14 gul.

Jt. den selven umb hoesen an meister Wilhem 6 m. 3 s.

    Summa 2634 m. 7 s. Ehsche vl. 702½ gul. 2½ s. ze 45 s. den gul.

Dit sint die geleyen die vur Rüfferscheit waren under heren Jo. ind heren Heynr. anno 85 Laurencii.

Primo, her Johan van Punt habbe 3 geleyen myt 6 perden.

It. her Arnolt Volmer 3 geleyen myt 6 perden.

5 It. Jakob Coliin schriver eyn geley myt 2 perden.

It. Mathiis Kassart eyn geley myt 3 perden.

It. Gerard, heren Heinrich kneicht eyn geley myt zwen perden.

It. her Kerstioin van den Kanel 3 geleyen myt 6 perden.

It. her Volmer zwa geleyen myt 5 perden.

10 It. her Kuyn van Punt 2 geleyen myt 4 perden.

It. Kuyn Volmer zwa geleyen myt 5 perden.

It. Andries van Wiis zwa geleyen myt 4 perden.

It. Peter van den Bucke eyn geley myt dren perden.

It. Jakob Coliin, heren Rickolffs son, eyn geley myt 3 perden.

15 It. Johan van Berlsberch eyn geley myt 3 perden.

It. Lambret Bucke butyssen Punt eyn geley myt 3 perden.

It. Kerstioin van Eckenrabe eyn geley myt 3 perden.

It. Gerard van Wilre eyn geley myt 3 perden.

It. Jakob Kinnenburg eyn geley myt 3 perden.

20 It. Reynart van Moerke zwa geleyen myt 4 perden.

It. Johan Bertolff eyn geley myt 3 perden.

It. Werner Bertolff eyn geley myt 3 perden.

It. Heynr. Bertolff eyn geley myt 3 perden.

It. Ger. Bertolff eyn geley myt 3 perden.

25 It. Tielman des meyers bruder eyn geley myt 3 perden.

It. Knobe 1 1/2 pert.

It. Otte van Vorstbach eyn geley myt 2 perden.

It. Wilh. Yevelt 1 pert. It. Winant van der Rosen 1 pert. It. Johan Buychoitz 1 pert.

30 It. Johan Krüyche eyn geley myt 3 perden.

It. Engeran van Soerre eyn geley myt 2 perden.

It. Geirlach eyn pert. It. Rababe eyn pert. It. Heynr. Heke eyn pert.

It. Heynchiin eyn pert. It. Alberat eyn pert. It. Geirkyn Karrebuych eyn pert.

35 It. Heynr. Musteil eyn geley myt 3 perden.

It. Jacob Gelboff eyn pert.

Summa der geleyn vurscr. 47, die habben 104 1/2 pert, die habben zu uprustingen van yber perde zweyn gul. in sum. 209 gulb.

Jt. habben die bürſcr. 47 geleßen myt ben 104¹/₂ perben van yber perbe des bagis eynen halven gul. die waren uyff 66 dage, dat macht 3448¹/₂ gul., dat macht ſamen 3657¹/₂ gul. myt der upruſtingen.

Dit ſint die ſchutzen die vur Riifferſcheit waren zu der ſelber ziit under heren Johanne ind heren Heynr. burgermeiſter.

Primo, Heynr. Duobutz ſchutzenmeiſter. Jt. Tielman der banyrbreeger. Jt. Roederchiin der buyſſenmeiſter. Jt. Schoinhair. Jt. Timus Pleyman. — Geirkin Schoerre.

Jt. Henkin Kniips. Jt. Jacob Kuyche. Jt. Johan van Monyauwe. Jt. Rickart.

Jt. Weyenoeme. Jt. Clois Dollart. Jt. Piithain. Jt. Arnolt Rutten ſon.

Jt. Symon der ſchroeder. Jt. Kerſtioin Spies. Jt. Roemer. Jt. Clois van Betzauwen.

Jt. Hanman der ſchuynmecher. Jt. Geirkin ſchuynmecher. Jt. Peter zeichengieſſer.

Jt. Johan Cleyn. Jt. Cluydinck Suyr doit.

Summa der ſchutzen bürſc. 23, der haint dri dubel, datz meiſter Heinr. Duobutz, Tielman ind Roederchiin, die haint zu upruſtingen yber 2 m. dat macht 52 m.

Jt. habbe yber ſchutze des bagis zu ſolbe eyn m. ind waren uyff 67 dage, ind dri dubel macht zu ſamen ain peyment 1742 m.

Jt. gaff man manlich zu verbrenken 6 m. ind dri dubel macht 156 m.

Summa zu ſamen ſo upruſtinge, ſo ſolt, ſo zu verbrenken 1950 m., macht ain golde 520 gul. zo 45 s. den gul.

Ditz die koſt in den münt.

Ditz die koſt, die unſe heren habben zu Nydeggen myt allen yren geſellen, want ſy da gehn provancie in habben, verzerden da 78 m. 9 s. koels, dat ſint 23¹/₂ gul, 5 s.

Jt. haint unſe heren verzert vur Riifferſcheit myt allen yren geſellen, piifferen, wainluden, ſegeren, zymmerluden, greveren, ſmeden, ind myt heren, ritteren, kneichten, guden luden ind ſolbeneren ind ſchutzen, die myt on aiſſen, ſumma 3418 m. 9 s. Coels, des geit aff 540 m. die ſy aff ſleynt vur yr koſt manlich ſiin gebuyr umb den wille, dat ſy yren ſolt ganz rechenen, ſo ſy, ſo Jacob Colin ſchriver, ſo Thiis Kaſſart ind Gerard heren Heinr. kneit; ind dit affgeſlagen haven ſy verzert 2878 m. 9 s. Coels dat macht an gulden 863 gulb. ind 25 s. Coels.

It. verzerde man hie heym up der loeven so vur, so nů, bat unse heren
by en waren, ayssen ind brunken ind der steede gesinde vier åmen
wiins ind 45 m. Eysch, macht 165 m. bat macht an gulden 44 gul.
It. bis geit aff, die halve blive die kost der van bat geboer der stat van
Coelnc, summa yr gebuyr 1127 m. Coels, macht ain gul. 338 gul.
ind 4 s.

   Summa universalis, die halve blive affgeslagen, so kost, so uprus-
   tinge, so solt der soldeneir, der schutzen, so ander kost, wie
   vursc. steit, summa 6286½ gul. ind 4 s.

   Dit is dat die burgermeistere widder umb intfangen haven van den
  genen, die luffzuycht gegolden haven widder die stat, der namen herna
      geschreven steynt.

It. Primo, van heren Arnolt Volmer synen wive ind siinre boychter 750
gulb. van 75 gulb. den gulb. vur zien gulb. vergolden.

It. van Duyrchine Cluken 512 gul. van 50 gul. halff den gulb. vur
10 ind halff den gulb. vur 10½ gul.

It. van Johanne Rulande synen wive ind sinre boychter 825 gul. den
gul. vur 11 gul. van 75 gul.

It. van Johanne van den Kanel ind Barben sinen wive 1100 gul. van
100 gul. den gul. vur 11 gul.

It. van heren Werneir Bertolff van synen Kenden 1100 van 100 gul.
den gul. vur 11 gul.

It. van Ger. Bertolff ind sinen wive 560 gul. van 50 gul. den gul.
vur 11 gul.

It. van heren Heynr. van Wiis als van Andries wegen siins sons 1100
gul. van 100 gul. den gulb. umb 11 gul.

It. van myr Rickolff Coliin 275 gul. van Grieten wegen miinre boychter
van 25 gul. den gulb. vur 11 gul. vergolden.

   Summa 6212½ gul.

Des is gegeven an peyment myt deme eirsten 484 gul. ind 44 s. vur den
gul. ind wir rechenen yber gulb. intfangen ind uyssgegeven vur 45 s.,
also bat uns da ain gebricht 40 m. 4 s. vl. 10½ gulb. ind 1 veirdel.

   Summa intfangen 6201½ gul. ind eyn veirdel gulbens.

Alsus gebricht den burgermeisteren bat sy me uyssgegeven haven dan int-
fangen 85 gul. men eyn veirdel gulb. ind 4 s.

Ausgabe-Rechnung von 1385.

Anno Domini 1000o. 300mo. octuagesimo quinto erant magistri civium Aquensium Johannes de Punt et Henricus de Thilia. Hec sunt exposita primi mensis *).

Primo, zwein raitdage bynnen raitdagen, 10 m.

It. zwein buyssen raitdagen 12 m.

It. des herzogen piiffern van Guylche 4 gul. val. 14 m. 8 s.

It. up sacramentzbach Leonart umb hude, schuttelen, moelen 5 m. 3 s.

It. Peter kerzenmecher van 19 libris wais zu den tortisen, kerzen up den elter dat ℔ vur 18 s. summa 23½ m.

It. Röberchiin umb seyl, neele, nailben ind anber gerebe, 9 m. 3 s. 4 d. moelen, bragen, rimen.

It. unse heren waren zu Duren up den lantbach, verzerden da 200 m. 68 m. 10 s. Coels, die machen 200 m. 91 m. 2 s. Eysche.

It. des heren piiffern van Schoinvorst 2 gul. val. 7 m. 4 s.

It. ben vreimben nonnen, bie verbrant waren by ben Bruyll 15 m.

It. Cloeschiin van Coelen gesant zen Duren, du Hartman gevangen, was 12 s.

It. ben selve Cloeschiin anderwerff gesant zu Duren 12 s.

It. ben selven Cloeschiin gesant zu Antwerpen van Mertin ind Peter wegen 5 m.

It. van ben winkoiff ber bieraffise yber raitzman 1 gul. ind 6 bubel, bat macht 29 gul. val. 100 m. 6 m. 4 s.

It. Roeberchiin sich vunffborum 12 bage, bie armborst zu lymen, zu senen, zu wischen up beme huse ind up allen porzen ind bie oitstelle zu hude senen ind affzulaissen, ind van ber groser senen ind van ben wapen-roeden zu reyngen van ben motten ze 7 s. valet 35 m.

It. be selve Roeberchiin van ben groyssen tenten ind van ben pauwe-lunen zn ermachen so lywoit, so koegeleir, so garne, so leeber ind 16 elen secke, so schilbe, 14 neywe seille ze vuren ind up zu hangen 83 m. 9 s. 8 d.

It. umb zwey flosse up ba geschosse up ben porzen 15 s.

---

*) Für jeben Monat eine Papierrolle.

It. Tielmans soene be halpe neben 2 m.
It. ben solbeneren van hren solbe 300 m. inb 8 m.
It. ber steebe gesinbe 27 m. 8 s.
It. Moerchiin, beine emer 28 s.
It. Broinhoff 2 m. It. Prossioin 2 m.
It. Wilhem in ber burger huys 2 m.
It. ben weychteren 4½ m.
It. ben zwen kempen 4 m.
It. ze presencien 6 m.
It. Mathise inb myr 2 m.
It. zu kost, bu man bisse rechentschaff magbe 4 m. 2 s.
It. zu kost up ber loeven 17½ m. 2 s.*).

Summa des uyssgevents des ehrsten mohnts 1010 m. 6 s.

Dit is bat geschenke des ehrsten mohnts.

Primo, zu wilkome yber raitzman 1 veirbel inb 5 bubel, bat macht 28 veirbell**).

It. Wilhelm inb myr van umbriben 2.

It. heren Heynrich van Wiis van stave wive 1.

It. unsen heren ben scheffenen zu wilkome 2.

It. ben werckmeisteren zu wilkoeme 4.

It. ze sterre zu wilkoeme 2.

It. zu heren Abayms huys ze wilkoeme 2.

It. ben zymmerluben van ben tabernakel up inb aff zu buyn, Sacramenti 1.

It. ber steebe inb ber burgermeister gesinbe, Urbani 2.

It. ber steebe gesinbe bie strasen schoin zu machen 2 quart.

It. heren Blankartz soene van Airwilre 2.

It. heren Kerstioin scheffen zu Duren 2, cum sociis.

It. Selzerchyns wive van Bunne 1.

It. ber Brauwen van Bynsvelt, ber van Kuynrich 4.

It. Herman Jungen van ben orben zu bibben 2 quart.

It. beme mynister zen Bruberen 4.

It. bruber Boeme 2.

It. ben vrauwen zu Burschit 2.

It. ben Junffern van Burschit, Sacramenti 16.

It. ben Wyssenvrauwen 8.

It. ben Menrebruberen 6.

It. ben Preichtchern 6.

It. ben Augustinen 6.

It. unser Brauwen Brubern 6.

It. ben heren van sint Joline 6.

---

*) Die Posten von: Der steebe gesinbe bis: zu kost up ber loeven wieberholen sich in allen Monaten schier wörtlich.

**) Wo nicht quart steht, bebeuten bie Zahlen Veirbell.

Jt. Mathise ind myr ind vort alle der steede gesinde, gesworen, werclube ze 2 qu.

Jt. meister Rutten van den schuttelen zu bynden 2 qu

Jt. Marras, Scherber, Votkogel, Persenmecher cum socio, Peter quinternensleger manlich 1 qu. magt 1½ veirdel.

Jt. den vrauwen, die zu Englant buren 6.

Jt. Butschman ind den cloecker 2 qu.

Jt. der steede ind der burgermeister gesinde, Sacramenti 2.

Jt. deme bainritz van Moelnarken, den grosen cesel, eren Jo. van Turnich, vurrait 4.

Jt. Johan van Junkrade 1.

Jt. deme abt van Munster 2.

Jt. heren Emont van Endelstorp ind heren Joh. van Wickrad 4.

Jt. Meyneir van Yvenheym 2.

Jt. der vrauwen van Palant cum filiabus 4.

Jt. deme proifst van Suytsenne 4.

Jt. Goedart Buffel ind Baldewin cum soc. 2.

Jt. heren Everart van den Marken 4.

Jt. heren Steenen van Hosteeden 4. cum soc.

Jt. heren Kunen van Punt, van deme swerde 1.

Jt. Henken van Moerke, van deme hoerne 1.

Jt. unsen heren den scheffenen, Sacramenti 2.

Jt. den werckmeisteren, Sacramenti 4.

Jt. zen Sterre, Sacramenti 2.

Jt. zu heren Adayms huys, Sacramenti 2.

Jt. den schutzen, Urbani 4.

Jt. den winkneichten 1.

Jt. deme meyer 1. Jt. deme schriver, Sacramenti 1.

Jt. des meyers kneichten 1.

Jt. heren Kerstioin ind heren Volmer van den nunnen zu Burschit 2.

Jt. heren Johan van sint Margreten ind Mathiis van den Wisenvrauwen 2.

Jt. Clois van Rabe cum soc., Urbani 1.

Jt. den weichtern, Sakramenti 3.

Jt. den wegemechern up die Bach, 2 qu.

Jt. die vrauwen van Schoinvorst ind van Monyauwen cum soc. 6.

Jt. heren Johanne van Kronenberg 2.

Jt. den schutzen, Sacramenti 4.

Jt. des herzogen boede van den Berge ind van Gutzlche 1.

Jt. Koerff van Geilenkirchen 1.

Jt. der vrauwen van Breidenbent ind vame Horne 2.

Jt. deme heren van Schoinvorst 4.

Jt. deme heren van Gronselt 4.

Jt. heren Kuynrich van Eylslå 2.

Jt. heren Johan van Kenswilre ind heren Slabbart 2.

Jt. heren Gillis van den Wier 2.

Jt. heren Johanne van Erkel 2.

It. zu Valkenburg den van Breslä 4. cum sociis.

It. heren Kristoffel van Liechtenberg 4. cum soc.

It. deme herzoge van Trappau 4.

It. zu Heisterbach den Beymeren 4.

It. heren Engelbert van Schoinvorst 2.

It. heren Danel van Eyrnich ind heren Wilhem van Sinzich 4 cum soc.

It. deme herzoge van Guhlche 10 1/4.

It. heren Heynrich van Gronselt 2.

It. Shezen Poleyn cum socio van Peligen 4.

It. heren Hermann Huyn 2.

It. deme boede van Ruyrmunde 2.

It. heren Johanne van Punt, up Sacramenti 8.

It. heren Heynrich van der Linden 8.

It. Mathise Yvels wive cum soc. 2.

It. der brauwen van Randenrait 4.

It. Ger. van Heisterbach van sinre loeven 1.

It. Else van Herle van der loeven 1.

It. umb kannen, byessen, gras 3 1/2 m.

It. heren Reynart, heren Arnolt, heren Gerart Lewen, heren Johanne Nyse 4.

It. deme van Nassauwe 4.

It. deme heren van Breidenbent ind deme scholtus van Eschwilre cum soc. 4.

It. heren Nychol van Nyckelsberg 4.

It. den verweren, Sacramenti 2.

It. heren Diderich here van Clerve 4 cum soc.

It. heren Werners werckluden 1.

It. deme Druyssart van Valkenburg 2.

It. Stail, deme weychter van den karen, die den mest up rasden 1.

It. der here van Milberch 4, cum soc.

It. heren Engelbertz wiiff van Schoinvorst 2.

It. Flips vamme Holze ind sine bruder 2.

It. den werckmeisteren des morgens, Sacramenti 2.

It. der rait was by eyn, du in gaff man geyne presencie, habbe yber raitzman 1 qu., summa 13 veird.

It. der steede gesinde 2 qu.

It. Quecken 2 qu.

It. Cloischiin van der piiffen schoin ze machen 2 qu.

It. unser wirdinen zu Coelne 2.

It. meister Heynrich den slosmecher 1 qu.

It. heren Diderich van Berge et uxori 2.

It. heren Johanne ind heren Reynart van ridewine zu Duren 2.

It. yren wiven, du sy ewech waren 2.

It. deme stoecker, du man reichende van Hartman 1.

It. des meyers kneichten 1.

It. der brauwen van Hoeckleym 2.

It. heren Rostz wive van Vercken 2.

It. den solbeneren van Duren quomen 2.

It. des herzogen boede van Gelre 2 qu.

It. deme heren van Gronselt 2.

It. herzoge Nyckol van Troppau 4.
It. deme busschoff van Dilme 4, 4.
It. der herzoginne bigeter van Brabant 1.
It. deme rentmeister van Heinsberg 1.
It. Geirkin van Dahlheym Goebbarts bruder 1.
It. den weichtern van den oister bier zu verbieden 3.
It. unsen heren den scheffenen, du Quecken dohchter bruyt was 2.
It. deme heren van Sarwoerten 4.
It. Walter van den Steenen, Sacramenti 2 qu.
It. den werckluden up die Bach 2 qu.
It. den geswaren van den koelberge 1.
It. unsen heren den scheffenen, Johannis 2.
It. zu heren Adamys huys, vigilie Johannis 2.
It. der stede ind der burgermeister gesinde 2 Joh.
It. Scharpgeschosse 1 qu.

It. heren Emont van Endelsdorp 2.
It. unse heren waren up die stehnkule, gaven yber raitzman 1 qu. summa 13 veird.
It. der abbissen van Bilsen 2.
It. den lumbarden van Duren 2.
It. Arnolt van den Putze 1.
It. die burgermeister ayssen zu Johan Rulantzhuys myt nonnen 2.
It. Millis unss wirtz sone zu Coelne 1.
It. den vrauwen up Breidenbent 2.
It. heren Wilhelm van Muysbach 2.

Summa des geschencks des eyrsten moyntz: zwey vuder, eyn âme ind 23 1/4 veirdel je 3 s. valent 413 m. 3 s. ind ain gelde 3 1/2 m., dat magt samen 416 m. 9 s.

Summa zu samen so uhssgeven, so geschencke des eyrsten moyntz summa 1427 m. ind 3 s., gerechent des bonresdagis nâ grois kirmessendage. (20. Juli.)

Ditz dat uhssgeven des anderen moyntz.

Primo, dri raitdage binnen raitdagen 15 m.
It. zweyn buyssen raitdagen 12 m.
It. den trumpperen ind den piiffern manlich 10 m. up yren loin, summa 40 m.
It. unse heren waren zu Coelne up den lantdach verzerben 269 m. Coeltz val. 291 m. 5 s.
It. Henkin van Coelne vurt Quecken 1 pert zu Coelne 2 v.
It. umb lunen ungesoeden 12 m. — It. umb schendelen 19 m.
It. des busschoff piiffern van Straisburg 1 gulb. val. 3 1/2 m. 2 s.
It. Winmer gesant zu Blankenheim umb der vuder wille 3 m.

Jt. Henkin van Coelne gesant zu Camberg inb zu Merabe 1 gul. val. 3½ m. 2 s.
Jt. ben spelubeu myt ben büiken 22 s.
Jt. des buschoffs brievebregern van Meynze van heren Diderich Rostz wegen 22 s.
Jt. van ben brieve van Hartmans wegen 39 m.
Jt. Henkin ben boebe van ben gelbe zu vuren zu Antwerpen, van Peter van Lovenberg 7 m. 4 s.
Jt. bu hee bu quam, gaff man eme bu 2 m.
Jt. Winmer gesant zu Luytche van heren Poten wegen 2½ m.
Jt. Coliin Beyssel van der inrester muren zen alben buwe 120 m.
Jt. be selve Coliin van gebreche van bes sengers wegen 33 m. 4 s.
Jt. meister Prossioin van eynen perbe zu huren ze riden zu Duselborp inb zu zergelbe 9 m. 2 s.
Jt. Jacob Gelboff van der strasen zu huben 24 bage ze 18 s. magt 36 m.
Jt. Geyrkiin Karrebutych inb Rababe waren myt eme 24 bage myt 1 perbe gaff man bes bages 6 s. ze helpen val. 12 m. inb Rababe 12 m.
Jt. unse heren bleven essen up ben sal habbe man 3 veirbell inb 2 m. val. 5 m.
Jt. umb eyn vuder kolen 5 m. 2 s.
Jt. ber stebe gesinbe (u. s. w. wie im ersten Monate).

Summa des uyssgevens des anderen mohntz 764 m. 2 s.

Dit is bat geschencke des anderen mohntz.

Primo heren Goebartz bochteren van Yvenheym 2 veirbell.
Jt. beme greve van Hosalmen 4.
Jt. bem burgermeister van Meynze 2.
Jt. meister Wolter ben steynmetzer 1.
Jt. ber steebe gesinbe 2 qu.
Jt. unsen heren ben scheffenen van bem voigtgebinge, Joh. 2.
Jt. Lambret Buysser 1, van ben voigtgebinge.
Jt. Schrivers Passe van Hoerve 1.
Jt. Cloeschiin van ber piiffen 2 qu.
Jt. beme heren van Schoinvorst 4.
Jt. heren Reynart inb heren Johanne von ribewine zu Coelne 2.
Jt. yren wiven, bu sie zu Coelne waren 2.
Jt. Quecken wive 2 qu.
Jt. heren Diberich van Berge cum uxore 2.
Jt. beme buschoff van Ulme 2.
Jt. heren Hilger, Goebart Buffer cum socio reben zu Lamparben 4.
Jt. ben werckluben vur sint Ailbertz 1.
Jt. herzoge Brieberich 8.
Jt. ber kuniginnen 8.

It. was der rait by eyn nā Petri et Pauli 13.

It. du man den busschoff suynde myt heren Arnolt van Riischemoelen, du waren dā by: Linde, Wiis, Arn. Bolmer, Colin Chorus, Kuyn Punt 3.

It. unsen heren den scheffenen up grois kirmessen 2.

It. ben werckmeisteren up den dach 4.

It. zen Sterre up grois kirmessdage 2.

It. heren Engelbert van Schoinvorst 2.

It. die vrauwe van Schoinvorst du sy ewech vur 4.

It. heren Kuynrich van Eylslā 2.

It. heren Gillis van den Wier 2

It. heren Heynrich van Grunselt, du hee siin wiiff heym vurt 2.

It. heren Herman Huyn 2.

It. Preiss van Goir 2.

It. Heynrich Lewen suster van Duren 2.

It. Winant van der Rosen 2 qu.

It. Roederchiin ind Tielman van den pauwelunen 1.

It. Baldewiin des herzogen harnaschtun 1.

It. Lauren 1.

It. der steede gesinde van wasser ze gebieden 2 qu.

It. ben selven van der Lewerken 2 qu.

It. der vrauwen van den Eycholtz 2.

It. heren Hermann van Lievendale 2.

It. Johanne van Duren den lumbarden 2.

J. Kunen up den sal in kirmessen naicht 2 qu.

It. Gerart moelneir up die naicht 2 qu.

It. den piiffern ind den trumpperen up die naicht 2.

It. den weychtern up kirmessen naicht 3.

It. der steede gesinde van den loechten zu gebieden 2 qu.

It. deme here van Gronselt 2, 2.

It. deme greven van Salme ind heren Poten 6, it. 4.

It. heren Emont van Endelsborpe 2.

It. deme heren van Breydenbent 2, 2.

It. heren Coliin van sint Gillis 1.

It. Quecken 1 1/4.

It. vrauwen waren zu babe 2.

It. deme heren van Schoinvorst 4.

It. deme mynister zen Bruderen 4.

It. den werkluben zu sint Joline 1.

It. vreymden luden van Meynze 2.

It. meister Bredelenen wiiff van der uyrclocken 2 qu.

It. heren Goitzschalcz Birkliins wiiff ind neychten 4.

It. Goyswiin van Birkensborp ind Beirlinck 2.

It. Greve Everart van Katzenelinboege 4.

It. des scholtussen wiiff van Brankenvort cum soc. 2.

J. unse heren ayssen zu heren Heynrich huys van Wiis 4.

It. heren Slabbart ind siin wiiff 2.

It. heren Werneir Bertolffs suster 1.

It. der steede gesinde ind der bur=
   germeister up groiskirmessbach 2.
It. deme wirde van Straissburg 2.
It. meister Proffioin ind den kump=
   meister.
It. Peter ind Rabade du sy heren
   Colin vant sint Gillis hoilden
   1 qu.
It. deme heren van Gronselt in
   heren Johans huys 2.
It. Roederchiin 1.
It. den toelneir van Lasteyn cum
   soc. 2.

It. up kirmess dach ind avent up der
   loeven 2.

Summa des geschenks des anderen
moyntz 5 åmen ind 23½ veir=
dell, die quart 3 s., dat macht
ain gelde 173½ m.

Summa zusamen so uyssgeven so
geschenke des anderen moyntz
937 m. 8 s.

Ditz dat uyssgeven des dirden moyntz.

Primo, dri raitdage bynnen raitdagen 15 m.
It. dri buyssen raitdagen 18 m.
It. Henkin der boede gesant zu Arlo zu heren Poten 3 gul. val. 11 m.
It. Wynmer gesant zu Rade ind zer Heyden 6 s.
It. Peter gesant zu Luytche zu den buschoff 5 m.
It. umb eyn vuder coelen up den sal 6 m. 4 s.
It. Leonart gesant zu Rade umb der main wille 8 s.
It. Kuynchiin Luypchiin hoevyrde up den sal myt siinre trumppen 12 s.
It. her Johan ind her Reynart waren zu Burschit, den werckluden zu
   verdrenken 6 s.
It. Henkiin den boede gesant zu Luytche umb der uyssvart wille 1 gul.
   val. 3½ m. 2 s.
It. meyster Till van Bonne van den piiffen ze stuppen, ze loeven ind
   widder ze machen 10 m. 3 s.
It. du man sich uyss bruych van der uyssvart, ayssen unsen heren by eyn
   hadde man umb darven 7 m. 4 s., ind umb heringe, broit, kese ind
   beren 6 m., 6 veirdell.
It. Henkin van Coelne gesant Quecken nå zu Duren 14 s.
It. up sint Ailbretz berche van deme toerne zu decken 6 m. 8 s.
It. Winmer gesant zu Kastern zu deme herzogen 18 s.
It. Winmer gesant zu Schoinvorst ind zu Dirsberg ind int riche 6 s.
It. Clois der kumpmeister van deme kumphuse zweyn man 10 dage ze
   8 s., 13 m. 4 s.
It. eynen operman 10 dage ze 6 s., val. 5 m.

Jt. van yserenwercke ind van neelen, ind Clois ze verbrenken 6 m. 4 s.
Jt. Wynmer gesant zu Rade ind zer Heyden 6 s.
Jt. Raboede Berkiins son, Jacob Geldoff ind Geirkin Karrebunch van deme dat sy up der strayssen gereeden habben, manlich 12 m., dat geit up 36 m.
Jt. heren Poten boede bracht brieve, gaff man 1 gul. val. 3½ m. 2 s.
Jt. Kesternich gesant zu den van Gronselt 6 s.
Jt. Henkiin den boede gesant myt den intsage brieven zu Rüfferscheit 1 gul. val. 3½ m. 2 s.
Jt. Cloeschiin van Coelne gesant zu Duren zu Quecken 12 s.
Jt. du man die uprustinge gaff, ayssen unse heren up der loeven, habbe man umb vische ind vleische 8 m. 3 s. ind umb broit, kese ind beren 33 s., 6 veirdell.
Jt. Cloeschiin van Coelne gesant zu Brabant, zu den van Schoinvorst 1 gul. val. 3½ m. 2 s.
Jt. Cloeschiin van Coelne vierwerff gesant zu Rüfferscheit habbe 8 m. 8 s.
Jt. Wynmer gesant zu Rüfferscheit 26 s.
Jt. Kesternich gesant zu heren Scheyvarde van des geleytz weegen 28 s.
Jt. Wymmer myt den eyrsten oyffe gesant zu Rüfferscheit 26 s. essen 2 s.
Jt. den soldeneren van yren solde 300 m.
Jt. der steede gesinde (u. s. w. wie im ersten Monate).

Summa des uyffgevens dis dirden moyntz 582 m. 4 s.

Dit is dat geschenke des dirden moyntz.

Primo, der steede gesinde 1 veirdel.
Jt. den weychteren van der Lewerken 3.
Jt. den soldeneren, du man sie inthielt 5.
Jt. deme heren van Gronselt 2.
Jt. eynen boede van der Sleyden 2 qu.
Jt. unser heren eyn deil ind der steede gesinde ayssen myt heren Johan 5.
Jt. heren Bruchen, heren Damen van Husen ayssen myt Clois Elreborn 2.
Jt. heren Goebartz dohchteren van Nyvenheym 2.
t. heren Werner vanme Râre 2.
Jt. heren Danel van Eyrnich, eren Wilhelm van Sinzich ind den kenden van Flatten 4.
Jt. deme bainritz van Moelenarken ind den groisen eesel 2.
Jt. Prohst Suyrman ind deme ampman van Arnsberg 4.

It. der steede ind der burgermeister gesinde, Karoli 2.
It. unsen heren den scheffenen, Karoli 2.
It. den werckmehsteren, Karoli 4.
It. up der loeven 2.
It. heren Scheynart van Merade, heren Engelbert van Dirsbeck cum sociis 2, 2.
It. du man galt eyn stucke wiins zu Dobach, zu winkohff 1.
It. heren Carsilis deme marschalc cum sociis 4.
It. du quam her Goebart van Nyvenheim nâ 2.
It. in den lantfreden den gesmairen 4½.
It. Johannes van den Velde um luterbranck in den lantfreden 11½ m.
It. umb kese, broit, nuyß, beren 2½ m.
It. deme heren van Gronselt cum pluribus 4.
It. Pastoir van Kessel ind Prois van Goir 2.
It. heren Gohtschalc Birckliin ind heren Kostin van Lisenkerk cum sociis 4.
It. Quecken 2 qu.
It. der Jünffer van Luyrke 2.
It. unsen heren den scheffenen 2.
It. meyster Tielen van Bonne 1.
It. des heren kneicht van Gronselt 2 qu.
It. heren Heynrich Chorus nonnen zu Burschit 1.
It. du man as myt Mertin van Gurzen den drauwen 2.

It. Sack van Wüche 2.
It. der vrauwen van Palant 2.
It. deme heren van Schoinvorst 4.
It. heren Mohsse ind heren Johan van Nuwenberg 2.
It. eym schiffman, debit Queck 1.
It. heren Reynart van Moerke 1.
It. herzoge Brieberich van Beyeren 8.
It. Johannes Buhschman van Brâ 1.
It. deme herzoge van Bruhnswich ind siinre vrauwen 8.
It. der steede gesinde 1.
It. den weychteren, du man die hunde solde sloyn 3.
It. heren Dieberich van Berge 2.
It. den weychteren, du sie bat harnasche geboeden 3.
It. heren Goitschalcs Birckliins wive ind heren hilgers wive cum pluribus 4.
It. heren Wolffs son van Riindorp 2.
It. deme boede van Ruyrmunde ind heren Rost van Verken 2.
It. deme scholtus van Eschwilre ind heren Heynrich van Harne 2.
It. heren Herman van Patteren ind heren Lohwich van Auwe 2.
It. heren Gillis van den Wier ind heren Herman Huhn, heren Johan Put cum sociis 4.
It. deme heren van Borne 4.
It. deme rentmeyster von Roede 1.
It. deme juncher van Parvisch ind Arnolt van Gudenkoven 4.
It. heren Gerart van Eynenberg ind den van Bruhlle 2.
It. Quecken van beruyhs (berunys?) eyns pertz vergolden widder meyster Wilhem 2.

It. unsen heren den scheffenen, Magdelene 2.

It. die stat galt eyn gra pert, ze winkoif 1.

It. van beruvys van 1 perde ze Gerart huys van Haren 1.

It. Heynchin galt eyn pert, dat behielt die stat 1.

It. du man umb die honnen intboit van yber hirdschaff 1 v., summa 8.

It. die van Dirsberg ind van Berge, als becke as sy hie in waren summa 8.

It. Schellart van Hoeren ind sine gesellen die honnen 6.

It. die hunnen van Wurselden ain die Wide ouch zu dren molen 6.

It. die hunnen van der Widen ouch 4.

It. Millis ind Gerart Boekel ze zwen 2.

It. Geirkin Kairbuych 2 qu.

It. Kuynchin Luypchin 2 qu.

It. heren Goedar Coliin ind Roederchin, du sy dat eyrste kruyt magden 1½ v.

It. den schutzenmeysteren du sy yr gesellen by eyn nomen 4. eirst werff.

It. Persenmecher 2 qu. It. Mathiis Kassart, du man in bedebinde 1.

It. den zymmerluden, du sy die blide upflugen 1¼.

It. du die Zymmerlude gedain habben ind yr harnasche reyden 2.

It. Henkin des lantfreden boede quam van Luytche 1, zweir.

It. den weichteren van den bier ind van den lewerken ze verbieden 3.

It. du die piiffer inthalben wurden ind man die trumpper sprach zu riden 2.

It. Laurens habbe geschreven 1. It. deme stocker van deme roysden kneit 1.

It. den meyers kneten 1. dar van. It. den werckmeisteren goven die burgermeister 2.

It. unsen heren den scheffenen, assumpcione 2. It. den werckmeisteren, assumpcione 4.

It. der steede ind der burgermeister gesinde, assumpcione 2.

It. der wirdinen van Triecht 1. It. Wilhem van zeichenen 1.

It. den schutzen, du sie ewech duren 4. It. die zymmerlude, du sy ewech duren ind Proffioin cum sociis, ind meister Tielman cum sociis 4.

It. die trumpper ind piiffer, du die schutzen uyss duren 1.

It. des dages du unse heren ewech reden, schende man yren widen ind vort der steede gesinde, die ewech waren, den eynen 2 qu., den andern 1 v., summa 10.

It. du unse heren ewech duren zu sint Geirtruden Mynne vur den sal 1.

It. der steede gesinde zer letzten 1.

It. Johan van den Yseren was zweyr zu Burschit umb den wain ind pert zen blidenswingel 2 qu.

It. Quecke, du hee zu Duren solde riden myt den soldenern, verzerde 2.

It. der heyr van Gronselt quam van Brabant und verbruych sych wa wie by eme komen solden 2.

It. die wagen van Oepen zu myeden ind zu Gulpen 3.

Summa des geschencks des dirden moynts 8 åmen 3½ veirdell ze 3 s. die quart, summa 243½ m., ind ain gelbe 14 m., summa samen 257½ m.

Summa zusamen so uyßgeven, so geschenkt des dirden moynts kumpt up 839 m. 10 s.

Ditz hat uyßgeven des veirden moynts.

Primo, eynen raitdach bynnen raitdagen 5 m.

It. eynen buyssen raitdagen 6 m.

It. deme jungen trumpper 2 m.

It. umb zweyn salmen gesant inther 15 m.

It. umb barven 20 m.

It. den kneichten, die sy drugen ind umb zwey reff 5 m.

It. Quecke sant eynen boede van Duren off hee up soelde 12 s.

It. Moerchiin deme emer, vur sinen rocke 3 v.

It. Cloeschiin van Coelne 7 gesant zu Rüfferscheit ze 26 s. valet 15 m. 2 s.

It. bruder Johan Hoetchiin umb lunen 12 m. It. umb unseltz die zu sieden 20 m.

It. Johan van der Hallen umb eyn nuwe saltz moysse 12½ m.

It. eynen boede den meyster Arnolt der smet her sante 8 s.

It. umb eyn ryß kleyns pappiers 1 gul. valet 3½ m. 2 s.

It. Wynmer zweyr gesant zu Rüfferscheit 4 m. 4 s.

It. Henrico deme armen scholer 6 s.

It. heren Johanne van der Geiße umb eyne schelle 11 s.

It. eynen boede zu zwen moelen gesant inther umb Clois Krichs wille 4 m. 4 s.

It. Karl Scharpseil gesant zu Monthauwen ind zu Rüfferscheit ½ gul. ze zergelde ind zu verbrenken 1 gul. val. 5½ m.

It. umb 1250 schendelen int kumphuis ze 7½ s. valent 7 m. 10 s.

It. umb 1200 schendelen ze 8 s. & 4 d. val. 8 m. 4 s.

It. 1300 schendelen zu 8 s. val. 8 m. 8 s.

It. 1250 schendelen ze 7½ m. val. 7 m. 10 s.

It. 1400 schendelen ze 8 s. 4 d. val. 9 m. 8 s. 8 d.

It. 900 schendelen ze 8 s. 4 d. val. 6 m. 3 s.

It. 1200 schenbelen ze 8 s. 4 d. val. 8 m. & 4 s.
It. van schenbelen ze hauwen 5 m. 8 s.
It. umb keffer, smatz, zyn ind koerve 3½ m.
It. umb 22 gelateren fels zen dach vinsteren val. 3½ m. 2 s.
It. Gerart Bohsse zu bageloin 19 m. 6 s.
It. Deben synen geselle 12 dage val. 8 m.
It. Goebbel synen geselle 26 dage val. 17 m. 4 s.
It. eynen operkneicht 16 dage ze 6 s. val. 8 m.
It. Gerart deme Duevel umb 38,500 eslinge val. 32 m. 12 d.
It. umb breederneile 8 m. 4 s.
It. 1500 drilinge ze 28 d. val. 35 s.
It. umb bende zu den bornen ind dudel trapnele 7 m.
It. deme Duvelvenger van flossen ind flussen 28 s.
It. umb 400 steynlatzen ze 3 m., summa 12 m.
It. meister Johan des buschoffs erzitter van Lutche, verzerde zAichen 20½ m.
It. verzerde hee zu Monyauwen, bu hee widder inther solde 6 m.
It. den gesellen die en du hailden uhss deme her 8 m. It. unse gesellen verzerben 1 gul. val. 3½ m. 2 s.
It. umb keenel int kumphuys 18 s. It. Clois van Rabe zu verbrennen 2 m.
It. vur Coelneirporze zu der loegen 700 schenbelen ze 8 s., val. 4 m. 8 s.
It. umb 1300 schenbelen ze 8 s. val. 8 m. 8 s.
It. umb 1200 schenbelen ze 8½ s. val. 8½ m.
It. umb 800 schenbelen ze 8 s. val. 5 m. 4 s.
It. die schenbelen zu hauwen 2 m.
It. deme Duvel umb neylle 8 m. 8 s.
It. umb latzen 34 s. It. umb eyn vuder koelen 6 m. 2 s.
It. den soldenern van yren solde 300 m.
It. der steede gesinde (u. s. w. wie im ersten Monate).

Summa des uhssgevens des veirden monytz 808 m. 9 s. 4 d.

Ditz dat geschenke des veirden monytz.

Primo, deme heren van Schoinvorst 4 veirdell.
It. meister Arnolt deme Marschalck 1.
It. der steede gesinde 2 qu.
It. deme juncheren van Saffenberg 2.
It. unsen heren den scheffenen, assumpcione 2.
It. heren Dries van Moelneym 2.

It. deme boede van Lutche 2 qu.
It. Millis van Dirsberg ind Gerart Boekel 1.
It. heren Heynrich van Gronselt 2.
5 It. heren Werneir vamme Rabe 2.
It. deme baynritz van Moelenarken 2.
It. heren Johanne van den Velde 2.
It. Tielman van Bonne 1.
10 It. Mertin des heren kneicht van Gronselt 2 qu.
It. der Rentmeister van Triecht cum sociis 4.
It. heren Moese ind heren Johan
15 van Ruwenberg 2.
It. der steebe gesinde 2 qu.
It. heren Diderich van Berge 2.
It. deme scholtus van Eschwilre, heren Heynrich van Dabenberg
20 4. cum sociis.
It. heren Herman van Pattern 2.
It. heren Gillis van den Wier 2.
It. deme Rentmeister van Roebe 1.
It. heren Gerart van Lanskroin 2.
25 It. du man die butyssen beschois 1.
It. der steebe gesinde ayssen mit heren 2.
It. deme heren van Schoinvorst 4.
It. deme scholtus van Rabe Flips,
30 ind Symon ind anderen zu heren Wilhem huys van Wievelheim 2.
It. veil vrauwen waren zen babe 2.
It. Roederchiin quam van Rüfferscheit 2 qu.
35 It. Hasenmoerder 1 qu. It. Mathiis Bubel 1.
It. die gesellen van den Sterre 2.
It. deme jungen trumpper 1. zweir.

It. des heren piifferen van Schwartzburg 2.
It. Boeschin van Musbach 1.
It. Stael den weychter van der piiffer perben 1.
It. der steebe gesinde ayssen myt myr 2.
It. heren Johan van Kenswilre ind heren Slabbart 2.
It. du die meir quam, dat Clois Krich gevangen 1.
It. Cloeschin van der piiffen ze zwen moelen 1 1/4.
It. den werckmeysteren 2.
It. unsen heren den scheffenen ze Cleynkirmessen 2.
It. den werckmeysteren up den bach 4.
It. up der loeven des aventz ind dagis 3.
It. zu heren Abayms huys 2.
It. der burgermeister ind der steebe gesinde, cleynkirmessen 2.
It. ze Sterre 2. It. den weychteren up die naicht 3.
It. Kuyn up den sal ind Gerart Moelneir 1.
It. den zwen piifferen ind trumpperen up den sal 2.
It. Schuttelchin van Wayssenberg cum sociis 2.
It. deme meyster van Zolle 2.
It. deme juncher van Nassauwe 4.
It. heren Diderich van Havart 2.
It. deme marschalc van Alfter ind heren Wierich van Roir 4. cum sociis.
It. heren Statz van den Bungart van Krich 2.

It. der ſteyde geſinde, dat ſy die lube herin geboeben van der Widen 1.

It. unſe heren vamme rabe waren by eyn up den ſal 9 1/2.

It. greve Dieterich van Katzenelinboege 4.

It. Heynrich van Hackvort 2.

It. deme ſcholtus van Suhſteren 2.

It. deme heren van Gronſelt 4.

It. der vrauwen van der uhrflocken 1.

It. den wegemechern vur Nüweportz 2 qu.

It. unſe heren lieſſen up der loeven den barbier 2 qu.

It. unſen heren den ſcheffenen du die meir quam, dat brente zu Soerre 2.

It. zu winkohff van den ohſſen 1.

It. heren Wilhem van Sinzich 2.

It. heren Wilhem den quoden inb heren Heynrich van Barmen 2.

It. des buſchoffs erzitter van Luytche 2.

It. heren Johan van Juleymont cum ſociis 2.

It. heren Gotſchalc Koliin 2.

It. meiſter Johanne deme ſchirmer 2 qu.

It. unſeren heren wive van deme rabe, die vur Riifferſcheit lagen, gaff man du ſy ewech reden manlich 1 v. inb ſent heren Johan inb Heynrich wiven des ſonbagis 1 v. inb den anderen ze veirzienaichten manlich 1 v., ſumma 1 1/2 ame.

Summa des geſchencks des veirden mohntz 6 åmen 8 3/4 veirdell ze bren s. die quart dat magt ain gelde 188 m. 9 s.

Summa zuſamen ſo uhſſgeven, ſo geſchencke zu ſamen kumpt up 997 m. 6 s. 4 d.

Ditz bat uhſſgeven des vunfften mohntz.

Primo, zweyn raitbage bynnen raitbagen 10 m.

It. zweyn buhſſen raitbagen 12 m.

It. Winkin in Porſchierſtraße van den ſchaff up der nuwer ſchrivekameren 12 m.

It. den ſelven Winkin van den anderen ſchaffen inb delen inb dat dar zu gehoert, vur dele inb vur werde 12 m.

It. meiſter Gerart deme ſmede van floſſen, fluſſelen, geſmide, neillen inb hanthaven inb eynen blockfloſſe 11 m.

It. Reynkiin deme wehchter bynnen Porſchierportz ſyn huhs ewenich zu erfaſelen inb ſtuppen 5 1/2 m.

It. van deme ſteynwege vur Nuweportz widder zu machen 25 1/2 m.

It. Herman Cluppel van der koſt, die der mehſter van Luytche verzerde 20 1/2 m.

Jt. Arnoldinis gesant zu Rüfferscheit 26 s.

Jt. Cloeschin van Coelne gesant zu Rüfferscheit 26 s.

Jt. Schobbenhagen gesant zu Coelne myt eyn perde, Quecken 26 s.

Jt. Quecke sant eynen boede van Brankenvort her heym 26 s.

5 Jt. Cloeschiin van Coelne zweyr gesant zu Rüfferscheit 4 m. 4 s.

Jt. Quinsel umb eyn par schuhn 9 s.

Jt. Kunen up den sal van sinen halven jairloin der clocken 10 m.

Jt. deme selven umb eynen ryem zer clocken 6 s.

Jt. Henkiin van Coelne gesant zu Rüfferscheit umb des buschoffs geltz
10 wille 26 s.

Jt. den steynwech zu machen vurt Parvische by Heyn Grienzen huys ind
umb sant ind steyn 3 m. 4 s.

Jt. den ahmbregeren duyt brante in Cleinkoelneirstrase 9½ m.

Jt. Kunen up den sal van der clocken eirst zu luden zu der zyt 12 s.

15 Jt. umb 150 lunen ind umb 126 lunen bruder Hoetchiin 15 m.
2½ s.

Jt. Winmer gesant zu Rüfferscheit 26 s.

Jt. Goedart deme vasbender umb legelen 3 m., ind umb tonen
3½ m.

20 Jt. Winmer gesant zu Rüfferscheit umb Heynen Musteils pertz wille
26 s.

Jt. meister Proffioin van deme kumphuse e man vüre vur Rüffer-
scheit so ain blockeren, so ain beelen, so schalen, so keffer, so segen,
so loin der werckluden, summa 126½ m.

25 Jt. deme selven van deme huse in den Beynt, dat zer piiffen gehoert
van holtz 14½ m., meister Rutten van yser dat dar zu gegangen
is 15 s.

Jt. meyster Rutten van yseren wercke zu der bliden, van puntwerck, van
bickelen, schubzen, nelen ind yser zen tenten, ze kesten zu allen sachen
30 83 m. 3 s.

Jt. Steeleman van yser ind stoelle geburt vur Rüfferscheit 27 m. 4 s.

Jt. meister Tielen van Bonne, van nuwen kenelen gelaicht vur Nuwe-
portz ind ain der piiffen ind in der byut 21 m. as dat albe bly aff
geschlagen is.

35 Jt. den wegemecheren, die wege ind steynwege wibber zu machen, vur
Nuweporze, in sint Jacobstrasse ind vur die Proestie intgein die
plancken, umb sant ind doyerde ind zu loyn 21 m. 4 s.

Jt. umb dubel trapneil ind andere trapneil ind beilneil geburt vur Rüf-
ferscheit 103 m. 9 s.

It. umb bli, so in den tumphuse, so up der wolle tuchenen, so up den sal, ind umb zyn zu loeben die kenel ind up den sal, ind up die tuchen, 19 m. 4 s.

It. umb peche zu der bliben 45 ℔ ze 12 d. val. 45 s.

It. meister Brebelenen van synen halven jairloin der uyrclocken 50 m.

It. umb veederwiische 10 s. It. den soldeneren van yren solde 300 m.

It. der steede gesinde (u. s. w. wie im ersten Monate.)

Summa 1021 m. 18 d. van den uyssgeven des vunssden mohntz.

Ditz dat geschenke des vunssden mohntz.

Primo, up des helich krutz dach, exaltacio, was der rait by eyn up den sal, habbe yber raitzman 2 quart, die du hie heym wåren ind andere dubel 10 veirbel.

It. deme scholtus van Geilenkirchen Lenzen 1.

It. des buschoffs hoevemeister van Luytche 2.

It. her Werner Bertolff leynde eyn pert, du man van krige reichde 1.

It. heren Wilhem werckluben van Whevelheym 2 qu.

It. der steebe gesinde 2 qu. It. van winkoiff, du man die kussen verbengbe 2 qu.

It. den werckluben zu heren Werneir hutzs 1.

It. heren Reynarde van Moerke die wile hee sieche lach 3.

It. deme buschoff van Straysburg 6.

It. den weychteren dat sy van huse zu huse gingen die emmeren sulen, die verloren waren 3.

It. Henkin deme boede zu zwen moelen 1.

It. brauwen gingen zu babe 2.

It. deme heren van Heynsberg 4.

It. den scheffenen van Lenche 2.

It. Jo. Seilmecher van underkoiff des wiins 2 qu.

It. heren Heynrich boede van Widenhorst 2 qu.

It. deme proyfst van Aychen 4.

It. deme vitzdum van Straysburg cum soc. 4.

It. heren Johan van Schoneburg ind den Knevel 4.

It. deme heren van Schoinvorst 4.

It. her Johan bedit den brauwen zer letzen 2.

It. heren Goedart Coliin van den bonrekrube 2 qu.

It. den besteeberen 2.

It. van zeichenen zu gießen 2 qu.

It. unsen heren den scheffenen 2.

It. Roeberchiin et sociis die dat krutz magden 2.

It. Peter du hee quam van Rüfferscheit 2 qu.

It. Jacob Gelboff quam van Rüfferscheit 2 qu.

It. der Herzoginnen van Guylche zweir geschenckt 16.

It. der steebe gesinde 2 q.

It. zwey des greven Dieneren van der Marken 2.

It. Roederchiin van den pauwelunen up zu hangen et sociis 1.

It. den meyers kneichten 1.

It. Emmerich van Guhlche ind R. der vischer 2.

It. heren Damen van Harne cum sociis 2.

It. deme pastoir van Merzenich 2.

It. Millis ind Peter waren umb die leste main 1 q.

It. heren Johan Suyrchyn 1.

It. deme heren van Borne 4.

It. deme buschoff van Meynze 10.

It. heren Hermanne Rost 2.

It. heren Heynrich van Grunselt 2¼.

It. der steede gesinde, du sy die leste main geboeden 1.

It. dem burchgreve van Boetchynbach 2.

It. deme proifst van Munster in Westfalen 2.

It. den hunnen van Hoeren ind van Wurselden 4.

It. Cloeschiin van der piiffen schoin zu machen 2 qu.

It. deme heren van Grünselt du hee uyss Brabant quam ind reit inther 4.

It. deme baynritz van Moelnarten 2.

It. Sack, der rentmeister, was heym gereden umb gelt 2.

It. heren Diderich van Berge 2.

It. heren den scholtus van Eschwilre ind heren Slambart, quamen uyss deme her 2.

It. heren Herman van Lievendale was sieche ind geloifde sich zAichen 2.

It. deme rentmeister van Rade 1.

It. greve Dietart van Katzenelboege 4.

It. deme dechen van Triecht 2.

It. heren Statz van den Bungart 2.

It. deme amptman van Munster in Westfalen 2.

It. heren Werneir vamme Rade 2.

Summa des geschenks des vuuffden moyntz kumpt up vyer amen 27¼ veirdell ze 3 s. die quart, summa 147 m. 3 s.

Summa zu samen so uyssgeven so geschenke des vuuffden moyntz 1148 m. 4½ s.

Ditz dat uyssgeven des seysden moyntz.

Primo. Tri raitdage bynnen raitdage 15 m.

It. zweyn buyssen raitdage 12 m

It. umb eyn vuder koelen up den sal 6 m. 4 s.

It. Henkiin den boeden gesant zu Kessenich 4 m., van Tielen perde.

It. Bruynleder den weychter, umb deil up die hameyde 13 s.

It. meyster Wigant den blenden eynen gulden val. 3½ m. 2 s.

It. Winmer zweir gesant zu Holtzheym umb Johannes wille van Nydeggen 2 m.

Jt. du unse heren heym waren komen, gingen sy zu bade myt al yren gesinde, koechen, kammerkneichten ind wat oen zu behoert, verzerden 26 m. 3 s.

Jt. Henkiin der boede gesant zu Luytsche ain dat capittel umb Tielen perde wille 3 m.

Jt. du hee widder quam, reit hee widder oever Mase myt den brieven 3 m.

Jt. des buschoffs trumpper van Strayßburg eynen gulden, val. 3½ m. 2 s.

Jt. der steede gesinde van yren hogezide, Omnium sanctorum 5 m.

Jt. den weychteren van yren hogezide, Omnium sanctorum 32 s.

Jt. du man umb ginge die wine drenken, ginge man 5 dage umb, da hadden yder raitzman 3 quart ind dri dubel alle dage, ind den gesinde der steede, des meyers, den virgierren, den schoederen, den kneichten je 2, je 1 quart des dagis, dat kumpt up 99 m. 3 s.

Jt. der stecte gesinde van einen wenterbuych 14 gul. valent 51 m. 4 s.

Jt. den pufferen, trumpperen ind foelgreveren umb eyn buych 11½ gul. val. 42 m. 2 s.

Jt. Cloeschiin umb eyn vnder colen up den sal 6½ m. 2 s.

Jt. Henkiin van Coelne gesant zu Johannes wive van Nydeggen 12 s.

Jt. heren Poten kneicht braicht eynen brief 12 s.

Jt. umb eyn grä pert gegolden widder Sylmau van Rodenburg 25 gul. val. 91 m. 8 s.

Jt. heren Cünen van Punt van den steynwege up den kirchoff 10 m.

Jt. Leonart, deme kremer van Kessel, umb dat hee der steede man worden is 12 m.

Jt. den weychteren in buyssen ind in bynnen umb dat sy al die ziit uyss wagden, dat man vur Rüfferscheit lach, den van buyssen 3 m. den van bynnen 2 m. ind Gerart ind Kuyn manlich 3 m. summa 57 m.

Jt. den soldeneren van yren solde 300 m. Jt. der steede gesinde (u. s. w. wie im ersten Monate).

Summa des uyßgeventz des seysden moyntz 886 m. 6 d.

Ditz dat geschencke des seysden moyntz.

Primo, Frambach cum sociis 2.

Jt. deme heren van Gronselt 4 cum soc.

Jt. unser heren ayssen ayn grois deil zu des Proffioin huys 4.

Jt. der steede gesinde bleven by eyn 1.

Jt. Hasenmuylchiin van winkoiff 2 qu.

Jt. deme herzoge van Guylche zu Burschit gesant 4½.

Jt. du hee du we her in quam 10.

Jt. heren Carsillis van Palant 2.

It. deme scholtus van Eschwilre 2.
It. heren Herman van Lievenbale 2.
It. heren Statz van den Bungart 2.
It. unsen heren, die van Rüfferscheit quomen 5.
It. Quecken ind Wilhem 1.
It. der beckersen van Duren 1.
It. heren Engelbert van Schoinvorst 2.
It. Peter deme lumbarder 1.
It. heren Herman Huyn, heren van Putte ind die huenne quomen van Ryfferscheit 4.
It. die burgermeister ind unse heren ayssen zer Lantzkronen 4.
It. Kuyn Volmer 1.
It. meyster Proffioin ind den zymmerluden, du sy dat werck in laychten 2.
It. Heynrich Henken 2 qu.
It. Herman van Kalle den bruwer 1.
It. meister Kirioin 2 qu.
It. meister Wigant der blende 1.
It. deme heren van Rüfferscheit ind Juncher Johan myt yrre geselschaff 4.
It. greve Johanne van Nassauwe 4.
It. herman Junggen 2, was sieche.
It. deme heren van Schoinvorst 4.
It. die geswoiren van den koelberge 1.
It. Griet Bleyssers, du man die eyninge bede zu Kuninxportz 2 qu.
It. deme heren van Breydenbeynt 2.
It. dem quinternen sleeger vurt huys 2 qn.

It. den provinciail van den Preichtcheren 4.
It. unsen heren den scheffenen, Omnium sanctorum 2.
It. den werckmeisteren, Omnium sanctorum 2.
It. zer Sterre, Omnium sanctorum 2.
It. der steede ind der burgermeister gesinde 2.
It. up den dach up der loewen 2½.
It. alle der steede gesinde ayssen up Alrchelgen dach myt heren Heynrich 1¼.
It. Korff van Gelenkirchen cum soc. 1.
It. Johan van Gehlle 2 qu.
It. Reymer van sint Ailbert ind sinen wive 1½.
It. Güschiin van Schoinvorst 2 qu.
It. heren Hermans vrauwe van Patteren 2.
It. Herman Jungen 1 q.
It. vrauwen waren zen bade 2.
It. Johan Bulchiin cum socio 1 q.
It. du man die eynynge horde in den vroinhoff yder raitzman 2 q. ind dri dubel, macht 13.
It. up sint Merthiins avent yder raitzman 2 q. ind dri dubel valent 13.
It. deme heren van Schoinvorst 4.
It. den malaten, Omnium sanctorum 1.
It. den trumpperen 1.
It. Peter van Bruvnsheim 1.
It. Vetten van Guyche cum sociis 3.

It. Wilhem des proyfst kneicht van Aichen 1.

It. Meyster Prenzen, du man Everart uyff sluych 1.

5 It. der vrauwen van Randerath 4.

It. alle der steede gesinde ind werdlude up sint Martiins avent je 2 q. ind je 1 q. 17 v.

It. Leonart van Kessel 2 q.

10 It. vreymde lumbarden waren hie 2.

It. Peter der steede kneicht 2 qu.

It. deme heren van Grunselt zu heren Johans huys 2.

It. deme burgermeister van sint
15 Druden cum sociis 2.

It. des meyers kneichten van Everart 1.

It. heren Reynart van Moerke, was sieche, 2.

20 It. deme buschoff van Osenbrugge 4.

It. deme heren van Gronselt 2.

It. gesellen waren zu bade 2.

It. der duymbechen van sint Lambert 2.

25 It. den werckmeysteren, waren zu bade 2.

It. unsen heren den scheffenen, Martini 2.

It. den werckmeisteren, Martini 4.

30 It. zen Sterre 2.

It. der steede gesinde ind der burgermeister gesinde, Martini 2.

It. heren Goedart van Nyvenheym 2.

35

It. Cloeschiin van der piiffen 2 q.

It. deme boede van Ruyrmunde 2.

It. heren Werneir vamme Rade 2.

It. deme amptman van Suyst 1.

It. heren Diberich van Berge 2.

It. deme rentmeister van Rade ind heren Johan amptluden 2.

It. der vrauwen van Heynsberg 4.

It. die Knevel cum sociis 2.

It. deme proyfst van Aychen 4.

It. Wilhem van zeychenen ze giesen 2 q.

It. Emmerich van Guylche cum soc. 2.

It. deme rentmeister van Triecht 2.

It. deme tolneir van Lasteyn cum socio 2.

It. den honnen van Berge 2.

It. den honnen van Wurselden 2.

It. den honnen van Dirsberg 2.

It. den van Haren 1.

Summa des geschencks des 6ten moyntz 7 amen 20¼ veirdell je 3 s. dat magt ain gelde 230 m. 3 s.

Summa zu samen so uyssgeven so geschencke zu samen des seysden moyntz kumpt up 1116 m. 3½ s., gerechent vigilia Epiphanie (5. Januar 1386).

Diß dat uyssgeven des 7den moyntz.

Primo, dri raitdage bynnen raitdagen 15 m.

It. zweyn buyssen 12 m.

It. umb coelen 5½ m. 2 s.

Jt. umb holtz up ben ſal 3 1/2 m. 3 s.

Jt. ben zwen piifferen inb ben zwen trumpperen up eren loin manlich 8 m. val. 32 m.

Jt. ben Auguſtinen umb eyn vuber coelen 5 1/2 m.

5 Jt. ben Menrebrudern umb coelen 6 m.

Jt. ben Preichtcheren umb coelen 5 m. 10 s.

Jt. ben Carmeliten umb coelen 6 m.

Jt. ben heren van ſint Joline umb coelen 6 m.

Jt. ben Wyſſen vrauwen umb coelen 6 m.

10 Jt. ben vreymben ſpeilluben myt eyn vreymben inſtrument cum ſoc. 16 s.

Jt. Wynmer geſant zu Caſter 18 s.

Jt. Kunen in bie Aichterſtraſe van pelen zu vuren 3 m.

Jt. Clois up ben grave van pelen zu vuren, bu man rehnen ſolbe 3 m.

Jt. Clois Trietman van zwen karren peille zu vuren 4 m.

15 Jt. Johan Gürſſe van 4 perben zu vuren peille 4 m.

Jt. Tielmān up ben Drieſche van 4 perben 4 m.

Jt. Clois Kuynzeneir van 3 perben 3 m.

Jt. umb eyn ſtuck wiins van 3 1/2 āmen ze 18 m. val. 63 m.

Jt. umb zwā tonnen hoppens 8 m.

20 Jt. umb rentvleiſche 35 m. 8 s.

Jt. umb bri mube broitz 16 m.

Jt. umb ſaltz 7 s., ze ſalzen bat vleiſche.

Jt. huynre 9 m. 10 s.

Jt. umb poette inb ſchuttelen 2 m.

25 Jt. ben kneichten van bragen vleiſch, poet, ſchuttelen ꝛc. 12 s.

Jt. meiſter Kirioin vur ſine arbeit.

Jt. Reynkiin, beme weichter vur ſynt Ailberz, umb ſchenbelen, neeille inb loyn 18 m. 2 s.

Jt. Millis van Dirsberg vur ſinen rocke 10 m.

30 Jt. Leonart van Keſſel, beme cremer inb ſinen bruber 12 m.

Jt. beme ſelven Leonart, bu hee quam van Birgel 6 m.

Jt. Cloiſchiin umb ſchoelen zu licken 3 s.

Jt. eynen becker up Puntporze vur ſteyne inb neele 8 m. 2 s.

Jt. Wynmer geſant zu heren Carſillis 12 s.

35 Jt. meiſter Jacob ben gelaiſſemech van ſtupen inb machen 3 m. 10 s.

Jt. Goetkiin beme eralbe 2 m.

Jt. meiſter Ailberz wive, van yren huſe van ben halven jair 10 gul. val. 36 m. 8 s.

Jt. zu ben ſteynwege zu helpen in Porſchierſtraſe 12 m.

Jt. Koerfmecher gesant zu Munster in Eyffel 2 m.

Jt. Quecke, du hee up reit umbt geleyde eirstwerff 17 gul. je kost, val. 62 m. 4 s.

Jt. ben schriveren van Coelne, van Triere, van Meynze samen 8 gul. val. 29 m. 4 s.

Jt. eynen gulden heren Schenartz gesellen val. 3½ m. 2 s.

Jt. du Quecke reit van Rüfferscheit zu Coelne as myt ben burgeren up zu riben, du reben die gesellen myt eme, die verzerben ze Lechenich inb zu Coelne 15 m. Coels val. 16 m. 3 s.

Jt. Quecken pert bleysf zu Coelne stain, verzerbe 11½ m. Coels val. 12 m. 11½ s.*)

Jt. Quecke verzerbe 18 gul. val. 66 m.

Jt. Quecke sant eynen boebe zu Rüfferscheit 1 gul. val. 3½ m. 2 s.

Jt. ben solbeneren van Brankenvort 4 gul. val. 14 m. 8 s.

Jt. be solbeneir van Meynze 4 gul. val. 14 m. 8 s.

Jt. Ruperz Bleyurs kneicht 2 gul. val. 7 m. 4 s.

Jt. bes scholtus gesellen van Guylche 3 gul. val. 11 m. inb heren Schenartz gesellen 4 gul. val. 14 m. 8 s.

Jt. Queck sant eynen boebe her heym, bat sich eyn volcke hoefbe 1½ gul. val. 5½ m.

Jt. unse heren waren in bissen moynbe zu Duren up ben lantbach myt veil gesellen verzerben bå 196 m. Coels, val. 212 m. 4 s.

Jt. up die Wolletuchen ze becken inb schenbelen, Gerart Boesse, so schenbelen, so neil, so loin, zu samen 26 m.

Jt. umb eyn vuber holtz 3 m. 3 s.

Jt. umb die 9 peille inb sinen loin inb zu laben inb wiin 24 m. ain die Scharpeyche.

Jt. eynen boebe gesant zer Sleyden 2 m.

Jt. meister Proffioin umb bicke beille inb leisten inb holtz up ben grosen sal, die kenel zu overlege, so loin, so gereitschaff 32 m. 3 s.

Jt. int kumphuys umb beille zu yrlegen inb holtz inb loin 17 m. 4 s.

Jt. up meister Briebelenen huse gemacht, bat hee gain mach von ber tuchen upt werde, umb beille holtz inb lohn 15 m. 8 s.

Jt. up die bie Treckloeve, so recken, so anber gerebe 6 m.

Jt. in die Wolletuchen die wagen alle gemacht, zu hangen ain nuwe holtz 3½ m.

---

*) Nach bem vorhergehenben Posten unb vielen anderen ist 1 m. Cölnisch = 13 Schilling Aachensch. Danach wären 11½ m. C. = 12 m. 5½ s. Aach.

Jt. meister Rutten van mengerley yferen werck, nele, pannen 23 m. 4 s.

Jt. meister Tielman van Bonne van eynre nuwer püffen, van bli, van zynne, van steynen ind ander sachen 22 m. 2 s.

Jt. van der geselschaff zu Kunen huys van den Eychorn 40 m.

Jt. den soldeneren 300 m.

Jt. der steede gesinde (u. s. w. wie im ersten Monate).

Summa des uyssgevents des 7ᵇᵉⁿ moyntz 1443 m. ind 3½ s.

Ditz hat geschencke des 7ᵇᵉⁿ moyntz.

Primo, den gesellen van den Sterre, hieschen yren solt, 2 veirdell.

Jt. den burgermeisteren ind den scheffenen van Duren 4.

Jt. meister Kirioin 2 q., 2 q.

Jt. deme heren van Grunfelt 2.

Jt. des heren gesellen van Schoinvorst 1.

Jt. du man die reyninge solde buyn, durt man myt in fleschen 10¼.

Jt. Brunts soenen in den mart 1.

Jt. zu voelwine, den man heym braicht van der Scherper eyche, 1¼.

Jt. ze winkviff van den stuck wiins 2 q.

Jt. den van Porschirstrase, die myt waren, 2.

Jt. der steede gesinde 2 q.

Jt. heren Rutger van Druve. 2 cum sociis.

Jt. des scholtissen wive van Aldenhoeven 1.

Jt. deme Rentmeister van Rabe 2.

Jt. eym lumbarder 1.

Jt die burgermeister aissen myt proist Lewen 2.

Jt. du man ain die Scharpe eyche was, du habben unse heren, die myt waren, manlich 1. dat macht 14.

Jt. deme scholtus van Eschwilre 2.

Jt. deme heren van Breydenbeynde 2.

Jt. deme herzoge van Guylche 10.

Jt. heren Herman van Lievendale 2.

Jt. heren Statz van den Bungart 2.

Jt. heren Engelbert cum sociis 2.

Jt. heren Herman Huyn, heren Joh. van Putte ind heren Gillis van den Wier 4.

Jt. Tielen van Bunne, Proffioin ind meister Rutten 1.

Jt. Herman Jungen 1 q.

Jt. Poter der steede kneit 1 q.

Jt. Wilhem van zeichenen ze giesen 2 q.

Jt. heren Conrat van Eylsla 2.

Jt. eynen boede van Triecht 2 q.

Jt. greve Diberich van Katzenelinboge 4.

Jt. meister Arnolt deme marschalck 1.

Jt. den toelneir van Lastein cum sociis 2.

Jt. deme heren van Gronselt 2.

Jt. unsen heren den scheffenen 2.

Jt. der steede ind der burgermeister gesinde, Katherine 2.

It. deme lantkumtur, quam van Pruyssen 4.
It. Wilhem van Enden 1.
It. den lumbarden van Ruyrmunde 2.
It. den mynister van den Bruderen 4.
It. den vorstmeister van Monyauwen 1.
It. deme heren van Breydenbent 2.
It. Geirkiin Karrebuych 2 q.
It. der vrauwen van Binsvelt ind yren doechteren ind van Endelsdorpe, samen 4.
It. meister Johans kneicht van Tongeren des erzitters 2 q.
It. Cloischin van Coelne ind Henkin 2 q.
It. der vrauwen van Randenrat 4.
It. unsen heren den scheffenen, Nycholai 2.
It. der stede ind der burgermeister gesinde, Nycholai 2.
It. Betten van Guylche 2 cum soc.
It. Jacob Geldoff van den huse verzeichenen 1.
It. unsen heren den scheffenen, Concepcione 2.
It. den werckmeysteren, Concepcione 4.
It. der stede ind der burgermeister gesinde, Concepcione 2.
It. up unser Brauwen avent Concepcione yber raitzman 1 1/4 ind dri bubel val. 26 1/4.
It. den buven, Nycholai 1.
It. heren Johan van Kensvilre ind heren Slabbart 2.
It. Symon van der Heyden 1.
It. heren Reynart van Moerke 3.
It. unsen heren den scheffenen 2.
It. her Reynart van Schoinrabe 2.
It. deme Abt van Münster 2.
It. her Goebart van Yvenheym 2.
It. den gesellen zen Sterre, Concepcione 2.
It. deme proisst van Aychen 4.
It. Meyneir van Yvenheym 2.
It deme boede van Ruyrmunde 2.
It. heren Loywich van Burchauwe, her Johan van Blatten, heren Johan van Drenborn 4.
It. Cloischiin van der piiffen 2 q.
It. heren Johanne ind heren Arnolt van ribewine 2, Duren.

Summa des geschents des 7^{ben} moyntz 6 åmen 5 veirdell 1 quart, ze 3 s. die quart, magt 185 m. 3 s.

Summa zu samen so uyssgeven, so geschenckt des 7^{ben} moyntz zu samen kumpt up 1628 m. 6 1/2 s. gerechent prima die Martii. (1. März 1386).

Ein dieser Monats-Rechnung beiliegender Zettel enthält Folgendes:

Rutte.

It. 250 drilinge. It. 250 deilneil.
It. 200 trapneil. It. 15 ℔ yſers.
It. klamberen zer blumen.
It. umb ſchuppen, den mart ze retzugen.
It. umb eyn vurpanne zer pyffen myt ze loen.
It. umb eyn nuwe vurpanne.
It. umb clamberen zer piiffen up den Koelrum.
It. 100 deilneil. It. 50 trappneil.
It. umb gehangen zen doeren.
Summa 23 m. 4 s.

Tielman van Bunne.

It. 38 ℔ bliis zen blumen in ze gieſen.
It. 40 ℔ zu eynre nuwer pyffen.
It. ſo up den tarraſter, ſo up thuis 30 ℔ blys.
It. 18 ℔ ziens ze loen die piiff ind die kenel ind den tarraſter.
It. umb eynen ſteyn under den air 6 s. 4 d.
It. umb loin ze machen.
It. up den Koelrum die piff ze machen.
Summa 22 m. 2 s.

Ditz dat uyſſgeven des $8^{b.^{en}}$ moyntz.

Primo, dry raitdage bynnen raitdagen 15 m.
It. zwein bueyſſen raitdagen 12 m.
It. umb eyn vuder coelen up den ſal 6 m.
It. Cloiſchiin van Coelne geſant zu Luytche 13 s.
It. Henkiin van Coelne geſant umb meiſter Johan van Koettingen 8 s.
It. den zwenzig weichteren van yren hogezide zu Kirsmeſſen manlich ½ mudde roggen, dat mudde ze 5 m., ſumma 50 m.
It. Kunen ind Gerart Moelneir manlich ½ mudde ⎫
It. Leonart ind Cloeſchiin manlich ½ mudde ⎬ roggen, ſumma 4 mudde ze 5 m. val. 20 m.
It. den zwen trumpperen eyn mudde ⎪
It. den zwen piifferen eyn mudde ⎭
It. junffer Stinen Schobs van Remanant 12½ m.
It. Cloeſchiin van Coelne geſant zu Breidenbent ind zu Kaſter 18 s.
It. meiſter Wilhem der erzitter zu coſt 6 gul., up den wegen, val. 22½ m.
It. den weychteren van yren hogezide 31½ s.
It. umb eyn gehenge 3 s.
It. den blenden umb eyn par ſchuyn 6 s.

It. Scharpgeschosse 12 s.
It. umb zwey vuder holtze 4 m. 8 s.
It. Cloischiin van Coelne gesant zu Johannes van Nydeggen 12 s.
It. gaff man deme boede der kervoersten, de die brieve braicht van der muntzen, 4 m. 4 s.
It. des heren boede van Sleyden 8 s.
It. Peter der steede kneit gesant zer Sleyden 18 s.
It. Henkiin van Coelne gesant zu Coelne umb tgelt van der bliven 16 s.
It. Wynmer gesant zer Sleyden 18 s.
It. umb eyn par sloyfflachen, Cloischin up den sal 5 m.
It. die stat sant umb meister Johan van Koettingen in heren Reynartz behuyff, sine kost 4 m.
It. Winmer gesant zu Coelne anderwerff umb tgelt van der bliven 26 s.
It. Henkiin van Coelne gesant zu Breidenbeynt ind vort 12 s.
It. eyme sprutycher 25 s.
It. eyme anderen myt deme schoeckebrede 18 s.
It. umb papir, umb eyn riis grois papiers 5 gul. men 1 ort val. 17 m. 9 s. 9 d.
It. zu der increste Nuweporzen umb zweyn stilen ind krumbeil 11 m.
It. umb plaben riholtzer ind leynbenke 10 1/2 m.
It. umb 42 beil ind 18 schalen ze 7 1/2 s. val. 46 m. 3 s.
It. umb vier keffer 3 m. 8 s.
It. umb yseren wercke darzu 14 m. 3 s.
It. zwen gesellen 19 dage ze 8 s., summa 12 m. 8 s.
It. ain dat Kutzbat vur holtz ind werke 8 m.
It. den soldeneren van yren solde 300 m.
It. der steede gesinde 27 m. 8 s. (u. s. w. wie im ersten Monate).

Summa des uyssgevenz des 8^{ben} moynz 681 m. 15 d.

Ditz dat geschencke des 8^{ben} moynz.

Primo, deme heren van Gronfelt 4 cum soc.
It. deme heren van Breidenbeynde 2.
It. heren Goedarde van Yvenheym 2.
It. her Johanne van Kessel 2.
It. Kuynchiin Luypchin 2 q.
It. heren Kunen van Bynsvelt 2.

It. Preisse van Goir 2.
It. deme boede van Ruyrmunde 2.
It. deme bastart van Riifferscheit 1.
It. heren Reynart van Moerke 5.
It. heren Slabbart ind heren Joh. van Kenfswilre 2.
It. heren Mularde van Bruych ind heren Sylman van Schasewort 2.

It. Wilhem van zeychen 2.
It. unsen heren den scheffenen 2.
It. der vrauwen van der Sleyden zweir 7.
It. Prossioin eynen dreymben kneit 1.
It. heren Engelbert ind heren Kuyn= rat cum sociis 4.
It. deme heren van Schoynvorst 2.
It. heren Heynrich van Widen= horst 2.
It. heren Heynrich Ruyllivan 2.
It. dem burgermeister van Du= ren 2.
It. heren Briderich van Sasen= husen 2.
It. die vrauwe van Randenrabe 4.
It. Sack van Wiich 2.
It. deme pastoir van Merzenich 2.
It. Wilhem ind Rey. Blatten 2.
It. Tielman van Roede 1.
It. heren Herman van Lieven= dale 2.
It. . . aissen veil gesellen zen Preichtcheren 2.
It. unssen heren den scheffenen, Christi 2.
It. den werckmeisteren, Christi 4.
It. ze Sterre, Christi 2.
It. zu heren Adayms huys, Christi 2.
It. up den bach ind avent up der loewen 3.
It. den Malaten, Christi 1.
It. heren Johanne ind heren Ar= nolt van ridewine zu Du= ren 2.
It. yren wiven manlich 1, datz 2.
It. Quecken wive 2 q.

It. heren Winande van Sittard 2.
It. der steede gesinde 2 q.
It. Coliin Beyssel van boedenbrif dat Goeskyns wiiff doyt was, 1.
It. heren Schinmans suster 2, van Beyen.
It. den soldeneren, du sy yren solt hieschen 2.
It. deme proyst van sint Lambert 4.
It. die soldeneir reeden nyt den proist 2.
It. heren Johanne van Witvenne 1.
It. Gerart Branken soene van der Sleyden 1.
It. des Hasen bruder van Beym 2.
It. heren Heynrich van Baste= nachen 2.
It. meister Wilhem, deme erzitter ind Reynart van Moerke cum sociis 2.
It. Prossioin cum sociis 1.
It. der steede ind der burgermeister gesinde, Christi 2.
It. der Junffer van Luyrke 2.
It. alle der steede gesinde ayssen myt myr up Kirsbach 5.
It. Cloeschiin van der piiffen schoin ze machen 2 qu.
It. eynen Dutzchen here 4, Visita= cionis.
It. Winmers wive, lach Heyden 2 q.
It. deme heren van Breidenbeynde 2.
It. deme heren van Schoinvorst 4.
It. henricus des proist schriver 1.
It. alle der steede gesinde ind werck= luben up jairs avent, den eyn ze 2 q., den anderen ze*), summa 17.

---

*) Zahl fehlt.

It. Cloeschiin ze geluyde 1.
It. unsen heren den scheffenen, in Jairsdage 2.
It. den werckmeisteren, eodem die 4.
It. zen Sterre, up Jairsdage 2.
It. der stede gesinde ind der burgermeister gesinde, Circumcisione 2.
It. unse heren ayssen nyt heren Daym Cluten 2.
It. her Goedart, van umbgain 1.
It. Roederchiin 2 q.
It. beschussen sy eyn nuwe armborst 1.
It. Arnoldinis, Circumcisione 1.
It. des heren gesinde van Grunselt 2.
It. unsen heren den scheffenen, Epiphanie Domini 2.
It. den werckmeisteren 4.
It. Gerart Moelneir et Kunen 1.
It. zen Sterre, Epiphanie 2.
It. zu heren Adayms huis 2.
It. den trumperen ind piifferen, geluc 1.
It. den brauwen van Breydenbent et Horne 2.
It. den weychteren, Epiphanie 3.
It. den honnen van Hoeren 1.
It. Lemyn van Gulpen 1.
It. den piifferen ind trumpperen, vigilie Epiphanie 2.
It. Quecken ind Wilhem ze geluyck 2.
It. unsen heren den scheffenen ze zwen molen 4.
It. den scheffenen, van den raitgedinge 2.
It. Lambert Bussen, van der raitgedinge 1.

It. meister Heynrich van Haseldonck 2.
It. deme Juncher van Dollendorp et Peter Denie 2.
It. meister Wolter den steynmetzer 2 q.
It. der stede gesinde ind der burgermeister gesinde, Epiphanie 2.
It. up Jairsbach ind avent up der loeven 3.
It. umb lutendrach*) up Jairbach 1 v. 4 m.
It. unse heren ayssen myt heren Mertin Faber 2.
It. unse heren goven Mathise 1.
It. up Druzieberbach ind oevent, up den sal 3.
It. brauwen van Coelne 2.
It. heren Smeychen wiiff van Liesseym 2.
It. heren Wilhem van Sinzich, heren Johan van den Borst ind heren Schavart van Eyrnich samen 4.
It. heren Giselbert Brent 2.
It. deme heren van Gronselt 2.
It. Johannes der scheffen kneit 1 ze geluycke.

Summa des geschencks des 8ᵇᵉⁿ moynts 7 amen ind 14 veirdell, die quart 3 s., ind an luterdrand 4 m., dat macht ain gelde 228 m.

Alsus kumpt dat uyssgeven ind dat geschencke zu samen up 909 m. ind 15 d. Gerechent des bonresdages na Geirtrudis. (22. März 1386.)

---

*) Ist wohl ein Schreibfehler für: luterdrand, claretum.

Ditz dat uyssgeven des 9^{ben} moyntz.

Primo, dri raitdage bynnen raitdagen 15 m.

It. zweyn büyssen 12 m.

5 It. Henkiin den boede gesant ze Coelne umb dat gelt van der bliben 5 m. 5 s.

It. Cloeschiin umb eyn vuder coelen 6 m. 2 s.

It. Henkiin van Coelne gesant zu Lemburg 8 s.

It. Cloeschiin van Coelne gesant zu Nydeggen 13 s.

10 It. Henkiin van Kaster, du hee man wart, gaff man eme 20 gul. val. 75 m.

It. Tielman van Nütte van kost, die Henkin vurschreven verzerde 5 gul. val. 18 m. 9 s.

It. Cloeschiin van Coelne gesant zu den selven Henkiin, du hee viant
15 wart, 18 s.

It. Henkiin der boede gesant zu heren Poten inb zu den greve van Bianden 16 m. 9 s.

It. Johan Huyffleisch van 6 m. 3 s. zens, die man eme aff galt aint Kutzbat, 63 m.

20 It. des proist piiffer van Aichen 2 gul. val. 7 1/2 m.

It. up andach des heiligen Keyser Karls ze luden 5 m.

It. ze presencien den priesteren 5 m.

It. Quecken umb leyrsen inb sproeren.

It. Heynchiin deme soldeneir gebrach noch van sinen perde 6 gul. val.
25 22 1/2 m.

It. du unse heren zu Duren waren up den lantdach verzerden sy dá 205 m. 9 s. Coels valent 223 m. Eysche.

It. du her Johan van Punt in Brabant was ain myn brauwe, umb ze werven den offenen brief als van der reynyngen inb pelingen weegen,
30 verzerde hee dá, inb so dat hee ewech gaff den schriveren, kuchengelt inb kost 64 1/2 gul. val. 241 m. 9 s.

It. der steede gesinde zu yren jair cleyberen inb parcleyben 305 m.

It. den zwen kempen van yren roecken 21 m. 3 s.

It. Cloeschiin umb sinen wenter rocke 7 m. 4 s.

35 It. den piifferen inb trumpperen vur yr ander roecke 24 m. 7 s.

It. meister Paribain umb eyn kogelvuder 3 m.

It. der steede gesinde, Herman Queck inb Wilhem umb kogelvuder 6 m.

It. meister Bredelene vur sinen wenter rocke 12 m.

It. umb die 6 vuder under die parcleyber 14 1/2 m.

It. unſe heren ayſſen up deme ſale, habbe man, du her Moys eydum int-
ſaicht, 3¹/₂ veirdell et 18 s.

It. du man der ſteede geſinde ir cleider aff ſneit inb winkoiff van buyche
4 veirdell et 2 m.

It. ben ſolbeneren van yren ſolbe 300 m.

It. der ſteebe geſinde (u. ſ. w. wie im erſten Monate).

Summa des uyſſgevens des 9ᵇᵉⁿ moyntz 1505 m. -

   Ditz dat geſchencke des 9ᵇᵉⁿ moyntz.

Primo, deme heren van Schoin-
 vorſt 4 veirdell.

It. heren Wilhelm van Sinzich 2.

It. deme heren van Breidenbent 2.

It. heren Rickalbe vamme Rabe,
 heren Gerart van Wiedenauwe
 et filiis 4.

It. heren Heynrich van Wienhorſt 2.

It. heren Everart van der Mar-
 ken 4.

It. heren Arnolt van Hummen 2.

It. deme heren van Rabe 2. heren
 Maſchreil.

It. deme heren van Gronſelt 2.

It. deme herzoge van Guylche 20¹/₄
 zweir.

It. heren Herman van Patteren 2.

It. Preyſſe inb Emmerich 2.

It. der wirtz ſon van Guylche
 Wilhem 2. Stutzchin.

It. heren Johanne van Toernich
 4, Emmerich Brânt.

It. heren Wynrich van Roir 2.

It. deme ſcholtus van Eſchwilre
 inb Viit, des marſchalcs ſon,
 inb die kent van Harne ſa-
 men 4.

It. heren Engelbret inb heren Kuyn-
 rich van Eylſla 4. cum ſoc.

It. der ſteebe geſinde 2 q.

It. Millis van Dirsberg 2 q.

It. deme heren van Breidenbent 2.

It. heren Emont van Endels-
 dorpe 4.

It. deme heren van Gronſelt zu
 Lubſchheren huys myt viel ge-
 ſellen 4.

It. heren Emontz ſchriver 1.

It. Cloiſchiin van der piiffen 2 q.

It. geſellen waren zu babe 2.

It. heren Johanne inb heren Ar-
 nolt van ribewine ze Duren 2.

It. yren wiven manlich 1, batz 2.

It. Quecken wive 2 q.

It. Johans kneit van Koettingen
 2 q.

It. heren Reynarde van Moerke 3.

It. Betten van Geuwenich 1.

It. den buymheren, die bedingben
 myt den van Wurſelden 4.

It. Peter Elreborns wive van
 Munſter 1.

It. deme ſchriver van ſint Ge-
 weir 1.

It. deme kelneir van ſint Dru-
 den 2.

It. du Jacob Geldoff viant wart 1.

It. deme burchgreve van Wet-
 heym 1.

It. Henkiin deme boebe 1 q.

It. deme heren van Schoynvorst 4.
It. den solbeneren du man sy int=
hielt 6.
It. du man den dach hielt myt
den buymheren waren daby
die burgermeister Wiis, Vol-
mer, Margraten, her Goebart,
Colin Lutzelenburg, ich 6.
It. unsen heren den scheffenen, Ka=
roli 2.
It. den werckmeisteren, Karoli 4.
It. der steede inb der burgermeister
gesinde, Karoli 2.
It. die solbeneir inb die gesellen
waren myt den burgermeisteren
ze Wailharen 2.
It. Peter der steede kneit 2 q.
It. heren Reynart muynen inb
suster van Burschit 2.
It. Roederchiin 2 q.
It. heren Statz inb heren Slab-
bart 2.
It. Cloeschiin inb Henkin van
Coelne van den marbe schoin
ze machen 1 q.
It. unsen heren den scheffenen 2.
It. heren Heynrich van Gronselt 2
et sociis.
It. den weychteren, du sy dat helu-
sen verboben 3. (Lewerck.)
It. des heren gesinde van Schoin-
vorst 2.

It. der steede gesinde bleven essen 1.
It. unsen heren den scheffenen, Pu=
rificacione 2.
It. den werckmeisteren, Purifica-
cione 4.
It. den gesellen zen Sterre, Puri-
ficacione 2.
It. zu heren Abaymhuys, Purifi-
cacione 2.
It. der steede inb der burgermeister
gesinde, Purificacione 2.
It. up den dach inb âvent up der
loeven 2.
It. unse heren ayssen myt dem
Proffion 2.
It. du man koeren solde inb nyet
in koerbe, yber, die zen koer ge-
hoeren 2 q. inb bri bubel 10.
It. unsen heren den scheffenen 2.
It. alle der steede gesinde aissen
myt heren Johanne, Purifica-
cione 5.
It. Tielman van Roebe 2.

Summa des geschencks des 9bcm
moyntz 5 âmen inb 23 veir-
bell ze 3 s. die quart, summa
173 m.

Alsus kümpt dat uyssgeven inb dat
geschencke zu samen up 1678 m.

Ditz dat uyssgeven des zienden moyntz.

Primo, bri raitdage bynnen raitdagen 15 m.
It. eynen buyssen raitdagen 6 m.
It. umb eyn vuder coelen 6 m. 2 s.
It. Düyster van der Heyden 4 s.
It. Henkiin der boede gesant zu Birgel 26 s.
It. eyme sprutycher in latinen 12 s.

Jt. eym boede van Brabant, heist Schoinweber 8 s.
Jt. van der kronen zu intfengen 2 m.
Jt. Kűynchiin Luypchiin was gevangen, gaff man eme 12 s.
Jt. des heren boede van der Sleyden, braicht brieve, 12 s.
Jt. des herzogen piifferen van Guylche 4 gul. vl. 14 m. hollantz.
Jt. greve Symontz boede van Bianden, de die antwerde braicht, 8 s.
Jt. Henkiin der boede gesant zu Coelne inb ouch myt Peter unss wirtz soene 3 m. 3 s.
Jt. Boeschiins son van Muysbach, Boeschiin, du hee man wart der steede, 4 m.
Jt. des buschoffs viedeleir van Luytche 1 gul. val. 3 m. 3 s.
Jt. Arnolt des buschoffs voir 12 s.
Jt. Coliin Beyssel van des sengers weegen van gebrech der guylden 33 m. 4 s.
Jt. deme apoteker Paridanus 25 gul. van syme huse val. 93 m. 9 s.
Jt. den zwen trumpperen inb den zwen piifferen manlich 7 m. van yren lesten jairloin val. 28 m.
Jt. meister Symon, deme schroeder, zu sinen erzitter ze helpen 25 m.
Jt. Heynrich leyendecker van loeben up deme grosen sale inb up die Wolltuchen inb van decken, neil, schendelen, ziin inb loin stin inb siinre kneichte 8 m. 10 s.
Jt. deme selven Heynrich van allen den artieren, porzen die uyssersten, umb steyne, nele, schendelen, zien, kuppelen, schalen, keffer, loin siin inb siinre kneichte 78 m. 10 s.
Jt. umb eyne nuwe piiffe van blie boeven Laurens gabum, nyeder inb up der burgerhuys ze stüppen, umb steyne, nele inb loin 12 m. 3 s.
Jt. Gerart, deme slossemecher, umb gehenge, krempe, sluffel, slos, oeverval up alle den kesten, up der burgerhuys inb anderswá 5 m. 10 s.
Jt. umb eyn ouder holtz die assise ze verkoyssen 3 m. 2 s.
Jt. den solbeneren 300 m.
Jt. der steede gesinde (u. s. w. wie im ersten Monate).
Summa des uyssgevents des 10ten moyntz 725 m. 11 s.

Ditz dat geschenke des 10ten moyntz.

Primo, deme heren van Gronselt inb sinen bruder 4 v.
Jt. deme van Breidenbent 2.
Jt. heren Goedart van Yvenheym 2.
Jt. heren Kűnen van Binsfelt 2.
Jt. Preische van Goir 2.
Jt. heren Muylarde van Bruyche 2.
Jt. heren Engelbert van Schoinvorst 2.
Jt. der vrauwen van Randenrade 4.
Jt. heren Herman van Patteren 2.

Jt. den lantkummendur van den Byeſſen 4.
Jt. Peter Oeme, 2. myt den van Dollendorp.
5 Jt. heren Smeichen wiiff van Lieſſeym 2.
Jt. heren Heynrich van Wienhorſt 2¼.
Jt. heren Johanne Bornen 2.
10 Jt. heren Johan van Drenbornen
Jt. heren Emont myt ſynen geſellen 4.
Jt. andach keyſer Karls dach den Menrebruderen 4.
15 Jt. den Preichtcheren 4.
Jt. den Auguſtinen 4.
Jt. den Karmelieten 4.
Jt. den heren van ſint Joline 4.
Jt. den Wyſſenvrauwen 4.
20 Jt. heren Arnolt von Ryſmoelen 1.
Jt. heren Johanne Buychwinken 1 q.
Jt. heren Johanne Starkenberg 2 q.
25 Jt. heren Kerſtioin van ſint Truden 1.
Jt. heren Johanne van den Grave 2 q.
Jt. meiſter Wolter van Belle 2 q.
30 Jt. heren Johanne van der Geis 2 q.
Jt. unſen heren den ſcheffenen, octava Karoli 2.
Jt. den werckmeiſteren 4.
35 Jt. zen Sterre, octava Karoli 2.
Jt. der ſtede ind der burgermeiſter geſinde 2.
Jt. octava Karoli yber raitzman 2 q. ind dri bubel, dat macht 12½.

Jt. des herzogen rade van Borgonien 4.
Jt. den heyrre van Waveren 2.
Jt. deme boede van Brabant 1.
Jt. der ſtede geſinde 2 q.
Jt. heren Slabbartz vrauwen 2.
Jt. Quecken 1.
Jt. ſcheffenen van Triecht 2.
Jt. vrauwen waren by eyn 2.
Jt. Johan den lumbarden van Duren 2.
Jt. den werckluden upt Cloiſter 1.
Jt. den werckmeiſteren 1.
Jt. heren Johanne van Kenswilre, heren van Hoytdorp et uxoribus 2.
Jt. Henkiin van Kaſter 1.
Jt. deme heren van Breidenbent 2.
Jt. Leonart ind Reynart 3 q.
Jt. des buſchoffs boede van Coelne 2 q.
Jt. der rait van Borgonien aſſe myt heren Johanne ind de van Gronſelt 4.
Jt. Winant van der Roſen 2 q.
Jt. Cloeschiin van der piiffen 2 q.
Jt. Goedart Buffel, Biit et alii 2.
Jt. Johannes van der Eyche ze Luytche 1.
Jt. Gerart Franken ſoene 1¼.
Jt. Proffioin ind meiſter Tielman 1.
Jt. deme herzoge van Guylche 20. zweir, van den graven.
Jt. deme Rentmeiſter van Rade 1.
Jt. den ſoldeneren, die mit Quecken waren 1.
Jt. Buſchman ind Goebbel zu Baſtoevent 1.

21*

Jt. Henkyn deme boede 2 q.
Jt. deme heren van Gronselt ze Luybsheren huys 4.
Jt. Wilhem van zeichenen ze giesen 2 q.
Jt. ben brauwen zer Schuren 2.
Jt. ben solbeneren, bu her Johan ze Brabant reit 3.
Jt. Quecken 1.
Jt. ben brauwen ze Breybenbent 2.
Jt. Peter unser wirtz son ze Coelne 1.
Jt. ber burgermeister gesinde 1.

Jt. heren Johanne Nyse 1, sieche.
Jt. der steebe gesinde zu Bastovent 1.

Summa des geschencks des 10ten moynts 5 åmen 15½ veirbell ze 3 s. die quart, summa ain gelde 165½ m.

Summa so geschencke so uyfgeven des 10ten moynts 891 m. 5 s,, gerechent des 5. dages in ben Aprille (1386).

Ditz dat uyfgeven des 11ten moynts.

Primo, dri raitdage bynnen raitdagen 15 m.
Jt. eynen buyssen 6 m.
Jt. ben vikeerisen van heluyssen 12 s.
Jt. van der lesten clocken zu luben 12 s.
Jt, Cloeschiin umb eyn vuder kolen 7 m. 8 s.
Jt. Cloischiin van Coelne ind Henkin van ben marde schoin ze machen 10 m.
Jt. Gerart Voyssen van der heymlichkeit zu decken vur Posterchiin umb schenbelen neille ind loyn, ind van des weychters huse vůr Růweporze, so schenbelen, so neile, so machen eme ind socio 14 m. 4 s.
Jt. ritter Ome, be die schoelen bebe essen 22 s.
Jt. Halffnasen ind ben blenden van Burschit 6 s.
Jt. her Johan ind her Arnolt waren zu Duren up den lantdach, verzerben ba myt veil gesellen 179 m. 4 s. Coels vl. 194 m. 3 s.
Jt. Henkin van Coelne gesant zu Duren 12 s.
Jt. umb eyn vuder coelen up den sal 6 m. 2 s.
Jt. heren Johanne Nyse van der kost der brauwen van der Sleyden 60 m.
Jt. Gerart Karrebuych gesant zu Caster 26 s.
Jt. Clois van Coelne gesant zu Duren, keirde wibber, intsage brief 6 s.
Jt. des marschalcken boede van Birgel braicht brieve van Velter 3 m. 3 s.
Jt. heren Johans boede van ben Velde 6 s.

It. Henkiin der boede zweir gesant ze Huy ind ze Luytche umb des heren wille van der Sleyden 2 gul. vl. 7½.

It. umb twehlben up den sal 9 m.

It. des herzogen piifferen van Gelre 3 hollantsche gul. vl. 10½ m.

It. Henkiin deme boede, wart gesant deme gewande nâ ze Bercheym 7 m. 3 s.

It. heren Goedart Coliin van deme geschosse zu bewaren 20 m.

It. der mede zu vuren zu Brabant, kost 29 m.

It. Wilhem, de myt gereeden was den mede ze presentieren, habbe 5 gul., val. 18 m. 9 s.

It. des buhschoffs mede van Luytche ind der zweyer rentmeister mede ze Triecht, kost zu vuren 22 m.

It. Schobbenhagen, deden mede bewarde, beyde zu Brabant ind zu Luytche habbe 5 m.

It. Cloeschiin' van Coelne nâ gesant, dat man des buschoff mede zu Triecht lies, 12 s.

It. des herzogen mede van Guylche kost ze vuren zu Kaster 10 m.

It. Gerart Moelneir, der myt ginge 3 m. 9 s.

It. des buschoffs mede van Trierre kost zu Bonne zu vuren 18½ m.

It. kost de mede vort zu vueren van Bonne ze Eyrbersteyn 13 m. 3 s.

It. des buschoffs mede van Coelne kost zu vuren zu Lechenich 11 m.

It. Leonarde, de myt ginge den mede presentiren 3 m. 9 s.

It. den mede ze vuren ze Valkenburg ind ze Roede, kost 5 m. 4 s.

It. Kůnen, de myt ginge 18 s.

It. meister Goedart vasbender van den vassen zu machen 19 m.

It. umb voellegelen, den voelmede in zu duhn, kosten 2 m.

It. dren kneichten, die bie vas drugen ind den mede hulpen vassen, 4 m.

It. umb 11 tonnen heringe den ordenen ind umb Got zu geven. Summa 177 m.

It. Quecke sant eynen boede van Bobarden hee heym, du unse burger gekummert waren zu Kunningesdorp, 5 m. 5 s.

It. des buschoffs piifferen van Trierre 4 hollantz gul. val. 14 m.

It. Henselin deme vecker 22 s.

It. Cloeschiin van Coelne gesant zer Sleyden 18 s. It. 18 s.

It. unse heren goven dem buschoff van Luytche zessen, kost âin wyn 75 m. 4 s.

It. unse heren ayssen up der loeven umb des geleytz wille zu zwen moelen 6 m. 2 s. zu kost ind 6½ veirdell macht zu samen 12½ m. 2 s.

It. den soldeneren van yren solde 300 m.

It. der steede gesinde (u. s. w. wie im ersten Monate).

Summa des uyssgevens des 11ᵇᵉⁿ moynß 1211 m. 10 s.

Ditz dat geschencke des 11ᵇᵉⁿ moynß.

Primo, deme buschoff van Luytche. 8 v., 8 v., 8 v.

It. du Quecke ewech reit umb dat geleide 1.

It. der steede gesinde vur yr heilusen 4.

It. der vrauwen van Randenrade 4.

It. der vrauwen van Duffel 4.

It. den tuchenkneichten des buschoffs van Luytche 1.

It. Geirkiin valkeneir 1.

It. der vrauwen van der Sleyben 4.

It. den scheffenen up Schuttelbach 2.

It. den werckmeisteren up Schuttelbach 2.

It. der steede ind der burgermeister gesinde 2.

It. deme heren van Gronselt et fratri cum soc. 4.

It. up der loeven up Schuttelbach 2½.

It. des meyers kneichten vur ir helusen 1.

It. deme herzoge van Guylche 10.

It. den werckmeisteren zu Babe 2.

It. Roeberchiin ind Runkart van den oistellen aff zu lohssen 1.

It. unsen heren den scheffenen up Cleyn vastoevent 2.

It. zen Sterre up Cleyn vastoevent 2.

It. der steede ind der burgermeister gesinde 2.

It. unsen heren den scheffenen up Groys vastoevent 2.

It. den werckmeisteren up Groys vastoevent 4.

It. zen Sterre up Grois vastoevent 2.

It. zu heren Adayms huys 2.

It. der steede ind der burgermeister gesinde 2.

It. up den bach up der loeven 3.

It. den schutzen van den pile 6.

It. die burgermeister ayssen myt heren Mertin Faber 2.

It. du unseheren den buschoff zessen gaven 12.

It. heren Diderich van Berge, heren Brücken et uxoribus 2.

It. deme bechen van Münster 2.

It. deme kemereir van Bacheym 2.

It. heren Johanne Nyse 1. (Sleybe)*).

It. van vuberen zu gelden der steede gesinde winkoff 1 q.

It. her Gillis van den Wier 2.

It. heren Herman van Patteren 2.

It. du Kunen wiiff up den sal heyben was 1½.

It. deme heren van Gronselt as zu Dobach 2.

It. der steede gesinde 1.

It. den schutzen zu Cleynen vastoevent, santen eynen intfagebrief 4.

---

*) Die eingeschalteten Wörter stehen in der Urkunde in kleinerer Schrift am Rande.

It. Cloischiin van der piiffen schoin ze machen 1 q.
It. des buschoffs gesinde van Luytche 1.
It. meister Laffelart 2 q.
It. deme stoecker, du man Frasmont up den kaix satte 1 q.
It. du man lestwerff koerde vur Bastovent habben yber 1 q. ind dri dubel magt 10 1/4 v. (Moelneir).
It. vrauwen waren zes burgermeister huys heren H. 2.
It. des herzogen ritter van den Berge, her Johan Sabuysse 2.
It. deme heren van der Sleyden 4.
It. vrauwen ze Joh. Rulantz huys 1.
It. heren Johanne ind heren Arnolt van riven zu Duren 2.
It. yren wiven du sy ewech waren 2.
It. Quecken wive 2 q.
It. van winkoff van den heringen 2 q.
It. Symon van der Heyden 1.
It. des meyers kneichten van Frasmont 1.
It. unse heren die scheffene bleven ze Brusel 2.
It. meister Proffioin, meister Tielmann, heyluffen 2 (cum sociis).
It. den soldeneir die myt unsen heren waren zu Duren 2.
It. die ander gesellen gemeynlich myt me gesellen van den Sterre gingen ze bade 4.

It. deme heren van der Sleyden 4.
It. deme stoecker 1.
It. deme abt van Munster, deme bainritz heren Slabbart 4.
It. heren Engelbert ind heren Goedart van Schoinauwen, heren Mulart et Flatten 4.
It. deme heren van Gronselt ind heren Herman Huyn 4.
It. deme vasbender van den mede zu laden 1.
It. deme wiebuschoff 2. (de virmet)
It. den hunnen van Berge ind van Haren 2.
It. Jacob van der Lantzkronen ind den vrauwen 2 (sieche).
It. den soldeneren, die myt Quecken waren 1.
It. des meyers kneichten van Kivesack 2 1/4.
It. deme meyer 2. (van Kivesack)
It van Frasmont 2.
It. der vrauwen van Heynsberg 4.
It. deme abt van Rade 2.
It. deme heren van Gronselt 2. (Ze Luybshuys.)
It. deme herzoge van Guylche 10, 10.
It. deme juncheren van Guylche 6.
It. heren Johanne van den Velde 2.
It. heren Emmerich Preis ind Werneir 2.
It. vrauwen waren zes meyers huys 2.
It. heren Engelbertz wive ind Johans wive van Yechtz 2.
It. deme heren van Gronselt 2. (Zu heren Johans huys.)

It. des monhdagis nā Anunciacione yder raitzman 3 q. ind dri dubel val. 12½.

It. deme greven van Tecklenburg 4, 2.

It. Johan van Kessel, Johan van Lovenberg cum sociis 2.

It. der steede gesinde 2 q.

It. Quecken, du hee zu Frankenfort vur 1.

It. Wilhem van zeychenen zu giessen 2 q.

It. du man den mede bestade, ze winkoiff 1¼.

It. unsen heren den scheffenen 2.

It. den geswoeren van den koelberge 1.

It. unse heren aissen zu zwen moelen myt dem dechen van Munster 4, 2.

It. Cloeschiins muder up den sal 2 q.

It. der alder brauwen van Palant 2.

It. unsen heren den scheffenen, Anunciacione 2.

It. den werckmeisteren, Anunciacione 4.

It. der steede ind der burgermeister gesinde 2.

It. Peter der steede knecht 1 q. (Ze Schoinauwen).

It. du der buschoff as myt heren Gerart Lewen 4.

It. unse heren die scheffenen heyluyden 2.

It. deme van Breydenbent cum soc. in heren Arnolt hoff 4.

It. heren Goedart van Ybenheym 2.

It. heren Kunen van Binsvelt 2.

It. den lantkumendubr van den Byessen 4.

It. heren Emont van Endelsdorp 4.

It. Sheze ind Poleyn cum soc. 2.

It. unsen heren den scheffenen 2.

Summa des geschencks des 11ten mohnts 10 āmen ind 15½ veirdel ze 3 s. die quart dat macht 315½ m.

Alsus kumpt dat uyssgeven ind dat geschencke des 11ten mohnts zu samen up 1527 m. ind 3 s.

Dit dat uyssgeven des 12ten mohnts.

Primo, dri raitdage bynnen raitdage 15 m.

It. zweyn buyssen raitdagen 15 m.

It. den wegemechern, van den steynwe zu machen vur den sal, up deme marde, vur den Sterre, ind in Punt ind vort up andern steeden ze lohn 94 m.

It. meister Wolter van wegesteynen in der kulen 11 m. 8 s.

It. van den steynen zu vuren 28 m. 2 s.

It. van sande zu vuren ind geris ewech zu vuren 21½ m.

It. Cloeschiin van Coelne gesant zu Lechnich 18 s.

It. deme toelner van Birkensdorp 4 s.

It. des buschoffs bode van Luytche 1 gul. val. 3 m. 10 s.

Jt. Henkiin den boede gesant zu Coelne 7 m. 10 s.

Jt. des marschalcks kneit van Birgel 1 gul. val. 3 m. 10 s.

Jt. Wynmer gesant zu Bercke, du unse burger gekummert waren 3 m. 10 s.

5 Jt. umb eyn vuder coelen up den sal 6 m. 2 s.

Jt. Henkin der boede gesant zu Luytche umb des wille van der Sleyden 4½ m.

Jt. Schobbenhagen gesant zu Luntzen 4 s.

Jt. Leonart gesant zu unsen burgeren zu Brandenvort, habuit 3 gul.
10 val. 11½ m.

Jt. Henkin der boede gesant zu deme marschalck van Birgel 3 m. ind zu Rade.

Jt. Peter gesant zu Luytche myt Keeren kende zu besten zu Malaten 12 s.

Jt. den weychteren van yren hogezide zu Paischen, der is 20, yder 2½
15 m. vur ½ mude roggen, summa 50 m.

Jt. Gerart Moelneir ind Kuyn 1 mudde vur 5 m.

Jt. Leonart ind Cloeschiin vur 1 mudde 5 m.

Jt. den zwen trumpperen vur 1 mudde 5 m.

Jt. den zwen piifferen vur 1 mudde 5 m.

20 Jt. zwen kneichten dat eyrtze zu rumen up den hoff 10 s.

Jt. des buschoffs boede van Luytche 18 s.

Jt. Halffnase gesant zu Luytche 18 s.

Jt. Kunen up den sal van sinen halven jairloin der clocken 10 m.

Jt. eynen boede gesant zu Bruyssel 3 m. 4 s.

25 Jt. der steede gesinde van yren hogezide zu Paischen 31½ s.

Jt. den weychteren van yren hogezide zu Paischen 31½ s.

Jt. du Quecke eyrstewerff upvuyr umb dat geleyde, verzerde hee 12 gul. val. 45 m.

Jt. die geleyde brieve kosten ain den heren 5 gul. val. 18 m. 9 s. ze 45 s.

30 Jt. Peter der steede kneit van sinre porzen zu decken ind zu machen, neil, schendelen, loin 12 m. 3 s.

Jt. den wingart zu machen in der burger huys 6 m.

Jt. Kunen deme wegemecher ind synen gesellen van den piiffen, locheren zu stuppen, so sant, loin 8 m. 5 s.

35 Jt. Heynrich den slosmecher 2 m. van slossen ind slussselen.

Jt. Henkiin der boede gesant zu Birgel um heren Kunen kneits wil 3 m. ind eynen bolche 3½ m.

Jt. her Arnolt Volmer was zu Coelne up den lantdach, verzerde myt veil gesellen 173 m. 4 s. Coels vl. 187 m. 9 s. Eysche.

It. gaff man des heren kneichten van Breydenbent 2 gul. zu verbrenken val. 7 m. 8 s.

It. heren Kerstioin van den Kanel van deme artier by sint Jacob 127 m. gaff Mathiis.

It. deme smede zu deme selven artier 20 m. 2 m.

It. Heyurich leyendecker zu deme selven artier 1250 scheubelen ind 2500 eyslinge neisse ind umb 16 s. ind sinen loyn 3 m., dat macht zu samen 14 m. 2 s. 9 d. Summa zusamen dat artier kost 163 m. 2 s. 9 d.

It. du unse burger vuren zu Brankenvort, gaff man heren scheffenen, gesellen van Kunnixborp zu Coelne 4 gul. val. 15 m. 4 s.

It. sant man Henkin den boede myt zu Coelne 3 m. 3 s.

It. Quecke sante eynen boede zu minen here van Coelne 2 m. 2 s.

It. gaff Quecke van geley van Coelne zu Bonne 4 gul. val. 15 m. 4 s.

It. van Bonne zu Liins 4 gul. val. 15 m. 4 s.

It. van Liins zu Andernachen 3 gul. val. 11½ m.

It. van Andernachen zu Coevelens 3 gul. val. 11½ m.

It. van Coevelens bys zu Wiessell zweir 5 gul. val. 19 m. 2 s.

It. van Heymbach zu eren Meynze 4 gul. val. 15 m. 4 s.

It. eynen kneit gesant van Meynze zu Rupret Bylneir ½ gul. val. 23 s.

It. verzerden Rupret Bylneirs geselle 2 gul. val. 7 m. 8 s.

It. Quecke sant zweyn boeden van Brankenvort zAichen, habben 2 gul. val. 7 m. 8 s.

It. gaff Quecke Rupret Bylneir ze verbrenken 6 gul. val. 11½ m.

It. gaff hee sinen gesellen 3 gul. val. 11½ m.

It. Quecke was uyss 5 wechen, verzerde myt Henkin van Coelne 18 gul. vl. 69 m.

It. den besiente van Erenveltz ein par hoesen kost 1 gul. val. 3 m. 10 s.

It. eynen boede gesant zu Aichen van Coelne 2 m.

It. haint unse heren vast by eyn geweist, hain gezert 5 m., 7 veirdel.

It. Winmer gesant zu Coelne myt Quecken perde 26 s.

It. eynen boede gesant ain mynen here van Coelne zu Covelentz 1 gul. vl. 3 m. 10 s.

It. Henkin van Coelne gesant zu Schoenberg 2½ m.

It. van zwen kannen nuwe zu machen ind die kannen schoinzemachen ind 2 m. vergessen, summa 9 m. 10 s.

It. der burger Graff kost ain den werkluben zu dageloin 10 wechen kost 215 m.

It. meister Tielman ze verbrenken ind sinen soene 12 m.

It. Johanne zielbecker umb 1000 zielsteyne 5 m.
It. Wilhem seilmecher umb kuppelen 2 m.
It. umb 14 vuder kalz 5 summer je 15 s., summa 47 m. 12 d.
It. meister Proffioins kneit van sande zu vuren ind berchsteyne ind ziel=
steyn zu vuren 15 m. 8 s.
It. meister Proffioin van steygerholtz, van kefferen, holtz ind segen die
kefferen ind loin 16 m. 2 s.
It. Heynrich leyendecker umb schendelen die nuren zu decken 2250, die
zu hauen, zu verdecken, neille ind loin zu samen kost 25 m. 3 s.
It. umb 300 latzen vur 7 m.
It. kost das geris uyss deme Grase zu vuren 10 m.
It. Gerart sloffemecher umb 1200 drilinge ind trapnele, beilneil ind bri=
linge up dat arkier ind van slussselen ind slossen meister Brebelenen
ind cluyster 8 m. 5 s.
It. deme kalckbirnre van 2 vuderen kalz zu Dirsberg 6 m. 8 s.
It. meister Rutten van schirpen ir gezawen, bickel, troege, tobben, ge-
hengen, ketten 5½ m.
It. meister Proffioin van dem kumphuys umb blocker ind die zu sniden
ind zu legen, ze bageloin, ind gruntholzer macht 56 m. 7 s.
It. meister Proffioin umb 1 kanel, umb bele, bodeerde, sant ind geris
uyss den marde ze vuren, Krehain, summa 8 m.
It. Roederchiin umb holtz zu den oytstellen, umb smaltz, unselt, ind zu
vuren, ind umb eynen oitstalle zu volmaichen up der Kuchen 20
m. 4 s.
It. Roederchiin zu bageloin 38 dage ze 8 s. die oitstelle umb Aichen
alle ze irmachen ind van eynre stat upt ander zu begaden ind aff zu
loyssen, summa 25 m. 4 s., je verbrenken 4 m.
It. Tielman Rünckart 25 dage ze 7 s. vl. 14 m. 7 s.
It. noeber Gise 23 dage ze 7 s. vl. 13 m. 5 s.
It. Heynrich armborstmecher 10 dage ze 7 s. val. 5 m. 10 s.
It. Mertin der weichter 11 dage ze 7 s. val. 6 m. 5 s.
It. Goetzkin huysbecker 9 dage ze 7 s. val. 5 m. 3 s.
It. Dunmois Pierinke 5 dage ze 7 s. val. 2 m. 11 s.
It. meister Rutten zu den noitstellen 164 ℔ yserß ze 2 s. vl. 27 m. 4 s.
It. Henkyn der boede van gebreche, dat hee veil gereiden have dorch dat
iair 14 m.
It. den soldeneren van yren solde 300 m.
It. der steede gesinde (u. s. w. wie beim ersten Monate.)
    Summa des uyssgevenz des 12ten moyntz 2002½ m. 15 d.

Ditz dat geschencke des 12ͬᵉⁿ moynts.

Primo, Tielman van Bonne, Prof-
fioin cum sociis, du man den
werckluden yren loin satte, 2
veirdell.
It. der steede gesinde, die die
werckluden hoylden, 1.
It. deme heren van Breydenbeynt
et uxore cum sociabus 4.
It. der abbissen van Nuysse 4 cum
soc.
It. Werneir van Aldenhoeven cum
soc. 2.
It. den werckluden int Gras 1.
It. der steede boede van Coelne
1 q.
It. junffer Mettelen zer Lautzkro-
nen cum soc. 2.
It. meister Proffioin cum soc. up
Sanctuleporz 1.
It. meister Wolter cum soc. in den
Grave 1½.
It. Arnoldinis 2 q.
It. meister Peter deme zymmerman
2 q.
It. den soldeneren, die myt Quecken
waren 2.
It. den werckluden zu Arnolt rent-
meister huys 2 q.
It. meister Johanne zielbecker zu
heren Werneirs huys 2 q.
It. deme heren van Gronselt 2.
It. Mathise Yveltz 2. cum soc.
(Depen.)
It. die werckmeister aissen myt heren
Johan 1.
It. Johanne Berrewiin 1.
It. Tielman van Bonne, was
sieche 1.

It. Henkin deme boede 2 q.
It. Cloeschiin van der piiffen
schoin ze machen 2 q.
It. der steede gesinde 2 q.
It. heren Heynrich soene van Mel-
bert deme ritter 2.
It. deme greven van Cleve 6.
It. deme herzoge van Beyeren, son
des herzogen van Hollant 8.
It. heren Engelbret van Schoin-
vorst 2.
It. deme herzoge van Guylche 10.
It. unsen heren den scheffenen up
Palmedage 2.
It. der steede ind der burgermeister
gesinde, Palme 2.
It. unsen heren den scheffenen in
Mendelbage 2.
It. den werckmeisteren in Men-
delbage 4.
It. unsen heren den scheffenen up
Paischdage 2.
It. den werckmeisteren, Pasce 4.
It. zen Sterre, Pasce 2.
It. zu heren Adayms huys, Pasce 2.
It. der steede ind der burgermeister
gesinde, Pasce 2.
It. up den dach up der loeven 2.
It. den malaten up Paischbach 1.
It. den piifferen, Pasce 2 q.
It. up Paischbach zen Augustinen,
waren die burgermeister zen
triescheujauge 4.
It. heren Kerstioins werckluden up
den sal kanel 1.
It. in der vasten, du man myt den
ordenen asse, galt man zu Myn-
renbruderen 20 m.

It. zu ben Auguſtinen 20 m.
It. zu ben Prehchtcheren 20 m.
It. zu ben Karmeliten 20 m.
It. ben heren van ſint Joline einen bolſche vur 3½ m., 4 v.
It. Cloyſſe van Heidenbale, was ſieche 1 q.
It. bie ſoldeneir reden mit luden zu Kaſtern 1.
It. beme heren van ſint Anthonius 2.
It. heren Heynrich werckluben 2 q.
It. beme bechen van Munſter 1.
It. ben weychteren bu ſy verboeden ze trire 3.
It. beme heren van Breidenbent 2.
It. Quecken wive 1. zweir.
It. heren Heynrich Brieſen, was ſieche 1.
It. Heynrich van Hackvort 2.
It. ben butzmheren van ſint Lambret 2.
It. ber vrauwen van Kuynrisheym et filie 2.
It. heren Werneir van Humpeſche 2.
It. heren Jacob van Punt canunche 1.
It. ben van Harſtal inb ben van Depi 2. (Maſchreil).
It. beme proiſt van Triecht 2.
It. Wylhem Betten van Guylche 1.
It. Karſillis kneit van ber Raitzen 2 q.
It. Koerff van Geilenkirchen 1.
It. Wilhem, van zeychenen zu gieſſen 2 q.
It. Frambach beme boebe inb ben meiſter van ber bonrebuhſſen 1.

It. heren Johanne van ſint Margraten, van ribewine 1.
It. heren Ruhlman van Sinche 2.
It. beme herzogen van Altz 8.
It. Lambret van Goir 2.
It. ben wegemecheren ze verbrenken 1.
It. ber marckgrevine van Myſe 4, 4.
It. Kunninge beme meilre 2 q.
It. beme rabe van Lubeck 2.
It beme baynritz inb ben kenben van Blatten 2.
It. Kunen up ben ſal van ben behlden ſchoin ze machen 2 q.
It. Roederchiin cum ſociis 2 q. van ben oitſtellen.
It. Leonart quam van Brankenvort 1 q.
It. ber ſteebe geſinbe 1.
It. unſen heren ben ſcheffenen 2.
It. Mathiſe beme rentmeiſter 1.
It. Quecken wive 2 q.
It. beme heren van Gronſelt 4 (fratri Schaiſdries).
It. heren Arnolbe Bolmer, van ribewine ze Coelne 1.
It. ſinen wive 1.
It. heren Wilhem van Muhsbach 2.
It. ber vrauwen van Bynsvelt 2.
It. heren Smeichen van Liesheym 2.
It. Sacke van Wiche beme rentmeiſter 2.
It. heren Statz, heren Gillis cum ſociis 2.
It. Tielman van Rabe inb ber ſcholtus et Buck 2.

Summa bes geſchencks bes 12ten mohntz 5 åmen 23¼ veirbell

ze 3 s. ind ain gelde 83½ m., dat macht zu samen 256 m. 3 s., gerechent des denstagis vur Sacramenti. | geschencke des 12ᵇᵉⁿ moyntz zu samen up 2258 m. 10 s. 3 d., des denstagis nâ Viti (19. Juni 1386).

5 Alsus kumpt dat uyssgeven ind dat

Ditz dat uyssgeven des 13ᵇᵉⁿ moyntz.

Primo, dri raitdage bynnen raitdagen 15 m.

It. zweyn buyssen raitdagen 12 m.

10 It. Korfmecher gesant zu Sittard ind zu Gulpen, umb heren Goedartz Collins wille 9 s.

It. Johan Hankart hadde verbuwet in der Wagen 22 m.

It. meister Bredelenen den uyrclockmeister van sinen jairloin 100 m.

It. meister Johanne deme harneschmecher zu syme huys zu helpen 4 gul.
15 val. 35 m. 4 s.

It. Theys van Bullingen den scholtus van Schoenberg 2 gul. 7 m. 8 s.

It. Henkin van Coelne gesant zu den marschalck van Birgel 18 s.

It. Henkin den boede gesant zu Luytche 3 m.

It. heren Wilhelm boede van Muysbach, braicht brieve van der Sley=
20 den, 18 s.

It. Wynmar gesant zu den van Gerartsteyne umb helpe 3 m. 3 s.

It. heren Scheynartz cralde van Heemersbach 18 s.

It. des herzogen trümpperen van Lutzelenburg 2 gul. vl. 7 m. 8 s.

It. Winmar anderwerff gesant zu Gerartsteyn, du man widderboit, 3
25 m. 3 s.

It. Henkin den boede gesant zu Mayseicke 3 m.

It. piifferen des buschoffs van Straisburg 2 gul. val. 7 m. 9 s.

It. Rabade ind Heynchiin verzerden zu Lechenich 3 m. 3 s.

It. unse heren verzerden ind goeven zu Munster, du sy bedingden myt
30 den van der Sleyden, 2 gulb. val. 7 m. 8 s.

It. Cloeschiin van Coelne gesant zu den buschoff van Luytche, dat hee schriven woelde ain den heren van der Sleyden, 2 m.

It. Cloeschiin van Coelne gesant zu Luytche 2 m.

It. Gerart Moelneir van sinen jairloyn der bandklocken 5 m.

It. Kunen up den sal gaff man, du hee sieche was, 5 m.

35 It. Henkiin van Coelne gesant zu Coelne umb Clois wille van Aaichen 26 s.

It. Henkin den boede gesant zu Luytche 3 m.

It. Henkin van Coelne gesant zu Treversdorp 4 s.

It. de selve Henkin gesant zu heren Siebert vamme Spiegel 26 s. (ze Coelne.)
It. Cloischiin van Coelne gesant zu der Sleyden 18 s.
It. up sint Urbains dach ze presencien 6 m. ind yber raitzman zer letzten 1 veirdell val. 25 m.
It. umb schoelen zu licken 9 s.
It. bruder Johanne Hoetchiin umb 200 lunen 9½ m.
It. Wynmar gesant zu Schoenberg 2½ m.
It. Knoede van sinen perde 60 m.
It. deme gerende manne, de gevangen was, 2 m.
It. Henkin van Coelne gesant zu unser brauwen von Brabant, sleche was, 6 m.
It. her Johan van Habel gesant zu Coelne umb der wille van Wurselben 2 gul. val. 7 m. 8 s.
It. Moerchiin, deme emer, van den amen zu benden, 2 m.
It. Herman Jungen, van sinen lohn bie zeichen zu bewaren 25 m.
It. des buschoff boede van Luytche 1 gul. val. 3 m. 10 s.
It. meister Ailbertz wive, van den huse 10 gul. val. 38 m. 4 s.
It. Cloischiin van Coelne gesant zu Schoinberg 2 m.
It. den wechter van Wirichsbungart umb eyn horn 5 m.
It. umb 10 ℔ ziens zeychen zu giessen 4 m. 5 s.
It. Heynrich leyendecker, van sinen halven rocke 6 m.
It. heren Johanne van Punt, van sinen jairloin ind van der steede perden zu halden 250 m.
It. heren Heynrich van der Linden, van sinen loin ind van der steede perden zu halden 250 m.
It. Mathise den rentmeister, van sinen loin der rentmeisterschaff 200 m.
It. mir Rickolff Coliin, van mynen loin 200 m.
It. deme wive up die Roisse, van deme hair up zu heeven 12 m.
It. Wilhelm van Oppendorpe, van den hoer zu spennen 12 m.
It. meister Johanne, deme huffssmede, van der steede perde zu besloin ind meister Kunen 28 m.
It. meister Theis deme sedeleir van seedelen, zoemen, halteren, gegoerben ind mencherley gereyde 10 m.
It. zu der steede perden 80 m. ḱin Rüfferscheit.
It. Siezen van Liebermeh, van den vurster ampt 40 m.
It. Winant van der Wiede, van deme vurster ampt 40 m.
It. meister Tielman deme erzitter, van den siechen zu bewaren 12 m.
It. meister Cloysse, deme armborstmecher, van zwen armborsten 25 m.

It. Laurens, van veil schrivens durch tjair inb van ende 12 m.
It. umb unselp kerzen up ben sal bürch tjair 18 m. 3 s.
It. meister Tielman van Bonne, van beme muhrley ze bewaren 10 m inb 3 m. vnr Ruwe porze.
It. ben solbeneren umb 6 saroxbuyche 18½ gulb. val. 70 m. 11 s.
It. ben selven umb kogelen 23½ m.
It. Coliin Beyssel, vau ben huse up ben Koelrum, 35 gul. inb 2 m. val. 186 m. 2 s.
It. rechent Johan Coliin, bat hee verbuwet have ain ber Wolletuchen 31 m. 10 d.
It. ben orbenen umb vleysche 5½ zenbeneir inb 8 ℔ ze 14 m. val. 78 m. 2 s. 8 d.
It. ben wiin schroeberen umb seil 10 m.
It. umb perchment, siegelwais, serpentine, spainsgruyne ꝛc. 12 m.
It. van ben kempen roecken vergessen 10½ elen ze 20 s. val. 17½ m.
It. umb bri bossiin kuyssen blater zu wirken bat stuck 22 s. val. 46 m.
It. bie leeber brunder kost bat stucke 7 s. val. 21 m.
It. umb flocken inb schorhoer ze voelle 11½ m.
It. bie zu neben, Heynchiin van Eschwilre, van ben stuck 12 d. val. 3 m.
It. eynen boebe gesant zu ben van Schoinvorst, ze Lupelenburg inb vort zu Sichen 2 gul. val. 7 m. 8 s.
It. Henkiin ben boebe gesant zu Coelne umb bes greven wille van Namen 3 m.
It. ben solbeneren, van yren solbe 300 m.
It. ber steebe gesinbe (u. s. w. wie im ersten Monate).
It. 10 m., bie wir men gerechent habben in ben vurleebenen moynbe, bat man in ber rollen vant.

Summa bes uyssgebentz bes 13^{ben} moyntz 2525 m. 11½ s.

Ditz bat geschencke bes 13^{ben} moyntz.

Primo, unsen heren ben scheffenen, van beme voigtgebinge nå Paischen 2 veirbell.
It. Lambret Bussen, beme bursprече 1.
It. bu man bat vleysch galt ben orben, ze winkoiff 1.
It. magister Heynen 1 q.
It. heren Knebelen van Bobarben 2.
It. ben schupen vau ber papegeyen 6.
It. Kunen up bensal, was sleche 2.
It. unsen heren ben scheffenen, Walburgis 2.
It. ber steebe inb ber burgermeister gesinbe, Walb. 2.
It. heren Schmeichen van Liesheym 2.

It. den gesworen van den huys-
beckeren 1. (nuwe)
It. Laurens 2 q.
It. den weychteren, du sy die hoppe
verboeden, 3.
It. des vridagis nā Walburgis was
der rait by eyn yber raitzman 2
q. ind dri dubel val. 12 1/2 v.
It. deme kummeister, van den heißen
borne ze vegen 2 q.
It. der steede gesinde 2 q.
It. heren Wilhem van Mutzsbach 2.
It. deme scholtus van Bullingen 1.
It. Quecken 1 q.
It. deme heren van Gronselt 2.
It. Arnolt deme rentmeister ind
Frambach deme boede 1.
It. den werckluden int Gras 1.
It. meister Wolter van Wetheym 1.
It. Wilhem des proiftz kneicht 2 q.
It. Peter Elreborns wive, was 1.
It. vrauwen van Munster in
Eyffel 2.
It. Poleyne, Johan van Oepen,
cum soc. 2.
It. Cloeschiin, van der piiffen schoin
ze machen 2 q.
It. der burgermeister gesinde 2 q.
It. deme wirde van Wildenberch 1.
It. Wilhem, van zeychenen zu gies-
sen 2 q.
It. der wirbinnen van Lechnich 2 q.
It. der vrauwen van Wilre ind der
van Monyow. 4.
It. van der eynungen van Gerart
Stierup, yber raitzman 2 q.
ind dri dubel 12 1/2.
It. deme iuncher van der Lecke 4,
cum soc.

It. den soldeneren die myt eme
reeden 1.
It. deme meyer van Namen 2.
It. deme herzogen van Guylche
zweir geschenckt 20.
It. der herzoginnen van Guylche
ze Burschit vierwerff geschenckt
32.
It. deme herzogen, de reit zu yr,
zweir geschenckt ze Burschit 24.
It. du die herzoginne widder z Aichen
quam, zweir geschenckt 16.
It. Yserengram 2 q.
It. heren Paen deme kelneir van
Munster 2.
It. heren Gillis van den Wier ind
Rutger van Brimersheym 4.
It. deme burgermeister van Du-
ren 2.
It. deme heren van Gronselt 2.
It. heren Werneir van Merade 2.
It. deme heren van Breydenbeynt 2.
It. heren Winant van Roir 2.
It. minen werckluden 1.
It. Emmerich van Guylche 1.
It. der vrauwen van Wickrabe 2.
It. heren Winrich van Roir ind
heren Werneir van Merade 4.
(Bagentin.)
It. deme heren van Gronselt 2.
It. heren Wilhem ben quoben 2.
It. heren Diderich van Berge 2.
It. du man die sunen satte, yber
raitzman die zen koer gehoeren
1. et bribubel valet 19.
It. heren Heynrich Chorus 2 q.
(gelt)
It. heren Slabbart ind Goedart
Buffel 2. (Joist)

It. heren Johan van der Geys, Gerart Moelneir, Wilhem 1 1/4.
It. up sint Servais dage den scheffenen 2.
It. du man den mynister begienge, zen Bruderen 6.
It. heren Hilger van langen Auwe 2.
It. heren Johan Suyrchiin 1.
It. deme pastoir van Merzenich 2.
It. heren Heynrich van Gronselt ind Johan van Rosmoelen 2.
It. meister Johanne van Munster upt wercke vur Kunnixporz 1.
It. den meyers kneichten, van deme gevangenen van Johan wegen van Thiechelen 1.
It. den brauwen zu Baslovent, gingen as munche 2. (vergessen)
It. Werneir van Aldenhoeven 1.
It. meister Tielen van Bonne 1.
It. heren Engelbert van Schoinvorst 2.
It. deme heren van sint Anthonius ze Triecht 2.
It. die vrauwe van Kuynrisheym ind van Bynsvelt 2.
It. heren Werneir van Humpesch ind Goedart Buffel 2.
It. Betten van Guylche 1.
It. Koerff van Geilenkirchen ind Symon van der Heyden 2.

It. heren Ruylman van Arendale 2.
It. den lumbarden van Duren 3.
It. deme bainrits ind den kenden van Blatten 2.
It. Sack van Wiche 2.
It. des herzogen piifferen van Guylche 2.
It. vrauwen waren zu babe 2.
It. der steebe gesinde 1.
It. deme heren van Gronselt 2.
It. du man die kussen voelbe 3 q.
It. Quecken 2 q.
It. Wilkin Alberutten 1.
It. unsen heren den scheffenen zer letzten 2.
It. den werckmeisteren zer letzten 4.
It. den gesellen zen Sterre zer letzten 2.
It. zu heren Abayms huys zer letzten 2.
It. der steebe ind der burgermeister gesinde zer letzen 2.

Summa des geschencks des 13^{ben} moynts 9 amen 14 3/4 veirdell, des is 24 veirdell ze 2 1/2 s. ind dat ander ze 3 s. die quart, dat macht ain gelde 280 m. 9 s.

Summa zusamen so uyssgeven, so geschencke des 13^{ben} moynts 2806 m. 8 1/2 s.

Ditz dat uyssgeven na den 13^{ben} moynde under heren Johanne et heren Heynrich van der Linde burgermeistere.

Primo, Schuyman van der gewerschaff eynen alben schilt val. 4 m. 9 s.

It. Johan Coliin verbuwet in der Wagen 30 m.

Jt. meister Tielen van Bonne, Proffivin ind ben werckluden van gebreche gerechent vur ind na van piiffen ind ander benk 27 m. 8 s.
Jt. van den assisen ingegewennen 53 m. 10 s.
Jt. Clois up die porze, van synen jairloin 25 m.
5 Jt. ben loefferen Winmar, Cloeschin ind Henkin, van gebreche van lohffen 9 m. 2 s.
Jt. der stede gesinde van disser groysser rechentschaff manlich 2 m. val. 20 m.
Jt. Quecken zu verbrenken ind Wilhem van veilarbeit manlich 12 m.
10 val. 24 m.
Jt. zu presencien disser groser rechentschaff manlich 5 m. val. 140 m. yber raitzman ind 7 bubel.
Jt. Johannes der scheffen knecht 5 m.
Jt. Leonart zu synen rocke zu helpen 4 m.
15   Summa des uhssgevent$ na den bruzienden mohnde 343 m. 5 s.

Ditz dat geschencke des meden burch tiair under heren Johanne van Punt ind heren Heynrich van der Linden burgermeistere.

20 Primo, deme .. buschoff van .. Trierre 3½ âme ind 5 veirdell.
Jt. zu voelwine 5 v.
Jt. deme .. buschoff van Coelne 3 âmen 4 v. Jt. zu voelwine 2½ v.
Jt. deme buschoff van Lüytche 2½ âme, 4 v. Jt. zu voelwine 3 v.
Jt. der herzoginnen van Brabant 3½ âme, 4 v. Jt. zu voelwine 6¼ v.
25 Jt. deme herzoge van Guhlche 3 âmen, 5 v. Jt. zu voelwine 2¼ v.
Jt. deme hereu van Schoinvorst eyn âme, 3 v. Jt. ze voelmede 1 q.
Jt. ze Valkenburg eyn âme, 2½ v. Jt. Voelmede 1 q.
Jt. deme heren van Gronfelt eyn âme, 3 v. Jt. ze voelmede 2 q.
Jt. heren Johanne van den Grave eyn âme, 1 v.
30 Jt. deme rentmeister van Lüytche ze Triecht eyn âme, 1 v. ⎫
Jt. deme rentmeister van Brabant ze Triecht, Sack, eyn   ⎬ Voelmede 2 v.
âme, 1 v.   ⎭
Jt. deme schriver van Erenveltz 10 v.
Jt. heren Reynart van Bobarden 8¼ v.
35 Jt. deme van Breydenbent 10¼ v.
Jt. spuhlmede 5 v.
Jt. unsen hehrren vamme rade, yber raitzman, die den mede brunken 1 q. ind etzlige bubel ind den virgierren, den vassbenderen ind anderen unse hehrren gesinde 25¼ v.

22*

It. van gemehnen geschenke durch tiair, ritteren, kneichten, heren, vrauwen up deme sale ind anderswá up veil enden, zu Bruyssel 2 ámen ind 9 veird.

Summa*) des geschends des meeben 4 vuder, 4 ámen ind 3½ v. die áme vur 38 m., summa ain gelde 1068 m. 2 s.

Summa zusamen so uyssgeven, so geschend des meyben 1411 m. 7 s. gerechent.

In nomine Domini amen. Anno Domini M. CCC. LXXX. quinto erant magistri civium Aquensium Johannes de Punt & Henricus de Thilia, qui magistri civium nomine civitatis ejusdem dederunt et solverunt ista, que sequuntur.

Zen eirsten die erffgulde, die die stat van Aychen gilt.

Primo, den Tempeleren van Nydeggen 40 gul. den gul. 44 s. val. 146 m. 8 s.

It. den junfferen van Porschiit 15 gul. je 44 s.
It. den selven junfferen 25 m. 12 d.
It. den selven van erffzensen van Nesen Goffins- } sum. 91 m. 12 d.
huse, was up den mart, 11 m.

It. den Wisenvrauwen 15 gul. je 45 m.
It. Goedart van Wielberch, van lene, 2 m.
It. heren Arnoltz kinden van den Berge, van lene, 4 m.
It. deme herzoge van Gulyche, van lene, 14 m., van den kumphuys.
It. Mathiis Yvels van den kumphuysse 6 m.
It. deme scholaster van Triechte van deme kumphuysse 10 m.
It. deme Heligeisthuse, van zense 254 m. 7 s. 7 d.
It. deme Gasthuse up den Hoff, van zense 68 m. 8 s.
It. deme Gasthuse in den Radermart, van zense 45 m. 28 d.
It. des Reesen elter zu Wüssenvrauwen, van wilne Schafflutzels huse 6 m.
It. heren Peter Hankart van sint Katerinen capelle 27 s.
It. heren Arnolt up den Grave van sint Albegunt capelle 18 d.
It. sint Johans bruderschaff den leyen van wilne heren Lupen huys 12 s.
It. Druden Coliins, van zense van heren Lambertz Piistors huse 3 gul. val. 11 m.
It. Johans wive van Hergenrait, was van zense 13 m. 28 d.

---

*) Die obige Summe ist unrichtig.

Jt. van sint Cecilien elter int Münster 12½ s.
Jt. der vrauwen van Breydenbeynt van Arnolt Clucken huse 12½ s.
Jt. van sint Johans elter int Münster 4 s.

  Summa der erffzense, die die stat van Aychen gilt 783 m. 2 s.
5   ind 9 d.

 Nu volgt nå die liiffzuyncht, die die stat van Aichen gilt den personen hernå beschreven.

 Primo, Junffer Elsen van Gressenich eyn punt alder grois vl. 70 m.,
10 Omnium sanctorum.
 Jt. junffer Yven Huyns ½ ℔ alder grois vl. 35 m., Pasce.
 Jt. heren Coliin van sint Gillis 24 ℔ haller vl. 88 m., Pasce.
 Jt. heren Jacob van den Bremen 40 gul., Johannis.⎫
 Jt. deme selven 20 m., Christi.   ⎭ sum. 166 m. 8 s.
15 Jt. junffer Lisen van Serftze 14 m., Servatii.
 Jt. junffer Ailken Coliins 30 m., Andree.
 Jt. Peter van den Buck deme alden 100 m., Walburgis.
 Jt. Tielman syme soene 25 gul. ⎫
 Jt. Peter syme soene 25 gul.   ⎭ summa 50 gul. val. 183 m. 4 s.
20 Jt. heren Heynrich van Wiis 21 m. des 8den dagis vur Groiskirmessen.
 Jt. deme selven heren Heynrich 50 gul. Remigii.
 Jt. deme selven heren Heynrich 80 gul. Walburgis.
 Jt. deme selven heren Heynrich 75 gul. Geirtrudis.
25 Jt. deme selven heren Heynrich 25 gul. Ascensione Dni.
 Jt. deme selven heren Heynrich 106 guld. Assumpcione Marie.
 Jt. deme selven heren Heynrich 50 gul. Jacobi.
 Jt. deme selven heren Heynrich 50 gul. des 19ben dagis Meys.
 Jt. Andries syme soene 50 gul. Remigii.
30 Jt. deme selven Andriesse 50 gul. Geirtrudis.
 Jt. deme selven Andriesse 25 gul. Ascensione Dni.
 Jt. deme selven Andriesse 50 gul. Jacobi.
 Jt. deme selven Andriesse 50 gul. des 19ben dagis Meys.
 Jt. deme selven Andriesse 20 gul. Nicolai.
35 Jt. heren Gerart Lewen 50 gul. Nativitate Marie.
 Jt. deme selven heren Ger. 75 gul. Walburgis.
 Jt. deme selven van Jutten wegen siins wiiffs 100 gul. Bartholomeis.
 Jt. deme selven van Kerstiains wegen siins soens 25 gul. Omni. Sanct.
 Jt. deme selven Kerstioin 5 gul. Nycholai.

(sum. 600 gul. 81 gul. et 21 m. vl. 2518 m.)

It. deme selven heren Ger. van Katerinen weegen sinre dohchter 25 gul. Omni. Sanct.

It. der selver Katrinen 5 gul. Nicholai.

It. deme selven heren Ger. van Jacobs wegen sins soens 25 gul., Omn. Sanct.

It. deme selven Jacob 5 gul. Nicholai.

It. deme selven heren Ger. van Gerartz wegen sins soens 25 gul. Omn. Sanct.

It. deme selven Gerart 5 gul. Nicholai.

} sum. 345 gul. vl. 1265 m.

It. Thielman Huyns wive Grieten 80 gul. Christi, val. 293 m. 4 s.

It. heren Pauwels in den Beynt 12 gul. Remigii, vl. 44 m.

It. Marien heren Reynart Wilden wive 40 gul. Andree, vl. 146 m. 8 s.

It. Katrinen van Moerke heren Reynartz dohchter 30 gul. Andree, vl. 110 m.

It. heren Johanne Beyssel deme senger 20 gul. Remigii.

It. Coliin Beyssel sinen bruder 20 gul. Remigii.

It. Wilhelm Beyssel 20 gul. Remigii.

It. Jakob Beyssel 20 gul. Remigii.

It. Tiel Beyssel 20 gul. Remigii.

} sum. 100 gul. vl. 366 m. 8 s.

It. Coliin Beyssel 20 gul. des 20ten dagis Aprilis

It. Grieten sinre dohchter 40 gul. up den dach

It. Statz Segrabe 40 gul. up den dach

} sum. 100 gul. vl. 366 m. 8 s.

It. Jakob Beyssel 40 gul. des 20ten dagis Aprilis, vl. 146 m. 8 s.

It. Tielman Beyssel van Katrinen wegen sins wiiffs 20 gul. vur Bartholomei vl. 73 m. 4 s.

It. Johan Rulant 12 gul. vl. 44 m.

It. Lambert Rulant 12 gul. vl. 44 m.

} Johannis.

It. Annen Schafflutzels 20 gul. Nativitate Marie, vl. 73 m. 4 s.

It. heren Slabbart van vrauwe Mettelen wegen siins wiiffs, 40 gul. Remigii.

It. der selver vrauwe Mettelen 50 gul. Assumpcione Marie.

It. der selver vrauwe Mettelen 20 gul. Andree.

It. der selver vrauwe Mettelen 50 gul. Margarete.

It. der selver vrauwe Mettelen 30 gul. Jacobi.

It. Aleyden der selver vrauwe Mettelen dohchter, 50 gul. Ascensione Dni.

} 250 gul. vl. 916 m. sum. 8 s.

It. Heilken van den Berge zu Wiissenbrauwen 12 gul. Johannis vl. 44 m.

Jt. Barben yrre suster zu Porschiit 10 gul. vl. 36 m. 8 s. Johannis.
Jt. heren Johanne van Punt 50 m. Jacobi.
Jt. deme selven heren Johanne 50 gul. Geirtrudis.
Jt. deme selven heren Johanne 25 gul. Letare.
5 Jt. deme selven van Katrinen weegen siins wiiffs 25 gul. Letare.
Jt. deme selven van Jacobs wegen siins soens 25 gul. Marg.
Jt. deme selven van Katrinen weegen siinre bohchter 20 gul. Margarete.
Jt. deme selven van Mettelen weegen siinre bohchter 25 gul.
10 Margarete.

} sum. 170 gul. inb 50 m. val. 673 m. 4 s.

Jt. junffer Katrinen heren Goiswyns bohchter nonne zu Ruyrmunde 20 m. Walburgis.
Jt. junffer Aleyden van Punt yrre suster zu Wissenbrauwen 30 m. Walburgis.
Jt. der selver junffer Aleyden 10 gul. Letare, val. 36 m. 8 s.
15 Jt. Heynrich Lewen 50 gul. Annunciacionis Marie.
Jt. dem selven Heynrich 50 gul. Purificacionis Marie.
Jt. deme selven Heynrich 25 gul. des 5ᵇᵉⁿ dagis Aprilis.
Jt. deme selven van Billien weegen siins wiiffs 50 m. Jacobi.
Jt. der selver Billien 40 gul. Letare.
20 Jt. der selver Billien 25 gul. Andree.
Jt. der selver Billien 100 gul. vur Bartholomei.
Jt. der selver Billien 50 gul. Annunciacione Marie.
Jt. der selver Billien 50 gul. Purificacione Marie.
Jt. deme selven Heynrich van Billien bohchter weegen Billien 25
25 gul. Bartholomei.
Jt. deme selven van der selver Billien bohchter weegen Billien 25 gul. Andree.
Jt. deme selven van Katrinen weegen Billien bohchter vurschreven 25 gul. Andree.
30 Jt. deme selven van der selver Katrinen Billien bohchter wegen 25 gul. Bartholomei.
Jt. deme selven Heynrich van heren Jacobs weegen heren Johans soene van Punt 25 gul. Barth.
Jt. deme selven van Billien weegen siins wiiffs, 25 gul. Jt. van
35 Billien bohchter weegen Billien 50 gul. des 5. dagis Aprilis.

} sum. 590 gul. inb 50 m. val. 2208 m. 4 s.

Jt. Johanne van Hokirchen 50 gul. Margarete vl. 183 m. 4 s.
Jt. Jutten van Hokirchen siinre suster ze Wissenbrauwen 12 gul. Nativitate Mar.
Jt. der selver Jutten 30 gul. Purificacionis Marie.

} sum. 42 gul. vl. 144 m.

Jt. Nesen van Hokirchen zu Burschiit 12 gul. Nativitatis Marie. ⎫
Jt. der selver Nesen 20 gul. Purificacionis Marie. ⎬ sum. 32 gul. vl. 117 m. 4 s.
⎭

Jt. Mathise van Berlsberch 100 m. Nativitatis Marie. ⎫
5 Jt. deme selven Mathise 15 gul. Nativitatis Marie. ⎬ sum. 50 gul. inb 100 m. val. 283 m. 4 s.
Jt. deme selven Mathise 25 gul. Geirtrudis.
Jt. deme selven Mathise van Johans weegen siins soens 10 gul. Jacobi. ⎭

Jt. Elsen van Aveyns 12 gul. Christi, val. 44 m.

10 Jt. Pohannen heren Coliin Bux wive 50 gul. Margarete. ⎫
Jt. der selver Johannen 25 gul. Jacobi.
Jt. Lambert Buck der vurschreven Johannen soene 50 gul., Invocavit. ⎬ sum. 225 gul. val. 825 m.
Jt. deme selven Lambert 50 gul. Margarete.
15 Jt. deme selven Lambert 50 gul. Jacobi. ⎭

Jt. heren Heynrich Chorus 50 gul. Symonis & ube vl. 183 m. 4 s.

Jt. Tuelen Clois Volmers doychter ze Wiisenvrauwen 33 gul. Geirtrudis. ⎫
Jt. der selver Tulen 17 gul. Assumpcione Marie. ⎬ sum. 50 gul. val. 183 m. 4 s.

20 Jt. heren Werneir Bertolff 20 gul. Geirtrudis. ⎫
Jt. deme selven van Katrinen weegen siins wiiffs 20 gul. Geirtr.
Jt. deme selven van Johans weegen siins soens 20 gul. Geirtr.
Jt. deme selven van Werneirs weegen siins soens 12 gul. Ascensione dni.
25 Jt. deme selven van Heynrich weegen siins soens 10 gul. Margarete. ⎬ sum. 122 gul. val. 447 m. 4 s.
Jt. deme selven van Gerart weegen siins soens 10 gul. Margarete.
Jt. deme selven van Katrinen weegen siinre doychter 10 gul. Bartholomei.
30 Jt. deme selven van Aleyben weegen siinre doychter 20 gul. Nycholai. ⎭

Jt. heren Arnolt Volmer 30 gul. Invocavit.
Jt. deme selven 40 gul. Nativitatis Marie.
Jt. deme selven 25 gulden des 19ᵈᵉⁿ dagis Meys.
Jt. deme selven van Grieten weegen siins wiiffs 15 gul. Invocavit.
35 Jt. deme selven van der selver Grieten weegen 30 gul. Nativitatis Marie.
Jt. deme selven van Nesen weegen siinre doychter 15 gul. Invocavit.
Jt. der selver Nesen 30 gul. Nativitatis Marie.

It. deme selven heren Arn. van Katrinen wegen Selchen-borps 11 m. Joh. } sum. 195 gul. inb 11 m. val.

It. deme selven van Bruder Johanne, syne enkelen 10 gul. Omnium sanctor. } 726 m.

5 It. Nesen Arnolt Beyssels wive, was van Nesen wegen heren Kerstioins wive 50 gul. val. 183 m. 4 s.

It. heren Kerstioin van ben Kanel 25 gul. Omni. sanct. } Sum. 50 gul. val. 283 m. 4 s.

It. Nesen synen wive 25 gul. Omni. sanctor.

It. Peter van Lovenberg 50 gul.
10 It. Annen siinre suster 50 gul. } Martini, sum. 150 gul. val. 550 m.
It. Grieten yrre suster 50 gul.

It. Heynrich Cloecker deme jungen van Katrinen weegen siins wiiffs 25 gul. Urbani val. 91 m. 8 s.

It. bruder Johan Randoff 25 gul. Urbani vl. 91 m. 8 s.

15 It. Mathise up den Kanel, Koegen enkelen 50 gul. Urbani val. 183 m. 4 s.

It. meister Clois deme ertzitter 100 gul. Christi val. 366 m. 8 s.

It. Heynrich Cloecker, deme alden, van bruder Clois wegen van Wailhoren, 9 gnl. Urbani vl. 33 m.

20 It. Marie van sint Margraten zu Wisenbrauwen 12 gul. Urbani. } sum. 20 gul. val. 73 m. 4 s.

It. der selver 8 gul. vur Bartholomei.

It. junffer Druden van ben Eychorn zu Porschiit 10 gul. Margarete vl. 36 m. 8 s.

25 It. Arnolt Buck 100 gul. Margarete.
It. deme selven Arnolt 17 gul. vur Bartholomei. } sum. 217 gul. val. 795 m. 8 s.
It. deme selven van Lysen weegen siins wiiffs 100 gul. Petri et Pauli.

It. deme selven van Clois Bux weegen siins naturlichs bruder 30 gul.
30   Margarete vl. 110 m.

It. Peter Hamecher van Tulen weegen des Bux naturlich dohchter 40 gul. Margarete vl. 146 m. 8 s.

It. bruder Johann Appelrenck 30 gul. Margarete val. 110 m.

It. Marie heren Johan Niis dohchter 100 gul. Margarete val. 366
35   m. 8 s.

It. Tuelen heren Johan Niis dohchter 100 gul. Margarete vl. 336 m. 8 s.

It. Clois Mulen 100 gul. vallen Assumpcione Marie vl. 366 m. 8 s.

It. Mettelen van Dummerswinkel 22 gul. Assumpcione Marie val. 80 m. 8 s.

Jt. Heilken van Hokirchen, heren Reynartz wiiff was 25 gul. Luce evangeliste.
Jt. der selver Heilken 100 gul. Margarete.
Jt. der selver Heilken van Nesen wegen yrre boychter 50 gul. Margrete.
5 Jt. der selver Heilken van Mathiis wegen yrs soins 50 gul. Nycholai.
Jt. der selver Heilken van yrre boychter wegen Heilken 50 gul. Nycholai.

sum. 275 gul. val. 1008 m. 4 s.

10 Jt. jünffer Nesen van der Linden 15 gul. Viti et Johannis vl. 146 m. 8 s.
Jt. Johan Haverman 25 gul. Margarete.
Jt. deme selven Johanne 25 gul. Bartholomei.
Jt. deme Johanne van Katrinen wegen siins wiiffs 25 gul. Margarete.
15 Jt. der selver Katrinen 25 gul. Bartholomei.
Jt. deme selven Johanne van Lysen weegen siinre boychter 50 gul. Barthol.
Jt. deme selven van Katrinen weegen siinre boychter 50 gul. Barth.
Jt. deme selven Johanne van Mettelen weegen siinre boychter 150 gul. Bartholo.
20 Jt. deme selven Johanne van Henkine syme enkelen Ja. son 50 gul. Barthol.

sum. 400 gul. vl. 1466 m. 8 s.

Jt. Herman van Eschwilre 40 gul. Margrete. obiit Elisabete.
Jt. deme selven van Heilwigen sinen wive 26 gul.

sum. 66 gul. val. 242 m.

25 Jt. Wilhem van Rade deme meyer was 25 gul. Jakobi vl. 91 m. 8 s.
Jt. jünffer Katrinen Coliins zu den Wiissenbrauwen 10 gul. Margarete vl. 36 m. 8 s.
Jt. Nesen Arnolt Hoeverss wive was 50 gul. Martini vl. 183 m. 4 s.
Jt. jünffer Grieten heren Deyen boychter 50 gul. Invocavit vl. 183 m. 4 s.
30 Jt. heren Wilhem van den Panhuse scholaster zu Triecht 40 gul. Circumcistone Dni. vl. 146 m. 8 s.
Jt. Diderich van Gurzenich van Yven wegen siins wiiffs 25 gul. Walburgis vl. 91 m. 8 s.
Jt. heren Rutger Byetheren 100 m. 8 gul. Andree val. 129 m. 4 s.
35 Jt. Yven heren Reynartz Mütz boychter ze Wiissenbrauwen 40 gul. val. 146 m. 8 s. Andree.
Jt. Katrinen Hilbrantz 31 gul., erst bagis Bramaynt et Bartholomei vl. 113 m. 8 s.

It. Goyswyn Koerneir der Bhessel neve 20 gul. Bartholomei. ⎫ sum. 40 gul.
It. Katrinen sinen wive 20 gul. Bartholomei. Obiit con- ⎬ vl. 146 m.
   cepcione Marie. ⎭ 8 s.
It. junffer Nesen Johan Bolmer boychter ze Wüssenvrauwen 18 gul.
5   Christi vl. 66 m.
It. Geirbrunt Harpers boychter des roeders 15 gul. des eyrsten dagis
   Bramoyntz vl. 55 m.
It. Clois van Rabe by den lumbarden 40 gul. des 6^{ben} ⎫ sum. 70 gul.
   dagis Meys. ⎬ vl. 256 m.
10 It. deme selven van Grieten weegen slins wiiffs 30 gul. ⎬ 8 s.
   eodem die. ⎭
It. Heynrich Belgletus van Ayst der lumbarder 120 gul., des 6^{ben} dagis
   Meys vl. 440 m.
It. Stenen van Heidendale, Urbani et prima die Aprilis 200 m.
15 It. Nese Cleyn Johans doychter 12 m. zu Peuyten.
It. Johan van Wurme Leonartz son 50 m. Andree.
It. junffer Dilien heren Johans boychter van den Kanel 25 gul. des
   19^{ben} dagis Meys vl. 91 m. 8 s.
It. Johan van den Kanel 25 gul. ⎫ sum. 50 gul. Pauli in den Harbe-
20 It. Barben sinen wive 25 gul. ⎭ moynde vl. 183 m. 4 s.
It. Leonart van den Bungart 50 gul. Remigii val. 183 m. 4 s.
It. myr Ridolff Coliin 50 gul. Remigii. ⎫
It. nuir Ridolff vurschr. 50 gul. Omni sanct. ⎬ sum. 200 gul. vl.
It. mir van Druben weegen miins wiiffs 50 gul. Remigii. ⎬ 738 m. inb 4 s.
25 It. mir van der selver Druben weegen 30 gul. Omn. sanct. ⎬
It. mir van Mettelen wegen miinre boychter zu Burschiit 20 ⎭
   gul. Omni. sanct.
It. Katrinen Werneir Durzantz wiiff, was 50 gul. des eyrsten ⎫ sum. 100
   dagis Aprilis. ⎬ g. vl. 366
30 It. Katrinen yrre boychter nonne zu Burschiit 50 gul. eodem die. ⎭ m. 8 s.
It. Peter Piirtze son, her Peter, munche zu sint Joline 25 gul. prima
   die Aprilis vl. 91 m. 8 s.
It. Katrine Kiicks 20 gul. Walburgis, vl. 73 m. 4 s.
It. Clois Kiicks yr bruder 10 gul. ⎫ Walburgis vl. 73 m. 4 s.
35 It. Druben synen wive 10 gul. ⎭
It. Coliin Babuck 25 gulb. Johannis ⎫ sum. 50 gul. vl. 183 m.
It. Nesen sinen wive 25 gul. Johannis. ⎭ 4 s.
It. bruder Herman van der Sleyden den Mynrebruder 25 gul. vl. 91 m. 8 s.
   Summa der liiffzuycht vurschreven 24717 m.

23

Ditz die liiffzucht, die die stat gilt den van Coelne.

It. Rüchmuyt van Rünberg 8 m. Coels vl. 8 m. 8 s. Walburgis.

It. Aleyt van Lutzelwinter 30 m. Eysche, Pasce.

It. Jacob Butzelman 10 m. Eysche, Pasce.

It. Boeze van Lintloir nonnen zu Meichteren 6 m. Coels vl. 6 m. 6 s. Walburgis.

It. Mettel van den Alben grave 8 m. Eysche, Walburgis.

It. Bele van Lintlair 25 m. Coels, Walburgis, vl. 27 m. 12 d.

Sum. der liiffzuycht van Coelne 90 m. 3 s. Eysche.

Dit sint die Manleyen, die die stat van Aychen gilt den personen hernā beschreven.

Primo, deme heren van Gronselt 200 m. Purificacione et Andree.

It. deme heren van Schoinforst 100 gul. Circumcisione Dni. val. 366 m. 8 s.

It. heren Emont van Endelsdorpe 100 gul. val. 366 m. 8 s. Remigii.

It. heren Johanne van den Velde 100 m. Johannis.

It. heren Herman van Lievendale, genannt van Patteren, 60 m. Nativitatis Marie.

It. heren Johanne vun Putte, 100 m. Martini.

It. heren Wilhelm van Muysbach 80 m. Johannis.

It. heren Carsilis van Palant, here zu Breidenbent 40 gul. val. 146 m. 8 s.

It. Goyswiin van Hoyr 12 gul. val. 44 m. Jacobi.

It. Boysse van Schoinberg 6 m. Walburgis.

It. Johan Brantscheit 6 m. Epiphanie.

It. Peter Oeme van Croinberg 6 m. Walburgis.

It. Ger. Buck van den Gaber 20 m. ze Palmen.

It. Tonnus van Boeseneym 12 m. Remigii.

It. Syeze van Liebermey 20 m. Pasce.

It. meister Arnolt, deme marschalck van Brabant, 15 m. Remigii.

It. Heynrich Hunt van Beyenauwe 4 m. ze Grois vastovent.

It. heren Johanne van Kenswilre 50 m. Mathie apostoli.

Summa der manleyn vurschreven 1600 m. et 3 m.

Dit sint die 14 moynde deme rade gerechent.

Primo, der eyrste moynde 1427 m. 3 s.

Jt. der ander moynde 937 m. 8 s.
Jt. der dirde moynde 839 m. 10 s.
Jt. der veirde moynde 997 m. 6 s. 4 d.
Jt. der vůnffde moynde 1168 m. 4 1/2 s.
Jt. der feisde moynde 1116 m. 3 1/2 s.
Jt. der fievende moynde 1628 m. 6 1/2 s.
Jt. der eychte moynde 909 m. 15 d.
Jt. der nuynde moynde 1678 m.
Jt. der ziende moynde 891 m. 5 s.
Jt. der eylffde moynde 1527 m. 4 s.
Jt. der zwelffde moynde 2258 m. 10 s. 3 d.
Jt. der druzienbe moynde 2806 m. 8 1/2 s. (18186—10 s. 10 d.)
Jt. der veirzienbe moynde 1411 m. 7 s.

Summa der 14 moynde vurschreven 19598 m. 5 s. 10 d.

Summa zusamen so erffgulde, so lijffzuycht, beyde zAichen ind zu Coelne, so manleyne, so die 14 moinde zu samen 46000 m. 700 m. 16 m. 11 s. 7 d.

Einnahme-Rechnung von 1385.

In nomine Domini amen. Anno Domini M. CCC. LXXX. quinto erant magistri civium Aquensium Johannes de Punt & Henricus de Thilia, sub quibus assisie & obvenciones civitatis Aquensis fecerunt & valuerunt.

Primo, die winassis galt bit jair 28000 m. oevermitz heren Heinrich van der Linden, heren Heinrich Chorus, heren Gerart Lewen, Arnolt Buck ind Johan Rulant van Hokirchen.

Des haynt die wiinassis gegeven yber raytzman eynen gulden ind etzlige bubel, dat macht 27 guld. valent 102 m. 8 s.

Alsus bliven sy der steede schuldich van der wiinassis summa 27000 m. 800 m. 97 m. 4 s.

It. die .. bierass. galt bit jair 11905 m. overmitz Johannes ain die Planken ind Jacob van den Birboym .. des geit aff 28 gul. yber raitzman eynen gulb. ind 1 veirbel batz 28 veir., ind alsus bliven sy deme rabe schuldich 11819 m. 4 s.

It. dat mailgelt 875 m., Coliin Beyssel ind Ger. Bette.
It. die cremer ass. 1225 m. Johannes an die Planken.
It. die vette ass. 465 m. Johan Coliin ind vur Nůweportz Lambert Bussen.
It. die litwoit ass. 410 m. Johan Coliin & Lambert Bussen.
It. die yser ind eyrtz ass. 530 m., Johan Coliin & Lambert Bussen.
It. die tuchenass. 1120 m. Arnolt Nuylchin, Sylman van Robenburg.
It. die cordewanass. 110 m., Clois Elreborn.
It. die roebe ass. 545 m., Sylman van Robenburg ind Cloys van Humburg.
It. die bunt ass. 295 m., Johannes ain die Planken.
It. die vischass. 1325 m., Cleinpert, Clois Humburg, Jo. Nuwedorp, Jacob Birboym & Moer, zen buwe.
It. die mede ass. 320 m., Clois Elreborn & Johan Muynche.
It. die hoesse ass. 18 m., Werneir Wichman ind Geirkin van Kufferen.
It. die kailmynne 675 m. her Kerstioin Kanel ind her Volmer.
It. die vleyschass. 266 m., zen buwe.
It. die loer ass. 200 m. die loere.

It. die alde halle 7 m. It. die nuwe halle 15 m.
It. dat gereicht van Porschiit 14 m. It. der kalckåven, zen buwe.
It. die vischekasten ..
It. dat kumphuys 50 m. 9½ s.
5 Summa zusamen alle der aff. vurschreven, uyssgescheyden die zen buwe geynt 46591 m. 5½ s.

It. haint sy intfangen van erffzensen, gebumen inb hussren, die die stat hait, gelich her na beschreven volgt.
10 Primo, van heren Lupen huse vur den sal 10 s. 8 d.
It. buyssen Punt up den Wesche 6 s.
It. zen Gulden Helme in Koelneirstrase 4 s.
It. ain Wien Clais huysse vur Coelneirporze 14 s.
It. Johans schure van Nuwe Dorpe 9 s.
15 It. van Johans huse van den Gevach 20 d.
It. van heren Goedartz Collins schure 5 m.
It. van der nuwer pelzer huys 8 gulb. val. 30 m. ze 45 s.
It. van ben huse zu Schoineggen inb van Cleynpeter Kiins huse 24 gulb. val. 90 m.
20 It. van meister Diberichs huse des schroeders 12 gulb. val. 45 m.
It. van Johans huse van der Hallen 8 gulb. val. 30 m.
It. Heynrich Sabelmecher van syme huse up den Nuwen mart 30 m.
It. van Clais Krichs huse by den Alden Sterre 12 gulb. val. 45 m.
It. Herman seebeleir up der anderre syben 10 gulb. val. 37½ m.
25 It. Wylh. van Hasselt der fleschenmecher under den sal 10 gulb. val. 37½ m.
It. Johan Ryemsniber baby 10 gulb. val. 37½ m.

Dit sint die gebumen intgein den Weyssel oever.

30 It. Jacob van Zwenbergen van den nyeberften gabum intgein den Weyssel 17 gulb. val. 63 m. 9 s.
It. Heynrich Junge van deme enysten gabum upwert 12½ gulb. val. 46 m. 10 s. 6 d.
It. Johan Hankart van deme neisten darby 10 gulb. val. 37½ m.
35 It. Johan Scheidemecher van deme neysten darby 12½ gul. val. 46 m. 10 s. 6 d.
It. Barbe Scharpenberchs van deme neysten darby 10 gulb. & dri veirdel gulb. val. 40 m. 3 s. 9 d.
It. Katrine lampflegerse van deme lesten upt enbe 17½ gulb. vl. 65 m. 7½ s.

Dit sint die nuwe gebuwen up den Steynwech.

Primo, Wilh. Zewers ind siin son van deme nyderſten by die Mayſſen 11½ gulb. vl. 13 m. 18 d.

It. Arnolt Nühlchyn & Martin Moelenverken van deme neyſten upwert 9 gulb. & dri veirdel gul. vl. 36½ m. 9 d.

It. Arnolt Alberat van deme neyſten upwert 9½ gulb. 35 m. 7½ s.

It. Griet Karls dohchter ind Katrine van Humburch 10 gulb. vl. 37½ m.

It. die ſelve Griet ind Katrine van deme neyſten darby 10 gul. & 1 veirdell gulb. vl. 38 m. 5 s. 3 d.

It. Diderich Henſchmecher van deme neyſten darby 9 gulb. ind 3 veirdel gulb. vl. 36 m. 6 s. 9 d.

It. Arnolt Henſchmecher van deme oeverſten zu der ſiden 12 gulb. & 1 veirdel gulb. val. 45 m. 11 s. 3 d.

It. Gillis van Wairruyſſe van deme oeverſten up die ander ſide 6 gulb. ind 3 veirdel gul. val. 25 m. 3 s. 9 d.

It. Rutger Vinkenbey van deme neyſten darby 6 gulb. val. 22½ m.

It. Griet Karls ind Katrine van Humburg van deme neyſten 5½ gulb. val. 20 m. 7½ s.

It. Kuhnrich der blaysbalgemecher van deme neyſten 6 gulb. val. 22½ m.

It. Katrine Schoinjuncheren dohchter ind Katrine Schutteleirs 5 gulb. & 1 veirdel gulb. val. 19 m. 8 s. 3 d.

It. Gillis van Wairruyſſe van deme leſten dat fraka was 5 gulb. val. 18 m. 9 s.

Dit sint die ander huyſſer up den hoff.

It. Rutger Vinkenbey van ſynen huyſſe up den Weſche 5 m.

It. Uhlrich van ſyme huſe daby 4 m., van ehm halven jair.

It. Heynrich Zewers wiiff, van deme huſe dat Horlanz was 11½ gulb. val. 43 m. 18 d.

It. Johan van den Buyſche ind ſiin wiiff an deme widbergabe Horlanz huſe 11 gul. val. 41 m. 3 s.

Dit sint die huys in Kockerel.

It. Johan Duymchiin by die Auguſtine in Kockerel van ſyme huys 10 m.

It. meiſter Heinrich van Ratingen van ſyme huys daby 4½ gul. vl. 16 m. 10½ s.

It. Ailberz huys van Kruyzenachen ſteyt leedich.

It. Johan Hankart van ſyme huys daby 10 m.

It. meiſter Peter under Coelneirporze, van ſyme gabum 4 gulb. val. 15 m.

Dit sint die gebumen up den mart vur deme grosen sale.

Primo, dat neyste by deme grabe, dat hait Laurens der schriver.

It. dat neyste darby, hait dat vette wiiff vur 4 gul., bedit 2 gul. vl. 7½ m.

It. dat neyste darby. It. dat neyste darby.

It. dat darby Heynrich Hamecher vur 4 gulb. inb van den kelre 6 g. val. 37½ m.

It. dat neiste darby intleste.

Summa zu samen der erffzense, huysser, gebumen ꝛc. 785 m. 7 s. 1 d. inb van etzligen up gehaven vur ben gulb. 46 s. inb etzligen 44 s. dat loeft oever 4½ m. 2 s.

Dit sint die upkomynge der toelle des gemeynen lantfreben zu unsen beille inb beme jair 1385, under heren Johanne inb heren Heynrich burgermeistere.

Primo, zen eirsten moelle zu Duren 141 m. 10 s. Coels vl. 153 m. 7 s. Eysche.

It. zen anderen moelle zu Coelne 74 m. Coels vl. 80 m. 2 s.

It. zen birden moelle. — It. zen veirden moelle. — It. zen vunffb. moelle.

It. zen seysten moelle 272 m., bes geit aff 50 m. die Tiel van Rabe men geit, manent 222 m. val. 240 m. 6 s.

It. zen sievenden moelle ze Coelne 241 m. Coels val. 282 m. 9 s.

It. zen eychten moelle ze Duren 124 m. Coels vl. 134 m. 4 s.

It. zen nuynden moelle
It. zen zienden moelle } 470 m. Coels val. 511 m. 2 s.
It. zen eylfben moelle

It. zen zwelffben moelle

Summa der thoelle vurschreven 1292 m. 10 s. Coels val. 1400 m. 6 s. Eysche.

Summa zusamen so aff., so erffguhlde, van zensen, gebumen, huseren inb van ben thoellen samen summa 49282 m. 2 s. 7 d.

Alsus kumpt dat ynnemen inb upkomen hoyre, dan dat uyssgeven als veil dat der steebe oevert 2540 m. inb dri s.

Dis hait man heren Johanne van Punt gegeven zu sinen perden zu helpen umb der vart wille van Rüfferscheit 100 gulb. val. 375 m. ze 45 s.

It. geit aff van gebrech der kost zu Rüfferscheit, dat da gebrach 84 gulb. ind dri veirdel gulb. val. 318 m.

It. heren Kerstioin up den Kanel 200 m. zu der Schanatten porzen zu helpen.

It. zu Puntporzen zu helpen 1000 m. It. zu der Santkulen zu helpen 647 m.

Monatz=Rechnung ohne Jahreszahl.

Nach dem Werthe des Guldens, der 1385 zu 45, 1387 zu 47 Schilling berechnet wird, gehört diese Rechnung, worin der Gulden 46 S. beträgt, dem Jahre 1386 an.

Ditz dat uyssgeven des 9^{ben} mohntz.

Primo bri raitbage bynnen raitbagen 40 m.
It. zweyn buyssen 20 m.
It. umb eyn vuder colen $6^{1/2}$ m.
It. Cloeschiin van Coelne gesant zu den marschalck 18 s.
It. Winmer gesant zu Ruyrmunde 20 s.
It. des proist piifferen van Aychen 5 m.
It. meister Bredelene van zwen alben buissen 4 gul. val. 15 m. 4 s.
It. Johan Rulant van den gelde zu seyeren 22 m.
It. deme juncher van Breynze 10 gul. val. 38 m. 4 s.
It. umb eyn vuder colen $7^{1/2}$ m.
It. deme boerwerter van Guylche 12 s.
It. deme boerwerter van Luytche 12 s.
It. ze Rabe gesant zweir 6 s.
It. des marschalcs boede bracht 1 brief, 1 gulden val. 3 m. 10 s.
It. sant man eme eynen bolche, kostde 4 m.
It. den aembregeren buyt brante in mestgasse 8 m.
It. Runen up den sal van der werckloken eirst ze luden 12 s.
It. van den heyssen borne ze quellen 10 s.
It. andach Karoli ze presencien in den koer den priesteren 5 m.
It. Gerart Moelneir van luden 5 m.
It. Coliin Beyssel van des sengers weegen van gebrech der 100 gulden 33 m. 4 s.
It. heren Scheynartz piifferen van Hemersbach 5 m.
It. Thüs Sarwoerter 12 s.
It. Quede gaff zu Renswilre den gesinde 7 m. 8 s.
It. den poerzeneir 1 m.
It. des herzogen piifferen van Guylch 4 Gelr. gul. val. 14 m.
It. den soldeneren 200 m.
It. bleven unse heren byein, 6 veirdel & $2^{1/2}$ m. val. $7^{1/2}$ m.
It. der steebe gesinde 27 m. 8 s.

It. Moerchiin deme emer 28 s.
It. Arnolt Broinhoff 2 m.
It. Wilhem in der burger huys 2 m.
It. meister Proffioin 2 m.
It. den weichteren 4½ m.
It. den zwen kempen 4 m.
It. zu presencien disser rechenschaff 4½ m.
It. Mathiis ind myr 2 m.
It. zu kost up der loeven disse moynde 4 m. 10 s.
It. zu kost up der loeven 17½ m.

Summa des uyssgeventz des 9ber monyntz 526 m. 4 s.

Ditz dat geschenke des 9ber moyntz.

Primo, Johanne Heynenber dienoir 1 veirdel.
It. des buschoffs bruder van Prag cum soc. 4.
It. deme rade van Mechlen 4.
It. Cloeschiins muder 2 q.
It. deme pastoir van Kessel cum cum soc. 2.
It. heren Arnolt soene van Moliir hoevemeister ze Brabant 2.
It. heren Syvart van Yngelheym 2.
It. der vrauwen van Binsfelt et Kuynrisheym 2.
It. eyrberen luden van Brugge 2.
It. Laurens van Tieveren 2.
It. Johan van Duren 2.
It. heren Werneir Buffels wive 2.
It. deme abt van Munster 2.
It. Ysegram 1.
It. den dechen van sint Andree ze Coelne 2.
It. up Druzienderdage et avent up den sul 3.
It. unsen heren den scheffenen, Epiphanie 2.
It. den werckmeisteren 4.

It. der steede ind der burgermeister gesinde 2.
It. den weychteren die wagden ind bliesen 3.
It. den trumpperen ind piifferen 2.
It. Kunen ind Gerart Moelneir 1.
It. der steede gesinde van umbgain 1 q.
It. ze Sterre, Epiphanie 2.
It. meister Arnolt deme marschalck et uxore 2.
It. Heynrich bruder des lumbarders cum soc. 2.
It. deme brussait van Sinche 1.
It. deme juncher van Moerse 4.
It. deme rentmeister van Heynsberg 1.
It. Knobe gesant zu Rabe 1.
It. der toelneirsen van Gulpen 1.
It. deme proift van Aychen 4.
It. der steede gesinde, (Bertolf) 1¼.
It. den vrauwen 2.
It. dem juncher van Breinze 2. q. (volbedinde.)
It. der vrauwen van Randenrait 4.

It. van Rossemoelen 2. (Arnolt van Bollant.)
It. Jutten werckluden 1.
It. deme herzoge van Gutylche 20.
It. heren Johan van Blatten ind sinen neven 2.
It. deme marschalck van Birgel cum soc. 4.
It. heren Wynrich van Rohr cum socero 2.
It. deme baynritz van Moelnarken 2.
It. deme juncher van Aerberch 4.
It. heren Engelbert van der Marken et heren Wilhem van Steynvort ind siin bruder cum soc. 4.
It. deme greven van der Marken 8.
It. deme greven van Blankenheym 6.
It. deme selven 6, van den vilre ze leschen.
It. deme heir van der Sleyden 4.
It. 4 sieche.
It. heren Wilhem van Sintzche ind heren Johan van Kenswilre 2.
It. Johan van Juncrade 1.
It. heren Johan werckluden 1.
It. Wyllis van Coelne unss wirtz son 1.
It. Wilhem gesant zu Rade 2 q.
It. deme selven van zeychenen 2 q.
It. Cloeschiin van der piiffen 2 q.
It. deme buschoff van Lutghe 18 1/2.
It. deme heren van Duffel 4.
It. deme jungen van Hamel ind den van Elderen 4.
It. deme juncher van Pervische myt den amptluden van Loin 4.

It. heren Reynart van Berge 2.
It. heren Arnolt van Arlo ind Rutger van Dornche 4.
It. heren Wilhem van sint Margraten 2.
It. den kenden van Upi 2.
It. heren Johan van Derbingen 2.
It. der steede gesinde ze zwen moelen 2. (ze schenken.)
It. des buschoffs piiffer van Lutyche 1.
It. Arnolt sinen gecke 1.
It. in den lantfrede 2.
It. luterbranck 1 1/2, val. 6 m.
It. heren Wolve van Riindorp 2.
It. Goetkin deme eralden 1.
It. heren Heynrich van Gronselt 4.
It. deme marschalck heren Buffel, heren Siepchin 4.
It. der steede vrunde van Coelne 2.
It. den van Dirsberch 2.
It. unsen heren den scheffenen, van den voitgedinge 2.
It. Lambret Busser 1.
It. unsen heren den scheffenen, Karoli 2.
It. den werckmeisteren 4.
It. der steede ind der burgermeister gesinde, Karoli 1.
It. die vrauwe vamme Koesen cum soc. 2.
It. heren Johan vrauwen van Schoenenburg 2.
It. des Vos vrauwen van Roesheym 2.
It. heren Mulart van Bruyche 2.
It. heren Heynrich van Wienhorst 2.
It. heren Wilhem den quoben 2.

It. heren Wolffs snoeren 2.
It. deme orien van Andernachen 2.
It. den burgermeister van Moen-
  ster 2.
It. heren Engelbret Zobben 2.
It. heren Gillis van den Wier 2.
It. den meister van Sint Druden 2.
It. den toelneir van Lasteyn 2.
Summa des geschencks des 9^{ber}
  moyntz 8 âmen ind 10 veirdel
je 2$^{1}/_{2}$ s. die quart, dat macht
208 m. 4 s. ind ain gelde 6
m., dat macht zusamen 214
m. 4 s.

Summa zu samen so uyssgeven, ge-
schencke des 9^{ber} moyntz 740
m. 8 s., gerechent des lesten
dags van den moende Spur-
killen.

Stadtrechnung vom J. 1387. Einnahme.

Int Jair uns heren M. CCC. LXXXVII waren burgermeistere her Heynrich van der Linden inb her Kirstioin van ben Kanel. Ditz bat sy intfangen inb up gehaven haint van der steede assis, zensen inb anberen upkoemyngen des jairs.

Primo, bye wiin assis galt dat jair 26000 m., bye habben her Heynr. van der Linden, her Heynr. Chorus, her Arnolt Buck inb Johan Rulant.

Des haint sy gegeven yber raitzman eynen gulden zu presencien inb yrre 7 bubel, die geynt en aff an der summen, so bliven sy schulbich dat hernā volgt, inb bye gulden komen ze 47 s. gerechent up 49 gulb., ze 47 s. macht 191 m. 11 s.

Alsus bliven sy der steede schulbich van der wiinassis van bissen jair 25808 m. 12 d.

It. bye bier assis galt byt jair 11700 m., die habben Jo. Durrebuyche, Meis ant Krütz, Rickolff ber bruwer inb Heynr. Clercke.

It. bye cremer ass. 1070 m., die habben Joh. Coliin & Arnolt Nühlchiin.

It. dat mailgelt 705 m., Coliin Beyssel & Gerh. Bette van Geuwenich.

It. bye Bette ass. 395 m., Arnolt Nühlchiin.

It. yser inb eyrtz ass. 440 m., Johannes an die Plancken inb Pet. Liebret.

It. bye linwoet ass. 350 m., Joh. Coliin vur Nüweportz.

It. bye roede ass. 410 m., Clois van Humburg.

It. bye bunt ass. 265 m., Kirstioin myt der steltzen.

It. bye küchen ass. 1000 m. Clois van Humburg.

It. bye cordewan ass. 85 m., Clois Elreborn, Pet. filius & alpart Jo.

It. bye vischer ass. 1305 m., Colin Beyssel, Jo. Cleynpert & Clois van Humburg.

It. bye meede ass. 255 m., Clois Elreborn.

It. bye hoesse ass. 14 m., Kirstioin myt der steltzen.

It. bye vleysch ass. 250 m., 16 m. van zense.

It. bye kailmynne 675 m. her Kirstioin van ben Kanel & her Volmer.

Jt. bye loer aff. 200 m., bye loeder.
Jt. bye alde halle 2½ m.
Jt. bye nuwe halle 15 m.
Jt. dat gereicht van Burschiit 200 m. 6 s.
Jt. der kalckåven, geinge zen buwe zu den arleren.
Jt. dat kumphuys 50 m. 6 s.
Jt. die vleischmartmeister 80 m. } dat hait Colin Beyssel zen alden
Jt. die broitmartmeister 30 m. }   buwe.
     Summa alle der assisen vurschreven, uyssgescheiden die zen buwe
     geint, 45211½ m. 12 d.

Jt. haint sy intfangen van erfzensen, gebummen, huseren, bye die stat
     hait, gelich her nå geschreven steit.
Primo, van heren Lupen huse vur den sal 10 s. 8 d.
Jt. buyssen Pûnt up den Wesche 6 s.
Jt. zen Gulden Helme in Coelneirstraisse 4 s.
Jt. an Wienclais huse vur Coelneirportz 14 s.
Jt. Johannes schuyre van Nûwedorp 9 s.
Jt. van Johans huse van den Gevach 20 d.
Jt. van hereu Goedartz Coliins schure 5 m.
Jt. van der nuwer peltzer huse 8 gul. je 47 s. val. 31 m. 4 s.
Jt. van den huse zu Schoineggen, dat wart eme quyt gescholden.
Jt. van meister Diederichs huse des schroebers 12 gul. val. 47 m.
Jt. van Johans huse van der Hallen 8 gul. val. 31 m. 4 s.
Jt. Heynrich Sabelmecher van synen huse up den nûwen mart 30 m.
Jt. van Clois Krichs huys by den alden Sterre 12 gul. val. 47 m.
Jt. van Herman Sabelmechers hüysse up der anderen siben 10 gul. val.
     39 m. 2 s.
Jt. Johan van Sepperen van Thiis Sarwoerters huse 13 gul. inb 1
     veirdel val. 51 m. 10 s. 9 d.
Jt. Wilh. van Hasselt van deme neisten gabum 10 gul. val. 39 m. 2 s.
Jt. Johan Ryemsniber neist dar by 10 gul. val. 39 m. 2 s. 365 m. 25 d.

     Dit sint die gebummen intgein den Weyssel oever.
Primo, Jacob van Zwenbergen van den nybbersten gabum, 17 gul.
     val. 66 m. 7 s.
Jt. Heynrich Jünge van sinen gabum neist barby 8 gul. val. 23½ m.
Jt. Johan Hankart van deme neisten gabum darby 10 gul. val. 39
     m. 2 s.

It. Johan Scheidemecher van den neisten gadum darby 12½ gul. val. 48 m. 11½ s.

It. Barbe Scharpenberg van deme neisten darby 10 gul. ind 3 veirdel gul. val. 42 m. 15 d.

It. Katrine kampslegerse van deme lesten 17½ gul. val. 68 m. 6½ s.

Dit sint die nuwe gedummen up den Steynwech.

It. Wilh. Zewers huys et filius, van deme nybbersten gadum by die Moessen 14½ gul. val. 45 m. 6 d.

It. Arnolt Nuylchiin ind Mertiin Moelenverken van deme neisten upwert 9 gul. vl. 38 m. 2 s. 3 d.

It. Arnolt Alverat van deme neisten upwert 9½ gul. val. 37 m. 2½ s.

It. Griet Karls doychter et Katrine van Humburg 10 gul. val. 39 m. 2 s.

It. die selve Griet ind Katrine, van deme neisten 10 gul. ind 1 veirdel val. 40 m. 21 d.

It. Diederich Hensmecher van deme nehsten darby 9 gul. et 3 veirdel gul. val. 38 m. 2 s. 3 d.

It. Arnolt Hensmecher van deme oeversten zů der syden 12 gul. et 1 veirdel gul. vl. 47 m. 11 s. 9 d.

It. Gillis van Wairruys van deme oeversten up dander syde 6 gul. ind ½ gul. val. 25 m. 5½ s.

It. Rutger Vinkendey, van deme nehsten nybberwert 6 gul. val. 23½ m.

It. Griet Karls ind Katrine van Humburg, van deme nehsten 5½ gul. val. 21 m. 6½ s.

It. Kuyn der blaisbalchmecher, van deme nehsten darby 6 gul. val. 23½ m.

It. Katrine Schoinjuncheren Doychter et Katrine Schoetteleirs 5 gul. et 1 veirdel guldens val. 20 m. 8 s. 9 d.

It. Heyntze Beyer et uxor, van deme nehsten darby 8 gul. et 3 veirdel gul. val. 34 m. 3 s. 3 d.

It. Gillis van Wairruysse van deme lesten zu der syden 5 gul. val. 19 m. 7 s.

Dyt sint dye ander huser up den Hoff.

It. Rutger Vinkendey van syme huse 5 m.

It. Peter Yserenmenger ind siin wiiff van Uylrichs huse 10 gul. et 3 veirdel gul. val. 42 m. 15 d.

It. Heynrich Zewers wiiff, van Horlantz huse 11½ gul. val. 45 m. 6 d

It. Johan van den Bůtsche et siin wiiff, van deme widdergade 11 gul. val. 43 m. 12 d.

Dit sint die huys in Kockerel.

It. Johan Důymchiin der schroeder by dye Augustini, van sime huse 10 m.

It. meyster Heynrich van Ratingen, van syme huse 4½ gul. val. 17 m. 7½ s.

It. Barbe meyster Johans dochter des schroeders, van Ailberts huse 4 gul. val. 15 m. 8 s.

It. dat neyste bar by hait Leonart der steede kneicht.

It. dat neiste bar by hait Johan Hankart vur 10 m.

It. meister Peter schutzenmeister van syme gadum under Coelneirports 4 gul. val. 15 m.

Dyt sint dye gedummen up den mart vur deme groisme huys.

Primo, dat neyste by der trappen, dat hait Laurens der schriver.

It. dat neiste bar by hait Margrete vur 4 gul.   } sum. 6 gul. val.
It. dat neiste bar by hait dye selve Margrete vur 4 gul. } 23½ m.
It. dat neiste bar by hait Jacob Wåpensticker vur 4 gul. val. 15 m. 8 s.
It. dat neiste bar by hait Heynrich der hamecher vur 4 gul. } 10 gul.
It. ind de selve Heynrich van deme kelre 6 gul. dat zu   } val. 39 m.
samen   } 2 s.

It. dat neiste ind dat leste hait Jacob Wapensticker vur 2 gul. val. 7 m. 10 s.

Summa zusamen der erffzense, huser, gedummen ꝛc. 1398 m. 8 s. 7 d.

Summa universalis der upkomyngen van allen assisen, van allen erffzensen, huseren ind gedummen 46610 m. 3 s. 7 d.

Alsus gebricht den burgermeisteren dat sy me ußgegeven haven, dan sy intfangen haven, off alle gelt en wail bezailt weir, summa an peyment 20147 m. 7 s. ind 4 d.

It. intgein dit gebreche, so haint disse, dye heer nå geschreven steynt, der steede geleynt zen eirsten.

Primo, den Lumbarden 500 gul. — It. heren Johanne van Hokirchen 150 gul.

It. heren Johanne Havermanne 200 gul. — It. Statz Segrade 100 gul.

It. Clois Boes 50 gul. — It. Coliin Babuck 50 gul. — It. Wilh. Cluken 50 gul.

It. Johan Rulant & Mertin van Gurtzennich 100 gul. — It. Heilkin van Hokirchen 100 g.

It. Jutten Coliins 300 gul. — Clois Muchartz wiiff 200 gul.
It. Heynr. Boenvagen 100 gul. — It. Mertin van Eychtze 100 gul.
Summa des intleinden geltz 2000 gul. vl. 7646 m. 8 s.

Item haint wir intfangen van liiffzuycht die disse personen gegolden haven her ná beschreven under disse burgermeistere.

Primo, van heren Arnolt Volmer eme ind siinre dohchter manlich 25 gul. liiffzuycht gegolden, den gulden umb 10 gulden vergolden, des geit aff, dat hee men gaff van Clois Elreborns weegen 800 m. so overt da, dat disse burgermeistere intfangen haven van heren Arnolt 200 guld. ind 96 gul. ze 46 s.

It. van bruder Johanne Brammart, den Karmeliten, van 30 gul. liiffzuycht den guld. umb 11 guld. vergolden, summa 330 gul.

It. van mynen soene Jacob van 30 gul. liiffzuycht, den guld. umb elff gul. vergolden, sum. 330 gul.

It. van Henkinne Clois soene in den Beynt van 20 gul. liiffzuycht den guld. umb 12 gul. vergolden, sum. 240 gul.

It. van heren Heynrich van Geuwenich genant Lapiciba van 30 gul. liiffzuycht den gul. umb 11 gul. vergolden, sum. 330 gul.

It. van Kirstion Lewen ind Katrinen sinen wive van 50 gul. liiffzuycht, dat manlich 25 gul., den gul. um 11 gul. vergolden, sum. 550 gul.

It. van heren Johanne van den Pelle van 20 gul. liiffzuycht, den gul. umb 10 1/2 vergolden, sum. 210 gul.

Summa dis intfangenen geltz disser liiffzuycht 2200 gul. ind 86 gul. den gul. vur 46 s. gerecht. Summa vl. 8763 m.

Alsus blyfft dye stat schuldich dat intleinde gelt die 2000 gul. Ind dar zu blüfft man heren Heynrich ind heren Kirstioin schuldich 4017 m. 11 s. 4 d. ... off en alle gelt wail bezailt weir van allen assisen ind upkomyngen.

Des haint sy intfangen van Mathise van Verlsberg van der Duytcher Heren gelde 175 gul. ze 47 s. vl. 685 m. 5 s.

It. is man den burgermeisteren noch schuldich dar zu 14 m. van den soldeneren, du sy tornierden.

It. broit, 3 1/2 veirtel ze 40 d. die quart.

It. Thiis Jeger kneicht 28 s.

It. heren Johanne van den Berge ind Peter van Lovenberch 20 m. van butingen.

Alfus blift die ftat den burgermeifteren fchuldich heren Heinrich ind heren Kirftioin, dat fh me uhffgegeven van intfangen 3372 m. 9 s. gerechent des vridages*) ná Cleinkirmeffdach.

It. is man oen noch fchuldich 150 m., die Johan Coliin men hait gegeven, dye eme der rait quht gefcholben hait, want hee fchade ind koft umb der fteede vriheit wille gehadt hait.

Summa zefamen dat oen gebricht 3522 m. 9 s., dat macht an gölden ze 47 s. 900 gul. men 27 s.

---

*) 19. Juli 1387.

Bruchstück einer Ausgabe-Rechnung von 1390.

Auf der Außenseite der Rolle steht: Ditz der 14ᵇᵉ moende under heren van der Linden ind heren Conen van Punt, burgermeistere anno 1390.

Ditz hat uyssgeven nâ den 13ᵗᵉⁿ moende ind hat geschenck des meeben under heren Heynrich van der Linden ind heren Conen van Punt, burgermeisteren anno 90.

Primo, alle der steede gesinde zo verbrenken disser grosser rechentschaff, yber van en 2 m. val. 18 m.

It. Quecken ind Wilhem, van veil arbeit durch tjair, manlich 12 m. val. 24 m.

It. van cost die assisen in zo gewennen 52 m.

It. van gebrech yrs loins der werclube ind etzliger boeden ind gereitschaff 27 m.

It. van assisen van salpeter, gegolden in der steede urber bit jair 15 m.

It. haint sy affgeslagen ain die assisen van des herzogen wegen van Guylche, van den van Wetheym, van des abtz wegen van Münster, van des heren wegen van Schoinvorst 8 m. 10 s.

It. zû den alden buwe an die inreste muren 120 m.

It. van gebreche des geltz, hat den graffschaffen zu den buwe gegeven is, 105 m.

It. gebrech van den pieken der veil wurmvreissich was, intzwey brâchen, affgingen, dâ gein gelt aff komen is, ind hat die dorper men geven haven 41 m.

It. van den boegen 26 m.

It. van den pieken ind boegen zo buren 14 m.

It. Henkin den boede zo verbrenken van veil arbeit 10 m.

It. Henrico myme scholeir ze verbrenken 12 m.

It. Leonarde der steede knecht zo verbrenken 5 m.

It. heren Heynrich van Wiis vur syn pert, hat doit gereven wart, du Gillis van Greverade ind sine gesellen nydder loegen 25 gul. val. 100 m.

It. heren Conen van Punt vur syn pert, hat die viande noemen 50 gul. val. 200 m.

It. heren Arnolde Buck vur syn pert, hat doit bleiff 44 gul. val. 176 m.

It. heren Johanne van Hokirchen vur syn pert, dat doit bleiff 44 gul. val. 176 m.

It. Mathiis van Berlsberg vůr syn pert 25 gul. val. 100 m.

It. Heynrich van Titze vůr syn pert, dat doit bleiff 28 gul. val. 112 m.

5 It. Heynchiin der soldenere vůr syn pert, 21 gul. val. 84 m.

It. heren Reynarde van Morke vůr syns gesindt verluhst, yseren huyt, heutz kogelen ind henschen 4 gul. val. 16 m.

It. zu presencien dysser groisser rechentschaff vber raitzman 1 gul. ind 7 dubel, machent 46 gul. val. je 49 s. 187 m. 10 s.

10 Summa dis uhssgevents nå den 13^{ben} moynde 1565 m. 8 s.

Ditz dat geschenck des meeden under diesse burgermeistere vůrschreven.

Primo, unser genedigen vrauwen van Brabant 3½ åme men 4 veirbel. It. ze voelmede 6 v.

It. deme buschoff van Coelne 3 åmen ind 2 v. It. zo voelmede 1½ v.

15 It. deme hertzogen van Gůylche 3 åmen ind 3 v. It. zo voelmede 1½ v.

It. deme buschoff van Trierren 3½ åme men 4 v. It. zo voelmede 7½ v.

It. deme buschoff van Lůytche 2½ åme ind 2 v. It. zo voelmede 1½ v.

It. deme heren van Schoinvorst eyn åme.

It. deme heren van Gronselt eyn åme et 1 v.

20 It. heren Johanne van den Grave eyn åme et 1 v.

It. deme rentmeister van Lůytche eyn åme et 1 v.

It. Arnolt van den Swain, rentmeister ze Triecht eyn åme.

It. heren Wilhem van sint Margraten eyn åme et 2 v.

It. Sack van Wich ze Valkenburg eyn åme et 1 v.

25 It. deme heren van Breidenbeynt 12 v.

It. deme schriver van Erenveltz 9 v.

It. meister Arnolt deme marschalck 7 v.

It. Arnolt Důytchen, schanternel 7 v.

It. spůylmede 3 v. It. pruve meede 5 quart.

30 It. unsen heren van deme råde gemeynlich, du man den meede průvede 24 v.

It. up der loeven ze Brůyssel, der steede gesinde, vergiersen ind dat gemeyne geschenck heren, vrauwen, ritteren, kneichten ind anderen guden luden 1½ åme men 2 v.

Summa des geschencks des meeden 4 vuder, 2 åmen ind 24¼ v.,
35 die åme 46 m., macht an gelde 1232 m. 10 s.

Summa zo samen so dat uhssgeven nå den 13^{ben} moende vůrschreven, so dat geschenck des meeden vůrschreven, so kost 2798 m. 6 s., gerechent crastino Leonarbi. (7. November.)

Einzelne Monate der Ausgabe-Rechnung von 1391.

Diz dat uhffgeven des veirden moentz. Volmer. Berge.

Primo, zweyn raitdage bynnen raitdagen 20 m.

It. eynen buyffen 10 m.

It. Clois van Coelne gefant fueken den bufchoff van Coelne et heren Scheynart 7 m.

It. deme sprucher van Hollant 12 s.

It. Wilhem gefant zu Lüytche 11 m. 7 s.

It. Laurens zu eynre hoeken zu helpen 5 m. 10 s.

It. Wilhem was myt unfen burgeren, du fy zu Vrankenvort vuren 6 gul. val 24 m.

It. heren Mathife van Stummel 1 Gelr. gul. val. 3 m. 12 d.

It. Andries deme geck 1 m., dat hee eweg ginge.

It. Henkin deme boede umb dat geleyde 2 gul. val. 8 m.

It. Henkin der boede gefant zu Duren 2 m. ind zen droffen.

It. die fcheichte zo moelen, die man vur dat facramente dreit, 2 m.

It. Cloeschiin gefant zu heren Engelbret 4 m.

It. Zilkin Stuytchiin van des droffen koft van Guylche 12 m. 10 s. cum foc.

It. Reynkin deme weychter vur fint Ailbret van fiinre portzen 5 m. 10 s.

It. meyfter Johanne Taut van heren Heynrich wegen van der Linden 4 Gelr. gul. val. 12 m. 4 s.

It. Cloeschiin van Coelne gefant zu Bercheym 22 s.

It. Henkin den boede gefant zu juncher Loedewich 4 m.

It. Meis befinre gefant zu Frankenvort zu unfen burgeren 3 gul. val. 12 m.

It. Cloeschiin van Coelne gefant zu Duren 17 s.

It. meifter Jacob der gelaiffemecher van gelaiffevinsteren zu stuppen ind etzlige nuwe ze machen in der burger huys, up deme fale unden ind aven, ind umb gereitfchaff, ziin, bli, gelas, dageloin 13 m.

It. Henkin der boede gefant zu juncher Lodewich 3 m.

It. den stubenten up dem Grave, umb Got, van der Heilbumkirmeffen 10 m.

It. deme convente in Byneltzstrase 10 m. } van der Heilbum-
It. den Broitbeggarden up Scharportz grave 10 m. } kirmeffen.

It. umb eyn vuder coelen up den sal 6 m. 2 s.

It. Arnoldinis gesant zu Reinberg, zo Valkenburg, zo Lemburg sueken den van Gronselt 2 m.

It. Queden gesant zu den drossen 22 s.

It. zen Preichtcheren, du die gesellen beme capittel zessen goven, ge-
brachen 20 m.

It. umb 1300 schendelen up die inreste Coningisportz ze 7 s., val. 7 m. 7 s.

It. zu der selver portzen 900 schendelen ze 7 s. val. 5 m. 3 s.

It. umb 1100 schendelen ind 1 veirdel ze 7 s. val. 6 m. $8^{1}/_{2}$ s.

It. zu der selver portzen ind zo des weychters huys 550 schendelen ze 7 s. val. 5 m. $11^{1}/_{2}$ s.

It. umb 9000 eslinge nelen, drilinge, latznelen, yseren 9 m. 2 s.

It. zu der uyferster Kuningesportzen 1400 schendelen ze 8 s. val. 9 m. 4 s.

It. 1600 schendelen ze 7 s. val. 9 m. 4 s.

It. umb 6000 eslinge neile, drilinge, brebernele 6 m. 10 s.

It. umb die schendelen ze hauwen 3 m. 4 s.

It. meister Heynrich ind sinen kneichten ze dageloen ind kenel, latzen 16 m. 8 s.

It. die kost die man habbe, du unse heren dem capittel van den Preichtcheren zessen goven, quam up 596 m. It. meister Proffioin van thoeffelen, schagen ind loin 48 m.

It. Roeder van 59 emmeren so nuwe so alt ze hengelen myt heren seilen, ind umb 600 vloegel van gessen ze geveder van pilen $4^{1}/_{2}$ m.

It. meister Johan zielbecker van machen an den piiffen ind dat eme vergessen was 12 m.

It. den soldeneren van yren solde 180 m.

It. der steede gesinde van yren loen ind zielbecker 25 m. 4 s.

It. Leonart der steede kneicht umb dat hee swach is 2 m.

It. Arnolt Broinhoff 2 m. van den umbgange van bier.

It. Wilhem in der burgerhuys, dat ze bewaren, 2 m.

It. meyster Proffioin der zymmerman, geswoeren der steede 2 m.

It. den weychteren van yren loin $4^{1}/_{2}$ m.

It. den zwen kempen van yren loen 4 m.

It. Thiis Saerwoerter 12 s.

It. Pauweltz, deme weichter 12 s.

It. Engel, deme weichter 12 s.

It. Cloesse, deme alden weichter bynnen Coelneirportze 12 s.

} umb dat si arm sint ind brech haint.

It. zu presencien disser rechentschaff 10 m.
It. Setzschin inb myr 2 m.
It. zu kost, du man diesse rechentschaff magde 4½ m.
It. zu kost up der loeven 18 m. 2 s.
Summa des uyssgevents vurschreven 1226 m. 11 s.
Ditz hat geschenck des veirden mohnts.

Primo, den oeversten van sint Johanne 2 veirdel.
It. deme scholtes van Eschwilre 2.
It. deme bainritz inb Wilhem van Flatten 2.
It. vreymbe wendeleir lagen ze Valkenburg 2.
It. die vrauwe van Kuynrisheym inb ir doichter 2.
It. Poleynen Sietzen cum soc. 2.
It. heren Herman Huyn, heren Johan van Putte cum soc. 2.
It. deme tumbur van den Dutzschen huys et vreymde heren 2.
It. meyster Joh. Taute 1.
It. Duecke, du hee quam, van den geleyde 3 quart.
It. heren Scheynartz boede 3 q.
It. deme heren van Gronselt 4.
It. ben vrauwen van Wirtzburg 2. her Ar. Buck.
It. du unseren aissen myt heren Kirstioin 4.
It. Peter Dusinderley 3 q.
Ji. Tielman van Roede der rentmeister cum soc. 2.
It. Dueck inb Wilhem gesant zer Wiben 1.
It. den werckluten up ten sal, du sy schagen inb thoeffelen magden zu deme cappittel, 3 q.
It. Ren Lull inb Heynchin 2 q.
It. van eynen perde 1.

It. heren Heynrich van der Linden 3.
It. Henkin den boede 2 q.
It. deme meyer 1.
It. Zillien van Duren 3 q.
It. der steede gesinde 1.
It. heren Gilles van den Wier 2.
It. heren Heynrich Chorus boeden 3 q.
It. eynen boede uyss Galitzien 1. Ja. Wolter.
It. unse heren ayssen myt deme heren van Breidenbent 3.
It. der vrauwen van Gronselt cum soc. 4.
It. Goedart Buffel 2. cum soc.
It. unse heren waren zer Wiben, verschenckden da 2½.
It. juncher Lodewichs boede van Rüfferscheit 3 q.
It. Duecken 3 q.
It. heren Everartz soene van der Marken 4.
It. heren Heynrich den beyer van Bobarden 2.
It. des greven boede van Cleve 3 q.
It. Henkin deme boede int riche 3 q.
It. miinre vrauwen bigeter van Burschit 1.
It. Wilhem den goltzsmet van zeychenen, ze zwen ziben 1.

Jt. der steede schriver van Triecht 1.
Jt. heren Goebarde ind Roeder van umbgain 1½.
Jt. Quecken gesant zen drossen 3 q.
Jt. Cloeschiin van der piiffen 3 q.
Jt. meyster Goetkin deme eralbe 1.
Jt. Jacob deme gelaissemecher 1 q.
Jt. der vrauwen van Dailwich 2.
Jt. deme heren van Schoynvorst 4.
Jt. heren Emonde van Enbelsdorp 4.
Jt. den scheffenen van Duren 2.
Jt. Gohswiin van Heir et Pauweltz cum soc. 2.
Jt. unsen heren den scheffenen, Nativitatis Marie 2. ⎫
Jt. den werckmeisteren 4. ⎬ ze cleyn firmessen.
Jt. zen Sterre 2. ⎪
Jt. zen Parabiesse 2. ⎪
Jt. der steede ind der burgermeister gesinde 2. ⎭

Jt. den trumpperen ind piifferen 2.
Jt. den weychteren 3.
Jt. der steede gesinde van umbgain loechten vur boer gebieden 2 q. ⎫
Jt. Gerard moelneir 3 q. ⎬ ze cleyn firmessen.
Jt. Meis besinre 3 q. ⎪
Jt. deme barbier 2 q. ⎭
Jt. deme juncher van Reybe 2.
Jt. Setziin deme rentmeister 2.
Jt. Leonart ind Peter int riche 3 q.
Jt. die solbeneir 2.
Jt. unsen heren den scheffenen 2.

Summa des geschencks des veirden moyntz 3 amen ind 20¾ veirbel, des is 1 ame 17 veirbel ze 2½ s. ind dat ander ze 3 s.*) macht ze samen an gelde 107 m. 11 s.

Ditz dat uyffgeven des 9ten moyntz.

Primo, dri raitdage bynnen raitdagen 30 m.
Jt. eynen buyssen 10 m.
Jt. Henkin den boede gesant zu Heynsberg 2 m.
Jt. Wilhem den goltzsmet van den schilden zo machen up den fleschen, die man schencde deme hertzoege van Gelre, ind stuppen ind ketten, umb golt ind machen 8 m.
Jt. Arnoldinis gesant zu Sintzich 3 m.
Jt. zwen sprucheren 3 m. Jt. umb bessem 4 s.
Jt. Henkin deme boeden van lieffnisse zu synen perde zo halden 25 m.
Jt. den ahmdregeren du yt brande up den Kesselberg 9½ m.
Jt. Mese van der clocken 12 s.
Jt. Lambret van den emmeren by eyn zo vergaderen 12 s.
Jt. den ahmbregeren du yt brande zo Heysterbach 7 m.
Jt. Meisse van der clocken zo luden 12 s.

---

*) Nämlich die Quart zu 3 Schilling. Summirung und Berechnung sind unrichtig.

Jt. umb eyn vuder coelen up den sal 6 m. 4 s.

Jt. Lambret van Gulpen ze liefnisse 6 Gelr. gul. val. 19 m.

Jt. Rueprecht van Birnenburg, du hee man wart, 30 swoir gul. val. 120 m.

Jt. Zillin Stuytchiin gebrach van Baldewiins kost 10 m. 8 s.

5 Jt. der abbissen van Burschiit van Sietzen wegen van Liebermey van den küen 25 m.

Jt. Cloeschiin van Coelne van gebrech 4 m. van loeffen.

Jt. den piifferen des heren van Disterwanck 8 Gelr. gul. val. 9½ m.

Jt. Henkin den boede gesant zer Warden suken Tielchiin van Lieven-
10 dale 8 s.

Jt. Werner der boede van, heren Kirstioins wegen gesant zo Coelne an den officioil 28 s.

Jt. den piifferen van Schoinvorst, van Waichtenbunck inb van der Dick 2 Gelr. gul. val. 6 m. 4 s.

15 Jt. Arnoldinis gesant zo Casteren van Ties Yveltz wiiffs wegen 22 s.

Jt. Ysegram 12 s. Jt. heren Scheynartz boede 10 s.

Jt. octava Karoli, zo presencien in den koer 5 m.

Jt. Gerart Moelneir van luden 5½ m. Jt. den vikeerisen 12 s.

Jt. Münsterman van Cronenberg 12 s.

20 Jt. der steede gesinde inb den gesworen werckluben zu yren jaircleideren so parclyber, so roecke kosten 300 m. inb 332 m.

Jt. den selven der steede kneichten umb eyn wenter butych 13½ gul. val. 54 m.

Jt. umb eyn butych den piifferen inb trumpperen inb den gesworen van den koelberge zo yren somer inb wynter roecken 11 gul. val. 44 m.

25 Jt. van gebrech dat en gebrach inb muwen bryn ze setzen van somer inb wenterroecken 26 m. 10 s.

Jt. den zwen kempen umb yr roecke 20 m.

Jt. umb vuder unber dye parcleyber inb Wilhem 12½ m.

Jt. Quecken inb Wilhem umb yr cogelvuder 4 m.

30 Jt. umb eyn vuder holtz 2½ m. 2 s.

Jt. umb eyn vuder coelen 6 m. 4 s.

Jt. Heynrich Coerenmeister wive 5 elen Dutychs ze 4 m. 8 s. val. 23 m. 4 s.

Jt. den zwen schriveren myns heren inb vrauwen van Guylche 2 par
35 hoesse kosten 9 m. 4 s.

Jt. des greve piifferen van Bianden 2 Gelr. gul. val. 6 m. 4 s.

Jt. du der juncher van Heynsberg hie was van den schoeffen, inb heren Wilhem van Muysbach bengde van der vorsthöven, inb der her van Schoinvorst as up der loeven 9½ veirdel inb 3 m. val. 10 m. inb 11 s.

24*

It. den foldeneren van yren folde 180 m.
It. der steede gesinde 25 m. 4 s.
It. Leonarbe der steede kneicht 2 m. It. Peter Liebret 28 s.
It. Bertolff Stoltz 2 m. It. Wilhem in der burger huys 2 m.
It. meister Proffioin 2 m. It. den weichteren 4½ m.
It. den zwen kempen 4 m. It. Thiis Sarwoerter 12 s.
It. Pauweltz den weychter 12 s. It. Engel deme weichter 12 s.
It. Clois deme alden weichter 12 s. It. Heynen van Reichterchiin 12 s.
It. zo presencien disser rechentschaff 10 m.
It. Setzchin inb myr 2 m.
It. zo kost, du man disse rechentschaff magde 4 m. 9 s.
It. zu cost up der loeven biessen moende 18 m.

    Summa des uyssgeventz bis 9^{ben} moentz 1148 m.

        Dytz dat geschenck des 9^{ben} moyntz.

Primo, Buff Eesel cum soc. 2 veirb.

It. heren Statz van deme Bungart 2.

It. heren Heynrich van Gisendorp 2.

It. den gesellen zo den babe 2.

It. unsen heren den scheffenen van deu voigtgedinge ze Trutzienbermessen 2.

It. Lambret Butyssen deme vürspreche 1. Epiphanie.

It. Johanne synen bruder, du hee vursprech wart 1.

It. die burgermeistere aissen zo des voitz huys van Burschit 2.

It. heren Bernarbe deme paffen 1.

It. heren Doemen van Berge 2.

It. der steede gesinde 3 quart.

It. Coen Volmer cum soc. 1.

It. Maesse Gastmoelen 1.

It. Reynarbe van Berge 2.

It. der steede gesinde van der Lewerken 1 q.

It. deme heren van Toenburg 4.

It. heren Wilhem van Muysbach 2.

It. greve Heyntzen van Nassauwen 4.

It. deme juncher van Guylche 4.

It. Schuttelchiin van Gartzwilre, du hee man wart, 2.

It. Quecken 2 q. It. Henricus suster 2 q.

It. deme heren van Schoinvorst 4.

It. heren Johanne van Kentzwilre et Obelen 2.

It. deme juncher van Heynsberg 4.

It. deme juncher van Heynsberg et uxore, du sy die schoeff geloeffde zo bezalen 6.

It. heren Daben van Berge, du hee den brieff debe segelen 2.

It. deme scholtes van Eschwilre, heren Gillis van den Wier, heren Johan van Putte, Joh. van Eynenberg cum soc. 4.

It. heren Werneir van Humpesche inb heren Werner Buffel 2.

It. der vrauwen van Heynsberg 4.

It. den weichteren van den vure
zo verwaren 3.

It. den aymbregeren van Jacob
Beyssels vure 1.

It. unsen heren den scheffenen 2.

It. Lambret van Gulpen 1.

It. Cloeschiin, du man eme siin
wiiff beval, 2.

It. deme heren van Breidenbent 2.

It. deme heren van Grunselt 4.

It. du Buff Eesel sine eyde bede
ind riden solde myt den Drossen 2. (Stuytchin huys.)

It. vreymden vrauwen van Trierre,
Epiphanie 2.

It. Leonart ind Rey int riche 2 q.

It. deme dechen van Munster 2.

It. Emmerich van Kudyben cum soc., du man en suynden myt Bulencleffen, 2.

It. der steede gesinde 1.

It. deme heren van Toenburg 4 1/4.

It. Zielbecker ind Roeder van der kruytkameren 2 q.

It. den weichteren van den ballingen ind Lewerken 3.

It. Goedart Buffels kneicht 2 q.

It. Gerart van Endelsdorp ind Joh. van Kessel 2.

It. den vrauwen zo heren Wilhem huys van Rabe 2.

It. heren Werneir Bertoff 1.

It. der vrauwen van Duffel cum soc. 2.

It. vreymden sprucheren 1.

It. unsen heren den scheffenen, Karoli 2.

It. den werckmeisteren 4, Karoli.

It. zen Sterre, Karoli 2.

It. zen Parabiesse, Karoli 2.

It. der steede ind der burgermeister gesinde, Karoli 2.

It. den soldeneren 1.

It. heren Herman van Patteren 2.

It. unsen heren den scheffenen, Purificacione 2.

It. den werckmeisteren 4.

It. zen Sterre 2.

It. zen Parabiesse 2.

It. der steede ind der burger= meister gesinde 2.

It. zu Catrinen huys van Punt 1. (quielsulze.)

It. Wynmer 1 q. Quecken 2 q.

It. du her Johan der burgermeister siech was 3.

It. des juncheren boede van Heynsberg 1.

It. Purificacione up der loewen 2.

It. unsen heren den scheffenen 2.

It. den werckmeisteren 4.

It. der steede ind der burger= meister gesinde 2.

It. heren Wolter van Belle 1.

It. deme senger 1.

It. heren Lambret van Råde 2 q.

It. heren Goedart Lutzelenburg 2 q.

It. heren Rababen 2 q.

It. heren Wilhelm van Mun= ster 2 2 q.

It. heren Johan van der Geisse 2 q.

It. Quecken die ordenen zo bidden 2 q.

It. den Menrebruderen 4.

It. den Preichtcheren 4.

} Purificacione.

} octaba Karoli.

Jt. ben Auguſtinen 4. ⎫
Jt. ben Karmeliten 4. ⎪
Jt. ben heren van ſint Jolinen 4. ⎬ octaua Karoli.
Jt. ben Wiiſſenvrauwen 4. ⎪
⁵ Jt. beme rabe gemeynlich ⎭
   20½ (myt Wilhem)
Summa bis geſchencks vurſchreven
   6 ámen inb 19¾ veirbel, bie
quart 2½ s. macht 166 m.
5½ s.
Summa zo ſamen ſo uyſſgeven ſo
geſchenck bis 9ᵇᵉⁿ moynt 1314
m. 5½ s., gerechent Benedicti
abbatis. (12. Febr.)

¹⁰ Verzeichniß der Ausgaben nach dem 13. Monate mit der
Aufſchrift auf der Außenſeite:

Der 14ᵗᵉ moynbe unber heren Volmer inb heren Johan van ben Berge
anno 91.

¹⁵ Auf der inneren Seite der Rolle:

Dit bat uyſſgeven ná ben 13ᵇᵉⁿ moynbe, unber Volmer Berge.

Primo, alle ber ſteebe geſinbe zo verbrenken biſſer groiſſer rechentſchaff
yber van en 2 m. bat 20 m.

²⁰ Jt. Quecken inb Wilhem van veil arbeit burch tjair manlich van en 12
   m. bat 24 m.

Jt. van coſt bie aſſiſen in zo gewennen 52 m.

Jt. ben werckluben van gebrech yrs lontz, ben boben van bier geſchent
   inb etlige gereitſchaff 17 m.

²⁵ Jt. umb papier inb perchment 12 m. Jt. umb ſegelwais 5 m.

Jt. Henkin beme boebe zo verbrenken 10 m. Jt. Henrico zo verbrenken
   12 m.

Jt. Leonarbo ber ſteebe knecht zo verbrenken 5 m.

Jt. zo preſencien biſſer groiſſer rechentſchaff yber raitzman 1 gul. inb
³⁰   7 bubel 44 gulden, valent ze 4 m. 176 m.

Jt. van ben zwen ſilveren fleſchen, bie man ſchenckbe beme hertzoge van
   Gelre 200 gul. val. 800 m.

Jt. meiſter Tielman beme erzitter van ben ſiechen zo bewaren 12 m.

Jt. meiſter Clois ben vasbenber van ben ámen zo bynben van veil jaren
³⁵   11 m. 4 s.

Jt. gaff man beme herzoege von Gelre 2000 gul. val. 8000 m.

Jt. juncher Loeberwich van Riifferſcheit 500 gul. val. 2000 m.

Jt. mynre brauwen van Gühlche 100 gul. val. 400 m.

Summa des uyſſgevents vurſchreven 11556 m. 4 s.

Ditz dat gescheuck des meden uuber disse burgermeistere vurschreven.

Primo, der hertzoginne van Brabant 3½ âme men 2 veirdell. It. voellmede 4½.

It. deme buschoff van Coelne 3½ âme } voelmede 7¼.
It. deme buschoff van Trierre 3½ âme men 2 v.

It. deme buschoff van Luytche 2½ âme inb 1 v. It. voelmede 1¼.

It. deme heren van Schoinvorst eyn âme.

It. heren Johanne van den Grave eyn âme men 1 v.

It. deme heren van Gronselt eyn âme.

It. deme rentmeister van Brabant zo Triecht eyn âme men 1 v.

It. deme rentmeister van Luytche zo Triecht eyn âme men 1 v.

It. heren Wilhem van sint Margraten eyn âme men 1 v.

It. Sack van Wich zo Valkenburg eyn âme.

It. deme heren van Breidenbent 11¼ v.

It. meyster Arnolt deme marschalck van Brabant 8¼ v.

It. Arnolt Dühtzschen 7¼ v.

It. zo kost den gesinde, die den mede vasben inb die vas spuylten 2 v.

It. spuylmede 3 v.

It. pruvemede 1¼ v.

It. nnsen heren van deme rade gemeynlich bu man den mede pruvede, inb up der loeven ze Brühssel, der steebe gesinde, vergierren, inb van gemeynen geschenck heren, vrauwen, ritteren, knechten inb anderen guden luden 1¼ âme.

Summa des geschencks des meden 4 vuber, eyn âme 10½ veirbell, die âme vur 46 m. macht 1100 m. inb 66 m. 18 d.

Summa zo samen so dat uhssgeven nâ deme 13ben mohnde vurschreven, so dat geschenck des meden vurschreven, so kost: 12722 m. 5½ s.

Einnahme-Rechnung von 1391.

Int Jair unss Heren M. CCC. LXXXXI. waren burgermeistere her Volmer in sint Jacobstrafe ind her Johan van den Berge. Ditz hat sy intfangen ind upgehaven haint van der steede aff. zensen ind anderen uptoemyngen der steede dies jairs vurschreven.

Primo, van der wiin assis, bye galt dit jair 32000 m., die habben her Heynr. van der Linden, her Heynr. Chorus, her Volmer, her Coene van Punt ind her Arnolt Buck.

Des haint sy gegeven zo presencien in den rait yber raitzman eynen gulb. ind 5 bubel, maicht 45 swoir gul. vf. 187½ m. Jt. haint sy zen buwe gegeven 4000 m.

Alsus bliven sy der steede schuldich ind oevert der steede van der wiin assis van dissen jair 27812 m. 6 s.

Jt. van der bier assis, bye galt dit jair 16000 m., bye habben her Heynrich van der Linden, her Coene van Punt, Herman van der Merkatzen, Jacob van den Birrboem, Gerh. Vette, Setzschin van Weyenberg, Johannes van den Buschoffstave ind Rickolff der bruwer.

Des is zen buwe gegangen 4000 m.

Alsus oevert der steede van der bieraff. van dissen jair 12000 m.

Jt. bye cremer assif. galt 1235 m., bie habbe Johannes Munche.

Jt. bye vette aff., 410 m., Johan Queck.

Jt. bye yser ind eirtze aff., 440 m., Rutger Vinkenbey ind Kerstioin Teschenmacher.

Jt. bye liwoit aff. 250 m., Herman Zeichengiesser.

Jt. byr roebe aff. 325 m., Clois van Humburg.

Jt. die bunt aff. 215 m., Arnolt ind Wolter Nühlchyn & Luprant Roegelchiin.

Jt. die vische aff. 1170 m., her Coene van Punt, Peter van Loevenberg, Jacob van den Birboem, Winkin Erwissman ind Joh. Roegeleir.

Jt. die corbewain aff. 65 m., Tielchiin van den Walde ind Lambret van Prummeren.

Jt. die loer aff. 680 m., Tielchiin van den Walde, ind Joh. Wolffhagen.

It. dye mede aff. 175 m., Cloes van Humburch.
It. die hoesse aff. 150 m., Johannes upt Yseren.
It. die kuchen aff. 1090 m., Joh. Seilmegger, des haint sy intfangen 690 m., so gebricht da 400 m., da hait man eyn brieff van 5 gul. erßens an Seilmegger huys in Punt.
It. die weit aff. 1270 m., Henkin verwer, Niis van Nybberrut, ind Henkin Scheischiin.
It. dat mailgelt 3625 m. her Kirstioin van den Kanel, her Bolmer, her Reynart van Morke ind Peter van Lovenberg, meyer.
It. dye vleische aff. 600 m. ind van zense 16 m., die vleischeheuwer.
It. dye cailmynne 615 m., her Kirstion van den Kanel, her Bolmer, her Coene van Punt, her Heynrich van der Linden, Kuyn Bolmer ind Wilh. in die Reynarß keele.
It. dye albe halle 18 s.
It. dye nuwe halle 15 m.
It. dat gereichte van Burschiit 16 m.
It. der kalckåven, (ze virber Colin Babuc vur Nuwe porß, in den grafschaffen, zen buwe.)
It. dat kumphuys 50 m.
It. dye broit martmeistere 30 m. } dat geit zen alben buwe an die
It. die vleische martmeistere 90 m. }   inreste muren.

Summa alle disse upkoemyngen der aff. vurschreven, uyßgescheiden die zen buwe gegangen sint, 46931 m.

It. haint sy intfangen ind upgehaven van erffzensen, gabummen, huyßseren, die die stat hait, gelich herna beschreven volgt, den gul. vur 4 m. gerechent.
Primo, van heren Lupen huyße vur den sal 10 s. 8 d.
It. buyssen Punt intgein den Wesche oever 6 s.
It. zen Gulden Helme in Coelneirstrase 4 s.
It. Wienclais huys buyssen Coelneirporß 14 s.
It. Johannes schure van Nuweborpe 9 s.
It. Johans huys van den Gevach 20 d.
It. van heren Goedarß Coliins schure 5 m.
It. van der nuwer pelßer huys 8 gul. vl. 32 m.
It. van meister Diederichs huyße des schroeders 12 gul. val. 48 m.
It. Johans huysse van der Hallen 8 gul. val. 32 m.
It. van Heynrich Sabelmechers huysse up den nuwen mart 30 m.
It. van Clois Krychs huysse by den alben Sterre 12 gul. val. 48 m.

It. van Johans huse van Sepperen under dat bli 13 gul. ind eyn ort val. 53 m.

It. van Wilhems hüyffe van Haffelt des fleschenmechers da bi 10 gul. val. 40 m.

5 It. van deme neisten dar by, dat vermyet vur 8 swoir gul. vl. 32 m. 323 m. 9 s. 4 d.

Dit sint die gedummen intgeyn den Weissel oever.

Primo, Jacobs gadum van Zwenbergen da nybben upt ort 20 gul. val.
10 80 m.

It. Wilhem Zewers son ind Johannes van Bilen upt Yferen 13 gul. ind 1 ort val. 53 m.

It. Johan Hankartz gadum neiste dar by 10 gul. val. 40 m.

It. van Henkiins scheidemechers gadum nehst darbi 14½ gul. val. 58 m.

15 It. van Barben Scharpenberg gadum nehst dar by 12 gul. ind dri ort val. 51 m.

It. Katrine kampflegerfe van deme neysten darby 20 gul. val. 80 m.

Dit sint die gedummen up den Steinwech.

20 Primo. Wilhelm Zewers son, van deme nydbersten gadum by die Moessen.

It. Arnolt Nühlchiin ind Mertin Moelenverken, van deme neisten upwert 12 gul. ind dri ort val. 51 m.

It. Arnolt Alderat et uxor, van deme neisten upwert 12½ gul. val. 50 m.

25 It. Griet Karls dochter ind Katrine van Humburch van deme neisten 13 gul. val. 52 m.

It. dye selven Griet ind Katrine van deme neisten dar by 13 gul. et eyn veirdel, val. 53 m.

It. Diederich Henschemecher van deme neisten dar by 12 gul. ind dri
30 ort, val. 51 m.

It. Arnolt Henschemecher van deme oversten ind lesten zo der syden 16 gul. et eyn ort val. 65 m.

It. Gillis van Warruhyffe van deme oversten up die ander syde 7½ gul. vl. 30 m.

35 It. Rutger Vinkendey van deme neisten nydderwert 7 gul. val. 28 m.

It. Griet Karls dochter ind Katrine van Humburg van deme neisten dar by 6½ gul. val. 26 m.

It. Kuyn blaiffebaldmecher van deme neysten dar by 8 gul. et 3 ort val. 35 m.

It. Katrine Schoenjuncheren rochter ind Katrine Schutteleirse 5 gul. ind 1 ort val. 21 m.

It. Heyntz Beyer ind siin wiiff, van deme neisten dar by 8 gul. et 3 ort, val. 35 m.

It. Gillis van Warruysse van deme lesten an der piiffen 5 gul. val. 20 m. 1136 m.

Dit sint die ander huysser up den Hoff.

Primo, Rutger Binkendey van syme huse up den Wesche 5 m.

It. Peter Yserenmenger et uxor, van Uylrichs huysse, was 10 gul. et 3 veirdel val. 43 m.

It. Heynrich Zewers wiiff van Horlantz huse, was 11 1/2 gul. val. 46 m.

It. Johans wiiff van den Busche van deme widdergade huysse 11 gul. val. 44 m.

Dit sint die huysser in Kockerel.

Primo, Johan Düymchiins huys, des schroeders, by die Augustine 10 m.

It. meister Heynrich huys van Ratingen da by 4 1/2 gul. val. 18 m.

It. Barbe, meister Johans doichter, des schroeders, van Ailbretz huysse 4 gul. val. 16 m.

It. dat neiste dar by hat Leonart der steede kneicht, ind in sal nyet geven, as lange hee leift.

It. Johan Hankart van deme neisten dar by 10 m.

Dit sint die gedummen up den mart vür deme groissen huys.

Primo, Henricus gabum, dä in wirt nyet aff.

It. dat neiste dar by hait die vette Margrete vur
It. dat neiste dar by hait die selve Margrete van Blaynberen vur
It. dat neiste dar by hait
} vur 6 gul. val. 24 m.

It. dat neiste dar by hait der hamecher vur 4 gul.
It. den kelre under der werckmeister loeven hait be selve vur 6 gul.
} sum. 10 gul. val. 40 m.

It. dat neiste dar by hait gemyet Geirkin, der schuymecher, vur 2 gu val. 8 m. ze Pengsten.

It. van Thoeff sulre under den boege by sint Johanne vur t'Parvische 2 Gelr. gul. vl. 6 m., ze Metz.

Dit sint die erffzense bynnen der inrester muren gelegen, die nyet aff ge-
loist en sint.

Primo, zen Gulden Helme in Coelneirstrase 3 gul. ind 1 ort val. 13
m. Christi.

It. Nese Ruysplox erve hender yrme huse gelegen 1½ gul. Christi val.
6 m. vacat.

It. dat huys zen Rosse 1½ gul., Christi, val. 6 m. vacat.

It. Bele, Paffen doichter, zwei birbedeil guldens, Christi, val. 32 s.

It. Thiis huys des schuymechers, eynen gul. val. 4 m., Christi.

It. Quoitchiins erve eynen gul., Christi, val. 4 m.

It. Wilh. Seilmengers vur Coelneirportz ½ gul. val. 2 m., Christi.

It. der holtzschuymecher dar by, eynen gul., val. 4 m., Christi.

It. zen Gulden Renge 5 gul., Christi, val. 20 m.

It. dat Baginen convent nyet eynen gul.

It. Luprant Koegelchiin van syme erve 2 gul. val. 8 m., Christi.

It. Clois Kempen huys up den Koelrum ½ gul., val. 2 m., Christi.

It. Leonart der peltzer baby, dri veirdel gul., val. 3 m., Christi.

It. by sint Ailbretz portze, do Gerart den Duvel doit stach, 1½ gul.,
Christi, vacat.

It. Wynant under Hammersteyn, der becker, ½ gul., Christi, val. 2 m.

It. Herman van der Merkatzen 2 gul., Christi, val. 8 m.

It. Tielmans muder huys van Nutte, eyn birbeil guldens, Christi, val.
16 s.

It. Veren Boetzen huys in Heppioil 2 albe groissen, Christi, val. 8 s.

It. Karl Holtzschuyn eyn birbeil guldens, Christi, val. 16 s.

It. Johan van Tytze in Heppioel 4 albe gro., val. 16 s.

It. Silman van Robenburg, van syme erve in Heppioel, eynen gul. vL
4 m. vacat.

It. des Selchers erve 1½ gul., vacat.

It. Bele linenweverse 10 albe gro., val. 3 m. 4 s.

It. Thiis Smytchin in Borschierstraisse neist Reynkin, deme weichter, ½
gul., Christi, val. 2 m.

It. dat huys zer Düven, dat Lodewichs was, 1½ gul. vacat, 6 m.

It. Huppehasen wiiff in Geystraisse 4 albe gro., val. 16 s.

It. junffer Tulen Statz munen eyn birbeil gul., val. 16 s. vacat.

It. Heynrich Jungen huys eyn veirdeil guldens, val. 12 s.

It. Goedartz huys van der Burch, dat Zillien was van Hoenburg, eyn
veirdeil gul., vacat.

Jt. Cloeschiins huys van den Gevach in Geyſtraiſſe, 3 albe gro., val. 12 s.
Jt. Johan Zymmerman in Geyſtraiſſe van ſyme erve 2 albe gro., val. 8 s.
Jt. her Peter Hankart van ſyme erve ½ gul. val. 2 m.
Jt. Johan Moerchiins erve 4 albe gro., val. 16 s.
5 Jt. eyn wuhſte hoefſtat nehſt heren Heynrich lapiciba 2 albe gro., vacat.
Jt. eyn wuhſte hoefſtat ouch nehſt bar by, 2 albe gro., vacat.
Jt. Johan Brock ber ſchuhmecher van ſyme erve, eyn birbeil gul., val. 16 s.
Jt. heren Schrafs convent in Behneltſtraiſſe ½ gul.
10 Jt. heren Johan van ſint Jacob, genant her Grande Johan, prieſter, 2 albe gro., val. 8 s.
Jt. Jacob Kuchen huys 2 albe gro., val. 8 s.
Jt. Heyne Noete van zwen erven by eyn geleegen 4 albe gro., val. 16 s.
Jt. eyn lantman bar by is wuhſt, 2 albe gro., vacat.
15 Jt eyn hoefſtat nehſte bar by, ba bie Wyſenvrauwen zens ain haint, 1½ alben gro., vacat.
Jt. eyne hoefſtat neiſt Peter Duren erve 4 albe gro., vacat.
Vt. Guhtgeſelle, der vleiſcheuwer, 3 albe gro., val. 12 s.
Jt. Clois Hüntz huys in Beneltſtraiſſe ½ gul., val. 2 m.
20 Jt. Henkiin weichter alre nehſte Punter, 1 gul. Chriſti, val. 4 m.
Jt. Bluymchiins wiiff, neiſte bar by, 1½ gul. Chriſti, val. 6 m.
Jt. der here van Schoenvorſt van deme erve langen den Maltzwier 2 gul., vacat.
Jt. Clois Bluymchiin van ſy erve neiſt Kunninxportzen 2 gul., vacat.
25 Jt. Ube zo Kunninxportzen neiſt deme weichter, 2 albe gro., val. 8 s.
Jt. Zillie Mamſuge van zwen erven zo Kunninxportzen 4 albe gro., val. 16 s.
Jt. Thiel Schelmans erve 2 albe gro., val. 8 s.
Jt. Thiel Tybus unber bie Linde, dat gilt Griete Haltzevaſt wiiff, eynen
30 gul., val. 4 m.
Jt. Peter Holtzwilre van zwen erven, zweyn gul., val. 8 m.
Jt. dat huys nehſt Puntporzen, dat Billien is van Dobach, 1½ gul., vacat.
Jt. Clois Bluymchiins erve by ſint Gillis, eynen gulb., val. 4 m.
35 Jt. dat Beginen convent in den Winken in Punt ½ gul., val. 2 m.
Jt. her Goedart Coliin vur Nuweportz van ſyme erve 1 birbeil guldens vl. 16 s.
Jt. der Kutzeleirſen erve 1 gul. inb 3½ alben groiſſen val. 5 m. 2 s.
Summa ber nuwer zenſe vurſchreven 138 m. 2 s.

Summa alle der erffzense vurſch., der huyſſer ind miedungen ind der nuwer zenſe ſonder die vacancien 1667 m. 11 s. ind 4 d.

Jt. haint die burgermeiſtere intfangen van eynen perde, dat der steede was, dat Heynchiin hadde, 8 gul.

Jt. van eynen perde, hadde Oetchiin, 12 gul. Summa zo ſamen 20 gul. val. 80 m.

Jt. haint ſy intfangen van Grunpret, Neſe Kutzeleirſen eydum, 20 m. as van 4 alden groiſſen erffzens, van ſyme deille der nuwer zenſe ain der müren.

Jt. haint ſy intfangen van Andries van Wiis, van deme gelde, dat hee der steede gelehnt hait, dat man eme zo jaren widder geven ſal, na inhalt ſiinre brieve, ſum. 3000 gul. vl. 12000 m.

Summa univerſalis alle der upkompyngen ind innemens vurſch. 60000 m. 600 m. 98 m. 11 s. ind 4 d.

Alſus gebricht den burgermeiſteren, dat ſy mee uyſſgegeven haint dan intfangen 3574 m. 3 s. 8 d. gerechent vigilia Leonardi.*)

Ind alſus bliift die ſtat ſchuldich Andries van Wiis 3000 gul., die man eme zo jaren widder geven ſal, alle jair 200 gul., des eirſten dages Bramoyntz, bis hee bezailt is, nâ inthalt ſiinre brieve.

---

*) Den 5. November.

Ausgabe-Rechnung vom J. 1394. Auf Papier. Folio.
Auszug, worin nur die historisch oder sprachlich besonders merkwürdigen Posten mitgetheilt werden.

Anno Dni. M. CCC. LXXXXIIII. under heren Volmer ind heren Johanne van sint Margraten waren rentmeister gekoeren her Johan van den Berge ind her Johan van Hokirchen ind die goven uyß ind namen in der steede cost ind renten as her nů geschreven steit.

Dit hain ich*) ußgegeven des eirsten mointz.

It. des heren piiffer van Heynsberch hadden 2 Gelres guld., val. 5 m. 10 s.

It. den weichmecheren, die locher ze stuppen alle, dae man dat sacrament druych, die hadde 9 m. 6 s.

It. van dren buchen ze maichen soe pappir ind loin 4 m. 12 d.

Dit hait her Johan**) ußgegeven.

Primo, dry roitdach bennen 24 m.

It. eynen busen 8 m.

It. Henken, der boide, gesant ain den van Breydenbent van den vrede van heren Dierich van Enbelstorp, habbe 1 Gelres gul. val. 2½ m. 5 s.

It. Henken, der boide, gesant zu Luytge ain die stat ind ain den buschof, hab 1 Gelr. gul. ind 18 s., val. zo samen 4 m. 5 s.

It. Clois van Coellen gesant ze Lutzelenburch von Keirstions wegen van Reinberch hab 5 m.

It. der stede gesinde van hoygezibe ze Penxsten 5 m. 3 s.

It. den weychteren van den selven hogezibe 31½ s.

It. Henken, der boide, gesant zu den herzoge van Gelre, van der gevangen wegen, 2 Gelr. gul. val. 5 m. 10 s.

It. Reinkin Lulle gesant ain heren Johan van den Velde, van der gevangen weigen, habbe 4 sware gulb., vl. 16 m. 9 s.

It. Queck gesant up, van den gevangenen wegen, habbe 2 sware gul. 1 Gelr. gul. 1 m. Koltz, val. ze samen 12 m. 6 s.

---

*) Johan van den Berge. **) Johan van Hokirchen.

Jt. meister Johan zeilbecker van der Wesch ze Wisenbrouwen, habbe 26 s.
Jt. des juncheren piffer van Arberch.
Jt. Roer van den elter ind van den gehimmeltz van alre gereitschaf, dat hoim ain ginck, ze samen 12 m. 5 s. 4 d.
5 Jt. den solbeneren van eren solde 240 m.*)
Jt. der steebe gesinde van hunnen loen 27 m. 8 s.
Jt. Peter Libret 28 s. Jt. Leynart der stede kneicht 2 m.
Jt. Bertof Stoltz 2 m.
Jt. Willem in der burger huis 2 m.
10 Jt. meister Proffion 2 m.
Jt. den zwen kempen 4 m.
Jt. den weichteren 4½ m.
Jt. Tiis Sarwerter 1 m.
Jt. Clois den alden weichter 1 m.
15 Jt. Pauweltz den weichter 1 m.
Jt. Engel den weichter 1 m.
Jt. Heynrich van Reiterchin 1 m.
Jt. zu presencien dysser rechenschaf 8 m.
Jt. up der loiven 40 m.
20   Summa des ußgebentz des eyrsten mointz 502 m. 4 s. 4 d. ind van dat geschenck**) 194 m. 12 d., gaf her Johan van Hoykirchen, gerechent beme rode des vridaichs nae sint Johantz dach. (26. Juni.)

25 Dit is dat ußgeven des andern mointz, dat her Johan gegeven hait.

Jt. dů uns heren zu Guylge waren van heren Dierichs wegen van Endelstorp 9 swair gulb. vat 37½ m.
Jt. Henken van Collen gesant zu Heynsberch ain heren Conrabus 1 m,
30 Jt. Pauweltz van Loer gaf man ze lieffenis 12 gul. Gelr. val. 33 m.
Jt. Johan van Kiel hab ze lieffenis 25 gelr. gul. val. 66 m. 8 s.
Jt. den selven van kost zu meister Willemtz huis 10 swair g. ind 16 s. vl. ze samen 43 m.
      Summa dat her Johan gegeven hait van Hoykirchen 1202 m. 5 s.
35 Jt. Peter Libret van dren bubelen, bae he dat gelt mit up heift, 6 s.

*) Von „den solbenern" bis „up der loiven" sind jeden Monat wiederkehrende Posten.
**) Die Weinspenden sind in dieser Rechnung nicht speciell aufgeführt.

It. ben genen, die de boien ygeben ind die ame drugen, der was 8 man, habden 20 m.

It. van der bach voir dat kumphuis ze vegen 9 m.

It. Wilmer gesant zer Widen ain die tollenerse 4 s.

It. de selve gesant ain heren Johan van Drenbornen 6 s.

It. de selve gesant ain Keirstion van den Kanel, du hoim sin hof umb geslagen was, 48 s.

It. de selve gesant ain Johan van Rosmolen 14 s.

It. van den kerzen up des sacramentz dach, dat sii gebrant habben, 8 m.

It. van molen den elter, dat gehimmelt, steif ind al ander denck, dat dar zu ginck, 16 m.

It. Pirelet den sprucher hat 2 m. It. Pauweltz van Collen gesant zu Lemburch van Pletzmolentz wegen 8 s.

It. van eynen born ze vegen ain dat kumphuis 5 m.

It. van den gelbe ze saheren habbe Keirstion van Eckenroyde 7 m.

It. van sigelwais up den sal 2 m.

It. heren Goyart Colin van sinen loin, dat geschoff ze achterwaren 20 m.

Summa des uszgebentz des anderen moints ze samen 1661 m. ind ain geschenck 246 m. 11 s., gaf her Joh. van Hoykirchen. Gerechent deme royde des bonresdaichs nae sint Marien Magdalenen dach. (23. Juli.)

Dit is dat uszgeven des dirden moints.

It. van ricken in dat kumphuis ze maichen 2 m., soe loin, soe holtz, soe neil.

It. Willmer van gebrech, dat he ze Letzelenburch geloiffen habbe.

It. van den schuttelen, kogeler ind ander gereitschaf, dae man die kerzen mit bruych 5½ m.

It. Arnolt gesant ze Limburch ind ze Heinsberch ain heren Doymen van Berch 18 s.

It. Wilkin den sprucher van Treit 2 m.

It. den piiferen ind trumperen van den eirsten termyne 40 m.

It. den oymbregern buyt brant ze Ehnenberch 7 m.

It. Meis van der clocken 1 m.

It. Lambret van den emmeren ze bewaren 1 m.

It. van den vuyrhachen ze draigen 3 s.

It. du vull heren bii ein woren, van den gelbe ze intlenen 6 s.

It. Halfnais gesant den heir van Grunselt sucken 10 s.

Summa des ußgevents des birden moints 596 m. 9½ s. Sum. van den geschenck, gaf her Johan van Hoykirchen, 77 m. Gerechent deme roide des donresdaichs nae unser Brauwen dach assumpcio. (20. August.)

Dit is dat ußgeven des veirden moints.

Jt. umb eynen wain schendelen hilt 1000, sum. 5 m. 5 s.
Jt. umb holtz ain Pilyseren brugh, 3 holtzer ze balken 7½ m.
Jt. umb eynen wain treve 4½ m.
Jt. her Volmer der burgermeister habbe 12 swair gul. vl. 50 m.
Jt. Willem van Kalbenborn 3 swair gul., vl. 12½ m.
Jt. Queck, van luterbrand 1 v.
Jt. Teis, der sabelmecher, van eynen perde 26 swair gul., val. 108 m. 4 s.
Jt. Halfnais gesant zen drossit van Gulyg 9 s.
Jt. meister Geirart, den smede, van nelen, van ander alrekun yser werck 25 m. 8 s.
Jt. Clois van Collen gesant zu Nuys van des gewerß wegen 2½ m.
Jt. des heren boide van Morse 1 hollentz gul., val. 3 m. 3 s.
Jt. des heren piffer van Gaisbeck 1 swaren gult. val. 4 m. 2 s.

Summa des ußgevents des veirden moints 1955 m. 7 s. Summa van den geschenck, gaff her Jo. van Hoykirchen, 140½ m. Gerechent deme roide des vridaichs nae sint Matheus dach des heyligen appostelen ind ewangelisten. (25. September.)

Dit is dat ußgeven des vunfden moints.

Jt. Clois up den sal umb eyn par henschen 3 s.
Jt. meister Geirart van blie ind van yserwerck ain die portze ind der burger Gras 4 m. 1½ s.
Jt. meister Prossion van der Pilyserenbrugen ze maichen hoim ind sinen knechten 13 m. 11 s. Jt. Arnolt gesant heren Engelbret van Orsbeck sucken 4 m.
Jt. up den sal umb ein vuder colen 4 m. 8 s.
Jt. Quecken umb lersen 4 m.
Jt. Wilmer gesant ain den druyssait ind ain den rengmeister van Gulygh 14 s.

Summa des ußgevents des vunfden moints, ze samen 1196 m. 7 s.
Summa des geschencks des vunfden moints, gaf her Johan van Hoykirchen, 67 m.

Gerechent deme roide up sint Gallen avent. (15. October.)

Dit is dat ußgeven des seisden mointz.

Jt. her Willem van Mutzbach van der gewerschaf 1 schilt vl. 5 m.

5 Jt. heren Johantz vrauwe van Kenswilre 6 elen butzchs voir 4 m. 4 s. die elen.

Jt. heren Engelbretz vrauwe van Orsbeck 6 elen butzchs bie elen 5 m.

Jt. des brosseten wiif van Berchen 6 elen, bie elen 5 m.

Jt. den werckluden in der burger Gras ze verbrenken 3 s.

10 Jt. dů uns heren ze Bonne gereden waren 52 swair gul. 15 s. val. ze samen 217 m. 1 s.

Jt. Henken Sporenmecher gesant zu Collen uns burger warnen 14 s.

Jt. umb 20 buche pappir 8 m. 4 s. Jt. der steebe gesinde zu Hoytgezybe 5 m. 3 s. van Alreheilgenmessen.

15 Jt. den weichteren van horen hoytgezybe 31½ s.

Jt. den trumperen ind piifferen voir hůn peltz 24 m.

Jt. meister Proffion hoim ind sinen knechten, die zwein torne af ze brechen, 57 m. ind van buren ze samen.

Jt. van den winen ze brenken unsen heren, bie mit ginen ind der steebe
20 gesinde ind deme meyer mit sinen gesinde ind den vigeiren, dat kumpt zů samen up 59 m.

Jt. dů uns heren gereyden solden siin zu deme koninxk, dů habben sii doen machen ain sabelen ind zoemen ind ander gereitschaf 11 m.

Summa des ußgeventz des seisden mointz ze samen 1144 m. 11 s.
25 2 d. Sum. des geschendz des seisden mointz, gaf her Jo. v. Hoykirchen, dat kumpt up 115½ m. Gerechent des vriidaichs nae Elysabet. (20. November.)

Dit is dat ußgeven des sievenden mointz.

30 Jt. den weichmecheren van locher ze stuppen ind umb sant ze buren 1 m.

Jt. dat duyster loich in der burger huys ze machen soe stein, soe sant, soe loin, 7 m. 10 s.

Jt. Willem Byeler gesant zu Geirlaich van Brocheloe van Cottelartz wegen 9 m.

35 Jt. meister Heynrich van den sal torn ze machen ind up die gabum in den mart soe ziin, soe loin, állit ze samen 7½ m. 2½ s.

Jt. Moirchintz wive umb bliie zu den sal torne 5 m. 11 s., des was 66 punt. Jt. Meis, besinre, van synen halven joir loin 10 m.

Jt. umb potte, dů man bie wiine branck 3¼ s.

Jt. Millis van Dirsberch van sinen rock 10 m.

Jt. up ben sal umb bessem 3 s.

Jt. umb eyn vuder colen up ven sal 4 m. 4 s.

Jt. zen Bruderen ind zen Auweftinnen umb zwey vuder colen 8 m. 10 s.

Jt. unser Brouwen bruder umb eyn vuder colen 4 1/2 m.

Jt. zu sint Joliin umb eyn vuder colen 4 1/2 m. 2 s.

Jt. meister Proffion van ven kumphuis ze maichen sich veirdrum, hadden 60 dage ind eynen operknecht 5 dage ind holtz ze vuren ind umb kerzen ind die born ze stuppen ind allit, dat dar zu gegangen is, ze samen 48 m. 10 s.

Jt. Clois ven kumpmeister ze verbrenken 5 m.

    Summa des uszgevenz des sievenden moinz ze samen 604 m. 10 s. Sum. des geschencks des sievenden moinz, gaf her Joh. van Hoykirchen, dat kumpt up 99 m. 3 s. Gerechent deme rode des vriidaichs nae concepcio Marie. (11. December.)

Dit is dat uszgeven des eichtden moinz.

Jt. des juncheren piffer van Guylgh 2 gelr. gulb., val. 5 m. 8 s.

Jt. Gohart Buffel, du he man wart, 40 m.

Jt. des heren piffer van Schoinvorst 2 gelr. gulb., val. 5 m. 8 s.

Jt. der stede gesind zu hunnen cleyderen 3 duych 4 elen vl. 392 m. 8 s.

Jt. der stede gesinde, kempen, pifferen, meisteren up ben coilberch 3 duych vl. 130 m.

Jt. her Johan der burgermeister hatte 2 m.

Jt. in die Woich den steynwech ze maichen ind anderswae locher ze stuppen 31 s.

Jt. den trumperen ind pifferen van hunnen anderen termyne 24 m.

Jt. gebrach eyn rock van der stede gesinde 10 m.

Jt. Quecken ind Willem umb zwey cogelvuder 4 m.

Jt. Cloischin Byllever umb cogelen den weichteren up des sacramentz dach 24 m. 11 s.

Jt. den 20 weichteren voir hun korn ze Kirsmes, ywer 1/2 mud, val. 50 m.

Jt. Clois ven alden weichter 1/2 mud, val. 2 1/2 m. Jt. Geirart, Meis, Leynart, Cloischin ywer 1/2 mud, val. 10 m. Jt. den trumperen ind pifferen ywer 1/2 mud, val. 10 m.

    Summa des uszgevenz des 8. moinz ze samen 1161 m. 6 1/2 s. Sum. des geschencz des eychtden moinz, gaf her Joh. van Hoykirchen, dat kumpt up 151 1/2 m. 12 d.

Gerechent deme rode des donresdaichs n̄ae Drutzeinderbach. (7. Januar 1395.)

Dit is dat ußgeven des nuynden mointz.

5 It. heren Scheynartz piffer van Hemersbach 2 m.
It. junfrauwe Elsen van Gressenich van Ramanant 3 m.
It. van den bierboien ze ychen 3 m. 10 s. 8 d.
It. Halfnais gesant anderwerf zu Eilsloe 1 m.
It. Arnolt gesant ain Ywin van Cortiltz 6 s.
10 It. heren Keirstion van den Kanel van heren Geirartz wegen van Matteloir 3 m. 4 s.
It. umb eynen reim zer banck clocken 3 m. 3 s.

Summa des ußgeventz des nuynden mointz ze samen 464 m. 14 d. Summa des geschencks des nuynden mointz, gaf her Joh.
15 van Hoytkirchen, dat kumpt up 124 m. 6 s. 4 d. Gerechent deme rode des donresdaichs voir Valentini. (11. Februar 1395.)

Dit is dat ußgeven des zeinden mointz.

20 It. heren Engelbret umb eynen snuych 4 m. 2 s.
It. van keyser Karls hogezide zu presencien 5 m. 5 s.
It. Geirart Moelner van den vure up den alden hof 1 m.
It. Clois van Collen gesant zu Airwilre ain Diberich Blanckart 3½ m. 2 s.
25 It. meister Geirart van nelen ind ander werck ain die Kuchen, ain Koninxportze, up die Pauwe, ain dat aisflois ze samen 5 m. 4½ s.
It. meister Prossiontz knecht van wagen ze hangen in die Kuchen 7 s.
It. van der lester clocken ze luden 1 m.
It. des heren piffer van Blankenheym 2 gelr. gulden val. 5 m. 4 s.
30 It. van locher ze stuppen ain die Pairvisch piffe 6 s.
It. Laurentz umb duych zu einre hoicken 8 m. 2 s.
It. van den vitre in Hardewintz stroiß den aymbregeren 7⅓ m.
It. heren Mathiis van Stummel 1 gelr. gulb. val. 2½ m. 2 s.
35 It. Arnolt gesant zu Bernetzberch 2½ s.

Summa des ußgeventz des zeinden mointz ze samen 598 m. 6 s. Summa des geschenck des 10. mointz, gaf her Jo. van Hoytkirchen 160 m. 2 s. Gerechent deme rode des eirsten donresdaichs in den mertz. (4. März 1395.)

Dit is dat uʒgeven des eilfden moinʒ.

It. van 7 breif buſſen, ſoe maichen, ſoe moelen, 3½ m. 4 s.

It. des buſchof piffer van Meinʒ 8 m. 4 s.

It. des heren piffer van Giſtel 5 m. 8 s.

5 It. Herman Durßant van den weichteren-kogelen van den alden burger-meiſteren 25 m. 8 s.

It. Uytgin Spee van 4 tonnen herinchs 100 m.

It. umb eynen ſalme, den man ſant heren Johan van Ymmerſeil, 4 ſwair gulden, val. 16 m. 8 s.

10 It. Heynrich leyendecker van den verdencden werck 60 m.

It. der wingart in der burger huis ze maichen, ſue gereitſchaf, ſoe loin 7½ m. 5 s.

It. dů uns heren waren ze Aldenhoven up den dach verzerde man dae 20 m. 7½ s.

15 It. den goʒhuis zu unſer Brouwen, van der cronen 2 m.

It. meiſter Geirart der ſmet, van yſeren werck up der burgermeiſter love ind ze Bruſel ind anderswae 5 m. 4 s.

Summa des uʒgeventʒ des 11. moinʒ ze ſamen 923 m. 4½ s.

Summa des geſchenckʒ des 11. moinʒ, gaf her Joh. van Hoy-
20 kirchen, 93 m. 9 s, 4 d.

Gerechent deme rode des eyrſten guydesdaichs in den Aprille (7. April 1395.)

Dit is dat uʒgeven des XII. moinʒ.

It. des herʒogen hiralde van Statin 2 m.

25 It. des heren hiralde van Gelre 1 ſwaren gul. val. 4 m. 2 s.

It. des droſſeten geſellen verzerden ze Guylg ind ze Bergen, dů ſii mit unſen burgeren reden mit den geleyde, 20 m. Kolʒ val. 24½ m.

It. dů uns heren waren zu Collen umb des Auweſteinʒ wille, hadden 18 ſwair gulb. ind 2 m. vl. ze ſamen 77 m.

30 It. umb eyn gulden duych des herʒogen ſone van den Bergh 29 ſwair gulb. val. 116 m. 8 s.

It. up den Buchel voir die Kuchen den ſteynwech ze maichen 15 s.

It. der ſtede geſinde zů hůgezide zů Poiſchen 5 m. 3 s.

It. van des gevangenen perde heren Kuynraiʒ knecht van Eilſloe 9 ſwair
35 gul. val. 37½ m.

It. wer ſint bii eyn bleven van den gelde in ze heiſchen, verzert wer 17 s. 4 d. — It. meiſter Everart van zwen nuwen kannen ind die alden ze irmaichen 13½ m.

Jt. van den locheren ze stuppen intgein die Bleischplancken 13 s.

Jt. van den kanel up der burger huis ze loen 6 s. 4 d.

Jt. Jacob Beyfel van sinen mede 2½ vuder, 2 ame, 4 veirdel, 3 quart, die ame 44 m., summa 754 m. 10 s.

Jt. Brunt van sinen mede 1 vuder, 2½ ame, 13 veirdel, 3 quart, die ame 44 m., summa 394 m. 2 s.

Jt. ze voirloin den mede al umb ze vüren ind hudeloin ze hoif 175 m. 10 s., summa ze samen 1324 m. 10 s.

Summa des uszgevents des 12. moints ze samen 2169 m. 11 s. 8 d. Summa des gescheckts des 12. moints, gaf her Johan van Hoykirchen, 137 m. 8 s. Gerechent deme rode up sint Quirints avent. (3. Juni 1395.)

Dit is dat uszgeven des XIII. moints.

Jt. der passavant van Guylg 1 Gelr. gul. val. 33 s.

Jt. in den 5 orden, dy man driin aff., 102 m.

Jt. des buschof hyralde van Utriet 2 m.

Jt. des buschof piffer van Treir 4 Gelr. gul., val. 11 m.

Jt. Meis, besinre, van den gevangenen 7 swair gul. val. 29 m. 2 s.

Jt. heren Rickof van sinen loin 300 m.

Jt. heren Johan van sint Margroeten 200 m.*)

Jt. heren Johan van Hoykirchen van sinen loin 100 m.

Jt. heren Emonts soenen van Endelstorp 500 gul. val. 2083 m. 4 s.

Jt. umb luyterbrand up Joirs dach ind den heir van Guylgh ind allit ze samen 14 m. 5 s.

Jt. meister Willem der golsmet van den zwen kannen, die man den jungen heir van Guylg gaf, van silver, van maichen ind van licken, ze hoif 10 m.

Jt. den schutzen van hunnen kogelen 50 m.

Jt. Meis, besinre, van sinen lesten halven joir loin 10 m.

Jt. Seitzen van Liebremey van sinen voirster ampt 40 m.

Jt. der werbinnen van Brandenvort 10 s. umb 1 quart grunbelen.

Jt. uns heren waren bii eyn ze bedingen, habben umb luterbrand 1 v.

Jt. den soldener umb schuh ind kogelen 51 m. 5 s.

Jt. meister Teilman den erzerter 12 m.

Jt. heren Volmer van sinen joir loin 200 m.

---

*) Dieser Johan van sint Margroeten ist derselbe, der im 8. Monate S. 394, 24. als „her Johan der burgermeister" aufgeführt wird, sein Amtsgenosse Volmer kommt im 4. und im 13. Monat vor. S. 292, 10 u. 397, 36.

It. Clois armborstmecher van sinen loin 25 m.

It. myr van mynen joir loin 100 m.

It. Mertiin van Gurtzenich van kost des heren Brunden van Kronenberch 26 m.

It. Willem Seilmecher, van den hoir ze spennen 12 m.

5 It. heren Volmer van zwen kannen, die man schencde den jungen heir van Guhlg, du hee ridder worden was, kosten 90 guld., valent 375 m.

It. der steede gesinde van der groiser rechenschaf 18 m.

It. den weichmecheren van steynen ze brechen, ze vuren ind sant ze vuren
10 ind hunnen loin, allit ze hoiff 60 m. 6½ s.

It. meister Clois armborstmecher van 30 sulen ze maichen nuwe, van ywer suhl 20 s., dat maicht ze samen 50 m.

It. zu presencien der groisser rechenschaf 41 gul. val. 170 m. 10 s.

    Summa des ußgevents des 13^{ben} mointz ze samen 4986 m. 10 d.
15   Summa des geschencdz des 13ten mointz 260 m. 10 s., dat gaf her Jo. van Hoykirchen.

Dit is dat ußgeven van der groisser rechenschaf under heren Volmer ind heren van Sint Margroten burgermeisteren anno 94.

20   Dit sint die erfzense her nae beschreven, die de stat gilt.

Primo, den Tempeleren van Nydechen 40 swair gulden, den gul. 4 m. 2 s. vl. 166 m. 8 s.

It. den junfrauwen van Burchiit van elter gelde 15 swair gul. vl. 62½ m.

25 It. den selven junfrauwen van den gereicht van Burchit 25 m.

It. den selven junfrauwen van den gevenckeniis 12 d.

It. den selven junfrauwen van Nesen Goffintz huis, was 11 m.

It. den junfrauwen van den Wisenbrauwen van elter gelde van des vurschreven greven wegen 15 swair gul. val. 62½ m.

30 It. den selven junfrauwen van den kumphuis 10 m.

It. Arnolt van den Berchg van loin 4 m.

It. Gohartz erven van Wilberch 2 m.

It. deme hertzoge van Guhlg van zense van den komphuis 14 m.

It. Mathiis Yveltz erven van den kumphuis 6 m.

35 It. den heyligen huis van zens 2½ m. 4 s. 8 d.

It. den gastus up den Hof van zens 68 m. 8 s.

It. den gastus in den Rabermart van zens 45 m. 28 d.

It. des Nesen elter ze Wisenbrauwen van wilne heren Schaflartz huse 6 m.

It. heren Johan Barba van sint Katrinen kapelle 27 s.

It. sint Albegunz Kapelle van zenſe 18 d.

It. sint Johannes bruderſchaf, ben lehen, van wilne heren Lupen huſe 12 s.

It. sint Zilien elter 12½ s. It. heren Gohart Kolin up bie Bach van heren Lambret Piſtors huſe 3 gul. vl. 12½ m.

It. der vrauwen van Breybenbent van wilne Arnolt Clucken huſe 12½ s.

It. heren Bolmer ind Kunen van den Eychorn van irre vrauwen wegen 13 m. 28 d.

It. sint Johantz elter int Munſter 4 s.

It. deme kuſter ain den elter van zwen kertzen ain der kaiſſen 13 s. 9 d.

Summa van den erfzenſen vurſ. 770 m. 9 s. 11 d.

Dit is die liifzoicht, die de ſtat van Aichen gilt den perſonen her nae be-
ſchreven, den gulb. voir 4 m. 12 d. gerechent.

Primo, Junfrauwe Elſen van Greſſenich ze Wiſenvrauwen 1 punt alber grois vl. 80 m. Omnium sanctorum.

Summa der liifzoicht vurſchr. ain gultenen 7958 gulb. ind 30 gulb., ſumma ain pehment ſoe golt, ſoe pehment, ze ſamen 33246 m. 4 s.

(Dieſe 33246 m. 4 s. wurden in 248 Poſitionen gezahlt.)

Dit is die liifzoicht, die man gilt zu Collen.

Primo, Richmuyt Wernertz doichter van Rünberch 8 m., Koltz, vl. 10 m. Eiſch.

It. Boytze, Abaims doichter, nonne zu Mechternich 6 m. Koltz, vl. 7½ m. Eiſch.

It. Belen van Liintloir 25 m. Koltz, vl. 30½ m. 3 s. Eiſch.

Summa van der liifzoicht van Collen ain Eyſchen gelde 47½ m.

Dit sint die manlein, die de ſtat gilt.

(Nun folgen mit jedesmaliger Angabe des Betrages und des Zahlungs-
termins folgende 41 Namen:)

Reynart here ze Schoinvort ind ze Siechen. — Heynrich heir zu Gronſelt. — Emont van Endelſtorp. — Johan van den Velde. — Deme heire van Gemen. — Herman van Patteren. — Johan van Punt. — Willem van Muysbach. — Karſillis van Palant. — Johanne van Kenswilre. — Myn here van Gelre. — Den heir van Heinsberch. — Arnolt van der Merweyden. — Werner van Weydenau. — Goiswin van Heir. — Bos van Schonenbergh. — Johan Brauchit. — Peter Ome van Kronenberch. — Geirairt Buck van Brubach. — Tonnis

van Bosenem. — Seitzen van Libremey. — Meister Arnolt deme marschalck. — Heynrich Hunt van Beyenhoven. — Johan van Hillesseim. — Pauweltz van Loer. — Johan van Bruychoven. — Teis van Lamberstoirp. — Johan van Linsvelt. — Reinkin Bruych van der
5 Ertbrucgen — Heynrich Estas der jung. — Alart Estas sinen bruder — Gobbel van Boesenem. — Thiis Jeger. — Keirstion van Hoitzwilre. — Thiis van Noitbergh. — Nemboit van Slicheim. — Johan van Slicheim. — Johan van Kessel. — Johan van Kenswilre bastart. — Gohart van Blatheim. — Kuynrait Kalf.

10 Summa van dissen manleyn vurschreven soe golt, soe peyment, 4483 m. 3 s.

Summa van allen uszgeven under heren Volmer ind heren Johanne van Sint Margroten burgermeister soe erfzale, soe liifzoicht, soe manlein, soe die 13 moinde, allit ze samen, dat kumpt ze
15 hoif up: 58282 m. 4 s. 3 d.

Dit is dat in nemen, dat her Johan ind ich intfangen haven under heren Volmer ind heren Johan van Sint Margroten burgermeister in deme joir van der stede wegen.

20 Primo, van der wiin assisen 33239 m. 10 s., des geit aff van loin ind van kost zu samen 330 m., alsoe blift der stede los ledich baven kost. ind loin 32999 m. 10 s.

It. van der bier assisen 17095 m. ind 6 s., des geit aff ain die orden ind ain, die umbghegaven haint, van horen loin zu samen 259 m. 10
25 s., alsoe blift der stede los ledich baven alle kost 16835 m. 8 s.

It. van deme mailgelt 860 m.

It. van der kremer assisen 1410 m.

It. van der vette assisen 540 m.

It. van der yser ind eirtz assisen 490 m.

30 It. van der lywoit assisen 340 m.

It. van der rode assisen 420 m.

It. van der bunt assisen 250 m.

It. van der vischer assisen 1340 m.

It. van der korduan assisen 100 m.

35 It. van der loer assisen 980 m.

It. van der mede assisen 200 m.

It. van der hoisse assisen 70 m.

It. van den uyssnieren 50 m.

It. die vleischeuwer assise 600 m. ind van zense 16 m.

It. van deme gerichte van Burchit 20 m.
It. van deme kalckovent 14 m. 9 s.
It. van deme kumphuse 50 m.

Summa van dissen upkomen dat hie voir beschreven steit 58111 m. 3 s.

Dit haint wer intfangen van den erfzensen
summa 8 m. 9 s. 4 d.

Dit haint wer intfangen van den huseren in den Mart
summa 104 m. 4 s.

Dit haint wer intfangen van den huseren undert blii by den sal torne.
summa 127 m. 7 s.

Dit haint wer intfangen van den huseren up den Hoff
summa 130 m. 6 s. 9 d.

Wer haint intfangen van den gabum intgein die Wesel over
summa 371 m. 6½ s.

Wer haint intfangen van den nuwen gabum up den Steynwech
summa 390 m. 11 s. 3 d.

Wer haint inefangen van den andren gabum intgein usser.
summa 180 m. 8 s.

Wer haint intfangen van den husen in Kockerel.
summa 55 m. 6 d.

Wer haint intfangen van den gabum undert blii in den mart.
summa 42 m. 1 s.

Wer haint intfangen van den nuwen erfzensen ain die muren al umb.

It. Clois Kempen huis up den Koelrum
It. Veren Boitzen huis in Heppioil.
It. Clois huis van den Ghevach in Geynstrois.
It. heren Grant Johantz huis in Benentstrois.

Summa 129 m. 8 s.

Summa van dissen zensen voir ind nae ind soe gabum ind huser ze hoiff, dat kumpt up 1580 m. 10 s. ind 10 d. den gulb. gerechent voir 4 m. 12 d. Ain die nuwe zense ain der muren, dae is der gulden gerechent voir 4 m. ind 2 s. ind der grois voir 4 s.

Dit is dat gelt, dat wer intfangen haint van der stede wegen, dat her nae beschreven volght.

Primo, ain heren Heynrich Chorus 300 gulb. 4 m. 12 d. vl. 1226 m.

Summa van dissen geleinden gelde 1700 gulb. val. 7059 m. ind 4 s.

Dit haint wer intfangen van liifzoicht, die verloit is.
> Summa 400 gul. vl. 1666 m. 8 s.

Dit haint wer intfangen van bren perben, die verloit sint.
> Summa 162½ m.

Summa van allen innemen soe van assisen, van zensen, alben ind nuwen, van gabumen, van huseren ind van allen intfangenen gelbe ze samen dat kumpt up 68579 m. 9 s. ind 4 d.

Dis haint wer ghegeven van ber stebe wegen soe zense, soe liifzoicht, soe manlein, soe die 13 moinde ze samen, dat kumpt up 58282 m. 4 s. ind 3 d.

Sus blive wer ber stebe schulbich van alle beme, dat wer intfangen haint, baven allit dat ußgeven, dat wer ußghegeven haint, 10297 m. 5 s. 1 d. Des geit af 200 m. van ber win assis ze aichterwaren heren Statz, Colin Beisel, Con van ben Eychorn ind Johan van ben Kanel ind ain heren Kuynen van Punt 60 m.

Gerechent beme royde des bonresbaichs nae sint Jacobz baige anno 95. (ben 19. Juli 1395.)

It. des geit noch aff ain heren Statz van Secroybe 170 gul., van ben schabe van 1200 gul.

It. ain Anbriis van Wiis van 1200 gul. van ben schabe 150 gul.

It. ain Peter van Lovenberch van 600 gul. van ben schabe 60 gul.

It. wer haint Anbriis bezailt 1200 gul.

It. wer haint bezailt heren Arnolt Buck 200 gul.

It. Mathiis van Bernetzberch 300 gul.

It. heren Johan Haverman 200 gul.

It. Johan van ben Kanel 100 gul.

Sus blive wer ber stebe schulbich; alle innemen ind ußgeven int gein ein geslagen soe wie vurschr. steit, soe blive wer ber steebe schulbich 29 gulben.

It. noch van blift die stat schulbich ben personen her nae beschreven, bae die summa aff kumpt up 5150 gul.

It. des geit aff die vursch. 29 gul., die wer ber stebe schulbich sint.

Alsus blift die stat schulbich van alre scholt bie sie schulbich is ain ben personen her nae beschr., summa 5000 gul. ind 121 gul.

Nachtrag.

Das folgende Fragment eines Ausgabeverzeichnisses war im Repertorium der Archivalien als dem 14. Jahrhundert angehörig bezeichnet und da kein Datum sich darin vorfindet, sollten hier nur einzelne, sprachlich merkwürdige Posten daraus angeführt werden. Die Abfassung in deutscher Sprache wies das Fragment in das letzte Viertel des 14. Jahrhunderts, denn von unsern datirten Rechnungen ist die von 1376 nur theilweise deutsch, alle früheren sind lateinisch mit wenigen deutschen Brocken; das Pergament aber, worauf das Verzeichniß geschrieben, deutete auf ein höheres Alter, indem unsere letzte Pergamentrolle ein Bruchstück von 1353 enthält, während alle späteren Rechnungen auf Papier geschrieben sind. Und wirklich geht aus einigen Angaben des Fragmentes hervor, daß es vor dem J. 1338 abgefaßt sein muß. Es enthält nämlich die Positionen: „Des greven bode van Guilche." 406, 23. „her Sanders der schriver, du he was gereden zů Nideggen an den greve van Guilche." „Deme greve van Gulge." 407, 5. 27. Ferner: „her Robiin des greven schriver van Gelre". 410, 36. Nun wurde der Graf van Geldern, Reinald II., 1339 von Ludwig dem Baiern zum Herzoge*), Graf Wilhelm VII. von Jülich von demselben Kaiser 1338 zum Marckgrafen und von Karl IV. 1356 in den Herzogenstand erhoben**). Noch andere Angaben des Verzeichnisses helfen uns das Jahr der Abfassung mit voller Gewißheit bestimmen. Es beginnt mit dem Tage nach St. Urbanus, d. i. am 26. Mai, und der folgende Tag wird als Donnerstag bezeichnet, also fiel St. Urban, der 25. Mai, auf den Dienstag; von Tag zu Tage weitergehend, gibt der Schreiber den Donnerstag der nächstfolgenden Woche, d. i. den 3. Juni, als Frohnleichnamstag an. 405, 4. Danach mußte in jenem Jahre Ostern auf den 4. April fallen und das kommt im ganzen 14. Jahrhundert nur zwei Male vor, nämlich 1338 und 1344***). Da nun, wie oben nachgewiesen, unser Verzeichniß nicht nach 1338 geschrieben sein kann, und wir ohnedieß von 1344 die vollständige, S. 166 ff. mitgetheilte, Stadtrechnung besitzen, so gehört das Fragment dem J. 1333

---

*) cf. F. Nettesheim Gesch. der Stadt und des Amtes Geldern I, S. 57.
**) cf. Teschenmacher, Annales Cliviae Juliae etc. S. 395.
***) cf. Weidenbach Calendarium S. 90 u. 91.

an. Es enthält also die älteste unserer sämmtlichen Rechnungen und zwar in deutscher Sprache; deshalb halten wir uns zur vollständigen Mittheilung desselben verpflichtet.

Prima littera.

Ich hain upgehaven in Heppeiiul van den eirsten mainde 1 m.
It. Wiinrichs in Benentstraisse siin vrouwe 6 s. van den siben kleide.
It. Gobbel Niethen 6 s. van siben kleide. Van ungeven gelde, dat Clois Keygeleir gaf, 17½ s. 1 haller.

Dit is dat eirste punt byser burgermeister heren Goiswiins ende heren Gobarts des neisten dages nå sint Torbanis*) dage, da gebrach mich 8 veirbel**).
Des hain ich gehaven 26 geloch, ygelich vor 7 haller.
It. heren Schiinman der marschalc 4 v.
It. des donresdages 6 v., 3 s. h.***) cessen. — Des hain ich gehaven 20 geloc, ygelich vor 7 h.
It. des vridages 5 v. — Des hain ich gehaven 16 geloc, ygelich vor 7 h.
It. van deme nap schoin ce machen gaf ich 2 englesche.
It. des satersdages 7 v., 28 h. cessen. — Des han ich gehaven 17 geloc, ygelich vor 7 h.
It. her Rais van Schonauwen ende heren Gerart van den Bungart 2 v.
It. des sundages 6 v., 2 s. cessen. — Des hain ich gehaven 20 geloc, ygelich vor 7 h.
It. heren Werneir van Muisbach 2 v.
It. des maindages 6 v., 17 d. cessen. — Des hain ich gehaven 16 geloc, ygelich vor 7 h.
It. des densdages 4 v., 15 h. cessen. — Des hain ich gehaven 11 geloc, ygelich vor 7 h.

---

*) St. Urbanstag. Das T bei Torbanis ist von dem sint herübergezogen und wird sogar beibehalten, obgleich sint vorhergeht. Aehnliches findet sich noch heute in der Aachener Mundart. Abalbertstraße heißt im Munde des Volkes: Tolbetstroiß, Abalbertswall: Tolbetswall; die Kirche zum h. Abalbert: Tolbetsterich oder: op zent Tolbet. — Zugleich ergibt sich aus obiger Angabe, daß die neugewählten Bürgermeister, welche am St. Urbanstage, den 25. Mai, den Eid ablegten, gleich mit dem folgenden Tage ihr Amt antraten, und damit auch das in 13 Monate, zu je 4 Wochen, abgetheilte Rechnungsjahr begann; ein Umstand, der zur genauen Zeitbestimmung von Wichtigkeit ist.

**) nämlich: Wein.

***) s. h. heißt Schilling Haller, h. heißt Haller.

Jt. up Briesengrave 2 v.   Jt. heren Jácob van den Bungart 2 v.
Jt. up den Sakermentsåvend 6 v., 3 s. h. cessen. Jt. 7 h. um biessen.
Jt. bey grevinne van den Berge 4 v.
Jt. up den Sakermentsdag 6 v., 3 cessen. — Des hain ich gehaven 24 geloc, ygelich vor 7 h.
Jt. den vůit ende den meyer 2 v. in die Sakramenti. Jt. Tiel van der Geis 2 q.
Jt. des neisten dages dar na 6 v., 1 cessen. — Des hain ich gehaven 18 geloc, ygelich vor 7 h. Jt. 12 h. um biessen.
Jt. des satersdages 6 v., 3 s. h. cessen. — Des hain ich gehaven 18 geloc, ygelich vor 7 h.
Jt. des sundages 4 v., 22 h. cessen. — Des hain ich gehaven 11 geloc, ygelich vor 7 h.
Jt. van den bauckyn in dat Munster cedragen gaf ich 4 h.
Jt. dri kercen ygelichen burgermeister eyn, ygelich kerce 6 ℔ ende ygelich ℔ 6 s., ende van ygelichen ℔ 6 d. ce machen.
Jt. vier kercen up den elter in den mart 2 s. Jt. van dren schebbeleris 5 s. 3 d.
Jt. van den schuttelen 3 engelsche. Jt. van den iseren scheten, dá die wimpel in hingen an der schuttelen, 7 engelsche. — Jt. van den 8 wimpelen 4 engelsche. — Jt. 8 h. um zwein hude.
Jt. van alle diesenne ce malen 4 engelsche. — Jt. zwey par henschen 6 h.
Jt. du man die kercen machede 2 q. wiins.
Jt. her Arnolt van Steine 3 v. — Jt. her Brederich van Milenbunc 2 v.
Jt. den burchgreve van Lemburch 4 v.
Jt. des maindages 6 v., 4 cessen. — Des hain ich gehaven 18 geloc, ygelich 7 h.
Jt. her Everart van Melicke ende des heirren sůn van Randenrade 4 v.
Jt. up den Sakermentsbage, du gaf ich vor 24 borden grais 4 s. h.
Jt. des densdages 4½ v., 28 h. cessen. — Des hain ich gehaven 13 geloc, ygelich vor 7 h.
Jt. van den eirsten maint 4 s. — Jt. 6 h. um biessen.
Jt. des gudesdages 6 v., 4 s. h. 4 h. cessen. — Des hain ich gehaven 18 geloc, ygelich 7 h.
Jt. her Johan Hůin 1 v. in die Sacramenti.
Jt. van den ciene ce bragen gaf ich 12 h.
Jt. des donresdages 4 v., 16 h. cessen. — Des hain ich gehaven 14 geloc, ygelich vor 7 h.
Jt. den wiinschroberen gaf ich 1 m. zu öre gereitschaf in die Sakramenti.

It. ben wünschroberen gaf ich 3 v. up ben Sakermentsbage.
It. Kuincelīin 4 groſſ. bu he wibber quam van Molsberg.
It. des vribages. (Ohne weitere Angabe.)
It. ben burchgreve van Lemburch 3 v.
5 It. des satersbages 7 v., 28 d. ceſſen. — Des hain ich gehaven 18 ge=
loc, ygelich vor 7 h.
It. van ben kalchoven ce verbengen gaf ich 1 v.
It. Tiel van ber Geis gaf ich 6 s. van ter pifen vor die Wiſenvrouwe
enbe die Menrebruber van ben kanel.
10 It. des sunbages 4 v., 44 h. ceſſen. — Des hain ich gehaven 14 geloc,
ygelich vor 7 h.
It. des mainbages bu oiſſen bie burgermeister enbe her Lewe enbe her
Sanbers ber ſchriver eyn zop zu Cleve, ba gebrach mich 2½ v., 3 s.
h. ceſſen.
15 It. na ben eſſen zu Cleve 4 v., 18 d. ceſſen. — Des hain ich gehaven
11 geloc, ygelich 7 h.
It. ber burgermeister her Gobart gaf ben geſellen in bat Wåghüis 2 q.
It. ber stebe bobe van Straisburg 2 s. groſſ.
It. Katce up ben Biere gaf ich 10 groſſ., bu he ginc zu Molsberch.
20 It. Kirſtiåin gaf ich 2 s. d. bu he ginc zu Rencberg an Willem van Holſit.
It. des bensbages 5 v., 3 ceſſen. — Des hain ich gehaven 16 geloc,
ygelich vor 7 h.
It. des greven bobe van Guilche 8 groſſ., ferenti litteram be equis
Raciferens.
25 It. Robermunt ber sabelmecher 2 m.
It. des gubesbages 4 v., 3 s. h. ceſſen. — Des hain ich gehaven 18
geloc, ygelich vor 7 h.
It. ben biſſchof van Schweben 3 v.
It. des vribages 4 v., 44 h. ceſſen. — Des hain ich gehaven 13 geloc,
30 ygelich vor 7 h.
It. her Willem Fittoil gaf ich 2 groſſ., bu he gereben was zu Gulpen
an ben rentmeister.
It. des satersbages, bu as ber burgermeister her Gobart enbe her Rey=
nart Húin enbe her Lewe enbe anber unſe heren zů heren Heynrich
35 hūis in ben mart, ba gebrach mich 19 s., bů galt man heren Lupen
hůs. — It. na ben eſſen 5 v., 12 d. ceſſen. — Des hain ich gehaven
15 geloc, ygelich vor 7 h.
It. her Sanbers ber ſcheffen 1 v. — It. her Sanbers ber ſchriver 1 v.
It. Katce up ben Bier 5 groſſ., bu he wibber quam van Molsberch.

It. Sebret van Aldenhoven 2 v.

It. des sundages 6 v., 2½ s. d. cessen. — Des hain ich gehaven 16 geloc, ygelich vor 7 h. It. 8 h. um biessen.

It. her Sanders der schriver 26 groff., du he was gereden zu Nideggen an den greve van Guilche van heren Johan wegen van Molsberch.

It. den dychen van Achen 2 v. — It. heren Jacob van den Bungart 2 v. — It. den burchgreve van Lemburch 4 v. — It. Harpermul 2 v.

It. des maindages 6 v., 3 cessen. — Des hain ich gehaven 17 geloc, ygelich vor 7 h.

It. der bode van Wilshusen 6 s. h. — It. Johan des meyers bruder de vinicopio des Pupen.

It. her Werneir van Merade 2 v. — It. her Johan van Schonenberg 2 v.

It. des densdages 4 v., 2 s. d. cessen. — Des hain ich gehaven 14 geloc, ygelich vor 7 h.

It. up sint Johans avende 4½ v., 16 h. um bissen. — It. heren Gerarde van Ringberg 2 v.

It. up sint Johans dag 6 v., 3 cessen. — Des hain ich gehaven 17 geloc, ygelich vůr 7 h.

It. deme brüsseten van Rayde 2 v. — It. deme burgreven van Lymburg 4 v.

It. herren Jacob van den Büngarde 2 v. — It. gaf ich Kirstion 3 s. d. dů he ginc an den burgreve van Lymburg.

It. des neysten dages dar na 4 v., van den lichoyf van den oytstalle, ende 3 s. h. cessen.

It. van deme oytstalle in ze dragen 2 engelschen.

It. deme greve van Gulge 10 v. — It. her Rays van Schoynauwen 2 v.

It. des satersdages du oyssen bey burgermeister ende Jacob Kollin ende Sanders zu meyster Brůns hůs, da gebrag mich 3 v., bey ander kost gilt meyster Brůn. — It. na den essen bů drunken bey burgermeyster zu Heysterbag, da gebrag mich 6 v., 3 s. d. ende dri pennige zessen. — Des hain ich gehaven 18 gelog, ygelig gelog vůr 7 h.

It. heren Sanders 4 m. ende 3 s. bey habbe her Ludowig, dů he reyt zu Moltzberg.

It. den weteren gaf ich 1 v., du st dünkel bleysen.

It. des sundages dar na bů gebrach mich 6 v. ende 2 s. d. cessen. Des hain ich gehaven 16 geloyg, ygelig geloyg vůr 7 h.

It. der künnenginnen van Beyeren 10 v.

It. her Wilhem van Are 2 v. — It. deme proyst van Aychen 3 v.

It. der burgermeyster her Godart gaf meyster Brûn ende Klocker 1 q.

It. des maindages dar na bû gebrach mich 1 ceſſen, den win gilt Arnolt van der Broytermoyllen.

It. des densdages bu gebrach mich 5 v. ende 5 s. d. ceſſen. — Des hain ich gehaven 22 geloyg, ygelig vûr 7 h.

It. Rubeyn 2 q. in der gerkameren, bey dey kunnenginne ende oyre geſelſchaf drunken.

It. ûm 2 nuwe ſchûppen ende van zwey alden ſchûppen weber ze maggen gaf ich 2 s. d.

10 It. van den anderen moynde mine 4 s.

It. des gudesdages 5 v., 3 s. h. ceſſen. — Des hain ich gehaven 15 gelog, ygelich vor 7 h.

It. den burchgreve van Lembûrg 4 v.

It. des dunresdages 4 v., 3 ceſſen. — Des hain ich gehaven 11 gelog,
15 ygelich vor 7 h.

It. den verweren 4 v. up den Sacramentsdag.

Summa 59 m. 9 s. et 8 d. Inde habet 3½ m. prout in ista littera superius patet in principio istius littere.

20 Et sic manemus eidem debentes 56 m. 3 s. et 8 d. Feria sexta post Petri & Pauli.

Up ſint Bertelmeys dag 3 fléſchen.

It. des vridages dar na 26 h.

25 It. des satersdages 6 v. — Des hain ich gehaven 11 gelog, ze 7 h.

It. des sundages 5 v. — Des han ich gehaven 14 gelog, ze 7 h.

It. nuncio ferenti scultellas 12 groſſ.

It. des mohndages 3 v., 18 h. zeſſen. — Des han ich gehaven 7 gelog, ze 7 h.

30 Des neyſten vridages na der apoſtelen dage ſint Peter ende ſint Pauwels du reychende die burgermeyſter mit mich zû Eleve, do bleven ſi mich ſchuldich van deme eirſten brieve 56 m. 3 s. 8 d.

Dit is der ander brief up den ſelven dag, du bleven ſi dâ eſſen ende der
35 ſtede geſynde, da gebrag mich 4½ s.

It. van den derde maint mich 4 s.

It. Kapel 2 q. — It. Goitſchalc 2 q. — It. Wouter 2 q. — It. Kirſtidin 2 q.

It. H. Klocker 2 q. — It. Auſtiin 2 q. — It. Marras 2 q. — It. Herbret 2 q.

It. Wilkin 2 q. — It. Clais 2 q.

It. na den essen 5 v. 1 cessen. — Des hain ich gehaven 14 gelog, ygelig vor 7 h.

It. 4 h. um bissen.

It. van den wingart in der burger hof ce snien gaf ich 2 s.

It. des satersdages 4 v., 3 cessen. — Des hain ich gehaven 11 gelog, ygelich vor 7 h.

It. deme abt van Munster 2 v. — It. den weteren 1 v., dat si die metß verboden.

It. des densdages*) 4 v., 28 h. cessen. — Des hain ich gehaven 12 gelog, ygelig 7 vor h.

It. 4 h. um ginster. — It. her Willem van Ar 2 v.

It. des maindages 5 v., 2 s. h. cessen.

It. des densdages 5 v., 28 h. cessen. — Des hain ich gehaven 16 gelog, ygelig vor 7 h.

It. des gudesdages 5 v., 1 cessen. — Des hain ich gehaven 13 gelog, ygelig vor 7 h.

It. Kirstiain gaf ich 6 s., dat he ginc an den greve van Guilche.

It. Goitschalcs Cremers wiif 2 q. — It. van den verden maint mich 4 s.

It. des dunresdages 4½ v. 18 d. cessen. — Des hain ich gehaven 16 geloch, ygelich vor 7 h.

It. des vridages 4½ v. 2 s. d. cessen. — Des hain ich gehaven 9 gelog, ygelich vor 7 h.

It. Robermunt der sabelmecher 2 q. — It. her Arnolt, de meyer was, 2 v.

It. her Jacob van den Bungart 2 v. — It. der rentmeyster van Brabant 3 v.

It. des satersdages 6 v., 38 h. cessen. — Des hain ich gehaven 17 gelog, ygelich vor 7 h.

It. Bruich der vrauwen kemereir van Guilche 2 v.

It. Kirstiain sant eynen knet, de gaf ich 3 gross.

It. des sundages 3 v., 1 cessen. — Des hain ich gehaven 8 gelog, ygelig vor 7 h.

It. des maindages 5 v., 18 d. cessen. — Des hain ich gehaven 13 gelog, ygelich vor 7 h.

It. der keyserinnnen juncvrauwe 2 v. — It. den lantkomendur 2 v.

---

*) Aus dem folgenden ergiebt sich, daß dieses ein Schreibfehler ist und sundages heißen sollte.

Jt. des densdages du vissen die burgermeister ende Sanders der schriver ende der stede gesinde zu Cleve, da gebrach mich 1 m. — Jt. na den essen 5 v., 28 h. cessen. — Des hain ich gehaven 18 gelog, ygelig vor 7 h.

5 Jt. des gudesdages bů reit der burgermehster her Goiswiin zu Guilche ende die ander heren, bů vissen si zu des bruwers huis, da gebrach mich 7 h. um nosse.

Jt. na den essen zu Cleve 3 v., 12 d. cessen. — Des hain ich gehaven 8 gelog ygelich vor 7 h.

10 Jt. des dunresdages 22 h.

Jt. des vridages 26 h.

Jt. des sotersdages oeverde mich 6 h.

Jt. des sundages gebrag mich 3 s. h.

Jt. des maindages 3 v. — Des hain ich gehaven 10 gelog, ygelich vor 7 h.

15 Jt. den deychen van Achen 2 v. — Jt. heren Schiinman 2 v.

Jt. heren Pauwels van den Wier 2 v. — Jt. her Rupret van Bernich 2 v.

Jt. der rentmeister van Guilche 2 v.

Jt. der burgermehster her Gobert van sinen schuttelen gebrach mich 6 gross.

Jt. her G. van den Bungart ende her Joh. van Råde 6 v.

20 Jt. dit is die kercen van der groisser kirmessen, dů die burgermeister mit reden ygelighen burgermeister 7 ℔. — Jt. Sanders deme schriver 7 ℔.

Jt. den råit ende den meyer 8 ℔. — Jt. den schutcen 6 ℔. — Jt. den vleischheuweren 9 ℔, ygelich ℔ vor 6 s. ende 3 d. — Jt. du man die kercen machede 1 v.

25 Jt. her Lenvail des bisschofs paf van Lutche ende siin geselle 4 v.

Jt. her Sanders der schriver gaf ich 12 gross. ende 7 h., du he was gereden an den burggreve van Lemburg. — Jt. her Walrave van Stehne 2 v.

Jt. die burgermeister goven den steynmetcen vor Nuweporce 1 v., dat
30 hain ich bezalt.

Jt. deme rentmehster van Gulpen 1 v. — Jt. deme drossitte van Rade 2 v.

Jt. heren Willem van Brughusen 2 v. — Jt. den rentmeister van Guilche 2 v. eyn 10 h.

35 Jt. her Robiin des greven schriver van Gelre 2 v.

Jt. van den wunsden maint mich 4 s. — Jt. den profst van Achen 4 v.

Jt. den profst van Kerpen ende des bisschofs paffe van Collen 2 v.

Jt. den kanceleir 4 v. — Jt. her Lenvail des bisschofs paffe van Lutche 2 v.

Jt. eyn punt segelwas 3 groff.
Jt. Goiswiin van Strout 1 v. — Jt. her Jacob van ben Bungart 2 v.
Jt. her Arnolt van Ordingen ende her Naits van Schonauwen ende her G. van ben Bangart 3 v. — Jt. her Robiin bes greven schriver van Gelre 1 v.
Jt. heren Dibderich van Sinvelt 2 v. — Jt. deme burggreve van Lemburg 4 v.
Jt. deme rentmeister van Gulpen 2 v.
Jt. van ben seßen maint mich 4 s.
Jt. des satersdages du die burgermeister ende die wercmeister ende Sanders der schriver losen dat korbuch zu des bruwers huis, van der kost gebrach mich 22 s.
Jt. up sint Kornelis avende, du wissen die nuwe burgermeister ende die aude ende Sanders der schriver zu Cleve, van der kost gebrach mich 11 s. 4 h. — Des hain ich gehaven 6 s.
Jt. van den penden gebrigt mich 6 s.
Jt. van der banclocken 5 m., die gevielen zu sint Remeyßmesse.
Jt. den etden maint 4 s.
Jt. van umgain, du man die wiin besach, gebricht mich van 9 dagen 4 groff.

Summa 48 m. et 10$^{1/2}$ s. — sine illis 5$^{1/2}$ m.

(Das Uebrige fehlt.)

Chronologisches Verzeichniß
der in den Aachener Stadtrechnungen des 14. Jahrhunderts vorkommenden Geldsorten mit vergleichender Werthangabe.

Der Werth der in diesen Rechnungen erwähnten Geldsorten wird fast durchgängig auf Aachener Mark (m.) zurückgeführt. Diese theilt sich in 12 Schilling solidi (s.), der Schilling in 12 Denar (d.), der Denar in 2 Obolen. Die Mark sank, wie sich aus der Vergleichung mit dem Goldgulden ergiebt, beständig im Werthe. Im J. 1334 war sie nur um $1/20$ geringer als der Goldgulden, 1394 betrug sie nur $1/4$, im Anfange des 17. Jahrhunderts nur $1/54$ desselben. Von einer Goldmünze war sie eine unbedeutende Silbermünze geworden und zuletzt im Anfange dieses Jahrhunderts auf den Betrag von 5 Pfg. herabgekommen. Da in allen Rechnungen das jedesmalige Werthverhältniß der Aachener Mark zum Goldgulden angegeben wird und dieser für den Zeitumfang von 1334 bis 1394 ziemlich konstant nach unserm Gelde zu ungefähr 3 Thlr. 7 bis 10 Sgr. angenommen werden darf, (cf. Chroniken der fränkischen Städte I, S. 254), so werden sich danach alle Positionen annähernd in heutiges Geld übertragen lassen.

1334.

70 aurei (floreni) valent $73 1/2$ m. S. 103, 31.

50 aurei (floreni) valent $52 1/2$ m. S. 104, 2.

$\quad$ 1 aur. $= 1 1/20$ m. $= $ 1 m. $7 1/5$ d. und 1 m. $= {}^{20}/_{21}$ aur.

2 aur. valent 25 s. 2 d. S. 105, 36.

$\quad$ 1 aur. $=$ 1 m. 7 d., (wobei der Bruchtheil von $1/5$ d. unberücksichtigt geblieben).

50 librae Hallensium valent $55 1/2$ m. S. 103, 22.

$\quad$ 1 lib. Hall. $=$ 1 m. 1 s. $3^{21}/_{25}$ d.

6 solidi grossorum (Turonensium) valent 6 m. 4 s. S. 103, 19.

$\quad$ 1 sol. gross. $=$ 1 m. 8 d.

6 riol valent 8 m. S. 108, 37.
15 „   „   20 m. S. 111, 10.
   1 riol = 1 m. 4 s.

15 m. holl. valent $13^{1}/_{2}$ m. S. 103, 14.
   1 m. h. = $10^{4}/_{5}$ s.

Die in dieser Rechnung noch vorkommenden aurei parvi, grossi antiqui und engel sind ohne Werthangabe.

1338.

20 aurei valent 28 m. S. 120.
   1 aur. = 1 m. 4 s. $9^{3}/_{5}$ d.

21 aurei parvi valent 28 m. 4 s. S. 121, 27.
   1 aur. parv. = 1 m. 4 s. $2^{2}/_{7}$ d.

40 clipei aurei valent 74 m. 8 s. S. 120, 15.
   1 clip. aur. = 1 m. 10 s. $4^{4}/_{5}$ d.

3 clipei aurei valent 5 m. $8^{1}/_{2}$ s. S. 123, 23.
   1 clip. aur. = 1 m. 10 s. 10 d.

22 clipei aurei valent 43 m. minus 14 d. S. 124, 28.
   1 clip. aur. = 1 m. 11 s. $4^{9}/_{11}$ d.

20 librae Hallensium valent 33 m. 4 s. S. 113, 28.
   1 lib. Hall. = 1 m. 8 s.

100 librae Hallensium valent 162 m. 8 s. S. 114, 2.
   1 lib. Hall. = 1 m. 7 s $6^{6}/_{25}$.

30 librae Hallensium valent $47^{1}/_{2}$ m. S. 114, 35.
   1 lib. Hall. = 1 m. 7 s.

20 librae Hallensium valent 30 m. S. 114, 18.
   1 lib. Hall. = 1 m. 6 s.*)

1 libra grossorum (Turonensium) valet 28 m. S. 114, 16 etc.
30 solidi grossorum valent 42 m. S. 114, 14.
   1 sol. gross. = 1 m. 4 s. $9^{3}/_{5}$ d.

---

*) Die verschiedenen Werthbestimmungen der lib. Hall. und der solidi gross. hangen wohl von der Zeit ab, wo die Leibrenten gekauft waren.

10 solidi grossorum valent 13 m. S. 114, 11.
  1 sol. gross. = 1 m. 3 s. 7$^{1}/_{5}$ d.*)

10 m. holl. val. 9$^{1}/_{2}$ m. S. 116, 1.
  1 m. holl. = 11 s. 4$^{4}/_{5}$ d.

6 episcopi valent 3 s. 7 d. S. 121, 20.
  1 epis. = 7$^{1}/_{6}$ d.

1344.

400 aurei floreni valent 700 m. S. 138, 32.
  1 aur. fl. = 1 m. 9 s.

30 scutei aurei valent 67$^{1}/_{2}$ m. S. 139, 38.
7 „   „   „   19 m. 9 s. S. 147, 19.
  1 scut. aur. = 2 m. 3 s.

100 librae Hallensium valent 200 m. S. 138, 39.
  1 lib. Hall. = 2 m.

1 libra grossorum (Turonensium) val. 36 m. S. 139, 17.
1 „   „   „   valet 35 m. S. 139, 18**).

2 librae grossorum valent 80 m. S. 145, 21.
  1 lib. gross. = 40 m.

10 solidi grossorum valent 17$^{1}/_{2}$ m. S. 139, 15.
  1 sol. gross. = 1 m. 9 s.

20 sol. gross. Turon. valent 36 m. S. 140, 1.
  1 sol. gross. = 1 m. 9 s. 7$^{1}/_{5}$ d.

---

*) Siehe Note pag. 413.
**) So wird die lib. gross. in dieser Rechnung bald zu 35 m., bald zu 36 m., und dem entsprechend der solidus grossorum, deren 20 auf die libra gehen, bald zu 1$^{3}/_{4}$ m., bald zu 1$^{4}/_{5}$ m. berechnet. Einmal nur wird (S. 145, 21) die libra gross. zu 40 m. angegeben, was man für einen Schreibfehler halten dürfte, wenn nicht auch einmal der sol. gross. (S. 142, 2.) im Werthe von 2 m. vorkäme, obgleich an letzterer Stelle im Original erst stand 25 sol. gross. val. 45 m., was dem Werthe der libra zu 36 m. entsprach; dann aber wurde 45 ausgestrichen und 50 darübergeschrieben.

25 sol. gross. valent 50 m. S. 142, 2.
   1 sol. gross. = 2 m.

16 ryol aurei valent $67^{1}/_{2}$ m. S. 139, 39.
   1 ryol aur. = 2 m.
1 ryol valet 2 m. 6 d. S. 155, 16.

25 m. holl. valent $25^{1}/_{2}$ m. S. 141, 27.
   1 m. holl. = 1 m. $2^{22}/_{25}$ d.

1346.

40 aur. flor. valent 70 m. S. 170, 15.
   1 aur. fl. = 1 m. 9 s.

32 schilde valent 72 m. S. 181, 1.
30 scutei aurei valent $67^{1}/_{2}$ m. S. 173, 3.
   1 scut. aur. (schild) = 2 m. 3 s.

10 librae Hallensium valent 22 m. 2 s. 8 d. S. 172, 39.
   1 lib. Hall. = 2 m. 2 s. 8 d.
25 lib. Hallens. valent 25 schilde S. 174, 7.
30 „   „   „ $67^{1}/_{2}$ m.
   1 lib. Hall. = 2 m. 3 s.

1 libra grossorum (Turonensium) valet 40 m. S. 172, 24.
10 solidi grossorum valent 20 m. S. 172, 32.
   1 sol. gross. = 2 m.
18 grossi valent 3 m. S. 183, 10.
   1 grossus = 2 s.

16 rioyl valent 32 m. 8 s. S. 173 2.
   1 rioyl = 2 m. 6 d.

Für die öfter vorkommende holländische Mark findet sich keine Werth-Angabe.

1349.

15 aur. flor. valent 30 m. S. 200, 20.
2 „ „ „ 4 m. S. 204, 9.
   1 aur. flor. = 2 m.
10 aur. flor. valent 17½ m. S. 218, 27, 31.
   1 aur. flor. = 1 m. 9 s.

12 scutei valent 30 m. S. 204, 30.
10 scutei aur. antiqui valent 25 m. S. 210, 16.
200 scutei aur. valent 500 m. S. 216, 17.
   1 scut. aur. ant. = 2 m. 6 s.
12 scutei aurei valent 28 m. S. 197, 30.
100 „ „ novi valent 233 m. 4 s. S. 212, 14.
   1 scut. aur. nov. = 2 m. 4 s.
8 scutei novi valent 18 m. S. 212, 23.
1 scuteus novus valet 27 s. S. 208, 32.
   1 scuteus novus = 2 m. 3 s.

30 librae Hallensium valent 75 m. S. 199, 28.
   1 lib. Hall. = 2 m. 6 s.
6 solidi Hallensium valent 9 s. S. 217, 37.
   1 sol. Hall. = 1 s. 6 d.
2 librae grossorum (Turonensium) valent 80 m. S. 197, 27.
   1 lib. gross. = 40 m.
2 librae grossorum valent 90 m. S. 199, 35.
   1 lib. gross. = 45 m.

11 grossi antiqui valent 25 s. 8 d. S. 205, 18.
8 grossi antiqui valent 18 s. 8 d. S. 199, 28.
   1 gross. ant. = 2 s. 4 d.

7 bohemii valent 1 m. 3 d. S. 211, 22.
4 „ „ 7 s. S. 218, 2.
   1 bohemius = 1 s. 9 d.

1 m. holl. valet 13 s. 6 d. S. 214, 30.

1353.

9 aur. fl. val. 16 m. 18 d. S. 228, 13.
4 aur. fl. val. 7 m. 2 s. S. 229, 2.
   1 aur. fl. $= 1$ m. 9 s. 6 d.
1 scut. aur. val. 2 m. 3 s. S. 230, 24.

1373.

43 aur. val. 143 m. 4 s. S. 233, 30.
   1 aur. $= 3$ m. 4 s.
   1 dubbel motton $= 5$ m. $5^4/5$ s. nach S. 233, 4. 5. 6. 7. 8.

1376.

154 fl. val. 539 m. S. 240, 15.
16 gul. val. 56 m. S. 241, 36.
   1 fl. (gul.) $= 3^1/2$ m.
100 scudati aurei val. 450 m. S. 262, 22.
   1 scud. aur. $= 4^1/2$ m.
24 lib. Hall. val. 84 m. S. 262, 28.
   1 lib. Hall. $= 3^1/2$ m.*)
10 sol. gross. val. 35 m. S. 262, 26.
   1 sol. gross. $= 3^1/2$ m.
1 lib. gross. val. 70 m. S. 262, 13.
74 m. Coll. val. $83^1/4$ m. Aquen. S. 259, 11.
   1 m. Coll. $= 1$ m. $1^1/2$ s. Aquen.

1380.

33 fl. val. 121 m. S. 271, 18.
   1 fl. $= 3$ m. 8 s.

1383.

1 gul. val. 3 m. 8 s. S. 272, 34.

---

*) Davon weicht nur eine Angabe ab S. 262, 17., wo 200 lib. Hall. $=$ 210 fl. — 735 m., die lib. Hall. also $^1/_{10}$ mehr beträgt als der fl.

1385.
(Ausfahrt gegen Reiferscheid.)

1 gul. val. 3 m. 9 s. S. 289, 39.
2 m. Coels val. 26 s. Eysche S. 291, 3.
   1 m. Köllnisch = 1 m. 1 s. Aachener.

1385.
(Stadtrechnung.)

4 gul. val. 14 m. 8 s. S. 296, 12.
   1 gul. = 3 m. 8 s. S. 346, 15.
6 gul. val. 22½ m. S. 321 35.
2 „ „ 7½ m. S. 325, 20.
   1 gul. = 3 m. 9 s.
1 gul. val. 3 m. 10 s. S. 334, 39 u. 341, 17.
4 gul. hollantz val. 14 m. S. 328, 5.
   1 gul. holl. = 3½ m.
1 punt alber grois val. 70 m. S. 347, 9.
24 ℔ Haller val. 88 m. S. 317, 12.
   1 ℔ Hall. = 3 m. 8 s.
6 m. Coels val. 6 m. 6 s. Eysche S. 354, 6.
   1 m. Köll. = 1 m. 1 s. Aach.

1386.

4 gul. val. 15 m. 4 s. S. 361, 16. 23.
   1 gul. = 3 m. 10 s.
4 Gelr. gul. val. 14 m. S. 361, 36.
   1 Gel. gul. = 3½ m.

1387.

1 gul. val. 3 m. 11 s. S. 365, 15.

1390.

25 gul. val. 100 m. S. 371, 35.
   1 gul. = 4 m.

1391.

6 gul. val. 24 m. S. 373, 14.

    1 gul. = 4 m.

45 swoir gul. val. 187½ m. S. 382, 15.

    1 schwerer Gul. = 4 m. 2 s.

1 Gelr. gul. val. 3 m. 1 s. S. 373, 16.

2 Gelr. gul. val. 6 m. 4 s. S. 377, 14. 36.

    1 Geldr. Gul. = 3 m. 2 s.

Topographie von Aachen,
nach den Stadt-Rechnungen des 14. Jahrhunderts.

Stadtthore.

Adalberti porta 122, 18. 166, 17. 186, 32.
Ailbretzportz 386, 19.
Coelneirportz 383, 31. Colnerportz 251, 39.
    Coloniensis porta exterior 110, 31.
    Coloniensis porta inferior 110, 38. (Kölnmittelthor.)
Hardewini porta 106, 27. 122, 19. (Hartmannsthor.)
Sci. Jacobi porta 106, 30.
Sci. Jacobi porta inferior 111, 1. (Jakobsmittelthor.)
Kunninzportz 387, 24. Coningsportz inreste 374, 6. (Königsmittelthor.)
    Kuningesportz uyserste 374, 13. Regis porta 112, 26.
Nuweportz 310, 37. Nova porta 110, 28.
Porschierportz 310, 35. Porchetensis porta 122, 20. Por. p. inferior 127, 33. (Marschiermittelthor.)
Puntportz 317, 33. Porta Pûnt 110, 33.
Roys porta 185, 10. (Rosthor.)
Sanduleportz 338, 20. Porta Sanckule 166, 23.
Schanattenportz 360, 6. Porta Schanatten 110, 28. 128, 8.
Scharportz 373, 38. (Scherpmittelthor.)
    Porta acuta 122, 21.

Straßen und Plätze.

Acuta platea 115, 10. (Scherpstraße.)
Adalberti platea 122, 29.
Bach — up die 399, 4.
Beynt 311, 25. 369, 16. Bynt 311, 33.
Beneltstraße 387, 19. (Bendelstraße.)
    Benentstrois 401, 28. Beyneltstraisse 387, 9.
    Byneltzstrase 373, 37.
Borschierstraisse 386, 32. (Marschierstr.)
Buchel 396, 33. (Büchelstr.)
Cimiterium 110, 35. 126, 14. (Münsterkirchhof.)

Cleintoelneirſtraſe 311, 13.
Coloniensis platea 111, 8. (Koelneirſtraſe 357, 12.)
Cloiſter 329, 12. (Kloſterplatz.)
Curiam — supra 149, 26. 202, 2. (Hofſtr.)
Drieſche — up ben 317, 16.
Forum 150, 30. 202, 29. (Markt.)
Forum novum 151, 32.
Forum Rotarum 126, 13. Rabermarkt (jetzt Münſterkirchhof).
Forum salis 144, 9.
Fossam — supra 235, 28. (Graben.)
Fossa antiqua 268, 38. (Alte Graben.)
  Grave 373, 36. Up ben Grave 317, 13.
Geynſtrois 401, 27. (Gentſtr.) Geyſtraiſſe 386, 35.
Harbewintzſtroiß 395, 32. (Hartmannsſtr.)
  Hardewini platea 177, 14. platea extra portam Hardewini
   180, 3.
Heppeiiul 404, 5. (Heppionſt.)
  Heppioel 386, 27. Heppioil 401, 26.
  Heppiul 166, 25.
Hoff — up ben 358, 26.
Jacobſtraſſe — ſint 311, 36.
Jacobi sci. platea 106, 20.
Institores — juxta 126, 14. prope 110, 35. (Krämerſtr.)
Kalen — des Gasse 200, 19.
  vicus des Kalen 171, 5.
Kirchoff 314, 23. (Münſterkirchhof.)
Kockerel 106, 16. 358, 33.
Koelrum -- up ben 401, 25. (Kolbert.)
Korenmart 94, 26. (Hühnermarkt.)
Krobürne 195, 22.
Kurtscheill 256, 11. (Kotſchen.)
Linde — unter bie 357, 29.
Mart vur deme groſen ſale 359, 1.
  Mart vur deme groiſſen huys 385, 27.
Mart — nuwe 357, 22. 383, 35.
Meſtgaſſe 361, 25.
Mutzersgasse platea 146, 3. (Moſtertgaſſe.)
Pauw — supra 117, 31. Up ber Pauwen 77, 32.
Pervisium 126, 27. (Perviſch jetzt Domhof.)

Petri — sci. platea 125, 33. 35.
Porschierstraße 317, 39. Porchetensis platea 125, 24. (Marschierstr.)
Punt 387, 35. 170, 39.
Roys — super 260, 2. 141, 12. — supra 177, 15.
    up die Roisse 341, 29. (Roßstraße.)
Scharportzgrav 373, 38. Scherbthorgraben (jetzt Alexianergraben.)
Steynwech 358, 1. (?)
Up Briesengrave 405, 1.
Winken — in den 387, 35. (Beginenwinkel.)
Wirichsbungart 341, 20. Pomerium Wirici 167, 34.
Yseren — upt 384, 11. (Ehemaliger Eisenmarkt, jetzt Fischmarkt.)

Kirchen, Stifter, Klöster, Convente.

Adalbertum — ad sanctum 203, 29.
    sci. Adalberti canonici 171, 18. 201, 32.
    synt Tailbret 250, 2.
    vur sint Ailbret 373, 24.
Albegunt capelle 346, 33.
Augustinenses 122, 35. Augustinen 338, 32.
Becgardi pauperes 147, 4. Broitbegarden 373, 38. (Alexianerbrüder.)
Beginen convent in den Winken in Punt 387, 35.
Capella domine de Stoilburg 203, 34.
Carmelitarum fratres 243, 31. Carmeliten 317, 7.
    Brauwenbruderen 297, 34. (Ehemaliges Karmeliterkloster jetzt
    Kaserne.)
Convent in Bynelzstraße 373, 37.
Egidium — ad sanctum 204, 22.
    Fratres Theutonici de sco. Egidio 171, 19. Sint Gillis 387, 34.
    (Kapelle der Deutschherren in Pontstr.)
Foillani — sci. ecclesia 165, 7.
Jacobum — ad sanctum 203, 28.
Johannis-sci. fraternitas, presbyteri 145, 4. (Johannisherren.) 107, 21.
Jolini — sci. fratres 257, 39. (Kreuzbrüder.)
    Herren van sint Joline 339, 4.
Katerinen — sint capelle 346, 32.
Leonardum — prope sanctum 149, 28.
Menrebrudern 292, 17. (Mindernbrüder.)
    Fratres minores 122, 32. Zen Bruderen 394, 4.
Munster — dat 405, 14. Int Munster 347, 1.

Kirche Onſer Brauwen 98, 16.
Canonici beate Marie 170, 26.
Canonici Aquenses 146, 39.
Vicarii beate Marie 195, 33.
Petrum — ad sanctum 203, 28.
Predicatores 122, 35. Preichtcher 297, 32.
Salvatorem — ad 203, 28.
Wyſſenvrauwen 297, 31. Albae dominae 106, 11. (Jetzt: Kloſter „zum armen Kinde Jeſu.")

Spitäler.

Domus sancti Spiritus 171, 21. (Spital zum h. Geiſt, lag zwiſchen der Münſterkirche und dem Katſchhof.) Heiligeiſthuys 346, 27.
Gaſthuys up den Hoff. 346, 28. Hospitale supra Curiam 171, 20. 30. (Ehemaliges St. Blaſienſpital für arme Frembe.)
Gaſthuys in der Rabermart 346, 29.
  Novum hospitale. (St. Eliſabethſpital.)
Hospitale extra portam Coloniensem 110, 27. (Ehemaliges Spital zum h. Martinus.)

Häuſer und Lokale zu Gemeindezwecken.

Adayms huys 297, 27. (Leuf.)
Aula 104, 33. 38. 125, 37. u. a. v. Stellen. (Ehemaliger Feſtſaal, vor dem Bau des jetzigen Rathhauſes.)
Blii — under dat 384, 1. (Das Blei hieß der über den Treppen zum Rathhauſe vorſpringende Erker.) Undert blii by den ſaltorne 401, 10.
Bruxella domus 122, 6. (Haus, worin die Schöffen ihr Gericht hielten.)
Bruſel 333, 31. (Schöffengericht im öſtlichſten der mittlern Gewölbe des Rathhauſes.) Loeve ze Brüſſel 381, 21.
Burgermeiſter love 396, 17. (Im Rathhauſe.)
Cambium 235, 12. (Wechſelerhaus, Börſe.)
  Weyſſel 357, 29.
Captivitas mulierum 176, 32. (Weibergefängniß.)
Consilium — supra 209, 35. 210, 5. (Altes Rathhaus im Gras.)
  Domus consilii 148, 8. 209, 28. u. a. v. St.
  Supra domum 177, 38. Domus civitatis 125, 6 etc.
Coquina 126, 32. 223, 39. (Wollküche.)
Domus civium 107, 33. 111, 6. 7. u. a. v. St.
  Der burger huys 274, 5. 335, 32. 362, 3. (Grashaus.)

domus civium posterior 106, 33.

Domus excisorum 128, 3. (Haus der Gewandschneider, Tuchverkäufer im Ausschnitt, Unsfnier 400, 38.)

Domus follonum 104, 28. 107, 30. u. a. v. St. (Walkhaus.) in nova platea 200, 16. (woraus folgt, daß die Komphausbad= straße 1349 noch neu war.)

Domus, in qua panis venditur 165, 10. (Brodplanken.)

Domus machinarum 136, 19. (Zeughaus wahrscheinlich im Gras.)

Domus pannorum 128, 3. (Ehemaliges Gewandhaus auf dem Katschhof.) noviter (1338) structa 131, 3.

Duyster loch in der burger huys 393, 31. (Gefängniß im Gras.)

Gramen civium 106, 22. 137, 17. u. a. v. St.
 Der burger Graff 336, 37. Der burger hof 409, 5.

Halle antiqua 168, 5. Alde halle 357, 1. (Alte Fleischhalle, Ecke der Kockerelstr.)

Halle nova 168, 4. Nuwehalle 357, 1. (Neue Fleischhalle, Büchelstraße.)

Hasinus porte Porchetensis 195, 24.

Huis — upt 321, 9. (Rathhaus) Up deme huse 296, 30.

Kax — edificium dictum 127, 19. (Pranger, stand auf dem Katsch= hof, der davon seinen Namen hatte.)

Kleyve lobium 112, 12. 130, 39. 136, 34.

Kuchen up den Buchel 396, 33. (Dasselbe, was oben Coquina, Küche, wo die Wolle zur Tuchmanufaktur gebrüht wurde.)

Kumphus 311, 22. 312, 1. 346, 24. u. a. v. St. Dasselbe, was domus follonum (Walkhaus.)

Libra domus 144, 20. (Waghaus.)
 domus librarum 222, 19.

lobium Henrici Dumen 157, 34.

lobium magistrorum 159, 19. u. a. civium 182, 14.

lobium magistrorum operis 165, 9. (Werkmeisterleuf.)

Lupen huys vur den sal 357, 10. (Leuf) du (1333) galt man heren Lupen hus 406, 35. Luybshus 333, 26.

Malhus porte S. Jacobi 107, 32.
 Multure domus porte S. Jacobi 129, 4.

Multure domus porte Coloniensis 107, 19. 149, 14.

Paradiesse — zen 376, 19. 379, 10. (Leuf.)

Planden 311, 37. (Fleischhalle) Bleischplanken 397, 1.

Proestie 311, 36. (Propstei.)

Schottenberg 111, 2. (Festungswerk?)

Stella 144, 37. 169, 8. u. a. (Leuf der Abligen.) Sterre 309, 39.
Alde Sterre 366, 26.

Treckloeve 318, 34.

Vigilatoria domus comicie Regis 106, 32.

Vigilatoris domus porte S. Alberti 149, 15.

Vigilatoris domus porte Porchetensis 149, 11.

Vigilatoris domus porte Sanckule 149, 24.

Wåghuis 406, 17 (was oben libra.)
  in der Wagen 340, 12. in die Woich 394, 25.

Wesel 401, 14. Wehssel 357, 29. (was oben Cambium, Börse.)

Wolle Kuchen 312, 1. (was oben Kuchen.)

Bäder.

Balnea supra Curiam 149, 26. (Bäder auf der Hofstraße.)

Ruthbat 322, 25. 325, 19. (Gelegen auf der Hofstraße.)

Gewässer und Brücken.

Aqueductus in celario Schoynnecken 151, 30.

Aqueductus prope domum Simonis de Corvo 126, 10.

Bach voir dat kumphuis 391, 3.

Born ain dat kumphuis 391, 14.

Fons calidus 110, 15. Der heysse born 361, 27. (Nach Quix auf der Hofstraße vor dem Quirinsbade.)

Fons extra portam Coloniensem prope hospitale 110, 27. (Brunnen vor Kölnmittelthor bei St. Martin.)

Fons Mürley 223, 33. Muyrley vur Nuweporze 342, 3.

Koelrum 321, 15. 401, 25. (Kolbert, ein ehemaliges, unten an der Büchelstraße gelegenes, offenes Gewölbe, wo in dem Abfluß der warmen Bäder die Armen waschen konnten. Das Gewölbe ist überbaut; der Name: „am Kolbert" lebt noch im Munde des Volkes.)

Lavatorium Albarum dominarum 106, 11.
  Wesch ze Wisenvrouwen 390, 1. (Offener Waschplatz an der Pau in der Jakobstr.)

Lavatorium supra Curiam 245, 5.
  Wesch up den Hoff 358, 27. 385, 11.

Lavatorium extra Punt 111, 3. ex opposito sci. Jolini (der Kreuzbrüderkirche gegenüber) 234, 38. Wesch buyssen Punt 383, 29.

Malzwier 387, 22. (Malzweier, Teich hinter den Häusern der Jakobstraße und des Karlsgrabens.)

Musa Albarum dominarum 106, 11. 126, 4. etc.
  Wiisenvrouwepiff 249, 32. Pif vor die Wisenvrouwe 406, 8. (Brunnen, jetzt vor dem Kloster zum armen Kinde Jesu.)
Musa supra Curiam 125, 37. Hoeff piif 249, 29. (Brunnen auf der Hofstraße.)
Musa in foro 106, 8. 126, 7. etc. (Marktbrunnen.)
Musa fratrum Minorum 106, 11. Pif vor die Menrebruder 406, 9.
Musa in platea sci. Jacobi 165, 5. (Brunnen in der Jakobstraße.)
Musa prope domum Kynis 165, 4.
Musa ante Pervisium 126, 5. 168, 17. etc.
  Pairwisch piff 395, 30.
Piff up den Koelrum 321, 14. (Brunnen am Kolbert.)
Piff in den Beynt 311, 25.
Paunella supra 140, 38. (An der Paunell, [Bach]).
Pauw (der durch Aachen fließende Paubach, wovon ein Theil der Jakobstraße „auf der Pau" genannt wurde. Nur in letzterer Bedeutung kommt das Wort in den Rechnungen vor. up der Pauwen. 77, 32. supra Pauwe 117, 31. up die Pauwe 395, 26. ꝛc.
Pilyserenbrugh 392, 7. 29. (Piliserlerbrücke über die Wurm vor Kölnthor. Da 166, 17. der Name Adam Phyliseren vorkommt, so wird die Brücke nach dem Familiennamen benannt worden sein.)
Pons Hobruegen 128, 10.
Pontes lapideae in platea S. Petri 125, 35. (Petersbrücke.)
Wurm 150, 16. (An der Stadt vorbeifließender Bach.)

Mühlen.

Brodermoyllen 166, 24. 233, 21.
  (Brudermühle, die sonst den Stiftsherren, welche ehemals als fratres auf dem Kloster zusammenlebten, zugehörige Mühle.)
Heppiul, per molendinarium 166, 25. 233, 23. (Mühle in Heppion.)
Molendina cerdonum 152, 38. 39. (Lohmühlen.)
Molendinum dictum Rosmoyllen 176, 17. (Mühle auf der Roßstraße.)
Molendinum in platea sci. Jacobi 106, 20. (Mühle in der Jakobstraße.)
Molendinum Ivellonis 105, 16.
Molendinum supra foveam lapideam 148, 33. (Mühle an der Steingrube.)
Pletzmoyllen 122, 29. (Pletschmühle in der Adalbertstr.)

Kohlen-, Steingruben, Wälder.

Foveae carbonum 229, 1. (Kohlengruben.)
Fovea lapidea 105, 3. (Steingrube.)
Fovea lapidea extra portam S. Adalberti 124, 31.
    Fovea lapidea supra Lewerke 148, 29. 180, 11. Lewerken
    93, 28. 302, 33.
Fovea in nemore 124, 38.
Fovea lapidea supra Hosyg 180, 16.
Fovea supra Meysenberg 221, 31.
Fovea lapidea supra magnum montem 180, 14. supra montem 195, 38.
Nemus Aquense 236, 22. nemus Aquense prope Hayren 137, 16. nemus prope Renardum 147, 38.

Glossar.

achter 84, 16. nach.
achterwaren 391, 17. aichterwaren 402, 14. bewahren, aufheben, hinterlegen.
achtermoils 98, 30. nachmals, hernach.
aichterfteebich 98, 1. rückftändig.
acies 222, 3. 7. 9. Giebel.
aen 92, 25. an.
aengbetaft 80, 37. (nbrl.) angegriffen.
af 79, 35. von, fo wat dan af kumen mag, was immer davon (danach) kommen mag. AM. af.
aff 385, 28. von, då in wirt nyet aff, daraus wird nichts.
affgain 371, 27. abgehen, vergehen, verschleißen. AM. kapot goen.
affgelacht 84, 19. abgelegt, aufgehoben.
affgelaicht 77, 11. inf. afflegen 287, 18. niedergelegt, abgelaben. AM. afgelaht, afgelahne.
affloiffe 77, 23. ablaffen, abftehen.
affloyffen 337, 26. ablaffen, abfpannen, (vom Bogen) abfchießen. AM. afloffe.
aiflois 395, 26. Ablaß, Ort, durch welchen Waffer abgelaffen wirb. AM. Afloß.
aff flehnt 294, 36. 3. p. pl. pr. vom inf. affsloin, part. affgeflagen 249, 38. abfchlagen, abziehen. AM. afschlönt, afschlon, afgeschlage.
affsneit impf. von affsniden 326, 3. cleider affsniden, das Zeug zu den Kleidern vom Stück abfchneiben. AM. affchnié.
ain 85, 34. ohne.
ain 95, 32. an.
aint 291, 29. zusammengezogen aus: ain bat, — an bas. AM. anet.
ainwenen 85, 25. einem etwas myt den reicht ain wenen, einen gerichtlich zu etwas zwingen.
air 321, 13. Abler.
Airwilre 273, 16. Ahrweiler.
Alen 80, 22. (nbrl.) Aachen.
Albae dominae 106, 11. Weiße Frauen (Ordensschwestern nach der Regel des heil. Auguftinus, auch Magbaleninnen genannt, zur Leitung der Büßerinnen).
allex 127, 2. für halex, Häring.
allit 58, 3. alles.
alrehelgenbach 315, 13. Allerheiligentag. AM. op Allerhelegendag.
alreneyft 90, 12. allernächft, zunächft.
als 92, 39. fo, als. als vaft als, so feft als.
als lange 255, 26. fo lange.
altoys 80, 39. (nbrl.) immerzu, immerfort.
altz, van altz 77, 34. von Alters her. AM. van auts.
alwege 79, 29. immer. AM. allewegh.
alzehantz 80, 6. gleich zur Hand, sofort.
anbach des heiligen keyfer Karls 325, 21. Karlsfeft den 28. Januar.
anbach keyfer Karls bach 329. 13. der Oktavtag des Karlsfeftes. Weidenbach calendarium S. 182 nimmt anbag, antag für die Oktav und erwähnt, daß Lacomblet darunter den Fefttag felbft verftehe. In unferer Rechnung fehen wir es in beiden Bedeutungen vorkommen. Denn der 28. Januar fällt in die letzte Woche des 9. Monats des mit dem 1. Juni beginnenben und in 13 vierwöchentliche Monate eingetheilten Verwaltungsjahres; der Oktavtag des Karlsfeftes aber fällt in den 10. Monat. So heißt es auch bei den Weinspenden des 9. Monats S. 327, 9. 11. 13. Karoli, im 10. Monate aber 329, 32. 35. 38. Octava Karoli, wofür Z. 13. anbach keyfer Karls bach fteht.
anberme 88, 1. anderm.
anderwerf 88, 35. zum andern Male.
angt 85, 27. Angft.
anker 176, 24. Angel, Thürangel. AM. Anker.
an nehmen 99, 21. fich einer Sache annehmen, fich etwas anmaßen.
ansprechen myt gerichte 89, 38. gerichtlich belangen.
antwerbe 86, 1. Antwort.

anyslonfelt 285, 8. überzuckerter Anissaamen.
arkeyr 136, 21. arkier 336, 3. Erker, an den Festungswerken.
Arlo 363, 2. Arlon. St.
as 77, 10. als, wie. 85, 29. gleichsam, um 85, 29. wenn, so fern. AM. aß. 83, 7. nämlich. 318, 7. um nämlich.
assis 77, 9. Accise, Verzehrsteuer.
asvyle 84, 4. so viel
aube 411, 14. alte. AM. aue. holl. oud.
aures 241, 31. für ansae Griff. AM. Uhr, b. i. Ohr.
Aust 88, 5. Monat August. AM. Aues, wird häufiger für Erntezeit überhaupt gebraucht.
avegingen 81, 32. vergingen.
aymbreger 311, 13. Ahm-Faßträger.
ayn 314, 37. ein.
ayss 291, 5. Achse. AM. Ahß.
ayverbroeder 88, 10. Oberbruder.

bagine 386, 15. Begine.
bainritz 304, 36. Bannerherr.
balistarius 188, 32. Bogenschütze.
ballingen 254, 37. 379. 25. Verbannte. holl. Balling.
bancklocke 340, 34. ultima campana. Die arme Sünder-Glocke, Bang-Glocke, bei deren Ton nach Noppius dem Verurtheilten bange wird, »omnium siquidem terribilium terribilissimum est mors«.
banierbreger 248, 36. Bannerträger.
banyr 289, 32. Banner.
baste 251, 37. adv. aufs Beste.
bate f. 93, 25. Nutzen. AM. bate inf. nützen.
bauckyn 405, 14. Pauken.
baven 249, 35. oberhalb. AM. bovver. 402. 13. über hinaus.
bayart 105, 5. scheint eine Art von Bahre zum Tragen der Steine gewesen zu sein, denn in einer Bau-Rechnung von 1441 heißt ein Posten: „umb zwa lieberen helpen (leberne Tragriemen), da man den beyart mit breit (trägt)".
beckel 105, 4. Hacke mit einer Spitze, Bicke. AM. Beckel.
beckerse 315, 8. Bäckerin, Frau eines Bäckers. AM. Beckesche.
bebedingen 306, 32. bingen, anwerben.
beben 79, 7. Bitten.
begaben, von eynre stat upt ander 337, 26. fortschaffen, tragen von einer Stelle zu einer andern.

begbe 78, 24. was auf ein Mal gebacken wird. AM. Bäckde.
begehen 273, 36. 344, 5. mit Eines Leiche gehen, ist noch erhalten in: Begängniß.
begutta 267, 19. dasselbe was beguina, Begine. franz. bigotte.
behalden 83, 33. zurückgehalten.
behelpen sich widder 92, 34. sich wehren gegen, sich vergreifen an.
behueff 82, 1. Behuf, Frommen, Bedarf.
beide 249, 22. 331, 13. so wohl — als.
beiden 98, 36. Bitten.
beleider 86, 21. (nbrl.) Führer, Regierer. holl. Beleider.
belzieren 276, 17. vielleicht: Mettwurst, die in der AM. Belster heißt.
bendis 104, 29. mit Bändern.
beneven 90, 27. neben, seitwärts.
beneventum (ad) 122, 13. zum Willkommen.
ber 303, 32. Birne. AM. Bär.
Bercheym 373, 27. Bergheim. St.
bere 105, 4. Tragbahre. AM. Ber.
Berge 306, 13. Laurenzberg. (Dorf.)
Bertelmeys 408, 23. Bartholomäus.
beruvys 305, 37. 306, 5. Im Holl. heißt Berouwenis, Berouw Reue. Sollte beruvys nicht Reukauf bedeuten?
besach 411, 19. besah. AM. besoech.
beschebelichen 84, 10. gehörig, gebührlich.
bescheden 83, 2. bescheiden, unterrichtet, der Bescheid weiß.
beschedenheit 83, 9. Bescheid.
bescheidenheit 87, 36. Billigkeit.
bescheit nemen end gheven 80, 31. Antwort nehmen und geben.
beschießen die armborst 251, 16. einschießen, durch Schießen versuchen.
beschirmnisse 81, 25. Schutz, Beschirmung.
beschreven 77, 10. beschrieben.
beschubben 79, 37. beschützen.
beschussen 324, 12. impf. von beschießen.
beseglegen 86, 28. (nbrl.) eingeschlagen, eingewickelt.
besesse 79, 14. Belagerung.
besessen 93, 12. belagert.
besetzen (die assis) 77, 18. die Einnahme der Verzehrsteuer übertragen, das Einnehmeramt besetzen.
besien 85, 29. imp. besach 411, 19. beseheu, AM. besien.

besien 91, 2. überlegen.
besienre 326, 28. Besichtiger. AM. besien, besehen, besichtigen, das subs. Besiener obsolet.
besinre 393, 38. Besichtiger, Untersucher des Tuches.
besitzen 79, 11. besetzen, belagern.
besloin 276, 14. 165, 13. mit Eisen, 341, 31. Pferde beschlagen. AM. beschloin.
bessem 376, 31. Besen. AM. Beißem.
bestaben 334, 13. fortschaffen, spediren, hier: anschaffen, kaufen, indem dabei des Weinkauf erwähnt ist.
bestalt 83, 2. 94, 26. besetzt. AM. bestelle, bestalt.
bestechen 251, 27. besticken.
besteeber 312, 28. Besteller, besonders einer, der für die Fortschaffung der Waaren sorgt, Spediteur. holl. Besteder. (S. Adelg. Bestäter.)
bevellich 89, 24. genehm, was Beifall findet.
bewaert 82, 37. beobachtet.
bewaren 341, 38. besorgen.
bewerre 85, 11. innerhalb?
bewerpen 127, 35. bewerfen (mit Kalk).
bewüsing 83, 24. Nachweis.
beylb 339, 15. Bild.
beyßel 124, 34. Meißel. AM. Behßel.
bickel 311, 29. Bicke. AM. Deckel.
bibben 85, 28. entbieten. 297, 24. bitten, einladen.
bieven 90, 36. warten.
biessen 405, 9. Binsen. byessen 299, 27. byßen 244, 16. juncus. AM. Ließe.
bigeter 300, 3. Beichtiger, hier Beichtvater.
bigette sich 90, 28. beichtete. AM. sich bichte.
bipennum 149, 7. Doppelhacke, an der einen Seite spitz, an der andern breit.
birflich 289, 14. (?)
birve 79, 1. bieder, rechtschaffen. 90, 10. wohl, frisch.
biwilen 291, 19. bisweilen. AM. beswile.
bliift 77, 15. bleibt. 3 p. praes. vom inf. blyven 79, 19. 83, 33. bleiff 288, 25. imp. blieb. bleven 90, 32. part. pr. geblieben. bleven 301, 19. imp. sie blieben. AM. blirve, imp. bläef, part. pr. bläve.
blide 91, 1. 261, 22. Wurfmaschine, balista.

blibesteyne 291, 31. Steine zur Wurfmaschine, Blide.
blie 328, 24. Blei.
blocker 258, 32. pl. von block.
blockslos m. 310, 34. Blockschloß, hölzerner Riegel.
blois 90, 26. bloß, ungewaffnet.
boebe loin 291, 1. Botenlohn.
Boetchynbach 313, 21. Bütgenbach (Dorf).
boeven 88, 29. über, drüber hinaus.
boirven 277, 17. Barben.
boje 391, 1. dasselbe was 395, 7. bierboien — ein Biermaß. boje heißt das Fäßchen oder der Block, der auf dem Wasser schwimmend anzeigt, wo der Anker liegt. Vor nicht langer Zeit waren die Biermaße aus Holz verfertigt und hießen Blockmaß, damit scheint unser boje zusammenzuhangen.
bolch 335, 37. bolco 216, 14. Kabliau.
borbe 405, 29. Bürde.
Borschiit 248, 21. Burtscheib. Burschit 77, 33. 273, 36. 378, 30. Die van Burschit, die Einwohner von Burtscheid. AM. Die va Gotschet. Burchiit 398, 23. Burchit 401, 1.
Bergonien 329, 1. Burgund.
boven 292, 9. oberhalb.
Bramaynt 352, 38. Bramont 268, 8. Brachmenat, Juni.
braicht 278, 24. brait 278, 26. brachte. AM. inf. brenge, impf. brahl, part. braht.
brech 374, 37. Mangel.
breederneile 308, 10. Brettnägel.
breichen 93, 35. brechen. AM. breiche.
breibel 291, 10. Zaum. franz. bride, engl. bridle.
breifbusse 396, 3. Briefbüchse.
bresemen 278, 38. Name eines Fisches. bresmia, franz. bresme, jetzt brême. Brachse, Brassen.
Breitbeggarden 373, 38. Alexianerbrüder.
broitmartmeister 366, 8. Marktmeister zur Beaufsichtigung des Brodes.
bruche 91, 22. Gebrechen, Mangel.
Bruderen 274, 15. Minderbrüder.
bruwer 315, 22. Brauer.
Bruynswich 305, 10. Braunschweig.
bubenkunnynge 290, 38. buventunning 292, 24. eine Art von Marketender, der mit einem Kramladen mit zu Felde zog. (cf. Lacomb. IV., Nr. 453.)

buch 85, 23, Protocoll, geschrb. Berttag.
buchen 389, 18. Bücher.
budel 390, 35. Beutel.
buiken 301, 3. Pauken.
bunt assis 356, 32. Steuer von Pelzwerk.
buntwerk 82, 25. Pelzwerk.
büren 83, 12. erheben (Gelber).
busa 182, 6. Kanone, Donnerbüchse. franz. buse, Röhre, AM. Böss.
busen 389, 22. außerhalb (der gewöhnlichen Frist). buyssen raitz 77, 26, außerhalb des Rathes. 81, 26. ohne.
busse 85, 36. Büchse.
buyssenstein 289, 25. steinerne Kanonenkugel.
bussen wain 283, 34. Kanonenwagen, Laffete.
buting 369, 39. subs. verb. von buten, wechseln, tauschen, hat sich in der AM. noch erhalten beim Eiertippen um Ostern, wo das Vertauschen der Eier büten heißt. holl. buiten.
butteler 120, 15. buttelier 247, 5. Kellermeister, Küfer, Mundschenk, buttelarius, butticulerius, 189, 22. englisch butler.
buysrüter 94, 30. Buschklepper.
by 78, 8. bei.
by en 295, 2. beieinander. AM. bejen.
byessen, bysen s. biessen.
bystaen 79, 35, beistehen.

Camp 87, 22. Kloster-Name.
cannalia 149, 21. Dachrinne. AM. Kandel.
Canoynch 98, 16. Canunch 339, 27. Kanonikus. AM. Knönich.
captivitas 176, 32. Gefängniß.
caput beati Karoli 243, 33. Das Haupt Karls des Gr. wurde bei der Frohnleichnamsprozession in die Sacramenti von einem vornehmen Laien getragen, ebenso dessen Schwert und Horn 244, 14. 15.
carnifex 111, 19. Fleischer.
carnisprenium 193, 32. carnisprivium 195, 5. Fastnacht, oder Fastenanfang, wo die Enthaltung von Fleischspeisen begann.
carpo 224, 31. für carpio, Karpfe.
cedere 175, 32. abgehen, wegfallen.
cessen 404, 15. zu essen, Essen, an andern Stellen zessen.
chifus 119, 38. ciphus 120, 1. für scyphus, Becher.

ciene 405, 36. Kübel. AM. Zing.
cingulum 183, 30. Festungswert an den Stadtthoren, Gürtel, franz. écharpe.
circumeicio für circumitio 260, 36. Umgang.
cirordicus 187, 6. Chirurg.
clamator (vinorum) 145, 37. Ausrufer. (cf. Quix cod. dipl. S. 144.)
claretum 260, 11. Gewürzter Wein, luterbrank. 365, 19.
Cleynkirmeß 78, 6. Kleine Kirchweihe, war an Mariä Geburt den 8. September im Liebfrauen-Münster.
cluyster 337, 14. Vorlegeschloß. AM. Kluster.
Coels 291, 20. Kölnisch. AM. Kölsch.
coemp 249, 24. kam. AM. koem.
Coevelens 336, 17. Koblenz.
coilberch 394, 22. Kohlenberg.
comiciae 119, 16. 218, 12. Grafschaften, waren polizeiliche Abtheilungen der Stadt, benannt nach den Thoren; gewöhnlich kommen deren 9 vor.
commemoratio generalis pensionariorum nostrorum 224, 12. jährliches Seelenamt um Mitte Fasten für diejenigen Leibzüchter, deren rata temporis, d. h. die noch rückständigen bis zum Todestage verfallenden Zinsen der Stadt geschenkt wurden.
commestus 127, 12. für comesus, Essen.
consilium 213, 2. 241, 5. Rathsherr, wofür auch als Titel Rath gebraucht wird.
contra (imperatorem) 240, 22. entgegen dem Kaiser.
coquina 126, 28. Wollküche.
cornuator 187, 23. Wächter, der Zeichen mit dem Horn gibt.
costaro 148, 6. für constare, kosten.
coussperde 82, 29. Pferde zum Verkaufen.
cousten 86, 39. (nbrl.) konnten. AM. kounte.
curia 106, 12. gewöhnlich in der Verbindung supra curiam auf, in der Hofstraße; der Aachener sagt noch heute: auf dem Hof, AM. open Hauf.
cursor 236, 20. Briefträger.
custer 88, 31. Custos, Küster.

dach 85, 31. Tag.
dabing 96, 34. Unterhandlung.
dage guitliche leisten 99, 18. sich zu gütlichem Vergleich stellen (cf. Haltaus s. v. Tagleistung).

dampnificare 111, 11. verderben.
dampnum 174, 10. Verlust, Schaden.
banaff 81, 32. banach. 83, 6. davon. 83, 9. darüber.
ban ave 252, 15. davon.
banne 85, 34. von bannen.
banne brechen 286, 2. aufbrechen.
bant zusgz. aus ban bat. 96. 5. benn baß.
bar boeven 78, 24. darüber.
bar enboven 83, 32. darüber hinaus.
barup 81, 25. darüber.
bat 331, 15. damit, auf daß. AM. dat.
bat 77, 18. 85, 31. für bat it — baß es.
batz 82, 3. 292, 17. zusgz. aus: bat is, das ist.
davere 183, 35. vielleicht corrumpirt aus taberna, welches nach Ducange: arca e tabulis ligneis compacta bedeutet, dann hieß das folgende ad tegendum balistas zur Bedeckung, Beschützung der Balisten.
be 77, 12. der. AM. deh.
bebaz 82, 37. besto besser.
debibere 121, 29. vertrinken.
becke 306, 13. oft. AM. döck u. decks.
becken 328, 19. das Dach decken.
becker 317, 33. Dachdecker.
bebe 88, 29. that. beybe — 19. beibe 90, 28. impf. von buyn 77, 15. boen — 24. 248, 22. bun 83, 17. AM. buhn. gebain 254, 22. geboin 93, 15. gethan. AM. geboen.
dedicacio 104, 10. Kirchweihe, b. i. die zweite Weihe der Münsterkirche nach der Entweihung durch die Normannen, am Tage des h. Alexius den 17. Juli, heißt auch dedicacio magna zur Unterscheibung von dedicacio parva am Feste Mariä Geburt den 8. September.
bebinge 86, 5. Rede und zwar verbrießliche.
bebinge (bat) 92, 25. das Unterhandeln.
bebingen bar en tuschen 248, 13. bazwischen, babei unterhandeln. bei bincgen 89, 33. gebebinckt 97, 12. vereinbart.
deduccio (supra Wurm) 149, 15. Ableitung am Wurmbache.
begelix 247, 6. täglich.
beil 314, 38. Theil. AM. Dehl.
benk 345. 2. Dinge. AM. anger Denk.
dele 104, 26. 258, 33. Diele, Brett. In der AM. Däl, ein am Fenster vorspringendes Brett, worauf die Waaren ausgelegt wurden, auch das vorstehende Brett an der Oeffnung des Taubenschlages.
bemere 85, 31. besto mehr, besto größer.
ber 77, 19. 93, 4. beren. ber was 292, 33. beren waren. AM. der ware.
berde 408, 36. beirde 254, 24. britte.
ber van 295, 4. davon. AM. dervan.
beychen 410, 15. Dechant. AM. Deche.
beylholtz 258, 33. Holz zu Dielen.
beylneyll 259, 2. Brettnägel.
biebas 81, 37. besto besser.
bie ghene 79, 38. biejenigen.
bie lieber 83, 36. besto lieber.
bienoir 362, 14. Diener (?), vielleicht ist bienoir nur ein Schreibfehler für bieneir, welches gebildet wäre wie toelneir, scholeir.
dies consilii 240, 21. Rathstag.
dies extra consilium 240, 20. Raths-Versammlung an einem andern als dem gewöhnlichen Wochentage.
dies Urbani 243, 9. den 25. Mai, an welchem Tage die neugewählten Bürgermeister den Eid leisteten.
biet 95, 15. zusgz. aus die it, die es. AM. diet.
diffidacio 152, 33. Herausforderung, Fehdeansagung.
diffidare alicui 217, 3. 6. 17. 19. Fehde ankündigen, franz. défier, herausfordern.
dimittere 127, 8. unterlassen.
birbe 355, 2. britte.
birbebeil 386, 9. birbeil — 36. Drittel.
discus 103, 36. Tisch.
bisme 88, 14. biesem.
bit 278, 4. biefes. AM. det.
bitz 271, 30. zusgz. aus bit is.
bie wile 93, 26. 312, 28. bieweil, indem. AM. derwille.
bobbelen 255, 7. mit Würfel spielen. AM. dobbele; Dobbelsten, Würfel.
boben 91, 14. Todte.
bobeerbe 337, 20. unfruchtbare Erbe. 149, 22. boerbe und 311, 37. boyerbe scheint dasselbe zu sein. Im Niederländischen heißen sumpfige Stellen: dodleger.
boe 80, 9. als, ba. AM. buh.
boer 278, 10. Thüre. AM. Döhr.
boerwerter 246, 27. Thürhüter.
boichte 89, 24. bäuchte.
boit 90, 16. 290, 34. Tob und tebt.

boir 328, 12. ber Thor, Hofnarr.
dolium impleticum 111, 27. Füllfaß, ein kleineres Faß, welches Meth ober Wein zum Auffüllen größerer Fässer enthält.
domicellus 193, 33. 254, 30. Junker.
bonrebuſſen 91, 15. 339, 38. Donnerbüchse, Kanone.
bonrekrut 312, 27. Donnerkraut, basselbe was 32. krupt, Pulver.
Doruche 363, 3. Dornik, Tournai.
borper 371, 27. Dörfer. AM. Dörper.
boſſin 342, 16. Dutzend, franz. douzaine.
bouch 90, 9. taugt.
boy 87, 31. ba, als. AM. buh.
brantwiin 82, 35. Trinkwein, den man selbst trinkt und womit man nicht handelt.
breit 373, 20. trägt.
bren 402, 3. breien.
drenkin 106, 11. ein offenes Wasser, Tränke, woran man trinken kann. AM. Drenk, Pelsdrenk (Pferdetränke).
breuwen 91, 24. brohen. AM. dreue.
breve imp. conj. 94, 33. triebe, AM. dräv, inf. brive.
briling 308, 11. breifacher Nagel.
broech 246, 24. trug. broegen 249, 13. AM. droch, droege.
broif 252, 22. trüb. AM. dreuf.
broſſen 376, 4. Droſte. broſſet 393, 9. broſſit 410, 31. bruſſait 362, 27. brüſſet 407, 20.
brunken, impf. von brinken 345, 37. trinken, versuchen, kosten.
bruzienbe 355, 12. breizehnte. AM. drözengde.
brupzein 80, 9. breizehn.
bruzinberbach 321, 16. breizehnter Tag, nämlich nach Weihnachten, also Dreikönigen-Tag. bruzienberbach 362, 35. brutzeinberbach. 395, 1. brutzienbermeſſen. 378, 25.
brywerff 252, 31. in brei Malen.
brybbendey 119, 7. bribbendey 147, 5. das Anschlagen mehrerer Glocken mit einem Hammer nach einem bestimmten Takte und in regelmäßiger Folge. AM. Beyern. In Eupen und Umgegend: Trippetreie.
bu 301, 9. als und ba. AM. duh.
bubel 248, 35. boppelt. AM. dubbel.
bubel trapnele 308, 12. boppelte Treppennägel. AM. dubel Trappnegel.

buche 285, 17. buech 247, 23. Tuch. AM. Doch.
buchte 83, 24. bäuchte.
buent 93, 4. thun (sie) cf. bebe. AM. dönt.
bueyt 92, 4. thut.
bunkt 77, 18. 89, 33. bünkt.
bunkel bleyſen 407, 35. bunkel bliesen, ben Eintritt der Nacht durch blasen anzeigen.
burbar 82, 25. holl. dierbar. kostbar, theuer.
burren 93, 36. bürfen.
butzchen her 323, 29. Deutschherr.
buven 277, 9. Tauben. AM. Duve.
buvmbechen 316, 23. Dombechant.
buyster 393, 31. büſter, bunkel. AM. düſter.
bweſe 279, 22. bweyloe 331, 3. Zwehle, Dnehle, Handtuch.

e 289, 2. ehe, bevor. AM. ih u. ihr.
eeſel buych 273, 33. granes Tuch? ober bezeichnet hier Esel ein Maß?
eeſt 87, 1. iſt es. AM. es et.
egeyn 77, 21. 91, 1. 255, 4. kein. AM. geng.
cicero extra 259, 6. heraustwerfen.
eicht 247, 20. acht.
eicklich 79, 19. jeglich.
eirber 99, 8. ehrbar.
eirſt 310, 14. zuerst. AM. irſcht, je irſcht.
eirſten 79, 5. erſten.
eirſtwerff 285, 35. zum erſten Male.
eirworbiger 78, 36. ehrwürbiger.
elter 296, 15. Altar. AM. Elter.
eltergelb 398, 28. Altargelb.
ember 111, 17. pl. emmere 391, 36. Eimer, Brandeimer. AM. Emmer.
eme 85, 18. ihm. AM. hömm.
emer 77, 30. 249, 34. van ben ämen ze benden. Faßbinder.
en 77, 17. 255, 5. Verstärkung der Negation vor bem Verbum, wobei immer schon ein verneinendes Wort vorausgeht.
en 308, 17. ihn. AM. em.
en 77, 19. 292, 16. ihnen. AM. hön und angehängt oft en, z. B. met en, mit ihnen.
en (van) 380, 19. 20. ihnen. AM. van hön.
enbuyſſen 79, 39. außerhalb.
end 342, 1. Dinte. AM. Enk. engl. ink.
enb 80, 25. enbe 411, 10. und. AM. enn.

28

en be 85, 34. Bescheid, Endbescheid.
enben (up veil) 346, 2. an vielen Stellen, an allen Enden.
enfal 82, 15. soll mit dem negativen en zusgz.
entgeyn 87, 35. entgegen, bei, in derselben Bedeutung erga.
enweten 80, 35. (nbrl.) das verneinende en zusgz. mit weten, wissen.
equitare post imperatorem 259, 14. zum Kaiser reiten. post ist eine unrichtige Uebersetzung von nach, welches noch in der AM. in der Bedeutung nach hin bei Personen und Orten gebraucht wird. Na der Keiser rie: zum Kaiser reiten.
equos tenere ad hurepert 182, 28. Pferde zum Vermiethen halten. AM. Hürpeet.
er gen. pl. 92, 6. ihrer.
eralbe 340, 22. Herold.
erbietten 89, 22. erwarteten. niederdeutsch beien, warten. s. bieben.
Erbretstein 237, 28. Ehrenbreitstein.
erfaselen 310, 36. herstellen, auffrischen.
erga aliquem emere 147, 29. bei einem kaufen.
ermachen 296, 34. herstellen. AM. hermaiche.
ermoilen 249, 35. malen, wieder malen.
erz 276, 30. Erbsen. AM. Eze.
erzitter 290, 21. erzerter 397, 35. Arzt.
erve 386, 16. Erbe, väterliches Haus. AM. Erv.
esebele 122, 38. Einsiedler. AM. Esedeler.
esling 308, 9. einfacher Nagel.
essichlegelchin 285, 1. Essigfäßchen, vom lat. lagena.
etde 411, 18. achte.
evene 82, 31. 276, 14. Haber, vom lat. avena.
eweich 90, 8. ewech 250, 10. weg, fort. AM. ewech.
ewenich 310, 35. ein wenig. AM. ewenich.
eycht 88, 2. acht. engl. eigth.
eydum 388, 9. Eidam.
eytelich 88, 7. jeder, jeglich.
eym 85, 12. einem.
eyn beyden 259, 9. ihnen beiden. AM. hön beids.
eyndreichtlichen adv. 94, 19. einträchtiglich, einstimmig.

eynich 82, 17. gen. eynges 81, 17. dat. eynchme 83, 39. pl. eynghe 84, 22. ein, irgend ein.
eyninge s. 315, 26. 35. eynung 343, 35. Einigung, Sühne, Versöhnung.
eyns 82, 7. einmal.
eynz 88, 7. gen. eines.
eyr 93, 13. ihr.
eyrze 335, 20. Erz.
eyslinge nelle 336, 7. s. esling.
Eysch 289, 37. Aachnerisch. AM. Dechesch.
eysschen 86, 31. (nbrl.) fordern, heischen.
excisor 128, 3. Gewandschneider, welcher Tuch im Ausschnitt verkauft.

familia civitatis 227, 5. 21. Stadtdienerschaft.
ferrare 189, 9. equum, beschlagen (ein Pferd).
ferre equum 212, 33. 217, 33. ein Pferd bringen, heranführen.
flesca 252, 17. flesche 319, 20. Flasche. AM. Fleisch.
fleschenmecher 357, 25. Flaschenmacher.
flocken 342, 18. Flocken, Wolle, welche beim Rauhen der Tücher in den Karden hängen bleibt. Werden jetzt noch wie im 14. Jahrhundert zur Ausfüllung von Kissen und Betten verwandt.
formen ind wiise 81, 24. Art und Weise.
forum 228, 12. Jahrmarkt, Messe.
fossura generalis 186, 22. Allgemeine Herstellung, Regulirung des Landgrabens, welcher das Gebiet von Aachen umgab.
fovea lapidea 105, 3. Steinbruch.
frangel 249, 5. Fransen. AM. Franige.
früyt 82, 20. Früchte. Südfrüchte, AM. fruit für Getreide.
futurum, futura 106, 5. Futter (in Kleidern).

gaen 82, 36. gain 318, 32. gehen, 3. p. pr. s. geit 82, 18. 3. p. pr. pl. geent 82, 7. und geynt 357, 6. part. gegaenen 394, 9. AM. goen.
gaff 291, 38. gab. AM. goef.
Galopia 154, 7. Gülpen. (Dorf.)
galt 338, 38. impf. von gelden 77, 34. zahlen. part. gegelben wibber gekauft bei. AM. gelde, golt, gegolde.

ganspan 280, 34. Gänsepfanne, zum Braten der Gänse. AM. Gankspann.
Gartwilre 378, 20. Garzweiler. (Dorf.)
gauibes haben 98, 23. zu gut haben. AM. gots han.
geautwert 85, 25. geantwortet.
geantwerden 86, 4. antworten.
gebeiben 98, 33. gebeten.
geboeben 313, 20. geboten, aufboten.
geboert 276, 35. gebührt, kommt zu.
gebrach mich 404, 11. fehlte mir.
gebreiche 99, 19. conj. pr. gebrochen 270, 8. impf. AM. gebroech mich.
gebrech 81, 29. Mangel.
gebuhr 294, 36. Gebühr.
geck 290, 18. 363, 12. Narr, Hofnarr.
gebucht 86, 37. (ndrl.) gestreng.
gegurbe 189, 10. gegoerben 341, 33. Collectiv von Gurt.
gehange 321, 17. Thürangel. AM. Gehäng.
gehauben 86, 27. (ndrl.) gehalten. AM. gehaue.
gehaven 404, 15. ge-, erhoben.
geheischen 291, 30. fordern.
gehimmelt 390, 3. Traghimmel.
gehorent 3. p. pl. 84, 9. gehören.
gehulpen part. pr. von helpen 248, 7. helfen. AM. geholepe.
gekart 83, 22. gelehrt, zugewandt.
gekoeren 389, 9. gewählt.
gekummert 331, 31. mit Arrest belegt.
Gelabebach 276, 38. Glabbach. St.
gelaissemech 317, 35. Glaser. AM. Glasmecher.
gelateren 308, 4. gläsern. (?)
geley 293, 1. 85, 13. pl. geleyen und geleyn 293, 37. Wagen, auf welchem ein oder mehrere Lanzenträger sich befanden. Daher Geleie mit 2, mit 3 und sogar mit 1½ Pferd, je nach der Größe des Wagens. 97, 38. ist von einem halben Wagen die Rede.
geley 326, 14. Geleite.
gelich 89, 30. zugleich.
geliden 99, 17. leiden.
geliich 249, 11. gleichwie.
geloch 404, 13. geloc — 15. gelog 407, 32. geloyg — 37. Gelage, Zeche, Zahlung. AM. Geloich.
geloeven 98, 4. glauben.
geloist 79, 10. par. perf. geloben, versprechen. inf. geloyven 83, 37.

3. p. pr. geloyven 83, 4. gelaven 97, 5. impf. geloefben 248, 21.
geloiffen sich 313, 12. sich wohin geloben, sich eine Wallfahrt wohin vornehmen.
geloiffen 90, 8. lassen, zulassen, nachgeben. geloiffen ist gebildet wie geliben.
geluc 324, 23. dasselbe was 1. u. 32. ze geluycke. Glückwunsch.
gelucket 80, 2. glückt, gelingt. AM. gelöckt.
gelych 81, 29. gleich. adj. AM. geliech.
Gelre 380, 32. Geldern.
gemange 78, 17. gemanck 78, 11. gemengt, gemischt, aus Roggen und Weizen.
gemeyn 81, 13. allgemein, generalis.
gemeynlich 81, 17. in derselben Bedeutung wie gemeyn, gemein und allgemein, generalis u. communis.
gemeynlich 278, 4. in Gemeinschaft.
gemeynre 80, 4. gemeinschaftliche.
gemyet 288, 1. 385, 36. gemiethet. AM. gemeit.
gempub 79, 1. geliebt.
genge inb geve 82, 23. gang und gebe.
genfe 278, 9. Gänse.
gequat 93, 32. verletzt, verwundet.
gerebe 289, 21. Geräthe.
gereden 92, 5. geritten. 393, 23. gereyben. AM. gerä.
gereebe 250, 11. Geräthe, hier wohl auch die Zubereitung und das Zubereitete.
gereicht 357, 2. Gericht.
gereitschaft 289, 24. Geräthschaft. 318, 30. Materialien.
geremz 187, 1. eigentlich Gerippe, dann jede Umrahmung, Gerähms. AM. Geremps, Gerippe.
geren (ich) 99, 26. ich begehre.
gerenb 341, 10. gerenbe man, part. pr. von geren, begehren; also ein gerender man, ein Bettler. (Brk. gernde Leute.)
gereybe 289, 34. Geräth, alles Nothwendige. niederb. gerey für Hans- und Hofgeräthschaft, sogar mit Inbegriff des Viehstandes.
geris 334, 36. Gries, Schutt. holl. gruis.
gerkamer 408, 6. Gewandkammer, Sakristey. Brk. (cf. Adel. s. v. Gehron u. Du Cange s. v. gyro.)
gernyt 85, 32. Gericht.

gesaist 98, 26. gesättigt, befriedigt. (cf. Haltaus s. v. sich sättigen lassen.)
gesant up 389, 36. hinauf-, ausgesandt. (s. up.)
gesat 83, 4. gesetzt, eingesetzt.
geschien 97, 2. inf. geschehen, geschiet 87, 24. par. pf. geschach 99, 13. impf. AM. gescheie, geschel, geschoch.
geschreven 79, 4. geschrieben. AM. geschrävc.
geselle 77, 19. Theilhaber, Partner. hulve geselle n, Halbpartner.
gesessen 97, 36. seßhaft, wohnhaft.
gesichgert 79, 10. zugesichert.
gesien 81, 28. gesehen. AM. gesien.
gesinnen m. d. gen. der S. 90, 8. Willens sein. AM. va Sen's sien. 3 p. pr. pl. gesynnent 83, 10.
gesinnen 77, 35. ansinnen, we liefnisse gesint, wer einem Geldgeschenke ansinnt.
gesmide 151, 8. Schmiedearbeit, noch erhalten in Geschmeide.
gesoynt 96, 32. gesühnt, den kriech soynen, den Krieg beendigen, Frieden schließen.
gespan 249, 27. jede Einfassung einer Thüre, eines Fensters, eines Brunnens. AM. Gespan.
gesse plur. von gans 374, 24. Gänse. AM. Ganks, Genks.
gesticht 82, 9. Stift.
geswaren 300, 18. geswairen 305, 16. gesworen 93, 26. Geschworene, Vereidigte.
getruw 79, 36. getreu, treu.
getruwen 98, 4. zutrauen.
getzoch 89, 26. Kriegszeug, Geschütz, Troß.
getzouwe 82, 28. Gesähr.
getzüg 98, 35. Zeugniß.
getzwat myn 92, 38. etwas weniger.
gevelt 79, 31. eintrifft, eintritt. of des noit gevelt, wenn die Noth, das Bedürfniß dazu eintritt.
geven 77, 12. gegeven 88, 12. geben. AM. gävve.
geverde 84, 19. Gefährdung, Betrug.
gevloit 95, 12. weggeführt, altflämisch vloden, flüchten (Delfortrie). AM. gvulut.
gevoirt 92, 11. geführt.
gevoldglich 89, 37. m. d. gen., willig, willfährig.
gewant 82, 26. Tuch.
gewäpet 248, 34. bewaffnet.
geweist 85, 33. gewesen, AM. gewehst.

gewelbich 91, 9. gewaltig.
geweltlichen 88, 7. adv. gewaltsam.
gewerff 85, 11. Werbung, auch die angeworbene Mannschaft 85, 20.
gewerschaff, 344, 37. Gewährschaft, Gewähr, Bürgschaft.
gewüst 93, 29. gewiesen.
gewurven 85, 12. 93, 17. geworben.
gezal 79, 21. Zahl.
gezap 249, 26. gezapft. AM. gezapt.
gezauw 291, 7. Zeug, Kriegsgeräthe, Geschütz.
gezauwyn 88, 24. Geräthe, Ackergeräthe, Gezeug.
gezawen 337, 16. Werkzeuge, Gezeug. AM. Geziig; in Katzau, Webstuhl hat sich die alte Form erhalten.
ghebeef 86, 31. (nbrl.) Theil.
gheheicen 86, 29. (nbrl.) geheißen.
gheliic 87, 3. (nbrl.) gleich, wie.
ghelieve 86, 24. (nbrl.) beliebe.
ghemaidt 80, 26. (nbrl.) gemacht.
gheminb 86, 19. (nbrl.) geminnt, geliebt.
ghepant 86, 33. (nbrl.) gefahndet.
ghespan 165, 1. s. gespan.
ghesfwaren 80, 21. (nbrl.) Geschworener.
gheverbe 97, 3. s. geverbe.
gheweten 86, 39. (nbrl.) wissen.
ghii 80, 24. ghi 86, 2. (nbrl.) ihr.
ghit 80, 36. (nbrl.) contrahirt aus, ghi it, ihr es.
gilt 346, 14. 407, 30. zahlt.
goib 90, 30. adj. gut.
goit 87, 33. subs. dat. goibe 87, 32. gen. goitz 87, 35. Gut.
goitzwille (umb) 79, 5. um Gottes willen.
golsmet 397, 26. Goldschmied. AM. Golschmel.
goven 324, 15. gaben. AM. gove.
gonsdagh 87, 7. (nbrl.) Mittwoch, AM. Gongsdech.
gra 306, 3. grau.
grad 359, 3. Treppe, vom lat. gradus.
greve 78, 35. Graf.
grever 277, 3. Gräber, AM. Gräver.
groff 82, 21. grob, schwer AM. grauf.
grois 347, 9. Groschen.
groiskirmesavent 255, 7. Vorabend von S. Alexius (16. Juli.)
groiskirmesdagh 255, 19. S. Alexius, den 17. Juli, Kirchweihfest im Liebfrauen-Münster.
groismachen (die wine) 77, 28. auflängen durch Zugießen von Wasser.

gruntholzer 337, 19. Hölzer, die bei einem Wasserwerk (hier Walkerei) auf dem Grunde liegen.
gube lube 294, 34. freie Leute im Gegensatz zu Söldnern.
gubisbach 277, 7. gudesbach 405, 33. Mittwoche, engl. wednesdey AM. Gongsdech.
Gulpen 307, 9. Gülpen (Flecken).
gut 95, 34, Gutes. AM. Goh.
Gnylcghe 89, 27. Zillich. Guylge 249, 19. Guylch 361, 36. Gulg 407, 27.
güyt 82, 7. Waare, Güter.
güyt man 82, 33. ehrlicher Mann.

hacht 265, 6. Haft, Gefängniß.
hailbe 272, 5. holte.
hair, hoer 341, 29. 30. hoir 398, 4. Haar. AM. Hoer.
halff 295, 16. verlängert halve 77, 19. halb. AM. halef.
halfwenner 98, 19. Halbwinner, Pächter für die Hälfte des Ertrages, AM. Halese.
halle nova 168, 4. antiqua 168, 5. Neue und alte Fleischhalle.
Halle 86, 22. Stadt in der Grafschaft Hennegau.
halter 290, 28. Halfter. AM. Halter.
hamecher 368, 20. Verfertiger von Hamen oder Kummet. In der AM. ein häufiger Eigenname, auch noch zur Bezeichnung der Sattler gebräuchlich.
hameibe 277, 30. Fallgatter, Schlagbaum, holl. hamei, niedersächsisch hameye und hameibe.
hanthave f. 310, 34. Handhabe, Griff. AM. Hankfaß.
harber 81, 37. härter, fester.
haren 86, 20. (nbrl.) ihren.
Hären 234, 2. 242, 19. Haaren (Dorf.) Hoeren 306, 15. Hayren 167, 23. 177, 9. AM. Horen.
harnasche 305, 16. die Ausrüstung.
Harne 313, 8. das jetzige Kirchdorf Walhorn.
harneschmecher 340, 14. Harnischmacher.
hart bar wibber legen sich 91, 4. sich hart widersetzen.
hart korn 89, 7. Roggen.
hasinum 128, 8. 149, 1. für das ML. casinum Häuschen?
hauwel 105, 4. Hacke, holl. houweel, in der AM. heißt die Hacke, welche die Fuhrleute beim Stillstehen unter

den Karrenbaum stemmen, um den zum Ziehen nöthigen Druck aufzuheben: Hauwiel.
haven 79, 21. han 84, 24. inf. haben. haen 80, 7. hain 90, 7. han 81, 83. 1. p. pr. pl. haint 3. p. pl. pr. 90, 13. AM. inf. han. 3. p. pl. pr. sei hant.
he 93, 2. hee 77, 13. er. AM. hee.
hebben 80, 26. 86, 32. (nbrl.) haben.
heeft 3. p. von heven 84, 6. erhebt. AM. hövt.
heeft 86, 29. (nbrl.) hat.
hei 92, 24. hier. AM. hei.
Heilbumkirmes 373, 36. Heiligthumsfahrt, wurde schon im 14. Jhh. alle 7 Jahre gefeiert. Der Turnus ist bis jetzt eingehalten worden.
heirre 78, 35. her 78, 37. Herr.
heis, zufgz. aus he is, 90, 31. er es.
heischen 92, 36. fordern.
heischet 81, 27. erheischt, erfordert.
helpen 249, 16. helfen. imp. hulpen 249, 13. helveben 251, 25. halpe 297, 1. AM. hellepe, imp. holep und hellepet.
helper 79, 9. 98, 17. Helfer, Beisteher in einer Fehde.
helnsen 327, 29. heluyssen 330, 19. heilnsen 332, 8. helusen 332, 28. heylnsen 333, 32. heylusben 334, 9. Schwerlich hat dieses Wort an allen Stellen eine und dieselbe Bedeutung. In der 1., 2., 4. und 5. Stelle, wo den Wächtern das heinsen verbieten und der Stadt Diener und des Meiers Knechte und die städtischen Werkmeister für ihr heilnsen Belohnungen erhalten, ist wohl an das Heilalgeschrei, womit Verbrecher verfolgt wurden, (s. Grimm deutsche Rechtsalterthümer S. 877 und Haltaus S. 904 s. v. Heulgeschrei) zu denken; dagegen möchte die 2. u. 6. Stelle, wo den Meßdienern mit Geld und den Schöffen mit Weinspenden ihr heluyssen vergolten wird, wohl eher an das althochdeutsche heilazan = salutare (s. Grimm Gram. III. S. 217 und Abelung s. v. Heil, 3) erinnern.
hem 86, 35. (nbrl.) ihm, AM. hömm.
henben 91, 6. hinten.
hengelen 374, 24. mit Henkeln versehen.
hensche 281, 36. 372, 6. 405, 22. Handschuhe. AM. Hentsche.

henſmecher 367, 17. Haubſchuh=
macher, ſcheint hier, da es ohne Ar=
tikel ſteht, ſchon zum Eigennamen
geworden zu ſein. AM. Henſche=
mecher.

heren 374, 24. ihren. AM. höre und
hören, wenn ein Vokal oder H.
folgt.

hertrigent 3. pr. pl. 79, 35. heran=
ziehen, mitbringen.

herna̋ 77, 10. hernach, hiernach.

herumb 81, 38. hierum, darum, des=
halb.

heü̋ſt 93, 30. Haupt. AM. Heut.

heut 281, 4. er haut. AM. heut.

hentztogel 372, 6. Kopfſtapuze.

heven 83, 5. erheben.

hevepſer 148, 28. Hebeiſen.

hey 88, 32. er. AM. hee.

heymlichkeit 330, 24. heimliches
Gemach, privé.

heymſch 77, 13. heimiſch, einheimiſch.

heym varen 292, 7. heim fahren.

hieſchen impf. von heiſchen 319, 12.
Das veraltete heiſchen, fordern. AM.
heerſche, nur mehr in der Bedeutung
von betteln.

hiralb 396, 25. Herold.

hirbſchaff 306, 10. daſſelbe was
huunſchaff, Kirchſpiel.

hoef 85, 21. hovff — 31. Haufen.

hoesbe imp. conj. von heven (ſich)
318, 19. ſich heben, ſich erheben, auf=
ſtehen.

hoefſtat 387. 5. daſſelbe was area,
Bauplatz.

hoeft 249, 36. Haupt.

hoegeſte 77, 16. höchſte.

heim 390, 4. ihm. AM. hömm.

hoeken 373, 12. hoicke 395, 32.
Mantel.

hoeſe 280, 8. Strümpfe. AM. hoſe.

hoeſſe aſſis 356, 36. Steuer vom
Strumpfwirken.

hoevemeiſter 312, 16. Hoffmeiſter.

hoevyren 303, 23. Feierlichkeit be=
gehen, muſiciren.

hogezibe 314, 9. Feſt, Hochzeit, Feſt=
geſchenk.

hogezibe keyſer Karls 395, 21.
Feſt des Kaiſers Karl.

hoilben 303, 7. hoylben 338, 7.
helten. AM. holede.

hollantz 328, 5. holländiſch.

holſchuyn 277, 27. Holzſchuhe.

honnen 306, 9. Vorſteher einer Hun=
ſchaft, eines Pfarrdorfs.

hoppe 343, 4. Hopfen. AM. Hopp.

horbe 315, 27. hörte.

hospicium 128, 16. Wirthshaus.

hoyb 87, 31. Hof.

hoyre 359, 38. höher.

hübe 94, 14. heute. AM. hü.

hube 296, 13. Wache, Huth.

hube 405, 21. Hütte.

hubeloin 397, 7. Hütelohn.

hueben 247, 14. hüten. 3. p. pl. impf.
hueten 248, 35.

hubezebage 91, 2. hubebisbachs
— 20. heut zu Tage. AM. hüdiges=
dags.

hueune 315, 13. daſſelbe was huunen
und honnen.

hulzen 280, 8. hölzern. AM. holze.

hün 393, 17. ihre. AM. horn.

hünnen 257, 18. ſ. honnen.

hurda 148, 30. Hürde.

huren 301, 13. miethen, heuern. AM.
hühre.

hurengen 182, 30. 32. subs. verb.
von huren, miethen.

hurling 235, 35. Miether. AM.
Hürleng.

hurperb 179, 11. Miethpferd. AM.
Hürpeet.

hus 296, 30. huys 315, 38. huys
dat groiſe up den Mart 368, 15.
für Rathhaus.

husarmen 104, 23. Hausarmen, ver=
ſchämte Armen im Gegenſatz zu
pauperibus, Bettlern.

huys 79, 12. Haus hat im pl. huyſſer
358, 26. huys 358, 33*). huſere
359, 35.

huysbecker 337, 32. Dachdecker.

huynre 276, 11. Hühner.

icht 99, 25. zuſgz. aus ich it, ich's.

ib 95, 13. es. AM. et.

in 77, 28. 93, 17. Verneinungspartikel,
wofür gewöhnlicher en. — 94, 36.
ſteht es in einem Bedingungsſatze
für: denn. wir in ſcrivent nch,
wir ſchreiben es euch denn, wo ſcri=
vent zuſgz. aus: ſcriven it.

in 79, 37. ihnen.

in allenthalben 291, 1. nach allen
Seiten.

inbuyſſen 285, 1. brauſſen (außer=
halb der Stadt). AM. do buſſe.

---

*) Wie auch Mann gebraucht wird: Rotte von zwanzig Mann; ſo: Dorf von ſechzig
Haus, was noch heute im Luxemb. geſagt wird.

in buyſſen inb in bynnen 314, 26. von außen, draußen, und von innen, drinnen. AM. va buiſſe en va benne.
inb 77, 11. und. AM. enn.
in buyn 331, 26. hineinthun. AM. en duin.
infudere 223, 13. für infundere, mit Blei eingießen.
ingeſat 77, 28. eingeſetzt. AM. ehgeſatzt.
ingeſiegel 97, 16. Siegel.
ingewennen 345, 3. einnehmen.
inheiſchen 396, 37. einfordern.
in laychten 315, 19. hineinlegten, fortlegten zur Aufbewahrung.
int 94, 31. 278, 11. abgf. für: in bat, wie ins für: in das.
intboit 306, 9. entboth.
intſengen 328, 2. empfangen.
intgainworbig 88, 14. gegenwärtig.
intgein 85, 30. entgegen.
intgein ein geſchlagen 402, 29. gegeneinander gerechnet. AM. gegen en geſchlage.
institor 234, 18. Krämer.
institrix 117, 8. Krämerin.
inthalben 274, 32. 292, 32. ge=, behalten, angeſtellt.
inthalten 304, 31. 327, 2. beibehalten.
inther 208, 16. zuſgz. aus: in bat her.
intleinb 369, 3. entliehen. AM. gelent.
intoxicacio 217, 34. Vergiftung.
intragen (einen einer Sache) 99, 20. entheben.
intſage brief 304, 8. Abſagebrief, Fehbebrief.
intſaicht 326, 1. impf. von intſagen, abſagen.
intwelbigen 88, 26. berauben, entwältigen.
intwert 99, 22. entwerthet, geſchädigt, verletzt.
ir (bat) 79, 37. das Ihre.
iratus pro 126, 18. erzürnt über.
irgangen 95, 16. ergangen, ereignet.
irmachen 337, 26. herſtellen. AM. hermache.
irre 79, 16. ihre 79, 37. ihrer g. pl.
is 77, 16. iſt. AM. es.
jairs âvent 323, 36. Vorabend vor Neujahr.
jairsbaich 324, 5. Neujahrstag.
joculator 260, 36. 261, 35. fahrender Sänger, Schauſpieler, jongleur.
jor 97, 18. Jahr. AM. joer.

junfferen 346, 17. Jungfrauen, hier Gott geweihte J., Nonnen. AM. Jompfer.
junger 253, 1. daſſelbe was jungher, Junker.
jurnale 111, 37. Morgen', Taggewande, (Feldmaß).

kalckâven 357, 2. kalckovent 401, 2. kalckoven 406, 7. Kalkofen. AM. Kalckovvent.
kalcberre 105, 11. 148, 22, 24. kaldbirner 323, 15. Kaltbrenner.
Kalomynna 152, 3. Galmeiberg, Kelmesberg. kailmynne 356, 37.
kampkluppel 122, 2. Knittel oder Knüppel zum Streiten. AM. Klöppel.
kampflegeeſe 357, 39. Verfertigerin von Webekämmen. AM. Kampſchlegeſche.
kanzeleir 410, 38. Kantzler.
kax 127, 19. kaix 333, 7. Pranger. holl. kaak.
keenel 308, 19. kenele 311, 32. Rinnen. sing. kanel 351, 15. AM. Kandel.
keſſer 258, 33. Dachſparren. AM. Keſſer.
kelneir 326, 34. 343, 14. Amtsverwalter.
kelre 385, 34. Keller.
kemereir 409, 30. Kämmerer, Kammerherr.
kennen 98, 21. bekennen, erklären.
kennis 90, 30. Beſinnung. AM. Kennes.
kent, pl. kenden 295, 22. Kind. AM. Kenkt, pl. Kenger.
keren 83, 30. impf. keirbe 330, 36. zuwenden, verwenden.
keſſelhuyt 278, 9. Sturmhaube, Bickelhaube.
keynſſen 291, 9. hänſen, von Hanf. AM. kenneſe.
Kirsbach 323, 26. Chriſttag.
Kirsmes 394, 32. Chriſtmeſſe, Chriſttag. AM. Kresmes.
kirſen 278, 1. 278, 12. keirſſen. Kirſchen.
kieſen 93, 2 wählen. AM. keſe.
klamber 321, 8. Klammer.
klien 220, 1. Kleie.
klincke 158, 8. fallender Riegel. AM. Klenk.
kneicht 385, 23. knet 409, 31. Knecht. AM. Knät.
knuyffloich 277, 11. Knoblauch.
korbuch 411, 11. Kürbuch, Wahlbuch.

toegeleir 296, 34. ein Zeug. cf. Schmell. Bai. Wtbch. s. v. Gugler.
toelgrever 314, 16. Kohlengräber, Köhler, Arbeiter im Kohlenbergwerk.
toer 343, 34. Wahl, Wählerschaft.
toer 361, 28. das Chor (der Kirche).
toeren 327, 16. wählen, kühren.
toerve 277, 2. Körbe. AM. Körf. plur. Körres.
toervoerst 322, 4. Kurfürst.
togel 291, 15. Kaputze.
togeler 104, 14. f. toegeleir.
togelvuder 273, 30. Futter zu Kaputzen.
torn 82, 31. Getreide.
tost 77, 27. 81, 26. 287, 8. 11. 295, 4. und an den meisten Stellen Kosten, Unkosten. AM. Keuste. Seltener für Kost (Nahrung), so: 288, 29. 289, 3., dafür ein Mal: tost in den münt 294, 28. AM. de Kos egene Monk.
toy 95, 11. Kühe. AM. Keu.
tramp 277, 29. pl. tremp 280, 3. Krampen. AM. kramp, kremp.
kraselini 121, 14. Sporen?
treist 276, 22. Krebse. holl. kreeft.
trieschensang 338, 34 (?). (Geschäh das nicht am Ostertag, sondern die drei Tage vorher, so bedeutete es gewiß die Lamentationen, kreischenden, weinenden Gesang. Vielleicht wurde aber auch um Ostern die Klage der Magdalena um den aus dem Grabe verschwundenen Leib des Herrn gesungen.)
troeben 98, 30. beläftigen, beunruhigen. (cf. Haltaus s. v. Kraiten.)
troym 146, 39. Zeltdach, Traghimmel. AM. Krohm. eine mit einem Leintuch überspannte Bude.
trutkarre 149, 10. 165, 13. Krautkarren (Pulverwagen?).
trutzboym 165, 7. Kreutzbaum, Kreutz.
trupt 85, 36. 289, 17. gen. trupts — 23. 306, 26. Kraut, Pulver. holl kruid.
truptkamer 379, 24. Pulverkammer.
tů 290, 37. Kuh.
Knche 312, 3. 387, 23. dasselbe was Wolltuche, coquina, wo die Tuchwolle gebrüht wurde.
tuchenassis 356, 28. Steuer der Wolltüche.
tuchenkneit 279, 5. Küchenjunge.
tuduc rome 279, 28. (?)

tuechelen 211, 16. vielleicht was toegeleir.
tule 334, 34. Grube. AM. Kull.
tůmen 79, 32. kommen.
tummenbuyr 275, 6. Komthur, Commandeur.
tump 182, 4. Steintrog.
tumphuys 303, 37. Walthaus. AM. Kompes, wo das es eine Abkürzung für Haus. So Bräues Brauhaus, Brennes Brennhaus, Schlonnes Schoinhaus, d. i. Schlachthaus.
tumpmeister 303, 4. 37. tummeister 343, 9. Waltmeister.
tundich 80, 34. (ubrl.) bekannt.
tunninck 96, 22. gen. tuninxs 79, 8. tunnynchs 89, 28. tuninx 92, 31. dat. tunninge 96, 28. König.
tuppel 328, 22. (?) wurde beim Dachdecken verwandt.
turter 248, 37. turzer. AM. koter.
türzen 83, 26. abkürzen.
tussen 312, 33. Kissen.
tuyssen blaber 312, 16. Kissenblätter, die gewirkte obere Seite eines Kissens.

laben 177, 17. Lade, Schublade.
laessent 79, 12. 3. p. pl. lassen.
langen 387, 22. längs, entlang. AM. langs.
lantman 387, 14. (?) vielleicht Gartenraum.
lanttoll 81, 39. Landzoll.
lappen 278, 27. mit neuen Sohlen versehen. AM. lappe.
latze 258, 38. 308, 28. Latt. AM. Tat.
latznelen 374, 12. Lattennägel. AM. Latznägel.
lavatorium 106, 13. offenes, fließendes Wasser zum Mäschen, hier am Panbach, wo Wolle gewaschen wurde, s. Topogr.
leedich 358, 37. leer.
leffel 284, 39. Löffel. AM. Teffel.
legel 237, 30. 286, 6. kleines Faß.
legen 72, 26. niederlegen, ein Amt.
leger 288, 26. Lager.
leisben (umb) 79, 6. zu Liebe.
leist 385, 21. lebt. AM. läst.
Lenche 312, 39. Linnich (Flecken).
lene 188, 8. Lehne, Geländer.
lengen 84, 20. verlängern.
lersen 392, 33. leyrsen 325, 23. Stiefel. holl. laarzen.
lest 90, 38. 249, 6. letzthin. AM. leis.
leste clocke 330, 20. die arme Sünder Glocke, welche bei Hinrichtungen geläutet wurde, ultima campana.

leste jairloin 328, 16. der letzte Termin des Jahrlehns.
lestwerff 289, 23. zum letzten Male.
leue 149, 21. Schiefer. AM. Lei.
levacio 177, 1. Errichtung, Aufrichtung.
levare prolem 213, 24. ein Kind aus der Taufe heben.
Lewerken 93, 28. Name eines Steinbruches.
lewerken verbieden 306, 2. (?) S. 93, 28. sehen wir, daß man an der Steingrube Lewerken sich pflegte mit Steinen zu werfen, könnte davon nicht das Zeitwort lewerken kommen und mit Steinen werfen heißen?
leyber 291, 5. Leiter. AM. Leier.
leye 93, 34. Steinbruch.
leyendecker 336, 6. Schieferdecker, Dachdecker. AM. Leiendecker.
leygen 89, 29. Lager.
leynbenke 322, 20. mit Lehnen versehene Bänke.
leynde 291, 2. 312, 18. lieh. AM. lenet.
lichopf 407, 21. Leihkauf, Weinkauf. vinicopium.
licken 317, 32. 397, 27. glätten? holl. likken.
lief 92, 6. lieb. AM. leif.
liefniß 77, 23. 376, 32. 390, 30. Geldgeschenk.
ligator vasorum 157, 21. Faßbinder.
ligneum opus 182, 9. Holzarbeit.
liiff 84, 24. Leib.
liifnarpng 82, 34. Leibnahrung.
liifzupcht 347, 7. Leibzucht.
Lins 326, 16. Linz. St.
liinwait 82, 19. liwoit 292, 13. Leinwand. AM. Livert.
linden 291, 9. leinen. AM. linge.
linenweverse 386, 31. Frau eines Leinenwebers. AM. Lingewevesche.
littera diffidatoria 240, 26. Fehdebrief.
lobium 182, 16. Laube, Halle, Berathungs- und Versammlungszimmer.
leechte 276, 31. 285, 12. Leuchte, Laterne. AM. Lüht.
loeffer 345, 5. Läufer, Bote.
loege 308, 21. Wächterhaus? von dem franz. logo; oder Warte von lugen, lugen, b. i. schauen.
loegen (uybber) 371, 35. niederlagen, eine Niederlage erlitten. AM. dernierloege.
loen 321, 12. löthen. AM. lühne.
loer 356, 39. Löher. AM. Lüer.
loift 93, 15. laßt. AM. loft.
loifl 285, 12. löste, von loifen: bezahlen, hier vielleicht miethen?
loit 78, 20. Loth. AM. Luet.
loitghen 95, 7. (?)
losen 411, 11. lasen. AM. loese.
lonve 250, 12. loeve 251, 6. Leufe, Versammlungssaal, besonders der Zünfte.
lopffen 345, 5. laufen. AM. louse.
lopnen 289, 24. Lohn zahlen.
lopp 81, 21. Lob.
lude 78, 34. lupde 79, 1. Leute. AM. Lüh.
lunen 251, 13. leinene Laternen. lumina linea 205, 6. du hee die lunen maichte inb soet, als er die lunen machte und (in Fett nämlich) siebete, wodurch sie durchscheinend wurden.
Luycge 89, 23. Luydge — 27. Luytche 272, 6. Lüttich.
lymen 296, 29. leimen. AM. limme.

magister forestus 221, 33. Forstmeister.
mailgelt 356, 23. Mahlgeld, Mahlsteuer.
mainbaichs 80, 10. Montags.
maint 405, 32. maynt 83, 17. Monat.
meit 280, 25. pl. meichde 277, 30. Magd. AM. Mad, pl. Mäh.
mdlaten 315, 34. Kranke, besonders Aussätzige.
malhus 107, 32. Haus, wo die Mahlsteuer gezahlt wurde.
mallich 84, 5. maulich 92, 31. 292, 17. jeder, männiglich. AM. mallech.
man der steede 314, 24. Söldner der Stadt.
manseyen 354, 12. Mannlehen.
mant 91, 9. zusgz. aus: man it. man es.
mappa (super aulam) 256, 7. Handtuch. in den deutschen Rechnungen: dwelben up den sall.
mard 327, 24. Markt. AM. Mahd.
marschalc 292, 26. Curschmied.
martzal 83, 12. Mehrzahl, größere Zahl.
Mase 314, 6. Maas. Fl.
massalgier 246, 28. wohl dasselbe was massarius, Verwalter, Hausmeister.
me 77, 16. mee 82, 15. mehr. AM. mie.
mebe 247, 6. medo 111, 26. Meth, Honigbier oder Honigwein.
meilre 249, 35. Maler. AM. Mieter.
meir 309, 10. mere 85, 37. Mähre in der Bedeutung von Nachricht.

28*

meirren 79, 30. mehren, vergrößern.
men 284, 26. weniger, minder.
Menbelbach 338, 19. Grüner Donnerstag.
mengepot 273, 21. Schmelztiegel.
mengerley 319, 1. mancherlei. AM. mäncherlei.
mensuracio 148, 27. Messung.
mer 77, 28. sondern. AM. märr, franz. mais.
Meren 252, 39. Mähren.
merre 98, 34. mehrer, größer.
merren 80, 6. Zögerung, Aufschub.
Merthiin (sint) 315, 30. Martinus, AM. zent Mäthen.
Merzenich 313, 10. Dorf bei Düren.
mest 299, 5. Mist.
metß 409, 8. Messer. AM. metz, pl. metzer.
metten 86, 29. (nbrl.) mit dem.
Meynze 301, 29. Mainz.
mide 78, 11. ein kleines Brod, ML. mica. Hier wohl eine Reihe zusammenhängender kleiner Brode. AM. mecke, heute nicht mehr gebräuchlich.
miebe 291, 13. miethete. AM. meiet.
miedung 388, 1. Miethung, Vermiethung.
misbebigh 80, 32. (nbrl.) verbrecherisch.
misdoin 96, 29. fehlen. AM. meßduhn.
Misen 253, 3. Meißen.
mittere pro aliquo 213, 9. nach einem schicken.
moebe 259, 6. Schlamm. AM. Mutt.
moelen 289, 29. 296, 6. malen AM. moele.
moels (des) 252, 10. jedes Mal, bei jedem Male. moelle (zen eirsten) 359, 18. Mal. AM. et eschte Moel.
Moen 259, 34. Main.
moete 279, 32. Maß für Flüssigkeiten. AM. Möd.
moissen 96, 34. Maaßen, Weise.
monde (mit) 95, 16. mit Munde, mündlich.
monich 88, 30. Mönch.
Montyoy 81, 17. Monyoie 255, 23. Monyauwe 290, 35. Monyow 343, 34. Montjoie. St. AM. Monjau. (mit französischer Aussprache des j.)
moynt 408, 10. pl. moynde 77, 15. Monat.
moynbagh 276, 27. — S. Montag.
mohlenboym 148, 34. Mühlenbaum, die Achse des Mühlrades.
mücht 92, 37. möchte.

mudde 78, 9. mud 317, 21. ein Getreidemaß. von modius; in Eupen war noch unlängst das Wort Mod gebräuchlich und bedeutete ungefähr 4 Scheffel.
müder 334, 21. Mutter. AM. Moder.
multura 210, 6. Mahlgeld. französisch mouture. AM. Molder.
munch 344, 19. Mönch.
munere 216, 3. für monere, vielleicht nur ein Schreibfehler.
munire 217, 16. 35. stärken, ermuthigen. vielleicht nur eine andere Schreibart für das 216, 3. vorkommende munere statt monere.
mûr 388, 10. Mauer. AM. Mur.
musa, an vielen Stellen für fließender Brunnen. Ein solcher heißt in den deutschen Rechnungen pyf und in AM. Pief. Letzteres Wort bedeutet auch Pfeife, Sackpfeife, wofür im M. L. nach Ducange musa gebraucht wird. So ist musa nur eine mißverstandene Uebersetzung von pyf.
mutten 247, 13. eine Münze mit einem Lamm. engl. mutton, franz. mouton.
muwe 377, 25. Aermel. AM. Mau.
muyne 327, 18. müne 386, 36. Muhme. In der AM. ist das Wort jetzt durch das franz., Tante, verdrängt, auf den benachbarten Dörfern ist Möhn noch in Gebrauch.
muys 279, 4. Gemüse. AM. Mos.
myede 292, 4. impf. von myeben 307, 9. miethen. AM. meie.
myme 99, 13. meinem.
myn 92, 38. weniger.
mynlich 98, 27. gütlich, à l'amiable.
mynren 79, 30. verminbern.
myrt 92, 5. zufgz. aus: myr it — mir es.
myssebebigin 88, 34. verbrecherisch.

na 79, 20. naa 402, 17. nach. AM. noh.
naest leeben 86, 25. (nbrl.) nächst verlitten, vergangen.
nailden 296, 16 Nadeln. AM. Nölde.
Namen 342, 22. Namur, Stadt in Belgien.
nap 120, 7. pl. neppe 120, 6. Napf, Schaale.
natten 136, 34. geflochtene Matten.
nayme 88, 2. Wegnahme, Raub, hier das Weggenommene, Geraubte.
neben 279, 1. 342, 19. nähen. griech. νηδεῖν. AM. niene.

ueber legen 79, 6. abstellen.
negheeure 86, 39. (nbrl.) keinerlei.
neist 88, 27. nächst.
neit 88, 20. nicht.
neve 353, 1. Neffe. AM. Neef.
nehlte 308, 27. Nägel. engl. nail.
neyste, neiste 357, 32. 34. nächste. AM. nöhte.
neyt 87, 29. nichts.
nehman 87, 36. nehmen.
niet 80, 29. nyet 80, 34. (nbrl.) nicht.
nochdan 77, 18. alsdann noch.
noeber 337, 29. Nachbar. AM. Nobber.
noit 86, 38. (nbrl.) niemals.
nomen 306, 29. nahmen. AM. nohme.
novum festum sci. Karoli 110. 18. Fest der Reliquienerhebung Karls des Großen, den 27. Juli.
noytsaken 80, 26. (nbrl.) Nothsachen.
noytstail, pl. noytstelle 105, 21. ein Wurfgeschoß, scheint der Größe nach zwischen der Armbrust und der Blide gestanden zu haben. cf. Lacomb. Urkundb. III, S. 280 N. 358 bliden, noitstellen, arenbursten.
nū 79, 29. 291, 6. nun. AM. nuh.
numen 77, 22. 97, 39. nennen. AM. neume.
numme 77, 28. nimmer, niemals.
nunberme 98, 30. nimmermehr.
nuw 89, 32. 310, 29. neu.
nuynde 355, 8. neunte. AM. nüngde.
nuys 305, 21. Nüsse. AM. Noß, pl. Nöß.
Nuysse 276, 26. Neuß.
nux 184, 1. Nuß, Kerbe an der Armbrust, worin die Sehne beim Spannen haftet.
nyberlagen 61, 32. barniederlagen.
nybber lichen 85, 27. unterliegen.
nybberwert 384, 35. nieder-abwärts.
nyet 385, 93. nichts.
nyrgen 83, 22. nirgends.

occafūnen 98, 30. vor Gericht fordern, citiren, aus dem ML. occasionare.
ochte 86, 39. (nbrl.) oder.
odemzugt 165, 4. odemzug 223, 19. vielleicht Röhrenleitung.
oech 87, 34. oich 79, 39. ouch 87, 28. auch. AM. ouch.
oef 80, 36. (nbrl.) auch.
oen 96, 29. ohne.
oen 314, 2. ihnen. AM. hön.
Oepen 248, 2. Oepi 339, 29. Eupen. (Stadt.)

oevel 99, 17. übel, schlecht.
oever 85, 32. vorüber. 314, 6. über, trans. AM. över, in beiden Bedeutungen.
oeverval 328, 26. Vorlegeschloß?
oevert 359, 39. übrig bleibt. AM. övert.
off 77, 13. oder. 77, 17. 84, 10. 85, 37. wenn, falls. 85, 37. oder. of 96, 8. so, wenn. AM. off, in allen Bedeutungen. of Got wilt. AM. off Gott welt.
officiatus 211, 16. Beamter, Richter.
Oilme 300, 2. Ulm.
oirber 383, 17. Nutzen.
Dirsberg 303, 34. Orsbach. (Dorf.)
oiffen pl. 94, 27. Ochsen. AM. Osse.
oissen 406/ 12. oyssen 254, 19. assen. AM. oesse.
oitmüdig 87, 22. demütig. holl. ootmoedig.
omme 80, 26. (nbrl.) um.
on 294, 35. ihnen. wie 292, 16. en.
onderfiessene 98, 25. Unterfassen, Unterthanen.
onnutzlich 90, 26. unnütz, ohne Zweck.
ons 86, 30. (nbrl.) unser, unsere AM. ons.
onseeght 86, 38. (nbrl.) versagt, verweigert.
op 86, 27. (nbrl.) auf. AM. op.
opbreichen 91, 6. aufbrechen. AM. opbreiche.
operkneicht 289, 6. operman 303, 39. operlude 222, 23. Handlanger. AM. Uperknät, Uperlü.
opgereckt 96, 35. aufgehoben, ausgestreckt.
opgericht 91, 2. aufgerichtet, aufgestellt.
opgesteichen 92, 31. aufgesteckt. AM. opgesteiche.
opgewurpen 91, 20. aufgesteckt, aufgehißt.
opssoin 93, 5. aufschlagen, errichten. AM. opschloen.
op ur verbesseren 93, 16. auf euer Verbessern hin, euer Verbessern vorbehalten.
opus ferreum 176, 35. Eisenarbeit, was aus Eisen verfertigt wird.
opus operatum 259, 26. gemachte Arbeit.
orbinancien 83, 32. Anordnung. Verfügung. franz. ordonnance.
öre 405, 39. ihre. AM. hör.

ort 384, 1. 30. Viertel (eines Guldens). AM. Oht, Viertel Märk.
ort 384, 9. Ecke (einer Straße).
osenbrugge 316, 20. Osnabrück.
offenhuyd 86, 28. Ochsenhaut. AM. Ohßehout.
ossacum 120, 18. Beutel.
overbraeg 79, 29. Vertrag, Uebereinkunft.
overbraegen 79, 3. 82, 1. übereingekommen, vereinbart, wird mit dem gent. construirt overbraegen alle der puntten.
overlege 318, 30. über etwas legen, überdecken.
overmitz 82, 39. vermittelst, durch.
overwolven 176, 20. überwölben. AM. overwöleve.
oyley 279, 30. Oel. AM. Ohlig.
oyre 408, 6. ihre. AM. hör.
oys 247, 12. Ochse. AM. Ohs, pl. Ohße u. Oehs.
oytstal 407, 24. pl. oytstelle 337, 22. oitstelle 296, 30. f. noytstal.

packeel 86, 28. (nbrl.) Pack.
paf 410, 25. Pfaffe. AM. Paaf (jedoch nur verächtlich).
paffeyt 88, 30. Pfaffheit, Priesterstand.
paischen 335, 14. Ostern, pascha. AM. Posche.
palmeavent 84, 32. Samstag vor Palmsonntag.
palmebach 88, 28. Palmsonntag.
panetier 91, 12. Hofbäcker. franz. panetier.
panneil correctum ad lapideas carbones 228, 35. wahrscheinlich ein Maß für Kohlen.
pann 319, 1. Pfanne. AM. Pann.
pantquiting 288, 17. wahrscheinlich ein Pfandschilling, der bei der Anwerbung dem Geworbenen gegeben wurde, Werbegeld, Handgeld.
parcleyben 325, 32. parcleyber — 39. 377, 21. Hosen, Beinkleider?
part 83, 27. Theil, mit den meisten parte, mit Stimmenmehrheit.
parva dedicacio 261, 14. Kleinfirmes am 8. September.
passavant 397, 15. vielleicht für Parcisant — Herold.
pauwelune 279, 17. Zelt, Zeltdach, paulunium, pavillon. Vielleicht richtiger Sturmtartsche oder Setztartsche, ein in die Erde gepflanzter großer Schild, Passesuu bei Adelung.

pecuniam super aliquem ponere 121, 36. Geld auf Jemandes Kopf oder Gefangennehmung setzen.
pefferbuch 285, 10. Pfefferdose?
pel 317, 13. peil 14. Pfahl. AM. Pohl u. Peil, ein kleiner Pfahl, Pflock.
peligen 299, 15. mit Pfählen die Grenzen abstecken.
peling 325, 29. Abpfählung.
penden 411, 16. Pfänder. AM. Pang, pl. Panger.
perbibere vina 104, 17. 148, 9. Weine versuchen.
percipere 154, 2. vernehmen, erfahren.
percutere cum ferro 186, 21. mit Eisen beschlagen.
perssessus 122, 28. (?)
pert, gen. perh. 311, 20. Pferde. AM. Peet.
perttol 248, 24. Pferdezoll.
pervidere 242, 19. fontes nachsehen.
peychte 89, 6. Pachtgelder.
peyment 247, 27. 294, 23. Zahlung, Währung. franz. paiement.
pifer 104, 19. an vielen Stellen pyfer und piifer, Pfeifer.
piil 93, 30. Pfeil. AM. Piel.
piropus 151, 31. eine birnförmige Giebelspitze.
pladeyren 219, 22. ?
plabe, pl. von plat 322, 20. platt.
plateil 284, 39. hölzerner Napf. AM. Platiel.
plaustrum 164, 25. Fuder. Das Fuder △ hatte 6 Ahm, die Ahm 30 sextaria oder Beirdel $\overline{XXX}$, das Beirdel Γ 4 Quart ∞. △△ $=$ $\overline{VII}$ ∞ bedeutet 2 Fuder, 2½ Ahm, 6½ Beirdel und 1 Quart.
pleit 77, 12. pflegt. impf. pliet 93, 28. pl. plient u. plach 249, 38.
plogen 93, 11.
pletzer 277, 31. Eingeweide, Kalbaunen. AM. Pletzer u. Pletzerbräu, die Brühe, worin die Kalbaunen gekocht werden.
plücken 184, 20. pflücken. AM. plöcke.
poete 280, 31. potte 393, 39. Töpfe. AM. pött.
Porchetum 113, 19. Porschetum 257, 37. Porschiit 351, 23. Burtscheid Stadt.
porze 93, 3. Thor, Pforte. AM. Porz.
porzener 246, 27. poerzeneir 291, 3. Pförtner.
post 231, 25. nach, in der Bedeutung von wohin, in der AM. auch von

Personen gebraucht, daher missus post ducem 231, 25. gesandt zum Herzog, wie missus post Vranckenvort 259, 24. nach Frankfurt.

precipere lanternas 261, 32. die Laternen befehlen (anzuzünden).

preitger 255, 2. Prediger. AM. Pretcher.

premunero 240, 28. wahrscheinlich eine fehlerhafte Schreibung für premonere, warnen.

presencie 250, 27. Belohnung für die Anwesenheit, Presenzgeld.

propst 410, 37. provst 407, 39. gen. proifts 343, 20. Propst.

procedere cum aliquo 123, 13. mit einem verfahren.

provancie 86, 3. 279, 29. Proviant.

pruvemebe 381, 19. Probemeth.

pruven 381, 20. prüfen, kosten.

punt n. 404, 10. Punkt.

puntwerk 311, 28. Eisenarbeit, die nach Pfunden berechnet wurde.

quåmen 89, 21. quomen 95, 5. conj. queme, 95, 13. kamen.

qued 283, 38. Quick, Quecksilber. AM. Queck.

quetzunge 93, 25. Quetschung, Verwundung.

quinternensleger 298, 8. Zitherspieler.

quitacio 177, 17. quitancia 226, 19. Quittung.

quyt scheiden 366, 22. eine Schuld als ausgeglichen bekennen, quitiren.

raben 98, 2. rathen, helfen.

rait 77, 15. gen. raitz — 27. dat. rade — 21. Stadtrath, sowohl das Collegium als die Mitglieder bezeichnend. 329, 22. 362, 18.

raitgebing 324, 35. Rathsgericht.

rapa 219, 25. Raufe, aus welcher die Pferde das Heu fressen.

rata temporis 418, 19. hieß der Theil der Leibrente, welcher beim Absterben des Leibzüchters diesem noch zu zahlen war. ratorum 2, 13. ist nur ein Fehler.

reces 90, 39. schriftlicher Vertrag.

recke 318, 34. Stange oder Latte, etwas daran aufzuhängen. 126, 30 ricken, in quibus unci pendent. ricken in dat kumphuis 391, 25. rycke 125, 10.

redditum 113, 8. Ausgabe.

redditus hereditarius 113, 15. Erbzins.

redempcio 145, 8. Ein-, Ablösung, Abtragung einer Schuld.

Reese 346, 30. Riese, hier der heil. Christoforus.

reef 307, 17. Tragkorb. (Abelg.)

regnum Aquense 229, 5. das Aachener Reich, die ehemals mit einem Graben, dem sogenannten Landgraben eingeschlossene Umgegend von Aachen, welche in sechs Quartiere: Berg, Vaels, Haaren, Orsbach, Weiden, Würselen, eingetheilt war, deren Bewohner als Reichsbauern ihr Handwerksrecht bei den städtischen Zünften erwerben mußten.

rent 285, 29. pl. renter 277, 26. Rinb. AM. Renk, Renger.

renunciare super aliquam rem 150, 24. auf etwas verzichten.

rependicio 158, 36. Wiederaufhängung.

reichen 299, 30. 3. p. impf. reichtit 291, 38. richten

reicht 77, 24. recht.

Reichterchin 378, 8. Richterich. (Dorf.)

reim 395, 12. ryem 311, 8. Riemen. AM. Reim.

Reinberg 374, 1. Reneberg 406, 20. Ringberg 407, 17. Rimburg. (Burg bei Geilenkirchen.)

rengmeister 392, 34. Rentmeister. AM. Renkmêster.

renner 280, 34. Läufer.

reuflich 88, 25. räuberisch, adv. durch Raub.

reyden 306, 37. bereiten, anfertigen. holl. reeden. harnasche reyden 306, 37. Rüstung zurecht machen.

reynen 317, 13. die Grenze, Raum abstecken. reynyng 325, 29. Abgrenzung.

Reynartz seele 383, 13. Ehemaliges Lehngut des Münsterstiftes im Aachener Wald.

reysen 184, 29. ad noytstelle. ?

rich 303, 36. Reich, die zur Reichsstadt gehörige Umgegend. s. regnum.

richten 84, 2. berichtigen.

richting 84, 6. richtoncg 99, 15. Berichtigung, Zahlung.

ribberscaff 80, 26. (ndrl.) Ritterschaft.

riben 318, 8. reiten. impf. 3. p. s. reit 313, 1. 3. p. pl. reben 310, 10. part. gereben 274, 25.

riidwyn 242, 35. riibwyn 351, 34. ridewin 326, 21. die Handlung des Reitens, der Ritt.

riholtz 322, 20. wahrscheinlich ein Längenmaß. In der AM. nennen die Zimmerleute ihr Maß, welches gewöhnlich ein starker platter Stab von 3′ Länge: en Reih oder Reihholtz.
rimen 296, 17. zusammenbinden, fügen.
ripa 114, 38. Ufer und Bach, supra ripam. AM. open Bach, d. h. auf oder in der Straße, durch welche ein Bach fließt.
risch 91, 10. rasch, flink.
roede assis 356, 30. Steuer vom Rothfärben.
roeber 353, 6. Rothfärber.
Roet 331, 23. Rat 331, 14. Klosterrath.
roitbach bennen 389, 21. Rathstag zur gewöhnlichen Zeit
rolla 148, 39. Rolle.
roskamp 279, 33. Roß-, Pferdekamm.
rotator 146, 3. Rademacher.
rouf 79, 5. Raub. AM. Rouf.
roysden 306, 8. berauscht? rasend? AM. roese, rasen.
rubea 234, 8. Rothfärberei.
rubeator 268, 7. Rothfärber.
rube 77, 32. Ruthe, ir ruben setzen die Ruthe stellen, richten nämlich nach dem auf der Paulstraße befindlichen Muster.
rueren 77, 12. berühren.
rugen broit 280, 24. Roggenbrod.
rumen 94, 23. räumen (den Platz), entweichen. 105, 7. aufräumen. 291, 32. reinigen. AM. noch gebräuchlich beim Spiel der Kinder mit Knidern, wobei alles Hinderliche wegräumen heißt: rumen alles.
rumoir 252, 1. Lärm, Tumult. AM. Ramuhr.
runbeneyll 259, 2. runde Nägel.

saccifer 111, 15. Sackträger.
sabel 276, 28. Sattel.
sabeleir 290, 28. Sattler. AM. Sadeler.
sagen 77, 27. richterlicher Spruch.
sagittare tonitrum 182, 6. den Donner schleudern.
sait 85, 13. part. p. gesaicht 85, 15. er sagt. AM. sett.
Salermentsåvend 405, 2. Tag vor Frohnleichnam.
sal 77, 14. soll. AM. sal.
Salix 167, 23. Weiden. (Dorf.)
sall 248, 38. 250, 8. u. s. f. Saal, bedeutet immer den großen Rathhaussaal.

salt moysse 307, 24. Salzmaß.
sanboil 249, 5. Seudel, Zindel, dünner Seidentaffet.
sant 95, 36. wir sandten.
sardo 241, 32. Haut, corium.
saroxduych 342, 5. wohl von dem Mlt. sarica, saraca ein Ueberwurf von grobem Leinen, franz. sarrau, Kittel, also: grobes, Kitteltuch.
Sassen 252, 32. Sachsen.
satersbach 98, 6. 277, 25. Samstag. AM. Sobbesch̄dich.
satte 333, 7. setzte.
sayeren 391, 15. den Gehalt des Geldes durch chemische Scheidung angeben.
schaff m. 310, 29. Schrank. AM. Schaaf n.
schagen 374, 22. 375, 36. Schragen.
schalen 188, 8. 311, 23. die äußeren von einem Blocke abgesägten Bretter. holl. schaal.
schanternel 372, 29. etwa von chantre, cantor, Vorsänger? In späteren Urkunden kommt Schanternel als Eigenname vor.
schebbeleris 405, 17. Scapulier, Schärpe. AM. Schabbelier.
schebel 126, 8. Röhre.
scheffener 88, 20. Schaffner.
scheit 373, 20. Schaft, Stange, hier wohl Fahnenstange.
schende 278, 28. schenkte.
schenken 284, 34. Schinken. AM. Schenk.
schencken 252, 11. Geschenke.
schera 186, 9. Scheere?
scherpeleir 120, 38. Schärpe.
Scherpereyche 319, 23. Scharpeeiche — 38. Scherberg? (Dorf.)
schet 405, 19. Scheibe, ein eisernes Büchschen, worein die „Wimpel", d. i. Fähnlein, gesteckt wurden.
schiltbedeue 121, 4. Schildbecken.
schirmer 310, 6. Fechtmeister. holl. schermer.
schirpen 337, 16. schärfen. AM. scherpe, schliefe.
schindelen 104, 25. schendelen 307, 34. Schindeln, das gewöhnliche Bedachungsmittel im 14. Jahrhundert. AM. Schengele.
schmitte und smytte 290, 30. 31. Schmiede.
schoedebret 322, 16. ein Instrument, vielleicht Hackbrett, Cymbal.
schoeber 314, 13. schroeber.
schoelen 330, 27. Scholle (ein Fisch).

schoelen licken 341, 6. die Schollen reinigen von den Schuppen. holl. likken, glätten.
schoiff 278, 2. schoeff 377, 37. sing. u. pl. Schaaf. AM. Schoef.
schoin maichen 277, 31. reinigen. AM. schön maichr.
Schoinvorst 296, 20. Schönforst (Burg).
scholeir 371, 32. Schüler.
scholtus 309, 18. Schultheiß. AM. Scholtes.
schorhoer 342, 18. Scherhaare, die vom Tuche abgeschoren werden. AM. Scherhoer. (Wird zur Füllung von Kissen verwandt.)
schosporze 110, 33. eine Thüre in dem Stadtthore, die man Abends nur gegen Erlegung einer Abgabe, Schos, passiren konnte.
schryven 89, 32. scriven 93, 18. 3. p. pr. schrüst 88, 14. impf. schreyf 80, 9. screyf 87, 31. part. geschreven 249, 11. in den Comp. ohne ge, vurschreven 357, 5. schreiben. AM. schrive, schräf, geschräve.
schrivekamer 310, 29. Schreibstube. AM. Kamer, Zimmer, Stube.
schragen 103, 36. Schragen, s. schagen.
schubbe 311, 29. Schippe, Schaufel. AM. Schöp.
schubben 77, 14. 17. ansteigern, bieten. Heut im Niederdeutschen abbieten, höher bieten, innerhalb bestimmter Frist.
schure 357, 14. Scheune. AM. Schür.
schuttelen 280, 31. Schüsseln. AM. Schottele. 405, 19. Wappenschildchen an den Kerzen, von scutellum.
schutzen van der papegeyen 342, 31. Papageischützen.
schutzer 248, 36. Schützen.
schuyn 276, 32. Schuhe. AM. Schong.
scultella 408, 27. s. schuttelen. 405, 19.
scutellum 241, 16. Wappenschild.
seeger 289. Säger.
segelwas 411, 1. Siegelwachs. AM. Segelwas.
segghen 86, 30. (nbrl.) sagen.
sein 78, 34. sehen.
seir 95, 38. sehr. AM. sier.
seisbe 393, 4. sesbe 411, 9. sechste. AM. sesbe.
sel 308, 4. Handhabe. (Brk.) Griff.
selver, selven 79, 22. selbst.
sementlichen 84, 15. seymetlichen 89, 29. zusammen, gesammt.

senen 296, 29. mit Sehnen versehen.
sent 85, 36. imprat. sendet.
seulde 89, 34. sollte.
seylmeggerse 184, 23. Seilmächerin, Seilerin. AM. Schlmechesche.
Seyrstorp 105, 33. Sierstorf, Deutschordens-Commende, jetzt Dorf.
seys 90, 30. sechs.
seysbehalf 252, 16. sechstehalb. AM. sesbehalev.
seyeren 361, 10. s. sayeren.
sibi wird durchweg gebraucht für ihm, ihr, sich.
sicheren 83, 4. zusichern.
sien 77, 31. sehen. AM. sihn.
sievendehalf 247, 19. sechs und ein halb. AM. sövendehalef.
sievenwerff 252, 13. siebenmal.
siide 247, 35. Seide.
siidt 93, 20. seidt. siidt eine manende.
siin 79, 19. pr. poss. sein.
siit für si it 85, 24. sie es.
sint 78, 14. sant von sanctus. AM. zent.
Sintzge 123, 38. Sinzig, Stadt.
sleichten 80, 4. dem Boden gleich machen.
slesgar 79, 16. schließbar, fest.
sloeten 80, 38. (nbrl.) Schlösser.
sloisse 90, 28. Schläfe.
sloin 285, 34. sloyn (die Hunde) 305, 14. schlagen, schlachten, tödten. AM. schloin, davon Schloinhaus, abgek. Schlonnes, Schlachthaus.
slosmecher 299, 23. 335, 35. Schlosser.
sluegen bii eyn 95, 9. zusammen-, bei einander treiben.
sloyslachen 322, 10. Betttuch. AM. Schlofflake.
smede kolen 289, 26. Schmiedekohlen, Holzkohlen.
smer 186, 5. smeer 82, 20. Schmiere, Fett.
smeren 283, 34. schmieren.
snien 409, 5. schneiden. AM. schnié.
snoer 364, 1. Schnur, Schwiegertochter. AM. Schnoer, vom lat. nurus.
snuch 282, 12. snuych 395, 20. Hecht. AM. Schnoch.
so — so 294, 37. sowohl — als.
soenen 80, 2. sühnen, versöhnen.
soehne 89, 32. Sühne.
so in so üs 121, 23. so ein, so aus, d. h. ungefähr.
soittersbach 90, 26. sotersbach 410, 12. Samstag. AM. Soddeschdeg.

solbeneir 289, 30. Söldner, stipendiarius. 218, 26.
somer 150, 12. 183, 27. 218, 3. 230, 24. 249, 20. Saumroß, franz. somier? oder ist hier an ein Geschenk zu denken?
soude 80, 35. (nbrl.) sollten wir. AM. soue.
soudt 80, 36. 87, 4. (nbrl.) ihr sollt. AM. sout.
so wanne dat 79, 10. 93, 13. wo fern daß.
so wat 77, 11. was für, welche.
soymer 176, 38. ein Balken am Galgen.
spado 277, 28. Hammel.
spainsgrun 272, 32. Spanisch Grün.
sparenmecher 292, 28. Schwertmacher, von sparus i. e. genus gladii. (Brk.)
specialeee 86, 19. (nbrl.) besonders.
species 212, 3. 29. 36. 213, 11. Speise, Gewürz, Specerei, Arznei.
speirlude 248, 2. Speerreuter.
spelude 301, 3. Spielleute.
spendier 247, 2. der die Schüsseln aufträgt?
spennen 398, 4. spinnen. AM. spenne.
spiiskruyt 285, 8. Speisekraut, Gewürze.
spille 184, 28. Theil des Roytstalls.
sprechen 306, 5. zusprechen, auffordern.
sprucher 280, 36. sprucher 322, 15. Deklamator. AM. Spröch, ein hergesagtes Gedicht zu Glückwunsch u. dgl. sprutycher in latinen 327, 39. ein Deklamator, der Latein sprach.
sproeren 325, 23. Sporen?
spulen 285, 2. spülen, reinigen. AM. speule.
spuylmede 345, 36. Spühlmeth, zum Umspühlen, Schwänken der Fässer.
stat 77, 19. Stadt, in cas. obl. steede.
stat 90, 37. Stätte, Stelle.
stäit 92, 38. Stand.
Staty 309, 28. Vorname, abgekürzt aus Eustachius, 263, 39. nbrl. Stas.
stavewine 297, 22. Eidschwörung; ist gebildet von staven, schwören, wie ridwine von riden.
stayl 184, 16. dasselbe was notstayl.
stayt 88, 32. Anzug. AM. Staat, kostbarer Anzug; staats, kostbar gekleidet.
stede 97, 1. stets, stetig.
stedehouder 86, 20. (nbrl.) Statthalter.
stedichgeyt 80, 7. Beständigkeit, Festigkeit.

steichen 93, 30. 255, 9. stecken und stechen. AM. steiche.
steif 391, 10. Stärke. AM. Stief.
steiger 255, 31. Gerüst. AM. Gestieger.
steinwe 324, 31. wohl nur ein Schreibfehler für das folgende
steinweg 249, 30. gepflasterte Straße. AM. Steweeh.
steit 77, 10. 3. p. s. pr. vom inf. 318, 10. stain. steint 79, 5. 3. p. pl. pr. steen 97, 5. dasselbe. stueuden 249, 36. 3. p. pl. impf. steheu. AM. stoiu, 3. p. s. pr. steet, pl. stönt, impf. stong, part. gestange.
stellen (sich) 96, 7. sich einrichten. AM. sich drop stelle, sich auf etwas einrichten.
sterken 85, 22. verstärken.
steynkul 300, 3. Steingrube. AM. Steenknll.
steynlaze 208, 14. Steinlatte.
sticken (tela) 125, 17. 148, 12. die eisernen Pfeilspitzen auf das Holz stecken, befestigen. AM. steiche, esteiche, opsteiche.
stoeter 292, 21. Gefangenwärter, Stockmeister.
stoer 278, 24. Stör (ein Fisch).
strissetich 273, 35. gestreift. AM. strisetich oder gestrift.
stumm 77, 22. unbenannt, geheim, wie heute still in der Verbindung: stiller Compagnon.
stuppen 373, 32. stopfen, ausbessern. In der AM. besonders von Strümpfen und Zeugen gebräuchlich stoppe.
stuppen sub. 376, 28. Stopfen.
sturboym 185, 34. Hebebaum?
stuyl 81, 19. Stuhl.
stuyren 272, 33. mit einem Schiebkarren fahren. AM. stuire.
styphoely 256, 8. Pfahl zum Stützen. MA. Stipp und Stippholz.
sueden 95, 4. suten 312, 33. suchen. AM. söche.
sufflare pagamentum 224, 21. die Zeit der Zahlung durch Blasen mit dem Horne verkündigen.
sufflare cultellos 224, 22. das Verbot gegen die Messer mit dem Horne verkündigen. AM. usblose wie usschelle.
sule 184, 1. corrumpirt aus dem lat. subula Pfriemen, welches im Allgemeinen einen langen und spitzen Körper bezeichnet, hier der Drilder, womit die Sehne von der Nuß geschnellt wird. AM. Süll für Pfriemen.

sulre 385, 88. Söller. AM. Sölder.
sunder 80, 4. sonder, ohne. AM.
  sanger.
sunderlingen 84, 16. gesondert.
sune 343, 33. Sühne.
supplicacie 86, 24. (nbrl.) Bitte,
  Bittschrift.
supra 111, 36. auf, in der Bedeutung
  von in, supra domum civium, in
  dem Bürgerhause, was in AM. noch
  ope Stadthus heißt.
supraportacio 165, 2. das Hinauf-
  tragen.
suster 302, 23. Schwester. AM. Söster.
suyllen, solen 77, 31. sollen.
suynde 302, 3. söhnte.
sy 77, 19. sei.
syde 384, 31. Seite. AM. Sie.
syme 83, 29. seinem, dat. von syn.
syn 79, 9. wir sind.
synbail 289, 32. Zenbel.
sweren 77, 24. sweerin 88, 34.
  schwören. AM. schwehre.
swiin 88, 17. Schwein.
swingel 292, 4. Schwengel.

tarraster 321, 12. ein erhöhter Ruhe-
  platz vor der Hausthüre, hier am
  Rathhause; von dem franz. terrasse.
tarze 149, 19. Tartsche, Schild.
tector 176, 26. Dachdecker.
tectura 176, 26. Anfertigung des
  Daches.
tent 289, 29. Zelt. AM. Tent.
tercius decimus mensis 167, 11. das
  Rechnungsjahr wurde in 13 Monate
  von 4 Wochen oder 26 Vierzehn-
  nächte eingetheilt.
teweten 80, 23. (nbrl.) zu wissen.
tiib 80, 29, (nbrl.) Zeit.
tirmpte 81, 23. Grenze, von terminus.
  AM. beternt, bestimmt.
toel 359, 15. thoel 31. Zoll. holländ.
  tol.
tgelt 322, 8. zusgz. aus: dat gelt.
  AM. äm et Geld.
tgheleide 90, 7. 93, 21. zusgz. aus
  dat gheleide, das Geleite.
thoeffel 271, 30. 375, 36. Tafel, Tisch.
tjair 271, 13. zusgz. aus dat jair,
  das Jahr.
tobbe 337, 16. Zober, Bütte. holl.
  tobbe.
tollen 82, 7. Zoll geben, verzollen.
tollkysten 83, 17. Zollkasten.
tolner 88, 3. tolnier 316, 16. Zöllner.
tolneirse 362, 32. Zöllnerin.
torn 399, 18. Thurm. AM. Tun.

torve 249, 9. Torf?
tortise 104, 1. Fackel.
tot 80, 39. (nbrl.) zu.
tractare 154, 7. einen Schmaus geben.
  AM. tractire.
trapneyll 259, 2. Treppnägel.
trecloeve 318, 34. ein Raum, wo
  die Tücher zum Trocknen auf Rah-
  men gespannt wurden. AM. Treck-
  leuv, veraltet.
trebe 258, 33. von trabes, ein dünner
  vierkantiger Balken, worauf die Bret-
  ter des Fußbodens festgenagelt wer-
  ben; franz. travée. AM. Trov.
Triecht 316, 15. Mastricht.
trire 339, 15. (?)
trogien 285, 8. vielleicht Arzneimittel
  von dem franz. drogue.
trumpet 121, 17. Trompeter.
trumper 147, 16. Trompeter.
trumppe 303, 23. Trompete. In der
  AM. heißt eine Maultrommel Cromp.
truwe 79, 10. Treue; mit gueben
  truwen, zu guter Treue.
truwelichen 90, 31. treulich, herzlich.
tser 86, 27. (nbrl.) der.
tunnel 149, 17. 222, 1. Tonne, von
  tonnella, Brandfaß. (?)
tusschen 81, 23. zwischen. AM. tösche.
twanck 88, 10. Zwang.
tzol 92, 8. Solb.
tzwein 83, 15. tzwein 83, 16.
tzweue 82, 22. zwei.

u 80, 23. (nbrl.) euch.
uch 85, 10. 87, 23. euch. AM. üch.
ultima campana 107, 6. Todten-
  glocke, wurde bei Hinrichtungen ge-
  läutet. leste clocke 330, 20.
umb 306, 9. rundum, in der Runde.
umbevüren 84, 23. umfahren, einen
  Umweg machen.
umbgain 324, 10. umbgoen 245, 3.
  umhergehen. AM. ömgoin.
umbgang van bier 374, 30. das
  Umhergehen zur Untersuchung des
  Bieres.
umbriden 297, 19. umherreiten.
  AM. ämrié und erömrié.
umer 82, 7. immer.
umt 90, 26. zusgz. aus um it, um das.
un 85, 29. ihnen. AM. hön.
unbescheit 80, 27. Ungebühr.
underkoyf 150, 2. Ankauf durch einen
  Unterhändler.
underschüyn 127, 20. stützen, holl.
  onderschooren.
understippen 107, 21. unterstützen,

im eigentlichen Sinne: mit Stützen versehen. AM. ongerstippe, von Stipp = Stütze.

underwinden sich 89, 6. entwenden, fortnehmen.

ungescheyden 79, 36. ungeschieden, unzertrennlich.

ungesoeden 300, 37. ungesotten.

ungetzollet 82, 33. nicht zollpflichtig.

ungeven gelt 404, 7. ungegebenes, nicht gezahltes Geld. AM. ongegäve.

unloich 281, 36. Breitlauch.

unlebig 90, 13. nicht wohl daran, unleiblich mit etwas daran sein.

unnützlich in 93, 24. unnützer Weise.

unss 82, 4. 84, 31. gen. s. unsme 87, 31. dat. s. van unsen 248, 11. uuss 255, 3. unse 290, 35. n. pl. unser 246, 36. g. pl. unsen 272, 10. dat. pl. unser.

unse 91, 2. unsrige. unsen 84, 4. d. s.

unseltzlerz 289, 36. Unschlitt, Talgkerze. AM. Oengseltzkey.

untbeyren 92, 8. entbehren.

untfienck 90, 29. empfing.

unverlustich 84, 25. unverloren. AM. onverlöstig.

unvrede 79, 6. Kampf, Unfriede. unvrede der stracssen, Straßenkampf.

unzelt 186, 5. Unschlitt. AM. Oengssel.

up 77, 16. auf. AM. op.

up 307, 18. hinauf. off hee up solde, d. i. ob er hin sollte. AM. off hee erop san.

up heeven 341, 29. aufheben, (von der Erde) sammeln. AM. ophevve. 3. p. pr. upheyst 390, 35. upheven 83, 3. erheben. part. upgehaven 404, 5.

up gesaicht 85, 15. aufgesagt, aufgekündigt.

upsatte 255, 32. aufsetzte.

upstaen 79, 15. aufschlagen, errichten. 3. p. pr. upstait 79, 19. impf. upstuch 287, 13.

up slain 77, 17. zuschlagen, bei einer Versteigerung. AM. zouschloen.

upsleissen 83, 18. aufschließen. 3. p. conj. impf. upsluffe 83, 25.

uprasen 299, 5. auflesen, aufraffen.

upreichten 281, 22. aufstellen. AM. opriete.

uprustige 288, 18. uprusting 292, 32. Ausrüstung.

upvart 96, 3. Auffahrt, Hinfahrt. In der AM. heißt jede Reise von Aachen: erop, hinauf; jede Rückkehr: eraf, herab.

urbar 82, 1. urber 371, 19. Nutzen, Benutzung.

ure 87, 22. eure.

uvergen 248, 29. übergeben. AM. övergevve.

uwen 80, 24. (nbrl.) euern.

uyr 92, 13. euer. AM. ür.

uyren 93, 13. euern.

uyren 89, 31. Uhr.

uyrklocke 310, 11. Uhrglocke.

uyss 288, 21. aus, draußen. 288, 26. bis zu Ende; den leger uyss, bis Ende des Lagers.

uysbliessen 254, 37. ausbliesen, mit Blasen des Horns verkünbigen.

uyssgeven 77, 14. ausgeben, öffentlich ausstellen. uysgeven 249, 10. Ausgabe.

uysgescheden 84, 25. uysgescheiden 91, 21. ausgenommen.

uyssliggen 292, 2. draußen, im Felde liegen.

uyss schluych, impf. von uyss schloin 316, 4. ausschlagen, nicht annehmen.

uyssnier 400, 38. Gewandschneider, excisor.

uystrecke 248, 32. abziehen. abzapfen. AM. aftrecke.

uyssvart 287, 8. Ausfahrt, Kriegszug.

uyss vuren 77, 34. ausführen.

vacancie 388, 2. Eigenthum, das nichts einbringt, offenstehende Renten.

vader 79, 36. Vater. AM. Vadder.

väit 405, 6. Vogt.

valle 81, 38. falle, vorfalle, eintrete.

van 78, 7. von AM. va, vor einem Vokal van.

vangin 88, 29. gefangen nehmen.

varende ende kerende 87, 5. (nbrl.) fahrende und verkehrende.

vassen 321, 27. in Fässer füllen.

vast 91, 9. fest. AM. vahs.

vastoevent 329, 38. Fastnacht. AM. Vastelovent.

veder 331, 33. vielleicht dasselbe was wecker, b. i. Wahrsager.

vedeler 122, 33. veydeler 146, 35. vicdeleyr 218, 5. Fiedler, Violinspieler.

vedern 87, 22. Väter.

vederwisch 105, 26. bie Federn an den Pfeilen.

vee 95, 9. Vieh.

veil 77, 19. viel. AM. vöhl. als veil, als 79, 22. so viel als.

veil wert 289, 12. ohnmächtig wurde?
veir 80, 10. vier.
veirbe 89, 30. verbe 409, 19. vierte.
veirbell 247, 17. Viertel, der dreißigste Theil einer Ahm, latein. sextarium, sextaria.
veirbrum (sich) 288, 25. er nebst drei andern, selbviert.
veirbund 78, 9. ein Gewicht, der wie vielste Theil eines Pfundes es in Aachen war, ist nicht ermittelt.
vena 222, 32. Darmsehne.
verandwerden 86, 35. (nhrl.) überantworten.
verassisen 77, 29. versteuern.
verbesseren 77, 26. büßen, durch Geldbuße bessern.
verbindend 86, 23. (nhrl.) verbindlich.
verbrannt 296, 21. abgebrant, auch von Personen.
verbünt 81, 22. gen. verbünß 83, 22. pl. verbunde 81, 28. Bündniß. AM. Bont.
verbüwet 250, 1. verbaut, zum Bauen verbraucht. AM. verbout.
verdecken 337, 9. beim Dachdecken verbrauchen.
verdengen 106, 7. part. verdencd 396, 11. verdingen, in Verding geben.
verdrenken (je) 288, 9. zum vertrinken, als Trinkgeld. AM. för je verdrenke.
verdreven 88, 21. vertrieben. AM. verdräve.
verdrnych sych 307, 5. vertrug sich, verabredete sich.
verdurfen 96, 5. verdorben, verfehlt.
vergaberen 376, 35. sammeln. holl. vergaadern.
vergieren (den wiin) 279, 31.
virgieuren 314, 13. den Wein in den Fässern mittelst der virgula messen.
vergulden 82, 36. vergolden 247, 21. gekauft, bezahlt. AM. gegolde.
verhalben 99, 25. zurückhalten, verschweigen.
verhüden 81, 39. verhüten.
verken 285, 30. Schwein. AM. Verke.
verkoicht 77, 9. verkoit 402, 1. verkauft. AM. verkoet.
verläven 92, 33. geloben.
verlichen 98, 27. ausgeglichen.
verliessen 77, 20. 3. p. pl. pr. verlüyst 84, 26. 3. p. impf. verlois 291, 34. part. verloren 84, 24. verlieren. AM. verlese.
vermoegheb 86, 19. (nhrl.) vermögen.
vermyet 383, 5. vermiethet. AM. vermeit.
verre 85, 26. fern. AM. vehr.
verricht 84, 5. berichtigt, befriedigt.
verseeken aen u 86, 2. (Nbrl.) euch ersuchen.
verstaen 86, 32. (nhrl.) verstanden.
verstaine 84, 5. verstehen.
versüymt 94, 35. versäumt, in der Bedeutung: durch Versäumniß, Nachlässigkeit verlieren. AM. versummt.
vervallen 96, 4. überfallen.
vervellet 83, 6. verfällt.
ververe sich m. d. gen. 83, 35. sich entsetzen über etwas. AM. sich verfiere.
vervürt 3. p. pr. 84, 26. verfahren, durch Fahren auf unrechten Wegen verlieren.
verwassen 81, 34. verwachsen, eingewurzelt.
verwer 299, 37. Färber. 408, 16. Anstreicher. AM. Verver.
verzeirden 289, 2. verzehrten.
vesseilchs 281, 28. westphälisch. AM. wesfielsch.
vette assis 356, 25. Steuer von Fettwaaren.
Vetzauw 294, 14. Vetschau, Weiler.
veytschaf 98, 26. Feindschaft.
veyderen (tela) 148, 12. die Pfeile mit Federn versehen.
vexillula 203, 25. Fähnlein: an den Blasinstrumenten.
viant 90, 13. vvant 79, 38. Feind.
vierwerff 304, 16. viermal.
vitalien 285, 37. Victualien.
villen 184, 20. kämmen, reinigen. (Brk.)
villicus 119, 22. Schultheiß, auch Meier genannt, Vorsitzer des Schöfengerichts.
vinagrius 245, 15. für vinarius (?) Weinhändler.
vineum 111, 37. dasselbe was vinca, (vielleicht nur ein Fehler).
vinicopium 219, 34. Weinkauf, Geschenk an Wein beim Abschluß eines Kaufhandels.
virgiere 77, 30. vergierser 372, 31. Faßmesser, Roder, das latein. virgulator von virgula, wie Roder von Ruthe, welches am Niederrhein noch Rob heißt.

virgulator 129, 18. f. virgiere.
virmet 333, 13. firmte, AM. vermet.
vitalien 289, 30. Victualien.
vitdum 312, 19. vicedominus, Stellvertreter des Herrn, des Bischofs ꝛc.
vleischmartmeister 366, 7. Marktmeister, der die Aufsicht über das Fleisch führte.
vleymsch 277, 21. flämisch. AM. vlämsch.
vloegel 374, 24. Flügel. AM. Floegel.
voellegel 331, 26. Füllfäßchen zum Auffüllen der größern Fässer.
voelmede 271, 32. volmede 237, 18. Meth zum Auffüllen der Fässer.
voerten sich 85, 16. sich fürchten.
voertvaren 87, 28. vorangehen.
voesche (ze) 79, 20. zu Fuß.
voideren 91, 24. fordern, auffordern.
voigtgeding 301, 23. Vogtgericht.
voil 86, 2. viel. AM. vol.
voir 394, 32. für.
volck 89, 24. Truppen. 318, 19. Menge, eine Masse Menschen.
volduyn 85, 28. genugthun. AM. vollduhn.
vollen 237, 30. voellen 276, 28. füllen.
voldedingen 362, 37. feierlich vor Gericht genugthun.
vonden 95, 5. vundin 88, 18. fanden. AM. fonge.
vorma 149, 10. Form.
vort liigen ind blyven 84, 21. fortdauern.
vortme 79, 27. weiter.
vreden sich mit neymanne 80, 1. mit Niemand Frieden schließen.
vreischen 95, 19. erforschen, erfahren.
vreymd 77, 13. fremd.
vreymde 86, 3. befremdet.
vrientelck 86, 24. (nbrl.) freundlich.
vrunt 79, 3. Freund.
vruntschaff 248, 6. Freundesgeschenk.
vuder (volen) 273, 12. eine Fuhre.
vuder 273, 27. Futter (in Kleidern).
vuecht 93, 22. fügt sich, steht an.
vueden 247, 14. füttern.
vugen 77, 10. vueghen 86, 39. (nbrl.) Art und Weise, Fug.
vull 391, 38. viel. AM. vol.
vunsstrum 296, 29. selbfünft.
vur 77, 15. vor. AM. vör.
vur ind nae 94, 19. vor und nach, hier in der Bedeutung: zuerst, dann.
vur 379, 1. 4. Feuer. AM. Vür.
vurden 252, 21. wurden.

vurgangin 88, 27. vergangen.
vurhur 144, 8. vorweg bezogene Miethe.
vurkoiff 242, 17. Vorlauf, in der AM. bedeutet Vörkouf, das Kaufen der Waaren, besonders der Lebensmittel, von dem Producenten, um sie im Kleinen wieder zu verkaufen; ein solcher Gemüsehändler heißt: Vörkeufer. Danach wäre servisia vurkoiff angekauftes (im Gegensatz zu selbst gebrautes) Bier.
vurleeben 342, 26. vorig, verwichen. AM. verläe. holl. voorleden. Niedersächs. verleben.
vurlude 291, 28. Fuhrleute.
vurpanne 321, 11. Feuerpfanne. Schmelzpfanne. AM. Vürpann.
vurquamen 248, 17. vorher kamen. AM. vörkohme.
vurrichter mit der schuttelen 247, 1 der die Schüsseln anrichtet, Zurichter.
vurschreven 325, 12. vorgeschrieben, vorgenannt.
vursichbar 89, 1. zur Vorsicht, vorläufig?
vursie 81, 37. vorsehe.
vursprech 342, 34. Fürsprecher, Anwalt. holl. voorspraak.
vurste 78, 36. Fürst.
vurster ampt 341, 36. Försteramt.
vurt 313, 38. zusgz. aus: vur dat.
vurwerbe 91, 36. vurwoerbe 80, 7. vurworte 88, 37. Vorbehalt, Bedingung.
vurworten 88, 36. (einen) part. gevurwort, einem eine Bedingung stellen.
vutchlich 77, 27. füglich, passend.
vutrhachen 391, 37. Feuer-Brandhaken. AM. Vürhoch.
vuyrt 3. p. s. pr. von vuyren, vüren 84, 25. 3. p. pl. pr. vurent 82, 18. führen, fahren (vom Fuhrmann).

wa 85, 24. wo, conditional für falls. AM. woe.
wå der war 92, 11. wo oder wohin.
wagden 314, 27. wachten. AM. wachede.
wail 77, 26. wohl. AM. wahl.
wain 97, 38. pl. wain 287, 18. wane 82, 17. u. wagene 291, 5. Wagen.
waissterz 285, 3. Wachskerze. AM. Waskeꝛ.

Walen 291, 17. Wallonen.
wanetich 93, 37. wohnhaft.
want 81, 25. da, weil.
wåpen 251, 25. Waffen. AM. Woepe, jetzt nur noch in der Zusammensetzung: Woepeschmet, Waffenschmied.
wapenwarkurs u. warkurs 125, 7. 10. Wappenfähnlein.
warbe 94, 23. Wache.
warben 83, 2. mit d. gen. der Sache, warten, besorgen.
waren, umb 313, 11. elliptisch für: waren gegangen, gesandt um, wegen. AM. woren, öm.
wartzluybe 84, 8. Wächter, Aufseher, hat sich noch erhalten in der AM. in dem Worte waatzfrau, Wärterin.
was 81, 31. war.
wat 314, 2. was. AM. wat.
wat 82, 27. welche, wasfür.
we 94, 24. wee 77, 25. wer. AM. wå.
weche 250, 30. pl. wechgin 88, 33. Woche. AM. Weich.
wecher 290, 26. Wahrsager.
weber 88, 34. wieder.
weber 88, 26. wider.
weber end wert 80, 33. hin und wieder.
weer 81, 32. Abwehr.
weert 84, 22. impf. währt.
weert 88, 7. adj. wehrt.
wegen 284, 33. wiegen.
wegestein 334, 34. Pflasterstein.
we her 314, 38. wieder. AM. wier.
weich 93, 35. Weg. AM. Weig.
weichmecher 398, 9. Wegebauer. AM. Weigmecher.
weir 77, 25. wäre.
weis 78, 9. wais 78, 19. weys 82, 31. Weizen. AM. Wehs.
weit 383, 6. weyt 82, 18. Waid, blauer Färbstoff.
wendeleir 375, 12. Wanderer.
wene 91, 5. wir wähnen. woinden 94, 2. wir wähnten.
wennen 77, 20. gewinnen, wunnen 80, 3. wir gewännen. AM. wene.
wenterbůych m. 314, 15. Wintertuch.
wer 401, 6. wir. haint wer. AM. hant ver.
were ind kere 82, 35. wehren und kehren.
werf 93, 6. Belagerungs-, Kriegswerkzeug. 315, 19. für Blide.
werclocke 261, 26. Glocke im Granusthurm, womit an Werktagen das Zeichen zum Beginn und zur Beendigung der Arbeit gegeben wurde. Ihr Läuten zu ungewöhnlicher Zeit bedeutete Brand oder Aufruhr.
werckmeyster 96, 9. waren die 2 Vorsteher der Tuchmacherzunft.
wert 83, 31. wäre es, zusg. aus wer it.
wert 94, 30. 276, 10. wärts.
werven 325, 29. erwerben, erlangen.
Wesch 357, 11. Ein Ort, wo an einem offenen Bache gewaschen wird.
weschen 279, 21. waschen. AM. weische.
wescherse 280, 26. Wäscherin. AM. Weischeche.
weten 86, 24. (nbri) wissen.
weter 407, 35. Wächter.
weym 77, 14. weme — 19. wem.
wi 80, 35. (nbrl.) wir. AM. vůr.
wibber 284, 26. bei, wibber einen gelben, bei einem kaufen, latein. emero erga. 147, 29.
wibberboit 340, 24. impf. von wibberbieden. Freundschaft auf- und Fehde ankündigen.
wibbergabe 358, 31. Gegenstück: pendant. 355, 15. als adj. AM. Weregab. holl. Wedergade.
wiebuschoff 333, 12. Weihbischof.
Wiessell 336, 18. Wesel, Ober-.
wif, wive 295, 20. Weib, Frau.
wiin 77, 9. Wein.
wiinlegelen 285, 1. Weinfäßchen.
wiis 86, 34. (nbrl.) wir es.
wiet 93, 17. wie es.
wilban 99, 21. Wildbann und Wildbahn, Gerecht und Jagdbezirk.
wilcherlunen 82, 31. welcherlei.
willicomen 242, 18. Willkommen, Begrüßung.
wilne 346, 30. 34. weiland, ehedem.
wilt 77, 17. er will. willen 83, 16. wir wollen. wilt 85, 38. wollt. imprt. AM. welt. wulben 92, 27. sie wollten. weulbe 89, 33. woelbe 340, 32. conj. impf. er wollte. AM. weu.
wimpel 121, 1. Fähnlein.
wingart in der burger huys 325, 32. Weinberg im Grashause.
winserober 103, 39. Schröter.
wirft sich 85, 18. rüstet sich.
wirt, zusgz. aus wir it 95, 14. wir es. AM. vůr't.
wissche 82, 19. Fische.
wischen 296, 30. reinigen.
wisten 85, 30. wir wüßten.
wovere 80, 29. wofern.

woube 80, 30. (nbrl.) wir wollten.
wünfde 410, 36. fünfte.
wurmbreiffich 371, 26. vom Wurm-
fraß angegriffen, wurmstichig.
wußst 387, 5. wüst, unbebaut.
wylken 80, 38. (nbrl.) welchen.
wynschen 159, 16. (?)

ychen 395, 7. aichen. impf. igeben 391, 1.
yelichin 249, 24. jeglicher.
yber 78, 24. jeder.
yber manne 289, 1. jedermann.
yeme 88, 20. ihm.
yet 83, 32. etwas. AM. jet.
yglich 82, 3. ygelich 404, 13. jeglich.
ylincgen 89, 36. Eile.
ymans gen. 90, 37. dat. ymanne 84, 18. jemands AM. ömends.
yn 79, 5. ihnen.
yn machen 95, 10. hineinbringen.
yre gen. pl. 93, 29. ihrer.
yrme 386, 6. ihrem.
yrlegen (beille) 318, 31. Statt der alten Dielen neue legen. Für yr kommt auch er vor (erfaselen) beides in der Bedeutung des holländ. her, wieder, von Neuem, hermaaken, wofür in der AM. hermaiche gebräuchlich.
yser 281, 9. Eisen. AM. Iser.
yseren huyt 372, 5. Eisenhut, Pickelhaube.
Yserenmenger 367, 37. Hier Eigenname, eigentlich: Eisenhändler.
yseren werk 396, 17. Eisenarbeit. AM. Iserwerk.
ywer 394, 32. jeder.

ze 79, 26. u. a. v. St. zu. Häufig mit dem folgenden Wort zusammengeschrieben; fängt dieses mit einem Vokal an, so fällt das e aus: zAichen, zessen, für: zu Aachen, zu essen.

zeheiff 401, 31. zu Hauf, zusammen.
zeinde 395, 19. zehnte. AM. jengde.
zemale 81, 31. zumal, gänzlich.
zen 77, 11. zum. 311, 29. zu den.
zenbail 82, 26. Zindel, ein Stoff aus Leinen und Seide.
zenbeneir 342, 11. Ceutner.
zeringen 248, 28. Zehrung, Verzehr.
zer letzten 344, 15. zu guter Letzt (am Ende des Verwaltungsjahres).
zerziit 79, 30. zur Zeit.
zes 333, 34. für ze des.
zeunen 87, 22. zeihen, bezeugen?
ze voerentz 79, 12. zum voraus. AM. ze vör und va ze vör.
zevn 148, 13. Ruthe, der Stab am Pfeile.
zichseil 291, 9. Zugseil.
zibich 79, 29. zeitig, rechtzeitig. AM. ziedich.
zielbecker 289, 4. Ziegelbäcker.
ziendrum (sich) 288, 25. er mit 9 andern, selbzehnt.
zienwerf 91, 9. zehnmal.
ziit 289, 26. Zeit. AM. Zitt. magister van der ziit 147, 28. Aufseher über die Uhr, heißt auch magister horarum.
zine 289, 17. Kübel. AM. Zing.
zo 77, 20. zoe 87, 33. zu 77, 26. nach, gemäß.
zona crinium 223, 10. Haarseil.
zu behorten (eme) 289, 6. die zu ihm gehörten. AM. die em zoubehuete.
zunen 79, 26. zäunen. AM. zünge.
zwers 93, 26. quer. AM. zewährsch.
zweir 252, 32. und zwir 252, 39. in zweien Malen.
zwelffterum (sich) 288, 17. er und elf andere; selbzwölft.
zweynnnge 255, 25. Entzweiung, Zwist.
zwirrents 253, 8. zweimal.

Abkürzungen:

AM. — Aachener Mundart.
Brk. — Brinkmeier Glossarium diplomaticum.
Delfortrie — Les analogies des langues Flamande, Allemande et Francaise.

Berichtigungen.

S. 43, Z. 11. statt Jaurenus lies Jaurensis. — 77, 30. st. virgierein l. virgierren. — 83, 27. st. bem meisten l. ben meisten. — 92, 17. st. 21. Aug. l. 19. Aug. — 94, 10. st. 5. Septbr. l. 3. Septbr. — 98, 14. st. 6. Februar l. 7. Februar. — 110, 28. st. Schanaccen l. Schanatten. — 111, 9. st. Ficcoyl l. Fittoyl. — 113, 21. st. arca l. area — 116, 5. st. 4 m. 3 s. l. 14 m. 3 s. — 123, 1. st. hac l. huc. — 123, 4. st. quindinam l. quindenam. — 139, 19. st. 30 m. l. 35 m. — 143, 34. st. dumus l. domus. — 144, 4. st. arca l. area. — 144, 19. ist domus zu streichen. — 144, 35. st. arcarum l. arearum. — 153, 34. st. diobatur l. dicebatur. — 173, 1. st. liross l. lib. gross. — 175, 32. st. Ind cedunte l. Inde cedunt. — 175, 21. st. hall. l. holl. — 182, 38. st. diebatur l. dicebatur. — 212, 14. st. 223 m. l. 233 m. — 218, 2. st. flagellatores bohemios l. flagellatores, 4 bohemios. 228, 36. st. 4 m. 48 s. l. 4 m. 8 s. — 231, 32. st. $4^{1}/_{2}$ m. l. $26^{1}/_{2}$ m. — 238, 4. st. 5 scut. l. 5 sext. — 241, 7. st. missas l. missus. — 244, 20. vor decollatus l. quum. — 247, 31. st. gerechnet l. gerechent. — 249, 25. st. in l. ir. — 255, 23. st. Mouyoin l. Monjoie. — 259, 14. st. equitamus l. equitavimus. — 259, 15. st. $10^{1}/_{2}$ d. l. $10^{1}/_{2}$ s. — 262, 17. st. Hallensee l. Hallensium. — 264, 25. st. 28 fl. l. 25 fl. — 270, 21. st. magistro l. magistri. — 277, 3. st. koeren l. koerve. — 291, 9. st. vurzichseil l. vur zichseil. 296, 37. st. ba l. bat. — 297, 22. st. stave wive l. stavewine. — 299, 15. st. Peligen l. peligen. — 311, 29. st. schubzen l. schubpen. st. ze l. zen. — 311, 33. st. ber l. ben. — 312, 19. st. krige l. Krige. — 331, 13. st. beben l. be ben. 340, 15. st. 35 m. l. 15 m. — 340, 27. st. 9 s. l. 8 s. — 342, 5. st. 70 m. l. 50 m. — 344, 1. st. Proffivin l. Preffioin. — 356, 14. st. 27 gut. l. 28 gut. 357, 32. st. eunsten l. neysten.